Springer-Lehrbuch

Ludwig von Auer

Ökonometrie
Eine Einführung

Dritte, überarbeitete Auflage
mit 65 Abbildungen
und 55 Tabellen

PD Dr. Ludwig von Auer
Otto-von-Guericke-Universität Magdeburg
Fakultät für Wirtschaftswissenschaft
Lehrstuhl für Internationale Wirtschaft
Postfach 41 20
39016 Magdeburg
E-mail: ludwig.vonauer@ww.uni-magdeburg.de

Bibliografische Information Der Deutschen Bibliothek
Die Deutsche Bibliothek verzeichnet diese Publikation in der Deutschen Nationalbibliografie; detaillierte bibliografische Daten sind im Internet über http://dnb.ddb.de abrufbar.

ISBN 3-540-24978-8 3.Auflage Springer Berlin Heidelberg New York
ISBN 3-540-00593-5 2. Auflage Springer Berlin Heidelberg New York

Dieses Werk ist urheberrechtlich geschützt. Die dadurch begründeten Rechte, insbesondere die der Übersetzung, des Nachdrucks, des Vortrags, der Entnahme von Abbildungen und Tabellen, der Funksendung, der Mikroverfilmung oder der Vervielfältigung auf anderen Wegen und der Speicherung in Datenverarbeitungsanlagen, bleiben, auch bei nur auszugsweiser Verwertung, vorbehalten. Eine Vervielfältigung dieses Werkes oder von Teilen dieses Werkes ist auch im Einzelfall nur in den Grenzen der gesetzlichen Bestimmungen des Urheberrechtsgesetzes der Bundesrepublik Deutschland vom 9. September 1965 in der jeweils geltenden Fassung zulässig. Sie ist grundsätzlich vergütungspflichtig. Zuwiderhandlungen unterliegen den Strafbestimmungen des Urheberrechtsgesetzes.

Springer ist ein Unternehmen von Springer Science+Business Media
springer.de

© Springer-Verlag Berlin Heidelberg 1999, 2003, 2005
Printed in Germany

Die Wiedergabe von Gebrauchsnamen, Handelsnamen, Warenbezeichnungen usw. in diesem Werk berechtigt auch ohne besondere Kennzeichnung nicht zu der Annahme, dass solche Namen im Sinne der Warenzeichen- und Markenschutz-Gesetzgebung als frei zu betrachten wären und daher von jedermann benutzt werden dürften.

Umschlaggestaltung: Erich Kirchner
Herstellung: Helmut Petri
Druck: Strauss Offsetdruck

SPIN 11394099   Gedruckt auf säurefreiem Papier – 43/3153 – 5 4 3 2 1 0

für Karen

(wenngleich ihr eine Widmung in einem Kriminalroman
sicherlich lieber gewesen wäre)

Vorwort

Das Anforderungsprofil wirtschaftswissenschaftlicher Berufsfelder hat sich im Laufe der vergangenen zwei Jahrzehnte stark verändert. In zunehmendem Maße wird auch Kompetenz im Umgang mit Daten honoriert, ein Betätigungsfeld, das bislang zumeist den Spezialisten vorbehalten war. Um diesem veränderten Anforderungsprofil gerecht zu werden, ist es selbst für Wirtschaftswissenschaftler mit geringen formal-technischen Interessen vorteilhaft, eine empirische Grundausbildung vorweisen zu können. Dazu zählen heute auch solide Kenntnisse der Ökonometrie.

Didaktisches Leitbild

Dieses Lehrbuch erhebt den Anspruch, auch auf die Bedürfnisse derjenigen Wirtschaftswissenschaftler einzugehen, die keine ausgeprägte formal-technische Neigung besitzen. Das Lehrbuch folgt deshalb drei Leitbildern:

1. erleichterter **intuitiver Zugang** durch

    - ausführliches verbales Erklären,
    - gezielte grafische Illustrationen und
    - begleitende nummerische Beispiele,

2. **übersichtlicher Aufbau**,

3. **formale Sparsamkeit**.

Intuitiver Zugang: In diesem Lehrbuch werden die zentralen Ergebnisse ausführlich verbal begründet und interpretiert. Formale Beweise finden sich zumeist im Anhang des jeweiligen Kapitels. Ferner wird die Vermittlung der ökonometrischen Substanz durch zahlreiche Grafiken unterstützt. Die theoretische Analyse wird stets durch ein parallel mitlaufendes nummerisches Beispiel illustriert. In Teil I des Lehrbuches zieht sich ein und dasselbe Beispiel durch alle sechs Kapitel, so dass der Leser am Ende dieses Teils über ein zusammenhängendes Bild angewandter ökonometrischer Analyse verfügt. Analoges gilt für Teil II. In den Teilen III und IV ist jedem Kapitel ein eigenes passendes

Beispiel gewidmet. Die Bandbreite der Beispiele umfasst betriebs- und volkswirtschaftliche Fragestellungen, wie etwa die Wirksamkeit von Werbemaßnahmen auf das Kaufverhalten oder die Bedeutung der Industriebeschäftigung für die Höhe der Arbeitslosigkeit.

Übersichtlicher Aufbau: In der Anatomie dieses Lehrbuches hat didaktisches Profil Vorrang vor wissenschaftlicher Eleganz. In den Teilen I und II wird deshalb eine aus ökonometrischer Sicht „ideale Welt" unterstellt, in der die ökonometrischen Basistechniken direkt angewendet werden können. Auf diesem Wege soll zunächst eine gewisse Souveränität im Umgang mit den Basistechniken sichergestellt werden. Erst in Teil III werden verschiedene Abweichungen von der Idealwelt zugelassen und die entsprechenden Konsequenzen für die ökonometrische Analyse diskutiert. In der Darstellung dieser Abweichungen von der Idealwelt folgt das Lehrbuch einer Systematik, die es dem Leser erleichtert, gewonnene Erkenntnisse strukturiert im Gedächtnis abzuspeichern und auch nach längerer Zeit wieder gezielt zu aktivieren. In Teil IV des Lehrbuches werden schließlich zwei weiterführende Themenbereiche behandelt, die in der aktuellen ökonometrischen Praxis eine wichtige Rolle spielen.

Formale Sparsamkeit: Die Kapitel dieses Lehrbuches bestehen jeweils aus einem Hauptteil und mehr oder weniger umfangreichen Anhängen. In den Hauptteilen wird die ökonometrische Substanz in einfacher formaler Form, also ohne den Rückgriff auf Matrixalgebra präsentiert. Der gesamte Stoff kann folglich ohne Kenntnisse der Matrixalgebra erarbeitet und verstanden werden.

Der Verzicht auf Matrixalgebra hat jedoch seinen Preis, denn diese mathematische Sprache erlaubt eine sehr kompakte und elegante formale Darstellung der ökonometrischen Substanz. Entsprechend wird denn auch in der traditionellen ökonometrischen Ausbildung mit einer mehr oder weniger intensiven Wiederholung matrixalgebraischer Operationen und Interpretationen begonnen und anschließend die eigentliche ökonometrische Substanz in Matrixform präsentiert. Für Studenten mit einer ausgeprägten formal-technischen Begabung ist dieser Weg maßgeschneidert. Allerdings lehrt die Erfahrung, dass Matrixalgebra für die meisten Studenten leider keinen fokussierenden, sondern einen vernebelnden Effekt besitzt. Viele Studenten sind auch nach ausgiebigem Training so stark durch die technischen Erfordernisse der Matrixalgebra absorbiert, dass der Blick auf die ökonometrische Substanz verschleiert wird. Das Gelernte findet dann im Gedächtnis keine Widerhaken.

Das vorliegende Lehrbuch verzichtet deshalb in den Hauptteilen der Kapitel auf Matrixalgebra. Um aber auch den Bedürfnissen der technisch ambitionierteren Studenten (und ihrer Dozenten) gerecht zu werden, sind die Kapitel um matrixalgebraische Zusatzmodule ergänzt worden. In ihnen wird der im Hauptteil behandelte Stoff in matrixalgebraischer Form nochmals aufbereitet. Ferner finden sich dort formale Beweisführungen und Vertiefungen des im Hauptteil behandelten Materials. Sämtliche Zwischenschritte der matrixalgebraischen Rechenoperationen sind ausführlich dokumentiert.

VORWORT

Um den Leser schnell an die ökonometrische Substanz heranzuführen, wurde es vermieden, an den Anfang des Lehrbuches ein statistisches Grundlagenkapitel zu stellen. Die notwendigen statistischen Grundkenntnisse werden in kleinen Repetitorien begleitend vermittelt. Für diejenigen Studenten, die neben den Hauptteilen der Kapitel auch die matrixalgebraischen Zusatzmodule bewältigen wollen (oder müssen), sind an passender Stelle zwei Repetitorien der Matrixalgebra eingefügt worden. Dort werden in knapper Form die Grundlagen der Matrixalgebra wiederholt.

Hinweise zum Gebrauch dieses Lehrbuches

Dieses Lehrbuch ist für eine mit 4 Wochenstunden angesetzte einsemestrige Ökonometrie-Grundvorlesung konzipiert. Dabei bieten sich insbesondere drei Varianten der Stoffauswahl an:

Variante 1 Auf die matrixalgebraischen Repetitorien und Zusatzmodule wird vollständig verzichtet. Das verbleibende Material der 23 Kapitel ist im Laufe eines Semesters vermittelbar.

Variante 2 Die Kapitel 22 und 23 werden weggelassen. Stattdessen wird stärkeres Gewicht auf die matrixalgebraische Stoffpräsentation der vorangegangenen Kapitel gelegt.

Variante 3 Man sucht sich den Lehrstoff nach eigenen Schwerpunktsetzungen zusammen.

Die Stoffpräsentation wird in den einzelnen Kapiteln durch eigenständige nummerische Beispiele begleitet. Die zugrunde liegenden Daten sind im Lehrbuch abgedruckt. Um das eigenständige Nachrechnen der Beispiele zu erleichtern, können die Daten aber auch von der Homepage

http://www.springeronline.com/3-540-24978-8

kostenfrei heruntergeladen werden. Ferner steht für Ökonometrie-Dozenten eine Datei mit etwa 440 Präsentationsfolien bereit. Sie sind speziell für den Einsatz in Vorlesungen angefertigt. Die Datei kann von Dozenten über obige Adresse ebenfalls *kostenfrei* angefordert werden.

Änderungen gegenüber der vorherigen Auflage

Aufbauend auf den vielen Zuschriften und den eigenen Lehrerfahrungen der vergangenen Jahre, wurden sämtliche Kapitel nochmals „nachpoliert" und Unstimmigkeiten beseitigt.

Die Lesbarkeit der 3. Auflage hat von den zahlreichen Anregungen und Kommentaren, die ich von Lesern der früheren Auflagen erhielt, stark profitiert. Ich würde mich freuen, wenn der Strom aus Kritik und Lob nicht abreißt.

Danksagungen

Die intellektuelle Grundlage für dieses Lehrbuch verdanke ich meinen früheren akademischen Lehrern, insbesondere Gerd Hansen (Universität Kiel) und Andrew C. Harvey (London School of Economics). Den eigentlichen Anstoß und die didaktische Stoßrichtung zu diesem Projekt lieferte die Vorlesung „Empirische Wirtschaftsforschung", die Karl-Heinz Paqué an der Otto-v.-Guericke-Universität Magdeburg hielt. Der neuartige Aufbau dieses Lehrbuches wurde von Dietmar Hornung mitgestaltet. Frank Silber und Björn Kraaz begleiteten den Entstehungsprozess durch konstruktive und fundierte Kritik. Vielfältige Anregungen ihrerseits sind in die endgültige Version eingeflossen.

Bertrand Koebel opferte nicht nur seine Weihnachtsfeiertage, um das gesamte Manuskript der 1. Auflage einer gewissenhaften Prüfung zu unterziehen. Norbert Janz kommentierte Teile des Manuskriptes. Viele hilfreiche Hinweise erhielt ich auch von Susanne Rässler. Mark Trede hat sowohl das Manuskript der 1. Auflage durchgesehen als auch dasjenige der 2. Auflage. Tomas Haug und Karen v. Auer übernahmen die Endkontrolle für die 2. Auflage.

Da in die 3. Auflage lediglich redaktionelle Veränderungen einflossen, blieben sowohl mein berufliches als auch mein privates Umfeld von einer erneuten Belästigung verschont. Die in der 3. Auflage verbliebenen (oder neu hinzugekommenen) Ungereimtheiten sind also einzig der Uneinsichtigkeit oder der Oberflächlichkeit des Autors zuzuschreiben.

Andrea Heynemann, Sönke Hoffmann, Michael Knäsel, Annett Rim, Dörte Schliephake und Guido Voigt stehen stellvertretend für viele der Studenten, die meine Ökonometrie-Vorlesungen an der Otto-v.-Guericke-Universität Magdeburg besuchten und sich die Zeit nahmen, durch detaillierte Verbesserungsvorschläge die didaktische Qualität dieses Lehrbuches zu erhöhen.

Zur Druckreife wäre es allerdings niemals gekommen, hätten nicht Bettina Büttner, Sabine Wolf und Andreas Scholze bei der Anfertigung des ursprünglichen Manuskriptes massive Hilfestellung geleistet. Mit Sachverstand und stoischer Geduld ließen sie unzählige Neufassungen über sich ergehen. Zusätzliche Unterstützung erhielt ich von Thorsten König und Henning Ehlers.

Abschließend möchte ich mich für die kollegiale Atmosphäre an der Fakultät für Wirtschaftswissenschaft der Otto-v.-Guericke-Universität Magdeburg bedanken. Im Selbstverständnis der Fakultät sind Betriebs- und Volkswirtschaftslehre Teile einer methodisch einheitlichen Wirtschaftswissenschaft. Zum methodischen Instrumentarium dieser Wissenschaft gehört die Ökonometrie. Ich hoffe, dass diese Sichtweise auch im Lehrbuch zu erkennen ist.

Ludwig v. Auer, Februar 2005

Inhaltsverzeichnis

1	**Einleitung**	**1**
1.1	Braucht man Ökonometriker?	1
1.2	Was ist Ökonometrie?	2
1.3	Die vier Aufgaben der Ökonometrie	3
	1.3.1 Spezifikation	4
	1.3.2 Schätzung	6
	1.3.3 Hypothesentest	9
	1.3.4 Prognose	9
1.4	Aufbau des Lehrbuches	10
1.5	Datenmaterial	11
I	**Einfaches lineares Regressionsmodell**	**13**
2	**Spezifikation**	**17**
2.1	A-Annahmen	18
	2.1.1 Erster Schritt: Formulierung eines plausiblen linearen Modells	18
	2.1.2 Zweiter und dritter Schritt: Hinzufügung eines Beobachtungsindex und einer Störgröße	19
	2.1.3 Formulierung der A-Annahmen	22
2.2	Statistisches Repetitorium I	24
	2.2.1 Zufallsvariable und Wahrscheinlichkeitsverteilung	24
	2.2.2 Erwartungswert einer Zufallsvariable	27
	2.2.3 Varianz einer Zufallsvariable	28
	2.2.4 Bedingte und gemeinsame Wahrscheinlichkeitsverteilung	29
	2.2.5 Kovarianz zweier Zufallsvariablen	31
	2.2.6 Rechenregeln für Erwartungswert und Varianz	33
	2.2.7 Eine spezielle Wahrscheinlichkeitsverteilung: Normalverteilung	35
2.3	B-Annahmen	35
	2.3.1 Begründungen für die Existenz der Störgröße	35
	2.3.2 Formulierung der B-Annahmen	37

2.4	Statistisches Repetitorium II		42
	2.4.1	Stichproben-Mittelwert einer Variable	43
	2.4.2	Stichproben-Varianz einer Variable	43
	2.4.3	Stichproben-Kovarianz zweier Variablen	44
2.5	C-Annahmen		45
2.6	Zusammenfassung		46

3 Schätzung I: Punktschätzung 49

3.1	KQ-Methode – eine Illustration		51
3.2	KQ-Methode – eine algebraische Formulierung		53
	3.2.1	Summe der Residuenquadrate	53
	3.2.2	Herleitung der Schätzformeln	55
3.3	Interpretation der KQ-Schätzer		58
3.4	Bestimmtheitsmaß R^2		59
	3.4.1	Grafische Veranschaulichung	59
	3.4.2	Definition des Bestimmtheitsmaßes	62
	3.4.3	Berechnung des Bestimmtheitsmaßes	62
3.5	Zusammenfassung		64
Anhang			65

4 Indikatoren für die Qualität von Schätzverfahren 67

4.1	Statistischer Hintergrund		68
	4.1.1	Konzept einer wiederholten Stichprobe	68
	4.1.2	Warum ist y_t eine Zufallsvariable?	68
	4.1.3	Warum sind die Schätzer Zufallsvariablen?	70
4.2	Zwei Kriterien: Unverzerrtheit und Effizienz		71
4.3	Unverzerrtheit und Effizienz der KQ-Methode		74
4.4	Statistisches Repetitorium III		76
	4.4.1	Standard-Normalverteilung	76
	4.4.2	χ^2-Verteilung	78
	4.4.3	t-Verteilung	79
	4.4.4	F-Verteilung	80
4.5	Wahrscheinlichkeitsverteilungen der KQ-Schätzer		81
	4.5.1	Wahrscheinlichkeitsverteilung von y_t	81
	4.5.2	Wahrscheinlichkeitsverteilungen der Schätzer	81
4.6	Zusammenfassung		82
Anhang			83

5 Schätzung II: Intervallschätzer 85

5.1	Konfidenzintervalle und Intervallschätzer		86
5.2	Intervallschätzer für β bei bekanntem σ^2		88
5.3	Intervallschätzer für β bei unbekanntem σ^2		91
	5.3.1	Herleitung des Intervallschätzers	91
	5.3.2	Interpretation des Intervallschätzers	97

INHALTSVERZEICHNIS

		5.3.3 Aussagekraft von Intervallschätzern	98
	5.4	Intervallschätzer für α	99
	5.5	Zusammenfassung	100

6 Hypothesentest — 101

- 6.1 Zweiseitiger Hypothesentest 101
  - 6.1.1 Nullhypothese und Konfidenzintervall 102
  - 6.1.2 Ein grafisches Entscheidungsverfahren 102
  - 6.1.3 Ein analytisches Entscheidungsverfahren 104
  - 6.1.4 Zusammenhang zwischen analytischem und grafischem Vorgehen 107
- 6.2 Einseitiger Hypothesentest 108
  - 6.2.1 Ein grafisches Entscheidungsverfahren 109
  - 6.2.2 Ein analytisches Entscheidungsverfahren 110
- 6.3 p-Wert 113
- 6.4 Wahl der geeigneten Nullhypothese und des geeigneten Signifikanzniveaus 115
  - 6.4.1 Strategie A: Nullhypothese behauptet Gegenteil der Anfangsvermutung 115
  - 6.4.2 Strategie B: Nullhypothese stimmt mit Anfangsvermutung überein 118
  - 6.4.3 Trennschärfe von Tests 119
  - 6.4.4 Anmerkungen zu zweiseitigen Tests 119
- 6.5 Zusammenfassung 120

7 Prognose — 123

- 7.1 Punktprognose 123
  - 7.1.1 Prognosewert und Prognosefehler 123
  - 7.1.2 Verlässlichkeit der Punktprognose 124
- 7.2 Prognoseintervall 125
- 7.3 Zusammenfassung 128

II Multiples lineares Regressionsmodell — 129

8 Spezifikation — 133

- 8.1 A-Annahmen 134
  - 8.1.1 Erster Schritt: Formulierung eines plausiblen linearen Modells 134
  - 8.1.2 Zweiter und dritter Schritt: Hinzufügung eines Beobachtungsindex und einer Störgröße 136
  - 8.1.3 Formulierung der A-Annahmen 138
- 8.2 B-Annahmen 138
  - 8.2.1 Formulierung der B-Annahmen 138

		8.2.2	Interpretation der B-Annahmen	139
	8.3	C-Annahmen		140
	8.4	Zusammenfassung		143
	8.5	Repetitorium Matrixalgebra I		144
		8.5.1	Notation und Terminologie	144
		8.5.2	Rechnen mit Matrizen	146
		8.5.3	Rang einer Matrix und ihre Inversion	148
		8.5.4	Quadratische Form	150
		8.5.5	Differentiation von linearen Funktionen	150
		8.5.6	Erwartungswert und Varianz-Kovarianz-Matrix	151
		8.5.7	Spur einer Matrix	152
		8.5.8	Definite und Semidefinite Matrizen	153
	8.6	Matrixalgebraischer Anhang		155
		8.6.1	Multiples Regressionsmodell in Matrixschreibweise . . .	155
		8.6.2	Formulierung der A-, B- und C-Annahmen	156

9 Schätzung   159

	9.1	Punktschätzer		161
	9.2	Interpretation der Schätzer		164
		9.2.1	Formale Interpretation	164
		9.2.2	Ökonomische Interpretation	164
	9.3	Bestimmtheitsmaß R^2		166
		9.3.1	Definition des Bestimmtheitsmaßes	166
		9.3.2	Grafische Veranschaulichung des Bestimmtheitsmaßes .	167
		9.3.3	Berechnung des Bestimmtheitsmaßes	168
	9.4	Unverzerrtheit und Effizienz der KQ-Methode		169
		9.4.1	Erwartungswert und Varianz der KQ-Schätzer	169
		9.4.2	Interpretation der Formeln	169
		9.4.3	Schätzformeln für $var(\widehat{\alpha})$, $var(\widehat{\beta}_k)$ und $cov(\widehat{\beta}_1, \widehat{\beta}_2)$ . . .	171
		9.4.4	BLUE- bzw. BUE-Eigenschaft der KQ-Schätzer	172
	9.5	Wahrscheinlichkeitsverteilungen der KQ-Schätzer		172
		9.5.1	Wahrscheinlichkeitsverteilung der y_t	172
		9.5.2	Wahrscheinlichkeitsverteilungen der Schätzer $\widehat{\alpha}$ und $\widehat{\beta}_k$.	173
	9.6	Intervallschätzer		173
	9.7	Zusammenfassung		177
	Anhang			178
	9.8	Matrixalgebraischer Anhang		179
		9.8.1	Herleitung der KQ-Schätzer	180
		9.8.2	Bestimmtheitsmaß	184
		9.8.3	Erwartungswert der KQ-Schätzer	186
		9.8.4	Varianz-Kovarianz-Matrix der KQ-Schätzer	187
		9.8.5	Was genau bedeutet BLUE?	188
		9.8.6	KQ-Schätzer sind BLUE: Gauss-Markov-Theorem . . .	190
		9.8.7	Schätzung der Störgrößenvarianz	192

      9.8.8 Wahrscheinlichkeitsverteilung der KQ-Schätzer 194
      9.8.9 Intervallschätzung 195
      9.8.10 Resümee 196

10 Hypothesentest   197
  10.1 Testen einer Linearkombination von Parametern: t-Test 197
      10.1.1 Zweiseitiger t-Test 197
      10.1.2 Einseitiger t-Test 201
  10.2 Simultaner Test mehrerer Linearkombinationen von
      Parametern: F-Test 202
      10.2.1 Eine wichtige Nullhypothese 203
      10.2.2 Test einer allgemeinen Nullhypothese 209
  10.3 Zusammenhang zwischen t-Test und F-Test bei $L = 1$ 210
      10.3.1 Zweiseitiger F-Test einer einzelnen Linearkombination . 210
      10.3.2 Probleme des F-Tests bei einseitigen Hypothesen 212
  10.4 Zusammenhang zwischen t-Test und F-Test bei $L = 2$ 213
      10.4.1 Nummerisches Beispiel 213
      10.4.2 Unterschied zwischen individuellen und
           simultanen Tests 214
  10.5 Zusammenfassung 217
  10.6 Matrixalgebraischer Anhang 218
      10.6.1 t-Test 218
      10.6.2 F-Test 220
      10.6.3 Zusammenhang zwischen t-Test und F-Test bei $L = 1$. 225
      10.6.4 Warum besitzen F-Werte eine F-Verteilung? 226
      10.6.5 Warum besitzen t-Werte eine t-Verteilung? 226

11 Prognose   229
  11.1 Punktprognose 229
      11.1.1 Prognosewert und Prognosefehler 229
      11.1.2 Verlässlichkeit der Punktprognose 230
  11.2 Prognoseintervall 231
  11.3 Zusammenfassung 232
  11.4 Matrixalgebraischer Anhang 232

12 Präsentation der Schätzergebnisse und deren computergestützte Berechnung   235
  12.1 Computergestützte ökonometrische Analyse 236
      12.1.1 Ökonometrische Software 236
      12.1.2 Interpretation des Computeroutputs 237
  12.2 Präsentation von Schätzergebnissen 238

III Ökonometrische Probleme der wirtschaftsempirischen Praxis: Verletzungen der A-, B- oder C-Annahmen — 241

13 Verletzung der Annahme A1: Fehlerhafte Auswahl der exogenen Variablen — 245
- 13.1 Konsequenzen der Annahmeverletzung 246
  - 13.1.1 Auslassen relevanter Variablen 248
  - 13.1.2 Verwendung irrelevanter Variablen 253
- 13.2 Diagnose und Neu-Spezifikation 256
  - 13.2.1 Korrigiertes Bestimmtheitsmaß $\overline{R}^2$ 256
  - 13.2.2 Weitere Kennzahlen: AIC, SC und PC 259
  - 13.2.3 t-Test 260
  - 13.2.4 F-Test 261
  - 13.2.5 Zusammenhang zwischen korrigiertem Bestimmtheitsmaß, F-Test und t-Test 262
  - 13.2.6 Ungenesteter F-Test 263
  - 13.2.7 J-Test 265
- 13.3 Spezifikations-Methodologien 267
  - 13.3.1 Steinmetz- versus Maurer-Methodologie 267
  - 13.3.2 Ein wichtiges Problem bei der Variablenauswahl 267
- 13.4 Zusammenfassung 268
- Anhang 269
- 13.5 Repetitorium Matrixalgebra II 270
  - 13.5.1 Blockmatrizen 270
  - 13.5.2 Rechnen mit Blockmatrizen 271
  - 13.5.3 Inversion von Blockmatrizen 271
- 13.6 Matrixalgebraischer Anhang 274
  - 13.6.1 Auslassen relevanter Variablen 275
  - 13.6.2 Verwendung irrelevanter Variablen 277
  - 13.6.3 Instrumente der Variablenauswahl 280

14 Verletzung der Annahme A2: Nicht-lineare Wirkungszusammenhänge — 281
- 14.1 Konsequenzen der Annahmeverletzung 282
- 14.2 Einige alternative Funktionsformen 282
  - 14.2.1 Semi-logarithmisches Modell 283
  - 14.2.2 Inverses Modell 285
  - 14.2.3 Exponential-Modell 285
  - 14.2.4 Logarithmisches Modell 286
  - 14.2.5 Log-inverses Modell 287
  - 14.2.6 Quadratisches Modell 288
  - 14.2.7 Eine vergleichende Anwendung 288
- 14.3 Diagnose und Neu-Spezifikation 290

14.3.1 Regression Specification Error Test (RESET) 290
14.3.2 Bestimmtheitsmaß R^2 295
14.3.3 Box-Cox-Test 296
14.4 Zusammenfassung 301
14.5 Matrixalgebraischer Anhang 302

15 Verletzung der Annahme A3: Variable Parameterwerte 305

15.1 Konsequenzen der Annahmeverletzung 307
    15.1.1 Ein geeignetes Strukturbruchmodell 309
    15.1.2 Schätzung und Interpretation der Parameter des Strukturbruchmodells 311
    15.1.3 Getrennte Schätzung der zwei Phasen 313
    15.1.4 Eine mögliche alternative Formulierung des Strukturbruchmodells 314
    15.1.5 Komplexere Strukturbrüche 315
    15.1.6 Konsequenzen aus einer Vernachlässigung des Strukturbruchs 316
15.2 Diagnose 317
    15.2.1 F-Test 317
    15.2.2 t-Test 318
    15.2.3 Prognostischer Chow-Test 318
    15.2.4 Zeitpunkt des Strukturbruchs 320
15.3 Stetige Veränderung von Parameterwerten 321
15.4 Exkurs: Anwendung von Dummy-Variablen bei qualitativen exogenen Variablen 322
    15.4.1 Einführung einer Dummy-Variable 323
    15.4.2 Ein allgemeines Dummy-Variablen-Modell 323
15.5 Zusammenfassung 325
15.6 Matrixalgebraischer Anhang 326
    15.6.1 Strukturbruchmodelle 326
    15.6.2 F-Tests und t-Tests 328
    15.6.3 Exkurs: Umgang mit qualitativen exogenen Variablen . 330

16 Verletzung der Annahme B1: Erwartungswert der Störgröße von null verschieden 333

16.1 Konsequenzen der Annahmeverletzung 334
    16.1.1 Konstanter Messfehler bei der Erfassung der endogenen Variable 335
    16.1.2 Konstanter Messfehler bei der Erfassung einer exogenen Variable 340
    16.1.3 Funktionale Modelltransformation 340
    16.1.4 Gestutzte endogene Variable 343
16.2 Diagnose 346

16.2.1 Überprüfung der Datenerhebung 346
16.2.2 Überprüfung auf Basis der Daten 346
16.3 Anwendbare Schätzverfahren 346
16.4 Zusammenfassung 347
Anhang 347
16.5 Matrixalgebraischer Anhang 348
    16.5.1 Partitionierte Regression 348
    16.5.2 Eine spezielle Partition 350
    16.5.3 Konstante Messfehler: Konsequenzen für die
           KQ-Schätzung 352
    16.5.4 Gestutzte Daten: Konsequenzen für die KQ-Schätzung . 356

17 Verletzung der Annahme B2: Heteroskedastizität   357

17.1 Konsequenzen der Annahmeverletzung 358
    17.1.1 Konsequenzen für die Punktschätzung 359
    17.1.2 Konsequenzen für Intervallschätzung und
           Hypothesentest 363
17.2 Diagnose 364
    17.2.1 Goldfeld-Quandt-Test 364
    17.2.2 White-Test 367
17.3 Anwendbare Schätzverfahren 368
    17.3.1 VKQ-Methode 369
    17.3.2 GVKQ-Methode 370
17.4 Zusammenfassung 373
17.5 Matrixalgebraischer Anhang 374
    17.5.1 Herleitung des transformierten Modells 375
    17.5.2 Vergleich des VKQ-Schätzers mit dem KQ-Schätzer des
           ursprünglichen Modells 378
    17.5.3 GVKQ-Schätzer 380

18 Verletzung der Annahme B3: Autokorrelation   383

18.1 Konsequenzen der Annahmeverletzung 385
    18.1.1 AR(1)-Prozess 385
    18.1.2 Erwartungswert von u_t 386
    18.1.3 Varianz von u_t 387
    18.1.4 Kovarianz von u_t und $u_{t-\tau}$ 388
    18.1.5 Konsequenzen für die Punktschätzung 388
    18.1.6 Konsequenzen für Intervallschätzung und
           Hypothesentest 390
18.2 Diagnose 391
    18.2.1 Grafische Analyse 392
    18.2.2 Schätzer für ρ 393

INHALTSVERZEICHNIS

    18.2.3 Durbin-Watson-Test 394
  18.3 Anwendbare Schätzverfahren 399
    18.3.1 Ermittlung von x_1^* und y_1^* 400
    18.3.2 VKQ-Methode von Hildreth und Lu 401
    18.3.3 GVKQ-Methode von Cochrane und Orcutt 402
  18.4 Zusammenfassung 404
  Anhang 406
  18.5 Matrixalgebraischer Anhang 406
    18.5.1 Herleitung des transformierten Modells 407
    18.5.2 Konsequenzen der Autokorrelation 409
    18.5.3 Schätzung des transformierten Modells 411

19 Verletzung der Annahme B4: Störgrößen nicht normalverteilt   413
  19.1 Konsequenzen der Annahmeverletzung 414
  19.2 Diagnose 416
    19.2.1 Grafische Analyse 416
    19.2.2 Jarque-Bera-Test 418
  19.3 Zusammenfassung 420
  19.4 Matrixalgebraischer Anhang 421

20 Verletzung der Annahme C1: Zufallsabhängige exogene Variablen   423
  20.1 Weitere Qualitätskriterien für Schätzer: Konsistenz und asymptotische Effizienz...................... 424
    20.1.1 Konsistenz 425
    20.1.2 Rechenregeln für Wahrscheinlichkeitsgrenzwerte 427
    20.1.3 Asymptotische Effizienz 428
  20.2 Konsequenzen der Annahmeverletzung 428
    20.2.1 Fall 1: Störgrößen und Beobachtungen der exogenen Variable unabhängig 429
    20.2.2 Fall 2: Störgrößen und Beobachtungen der exogenen Variable kontemporär unkorreliert 432
    20.2.3 Eine mögliche Ursache für Fall 2: y_{t-1} als „exogene Variable" 433
    20.2.4 Fall 3: Störgrößen und Beobachtungen der exogenen Variable kontemporär korreliert 434
    20.2.5 Eine mögliche Ursache für Fall 3: Probleme bei der Erfassung der exogenen Variable ... 436
  20.3 Anwendbare Schätzverfahren 441
    20.3.1 Eigenschaften einer Instrumentvariable 441
    20.3.2 IV-Schätzung 442
    20.3.3 Konsistenz der IV-Schätzer 443

20.3.4 Wahrscheinlichkeitsverteilung und Varianz der
IV-Schätzer 444
20.3.5 Fazit der IV-Schätzung 446
20.4 Diagnose 446
20.4.1 Vorüberlegungen 446
20.4.2 Spezifikationstest von Hausman 447
20.5 Zusammenfassung 448
20.6 Matrixalgebraischer Anhang 450
20.6.1 Bedingter Erwartungswert 451
20.6.2 Fall 1: Störgrößen und exogene Variablen sind
unabhängig 453
20.6.3 Fall 2: Störgrößen und exogene Variablen sind
kontemporär nicht korreliert 462
20.6.4 Fall 3: Störgrößen und exogene Variablen sind
kontemporär korreliert 463
20.6.5 Instrumentvariablen-Schätzung 464
20.6.6 Hausman-Test 470

21 Verletzung der Annahme C2: Perfekte Multikollinearität 473

21.1 Konsequenzen der Annahmeverletzung 476
21.1.1 Grafische Veranschaulichung 476
21.1.2 Konsequenzen *perfekter* Multikollinearität für
Punkt–, Intervallschätzung und Hypothesentests 477
21.1.3 Konsequenzen *imperfekter* Multikollinearität für
Punkt–, Intervallschätzung und Hypothesentests 478
21.2 Diagnose 480
21.2.1 Diagnose von Multikollinearität 480
21.2.2 Hohe Schätzvarianz der Punktschätzer:
Multikollinearität oder Fehlspezifikation? 482
21.3 Angemessener Umgang mit Multikollinearität 485
21.3.1 Verfahren zur Eindämmung des
Multikollinearitätsproblems 485
21.3.2 Verwendung zusätzlicher Informationen 488
21.4 Zusammenfassung 490
21.5 Matrixalgebraischer Anhang 491
21.5.1 Auswirkungen hoher Multikollinearität
auf die KQ-Schätzer 491
21.5.2 Diagnose der Multikollinearität 493
21.5.3 Restringierte KQ-Schätzung 493

IV Weiterführende Themenbereiche   499

22 Dynamische Modelle   501
- 22.1 Stochastische Prozesse und Stationarität 502
  - 22.1.1 Stochastische Prozesse 502
  - 22.1.2 Stationarität von stochastischen Prozessen 503
  - 22.1.3 I(1)-Prozesse 504
- 22.2 Interpretation dynamischer Modelle 505
  - 22.2.1 Interpretation einzelner Parameter 505
  - 22.2.2 Kurzfristiger und langfristiger Multiplikator 506
  - 22.2.3 Median-Lag 509
- 22.3 Allgemeine Schätzprobleme dynamischer Modelle 510
  - 22.3.1 Zwei zentrale Schätzprobleme 510
  - 22.3.2 Mögliche Lösungsstrategien 511
- 22.4 Modelle mit geometrischer Lag-Verteilung 511
  - 22.4.1 Geometrische Lag-Verteilungen 511
  - 22.4.2 Koyck-Modell 512
  - 22.4.3 Ein Verwandter des Koyck-Modells: Partielles Anpassungsmodell 515
  - 22.4.4 Ein weiterer Verwandter des Koyck-Modells: Modell adaptiver Erwartungen 517
- 22.5 Modelle mit rationaler Lag-Verteilung und ihre Fehlerkorrektur-Formulierung 518
  - 22.5.1 Langfristige Gleichgewichtsbeziehung 519
  - 22.5.2 Fehlerkorrektur-Formulierung des ADL(1,1)-Modells . . 520
  - 22.5.3 Schätzung des Fehlerkorrekturmodells 521
  - 22.5.4 Fehlerkorrekturmodell und ökonomische Theorie 522
- 22.6 Zusammenfassung 523
- 22.7 Matrixalgebraischer Anhang 525
  - 22.7.1 Allgemeines dynamisches Modell 525
  - 22.7.2 Formulierung von Modellen mit geometrischer Lag-Verteilung 525
  - 22.7.3 Schätzung von Modellen mit geometrischer Lag-Verteilung 526

23 Interdependente Gleichungssysteme   527
- 23.1 Nicht-Konsistenz der KQ-Schätzer 528
- 23.2 Indirekte KQ-Methode (IKQ-Methode) 529
  - 23.2.1 Strukturelle Form versus reduzierte Form 529
  - 23.2.2 Schätzung der Parameter der reduzierten Form 531
  - 23.2.3 Schätzung der Parameter der strukturellen Form 531
- 23.3 Identifikationsproblem 533
  - 23.3.1 Ein verkleinertes Gleichungssystem 533
  - 23.3.2 Ein erweitertes Gleichungssystem 534

23.3.3 Ordnungskriterium 535
23.4 Zweistufige KQ-Methode (ZSKQ-Methode) 537
    23.4.1 Erste Stufe der ZSKQ-Schätzung 537
    23.4.2 Zweite Stufe der ZSKQ-Schätzung 538
    23.4.3 ZSKQ-Schätzung im Überblick 539
23.5 Weitere Beispiele interdependenter Gleichungssysteme 540
    23.5.1 Gleichungssysteme mit Lag-Variablen 540
    23.5.2 Keynesianisches Makromodell 541
    23.5.3 Partielles Marktgleichgewichtsmodell 541
23.6 Zusammenfassung 542
Anhang 544
23.7 Matrixalgebraischer Anhang 545
    23.7.1 Kompakte Darstellung der strukturellen Form 545
    23.7.2 Reduzierte Form 548
    23.7.3 Identifikation einer Gleichung 550
    23.7.4 Schätzung mit der IKQ-Methode 551
    23.7.5 Schätzung mit der ZSKQ-Methode 552

Literaturverzeichnis   **555**

Tabellenanhang   **559**

Index   **567**

Kapitel 1

Einleitung

1.1 Braucht man Ökonometriker?

Selbstverständlich! Man braucht sie, um Ökonometrie zu unterrichten, um ökonometrische Lehrbücher zu schreiben und um das ökonometrische Theoriegebäude weiter auszubauen.

An alle diejenigen, denen diese Rechtfertigung absurd vorkommt, wendet sich dieses Buch. Es hat den praktisch orientierten Ökonomen im Auge, der sich empirische Analysemethoden aneignen möchte, ohne das dahinter stehende formale Theoriegebäude in allen seinen Nuancen erfassen zu müssen.

Braucht man empirisch arbeitende Ökonomen? Für Politiker, Unternehmer und andere Entscheidungsträger ist es von großem Wert, Einsichten in die für sie relevanten wirtschaftlichen Zusammenhänge zu gewinnen. Erst die Kenntnis dieser Beziehungen ermöglicht ihnen, fundierte Entscheidungen zu treffen. Um beispielsweise ein optimales Werbebudget aufzustellen, muss eine Unternehmerin wissen, in welchem Ausmaß ihre Werbung den Umsatz ihrer Produkte beeinflusst. Die Erkenntnis, dass ein erhöhter Werbeaufwand gewöhnlich zu höheren Umsatzzahlen führt, ist so trivial wie nutzlos. Interessant wird es für die Unternehmerin erst dann, wenn nummerische Werte präsentiert werden. Erst Aussagen wie „jeder in die Werbung gesteckte Euro erhöht den Umsatz um fünf Euro" liefern eine verwendbare Entscheidungsgrundlage.

Um solche konkreten Aussagen nicht willkürlich zu treffen, müssen seriöse Berechnungen angestellt werden. Derartige Analysen sind oftmals komplex und erfordern Ökonomen mit entsprechenden methodischen Kenntnissen. Dies ist die Domäne ökonometrisch ausgebildeter Ökonomen. Sie verfügen über Techniken, die es erlauben, nummerische Abschätzungen der Wirkungszusammenhänge bereitzustellen. Folgerichtig sind nahezu alle führenden wirtschaftswissenschaftlichen Fakultäten des anglo-amerikanischen Sprachraums dazu übergegangen, Ökonometrie als zentrales Pflichtfach des Studiums aufzunehmen. Inzwischen ist auch im deutschen Sprachraum ein solcher Trend erkennbar.

Ökonometrie ist also nicht nur *l'art pour l'art*! Dieses Lehrbuch soll helfen, Ökonomen mit den notwendigen Techniken auszustatten. Um dem ökonometrischen Praktiker den Vorwurf zu ersparen, er sei ein Zahlenklempner ohne Gespür für die erkenntnistheoretischen Wurzeln seines Handwerks, wird im folgenden Abschnitt eine kurze wissenschaftstheoretische Einordnung der Ökonometrie gegeben.

1.2 Was ist Ökonometrie?

Jede Wissenschaft, die darauf abzielt, die Realität zu erklären, lässt sich gedanklich in zwei Arbeitsbereiche zerlegen: *theoretische* Forschung und *empirische* Forschung. Die theoretische Forschung beschäftigt sich damit, aus bestimmten grundlegenden Annahmen gehaltvolle Hypothesen abzuleiten und diese Hypothesen zur Erklärung der Realität anzubieten. Die empirische Forschung beschäftigt sich damit, diese Theorien der Realität gegenüberzustellen, und zwar durch Konfrontation des (theoretischen) Modells mit (empirischen) Beobachtungen. Eine auf diese Weise empirisch fundierte Theorie ist eine wertvolle Orientierungshilfe für Entscheidungsträger.

Es gibt sehr unterschiedliche Varianten der empirischen Forschung, unterschiedlich vor allem mit Blick darauf, wie die beobachteten Fakten zustande kommen, mit denen die relevanten theoretischen Modelle konfrontiert werden. Mit etwas Mut zur Vereinfachung kann man in dieser Hinsicht zwei Varianten der empirischen Forschung unterscheiden, die historische und die experimentelle Variante.

Die *experimentelle* Richtung der Empirie schafft unter möglichst perfekt kontrollierten Bedingungen bestimmte Fakten, die nur dem Zweck dienen, die relevante Theorie mit diesen zu konfrontieren. Das Versuchslabor ist der Prototyp experimenteller Forschung: Es ist so angelegt, dass es möglichst perfekt von der Außenwelt abgeschnitten arbeitet – in dem Sinne, dass der „normale" Ablauf der Geschichte außerhalb des Labors (z.B. der Lärm von einer benachbarten verkehrsreichen Straße, die Lage von Wetter oder Konjunktur) keinen spürbaren Einfluss auf das Versuchsergebnis hat.

Die *historische* (oder nicht-experimentelle) Variante der Empirie dagegen konfrontiert ein theoretisches Modell mit Fakten der Vergangenheit, also vor allem mit Zuständen und Entwicklungen, die es als Teil der Geschichte tatsächlich gegeben hat und die nicht gezielt herbeigeführt wurden, um sie zur Überprüfung einer bestimmten Theorie anzuwenden.

Die Geschichte muss dabei keineswegs länger zurückliegen, wie es in der Regel bei jenen Fakten der Fall ist, mit denen sich professionelle Historiker beschäftigen. Auch Fakten der unmittelbaren Vergangenheit wie beispielsweise der gestrige Kurs des US-Dollars sind im Sinne der empirischen Forschung historische Fakten, denn sie entstammen dem „unkontrollierten" Teil der Geschichte, sind also nicht das Ergebnis eines „kontrollierten" Experimentes.

Gegenstand dieses Lehrbuches ist letztlich die historische Richtung der Empirie. Es wird also zumeist unterstellt, dass die Fakten, mit denen ein theoretisches Modell konfrontiert wird, der Vergangenheit entstammen, also im Prinzip Ergebnis eines nichtkontrollierten Experimentes (genannt „Geschichte") sind. Die erlernten Methoden können aber oftmals auch im Zusammenhang mit kontrollierten Experimenten eingesetzt werden.

Die Theorie mit den Fakten konfrontieren – dies klingt einfach und einleuchtend, ist aber in der praktischen Umsetzung so komplex, dass es für fast alle Sozialwissenschaften methodische Teildisziplinen gibt, in denen vermittelt wird, was man zu tun hat. Wie eine sachgerechte Methodik aussieht, hängt nicht zuletzt davon ab, wie eine Theorie formuliert ist und welche Art von Fakten die Geschichte liefert. Für die Wirtschaftswissenschaft ist typisch, dass im Vergleich zu anderen Sozialwissenschaften die Theorien relativ stark formal präzisiert werden und dass die Fakten, auf die eine Theorie angewandt wird, in Gestalt von sogenannten *Daten* systematisiert werden. Unter „Daten" verstehen wir dabei Fakten oder Tatsachen, die im Wesentlichen in quantitativer Form vorliegen, also messbar sind. Das Zusammentreffen formalisierter Theorie und quantifizierter Fakten (Daten) erlaubt es, Theorie und Realität durch eine besonders stringente Methodik zu verknüpfen: die *Statistik*.

Die Statistik hilft, den Gehalt der Informationen, die in den Daten stecken, zu verdichten. Ziel ist es dabei, die Verdichtung genau so weit zu treiben, dass das Ergebnis eine Bewertung der Theorie erlaubt, ohne Informationen zu verschenken, die für die Fragestellung relevant sind. Die Anwendung statistischer Methoden in diesem Sinne wird auch als *Ökonometrie* bezeichnet, ohne dass es eine wirklich präzise Definition dieses Wissenschaftszweiges gibt. Zusammenfassend lässt sich aber sagen: Die Ökonometrie analysiert anhand von beobachtbaren Daten (ökonomische Realität) ökonomische Wirkungszusammenhänge (ökonomische Theorie). Dabei greift sie auf Methoden zurück, die in der statistischen Theorie entwickelt wurden.

Die Wortschöpfung „Ökonometrie" wird zumeist Ragnar Frisch (1926) zugeschrieben, einem der maßgeblichen Wegbereiter für diesen Wissenschaftszweig. Er verwendete in einem in französischer Sprache verfassten Artikel den Begriff „économétrie". Später berichtete Frisch (1936) allerdings von einer Zuschrift, die er in der Zwischenzeit erhalten hatte. In dieser Zuschrift wurde er darauf hingewiesen, dass Pawel Ciompa 1910 ein Buch in deutscher Sprache veröffentlichte, welches im Titel den Begriff „Oekonometrie" trug. Ciompa verstand darunter allerdings nicht das, was Frisch mit diesem Begriff ausgedrückt sehen wollte und was auch heute noch damit verbunden wird.

1.3 Die vier Aufgaben der Ökonometrie

Nachdem erläutert wurde, wo die Ökonometrie als Wissenschaft einzuordnen ist und welches ihr Anspruch ist, kann nun die Vorgehensweise des Ökonometrikers ein wenig konkreter beleuchtet werden. An dieser Stelle wird aber nur ein grob vereinfachender Abriss ökonometrischen Arbeitens präsentiert. Er soll helfen, eine Vorstellung von den Aufgaben des Ökonometrikers zu entwickeln.

Die zwei Kernaufgaben des Ökonometrikers sind die *Spezifikation* eines Modells und dessen *Schätzung* bzw. Quantifizierung. Ein triviales Beispiel soll diese zwei grundlegenden Aufgaben veranschaulichen:

Beispiel zu Kapitel 1

Die Gäste eines Restaurants hinterlassen dem Kellner mehr oder weniger hohe Trinkgeldbeträge. Da der Kellner zu allen Gästen gleichbleibend freundlich ist, kann er sich die Unterschiede in den Trinkgeldbeträgen nicht erklären. Er beauftragt deshalb einen befreundeten Ökonometriker, die Ursache für die Betragsschwankungen herauszufinden.

Der beauftragte Ökonometriker ist zugleich ausgebildeter Ökonom. In seiner Eigenschaft als Ökonom versucht er zunächst den grundlegenden Wirkungszusammenhang zwischen der Trinkgeldhöhe und seinen Ursachen genauer zu identifizieren. Da der Kellner alle seine Gäste gleich behandelt, lässt sich vermuten, dass die unterschiedliche Höhe der Trinkgeldbeträge y im Wesentlichen durch die Höhe des Rechnungsbetrages x (jeweils gemessen in Euro) erklärt werden kann:

$$y = f(x).$$

Dies ist das *ökonomische Modell*. Es legt fest, dass nur der Rechnungsbetrag x einen Einfluss auf die Trinkgeldhöhe y besitzt. Ist das ökonomische Modell formuliert, dann beginnt die Aufgabe des Ökonometrikers.

1.3.1 Spezifikation

Funktionale Spezifikation

Unsere alltägliche Restaurant-Erfahrung legt nahe, dass je höher der Rechnungsbetrag x, umso höher das Trinkgeld y. Vereinfachend lässt sich unterstellen, dass die Trinkgeldhöhe proportional zur Höhe des Rechungsbetrages verläuft – „man gibt so und so viel Prozent Trinkgeld". Diese Unterstellung erlaubt, den Zusammenhang zwischen Rechnungsbetrag und Trinkgeld als eine spezifische Funktion auszudrücken:

$$y = \beta x, \qquad (1.1)$$

wobei β einen konstanten Parameter darstellt. Wenn also für x Euro gespeist wird, dann sollte βx Euro an Trinkgeld bezahlt werden.

Gleichung (1.1) spezifiziert eine bestimmte funktionale Beziehung zwischen x und y. Aufbauend auf diesem Modell kann in zwei weiteren Arbeitsschritten ein *ökonometrisches Modell* funktional spezifiziert werden.

1.3. DIE VIER AUFGABEN DER ÖKONOMETRIE

Wie sieht das zu (1.1) korrespondierende ökonometrische Modell aus? Das ökonometrische Modell soll den Zusammenhang zwischen *beobachtetem* Rechnungsbetrag und *beobachtetem* Trinkgeld erfassen. Deshalb werden in einem ersten Schritt die Variablen x und y mit einem Index t versehen, der anzeigt, um welche Beobachtung (Gast) es sich jeweils handelt:

$$y_t = \beta x_t , \qquad (1.2)$$

wobei $t = 1, 2, ..., T$. Dieses Modell postuliert, dass ein Gast t, der in Höhe von x_t Euro speist, dem Kellner βx_t Euro Trinkgeld geben wird.

In der Realität wird dieser Zusammenhang nur sehr selten genau erfüllt sein, denn Menschen sind verschiedenen Zufälligkeiten und Stimmungen unterworfen. Beispielsweise könnte ein Gast seiner Kollegin imponieren wollen und sich deshalb beim Trinkgeld besonders großzügig zeigen oder er könnte seiner Frau ein Beispiel an sparsamer Haushaltsführung geben wollen und deshalb ein spartanisches Trinkgeld geben. Der in (1.2) postulierte Zusammenhang wird deshalb allenfalls für wenige der T Beobachtungen genau erfüllt sein. Um solchen Unwägbarkeiten Rechnung zu tragen, ergänzt man in einem zweiten Schritt das ökonomische Modell um einen Term, der diese Zufälligkeiten erfassen soll. Eine einfache Möglichkeit wäre

$$y_t = \beta x_t + u_t . \qquad (1.3)$$

Die Variable u_t bezeichnet man üblicherweise als *Störgröße*.

Erst jetzt ist das ökonometrische Modell vollständig *funktional spezifiziert*. Das funktional spezifizierte ökonometrische Modell (1.3) unterscheidet sich vom Modell (1.1) im Wesentlichen dadurch, dass es Zufallseinflüssen Rechnung trägt.

Für die spätere ökonometrische Auswertung des Modells (1.3) muss zusätzlich zur funktionalen Spezifikation eine *Spezifikation der Störgröße* und eine *Spezifikation der Variable x_t* erfolgen.

Störgrößen-Spezifikation

Es wird immer unterstellt, dass der Wert der Störgröße u_t einzig durch den Zufall (die Kapriolen der Restaurantbesucher) bestimmt wird, und dass sich die Höhe des Trinkgeldbetrages *im Mittel* dennoch gemäß $y_t = \beta x_t$ bemisst.

Variablen-Spezifikation

In diesem dritten Spezifikationsschritt werden genauere Aussagen über die statistischen Eigenschaften der Variable x_t gemacht. Für die Zwecke dieser Einführung brauchen wir jedoch nicht näher auf diesen dritten Spezifikationsteil einzugehen.

Wir halten fest, dass die Spezifikation des ökonometrischen Modells aus drei Komponenten besteht: der funktionalen Spezifikation, der Störgrößen-Spezifikation und der Variablen-Spezifikation.

Kellner und Ökonometriker eint ihr Interesse am nummerischen Wert von β. Den Versuch, diesen Wert möglichst genau zu berechnen, nennt man die Quantifizierung oder *Schätzung* des ökonometrischen Modells. Nach der Spezifikation ist also die Schätzung die zweite Kernaufgabe des Ökonometrikers.

1.3.2 Schätzung

Jeder Gast t liefert ein Beobachtungspaar (x_t=Rechnungsbetrag, y_t=Trinkgeld). Nach Beobachtung einiger Gäste ließe sich der nummerische Zusammenhang recht genau ermitteln. Dennoch können wir nicht zweifelsfrei den wahren Zusammenhang ermitteln, denn ist beispielsweise die Zahl der Gäste begrenzt, so werden nicht alle möglichen Rechnungsbeträge zu beobachten gewesen sein. Entsprechend können wir auch nicht ganz sicher sein, welche Trinkgelder bei den nicht beobachteten Beträgen anfallen. Ferner können Zufälle (eine Magenverstimmung, ein lauer Sommerabend ....) Beobachtungspaare generieren, die vom wahren Wirkungszusammenhang abweichen.

Man kann lediglich versuchen, aus den gemachten Beobachtungen eine gute Annäherung an den wahren Zusammenhang zu erhalten. Aufgrund der nicht unmittelbar beobachtbaren Störgröße u_t ist aber der wahre Wert von β niemals zweifelsfrei berechenbar. Das lässt sich leicht am Trinkgeld-Beispiel illustrieren.

Nummerische Illustration 1.1

Nehmen wir an, dass wir im Laufe des Abends zwei Gäste beobachtet haben. Folgende Beobachtungspaare seien dabei ermittelt worden (jeweils in Euro):

$$\text{Gast 1} : \quad (x_1 = 10,\ y_1 = 2),$$
$$\text{Gast 2} : \quad (x_2 = 30,\ y_2 = 3).$$

Möglicherweise besitzt also β den Wert $0,2$ und entsprechend die Störgröße beim ersten Gast den Wert 0 und beim zweiten Gast den Wert -3. Ebenso könnte es jedoch sein, dass β den Wert $0,1$ besitzt und damit die Störgröße beim ersten Gast $+1$ und beim zweiten Gast 0 beträgt. Auch andere Konstellationen sind plausibel.

Aus den beobachteten Daten ist nicht erkennbar, ob die Störgröße bei Gast 1 oder bei Gast 2 oder bei beiden Gästen wirksam wurde. Folglich lässt sich keine gesicherte Aussage über den wahren Wert von β treffen. Wir gehen zwar davon aus, dass es einen wahren Zusammenhang zwischen Trinkgeld und Rechnungsbetrag in der Form des ökonometrischen Modells gibt, aber aus den empirischen Beobachtungen kann man niemals mit letzter Sicherheit die nummerischen Werte für diesen wahren Zusammenhang zu Tage fördern.

1.3. DIE VIER AUFGABEN DER ÖKONOMETRIE

Welcher Wert für β ist plausibel? Auf Grundlage der zwei Beobachtungspaare (x_1, y_1) und (x_2, y_2) lassen sich *mit aller Vorsicht* diesbezügliche Aussagen machen. Der Wert von β kann mit Hilfe der gemachten Beobachtungen (Daten) geschätzt werden. Dazu stehen verschiedene *Schätzverfahren* zur Verfügung. Einige wichtige Verfahren werden im Verlauf dieses Buches vorgestellt. Ihnen ist gemein, dass sie für den Parameter β des ökonometrischen Modells einen nummerischen Schätzwert ermitteln. Einen solchen Schätzwert symbolisieren wir im Folgenden durch ein Dach: $\widehat{\beta}$.

Ein mögliches Schätzverfahren besteht darin, separat für jede der beiden Beobachtungen das passende $\widehat{\beta}$ zu berechnen und anschließend den Durchschnitt aus den beiden $\widehat{\beta}$-Werten zu bilden.

Nummerische Illustration 1.2

Der passende Schätzwert $\widehat{\beta}$ für Beobachtung 1 beträgt 0,2 und für Beobachtung 2 beträgt er 0,1. Der Durchschnitt ist somit 0,15. Wir werden an späterer Stelle sehen, dass es weitaus bessere Schätzverfahren gibt als das hier verwendete.

Ist ein Schätzwert $\widehat{\beta}$ ermittelt, dann lässt sich für jeden Wert x_t der Wert $\widehat{y}_t$ angeben, der in einer Welt frei von Störeinflüssen zu erwarten wäre. Dieser Zusammenhang lässt sich folgendermaßen formalisieren:

$$\widehat{y}_t = \widehat{\beta} x_t . \tag{1.4}$$

Da für gegebenen x_t-Wert der Wert von $\widehat{y}_t$ im allgemeinen vom tatsächlich beobachteten Wert y_t abweicht, kann die Differenz

$$\widehat{u}_t = y_t - \widehat{y}_t \tag{1.5}$$

als unsere Vermutung bezüglich des bei Beobachtung t, also beim Wert x_t wirksam gewordenen Störeinflusses interpretiert werden. Setzt man (1.4) in (1.5) ein und löst nach y_t auf, dann ergibt sich

$$y_t = \widehat{\beta} x_t + \widehat{u}_t . \tag{1.6}$$

Ist $\widehat{\beta}$ aus der Stichprobe ermittelt, dann sind Gleichungen (1.4) und (1.6) durch einfache algebraische Umformung ineinander überführbar. Da beide Gleichungen nicht länger den wahren Zusammenhang selbst, sondern lediglich unsere *Schätzung* bezüglich des wahren Zusammenhangs beschreiben, bezeichnen wir die eine oder die andere Variante im Folgenden als das *geschätzte Modell*.

Nummerische Illustration 1.3

Nehmen wir an, das im Trinkgeld-Beispiel angewendete Schätzverfahren hätte einen Wert von $\widehat{\beta} = 0,15$ geliefert:

$$\widehat{y}_t = 0,15 \cdot x_t \tag{1.7}$$

bzw.

$$y_t = 0,15 \cdot x_t + \widehat{u}_t \ .$$

Aus (1.7) lässt sich für jeden Rechnungsbetrag das zu erwartende Trinkgeld berechnen. Zum Beispiel müsste die Essensrechnung der zweiten Beobachtung ($x_2 = 30$ Euro) normalerweise zu einem Trinkgeld von $\widehat{y}_2 = 4,50$ Euro führen. Das tatsächlich beobachtete Trinkgeld betrug jedoch $y_2 = 3$ Euro. Unsere Schätzung bezüglich des aufgetretenen Störeinflusses beträgt demnach $\widehat{u}_2 = -1,50$ Euro.

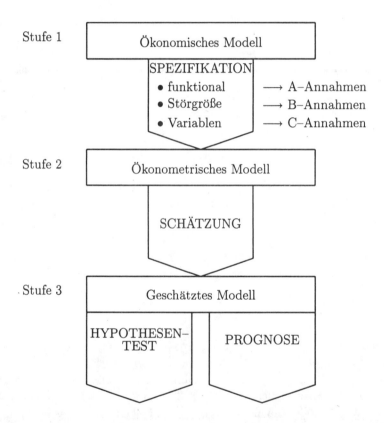

Abbildung 1.1: Die vier Aufgaben ökonometrischer Analyse.

Abbildung 1.1 rekapituliert die bisherigen Überlegungen. Es wurden drei Stufen ökonometrischer Analyse vorgestellt. Die erste Stufe bezeichneten wir als das *ökonomische Modell*. Dieses wird dem Ökonometriker vom ökonomischen Theoretiker vorgegeben – sofern er nicht selbst dieser Theoretiker ist. Im

1.3. DIE VIER AUFGABEN DER ÖKONOMETRIE

Rahmen der *Spezifikation* (funktionale Spezifikation, Störgrößen-Spezifikation und Variablen-Spezifikation) wird das ökonomische Modell in das *ökonometrische Modell* überführt, welches die zweite Stufe der ökonometrischen Analyse darstellt. Erst auf Basis des ökonometrischen Modells kann im Rahmen der *Schätzung* die dritte Stufe, das *geschätzte Modell*, ermittelt werden.

Die zwei Kernaufgaben Spezifikation und Schätzung bilden die Basis für jegliches ökonometrische Arbeiten. Abbildung 1.1 deutet aber bereits an, dass die Aufgaben des Ökonometrikers weit über diese beiden Aspekte hinausgehen. Dabei sind zwei Betätigungsfelder hervorzuheben. Das erste ist der *Hypothesentest* und das zweite die *Prognose*. Beide Aufgaben benutzen das geschätzte Modell (dritte Stufe) als Ausgangspunkt. Auch diese beiden Aufgaben sollen im Folgenden kurz erläutert werden.

1.3.3 Hypothesentest

Ist ein geschätztes Modell ermittelt, dann lässt sich überprüfen, ob eine aufgestellte *Hypothese* bezüglich des Wirkungszusammenhangs zwischen den betrachteten Variablen plausibel ist, das heißt, ob sie der Gegenüberstellung mit der ökonomischen Realität (den Daten) standhält. Im Trinkgeld-Beispiel mag eine überprüfbare Hypothese lauten, dass das Trinkgeld mit dem Rechnungsbetrag steigt. Eine präzisere Hypothese könnte lauten, dass ein Gast normalerweise 15 Prozent Trinkgeld gibt.

Ferner ist es möglich, die im Rahmen der Modell-Spezifikation getroffenen Annahmen zu überprüfen. Ist beispielsweise der Zusammenhang zwischen Rechnungsbetrag und Trinkgeld tatsächlich linear, wie es eingangs unterstellt wurde?

Wie plausibel sind diese Hypothesen angesichts der in der Stichprobe gemachten Beobachtungen? Verfahren zur Beantwortung dieser Frage werden in diesem Lehrbuch vorgestellt.

1.3.4 Prognose

Wenn bekannt ist, welchen Wert die Variable x_0 besitzt oder besitzen wird, der entsprechende Wert für die Variable y_0 aber nicht bekannt ist, dann erlaubt ein geschätztes Modell wie Gleichung (1.7) eine *Prognose* bezüglich des zu erwartenden Wertes für y_0.

Nummerische Illustration 1.4

Auch wenn wir bislang keinen Gast beobachtet haben, der zu $x_0 = 40$ Euro speiste, so könnten wir doch auf Grundlage von Gleichung (1.7) eine Prognose abgeben bezüglich der Trinkgeldhöhe y_0, die ein Kellner bei diesem Betrag erhalten würde. Wegen $\widehat{\beta} = 0,15$ würden wir für einen Gast mit einem Rechnungsbetrag von $x_0 = 40$ Euro ein Trinkgeld von $y_0 = 6$ Euro prognostizieren.

Damit sind die vier Aufgaben ökonometrischer Analyse (Spezifikation, Schätzung, Hypothesentest und Prognose) hinreichend skizziert.

1.4 Aufbau des Lehrbuches

Es wurde bereits betont, dass erst die Spezifikation eines ökonometrischen Modells eine konkrete nummerische Schätzung zulässt. Ein Modell zu spezifizieren bedeutet nichts anderes, als konkrete Annahmen über den wahren Wirkungszusammenhang zu treffen. Bevor es also zur eigentlichen Schätzung kommen kann, sind im Rahmen der Spezifikation des ökonometrischen Modells bereits implizit grundlegende Annahmen getroffen worden, die in der Realität nicht notwendigerweise erfüllt sind.

Im Trinkgeld-Beispiel wurde unterstellt, dass nur der Rechnungsbetrag einen systematischen Einfluss auf die Trinkgeldhöhe aufweist. Plausible weitere Kandidaten wären die Qualität der Speise oder die Begleitung des Gastes. Ferner wurde angenommen, dass der Einfluss des Rechnungsbetrages proportional ist. Aufgrund ihres grundlegenden Charakters werden diese *funktionalen Spezifikations-Annahmen* im Folgenden als *A-Annahmen* bezeichnet (siehe Abbildung 1.1). Auch im Rahmen der *Störgrößen-Spezifikation* werden Annahmen getroffen. Diese bezeichnen wir als *B-Annahmen*. Sie beziehen sich ausschließlich auf die Störgröße u_t. Die im Rahmen der *Variablen-Spezifikation* zu treffenden Annahmen werden als *C-Annahmen* geführt. Eine detailliertere Erläuterung der einzelnen A-, B- und C-Annahmen erfolgt erst an späterer Stelle (Kapitel 2).

Für die Zwecke dieser Einleitung ist Abbildung 1.1 damit hinreichend beschrieben. Sie sollte im Folgenden stets im Hinterkopf behalten werden, denn sie ist der Leitfaden durch jegliche ökonometrische Analyse und spielt deshalb auch in der Anatomie dieses Lehrbuches eine wichtige Rolle. Das Buch ist in vier Hauptteile untergliedert:

Teil I ist einem besonders überschaubaren ökonometrischen Modelltyp gewidmet, nämlich dem sogenannten *einfachen linearen Regressionsmodell* (Kapitel 2 bis 7).

Teil II beschäftigt sich mit einem komplexeren Modelltyp, dem sogenannten *multiplen linearen Regressionsmodell* (Kapitel 8 bis 12).

In beiden Teilen wird stets unterstellt, dass die im Rahmen der Spezifikation zu treffenden A-, B- und C-Annahmen erfüllt sind. Das heißt, wir bewegen uns in einer „ökonometrischen Idealwelt". Leider ist diese einfache Sichtweise in der ökonometrischen Praxis nur sehr selten gerechtfertigt, denn in der realen Welt sind die A-, B- und C-Annahmen regelmäßig verletzt.

Teil III untersucht deshalb die ökonometrischen Konsequenzen, die sich aus solchen Annahmeverletzungen ergeben. Dabei ist jedes Kapitel einer eigenen Annahme bzw. deren Verletzung gewidmet (Kapitel 13 bis 21).

Teil IV ist zwei weiterführenden Bereichen der Ökonometrie gewidmet, nämlich den dynamischen Modellen und den interdependenten Gleichungssystemen (Kapitel 22 und 23).

Bevor wir uns Teil I zuwenden, sollte abschließend noch ein Blick auf das für die ökonometrische Analyse verwendete Datenmaterial geworfen werden.

1.5 Datenmaterial

Die Qualität der empirischen Forschung hängt nicht nur von der Qualität der ökonomischen und statistischen Theorie ab, sondern auch von der Qualität der zur Verfügung stehenden Daten. Über die ökonomische und statistische Theorie braucht man sich als praktischer Ökonometriker weniger Gedanken zu machen. Sie sind die Domäne der theoretischen Volks- und Betriebswirte sowie der Statistiker. Anders verhält es sich mit der Qualität des Datenmaterials. Das Beschaffen von Zahlen, die für die jeweilige Fragestellung angemessen sind, ist oft sehr zeitaufwändig und erfordert eine wohldurchdachte Quellenarbeit, für die es kaum eine systematische Anleitung gibt, die Allgemeingültigkeit beanspruchen kann. Gerade beim Beschaffen der Daten ist aber große Sorgfalt geboten, denn in dieser Hinsicht gemachte Fehler können durch keine noch so gute ökonomische und statistische Theorie vollständig wettgemacht werden.

In der empirischen Wirtschaftsforschung unterscheidet man üblicherweise zwischen *Zeitreihen-*, *Querschnitts-* und *Paneldaten*. Diese Datentypen lassen sich leicht am Trinkgeld-Beispiel illustrieren. Nehmen wir an, es wurden drei Stammgäste an drei aufeinanderfolgenden Abenden beobachtet. Dies ergibt insgesamt eine Stichprobe von $T = 9$ Beobachtungen. Die Daten der Stichprobe sind in Tabelle 1.1 aufgeführt.

Tabelle 1.1: Datenpaare (x_t=Rechnungsbetrag, y_t=Trinkgeld; beides in Euro) von 9 beobachteten Gästen.

	Stammgast 1	Stammgast 2	Stammgast 3
1. Abend	$(x_1, y_1) = (10, 2)$	$(x_2, y_2) = (20, 2)$	$(x_3, y_3) = (25, 4)$
2. Abend	$(x_4, y_4) = (30, 3)$	$(x_5, y_5) = (35, 3)$	$(x_6, y_6) = (41, 6)$
3. Abend	$(x_7, y_7) = (50, 7)$	$(x_8, y_8) = (14, 2)$	$(x_9, y_9) = (17, 2)$

Die Datenreihe (x_1, y_1), (x_4, y_4) und (x_7, y_7) bildet eine *Zeitreihe*. Es wurde ein Gast (Stammgast 1) an drei aufeinanderfolgenden Zeitpunkten beobachtet. Ebenso existiert eine Zeitreihe für Stammgast 2 und Stammgast 3.

Die Datenreihe (x_1, y_1), (x_2, y_2) und (x_3, y_3) hingegen bildet einen *Querschnitt*. Sie erfasst zum Zeitpunkt des ersten Abends drei verschiedene Stammgäste. Auch für den zweiten und dritten Abend existiert je ein Querschnitt.

Der gesamte Beobachtungsbefund $(x_1, y_1), (x_2, y_2), ..., (x_9, y_9)$ kann als *Panel* bezeichnet werden. Panel zeichnen sich dadurch aus, dass sie sowohl Querschnitte als auch Zeitreihen enthalten.

Es existieren also in der Ökonometrie drei Datenarten:

- *Zeitreihendaten (bzw. Längsschnittdaten):* Es wird ein einzelnes Wirtschaftssubjekt bzw. Wirtschaftsaggregat (z.B. Person, Haushalt, Unternehmung oder Land) untersucht. Dieses wird zu mehreren Zeitpunkten (z.B. Stunden, Quartale oder Jahre) beobachtet.

- *Querschnittsdaten:* Es wird nur zu einem Zeitpunkt beobachtet. Dabei werden mehrere Wirtschaftssubjekte bzw. Wirtschaftsaggregate erfasst.

- *Paneldaten:* Es werden mehrere Wirtschaftssubjekte bzw. Wirtschaftsaggregate zu mehreren Zeitpunkten beobachtet. Damit stellen Paneldaten eine Kombination von Zeitreihen- und Querschnittsdaten dar.

Alle drei Datentypen spielen in der empirischen Forschung eine wichtige Rolle. In der wirtschaftspolitischen Debatte ist z.B. sowohl die Veränderung des Volkseinkommens eines Landes in der Zeit, als auch das unterschiedliche Niveau des Volkseinkommens von verschiedenen Ländern von größter Bedeutung. Ersteres lässt sich aber nur in der Zeitreihe, Letzteres nur im Querschnitt untersuchen. Will man beide Aspekte in einer Untersuchung bündeln, könnte man auf Panel-Daten zurückgreifen.

Teil I

Einfaches lineares Regressionsmodell

TEIL I: EINFACHES LINEARES REGRESSIONSMODELL

In der Einleitung wurde der in Abbildung 1.1 illustrierte rote Faden durch die vier ökonometrischen Aufgaben (Spezifikation, Schätzung, Hypothesentest und Prognose) gesponnen – Ökonometrie aus der Vogelperspektive. Einziges Ziel dieser Perspektive war es, eine Gesamtvorstellung von ökonometrischer Analyse zu entwickeln. Dabei konnten zahlreiche Komplikationen und Details ausgeklammert bleiben. In der praktischen Arbeit kommt man aber nicht daran vorbei, sich diesen Komplikationen zu stellen. Es ist deshalb an der Zeit, die Vogelperspektive zu verlassen und sich das notwendige Handwerkszeug anzueignen, um diese Schwierigkeiten bewältigen zu können. Dabei soll mit dem *einfachen linearen Regressionsmodell* begonnen werden.

Was ist ein einfaches Regressionsmodell? Im einleitenden Trinkgeld-Beispiel wurde versucht, die Schwankungen in den beobachteten Trinkgeldbeträgen durch die unterschiedlichen beobachteten Rechnungsbeträge zu erklären. Allgemeiner formuliert besteht ökonometrisches Arbeiten darin, die verschiedenen Werte einer Variable – genannt: *endogene*, erklärte oder abhängige Variable – durch die Werte einer anderen Variable – *exogene*, erklärende oder unabhängige Variable – zu erklären. Üblicherweise wird die endogene Variable durch y dargestellt und die exogene Variable durch x.

Gewöhnlich bezeichnen Ökonometriker die Erklärung einer endogenen Variable y durch eine exogene Variable x als *Einfachregression* und das zugrunde liegende ökonometrische Modell als *einfaches Regressionsmodell*. „Die Variable y wird auf eine *einzelne* exogene Variable x regressiert", das heißt, durch eine einzelne Variable erklärt.

Offensichtlich gibt es eine Vielzahl von Beispielen, in denen die unterschiedlichen Beobachtungswerte einer endogenen Variable y erst durch mehrere exogene Variablen $(x_1, x_2, \ldots, x_K)$ angemessen erklärt werden können. So könnten die Verkaufszahlen eines Produktes sowohl vom eigenen Preis (x_1) als auch vom eigenen Werbeaufwand (x_2), vom Durchschnittspreis der Konkurrenzprodukte (x_3) und vom Werbeaufwand der Konkurrenten (x_4) abhängen. Bei diesem komplexeren ökonometrischen Modell handelt es sich folgerichtig nicht um ein einfaches Regressionsmodell, sondern um ein *multiples Regressionsmodell*. Dieses wird erst Gegenstand von Teil II dieses Buches sein.

Teil I ist folgendermaßen aufgebaut: Im folgenden Kapitel 2 wird die Spezifikation für den Fall der Einfachregression erläutert. Die entsprechenden A-, B- und C-Annahmen werden einzeln vorgestellt und diskutiert. Sie sind erforderlich, um in Kapitel 3 zu einer nummerischen Schätzung der wahren, aber unbekannten Parameter zu kommen. Die Schätzung erfolgt dabei mit der sogenannten Kleinst-Quadrat-Methode (KQ-Methode). Die Verlässlichkeit der KQ-Methode im Vergleich zu alternativen Schätzverfahren ist Gegenstand von Kapitel 4. Daran anschließend wird in Kapitel 5 ein Verfahren vorgestellt, das Anhaltspunkte über die Verlässlichkeit der ermittelten nummerischen Werte einer Schätzung liefert. Kapitel 6 widmet sich der dritten Aufgabe ökonometrischer Analyse, nämlich dem Testen von Hypothesen. Die vierte Aufgabe – die Prognose – ist Gegenstand von Kapitel 7.

Kapitel 2

Spezifikation

Im Rahmen der Spezifikation wird aus einem vorgegebenen allgemeinen ökonomischen Modell das entsprechende ökonometrische Modell entwickelt. Zur Veranschaulichung benutzen wir wieder das Trinkgeld-Beispiel aus Kapitel 1, erweitern aber den Beobachtungsumfang.

Beispiel zu den Kapiteln 2 bis 7

Der Kellner eines Restaurants erhält Trinkgeldbeträge in unterschiedlicher Höhe. Da er zu allen Gästen gleichbleibend freundlich ist, kann er sich die Unterschiede in den Beträgen nicht erklären. Sein befreundeter Ökonometriker nimmt sich der Sache an. Dieser registriert für T=20 Gäste die in Tabelle 2.1 aufgelisteten Rechnungsbeträge x_t und das jeweils hinterlassene Trinkgeld y_t.

Tabelle 2.1: Rechnungsbetrag x_t und Trinkgeld y_t (beides in Euro) von 20 beobachteten Gästen.

t	x_t	y_t	t	x_t	y_t
1	10,00	2,00	11	60,00	7,00
2	30,00	3,00	12	47,50	5,50
3	50,00	7,00	13	45,00	7,00
4	25,00	2,00	14	27,50	4,50
5	7,50	2,50	15	15,00	1,50
6	42,50	6,00	16	20,00	4,00
7	35,00	5,00	17	47,50	9,00
8	40,00	4,00	18	32,50	3,00
9	25,00	6,00	19	37,50	6,50
10	12,50	1,00	20	20,00	2,50

2.1 A-Annahmen

Mit Hilfe der *A-Annahmen* erfolgt die *funktionale* Spezifikation des ökonometrischen Modells, das heißt, das ökonomische Modell wird in ein ökonometrisches Modell mit einer bestimmten funktionalen Gestalt überführt. Wir werden zunächst in allgemeiner Form das Vorgehen in drei Schritten beschreiben und anschließend die dahinter stehenden A-Annahmen in kompakter Form wiedergeben.

2.1.1 Erster Schritt: Formulierung eines plausiblen linearen Modells

Das ökonomische Modell beschreibt den grundlegenden Wirkungszusammenhang zwischen Rechnungsbetrag x (exogene Variable) und gezahltem Trinkgeld y (endogene Variable):

$$y = f(x) \: . \tag{2.1}$$

Damit ist noch nichts über die genaue funktionale Form des Zusammenhangs ausgesagt. Im Rahmen des einfachen linearen Regressionsmodells wird immer angenommen, der Zusammenhang laute

$$y = \alpha + \beta x \: . \tag{2.2}$$

Dabei sind α und β zwei (konstante) Parameter. Formal beschreibt Gleichung (2.2) eine lineare Beziehung zwischen der exogenen Variable x und der endogenen Variable y. Man beachte, dass wir gegenüber der Spezifikation in der Einleitung – Gleichung (1.1) – den zusätzlichen Parameter α zugelassen haben. Der funktionale Zusammenhang ist also nach wie vor linear, aber nicht zwangsläufig proportional.

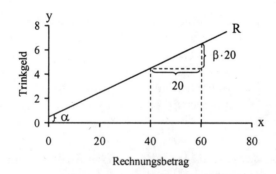

Abbildung 2.1: Der „wahre" Zusammenhang zwischen Rechnungsbetrag x und Trinkgeld y.

Grafisch lässt sich der lineare Zusammenhang in einem x-y-Koordinatensystem darstellen. Die Gerade R in Abbildung 2.1 zeigt eine solche lineare

2.1. A-ANNAHMEN

Beziehung für positive Parameterwerte α und β. Der Parameter α gibt den Schnittpunkt der Gerade mit der y-Achse an, während der Parameter β die Steigung der Gerade festlegt: $\beta = (dy/dx)$. Im Folgenden wollen wir diese unbekannte Gerade R als die „*wahre Gerade*" bezeichnen.

Wir gehen also davon aus, dass eine wahre Gerade R existiert, aber wir kennen die genauen Werte ihrer Parameter α und β nicht. Damit bleibt auch die exakte Lage der wahren Gerade R unbekannt.

Gleichung (2.2) beschreibt einen *linearen* Zusammenhang zwischen der endogenen und der exogenen Variable. Warum legen wir uns vorab auf eine so genau spezifizierte funktionale Form fest? Warum sollte das Trinkgeld eine lineare Funktion des Rechnungsbetrages sein? Es wird eine konkrete funktionale Form des Zusammenhangs zwischen x und y postuliert, weil nur diese es erlaubt, konkrete Parameter – hier: α und β – zu erhalten, die dann ökonometrisch geschätzt werden können. Wäre zum Beispiel die funktionale Abhängigkeit der Variable y von x in der allgemeinen Form des ökonomischen Modells (2.1) belassen, so gäbe es noch keinen konkreten Parameter, der aufgrund dieser funktionalen Abhängigkeit schätzbar wäre. Ein ökonometrisches Modell muss so spezifiziert sein, dass es eine Schätzung von Parametern erlaubt.

Von allen Möglichkeiten der funktionalen Abhängigkeit, wie sie etwa durch die allgemeine Form des ökonomischen Modells (2.1) beschrieben wird, greift Gleichung (2.2) die spezifische Form des linearen Zusammenhangs heraus und gibt damit dem Modell eine bestimmte Gestalt. Der Preis, den man dafür zahlt, ist das Risiko, dass bereits diese lineare Form unzutreffend ist, dass sie also nicht den wahren Zusammenhang zwischen endogener und exogener Variable widerspiegelt. Das Modell (2.2) wäre dann *fehlspezifiziert*. Es bleibt also stets die Gefahr, mit Modell (2.2) falsch zu liegen. Man muss dieses Risiko jedoch in Kauf nehmen, denn es ist letztlich Voraussetzung der empirischen Erkenntnis.

Dies ist sicherlich ein Schwachpunkt in der ökonometrischen Analyse. Man sollte ihn für den Augenblick aber schlucken und sich mit dem Versprechen trösten, dass in Teil III dieses Buches Verfahren vorgestellt werden, die anhand der beobachteten Daten eine Überprüfung der Modell-Spezifikation erlauben.

Ist das Modell, wie es in Gleichung (2.2) formuliert ist, akzeptiert, so wird es in zwei weiteren funktionalen Spezifikationsschritten in ein ökonometrisches Modell transformiert.

2.1.2 Zweiter und dritter Schritt: Hinzufügung eines Beobachtungsindex und einer Störgröße

Der nächste Schritt ist vorwiegend technischer Natur. Die in der Realität *beobachteten* Werte für x und y liegen als Datenpaare (x_t, y_t) vor. Im Trinkgeld-Beispiel wurden 20 Beobachtungen gemacht, die jeweils durch ein Datenpaar repräsentiert werden. In der t-ten Beobachtung wurden die Werte x_t und y_t ermittelt. Für die 7. Beobachtung erhalten wir aus Tabelle 2.1 die Werte $x_7 = 35$

und $y_7 = 5$.

Das in Gleichung (2.2) formulierte Modell ist zunächst noch eine theoretische Abstraktion. Wäre der dort postulierte Zusammenhang zwischen x_t und y_t auch in der beobachtbaren Realität genau erfüllt, dann müsste er für alle 20 Beobachtungen unseres Beispiels gelten. Entsprechend könnte Gleichung (2.2) umformuliert werden zu

$$y_t = \alpha + \beta x_t , \qquad (2.3)$$

für $t = 1, 2, ..., 20$.

Würden wir jedes tatsächlich beobachtete Datenpaar (x_t, y_t) als Punkt im x-y-Koordinatensystem abbilden, und wäre Modell (2.3) gültig, dann würden sämtliche Punkte auf einer Gerade liegen, nämlich auf der wahren Gerade R, also auf der Gerade, die den wahren ökonomischen Zusammenhang beschreibt.

In unserer realen Welt werden aber die reinen ökonomischen Wirkungszusammenhänge stets durch *Sondereinflüsse* gestört, deren Ursachen *nicht direkt beobachtbar* sind. Die Trinkgeldhöhe hängt nicht einzig und allein vom Rechnungsbetrag ab. Beispielsweise könnte der Gast in Spendierlaune sein. Die Spendierfreudigkeit eines Restaurantbesuchers ist aber nicht unmittelbar beobachtbar! Wäre sie beobachtbar wie das Geschlecht oder das Alter des Gastes, dann könnte man sie als weitere exogene Variable aufnehmen.

Viele andere Sondereinflüsse sind denkbar, die bei der Höhe des Trinkgelds eine Rolle spielen und nicht direkt beobachtbar sind. Entsprechend liegen die tatsächlichen Beobachtungspunkte nicht auf einer Gerade. Abbildung 2.2 zeigt die 20 Beobachtungspunkte des Trinkgeld-Beispiels. Bloßer Augenschein genügt, um die Existenz von Störeinflüssen in Abbildung 2.2 bestätigt zu finden.

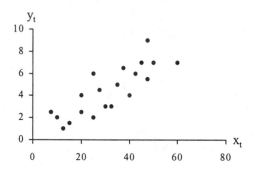

Abbildung 2.2: Die Daten des Trinkgeld Beispiels in grafischer Form.

Im letzten Schritt des Übergangs von der theoretischen Ebene des ökonomischen Modells (2.1) zur beobachtbaren Ebene des ökonometrischen Modells wird deshalb das Modell (2.3) um eine zufallsabhängige Störgröße erweitert, die die beschriebenen Störeinflüsse repräsentiert. Das zum ökonomischen Modell (2.1) korrespondierende ökonometrische Modell lautet deshalb

$$y_t = \alpha + \beta x_t + u_t , \qquad (2.4)$$

2.1. A-ANNAHMEN

für $t = 1, 2, \ldots, 20$, wobei die Parameter α und β oftmals als *Regressionsparameter* bezeichnet werden. Die Variable u_t ist als eine *Störgröße* definiert, das heißt als eine Größe, die den unterstellten Zusammenhang zwischen x_t und y_t „stört".

Man beachte, dass die Störgröße in das ökonometrische Modell in additiver Form eingeht. Grundsätzlich könnte eine Störgröße auch in anderer Form in die Gleichung eingebracht werden. Im einfachen linearen Regressionsmodell wird jedoch stets Additivität der Störgröße unterstellt.

Die Störgröße kann im Einzelfall positiv oder negativ sein, das heißt, y_t kann höher oder niedriger ausfallen, als aufgrund des rein theoretischen Zusammenhangs zwischen x_t und y_t (Gleichung (2.3)) zu erwarten wäre. Ist beispielsweise ein Gast t gerade in Geberlaune, so wird in unserem Beispiel u_t einen positiven Wert annehmen, denn der bezahlte Trinkgeldbetrag y_t fällt größer aus, als aufgrund des Zusammenhangs (2.3) zu erwarten war.

Grafisch lassen sich diese Zusammenhänge erneut in einem x-y-Koordinatensystem darstellen. Abbildung 2.3 zeigt wieder die 20 beobachteten Punkte (x_t, y_t). Würden wir die genauen Werte der Parameter α und β kennen, dann könnten wir durch diese Punktwolke die wahre Gerade R legen, die den theoretischen wahren Zusammenhang (2.3) darstellt. Diese Gerade besitzt die Steigung β und den y-Achsenabschnitt α.

Wie lassen sich die Störgrößen u_t grafisch interpretieren? Hätte die wahre Gerade R den in Abbildung 2.3 eingezeichneten Verlauf, dann ergäben sich die Störgrößen als der jeweilige vertikale Abstand zwischen Beobachtungspunkt und R. In Abbildung 2.3 wurde dieser Abstand für die Beobachtung $t=19$ markiert. Die Abbildung veranschaulicht ferner, dass sich der beobachtete Wert y_{19} aus der Störgröße u_{19} und dem „ungestörten" Einfluss $\alpha + \beta x_{19}$ zusammensetzt.

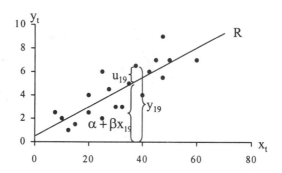

Abbildung 2.3: Der Zusammenhang zwischen beobachtetem Wert y_t, Störgröße u_t und „ungestörtem" Einfluß $\alpha + \beta x_t$.

Es sei aber nochmals betont: Wir gehen zwar davon aus, dass eine wahre Gerade R existiert, aber wir kennen nicht die genauen Werte ihrer Parameter

α und β. Damit bleibt auch die exakte Lage der wahren Gerade R unbekannt und wir können folglich auch keine Aussagen über das *genaue* Ausmaß der Störeinflüsse u_t treffen! Wir kennen lediglich die 20 Beobachtungspunkte. Es ist der späteren Schätzung vorbehalten, aus den Beobachtungen auf einen plausiblen Kandidaten für die wahre Gerade R und plausible Störgrößen u_t rückzuschließen.

2.1.3 Formulierung der A-Annahmen

Wir sind nun in der Lage, die im Rahmen der funktionalen Spezifikation zu treffenden Annahmen (die A-Annahmen) in einer allgemeinen und kompakten Form zu formulieren:

Annahme a1 In Gleichung (2.4) fehlen keine relevanten exogenen Variablen und die benutzte exogene Variable x_t ist nicht irrelevant.

Wenn das Trinkgeld y_t nicht nur vom Rechnungsbetrag, sondern auch von anderen beobachtbaren Größen (wie etwa der „Qualität der Speise") systematisch beeinflusst wird, dann sollten auch diese Größen als exogene Variablen hinzugezogen werden, denn ansonsten wäre Annahme a1 verletzt. Die entsprechende Grafik wäre dann nicht mehr zweidimensional wie in Abbildungen 2.1 bis 2.3, sondern müsste um eine oder mehrere Dimensionen erweitert werden.

Annahme a1 wäre auch verletzt, wenn der Rechnungsbetrag keinen Beitrag zur Erklärung der Höhe des Trinkgelds leistet. Dann wäre der Rechnungsbetrag keine *relevante* exogene Variable, und es gäbe keinen Wirkungszusammenhang zwischen der Variable Rechnungsbetrag und der Variable Trinkgeld.

Annahme a2 Der wahre Zusammenhang zwischen x_t und y_t ist linear.

Die Verletzung dieser A-Annahme lässt sich manchmal bereits durch puren Augenschein diagnostizieren. Nehmen wir an, die 20 Beobachtungspunkte wären nicht diejenigen der Abbildung 2.2, sondern die der Abbildung 2.4. Anscheinend ist hier der wahre Wirkungszusammenhang zwischen x_t (Rechnungsbetrag) und y_t (Trinkgeld) nicht linear, sondern progressiv. Damit wäre Annahme a2 nicht länger erfüllt.

Annahme a3 Die Parameter α und β sind für alle T Beobachtungen (x_t, y_t) konstant.

Die Verletzung von Annahme a3 lässt sich ebenfalls grafisch verdeutlichen. Abbildung 2.2 lässt den Eindruck einer wahren Gerade R entstehen, die durchgehend mit der gleichen Steigung β und auf dem gleichen „Niveau", definiert durch den y-Achsenabschnitt α verläuft. Annahme a3 wäre damit in dieser Abbildung erfüllt. In Abbildung 2.5 sind 20 andere Beobachtungspunkte eingetragen. Die Grafik zeigt eine Situation, in der ein Sprung in der

2.1. A-ANNAHMEN

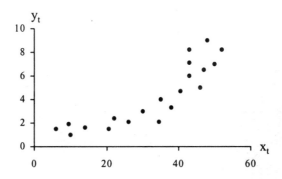

Abbildung 2.4: Eine Punktwolke, die auf einen nicht-linearen Wirkungszusammenhang hindeutet.

wahren Gerade aufzutreten scheint, welcher durch einen plötzlichen Anstieg im Wert der Konstanten α verursacht wird. Für alle Rechnungsbeträge x_t, die größer als 30 Euro ausfallen, scheint die wahre Gerade nicht länger den Achsenabschnitt α zu besitzen, sondern einen neuen Achsenabschnitt α^*. Der Steigungsparameter β bleibt hingegen unverändert. Die Beobachtungspunkte in Abbildung 2.6 erwecken den Eindruck einer abrupten Veränderung *beider* Regressionsparameter.

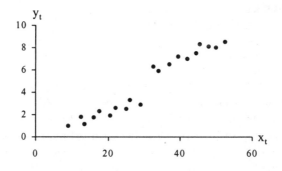

Abbildung 2.5: Strukturbruch im Parameter α.

Sowohl Abbildung 2.5 als auch Abbildung 2.6 zeigen einen *Strukturbruch* in der Beziehung zwischen x_t und y_t. Der durchgängig lineare Zusammenhang mit konstanten Parametern α und β wird von den Daten nicht bestätigt.

Zusammengenommen postulieren Annahmen a1 bis a3, dass das ökonometrische Modell nicht fehlspezifiziert ist. Diese Annahmen sind von fundamentaler Bedeutung für jegliches ökonometrische Arbeiten. Was passiert, wenn eine oder mehrere der A-Annahmen nicht erfüllt sind? Die Konsequenzen für

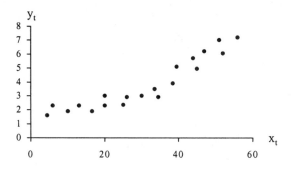

Abbildung 2.6: Strukturbruch in den Parametern α und β.

die Schätzung sind bei allen Verletzungen der A-Annahmen ähnlich: Wenn darauf beharrt wird, das ökonometrische Modell (2.4) zu schätzen, so findet man zwar Schätzwerte für die Parameter α und β, die eine Vermutung über den wahren Zusammenhang darstellen, aber die Vermutung muss immer falsch bleiben, denn der wahre Zusammenhang entspricht eben nicht der einfachen linearen Form der Gleichung (2.4). Das Modell in dieser restriktiven Form muss entweder entsprechend angepasst oder gänzlich verworfen werden. Eine ausführliche Analyse findet sich in den Kapiteln 13 bis 15 in Teil III dieses Buches. Bis dorthin wird unterstellt, dass das jeweilige ökonometrische Modell alle A-Annahmen erfüllt.

Damit ist die Diskussion der funktionalen Spezifikation abgeschlossen. Als nächstes gilt es, die Störgröße zu spezifizieren. Dies bringt uns zu den B-Annahmen. Eine Formulierung der B-Annahmen erfordert die Auffrischung einiger statistischer Grundlagen.

2.2 Statistisches Repetitorium I

2.2.1 Zufallsvariable und Wahrscheinlichkeitsverteilung

Was ist eine Zufallsvariable? Eine Zufallsvariable ist eine Variable, welche *nummerische* Werte annehmen kann. Wie der Name „Zufallsvariable" bereits andeutet, ist der nummerische Wert, den eine solche Variable annimmt, nicht von vornherein bekannt, sondern zufallsabhängig. Zufallsabhängig bedeutet hier, dass die verschiedenen möglichen Werte mit bestimmten Wahrscheinlichkeiten auftreten. In der Statistik werden solche möglichen Werte als *mögliche Ausprägungen* bezeichnet. Welche der möglichen Ausprägungen dann tatsächlich auftritt, ergibt sich erst im Rahmen eines Zufallsexperimentes.

Beispielsweise besitzt die Zufallsvariable

$$u_1 = \text{„Geworfene Augenzahl bei einmaligem Würfeln"}$$

2.2. STATISTISCHES REPETITORIUM I

sechs verschiedene mögliche Ausprägungen. Für jede dieser Ausprägungen gilt, dass sie im Zufallsexperiment „Würfeln" mit einer Wahrscheinlichkeit von 1/6 auftritt. Die Zufallsvariable

u_2 = „Summe der geworfenen Augenzahlen bei zweimaligem Würfeln"

besitzt 11 verschiedene mögliche Ausprägungen. Formal wird im Folgenden die Anzahl der möglichen Ausprägungen durch N gekennzeichnet. Bei der Zufallsvariable u_2 ist demnach $N = 11$.

Für die Zufallsvariable u_2 ergibt sich die Ausprägung "2" nur dann, wenn sowohl im ersten als auch im zweiten Wurf eine 1 erscheint. Die Wahrscheinlichkeit, beim ersten Wurf eine 1 zu würfeln, beträgt 1/6. Das Gleiche gilt für den zweiten Wurf. Formal errechnet sich die Wahrscheinlichkeit für die Ausprägung "2" aus

$$f(2) = (1/6) \cdot (1/6) = 1/36 \,.$$

Die Wahrscheinlichkeit für die Ausprägung "3" beträgt

$$f(3) = 2 \cdot (1/6) \cdot (1/6) = 2/36 \,.$$

Eine Rechtfertigung für diese Berechnungsformeln wird in Kürze gegeben. Wichtig ist an dieser Stelle lediglich, dass jeder der 11 möglichen Ausprägungen von u_2 eine Wahrscheinlichkeit ihres Auftretens zugeordnet werden kann. Man bezeichnet diese Zuordnung $f(\cdot)$ als die *Wahrscheinlichkeitsverteilung* der Zufallsvariable u_2.

Die Wahrscheinlichkeitsverteilung der Zufallsvariable u_2 ist in Teil (a) der Abbildung 2.7 veranschaulicht. Jeder einzelne senkrechte Balken repräsentiert die „Wahrscheinlichkeitsmasse", die der jeweiligen Ausprägung zugeordnet ist. Um eine Wahrscheinlichkeit von 1/6 in grafischer Form als Fläche zu repräsentieren, kann man sie als Balken mit Höhe 1/6 und einer Breite von 1 darstellen. Die Fläche dieses Balkens beträgt 1/6 und entspricht damit der Wahrscheinlichkeit, die man grafisch wiedergeben wollte. Die gesamte Wahrscheinlichkeitsmasse, also die Summe der Balkenflächen, beträgt 1. Allgemein leistet eine Wahrscheinlichkeitsverteilung also nichts anderes, als diese Gesamtmasse der Wahrscheinlichkeit (in Höhe von 1) auf die einzelnen Ausprägungen zu verteilen.

Solange es bei einer Zufallsvariable möglich ist, die Anzahl der möglichen Ausprägungen abzuzählen, spricht man von einer *diskreten* Zufallsvariable. Auch die Zufallsvariable

u_3 = „Summe der geworfenen Augenzahlen bei 100.000 mal Würfeln"

ist eine diskrete Zufallsvariable, denn bei 100.000 mal Würfeln gibt es $N = 600.000 - 99.999 = 500.001$ mögliche Ausprägungen (100.000 ist die kleinste mögliche Ausprägung).

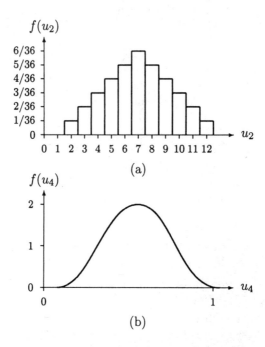

Abbildung 2.7: Eine diskrete (a) und eine stetige (b) Wahrscheinlichkeitsverteilung.

Aus pragmatischer Sicht handelt es sich bei der Zufallsvariable u_3 aber schon fast um eine *stetige* Zufallsvariable. Bei stetigen Zufallsvariablen ist die Menge der möglichen Ausprägungen nicht mehr abzählbar. Ein echtes Beispiel für eine stetige Zufallsvariable ist die Zufallsvariable

$$u_4 = \text{„eine reelle Zahl aus dem Intervall } [0,1]\text{"}.$$

Einige mögliche Ausprägungen dieser Zufallsvariable sind 1/2, 7/36 oder 5/928262524. Ein weiteres Beispiel für eine stetige Zufallsvariable ist

$$u_5 = \text{„Körpergröße eines erwachsenen Engländers"}$$

Grafisch besitzt die Wahrscheinlichkeitsverteilung einer stetigen Zufallsvariable nicht die stufenförmige Gestalt von Teil (a) der Abbildung 2.7, sondern kann gewöhnlich als glatte Kurve dargestellt werden. Teil (b) der Abbildung 2.7 zeigt eine mögliche Wahrscheinlichkeitsverteilung für die stetige Zufallsvariable u_4. Auch hier muss die Gesamtfläche unter der Kurve genau 1 betragen.

2.2.2 Erwartungswert einer Zufallsvariable

Betrachten wir wieder die diskrete Zufallsvariable u_1. Der Übersichtlichkeit halber lassen wir den Subindex bis auf weiteres weg:

$$u = \text{„Geworfene Augenzahl bei einmaligem Würfeln"} .$$

Der *Erwartungswert* von u ist gemäß

$$E(u) = \sum_{i=1}^{N} f(u_i) \cdot u_i \qquad (2.5)$$

definiert. Dabei bezeichnet $f(u_i)$ wieder die Wahrscheinlichkeitsmasse – oder einfacher die Wahrscheinlichkeit – mit der die Ausprägung i der Zufallsvariable u beobachtet wird.

Nummerische Illustration 2.1

Für das Würfel-Beispiel lässt sich der Erwartungswert leicht nummerisch berechnen. N beträgt 6 und für alle möglichen Ausprägungen i beträgt die Wahrscheinlichkeit ihres Auftretens $f(u_i) = 1/6$:

$$\begin{aligned} E(u) &= \sum_{i=1}^{6} 1/6 \cdot u_i = 1/6 \sum_{i=1}^{6} u_i \\ &= 1/6\,(1+2+3+4+5+6) = 3,5 \ . \end{aligned}$$

Aus den vorangegangenen Überlegungen wissen wir bereits, dass sich die Wahrscheinlichkeiten zu 1 addieren müssen:

$$\sum_{i=1}^{N} f(u_i) = 1 \ .$$

Der Erwartungswert $E(u)$ ist somit das mit den Wahrscheinlichkeiten $f(u_i)$ gewichtete Mittel aller möglichen Ausprägungen der Zufallsvariable u.

Was aber steckt inhaltlich hinter einem Erwartungswert? Wie sollte man den für die Zufallsvariable „*Geworfene Augenzahl bei einmaligem Würfeln*" berechneten Erwartungswert von $E(u) = 3,5$ interpretieren? Zunächst sei darauf hingewiesen, dass wir die beim Würfeln *tatsächlich eingetretene Ausprägung* als *Beobachtung* bezeichnen. Eine mögliche Interpretation für den Erwartungswert ergibt sich durch folgendes Gedankenexperiment: Wenn man unendlich oft das Würfeln wiederholen würde, das heißt, wenn man unendlich viele *Beobachtungen* für die Zufallsvariable „*Geworfene Augenzahl bei einmaligem Würfeln*" generieren würde, dann ergäbe sich für diese Sequenz von Beobachtungen ein arithmetischer *Mittelwert* von $3,5$.

Es sei angemerkt, dass man natürlich niemals die Augenzahl 3,5 bei einem Wurf tatsächlich beobachten würde. Der Erwartungswert von 3,5 ergibt sich lediglich als arithmetischer Mittelwert der unendlich vielen Beobachtungen. Die Deutung als *arithmetischer Mittelwert der unendlich vielen Beobachtungen* ist *eine* mögliche Interpretation des Erwartungswertes $E(u)$. Rein formal ist $E(u)$ jedoch der *gewichtete Mittelwert der möglichen Ausprägungen*.

2.2.3 Varianz einer Zufallsvariable

Die Varianz einer *Zufallsvariable* misst die *Streuung* der Zufallsvariable um ihren Erwartungswert. Eine Streuung ließe sich beispielsweise durch die gewichteten absoluten Abweichungen der möglichen Ausprägungen u_i vom Erwartungswert $E(u)$ quantifizieren. Die Varianz bedient sich jedoch nicht der gewichteten *absoluten* Abweichungen, sondern der gewichteten *quadratischen* Abweichungen:

$$var(u) = \sum_{i=1}^{N} f(u_i) \left(u_i - E(u)\right)^2 . \qquad (2.6)$$

Entsprechend kann man die Varianz einer Zufallsvariable auch als den gewichteten Mittelwert der quadratischen Abweichungen $(u_i - E(u))^2$ auffassen.

Nummerische Illustration 2.2

Im Würfel-Beispiel beträgt $E(u) = 3,5$. Für die Ausprägung "1" beträgt die quadratische Abweichung vom Erwartungswert $(-2,5)^2 = 6,25$. Für die anderen Ausprägungen lassen sich entsprechende Werte leicht berechnen. Die Wahrscheinlichkeit beträgt für alle Ausprägungen 1/6. Damit liefert Definition (2.6):

$$var(u) = \frac{1}{6} \cdot 6,25 + \frac{1}{6} \cdot 2,25 + \frac{1}{6} \cdot 0,25 + \frac{1}{6} \cdot 0,25 + \frac{1}{6} \cdot 2,25 + \frac{1}{6} \cdot 6,25 = 2,91666.$$

Die Varianz der Zufallsvariable u beträgt also $2,91666$.

Da die Variable u eine Zufallsvariable darstellt, kann auch die quadrierte Abweichung $(u - E(u))^2$ als Zufallsvariable aufgefasst werden. Man beachte dabei, dass der Erwartungswert $E(u)$ selbst ein fester Wert, also zufallsunabhängig ist. Deshalb entspricht die Wahrscheinlichkeit, mit der die Zufallsvariable $(u - E(u))^2$ eine bestimmte Ausprägung $(u_i - E(u))^2$ annimmt, genau derjenigen Wahrscheinlichkeit, mit der die Zufallsvariable u die Ausprägung u_i annimmt. Man kann deshalb in Definition (2.6) die Wahrscheinlichkeit $f(u_i)$ durch die Wahrscheinlichkeit $f\left((u_i - E(u))^2\right)$ ersetzen:

$$var(u) = \sum_{i=1}^{N} f\left((u_i - E(u))^2\right) (u_i - E(u))^2 . \qquad (2.7)$$

2.2. STATISTISCHES REPETITORIUM I

In dieser Summe wird jede mögliche Ausprägung $(u_i - E(u))^2$ mit der Wahrscheinlichkeit ihres Auftretens gewichtet. Exakt das gleiche Prinzip fand auch bei der Formulierung des Erwartungswertes Verwendung. Formal handelt es sich bei der Varianz also um den Erwartungswert bezüglich der Zufallsvariable $(u - E(u))^2$. Deshalb könnten die Definitionen (2.6) bzw. (2.7) auch in der Form

$$var(u) = E\left[(u - E(u))^2\right] \qquad (2.8)$$

geschrieben werden.

Die Wurzel aus der Varianz einer Zufallsvariable bezeichnet man als *Standardabweichung* (engl.: *standard error*):

$$se(u) = \sqrt{var(u)}\,.$$

Man beachte schließlich, dass die in (2.5) und (2.8) verwendete Zufallsvariable diskreter Natur ist. Für eine stetige Zufallsvariable müsste man in der formalen Darstellung auf Integrale zurückgreifen. Wir verzichten auf diese Darstellung, denn die *Interpretation* der Konzepte „Erwartungswert" und „Varianz" ist bei stetigen Zufallsvariablen nicht anders als bei diskreten.

2.2.4 Bedingte und gemeinsame Wahrscheinlichkeitsverteilung

Betrachten wir wieder das Zufallsexperiment „einmaliges Würfeln" und dabei die folgenden zwei Zufallsvariablen:

$$u_1 = \text{„Geworfene Augenzahl bei einmaligem Würfeln"}$$

und

$$u_6 = \text{„Anzahl der natürlichen Zahlen, durch welche die geworfene Augenzahl teilbar ist"}.$$

Die Anzahl der möglichen Ausprägungen der Zufallsvariable u_1 beträgt $N_1 = 6$, die der Zufallsvariable u_6 beträgt $N_6 = 4$. Wird beispielsweise eine 3 gewürfelt, so nimmt u_6 den Wert 2 an, denn 3 ist ausschließlich durch die natürlichen Zahlen 1 und 3 teilbar. Wird eine 6 gewürfelt, so nimmt u_2 den Wert 4 an, denn 6 ist durch die natürlichen Zahlen 1, 2, 3 und 6 teilbar. In Tabelle 2.2 sind die Ausprägungen wiedergegeben, welche sich im Zufallsexperiment „einmaliges Würfeln" für die beiden Zufallsvariablen ergeben können.

Oftmals ist man daran interessiert, ob zwischen zwei Zufallsvariablen eine Abhängigkeit besteht. Eine solche Abhängigkeit kann beispielsweise darin bestehen, dass die Wahrscheinlichkeit, mit der die Zufallsvariable u_1 einen bestimmten Wert u_{1i} annimmt, vom Wert abhängt, welchen die Zufallsvariable u_6 annimmmt, also von u_{6j}. Man bezeichnet eine solche vom u_{6j}-Wert abhängige Wahrscheinlichkeit als *bedingte Wahrscheinlichkeit*. Wenn wir beispielsweise wissen, dass $u_{6j} = 2$, dann beträgt die bedingte Wahrscheinlichkeit, dass

Tabelle 2.2: Ausprägungen der Zufallsvariablen u_1 und u_6 im Zufallsexperiment „einmaliges Würfeln".

Zufallsvariable	Ausprägung					
u_1	1	2	3	4	5	6
u_6	1	2	2	3	2	4

die Zufallsvariable u_1 den Wert $u_{1i} = 3$ besitzt, genau 1/3, denn aus Tabelle 2.2 ist ersichtlich, dass $u_{6j} = 2$ sowohl mit $u_{1i} = 2$ als auch mit $u_{1i} = 3$ und $u_{1i} = 5$ vereinbar ist und alle drei Fälle sind gleich wahrscheinlich.

Auf Basis der bedingten Wahrscheinlichkeiten lässt sich für die Zufallsvariable u_1 eine *bedingte Wahrscheinlichkeitsverteilung* definieren: $f(u_{1i}|u_{6j})$. Sie ordnet bei vorgegebenem Wert u_{6j} jeder möglichen Ausprägung der Zufallsvariable u_1 die Wahrscheinlichkeit ihres Auftetens zu. Beispielsweise ergibt sich aus Tabelle 2.2 für vorgegebenes $u_{6j} = 2$ die folgende bedingte Wahrscheinlichkeitsverteilung: $f(u_{1i}=1|u_{6j}=2) = 0$, $f(u_{1i}=2|u_{6j}=2) = 1/3$, $f(u_{1i}=3|u_{6j}=2) = 1/3$, $f(u_{1i}=4|u_{6j}=2) = 0$, $f(u_{1i}=5|u_{6j}=2) = 1/3$ und $f(u_{1i}=6|u_{6j}=2) = 0$. Auch für die Zufallsvariable u_6 ließe sich eine bedingte Wahrscheinlichkeitsverteilung definieren.

Wir wissen, dass für die Zufallsvariable u_1 insgesamt $N_1 = 6$ mögliche Ausprägungen existieren und für die Zufallsvariable u_6 insgesamt $N_6 = 4$ mögliche Ausprägungen. Oftmals ist man weniger an den möglichen Ausprägungen einer einzelnen Zufallsvariable interessiert als vielmehr an den möglichen Kombinationen der Ausprägungen (u_{1i}, u_{6j}). Davon gibt es $N = N_1 \cdot N_6 = 6 \cdot 4 = 24$. Die *gemeinsame Wahrscheinlichkeitsverteilung* $f(u_{1i}, u_{6j})$ der Zufallsvariablen u_1 und u_6 ordnet jeder möglichen Ausprägungs*kombination* (u_{1i}, u_{6j}) eine Wahrscheinlichkeit ihres Auftretens zu. Zwischen gemeinsamer und bedingter Wahrscheinlichkeitsverteilung besteht der folgende Zusammenhang:

$$f(u_{1i}, u_{6j}) = f(u_{1i}|u_{6j}) \cdot f(u_{6j}) = f(u_{6j}|u_{1i}) \cdot f(u_{1i}) \,. \tag{2.9}$$

Nummerische Illustration 2.3

Auf Basis der Gleichung (2.9) lässt sich für jede der $N = 24$ möglichen Ausprägungskombinationen der Zufallsvariablen u_1 und u_6 die Wahrscheinlichkeit ihres Auftretens berechnen. Die Resultate sind in Tabelle 2.3 wiedergegeben. Beispielsweise beträgt die Wahrscheinlichkeit für das Auftreten der Ausprägungskombination $u_{1i} = 3$ und $u_{6j} = 2$ genau 1/6. Diese Wahrscheinlichkeit ergibt sich gemäß der Gleichung (2.9) aus

$$f(u_{1i} = 3, u_{6j} = 2) = f(u_{1i} = 3|u_{6j} = 2) \cdot f(u_{6j} = 2) = 1/3 \cdot 1/2 = 1/6$$

oder alternativ aus

$$f(u_{1i} = 3, u_{6j} = 2) = f(u_{6j} = 2|u_{1i} = 3) \cdot f(u_{1i} = 3) = 1 \cdot 1/6 = 1/6 \,.$$

2.2. STATISTISCHES REPETITORIUM I

Tabelle 2.3: Gemeinsame Wahrscheinlichkeiten der Zufallsvariablen u_1 und u_6.

		u_{1i}					
		1	2	3	4	5	6
u_{6j}	1	1/6	0	0	0	0	0
	2	0	1/6	1/6	0	1/6	0
	3	0	0	0	1/6	0	0
	4	0	0	0	0	0	1/6

2.2.5 Kovarianz zweier Zufallsvariablen

Unkorreliertheit

Es lässt sich überprüfen, ob zwischen den beiden Zufallsvariablen u_1 und u_6 ein Zusammenhang besteht. Ein *positiver* Zusammenhang wäre folgendermaßen definiert: Wenn die gewürfelte Augenzahl u_{1i} besonders hoch ist, das heißt $(u_{1i} - E(u_1)) > 0$, dann sollten auch besonders viele natürliche Zahlen existieren, durch welche die gewürfelte Augenzahl teilbar ist, das heißt $(u_{6j} - E(u_6)) > 0$, und wenn die gewürfelte Augenzahl u_{1i} besonders niedrig ist, das heißt $(u_{1i} - E(u_1)) < 0$, dann sollten besonders wenige natürliche Zahlen existieren, durch welche die gewürfelte Augenzahl teilbar ist, das heißt $(u_{6j} - E(u_6)) < 0$. Bei einem *negativen* Zusammenhang müsste das Gegenteil gelten: wenn $(u_{1i} - E(u_1)) > 0$, dann $(u_{6j} - E(u_6)) < 0$ und wenn $(u_{1i} - E(u_1)) < 0$, dann $(u_{6j} - E(u_6)) > 0$. Wenn also von einem negativen Zusammenhang gesprochen wird, dann ist damit immer ein „gegenläufiger Zusammenhang" zwischen den beiden betrachteten Zufallsvariablen gemeint und wenn von einem positiven Zusammenhang die Rede ist, dann ist dies als ein „gleichgerichteter Zusammenhang" aufzufassen.

Die *Kovarianz* der beiden Zufallsvariablen formalisiert diesen Zusammenhang. Sie ist ein Maß für den *linearen* Zusammenhang zwischen den beiden Zufallsvariablen. Vereinfachend gesagt ist der lineare Zusammenhang zwischen den zwei Zufallsvariablen u_1 und u_6 umso ausgeprägter, je besser man eine Gerade durch die aus den Beobachtungspunkten (u_{1i}, u_{6j}) gebildete Punktwolke legen kann. Die Kovarianz ist folgendermaßen definiert:

$$cov(u_1, u_6) = \sum_{i=1}^{N_1} \sum_{j=1}^{N_6} f(u_{1i}, u_{6j}) \cdot [(u_{1i} - E(u_1))(u_{6j} - E(u_6))] . \quad (2.10)$$

Es erfolgt also auch hier eine Gewichtung mit den Wahrscheinlichkeiten, die auf die verschiedenen Ausprägungskombinationen entfallen.

Wie schon die Varianz, so kann auch die Kovarianz als Erwartungswert ausgedrückt werden:

$$cov(u_1, u_6) = E\left[(u_1 - E(u_1))(u_6 - E(u_6))\right] . \quad (2.11)$$

Besitzt die Kovarianz ein positives Vorzeichen, dann üben die Zufallsvariablen einen gleichgerichteten linearen Einfluss aufeinander aus. Ein negatives Vorzeichen würde einen gegenläufigen linearen Einfluss anzeigen. Beträgt die Kovarianz 0, dann üben die beiden Zufallsvariablen keinen linearen Einfluss aufeinander aus. Sie sind dann *unkorreliert*. Dass sie einen *nicht-linearen* Einfluss aufeinander ausüben, ist damit allerdings noch nicht ausgeschlossen, denn die Kovarianz ist lediglich ein Maß für den *linearen* Zusammenhang zwischen den beiden Zufallsvariablen.

Nummerische Illustration 2.4

Im obigen Zufallsexperiment „einmaliges Würfeln" besitzt der Erwartungswert für die Zufallsvariable u_1 den Wert $E(u_1) = 3,5$. Für die Zufallsvariable u_6 erhalten wir

$$E(u_6) = \frac{1}{6} \cdot 1 + \frac{3}{6} \cdot 2 + \frac{1}{6} \cdot 3 + \frac{1}{6} \cdot 4 = 2,333 \ .$$

Die Kovarianz ergibt sich gemäß (2.10) aus

$$\begin{aligned} cov(u_1, u_6) &= \frac{1}{6}(-2,5)(-1,333) + \frac{1}{6}(-1,5)(-0,333) + \frac{1}{6}(-0,5)(-0,333) + \\ &\quad + \frac{1}{6}(0,5)(0,666) + \frac{1}{6}(1,5)(-0,333) + \frac{1}{6}(2,5)(1,666) \\ &= 1,333 \ . \end{aligned}$$

In dieser Berechnung wurde auf die in Tabelle 2.3 wiedergegebenen gemeinsamen Wahrscheinlichkeiten $f(u_{1i}, u_{6j})$ zurückgegriffen. Das Ergebnis von $cov(u_1, u_6) = 1,333$ besagt, dass ein positiver linearer Zusammenhang zwischen den Zufallsvariablen u_1 und u_6 besteht.

Korrelationskoeffizient

Betrachten wir die zwei Zufallsvariablen

$u_5 = $ „Körpergröße eines erwachsenen Engländers",
$u_7 = $ „Schuhgröße eines erwachsenen Engländers".

Die Kovarianz $cov(u_5, u_7)$ ist ein Maß für den linearen Zusammenhang zwischen den beiden Zufallsvariablen u_5 und u_7. Ein Nachteil dieses Maßes besteht darin, dass der errechnete Wert von den Einheiten abhängt, in denen die Variablen u_5 und u_7 gemessen sind. Würde man beispielsweise bei der Messung der Zufallsvariable u_5 von *cm* auf *inch* (=2,54 *cm*) übergehen, ergäbe sich für $cov(u_5, u_7)$ ein neuer Wert. Diese Abhängigkeit von der Maßeinheit kann vermieden werden, indem man $cov(u_5, u_7)$ durch den Term $se(u_5) \cdot se(u_7)$ dividiert. Man erhält den sogenannten *Korrelationskoeffizienten*:

$$cor(u_5, u_7) = \frac{cov(u_5, u_7)}{se(u_5) \cdot se(u_7)} \ , \tag{2.12}$$

2.2. STATISTISCHES REPETITORIUM I

wobei statt $cor(u_5, u_7)$ auch häufig der griechische Buchstabe ρ benutzt wird. Es gilt immer $-1 \leq cor(u_5, u_7) \leq 1$.

Unabhängigkeit

Zufallsvariablen, die weder einen linearen noch einen nicht-linearen Einfluss aufeinander ausüben, werden als statistisch *unabhängige* Zufallsvariablen bezeichnet. Ein Beispiel für zwei unabhängige Zufallsvariablen sind die Variablen

$$u_1 = \text{„Geworfene Augenzahl bei Würfel 1"}$$

und

$$u_2 = \text{„Geworfene Augenzahl bei Würfel 2"}.$$

Die Unabhängigkeit zweier Zufallsvariablen lässt sich auch daran erkennen, dass die Kenntnis der tatsächlich beobachteten Ausprägung der ersten Zufallsvariable keinerlei zusätzliche Informationen über die Ausprägung der anderen Zufallsvariable vermitteln würde. Das heißt

$$f(u_{1i}|u_{2j}) = f(u_{1i}). \tag{2.13}$$

Da Gleichung (2.9) für jegliches Paar von Zufallsvariablen gilt, ist sie auch auf die zwei unabhängigen Zufallsvariablen u_1 und u_2 anwendbar:

$$f(u_{1i}, u_{2j}) = f(u_{1i}|u_{2j}) \cdot f(u_{2j})$$

Setzt man die Beziehung (2.13) in diese Gleichung ein, so ergibt sich:

$$f(u_{1i}, u_{2j}) = f(u_{1i}) \cdot f(u_{2j}). \tag{2.14}$$

Die gemeinsame Wahrscheinlichkeitsverteilung $f(u_{1i}, u_{2j})$ zweier *unabhängiger* Zufallsvariablen u_1 und u_2 lässt sich demnach aus den separaten Wahrscheinlichkeitsverteilungen $f(u_{1i})$ und $f(u_{2j})$ leicht berechnen. Im Würfel-Beispiel erhalten wir also $f(u_{1i}, u_{2j}) = 1/36$ für alle i-j-Kombinationen. Implizit haben wir an früherer Stelle bereits von dieser Regel Gebrauch gemacht, und zwar als wir die Wahrscheinlichkeitsverteilung der Zufallsvariable *„Summe der geworfenen Augenzahlen bei zweimaligem Würfeln"* berechneten.

Setzt man Gleichung (2.14) in Gleichung (2.10) ein, dann lässt sich zeigen, dass sich ein Kovarianz-Wert von 0 ergibt. Zwei unabhängige Zufallsvariablen weisen folglich immer eine Kovarianz von 0 auf. Der umgekehrte Schluss gilt nur in Spezialfällen.

2.2.6 Rechenregeln für Erwartungswert und Varianz

Für Erwartungswerte und Varianzen existieren eine Reihe von Rechenregeln. Die wichtigsten sollen hier in aller Kürze aufgelistet werden.

Erwartungswert

Es seien u_1 und u_2 zwei Zufallsvariablen und x_1 und x_2 zwei Konstanten. Dann gilt:

$$E(x_1) = x_1 \qquad (2.15)$$
$$E(x_1 \cdot u_1) = x_1 \cdot E(u_1) \qquad (2.16)$$
$$E(u_1 + u_2) = E(u_1) + E(u_2) \qquad (2.17)$$

und damit
$$E(x_1 + x_2 \cdot u_2) = x_1 + x_2 \cdot E(u_2) \ . \qquad (2.18)$$

Vorsicht ist geboten beim Erwartungswert des *Produktes* zweier Zufallsvariablen. Im Regelfall gilt nämlich:

$$E(u_1 \cdot u_2) \neq E(u_1) \cdot E(u_2) \ .$$

Es existiert jedoch eine wichtige Ausnahme: Wenn die beiden Zufallsvariablen u_1 und u_2 unkorreliert oder sogar voneinander unabhängig sind, dann gilt tatsächlich

$$E(u_1 \cdot u_2) = E(u_1) \cdot E(u_2) \ . \qquad (2.19)$$

Schließlich sei nochmals daran erinnert, dass der Erwartungswert einer Zufallsvariable selbst nicht zufallsabhängig ist. Er wird deshalb wie eine Konstante behandelt. Es gilt also gemäß (2.15): $E[E(u)] = E(u)$.

Varianz

Betrachten wir nun eine dritte Zufallsvariable (u_3), die sich aus den anderen Größen folgendermaßen ergibt:

$$u_3 = x_1 \cdot u_1 + x_2 \cdot u_2 \ .$$

Für die Varianz dieser transformierten Zufallsvariable lässt sich folgende Regel angeben:

$$var(u_3) = x_1^2 var(u_1) + x_2^2 var(u_2) + 2x_1 x_2 cov(u_1, u_2) \ . \qquad (2.20)$$

Für den Spezialfall
$$u_3 = x_1 + x_2 \cdot u_2 \ ,$$

das heißt, für u_1 existiert nur die Ausprägung 1 (eine Konstante), ergibt sich

$$var(u_3) = x_2^2 var(u_2) \ , \qquad (2.21)$$

denn $u_1 = 1$ bedeutet $var(u_1) = 0$ und $cov(u_1, u_2) = 0$. Die Varianz von u_3 ist in diesem Spezialfall vollkommen unabhängig von der Konstanten x_1.

2.2.7 Eine spezielle Wahrscheinlichkeitsverteilung: Normalverteilung

Aus den vorangegangenen Abschnitten wissen wir, was sich inhaltlich hinter dem Erwartungswert und der Varianz einer diskreten oder stetigen Zufallsvariable verbirgt. Wir kehren nun nochmals zur Idee der Wahrscheinlichkeitsverteilung zurück. Im weiteren Verlauf des Buches spielt ein ganz bestimmter Typ von Wahrscheinlichkeitsverteilung eine zentrale Rolle: die *Normalverteilung*. Dieser Verteilungstyp existiert ausschließlich für *stetige* Zufallsvariablen.

Eine Normalverteilung hat einen glockenförmigen Verlauf ähnlich demjenigen der Abbildung 2.7(b). Ist eine Zufallsvariable u normalverteilt, dann hängt die genaue Gestalt der Normalverteilung ausschließlich vom Erwartungswert und der Varianz der Zufallsvariable u ab. Formal beschreibt man deshalb eine Normalverteilung N durch : $N(E(u), var(u))$.

Wenn die Wahrscheinlichkeitsverteilung der stetigen Zufallsvariable u eine Normalverteilung ist, sagt man gewöhnlich, dass „u einer Normalverteilung folgt" und man schreibt

$$u \sim N(E(u), var(u)) \ .$$

Das Symbol „$\sim$" zeigt an, dass es sich bei dem Ausdruck um eine Aussage bezüglich der *Wahrscheinlichkeitsverteilung* von u handelt.

Neben der Normalverteilung gibt es auch andere wichtige Wahrscheinlichkeitsverteilungen. Diese werden aber erst an späterer Stelle dieses Buches benötigt. Sie werden deshalb erst im Statistischen Repetitorium III in Kapitel 4 behandelt.

2.3 B-Annahmen

Annahmen, die im Rahmen der *Störgrößen*-Spezifikation, also bezüglich der Variablen u_t getroffen werden, sind *B-Annahmen*.

2.3.1 Begründungen für die Existenz der Störgröße

Bevor die B-Annahmen im Einzelnen besprochen werden, sollte man sich nochmals Gedanken machen, aus welchen Gründen die Störgröße u_t überhaupt eingeführt wurde. Üblicherweise werden drei Begründungen für die Existenz eines Störterms genannt:

- Die im Modell verwendeten Daten enthalten unsystematische Erhebungs- und Messfehler, die sich auch dadurch ergeben können, dass man sich von vornherein mit sogenannten Näherungs- oder Proxyvariablen behelfen muss, weil für die eigentlich relevanten Variablen keine Daten vorliegen.

- Bestimmte exogene Variablen sind nicht im ökonomischen Modell berücksichtigt, weil sie entweder gar nicht oder nur zu prohibitiv hohen Kosten beobachtbar sind.

- Das menschliche Verhalten, das dem ökonomischen Modell letztlich zugrunde liegt, ist in gewissen Grenzen unberechenbar, enthält also selbst ein Zufallselement.

Wenn einer oder mehrere der obigen drei Gründe zutreffen, dann ist u_t von 0 verschieden. In einigen Fällen mag u_t positiv, in anderen negativ ausfallen. Als zentrale Annahme wird jedoch immer unterstellt, dass die Werte für u_t *keine Systematik* aufweisen. Die Störgröße schwankt *rein zufällig* um den Wert 0 und die Ursache der Störung ist mit vertretbarem Aufwand nicht beobachtbar. Wäre sie beobachtbar, dann hätte man sie als eigene exogene Variable in das Modell integrieren können.

Da die Schwankungen rein zufällig sind, kann die bei einer Beobachtung t auftretende Störgröße u_t als eine *Zufallsvariable* aufgefasst werden. Bei einem Stichprobenumfang von T Beobachtungen haben wir es also mit T verschiedenen Zufallsvariablen u_t zu tun.

Wie schlagen sich die rein zufälligen Schwankungen der T Störgrößen in grafischer Hinsicht nieder? Zur Veranschaulichung ziehen wir wieder das Trinkgeld-Beispiel heran. Nehmen wir (unzulässigerweise) an, der wahre Zusammenhang zwischen der exogenen Variable x_t (Rechnungsbetrag) und der endogenen Variable y_t (Trinkgeld) sei bekannt und durch die Gerade R in Abbildung 2.1 zutreffend beschrieben. Jeder der 20 Gäste generiert einen Beobachtungspunkt (x_t, y_t). Wären alle u_t gleich 0, dann lägen alle 20 Punkte auf der Gerade R. Das Trinkgeld würde dann einzig und allein vom Rechnungsbetrag abhängen, und zwar in der durch R beschriebenen linearen Weise.

Zeichnen wir die tatsächlich beobachteten Werte in die Grafik ein, so ergibt sich die in Abbildung 2.3 abgebildete Punktwolke. Offensichtlich existieren die oben beschriebenen Störeinflüsse, die dafür sorgen, dass u_t von 0 verschieden ist. Die jeweiligen Störgrößen – gemessen als *vertikaler Abstand* der tatsächlichen Beobachtungen y_t von der wahren Gerade R – enthalten aber keine erkennbare Systematik mehr, sondern verteilen sich wie zufällig um R. Die Einzelpunkte liegen in vollkommen unsystematischer Weise ober- oder unterhalb der wahren Gerade R.

In der Realität kennt man die wahre Gerade R nicht! Es ist gerade die Aufgabe des Ökonometrikers, aus Beobachtungen Rückschlüsse über den in R manifestierten wahren Zusammenhang zu ziehen – ohne jemals absolute Sicherheit für diesen Rückschluss erlangen zu können. Grafisch gesprochen bedeutet ein solcher Rückschluss, dass auf Grundlage der Punktwolke eine fundierte Schätzung der wahren Gerade R durchgeführt wird. Legte man in Abbildung 2.3 manuell eine „möglichst gut passende" *Regressionsgerade* $\widehat{R}$ durch die Punktwolke, so würde diese der wahren (aber unbekannten) Gerade

2.3. B-ANNAHMEN

R sehr nahe kommen. Was dabei „möglichst gut passende" genau heißt, soll in Kürze erläutert werden.

Was passiert aber mit unserer Schätzung, wenn die Störgrößen nicht rein zufällig um den Wert 0 schwanken, sondern eine bestimmte Systematik aufweisen, ohne dass sich der Ökonometriker dieser Systematik bewusst wäre? Eine solche Systematik gefährdet die Verlässlichkeit der Schätzung, also des Rückschlusses von der beobachteten Punktwolke auf den unbekannten wahren Zusammenhang R. Eine manuell eingepasste Regressionsgerade $\widehat{R}$ ist dann möglicherweise keine gute Approximation der wahren Gerade R. Um dieses Problem ausschließen zu können, müssen bezüglich der Störgröße einige Eigenschaften erfüllt sein, die wir als B-Annahmen bezeichnen.

2.3.2 Formulierung der B-Annahmen

Es sei zunächst daran erinnert, dass jede der T Störgrößen u_t eine eigene Zufallsvariable darstellt. Als solche besitzt jede Störgröße u_t eine Wahrscheinlichkeitsverteilung, einen Erwartungswert $E(u_t)$ und eine Varianz $var(u_t)$.

Individuelle Erläuterung der vier B-Annahmen

Annahme b1 Die Störgröße u_t hat für alle Beobachtungen t einen Erwartungswert von 0, das heißt,

$$E(u_t) = 0 , \qquad (2.22)$$

für $t = 1, 2, ..., T$.

Ein prominentes Beispiel für eine Verletzung der Annahme b1 ist ein systematischer Messfehler bei der Erfassung von y_t.

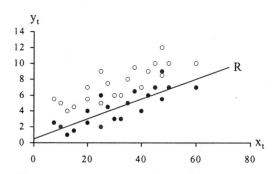

Abbildung 2.8: Konstanter Messfehler bei der Erfassung von y_t.

Die Gerade R in Abbildung 2.8 zeigt den wahren (aber unbekannten) Zusammenhang zwischen Rechnungsbetrag x_t und Trinkgeld y_t. Die tatsächlich aufgetretenen Datenpunkte sind durch die fetten Punkte repräsentiert. Dieser Teil der Grafik entspricht Abbildung 2.3. Werden die Trinkgelddaten (y_t) vom Kellner systematisch zu hoch angegeben, dann liegen die entsprechenden Datenpunkte (repräsentiert durch kleine Kreise) oberhalb der tatsächlich aufgetretenen Datenpunkte und damit die (vermeintlich aufgetretene) beobachtete Punktwolke höher als die tatsächlich aufgetretene. Die beobachteten Einzelpunkte liegen oberhalb der abgebildeten wahren Gerade R, die Störgrößen u_t (also der vertikale Abstand zwischen Beobachtung und wahrer Gerade R) weisen positive Werte auf und damit ist $E(u_t) \neq 0$.

Welche Konsequenz haben die falsch gemessenen y_t-Daten für unsere Schätzung bezüglich des wahren Zusammenhangs zwischen x_t und y_t? Eine in die beobachtete (höher liegende) Punktwolke eingepasste Regressionsgerade $\widehat{R}$ verläuft dann oberhalb der wahren Gerade R. Mit anderen Worten, wenn Annahme b1 verletzt ist, dann stellt eine manuell durch die beobachtete Punktwolke gelegte Regressionsgerade den wahren mittleren Zusammenhang zwischen x_t und y_t falsch dar. Diese Zusammenhänge werden in Kapitel 16 vertieft.

Bei den folgenden zwei B-Annahmen sind die Konsequenzen einer Annahmeverletzung weniger gravierend.

Annahme b2 Die Störgröße u_t hat für alle Beobachtungen t eine konstante Varianz, das heißt,

$$var(u_t) = \sigma^2, \quad (2.23)$$

für $t = 1, 2..., T$.

Dabei ist σ ein konstanter Parameter. Verletzt eine oder mehrere der T Störgrößen u_t Annahme b2, dann werden die Störgrößen als *heteroskedastisch* oder, was das Gleiche ist, als *nicht homoskedastisch* bezeichnet. Wiederum lässt sich die Annahme am besten grafisch veranschaulichen: Die Punktwolke in Abbildung 2.3 signalisiert homoskedastische Störgrößen, denn die durchschnittliche Streubreite der Störgrößen um R scheint in etwa konstant zu bleiben, gleichgültig in welchem Bereich der Beobachtungen wir uns bewegen. Abbildung 2.9 signalisiert hingegen den Fall heteroskedastischer Störgrößen, denn die Varianz der Störgröße nimmt mit dem Wert der exogenen Variable x_t zu.

Man beachte dabei, dass – anders als bei einer Verletzung von Annahme b1 – der „durchschnittliche Zusammenhang" zwischen x_t und y_t unverändert bleibt. Lediglich das „Ausmaß der durchschnittlichen Störung" nimmt mit x_t zu. Legt man eine Regressionsgerade durch die in Abbildung 2.9 abgebildete Punktwolke, so könnte diese nach wie vor eine gute Approximation der unbekannten wahren Gerade R abgeben. Das statistische Problem liegt lediglich darin, dass bestimmte Informationen, die in der heteroskedastischen Systematik der Störgrößen stecken, bei einer Schätzung mit der gebräuchlichen Kleinst-Quadrate-Methode nicht effizient genutzt werden. Wir werden in

2.3. B-ANNAHMEN

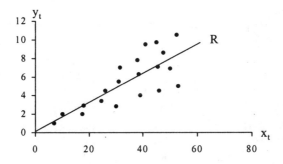

Abbildung 2.9: Eine Punktwolke, die auf heteroskedastische Störgrößen u_t hindeutet.

Kapitel 17 sehen, dass dann bessere Schätzverfahren als die Kleinst-Quadrat-Methode existieren. Diese Verfahren verleihen einem Beobachtungsbereich bei der Schätzung ein umso größeres Gewicht, je kleiner die vertikale Streuung der Beobachtungen in diesem Bereich ist, je größer also die Verlässlichkeit der Beobachtungspunkte beim Rückschluss auf den wahren Zusammenhang ist.

Die Verletzung der folgenden Annahme besitzt ähnliche statistische Konsequenzen wie die Verletzung von Annahme b2.

Annahme b3 Die Störgrößen sind nicht korreliert, das heißt,

$$cov(u_t, u_s) = 0 , \qquad (2.24)$$

für alle $t \neq s$ sowie $t = 1, 2, ..., T$ und $s = 1, 2, .., T$.

Es wurde mehrfach darauf hingewiesen, dass die T Störgrößen u_t jeweils als Zufallsvariablen aufzufassen sind. Die Störgrößen u_t und u_s zweier verschiedener Beobachtungen t und s (z.B. zweier Restaurantgäste) sind also zwei unterschiedliche Zufallsvariablen.

Aus dem Statistischen Repetitorium I wissen wir, dass die Kovarianz zweier Störgrößen (Zufallsvariablen) u_t und u_s, die korreliert sind, von 0 abweicht. In der Ökonometrie hat es sich eingebürgert, korrelierte Störgrößen als *autokorreliert* zu bezeichnen. Sind *sämtliche* Störgrößen unkorreliert (und damit auch nicht autokorreliert), dann bedeutet dies „Freiheit von Autokorrelation".

Der Begriff der Korrelation (bzw. Autokorrelation) wurde in Abschnitt 2.2.5 erläutert. Er besagt, dass der Wert (Ausprägung) der Zufallsvariable u_t einen Einfluss auf den Wert einer Zufallsvariable u_s ausübt. Dies lässt sich auch im Rahmen des Trinkgeld-Beispiels veranschaulichen. Nehmen wir an, Restaurant-Besucherin t bezahlt ihr Essen und gibt dabei ein äußerst großzügiges Trinkgeld ($u_t > 0$). Wenn der am Nebentisch speisende Gast s dies beobachtet und später nicht als geizig dastehen möchte, dann wird er ebenfalls zu einem überdurchschnittlich hohen Trinkgeld tendieren ($u_s > 0$) und damit ist $cov(u_t, u_s) > 0$. Annahme b3 schließt solche Abhängigkeiten aus.

Aus ökonometrischer Sicht hat die Autokorrelation der Störgrößen ganz ähnliche Konsequenzen wie die Heteroskedastizität: Auch sie verzerrt nicht die aus den Beobachtungen gemachte Mutmaßung über die wahre Gerade. In den Störgrößen verbleiben aber systematische Informationen, die bei zu einfachen Schätzverfahren nicht effizient genutzt werden. Es bedarf deshalb spezieller Schätzverfahren, die in Kapitel 18 diskutiert werden.

Der Annahmenblock b1 bis b3 wird gelegentlich (in Anspielung auf das unsystematische Rauschen eines Fernsehbildschirms, wenn kein Sender empfangen wird) als „*weißes Rauschen*" bezeichnet.

Wir kennen aus Annahme b1 den Erwartungswert der T Zufallsvariablen (Störgrößen) u_t und wir wissen aus Annahme b2, dass diese Zufallsvariablen eine identische Varianz σ^2 aufweisen. Aufgrund von Annahme b3 wissen wir auch, dass sämtliche Zufallsvariablenpaare u_t und u_s unkorreliert sind, aber wir wissen noch nicht, wie die Wahrscheinlichkeitsverteilungen der Zufallsvariablen u_t genau aussehen. Für den späteren Hypothesentest ist die Festlegung auf eine Wahrscheinlichkeitsverteilung jedoch unumgänglich. Es wird deshalb die folgende Annahme getroffen:

Annahme b4 Die Störgrößen u_t sind normalverteilt, das heißt,

$$u_t \sim N\left(E(u_t),\ var(u_t)\right),$$

für $t = 1, 2..., T$.

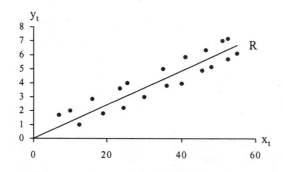

Abbildung 2.10: Eine Punktwolke, die auf Störgrößen u_t hindeutet, welche nicht normalverteilt sind.

Abbildung 2.10 zeigt eine Punktwolke, die auf eine Verletzung von Annahme b4 hindeutet. Sämtliche Punkte weisen eine ähnliche vertikale Distanz zur wahren Gerade R auf. Das heißt, der Betrag der Störung ist bei allen Beobachtungen in etwa konstant. Dies steht im Widerspruch zur glockenförmigen Gestalt einer Normalverteilung. Die Punktwolke der Abbildung 2.10 suggeriert eine Wahrscheinlichkeitsverteilung wie diejenige der Abbildung 2.11.

2.3. B-ANNAHMEN

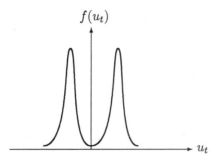

Abbildung 2.11: Eine mögliche Wahrscheinlichkeitsverteilung einer nicht normalverteilten Störgröße u_t.

Annahmenkomplex b1 bis b4

Wenn alle vier B-Annahmen erfüllt sind, dann bedeutet dies, dass jede der T Zufallsvariablen u_t die gleiche Wahrscheinlichkeitsverteilung besitzt, nämlich eine Normalverteilung mit Erwartungswert $E(u_t) = 0$ und Varianz σ^2. Unter einer zusätzlichen technischen Annahme, die uns hier aber nicht weiter zu interessieren braucht, lassen sich die Annahmen b1 bis b4 zusammenfassend folgendermaßen formalisieren:

$$u_t \sim UN(0, \sigma^2), \qquad (2.25)$$

für alle $t = 1, 2, ..., T$. Das U in Ausdruck (2.25) steht für „unabhängig". N ist weiterhin das Symbol für „Normalverteilung". Da jede Normalverteilung durch Erwartungswert und Varianz eindeutig definiert ist (siehe Abschnitt 2.2.7), sind die Wahrscheinlichkeitsverteilungen für alle u_t identisch.

Abbildung 2.12 veranschaulicht anhand des Trinkgeld-Beispiels den Annahmenkomplex b1-b4. Über der (eigentlich unbekannten) wahren Gerade R liegt eine Schar von eigentlich $T = 20$ Wahrscheinlichkeitsverteilungen $f(u_t)$. Nur drei davon wurden eingezeichnet, und zwar diejenigen der Beobachtungen $t=1$, $t=2$ und $t=3$.

Betrachten wir diejenige der Beobachtung $t=3$ etwas genauer. Punkt A gibt den tatsächlich beobachteten Punkt ($x_3=50$; $y_3=7$) an. Der y_t-Wert dieser Beobachtung liegt oberhalb von R, also oberhalb des „zu erwartenden" Wertes. Es hat also eine positive Ausprägung der Zufallsvariable (Störgröße) u_3 gegeben. Da die Störgröße u_3 eine Zufallsvariable ist, hätten auch andere Ausprägungen auftreten können. Die jeweiligen Wahrscheinlichkeiten für die einzelnen möglichen Ausprägungen werden durch die eingezeichnete glockenförmige Wahrscheinlichkeitsverteilung dargestellt.

Annahme b4 impliziert, dass alle 20 Wahrscheinlichkeitsverteilungen Normalverteilungen sind. Die glockenförmige Gestalt einer Normalverteilung bedeutet, dass je größer dem Betrag nach die Ausprägung der Störgröße (das

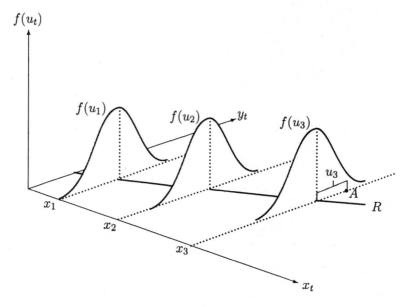

Abbildung 2.12: Eine Veranschaulichung des Annahmenkomplexes b1 – b4.

heißt der Abstand zur wahren Gerade R), umso geringer ist die Wahrscheinlichkeit, dass diese Ausprägung tatsächlich realisiert wird. Annahme b1 impliziert, dass alle 20 Normalverteilungen ihren Mittelwert auf der wahren Gerade R liegen haben. Annahme b2 bedeutet, dass alle 20 Normalverteilungen die gleiche grafische Gestalt aufweisen und nicht eine flacher verläuft als die andere. Annahme b3 wird benötigt, damit die 20 Normalverteilungen (Lage und Gestalt) voneinander unabhängig sind.

Damit sind alle vier B-Annahmen besprochen. Nach einer zweiten statistischen Auffrischung kommen wir zur letzten Gruppe von Annahmen, den C-Annahmen.

2.4 Statistisches Repetitorium II

Das „Statistische Repetitorium I" war den Eigenschaften einer oder mehrerer *Zufallsvariablen* gewidmet. Dabei wurden drei Kennzahlen zur Charakterisierung dieser Zufallsvariablen erläutert: der Erwartungswert, die Varianz und die Kovarianz. Im Mittelpunkt standen dabei die *möglichen Ausprägungen* der Zufallsvariable.

Im zweiten Repetitorium geht es nun um die statistische Beschreibung einer tatsächlich beobachteten Stichprobe. Hier stehen nicht *mögliche Ausprägungen*

2.4. STATISTISCHES REPETITORIUM II

im Mittelpunkt, sondern *tatsächlich beobachtete Werte*, das heißt *bekannte Daten*.

Nehmen wir an, ein Versandhandel möchte Näheres über die Altersstruktur seiner Kunden erfahren. Die Gesamtheit der Kunden des Versandhandels bezeichnen wir als *Grundgesamtheit*. Um Anhaltspunkte über die Altersstruktur in der Grundgesamtheit zu erhalten, befragt der Versandhandel einige Kunden nach ihrem Alter. Die Angaben der befragten Kunden sind die *Daten der Stichprobe*. Man versucht auch hier eine Charakterisierung der beobachteten Stichproben-Daten mit Hilfe einiger weniger Kennzahlen. Diese Kennzahlen charakterisieren nicht nur die Altersstruktur der Stichprobe, sie liefern auch Anhaltspunkte über die Altersstruktur der Grundgesamtheit.

2.4.1 Stichproben-Mittelwert einer Variable

Nehmen wir an, wir hätten für eine Variable x eine Stichprobe mit T Beobachtungen: $x_1, x_2, \ldots, x_T$. Der (arithmetische) *Stichproben-Mittelwert* ergibt sich gemäß

$$\bar{x} = \frac{1}{T} \sum_{t=1}^{T} x_t \ .$$

Er liefert den Durchschnittswert der T Beobachtungen und ist auch ein Indikator für den Durchschnitt der Grundgesamtheit.

Die Formel erinnert ein wenig an die Formel für den Erwartungswert einer Zufallsvariable. Der Erwartungswert einer Zufallsvariable ist jedoch das *gewichtete* Mittel sämtlicher *möglichen Ausprägungen* ($i = 1, 2, \ldots, N$), während der Stichproben-Mittelwert das *ungewichtete* Mittel der *tatsächlich beobachteten Daten* ($t = 1, 2, \ldots, T$) darstellt.

2.4.2 Stichproben-Varianz einer Variable

In Analogie zur Varianz einer Zufallsvariable stellt auch die *Stichproben-Varianz* einer Variable x ein Streuungsmaß dar. Sie basiert auf den quadratischen Abweichungen der *beobachteten Daten* $x_1, x_2, \ldots, x_T$ von ihrem Mittelwert $\bar{x}$. Um zu einem brauchbaren Streuungsmaß zu gelangen, wird ein Durchschnitt dieser quadratischen Abweichungen gebildet:

$$\widehat{var}(x) = \frac{1}{T-1} \sum_{t=1}^{T} (x_t - \bar{x})^2 = \frac{1}{T-1} S_{xx} \ ,$$

wobei $S_{xx} = \sum_{t=1}^{T} (x_t - \bar{x})^2$. Der Gebrauch des Symbols S_{xx} anstelle der Summe der quadratischen Abweichungen $\sum_{t=1}^{T} (x_t - \bar{x})^2$ wird uns an einigen späteren Stellen dieses Buches eine übersichtlichere Darstellung ermöglichen. Im Folgenden soll S_{xx} als *Variation* der Variable x bezeichnet werden. Das in der Notation $\widehat{var}(x)$ erscheinende Dach erfüllt eine doppelte Funktion: Zum einen soll es darauf aufmerksam machen, dass es sich hier um die Stichproben-Varianz und nicht um die Varianz einer Zufallsvariable handelt, zum anderen soll sie andeuten, dass diese Stichproben-Varianz oftmals zur Schätzung der Varianz einer Grundgesamtheit herangezogen wird.

Man beachte, dass S_{xx} und damit $\widehat{var}(x)$ niemals einen negativen Wert annehmen kann. Weist die Variable keinerlei Streuung auf ($x_1 = x_2 = \ldots = x_T = \bar{x}$), ergibt sich eine Varianz und eine Variation von 0.

Es bleibt zu klären, warum S_{xx} durch $T-1$ und nicht, wie man eigentlich erwarten würde, durch T dividiert wird. Wir hatten darauf hingewiesen, dass man aus dem Stichproben-Mittelwert und der Stichproben-Varianz Rückschlüsse bezüglich der Grundgesamtheit ziehen kann. Die Division durch $T-1$ anstelle von T trägt dieser Verwendungsmöglichkeit Rechnung. Um dies zu erkennen, kehren wir zu unserem einführenden Beispiel zurück: Ein Versandhandel möchte Informationen über die Altersstruktur seiner Kundschaft erhalten. Dabei interessiert das *Durchschnittsalter* (Indikator: Stichproben-Mittelwert) und das Ausmaß der Abweichungen von diesem Durchschnitt bei den verschiedenen Kunden, also die *Streuung* (Indikator: Stichproben-Varianz).

Würde der Versandhandel einen einzelnen Kunden herausgreifen, dann wäre das Alter dieses Kunden ein (wenn auch sehr grober) Indikator für das Durchschnittsalter der Kundschaft. Mit anderen Worten, bei einem Stichprobenumfang von $T=1$ liefert die eine Beobachtung bereits einen Anhaltspunkt über das Durchschnittsalter der gesamten Kundschaft (Grundgesamtheit). Es liefert allerdings *keinen Anhaltspunkt* bezüglich der *Streuung* in der Grundgesamtheit. Erst wenn eine zweite Beobachtung hinzukommt, können Rückschlüsse bezüglich der Streuung gezogen werden. Bei T Beobachtungen hätte man folglich nur $T-1$ Anhaltspunkte (Statistiker sprechen hier von *Freiheitsgraden*) für die Streuung. Entsprechend muss für die *durchschnittliche* Streuung durch $T-1$ und nicht durch T dividiert werden.

In Analogie zur Standardabweichung einer Zufallsvariable lautet die *Stichproben-Standardabweichung*:

$$\widehat{se}(x) = \sqrt{\widehat{var}(x)}\;.$$

2.4.3 Stichproben-Kovarianz zweier Variablen

Auch die Stichproben-Kovarianz zweier Variablen steht in Analogie zur Kovarianz zweier Zufallsvariablen. Betrachten wir zwei Variablen x und y, für die T Beobachtungspaare vorliegen: $(x_1, y_1), (x_2, y_2), \ldots, (x_T, y_T)$. Die Stichproben-Kovarianz beschreibt, ob sich in den beobachteten Datenpaaren ein positiver oder negativer linearer Zusammenhang zwischen den zwei Variablen x und y manifestiert hat. Die Stichproben-Kovarianz ist definiert gemäß

$$\widehat{cov}(x,y) = \frac{1}{T-1} \sum_{t=1}^{T} (x_t - \bar{x})(y_t - \bar{y}) = \frac{1}{T-1} S_{xy}\;,$$

wobei $S_{xy} = \sum_{t=1}^{T}(x_t - \bar{x})(y_t - \bar{y})$. Die Größe S_{xy} soll im Folgenden vereinfachend als *Kovariation* bezeichnet werden. Die Stichproben-Kovarianz ergibt sich formal aus der durchschnittlichen Kovariation.

Bewegen sich in den verschiedenen Beobachtungen die beiden Einzeldaten in den Datenpaaren (x_t, y_t) gleichgerichtet, dann ergibt sich eine positive Stichproben-Kovarianz, bewegen sie sich gegenläufig, dann erhält man eine negative Stichproben-Kovarianz. Besteht keine erkennbare lineare Beziehung zwischen den beiden Variablen, dann beträgt die Stichproben-Kovarianz 0. Auch die Stichproben-Kovarianz kann zur Einschätzung der Datenstruktur der Grundgesamtheit herangezogen werden. Wenn $\widehat{cov}(x,y) \neq 0$, so signalisiert dies eine Abhängigkeit zwischen den beiden Variablen x und y.

In Analogie zum Korrelationskoeffizienten zweier Zufallsvariablen lautet der *Stichproben-Korrelationskoeffizient*:

$$\widehat{cor}(x,y) = \frac{\widehat{cov}(x,y)}{\widehat{se}(x) \cdot \widehat{se}(y)} = \frac{S_{xy}/(T-1)}{\sqrt{S_{xx}/(T-1)} \cdot \sqrt{S_{yy}/(T-1)}} = \frac{S_{xy}}{\sqrt{S_{xx}} \cdot \sqrt{S_{yy}}}.$$

2.5 C-Annahmen

Die *Variablen*-Spezifikation geschieht durch das Formulieren der *C-Annahmen*, also der Annahmen, die hinsichtlich der Eigenschaften der Variable x_t getroffen werden. Im Folgenden werden zwei C-Annahmen erläutert.

Annahme c1 Die exogene Variable x_t ist keine Zufallsvariable, sondern kann wie in einem Experiment kontrolliert werden.

Dies ist eine offensichtlich höchst unplausible Annahme. Sie postuliert, dass wir es in der Ökonometrie mit kontrollierbaren Experimenten zu tun haben. Im wissenschaftstheoretischen Abschnitt der Einleitung zu diesem Buch wurde aber genau das Gegenteil behauptet: Ökonometrie ist das Gegenstück zur experimentellen Forschung, denn sie benutzt historische Daten, also Daten, die nicht für den Zweck der Untersuchung generiert wurden, sondern aus dem Ablauf der Geschichte heraus entstanden. Annahme c1 behauptet hingegen, die Werte für die exogene Variable x_t werden vom Ökonometriker generiert.

Was steckt hinter diesem Widerspruch? Annahme c1 wird nur vorübergehend getroffen. In Teil III dieses Buches wird sie durch eine schwächere Annahme ersetzt, die in Einklang steht mit der einleitenden Behauptung, dass Ökonometrie auf historischen, also nicht-experimentellen Daten basiert. Warum halten wir aber zunächst an Annahme c1 fest? Warum wird vom Leser verlangt, dass er die in Tabelle 2.1 angegebenen Werte für die Rechnungsbeträge der Restaurantbesucher als vorherbestimmt interpretieren soll? Die Annahme ist aus didaktischen Gründen nützlich. Auf ihrer Grundlage lässt sich der statistische Unterbau für Hypothesentests und Prognosen klarer erfassen.

Annahme c2 Die exogene Variable x_t weist nicht für alle Beobachtungen t den gleichen Wert auf: $S_{xx} > 0$.

Annahme c2 fordert, dass die Variation der exogenen Variable größer 0 ist. Wäre diese Annahme nicht erfüllt, dann wäre offensichtlich die Aufgabe einer Regression nicht erfüllbar, denn eine Regression soll die Bewegungen der endogenen Variable durch die Bewegungen der exogenen Variable erklären. Für $S_{xx} = 0$ gibt es aber keine Bewegung der exogenen Variable.

Damit sind sämtliche A-, B- und C-Annahmen vorgestellt. Die Spezifikation ist abgeschlossen. Man kann sich nun an die Schätzung der Parameter α und β machen. Da eine Gerade erst durch zwei Punkte definiert ist, müssen für eine Schätzung mindestens zwei Beobachtungen vorliegen: $T \geq 2$. Liegt die Zahl der Beobachtungen unter zwei, dann ist eine Schätzung der beiden Parameter α und β nicht möglich.

2.6 Zusammenfassung

Ausgangspunkt einer ökonometrischen Analyse ist ein grundlegender ökonomischer Wirkungszusammenhang zwischen der exogenen Variable x und der endogenen Variable y:

$$y = f(x) . \tag{2.1}$$

Diese Gleichung ist das ökonomische Modell. Im Rahmen der Spezifikation wird dieses Modell in das ökonometrische Modell

$$y_t = \alpha + \beta x_t + u_t \tag{2.4}$$

überführt.

Aus formaler Sicht wird dazu das ökonomische Modell in linearer Form geschrieben, der Beobachtungsindex t hinzugefügt und das Ganze durch eine Störgröße u_t ergänzt, die Störeinflüsse erfassen soll, welche den grundlegenden Wirkungszusammenhang zwischen x_t und y_t überlagern.

Damit das ökonometrische Modell für eine Überprüfung und Quantifizierung des grundlegenden Wirkungszusammenhangs verwendbar ist, müssen im Rahmen der Spezifikation auch einige inhaltliche Anforderungen an das ökonometrische Modell gestellt werden. Wir bezeichnen diese Anforderungen als A-, B- und C-Annahmen.

Die A-Annahmen fordern, dass das ökonometrische Modell (2.4) den Wirkungszusammenhang funktional korrekt abbildet. Im Einzelnen lauten die Annahmen:

Annahme a1 In Gleichung (2.4) fehlen keine relevanten exogenen Variablen und die benutzte exogene Variable x_t ist nicht irrelevant.

2.6. ZUSAMMENFASSUNG

Annahme a2 Der wahre Zusammenhang zwischen x_t und y_t ist linear.

Annahme a3 Die Parameter α und β sind für alle T Beobachtungen (x_t, y_t) konstant.

Die B-Annahmen sind den Eigenschaften der Störgröße u_t gewidmet:

Annahme b1 $E(u_t) = 0$, (wohlspezifiziert) für $t = 1, 2, ..., T$.

Annahme b2 $var(u_t) = \sigma^2$, (Homoskedastizität) für $t = 1, 2, ..., T$.

Annahme b3 $cov(u_t, u_s) = 0$, (keine Autokorrelation) für alle $t \neq s$ sowie $t = 1, 2, ..., T$ und $s = 1, 2, .., T$.

Annahme b4 $u_t \sim N(E(u_t), var(u_t))$, (Normalverteilt) für $t = 1, 2..., T$.

Schließlich wurden noch zwei Annahmen bezüglich der Eigenschaften der Variable x_t getroffen:

Annahme c1 Die exogene Variable x_t ist keine Zufallsvariable, sondern kann wie in einem Experiment kontrolliert werden.

Annahme c2 $S_{xx} > 0$.

Auf Basis dieser Annahmen kann man nun versuchen, nummerische Schätzwerte für die Parameter α und β zu ermitteln. Die notwendigen Methoden werden im folgenden Kapitel vorgestellt.

Kapitel 3

Schätzung I: Punktschätzung

In Kapitel 2 wurde das ökonometrische Modell durch die Formulierung einer Reihe von A-, B- und C-Annahmen spezifiziert. Wir sind nun in der Lage, die Schätzung des Modells in Angriff zu nehmen, also auf Grundlage des ökonometrischen Modells

$$y_t = \alpha + \beta x_t + u_t \tag{3.1}$$

nummerische Schätzwerte für α und β zu ermitteln. Da es sich hier um einzelne Werte und nicht um Wertintervalle handelt, spricht man auch von einer *Punktschätzung*.

Die theoretischen Beschreibungen dieses Abschnitts werden weiterhin mit Hilfe des Trinkgeld-Beispiels illustriert. Um die zur Veranschaulichung eingefügten nummerischen Berechnungen überschaubar zu halten, nehmen wir im Folgenden an, dass lediglich drei Beobachtungen vorliegen. Vom Datensatz der Tabelle 2.1 werden dazu die ersten drei Beobachtungspaare (x_t, y_t) herangezogen. Sie sind in Tabelle 3.1 nochmals wiedergegeben:

Tabelle 3.1: Rechnungsbetrag x_t und Trinkgeld y_t (beides in Euro) von drei beobachteten Gästen.

t	x_t	y_t
1	10	2
2	30	3
3	50	7

Das entsprechende ökonometrische Modell ist in Gleichung (3.1) spezifiziert, wobei y_t=Trinkgeld, x_t=Rechnungsbetrag und $t = 1, 2, 3$. Es wird unterstellt, dass sämtliche A-, B- und C-Annahmen erfüllt sind.

Die Werte für die exogene Variable x_t und die endogene Variable y_t sind aufgrund der drei Beobachtungen bekannt. Das entsprechende „Punktwölkchen" ist in Abbildung 3.1 wiedergegeben. Im Rahmen der A-Annahmen haben wir postuliert, dass es eine (unbekannte) wahre Gerade R gibt, die durch diese Punktwolke verläuft und durch die Parameter α und β festgelegt ist. Die wahren Parameterwerte α und β sind uns allerdings nicht bekannt. Das heißt, wir kennen weder den genauen Verlauf der wahren Gerade R noch die Werte für die Störgröße u_t, also den vertikalen Abstand der Beobachtungspunkte zur wahren Gerade R. Wir können allerdings aus den Beobachtungen Rückschlüsse ziehen über den *möglichen* Verlauf der wahren Gerade R und damit über den Wert, den die Parameter α und β besitzen *könnten*. Dieses Rückschlussverfahren nennt man *Schätzung*.

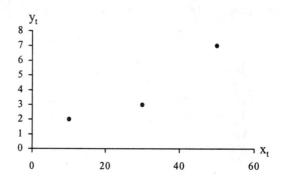

Abbildung 3.1: Die drei Beobachtungspunkte des Trinkgeld-Beispiels.

Wenn wir also nummerische Schätzwerte für α und β suchen, dann suchen wir nichts anderes als die wahre (von Störeinflüssen freie) Beziehung zwischen der exogenen und der endogenen Variable. Um zwischen *wahrer* und *geschätzter* Sphäre zu unterscheiden, wird Letztere stets durch ein Dach markiert: $\widehat{\alpha}$ bzw. $\widehat{\beta}$. Im Folgenden werden $\widehat{\alpha}$ bzw. $\widehat{\beta}$ als *Schätzer* bezeichnet. Wir verzichten darauf, genauer zu unterscheiden, ob es sich bei den Schätzern $\widehat{\alpha}$ und $\widehat{\beta}$ um nicht weiter nummerisch spezifizierte Parameter oder um bestimmte nummerische Werte handelt. Um welche Variante es im Einzelfall geht, wird im jeweiligen Zusammenhang deutlich werden.

Schätzung, als die Berechnung von nummerischen Schätzwerten $\widehat{\alpha}$ und $\widehat{\beta}$ für die wahren Paramter α und β, ist der Versuch, die Beobachtungen um die enthaltenen Störeinflüsse zu bereinigen und so den wahren Zusammenhang, also die wahre Gerade R, herauszudestillieren. Man beachte, dass sich aus den Schätzern $\widehat{\alpha}$ und $\widehat{\beta}$ wieder ein linearer Zusammenhang definieren lässt:

$$\widehat{y}_t = \widehat{\alpha} + \widehat{\beta} x_t \,. \tag{3.2}$$

Diese Gleichung stellt das *geschätzte Modell* dar. Dabei gibt die Variable $\widehat{y}_t$ zu jedem Rechnungsbetrag x_t den Trinkgeldbetrag an, der sich unseren Schätzern $\widehat{\alpha}$ und $\widehat{\beta}$ zufolge in einer Welt ohne Störeinflüsse ergeben müsste. Ein linearer Zusammenhang wie Gleichung (3.2) definiert zugleich auch immer eine spezifische Gerade $\widehat{R}$. Grafisch gesprochen ist eine Schätzung also nichts anderes als das Einzeichnen einer Regressionsgerade $\widehat{R}$, von der man annimmt, dass sie der wahren Gerade R möglichst nahe kommt.

Wie aber findet man eine plausible geschätzte Gerade $\widehat{R}$, das heißt, wie erhält man plausible nummerische Werte für die Schätzer $\widehat{\alpha}$ und $\widehat{\beta}$? In diesem Abschnitt werden wir uns dem populärsten Schätzverfahren widmen. Es handelt sich dabei um die Methode der kleinsten Quadrate, im Folgenden als *KQ-Methode* bezeichnet. Zunächst wird die KQ-Methode grafisch veranschaulicht, um sie anschließend analytisch herzuleiten (Abschnitte 3.1 und 3.2). Abschnitt 3.3 liefert eine ökonomische Interpretation für die Schätzer $\widehat{\alpha}$ und $\widehat{\beta}$. Ein Maß für die Erklärungskraft der Schätzwerte $\widehat{\alpha}$ und $\widehat{\beta}$ wird in Abschnitt 3.4 vorgestellt.

3.1 KQ-Methode – eine Illustration

Für das Trinkgeld-Beispiel besteht die „Punktwolke" lediglich aus drei Punkten. In Abbildung 3.2 sind drei Regressionsgeraden ($\widehat{R}, \widehat{R}', \widehat{R}''$) durch diese Punktwolke gelegt. Man würde wahrscheinlich keine Einwände erheben, wenn $\widehat{R}$ als die „am besten passende" Gerade bezeichnet würde.

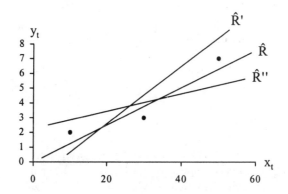

Abbildung 3.2: Drei verschiedene Regressionsgeraden.

Woher kommt diese Zustimmung? Implizit wendet man im Rahmen dieses intuitiven Urteils ein Kriterium an, das man als eine Art betragsmäßige Minimierung der Abweichung der Einzelpunkte von der Regressionsgerade interpretieren könnte. Man bevorzugt Gerade $\widehat{R}$, weil bei ihr die vertikalen Abstände zu den Beobachtungspunkten kleiner ausfallen, als dies bei $\widehat{R}'$ oder $\widehat{R}''$ der Fall ist.

Wie lassen sich diese vertikalen Abstände interpretieren? Da $\widehat{R}$ der von uns *vermutete* wahre Zusammenhang ist, lässt sich der vertikale Abstand der Beobachtungspunkte zu $\widehat{R}$ als unsere Vermutung bezüglich der in der Realität aufgetretenen Störeinflüsse verstehen. Diese geschätzten Störeinflüsse sollen im Folgenden als *Residuen* bezeichnet und durch $\widehat{u}_t$ symbolisiert werden.

In Abbildung 3.3 ist für die Beobachtung $t = 3$ das Residuum $\widehat{u}_3$ der Regressionsgerade $\widehat{R}$ grafisch veranschaulicht. Die anderen Regressionsgeraden $\widehat{R}'$ und $\widehat{R}''$ würden offensichtlich mit anderen Residuen einhergehen.

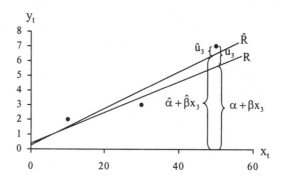

Abbildung 3.3: Der Zusammenhang zwischen Residuen $\widehat{u}_t$ und Störgrößen u_t.

Um den Unterschied zwischen Störgröße u_t und Residuum $\widehat{u}_t$ (*vermutete* Störgröße) klar zu machen, wurde in Abbildung 3.3 zusätzlich zur Regressionsgerade $\widehat{R}$ die eigentlich unbekannte wahre Gerade R eingezeichnet. Die (ebenfalls unbekannte) Störgröße u_3 misst den vertikalen Abstand zwischen Beobachtungspunkt (x_3, y_3) und wahrer Gerade R, das Residuum $\widehat{u}_3$ hingegen den Abstand zwischen Beobachtungspunkt und Regressionsgerade $\widehat{R}$. Allgemein gilt demnach: ein Residuum $\widehat{u}_t$ stellt unsere Schätzung bezüglich der Störgröße u_t dar.

In Abbildung 3.2 wählten wir aus lediglich drei vorgegebenen Regressionsgeraden die am besten passende aus. Die Schätzung eines ökonometrischen Modells bedeutet, dass aus *allen* möglichen Geraden die am besten passende herausgesucht wird. Die vorangegangenen Überlegungen würden zunächst vermuten lassen, dass man diejenige Regressionsgerade $\widehat{R}$ auswählt, die die Summe der Residuenbeträge $\widehat{u}_t$ minimiert. In Abbildung 3.2 wäre dies eine durch die Punkte (x_1, y_1) und (x_3, y_3) verlaufende Gerade.

Eine solche *Kleinstbetrag-Methode* ist in der Tat eine denkbare Möglichkeit. Eine plausible Alternative besteht darin, jene Regressionsgerade zu wählen, welche die Summe der *quadrierten* Residuen $\widehat{u}_t^2$ minimiert. In Abbildung 3.4 entsprechen die zur Regressionsgerade $\widehat{R}$ gehörigen quadrierten Residuen den schraffierten Quadraten. Man entscheidet sich für diejenige Gerade, die die Summe solcher Flächen minimiert. Entsprechend wird dieses Verfahren als die Methode der kleinsten Quadrate (*KQ-Methode*) und die ermittelte Gerade als $\widehat{R}_{KQ}$ bezeichnet.

Der wesentliche Unterschied zwischen Kleinstbetrag- und KQ-Methode liegt darin, dass die KQ-Methode eine Regressionsgerade auswählt, die *einzelne große* Residuen stärker vermeidet, als dies bei der Kleinstbetrag-Methode

3.2. KQ-METHODE – EINE ALGEBRAISCHE FORMULIERUNG

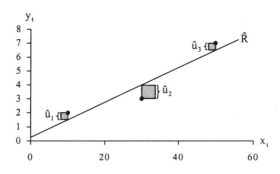

Abbildung 3.4: Die Residuenquadrate der Regressionsgerade $\widehat{R}$.

der Fall ist, denn einzelne große Residuen würden durch die Quadrierung überproportional groß werden und dadurch die Summe der Residuenquadrate überproportional erhöhen. Entsprechend stimmen auch die Regressionsgeraden der beiden Methoden normalerweise nicht überein.

Das lineare Regressionsmodell wird heute fast ausschließlich mit der KQ-Methode geschätzt. Es gibt dafür auch praktische Gründe, die vor allem in der besonders einfachen Methodik dieser Schätztechnik liegen: Im Unterschied zur Kleinstbetrag-Methode kann die KQ-Methode in überschaubaren Optimierungsproblemen algebraisch formuliert werden. In Kapitel 4 werden wir sehen, dass die KQ-Methode gegenüber der Kleinstbetrag-Methode noch weitere wichtige Vorzüge aufweist. Die Kleinstbetrag-Methode wird deshalb im Folgenden nicht weiter betrachtet.

3.2 KQ-Methode – eine algebraische Formulierung

Die Festlegung auf eine Regressionsgerade $\widehat{R}_{KQ}$ ist nichts anderes als die Festlegung auf nummerische Werte für die Schätzer $\widehat{\alpha}$ und $\widehat{\beta}$. Im Folgenden werden wir die Schätzformeln für $\widehat{\alpha}$ und $\widehat{\beta}$, die sich bei Anwendung der KQ-Methode ergeben, algebraisch herleiten und interpretieren. Dazu benötigen wir zunächst eine geeignete algebraische Formulierung der Residuenquadrate $\widehat{u}_t^2$.

3.2.1 Summe der Residuenquadrate

Die KQ-Methode verlangt, dass $\widehat{\alpha}$ und $\widehat{\beta}$ so gewählt werden, dass die Summe der quadrierten Residuen $\sum_{t=1}^{T} \widehat{u}_t^2$ minimiert wird. Wir bezeichnen diese Summe mit $S_{\widehat{u}\widehat{u}}$. Es gilt also

$$S_{\widehat{u}\widehat{u}} \equiv \sum_{t=1}^{T} \widehat{u}_t^2 \,. \tag{3.3}$$

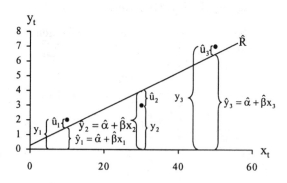

Abbildung 3.5: Der Zusammenhang zwischen beobachteten Trinkgeldbeträgen y_t, vermuteten Trinkgeldbeträgen $\widehat{y}_t$ und Residuen $\widehat{u}_t$.

Eine mathematische Berechnung des Minimums von $S_{\widehat{u}\widehat{u}}$ ist in dieser Form jedoch noch nicht möglich, denn die für die Minimierung zur Verfügung stehenden Schätzer $\widehat{\alpha}$ und $\widehat{\beta}$ sind in dieser Gleichung nicht enthalten. Wir müssen deshalb $\widehat{u}_t$ durch einen geeigneten Term ersetzen, der die Schätzer $\widehat{\alpha}$ und $\widehat{\beta}$ enthält. Ein solcher Term lässt sich leicht finden, wenn man sich vor Augen führt, wie die Residuen $\widehat{u}_t$ algebraisch genau definiert sind. Wie in Abbildung 3.5 zu erkennen, messen sie den vertikalen Abstand der Beobachtungspunkte von der geschätzten Regressionsgerade $\widehat{R}$. Was aber sagte die Gerade $\widehat{R}$ aus, und wie kam sie zustande? Sie kam zustande als das grafische Pendant zu dem durch die Schätzer $\widehat{\alpha}$ und $\widehat{\beta}$ festgelegten *geschätzten Modell*, also der linearen Beziehung

$$\widehat{y}_t = \widehat{\alpha} + \widehat{\beta} x_t \,. \tag{3.4}$$

Angewandt auf das Trinkgeld-Beispiel liefert $\widehat{R}$ für jeden möglichen Rechnungsbetrag x_t den aufgrund der Schätzer $\widehat{\alpha}$ und $\widehat{\beta}$ zu vermutenden Trinkgeldbetrag $\widehat{y}_t$. Ein Blick auf Abbildung 3.5 genügt, um zu sehen, dass

$$\widehat{u}_t = y_t - \widehat{y}_t \,. \tag{3.5}$$

Das Residuum ist die Abweichung des *beobachteten* Trinkgelds y_t vom *vermuteten* Trinkgeld $\widehat{y}_t$. Einsetzen der Gleichung (3.4) in (3.5) ergibt

$$\widehat{u}_t = y_t - \widehat{\alpha} - \widehat{\beta} x_t \,. \tag{3.6}$$

Damit sind die Residuen auch algebraisch definiert. Einsetzen von (3.6) in Gleichung (3.3) liefert

$$S_{\widehat{u}\widehat{u}} = \sum_{t=1}^{T} (y_t - \widehat{\alpha} - \widehat{\beta} x_t)^2 \,. \tag{3.7}$$

Auf Basis dieser Formulierung kann eine Minimierung von $S_{\widehat{u}\widehat{u}}$ in Bezug auf die Parameter $\widehat{\alpha}$ und $\widehat{\beta}$ erfolgen.

3.2.2 Herleitung der Schätzformeln

Zur Vereinfachung der Notation schreiben wir im Folgenden die Summenzeichen Σ ohne Laufindex $t = 1, 2, \ldots, T$, also $\sum = \sum_{t=1}^{T}$. Die Bedingungen erster Ordnung für ein Minimum von $S_{\widehat{u}\widehat{u}}$ sind dann

$$\partial S_{\widehat{u}\widehat{u}}/\partial \widehat{\alpha} = \sum 2(y_t - \widehat{\alpha} - \widehat{\beta}x_t)(-1) = 0 \qquad (3.8a)$$

$$\partial S_{\widehat{u}\widehat{u}}/\partial \widehat{\beta} = \sum 2(y_t - \widehat{\alpha} - \widehat{\beta}x_t)(-x_t) = 0. \qquad (3.8b)$$

Durch Umformen ergibt sich

$$\sum y_t = T\widehat{\alpha} + \widehat{\beta}\sum x_t \qquad (3.9a)$$

$$\sum y_t x_t = \widehat{\alpha}\sum x_t + \widehat{\beta}\sum x_t^2. \qquad (3.9b)$$

Die Gleichungen (3.9) nennt man *Normalgleichungen*. Dividiert man (3.9a) durch T, erhält man

$$\overline{y} = \widehat{\alpha} + \widehat{\beta}\,\overline{x} \qquad (3.10)$$

mit

$$\overline{y} = (1/T)\sum y_t \quad \text{und} \quad \overline{x} = (1/T)\sum x_t.$$

Auflösen von (3.10) nach $\widehat{\alpha}$ und Einsetzen in (3.9b) ergibt

$$\sum y_t x_t = \sum x_t \left(\overline{y} - \widehat{\beta}\,\overline{x}\right) + \widehat{\beta}\sum x_t^2 \qquad (3.11)$$

$$= T\,\overline{x}\left(\overline{y} - \widehat{\beta}\,\overline{x}\right) + \widehat{\beta}\sum x_t^2$$

$$= T\,\overline{x}\,\overline{y} - \widehat{\beta}T\,\overline{x}^2 + \widehat{\beta}\sum x_t^2$$

und damit

$$\sum y_t x_t - T\,\overline{x}\,\overline{y} = \widehat{\beta}\left(\sum x_t^2 - T\,\overline{x}^2\right). \qquad (3.12)$$

Es ist an dieser Stelle zweckmässig, die aus dem Statistischen Repetitorium II bereits bekannten Definitionen wieder aufzugreifen:

$$S_{yy} \equiv \sum (y_t - \overline{y})^2 = \sum (y_t^2 - 2y_t\overline{y} + \overline{y}^2) \qquad (3.13a)$$

$$= \sum y_t^2 - \sum 2y_t\overline{y} + \sum \overline{y}^2 = \sum y_t^2 - 2\overline{y}T\sum y_t/T + T\,\overline{y}^2$$

$$= \sum y_t^2 - 2\overline{y}T\,\overline{y} + T\,\overline{y}^2 = \sum y_t^2 - T\,\overline{y}^2$$

$$S_{xx} \equiv \sum (x_t - \overline{x})^2 = \sum x_t^2 - T\,\overline{x}^2 \qquad (3.13b)$$

$$S_{xy} \equiv \sum (x_t - \overline{x})(y_t - \overline{y}) = \sum y_t x_t - T\,\overline{x}\,\overline{y}. \qquad (3.13c)$$

Diese Definitionen werden helfen, Gleichung (3.12) zu vereinfachen und besser interpretierbar zu machen. S_{yy} und S_{xx} stellen keine Stichproben-Varianzen dar und S_{xy} keine Stichproben-Kovarianz. Dazu müsste man sie noch durch

$T-1$ dividieren. Es handelt sich bei S_{yy} um die *Variation* der endogenen Variable. Entsprechend ist S_{xx} die *Variation* der exogenen Variable und S_{xy} die *Kovariation*.

Einsetzen von (3.13b) und (3.13c) in (3.12) ergibt

$$S_{xy} = \widehat{\beta} S_{xx} \,. \tag{3.14}$$

Jeweils nach $\widehat{\alpha}$ und $\widehat{\beta}$ aufgelöst, liefern die Gleichungen (3.14) und (3.10) die gewünschten KQ-Schätzer für α und β:

$$\widehat{\beta} = S_{xy}/S_{xx} \tag{3.15a}$$
$$\widehat{\alpha} = \overline{y} - \widehat{\beta}\overline{x} \,. \tag{3.15b}$$

Um den nummerischen Wert des Schätzers $\widehat{\beta}$ zu berechnen, muss aus der beobachteten Stichprobe S_{xy} und S_{xx} errechnet werden. Die Stichprobe generiert auch Werte für $\overline{y}$ und $\overline{x}$, die in Kenntnis von $\widehat{\beta}$ für die Berechnung des Schätzers $\widehat{\alpha}$ herangezogen werden. Es sei angemerkt, dass die Minimierungsbedingungen zweiter Ordnung erfüllt sind, also die Schätzer $\widehat{\alpha}$ und $\widehat{\beta}$ die Summe der Residuenquadrate minimieren und nicht maximieren.

Nummerische Illustration 3.1

Für die in Tabelle 3.1 aufgelisteten drei Datenpaare des Trinkgeld-Beispiels ergibt sich $\overline{x} = 30$ *und* $\overline{y} = 4$. *Die Variationen von* x_t *und* y_t *betragen*

$$S_{yy} \equiv \sum (y_t - \overline{y})^2 = 4 + 1 + 9 = 14 \tag{3.16}$$
$$S_{xx} \equiv \sum (x_t - \overline{x})^2 = 400 + 0 + 400 = 800 \tag{3.17}$$

und die Kovariation

$$S_{xy} \equiv \sum (x_t - \overline{x})(y_t - \overline{y}) = (-20) \cdot (-2) + 0 \cdot 1 + 20 \cdot 3 = 100 \,. \tag{3.18}$$

Der Wert von S_{yy} wird erst in der nächsten nummerischen Illustration benötigt.

Die Werte der Schätzer $\widehat{\alpha}$ und $\widehat{\beta}$ errechnen sich gemäß

$$\widehat{\beta} = S_{xy}/S_{xx} = 100/800 = 0,125 \tag{3.19}$$
$$\widehat{\alpha} = \overline{y} - \widehat{\beta}\overline{x} = 4 - 0,125 \cdot 30 = 0,25 \,. \tag{3.20}$$

Das geschätzte Modell lautet somit

$$\widehat{y}_t = 0,25 + 0,125 \cdot x_t \,.$$

In einer Welt, die frei von Störeinflüssen ist, würden wir für die Rechnungsbeträge $x_1 = 10$, $x_2 = 30$ *und* $x_3 = 50$ *die Trinkgelder*

$$\widehat{y}_1 = 0,25 + 0,125 \cdot 10 = 1,5$$
$$\widehat{y}_2 = 0,25 + 0,125 \cdot 30 = 4$$
$$\widehat{y}_3 = 0,25 + 0,125 \cdot 50 = 6,5$$

3.2. KQ-METHODE – EINE ALGEBRAISCHE FORMULIERUNG

erwarten.

Die Residuen, also die geschätzten Störgrößen, lauten folglich

$$\widehat{u}_1 = y_1 - \widehat{y}_1 = 2 - 1,5 = 0,5$$
$$\widehat{u}_2 = y_2 - \widehat{y}_2 = 3 - 4 = -1$$
$$\widehat{u}_3 = y_3 - \widehat{y}_3 = 7 - 6,5 = 0,5$$

und die Summe der Residuenquadrate beträgt

$$S_{\widehat{u}\widehat{u}} = \sum \widehat{u}_t^2 = 0,5^2 + (-1)^2 + 0,5^2 = 1,5 \ . \tag{3.21}$$

Die Schätzwerte $\widehat{\alpha} = 0,25$ und $\widehat{\beta} = 0,125$ führen demnach zu einer Summe der Residuenquadrate von $S_{\widehat{u}\widehat{u}} = 1,5$. Jeder andere Wert für $\widehat{\alpha}$ und $\widehat{\beta}$ würde eine größere Summe generieren.

Wenn $\widehat{\alpha}$ und $\widehat{\beta}$ mit den KQ-Formeln (3.15) berechnet werden, dann sollte man genaugenommen von den *KQ-Schätzern* $\widehat{\alpha}^{KQ}$ und $\widehat{\beta}^{KQ}$ sprechen und nicht einfach nur von den *Schätzern* $\widehat{\alpha}$ und $\widehat{\beta}$. Es existieren nämlich auch andere Schätzverfahren als die KQ-Methode. Zum Beispiel läuft die in Abschnitt 2.1 erwähnte Kleinstbetrag-Methode, also die Minimierung der Summe der absoluten Residuen, auf andere Schätzformeln $\widehat{\alpha}$ und $\widehat{\beta}$ hinaus als die KQ-Methode. Es handelt sich dann um die KB-Schätzer $\widehat{\alpha}^{KB}$ und $\widehat{\beta}^{KB}$. Aus Gründen der Genauigkeit sollte deshalb eine zwischen den einzelnen Schätzverfahren differenzierende Notation verwendet werden. Um die Notation jedoch nicht zu aufwändig werden zu lassen, werden wir diese Differenzierung in der einfachst möglichen Form vornehmen: Die KQ-Schätzer werden weiterhin durch $\widehat{\alpha}$ und $\widehat{\beta}$ und nicht durch $\widehat{\alpha}^{KQ}$ und $\widehat{\beta}^{KQ}$ bezeichnet. Wann immer wir es mit Schätzern zu tun haben, welche durch eine andere Schätzmethode als die KQ-Methode gewonnen werden, erhalten sie eine zusätzliche Markierung, also zum Beispiel $\widehat{\alpha}^{KB}$ und $\widehat{\beta}^{KB}$ für die Schätzer der Kleinstbetrag-Methode.

Schließlich sei noch angemerkt, dass die Summe der Residuen (nicht Residuenquadrate) einer KQ-Schätzung immer gleich 0 ist, denn

$$\sum \widehat{u}_t = \sum \left(y_t - \widehat{\alpha} - \widehat{\beta} x_t \right) = \sum y_t - T\widehat{\alpha} - \widehat{\beta} \sum x_t = 0 \ , \tag{3.22}$$

wobei der letzte Schritt aus Gleichung (3.9a) folgt. Damit gilt dann auch, dass $\overline{\widehat{u}} = \sum \widehat{u}_t / T = 0$. Deshalb kann, ganz in Analogie zu S_{xx} bzw. S_{yy}, die Summe der Residuenquadrate

$$S_{\widehat{u}\widehat{u}} = \sum \widehat{u}_t^2 = \sum \left(\widehat{u}_t - \overline{\widehat{u}} \right)^2$$

als die Summe der quadrierten Abweichungen der Residuen $\widehat{u}_t$ von ihrem Mittelwert $\overline{\widehat{u}}=0$ aufgefasst werden.

3.3 Interpretation der KQ-Schätzer $\hat{\alpha}$ und $\hat{\beta}$

Interpretation von $\hat{\beta}$

Wie sind die Schätzwerte $\hat{\alpha}=0,25$ und $\hat{\beta}=0,125$ des Trinkgeld-Beispiels zu interpretieren? Das geschätzte Modell (3.4) lautete $\hat{y}_t = \hat{\alpha} + \hat{\beta} x_t$. Differenziert man diese Gleichung nach x_t, so erhält man

$$\hat{\beta} = \frac{d\hat{y}_t}{dx_t}.$$

Folglich ist der Schätzer $\hat{\beta}$ der Steigungsparameter des geschätzten Modells. Sein Wert von $0,125$ besagt, dass bei jedem zusätzlichen Euro, um den sich der Rechnungsbetrag des Gastes erhöht, der Kellner ein zusätzliches Trinkgeld von $0,125$ Euro erwarten darf. Dies ist die übliche Interpretation einer Steigung.

Interpretation von $\hat{\alpha}$

Auch die Interpretation des Schätzers $\hat{\alpha}$ scheint problemlos. Setzt man im geschätzten Modell (3.4) den Wert $x_t = 0$ ein, so ergibt sich dort $\hat{y}_t = \hat{\alpha}$. Es handelt sich bei $\hat{\alpha}$ also um einen Niveauparameter. Sein Wert von $0,25$ besagt, dass ein Gast mit einem Rechnungsbetrag von 0 ein Trinkgeld von 25 Cent hinterlässt. Diese Aussage ist zwar formal korrekt, aber offensichtlich unplausibel. Warum sollte man ein Trinkgeld hinterlassen, ohne konsumiert zu haben?

Wir haben es hier mit einem allgemeinen Schätzproblem zu tun, das eine genauere Erläuterung verdient. Die Schätzwerte $\hat{\alpha}=0,25$ und $\hat{\beta}=0,125$ wurden auf Basis von drei Beobachtungen ermittelt, die sich im Bereich $x_1=10$ bis $x_3=50$ abspielen. Es gab aber keine Beobachtungen für Werte der exogenen Variable x_t, die dichter zum Ursprung oder größer als 50 waren. Entsprechend sollten wir unser Schätzergebnis umso misstrauischer betrachten, je weiter wir uns vom Intervall entfernen, für das Beobachtungen vorliegen, also dem Kernintervall von 10 bis 50. Das Misstrauen ist demnach auch angebracht, je näher wir dem Ursprung ($x_t=0$) kommen. Die obige Interpretation des Niveauparameters $\hat{\alpha}$ ist zwar formal korrekt, aber man sollte sich hüten, in der Realität tatsächlich bei einem Rechnungsbetrag von 0 ein Trinkgeld von 25 Cent zu erwarten.

Heißt das, der in Annahme a2 unterstellte lineare Zusammenhang ist falsch? Diese Schlussfolgerung wäre überzogen. Der wahre Zusammenhang kann durchaus linear sein, aber eben nur für diejenigen Datenpaare bei denen die exogene Variable x_t nicht zu nahe am Ursprung liegt (oder zu weit oberhalb von 50). In der Tat ist es in der ökonometrischen Praxis oft so, dass überhaupt keine Beobachtungen in Ursprungsnähe vorliegen. Das ursprungsnahe Intervall ist dann schlicht irrelevant.

Mit anderen Worten, man sollte die Probleme im Zusammenhang mit der Interpretation von $\hat{\alpha}$ nicht überbewerten. Der Parameter $\hat{\alpha}$ ist eher als eine

3.4. BESTIMMTHEITSMASS R^2

technische Größe zu verstehen. Veränderungen des Parameters lösen vertikale Parallelverschiebungen der Regressionsgerade $\widehat{R}_{KQ}$ aus. Der Parameter $\widehat{\alpha}$ legt also lediglich fest, auf welchem *Niveau* sich der beobachtete lineare Zusammenhang abspielt.

3.4 Bestimmtheitsmaß R^2

3.4.1 Grafische Veranschaulichung

Im Zusammenhang mit der algebraischen Formulierung der KQ-Methode wurde die Variation der endogenen Variable als

$$S_{yy} \equiv \sum (y_t - \overline{y})^2$$

definiert. Was steckt grafisch hinter dieser Größe? Abbildung 3.6 zeigt wieder die drei Beobachtungspunkte des Trinkgeld-Beispiels sowie das „Gravitationszentrum" g der beobachteten Daten. Letzteres bezeichnet den durch die jeweiligen Durchschnitte der exogenen und der endogenen Variable definierten Punkt ($\overline{x}=30, \overline{y}=4$). Die Seitenlängen der hellgrau schraffierten Quadrate ergeben sich aus dem vertikalen Abstand des jeweiligen Beobachtungspunktes zur horizontalen Gerade $\overline{R}$, die auf Höhe des Durchschnittswertes $\overline{y} = 4$ verläuft. Die Fläche eines solchen Quadrates entspricht also $(y_t - \overline{y})^2$. Folglich ist die Variation S_{yy} die Summe dieser drei Quadrate. Sie beschreibt das Ausmaß der Schwankungen der endogenen Variable von y_t um ihren Mittelwert $\overline{y}$. Eine auf Grundlage der KQ-Methode gewonnene Regressionsgerade $\widehat{R}_{KQ}$ ist der Versuch, diese Schwankungen in y_t durch die unterschiedlichen Werte x_t zu erklären.

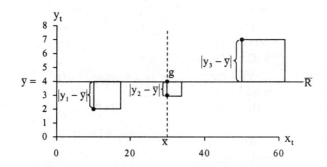

Abbildung 3.6: Die Variation der endogenen Variable y_t.

Aus der Herleitung der KQ-Schätzformeln für den Niveauparameter α wissen wir, dass

$$\overline{y} = \widehat{\alpha} + \widehat{\beta}\,\overline{x}\,. \tag{3.10}$$

Eine auf Grundlage der KQ-Methode gewonnene Regressionsgerade $\widehat{R}_{KQ}$ liefert folglich an der Stelle $\bar{x}$ den Wert $\bar{y}$. Das heißt, $\widehat{R}_{KQ}$ muss immer durch das Gravitationszentrum g verlaufen. Damit ist aber noch nicht viel über die Lage der Gerade $\widehat{R}_{KQ}$ ausgesagt. Auch die Gerade $\overline{R}$ verläuft durch das Gravitationszentrum und könnte deshalb ein Kandidat für die nach KQ-Methode zu schätzende Regressionsgerade $\widehat{R}_{KQ}$ sein. Man beachte, die Gerade $\overline{R}$ würde suggerieren, dass kein Zusammenhang zwischen der Höhe der Rechnung und dem hinterlassenen Trinkgeld (welches in Abwesenheit von Störungen immer $\bar{y}$ betragen würde) besteht.

Wäre $\overline{R}$ ein aussichtsreicher Kandidat für $\widehat{R}_{KQ}$? Wohl kaum. Versuchen wir diese spontane Einschätzung etwas genauer zu begründen. Wir wissen, dass die Regressionsgerade $\widehat{R}_{KQ}$ die Residuenquadrate $S_{\widehat{u}\widehat{u}} = \sum \widehat{u}_t^2$ minimieren muss. Die Residuen waren definiert als der vertikale Abstand der Beobachtungspunkte zur geschätzten Regressionsgerade. Ein Blick auf Abbildung 3.6 zeigt, dass bei einer geschätzten Regressionsgerade $\widehat{R}_{KQ}$, die mit $\overline{R}$ identisch ist, die Residuenquadrate den hellgrauen Quadraten entsprechen. Das bedeutet aber, dass die Summe der Residuenquadrate $S_{\widehat{u}\widehat{u}}$ genau der Variation der endogenen Variable S_{yy} entspricht. Mit anderen Worten, S_{yy}, die quadrierten Abweichungen der endogenen Variablenwerte von ihrem Durchschnitt, können – bei einer Regressionsgerade $\widehat{R}_{KQ} = \overline{R}$ – nicht durch die unterschiedlichen Werte der exogenen Variable erklärt werden, sondern stellen reine Zufallsschwankungen dar. Die Höhe der Speiserechnung leistet keinen Beitrag zur Erklärung der Trinkgeldhöhe. Von einem Erklärungsbeitrag kann erst dann gesprochen werden, wenn $S_{\widehat{u}\widehat{u}}$ kleiner ausfällt als S_{yy}, denn erst dann ist nicht das volle Ausmaß der Schwankungen von y_t um den Mittelwert $\bar{y}$ ein Produkt des Zufalls.

Offensichtlich lassen sich Geraden $\widehat{R}_{KQ}$ finden, die zu kleineren Residuenquadraten $S_{\widehat{u}\widehat{u}}$ führen als die zu $\overline{R}$ korrespondierenden Residuenquadrate. Rotiert man dazu die Gerade $\overline{R}$ gegen den Uhrzeigersinn um g, dann verringert sich die Summe der Residuenquadrate. Man beendet diese Rotation erst dann, wenn $S_{\widehat{u}\widehat{u}}$ ein Minimum erreicht hat. Die entsprechende Gerade ist die gesuchte Gerade $\widehat{R}_{KQ}$. Die KQ-Methode ist demnach nicht mehr als eine Rotation der Gerade $\overline{R}$ bis zur Minimierung der schraffierten Residuenquadrate. Das Ergebnis dieser Rotation ist in Abbildung 3.7 wiedergegeben. Für die dort eingezeichnete Gerade $\widehat{R}_{KQ}$ haben die Residuenquadrate $S_{\widehat{u}\widehat{u}}$ – die Summe der mittelgrauen Quadrate – ihr Minimum erreicht.

Die Rotation *verringert* zwar den Anteil an der Variation der endogenen Variable (S_{yy}), der unerklärt bleibt (das heißt, Zufällen zugerechnet wird) von $S_{yy}/S_{yy} = 1$ auf $S_{\widehat{u}\widehat{u}}/S_{yy}$, sie eliminiert ihn aber nicht vollständig. Grafisch entspricht der *unerklärte Anteil* dem relativen Wert der *Summe* der mittelgrauen Flächen ($S_{\widehat{u}\widehat{u}}$) zur *Summe* der hellgrauen Flächen (S_{yy}).

Da S_{yy} die gesamte Variation der Variable y_t darstellt und $S_{\widehat{u}\widehat{u}}$ die „unerklärte Variation", stellt die Differenz aus S_{yy} und $S_{\widehat{u}\widehat{u}}$ die Variation der

3.4. BESTIMMTHEITSMASS R^2

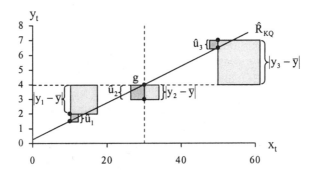

Abbildung 3.7: Die Variation der endogenen Variable y_t und der Anteil an dieser Variation, der auch durch $\widehat{R}_{KQ}$ nicht erklärt werden kann.

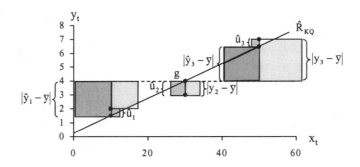

Abbildung 3.8: Die Variation der endogenen Variable y_t und der Anteil an dieser Variation, der durch $\widehat{R}_{KQ}$ erklärt werden kann.

Variable y_t dar, die durch die Regressionsgerade $\widehat{R}_{KQ}$ erklärt werden kann:

$$S_{yy} - S_{\widehat{u}\widehat{u}} = \text{„erklärte Variation"} \, . \tag{3.23}$$

Wenn die geschätzte Gerade auf Basis der KQ-Methode ermittelt wurde, dann lässt sich der Begriff „erklärte Variation" genauer definieren. Im Anhang dieses Kapitels ist gezeigt, dass für den Fall der KQ-Schätzung folgende Beziehung gilt:

$$\text{„erklärte Variation"} = \sum (\widehat{y}_t - \overline{y})^2 \equiv S_{\widehat{y}\widehat{y}} \, , \tag{3.24}$$

wobei $\overline{y} = \overline{\widehat{y}}$ gilt. Grafisch entspricht die „erklärte Variation" $S_{\widehat{y}\widehat{y}}$ der Summe der in Abbildung 3.8 dunkelgrau schraffierten Flächen. Die Seitenlänge der einzelnen Quadrate ergeben sich aus dem Abstand der durch $\widehat{R}_{KQ}$ gegebenen Werte $\widehat{y}_t$ zum Mittelwert $\overline{y}(=\overline{\widehat{y}})$. Für die Beobachtung $t=2$ des Trinkgeld-Beispiels beträgt dieser Abstand 0. Abbildung 3.8 übernimmt auch die in Abbildung 3.7 eingetragenen Flächen S_{yy} und $S_{\widehat{u}\widehat{u}}$.

Aus den Ausdrücken (3.23) und (3.24) lässt sich unmittelbar ablesen, dass

$$S_{yy} = S_{\widehat{y}\widehat{y}} + S_{\widehat{u}\widehat{u}} \ .$$

Diese Gleichung zeigt, dass sich die gesamte Variation S_{yy} in zwei Komponenten zerlegen lässt: In die erklärte Variation $S_{\widehat{y}\widehat{y}}$ und die unerklärte Variation $S_{\widehat{u}\widehat{u}}$. Grafisch bedeutet dies, dass die *Summe* aus dunkel- und mittelgrauen Flächen der *Summe* der hellgrauen Flächen entspricht. Auf einen *einzelnen* Beobachtungspunkt bezogen gilt dieser Zusammenhang jedoch nicht!

3.4.2 Definition des Bestimmtheitsmaßes

Es liegt nahe, auf Grundlage dieser Zusammenhänge ein allgemeines Maß für die Erklärungskraft einer Regressionsgerade $\widehat{R}_{KQ}$ zu definieren. Die Erklärungskraft einer Regressionsgerade ist umso höher, je höher der Anteil der erklärten Variation an der gesamten Variation der endogenen Variable. Dieses Maß wird üblicherweise als *Bestimmtheitsmaß* R^2 bezeichnet. Es ist folgendermaßen definiert:

$$\begin{aligned} R^2 &= \frac{\text{„erklärte Variation"}}{\text{„gesamte Variation"}} \\ &= \frac{S_{yy} - S_{\widehat{u}\widehat{u}}}{S_{yy}} = \frac{S_{\widehat{y}\widehat{y}}}{S_{yy}} \ . \end{aligned} \quad (3.25)$$

Je höher der Anteil der erklärten Variation, umso höher der Wert des Bestimmtheitsmaßes R^2. Für die Regressionsgerade $\widehat{R}_{KQ}$ fällt der Wert von R^2 notwendigerweise zwischen 0 und 1, da die erklärte Variation größer oder gleich 0 ist, aber in keinem Fall größer sein kann als die Gesamtvariation der endogenen Variable. Ein R^2 von 1 erfordert, dass alle Beobachtungspunkte auf der Regressionsgerade $\widehat{R}_{KQ}$ liegen. Ein Wert von 0 ergibt sich beispielsweise dann, wenn die Beobachtungspunkte vollkommen willkürlich um eine Horizontale verteilt liegen und $\widehat{R}_{KQ}$ folglich dieser Horizontale entspricht. Ein solcher Fall ist in Abbildung 3.9 dargestellt.

3.4.3 Berechnung des Bestimmtheitsmaßes

Gleichung (3.25) zeigt zwar, was grafisch hinter dem Bestimmtheitsmaß steckt, aber eine Berechnung des Bestimmtheitsmaßes auf Basis der Beobachtungsdaten ist mit dieser Formel nur möglich, wenn man den Wert von $S_{\widehat{u}\widehat{u}}$ kennt. Dieser ergibt sich aber erst nach Berechnung der Regressionsgerade $\widehat{R}_{KQ}$.

Es ist jedoch möglich, das Bestimmtheitsmaß direkt aus den Beobachtungsdaten zu berechnen. Im Anhang dieses Kapitels wird gezeigt, dass

$$R^2 = \frac{\widehat{\beta} S_{xy}}{S_{yy}} \quad (3.26)$$

3.4. BESTIMMTHEITSMASS R^2

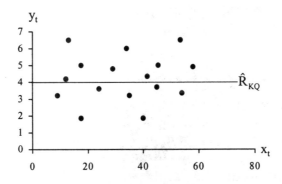

Abbildung 3.9: Eine Punktwolke, die $R^2 = 0$ liefert.

und wegen (3.15a)

$$R^2 = \frac{S_{xy}^2}{S_{xx}S_{yy}}. \tag{3.27}$$

Im Zähler von Gleichung (3.27) steht das Quadrat der Kovariation, im Nenner stehen die Variationen der exogenen und endogenen Variable.

Nummerische Illustration 3.2

Aus den Ergebnissen (3.16), (3.17) und (3.18) der Nummerischen Illustration 3.1 (Seite 56) lässt sich das Bestimmtheitsmaß unmittelbar via Gleichung (3.27) berechnen:

$$R^2 = \frac{100^2}{800 \cdot 14} \approx 89,3\%.$$

Wir hatten in (3.21) bereits berechnet, dass $S_{\widehat{uu}} = 1,5$. Deshalb könnte man im Trinkgeld-Beispiel R^2 auch aus Definition (3.25) berechnen. Dort war R^2 als der Anteil, der durch die Regressionsgerade $\hat{R}_{KQ}$ „erklärten Variation" ($S_{\widehat{yy}} = S_{yy} - S_{\widehat{uu}}$) an der „gesamten Variation" (S_{yy}) definiert, oder formal

$$R^2 = \frac{S_{yy} - S_{\widehat{uu}}}{S_{yy}} = \frac{14 - 1,5}{14} \approx 89,3\%.$$

Unsere Schätzung kann 89,3% der Variation des Trinkgelds erklären. Wir vermuten also, dass die verbleibenden 10,7% der Variation auf Störeinflüsse zurückzuführen sind.

Es sei schließlich angemerkt, dass das Bestimmtheitsmaß einer Einfachregression in enger Beziehung zum Korrelationskoeffizienten der Variablen x_t und y_t steht: Bei positivem (negativem) Steigungsparameter entspricht die positive (negative) Wurzel aus R^2 dem Korrelationskoeffizienten $cor(x, y)$, denn gemäß Abschnitt 2.4.3 gilt

$$cor(x,y) = \frac{S_{xy}}{\sqrt{S_{xx}} \cdot \sqrt{S_{yy}}} = \pm\sqrt{\frac{S_{xy}^2}{S_{xx}S_{yy}}} = \pm\sqrt{R^2} \; .$$

3.5 Zusammenfassung

Eines der wichtigsten Schätzverfahren der empirischen Literatur ist die KQ-Methode. Sie ermittelt diejenigen Werte für $\widehat{\alpha}$ und $\widehat{\beta}$, für die sich die geringste Summe der Residuenquadrate ($\sum \widehat{u}_t^2$) ergibt. Auf Basis der Formeln

$$\widehat{\beta} = S_{xy}/S_{xx} \tag{3.15a}$$

$$\widehat{\alpha} = \overline{y} - \widehat{\beta}\overline{x} \tag{3.15b}$$

können die entsprechenden Schätzwerte direkt aus den Daten berechnet werden. Man nennt diese Formeln auch die KQ-Schätzer.

Das geschätzte Pendant zum ökonometrischen Modell

$$y_t = \alpha + \beta x_t + u_t \tag{3.1}$$

ist das geschätzte Modell. Es lässt sich entweder in der Form

$$\widehat{y}_t = \widehat{\alpha} + \widehat{\beta}x_t \tag{3.4}$$

oder aber, wegen $\widehat{u}_t = y_t - \widehat{y}_t$, in der Form

$$y_t = \widehat{\alpha} + \widehat{\beta}x_t + \widehat{u}_t \tag{3.6}$$

schreiben.

Wenn zwischen der endogenen Variable y_t und der exogenen Variable x_t ein linearer Zusammenhang besteht, dann kann die Variation $S_{yy} = \sum (y_t - \overline{y})^2$ zum Teil durch die unterschiedlichen Werte der exogenen Variable erklärt werden. Diese erklärte Variation beträgt $S_{\widehat{y}\widehat{y}} = \sum (\widehat{y}_t - \overline{y})^2$ und die verbleibende unerklärte Variation $S_{\widehat{u}\widehat{u}} = \sum \widehat{u}_t^2$. Bei einer KQ-Schätzung gilt also:

$$S_{yy} = S_{\widehat{y}\widehat{y}} + S_{\widehat{u}\widehat{u}} \; .$$

Der Anteil der erklärten Variation $S_{\widehat{y}\widehat{y}}$ an der gesamten Variation S_{yy} wird als Bestimmtheitsmaß bezeichnet:

$$R^2 = \frac{S_{yy} - S_{\widehat{u}\widehat{u}}}{S_{yy}} = \frac{S_{\widehat{y}\widehat{y}}}{S_{yy}} \; . \tag{3.25}$$

Sein Wert liegt notwendigerweise im Intervall $[0,1]$. Mit der Formel

$$R^2 = \frac{S_{xy}^2}{S_{xx}S_{yy}} \tag{3.27}$$

3.5. ANHANG

kann das Bestimmtheitsmaß direkt aus den beobachteten Daten errechnet werden.

Anhang

Herleitung der „erklärten Variation":

$$\begin{aligned}
S_{yy} &= \sum (y_t - \overline{y})^2 \\
&= \sum [(y_t - \widehat{y}_t) + (\widehat{y}_t - \overline{y})]^2 \\
&= \sum (y_t - \widehat{y}_t)^2 + \sum (\widehat{y}_t - \overline{y})^2 + 2\sum (y_t - \widehat{y}_t)(\widehat{y}_t - \overline{y}) \\
&= \sum \widehat{u}_t^2 + \sum (\widehat{y}_t - \overline{y})^2 + 2\sum \widehat{u}_t (\widehat{y}_t - \overline{y}) \\
&= S_{\widehat{u}\widehat{u}} + \sum (\widehat{y}_t - \overline{y})^2 + 2\sum \widehat{u}_t \left(\widehat{\alpha} + \widehat{\beta} x_t - \overline{y}\right) .
\end{aligned} \qquad (3.28)$$

Der letzte Term dieser Gleichung lässt sich umformen zu

$$\begin{aligned}
& 2\sum \widehat{u}_t (\widehat{\alpha} - \overline{y}) + 2\sum \widehat{u}_t \widehat{\beta} x_t \\
&= 2(\widehat{\alpha} - \overline{y}) \sum \widehat{u}_t + 2\widehat{\beta} \sum \widehat{u}_t x_t .
\end{aligned} \qquad (3.29)$$

Aus Gleichung (3.22) ist bereits bekannt, dass

$$\sum \widehat{u}_t = 0 . \qquad (3.30)$$

Da $y_t - \widehat{y}_t = \widehat{u}_t$, gilt auch $\sum y_t - \sum \widehat{y}_t = \sum \widehat{u}_t$ und unter Beachtung von (3.30) damit auch:

$$\sum y_t = \sum \widehat{y}_t . \qquad (3.31)$$

Gleichung (3.9b) liefert

$$\begin{aligned}
\sum y_t x_t &= \sum \left(\widehat{\alpha} + \widehat{\beta} x_t\right) x_t \\
&= \sum \widehat{y}_t x_t \\
&= \sum (y_t - \widehat{u}_t) x_t \\
&= \sum y_t x_t - \sum \widehat{u}_t x_t .
\end{aligned}$$

Folglich gilt

$$\sum \widehat{u}_t x_t = 0 . \qquad (3.32)$$

Die Gleichungen (3.30) und (3.32) implizieren, dass der Term (3.29) und damit der letzte Term in Gleichung (3.28) verschwindet. Umstellen der Gleichung (3.28) liefert dann

$$S_{yy} - S_{\widehat{u}\widehat{u}} = \sum (\widehat{y}_t - \overline{y})^2 \ . \tag{3.24}$$

Aus Gleichung (3.31) wissen wir, dass $\sum y_t = \sum \widehat{y}_t$. Folglich gilt $\overline{y} = \overline{\widehat{y}}$.

Anmerkung: Für ein Modell ohne Niveauparameter ergibt sich aus $\partial S_{\widehat{u}\widehat{u}}/\partial \widehat{\beta}$ zwar weiterhin Gleichung (3.32), aber nicht länger Gleichung (3.30). Folglich verschwindet Term (3.29) nicht, was aber notwendig wäre, um Gleichung (3.24) herzuleiten und das Bestimmtheitsmaß R^2 in der beschriebenen Art (Aufspaltung der gesamten Variation in erklärte und unerklärte Variation) zu interpretieren. In Modellen ohne Niveauparameter könnte das Bestimmtheitsmaß R^2 sogar negativ werden.

Herleitung der Berechnungsformel des Bestimmtheitsmaßes:

$$\begin{aligned} S_{\widehat{y}\widehat{y}} &= \sum (\widehat{y} - \overline{y})^2 \\ &= \sum \left[\left(\widehat{\alpha} + \widehat{\beta} x_t\right) - \left(\widehat{\alpha} + \widehat{\beta}\overline{x}\right) \right]^2 \\ &= \sum \left[\widehat{\beta}(x_t - \overline{x}) \right]^2 \\ &= \widehat{\beta}^2 \sum (x_t - \overline{x})^2 \\ &= \widehat{\beta} \frac{S_{xy}}{S_{xx}} S_{xx} \\ &= \widehat{\beta} S_{xy} \ . \end{aligned}$$

Einsetzen in Gleichung (3.25) liefert

$$R^2 = \frac{\widehat{\beta} S_{xy}}{S_{yy}} \ . \tag{3.26}$$

Kapitel 4

Indikatoren für die Qualität von Schätzverfahren

Wir haben in Kapitel 2 ein einfaches ökonometrisches Modell beschrieben. In Kapitel 3 wurde die KQ-Methode vorgestellt, die folgende Formeln für die Berechnung der Größen $\widehat{\alpha}$ und $\widehat{\beta}$ vorschreibt:

$$\widehat{\beta} = S_{xy}/S_{xx}$$
$$\widehat{\alpha} = \overline{y} - \widehat{\beta}\overline{x}.$$

Um die Notation einfach zu halten, hatten wir die KQ-Schätzer durch $\widehat{\alpha}$ und $\widehat{\beta}$ bezeichnet, anstatt durch die Notation $\widehat{\alpha}^{KQ}$ und $\widehat{\beta}^{KQ}$ die zugrunde liegende Schätzmethode präzise anzugeben. Eine präzise Notation war deshalb erwägenswert, weil auch andere Schätzverfahren als die KQ-Methode existieren. Zum Beispiel benutzt die sogenannte *Maximum-Likelihood-Methode (ML-Methode)* einen anderen Ansatz für die Herleitung der Schätzformeln für die Parameter α und β. Es handelt sich dann um die ML-Schätzer $\widehat{\alpha}^{ML}$ und $\widehat{\beta}^{ML}$. Auch die in Abschnitt 2.1 kurz erwähnte Kleinstbetrag-Methode liefert andere Schätzer ($\widehat{\alpha}^{KB}$ und $\widehat{\beta}^{KB}$) als die KQ-Methode. Um in unserer Notation der Vielfalt der Schätzverfahren gerecht zu werden, hatten wir folgende Übereinkunft getroffen: Die KQ-Schätzer werden weiterhin durch $\widehat{\alpha}$ und $\widehat{\beta}$ bezeichnet. Wann immer wir es mit Schätzern zu tun haben, welche durch eine andere Schätzmethode als die KQ-Methode gewonnen werden, erhalten sie eine zusätzliche Markierung, also beispielsweise $\widehat{\alpha}^{ML}$ und $\widehat{\beta}^{ML}$ für die Schätzer der Maximum-Likelihood-Methode.

Warum wurde die KQ-Methode bislang so ins Zentrum unseres Interesses gerückt? Die gute mathematische Handhabbarkeit wurde bereits erwähnt. Wir werden in diesem Abschnitt zwei wichtige Qualitätskriterien kennenlernen, die diese Bevorzugung zusätzlich rechtfertigen. Um die Bedeutung dieser Kriterien zu erfassen, muss man sich zunächst den statistischen Unterbau einer Schätzung in Erinnerung rufen.

4.1 Statistischer Hintergrund

4.1.1 Konzept einer wiederholten Stichprobe

Ausgangspunkt der Schätzung ist eine Stichprobe mit T Beobachtungen. Jede dieser Beobachtungen besteht aus einem Wertepaar (x_t, y_t), wobei gemäß Annahme c1 unterstellt wird, dass der jeweilige Wert von x_t vorgegeben ist (wie in einem kontrollierten Experiment). Es wird ferner unterstellt, dass die Beziehung zwischen jedem Wertepaar x_t und y_t durch das ökonometrische Modell

$$y_t = \alpha + \beta x_t + u_t \qquad (4.1)$$

beschrieben werden kann.

Dabei besitzen die wahren Regressionsparameter α und β unbekannte aber *fixe* Werte. Auch die Werte der exogen vorgegebenen Variable x_t sind fix. Jede der T Störgrößen u_t (eine Störgröße pro Beobachtung) hingegen ist eine eigene *Zufallsvariable*, denn sie fangen die zufälligen Störeinflüsse der realen Welt ein.

Wie ist der Begriff der Zufallsvariable in unserem Zusammenhang zu verstehen? Würde man eine zweite Stichprobe *mit den gleichen x_t-Werten wie in der ersten Stichprobe* – eine sogenannte *wiederholte Stichprobe* – betrachten, dann ergäben sich für alle u_t normalerweise neue Werte. Im Zusammenhang mit dem Trinkgeld-Beispiel bedeutet eine wiederholte Stichprobe, drei weitere Gäste des Restaurants zu beobachten, von denen je einer zu 10 Euro, zu 30 Euro und zu 50 Euro speist. Jede weitere Stichprobe dieser Art würde neue Ausprägungen (Werte) für die drei Zufallsvariablen (Störgrößen) u_1, u_2 und u_3 liefern. Dabei ist die Wahrscheinlichkeit, mit der die Zufallsvariable u_1 eine bestimmte Ausprägung annimmt, durch die Wahrscheinlichkeitsverteilung von u_1 festgelegt. Analoges gilt für die Zufallsvariablen u_2 und u_3.

Nummerische Illustration 4.1

Ein Beispiel für die möglichen Werte, die sich bei diesen wiederholten Stichproben für die Störgrößen ergeben können, ist in Tabelle 4.1 gegeben. Die Spalten für die endogene Variable y_t seien für den Augenblick vernachlässigt. Die drei Werte der exogenen Variable ($x_1 = 10$, $x_2 = 30$, $x_3 = 50$) werden bei jeder Stichprobe konstant gehalten. Die (eigentlich nicht beobachtbaren) Werte der drei Störgrößen u_1, u_2 und u_3 hingegen fallen für jede Stichprobe unterschiedlich aus. Die Störgröße u_1 zum Beispiel nimmt in der ersten Stichprobe den Wert $0,5$ an, in der zweiten Stichprobe den Wert $-0,2$ und in der dritten Stichprobe den Wert $-0,1$.

4.1.2 Warum ist y_t eine Zufallsvariable?

Was bedeuten die vorangegangenen Überlegungen für die endogene Variable y_t? Wie kommen die beobachteten Werte von y_t zustande? Gleichung (4.1)

4.1. STATISTISCHER HINTERGRUND

Tabelle 4.1: Mögliche Werte für die Störgrößen u_t und Trinkgelder y_t bei wiederholten Stichproben.

	Stichprobe 1			Stichprobe 2			Stichprobe 3			....
	x_t	u_t	y_t	x_t	u_t	y_t	x_t	u_t	y_t	....
Beobachtung 1	10	0,5	2,0	10	-0,2	1,3	10	-0,1	1,4	....
Beobachtung 2	30	-1,1	3,0	30	0,6	4,7	30	0	4,1	....
Beobachtung 3	50	0,3	7,0	50	0,1	6,8	50	-0,4	6,3	....

zeigt, dass y_t nicht mehr ist als eine mechanische Transformation der Zufallsvariable u_t: y_t resultiert ganz einfach aus der Addition des Wertes $\alpha + \beta x_t$ zum jeweiligen Wert der Zufallsvariable u_t: $y_t = \alpha + \beta x_t + u_t$. Beobachtbar sind lediglich x_t und y_t. Das ändert aber nichts daran, dass sich die Werte der y_t erst über die Addition von $\alpha + \beta x_t$ zur jeweiligen Störgröße u_t ergeben.

Nummerische Illustration 4.2

Unterstellen wir mal, die (eigentlich unbekannten) wahren Werte der Parameter α und β lauten $\alpha = 0,2$ und $\beta = 0,13$. Ferner sei angenommen, die drei Zufallsvariablen u_1, u_2 und u_3 hätten in den verschiedenen wiederholten Stichproben die in Tabelle 4.1 aufgeführten (eigentlich nicht beobachtbaren) Werte angenommen. Woher kommen dann in Tabelle 4.1 die tatsächlich beobachteten Werte für y_t? Sie ergeben sich einfach aus

$$y_t = 0,2 + 0,13 \cdot x_t + u_t\,.$$

Beispielsweise ergibt sich in Stichprobe 1 der Wert von y_1 durch die Addition von $0,2 + 0,13 \cdot 10 = 1,5$ zur Störgröße $u_1 = 0,5$: $y_1 = 1,5 + 0,5 = 2,0$. In Stichprobe 2 ergibt sich der Wert $y_1 = 1,3$ durch die Addition des gleichen Termes $0,2 + 0,13 \cdot 10$ zur Störgröße $u_1 = -0,2$. Die anderen in Tabelle 4.1 wiedergegebenen y_t-Werte ergeben sich auf analoge Weise.

Die y_t-Werte der Stichprobe 1 sind die bekannten Beobachtungswerte, mit denen wir bislang gearbeitet haben. Stichprobe 1 gibt also den aus Tabelle 3.1 bekannten Datensatz wieder.

Für uns sind in diesem Prozess der Generierung von y_t-Werten lediglich die x_t-Werte beobachtbar. Die zugrunde liegenden Werte von α, β, u_1, u_2 und u_3 bleiben hingegen unsichtbar. Alles, was wir wissen, bzw. wovon wir ausgehen, ist die Tatsache, dass der Prozess gemäß Gleichung (4.1) abläuft.

In der Realität ist es gewöhnlich nicht möglich, eine wiederholte Stichprobe zu erhalten. Wir besitzen lediglich die Beobachtungen einer *einzigen* Stichprobe. Dennoch werden wir im Folgenden immer wieder von wiederholten Stichproben sprechen. Man sollte deshalb diese wiederholten Stichproben als imaginäre Stichproben auffassen, also als *gedanklich wiederholte Stichproben*.

Aus den vorangegangenen Überlegungen sollte deutlich geworden sein, dass die eigentlich *nicht beobachtbaren* u_t von wiederholter Stichprobe zu wiederholter Stichprobe unterschiedlich ausfallen würden, und folglich auch die *beobachtbaren* Werte für y_t von wiederholter Stichprobe zu wiederholter Stichprobe unterschiedlich ausfallen würden. Mit anderen Worten, auch die y_t stellen Zufallsvariablen dar. Im Trinkgeld-Beispiel haben wir es demnach mit drei dieser Zufallsvariablen zu tun: y_1, y_2 und y_3.

4.1.3 Warum sind die KQ-Schätzer $\widehat{\alpha}$ und $\widehat{\beta}$ Zufallsvariablen?

Wir wissen aus dem vorangegangenen Abschnitt, dass jede der T Variablen y_t eine Zufallsvariable ist. Damit muss aber auch $\overline{y}$ eine Zufallsvariable sein, denn $\overline{y}$ ergibt sich aus einer (linearen) Transformation der T Zufallsvariablen y_t: $\overline{y} = (\Sigma y_t)/T$. Ferner ist der KQ-Schätzer $\widehat{\beta}$ eine Zufallsvariable, denn auch $\widehat{\beta}$ stellt eine (lineare) Transformation der T Zufallsvariablen y_t dar. Um dies zu erkennen, kann man mit Hilfe von Gleichung (3.13c) den KQ-Schätzer $\widehat{\beta}$ in der folgenden Form darstellen:

$$\widehat{\beta} = \frac{S_{xy}}{S_{xx}} = \frac{\sum x_t y_t - T\overline{x}\overline{y}}{S_{xx}} \qquad (4.2)$$

$$= \frac{\sum x_t y_t - \sum y_t \overline{x}}{S_{xx}} = \sum y_t \frac{x_t - \overline{x}}{S_{xx}} . \qquad (4.3)$$

Somit ist auch der Schätzer $\widehat{\beta}$ von wiederholter Stichprobe zu wiederholter Stichprobe unterschiedlich und als Zufallsvariable aufzufassen. Dasselbe gilt für den Schätzer $\widehat{\alpha}$, denn er ergibt sich aus der Transformation der Zufallsvariablen $\widehat{\beta}$ und $\overline{y}$:

$$\widehat{\alpha} = \overline{y} - \widehat{\beta}\,\overline{x} . \qquad (4.4)$$

Nummerische Illustration 4.3

Stichprobe 1 der Tabelle 4.1 entspricht dem aus Tabelle 3.1 bekannten Datensatz. Als KQ-Schätzer erhielten wir für diesen Datensatz $\widehat{\alpha} = 0,250$ und $\widehat{\beta} = 0,125$. Würden wir eine KQ-Schätzung auf Basis der Stichprobe 2 durchführen, so erhielten wir die Schätzer $\widehat{\alpha} = 0,142$ und $\widehat{\beta} = 0,138$. Stichprobe 3 würde die Schätzer $\widehat{\alpha} = 0,258$ und $\widehat{\beta} = 0,123$ liefern.

Die KQ-Schätzer $\widehat{\alpha}$ und $\widehat{\beta}$ fallen für (tatsächlich oder gedanklich) wiederholte Stichproben unterschiedlich aus. Mal liegen sie dicht an den wahren Werten α und β, mal liegen sie weit davon entfernt. Sie sind deshalb ebenfalls als Zufallsvariablen zu interpretieren. Als solche besitzen sie einen Erwartungswert, eine Varianz und eine Wahrscheinlichkeitsverteilung (siehe Statistisches Repetitorium I, Abschnitt 2.2).

An dieser Stelle lohnt sich nochmals der Hinweis auf eine bewusst in Kauf genommene Ungenauigkeit in der Notation: Bei der Schreibweise $\hat{\alpha}$ und $\hat{\beta}$ bleibt es genau genommen unklar, ob es sich um die gemäß der Formeln (3.15) definierten *Zufallsvariablen* (KQ-Schätzer) handelt, oder ob bestimmte *Ausprägungen* (KQ-Schätzwerte) derselben gemeint sind. Welche Interpretation richtig ist, wird aber normalerweise im Zusammenhang klar.

Auf analogem Wege wie für die KQ-Schätzer $\hat{\alpha}$ und $\hat{\beta}$ lässt sich zeigen, dass auch bei allen anderen plausiblen Schätzverfahren (z.B. ML-Methode) die beiden Schätzer Zufallsvariablen mit einer bestimmten Wahrscheinlichkeitsverteilung sind.

Aus diesem Grund kann man versuchen, die Güte der verschiedenen Schätzverfahren danach zu beurteilen, wie dicht die Werte der Schätzer bei wiederholten Stichproben um die wahren Werte α und β herum verteilt liegen würden. Um diese Aussage zu präzisieren, bedarf es konkreter Kriterien, an denen die zu vergleichenden Schätzmethoden (z.B. KQ-Methode und Kleinstbetrag-Methode) bewertet werden können. Für unsere Zwecke besteht der Bewertungskatalog aus zwei Kriterien, die in der Ökonometrie von herausragender Bedeutung sind: Unverzerrtheit und Effizienz.

4.2 Zwei Kriterien: Unverzerrtheit und Effizienz

Grundidee

Wann ist ein Schätzverfahren A (z.B. KQ-Methode) verlässlicher als ein Schätzverfahren B (z.B. KB-Methode)? Wir würden die Schätzergebnisse des Schätzverfahrens A als verlässlicher bezeichnen, wenn die wiederholten Stichproben öfter Werte für $\hat{\alpha}^A$ und $\hat{\beta}^A$ liefern, die „dicht" an den wahren Werten α und β liegen, als dies bei dem alternativen Schätzverfahren B der Fall ist. Wie müssen die Wahrscheinlichkeitsverteilungen der Schätzer (Zufallsvariablen) $\hat{\alpha}^A$ und $\hat{\beta}^A$ beschaffen sein, um diese Verlässlichkeit zu gewährleisten? Sie müssen offenbar eine möglichst große Wahrscheinlichkeitsmasse im Bereich der wahren Werte α und β besitzen.

Üblicherweise wird diese allgemeine Anforderung an Schätzverfahren in zwei Kriterien konkretisiert: *Unverzerrtheit* (oftmals wird auch von *Erwartungstreue* gesprochen) und *Effizienz*. Diese Begriffe sollen exemplarisch am Schätzer $\hat{\beta}^A$ des Schätzverfahrens A erläutert werden.

Unverzerrtheit: Der Schätzer $\hat{\beta}^A$ heißt *unverzerrt*, wenn die aus wiederholten Stichproben ermittelten Werte $\hat{\beta}^A$ im Mittel den wahren Wert β treffen würden, das heißt, wenn gilt:

$$E(\hat{\beta}^A) = \beta.$$

Manche Schätzverfahren generieren einen solchen unverzerrten Schätzer, andere nicht. Um auch innerhalb der Klasse der unverzerrten Schätzverfahren von „besser" oder „schlechter" reden zu können, wird ein weiteres Qualitätskriterium angewendet:

Effizienz: Ein unverzerrter Schätzer $\widehat{\beta}^A$ ist *effizient*, wenn er innerhalb der Klasse der unverzerrten Schätzer die kleinste Streuung $var(\widehat{\beta}^A)$ aufweist.

Man würde also Schätzmethode A anderen Schätzmethoden vorziehen, sofern sich die aus wiederholten Stichproben resultierenden Schätzwerte $\widehat{\beta}^A$ enger um den wahren Wert β verteilen würden, als bei den anderen Schätzmethoden. Die gleichen Kriterien gelten natürlich auch für die Schätzer des Niveauparameters α.

Man kann diese zwei Eigenschaften von Schätzern auch grafisch darstellen. Abbildung 4.1 demonstriert die Eigenschaft der Unverzerrtheit. Die Wahrscheinlichkeitsverteilung $f(\widehat{\beta}^A)$ zeigt die Wahrscheinlichkeiten für die möglichen Ausprägungen des auf Schätzmethode A basierenden Schätzers $\widehat{\beta}^A$. Kurve $f(\widehat{\beta}^B)$ zeigt die entsprechende Wahrscheinlichkeitsverteilung des auf Schätzverfahren B basierenden Schätzers $\widehat{\beta}^B$. Die glockenförmige Verteilung des Schätzers $\widehat{\beta}^A$ ist um den wahren Parameter β zentriert, $\widehat{\beta}^A$ ist folglich unverzerrt. Der Schätzer $\widehat{\beta}^B$ hingegen ist verzerrt, denn sein Erwartungswert liegt rechts von β.

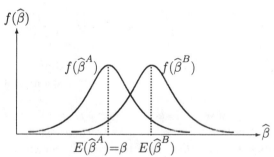

Abbildung 4.1: Ein unverzerrter $(\widehat{\beta}^A)$ und ein verzerrter $(\widehat{\beta}^B)$ Schätzer.

Abbildung 4.2 demonstriert das Kriterium der Effizienz: Beide hier dargestellten Schätzer $\widehat{\beta}^A$ und $\widehat{\beta}^B$ sind unverzerrt, denn beide Wahrscheinlichkeitsverteilungen sind um den wahren Wert β zentriert. Unter den beiden Schätzern ist aber nur $\widehat{\beta}^A$ effizient, denn seine Verteilung weist die geringere Varianz auf.

4.2. ZWEI INDIKATOREN: UNVERZERRTHEIT UND EFFIZIENZ

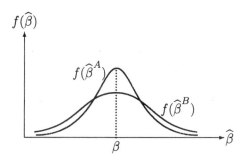

Abbildung 4.2: Zwei unverzerrte Schätzer mit unterschiedlicher Varianz.

Weiterführende Anmerkungen

So wie die Eigenschaft der Effizienz definiert war, kann es keine Konflikte zwischen ihr und der Eigenschaft der Unverzerrtheit geben, denn die Effizienz war der Unverzerrtheit nachgeordnet. Zunächst wurden die Schätzer auf die Klasse der unverzerrten Schätzer eingeengt und erst anschließend filtert das Kriterium der Effizienz aus dieser Klasse denjenigen Schätzer mit der kleinsten Streuung heraus. Letzterer ist dann der zu verwendende Schätzer. Wie soll man aber verfahren, wenn ein geringfügig verzerrter Schätzer $\widehat{\beta}^B$ existiert, der eine deutlich geringere Varianz als der effiziente (unverzerrte) Schätzer $\widehat{\beta}^A$ aufweist?

Abbildung 4.3 zeigt einen solchen Fall: Der Schätzer $\widehat{\beta}^A$ ist unverzerrt, Schätzer $\widehat{\beta}^B$ nicht. Schätzer $\widehat{\beta}^B$ hat jedoch eine kleinere Streuung. Für welchen Schätzer soll man sich in diesem Fall entscheiden? Auf diese Frage gibt es keine allgemeingültige Antwort. Sie wird davon abhängen, für welche Zwecke der Schätzer benötigt wird und wie hoch die „Kosten" eines systematisch verzerrten Schätzers zu Buche schlagen.

Wir haben in unserer Definition von Effizienz implizit unterstellt, die Schätzmethoden A und B wären eindimensional, also mit der Schätzung lediglich eines Parameters (nämlich β) befasst. Simultan wird aber auch der Parameter α geschätzt. Wir haben es hier also mit zweidimensionalen Schätzmethoden zu tun. Dies erfordert eigentlich eine wesentlich komplexere Definition von Effizienz. In Abschnitt 9.8.5 des matrixalgebraischen Anhangs zu Kapitel 9 findet sich eine ausführliche Diskussion dieses Aspektes sowie eine präzise Definition von Effizienz. Für unsere gegenwärtigen Zwecke genügt es allerdings, mit der formal nicht ganz korrekten einfachen Definition von Effizienz zu arbeiten.

Die Kriterien der Unverzerrtheit und Effizienz können für die Beurteilung beliebiger Schätzverfahren herangezogen werden. Wie schneiden im einfachen Regressionsmodell die KQ-Schätzer $\widehat{\alpha}$ und $\widehat{\beta}$ hinsichtlich Unverzerrtheit und Effizienz ab?

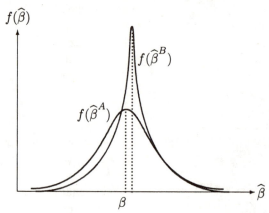

Abbildung 4.3: Ein verzerrter Schätzer mit geringer Varianz ($\widehat{\beta}^B$) und ein unverzerrter Schätzer mit größerer Varianz ($\widehat{\beta}^A$).

4.3 Unverzerrtheit und Effizienz der KQ-Methode

Unverzerrtheit und Effizienz sind attraktive Eigenschaften für eine Schätzmethode. Liefert die KQ-Methode unverzerrte und effiziente Schätzer $\widehat{\alpha}$ und $\widehat{\beta}$? Im Anhang dieses Kapitels ist gezeigt, dass unter den getroffenen A-, B- und C-Annahmen (Annahmen b2 bis b4 sind allerdings nicht erforderlich) die KQ-Schätzer $\widehat{\alpha}$ und $\widehat{\beta}$ folgende Ergebnisse liefern:

$$E(\widehat{\alpha}) = \alpha \quad \text{und} \quad E(\widehat{\beta}) = \beta \, . \tag{4.5}$$

Dies bedeutet unmittelbar:

- Unter den getroffenen A-, B- und C-Annahmen (ohne Annahme b2 bis b4) sind die KQ-Schätzer $\widehat{\alpha}$ und $\widehat{\beta}$ unverzerrt.

Was lässt sich in Bezug auf die Effizienz des KQ-Schätzers sagen? Im Anhang dieses Kapitels wird das Ergebnis

$$var(\widehat{\beta}) = \sigma^2 / S_{xx} \tag{4.6a}$$

hergeleitet und in Abschnitt 9.8.4 des matrixalgebraischen Anhangs zu Kapitel 9 zusätzlich die Ergebnisse

$$\begin{aligned} var(\widehat{\alpha}) &= \sigma^2 \left(1/T + \overline{x}^2 / S_{xx}\right) & (4.6b) \\ cov(\widehat{\alpha}, \widehat{\beta}) &= -\sigma^2 (\overline{x}/S_{xx}) \, . & (4.6c) \end{aligned}$$

4.3. UNVERZERRTHEIT UND EFFIZIENZ DER KQ–METHODE

Es sei daran erinnert, dass σ^2 die unbekannte (wahre) Varianz der Störgröße u_t ist und S_{xx} die Variation der exogenen Variable, das heißt $S_{xx} = \sum (x_t - \overline{x})^2$. Gleichungen (4.6a) und (4.6b) zur Folge ist die Varianz der geschätzten Parameter $\widehat{\alpha}$ und $\widehat{\beta}$ umso geringer, je kleiner die Varianz des Störterms σ^2 und je größer die Variation der exogenen Variable (S_{xx}). Letztere steigt, wenn zusätzliche Beobachtungen in die Schätzung aufgenommen werden. Je größer also der Beobachtungsumfang T, umso geringer die Varianz der Schätzer, das heißt, umso verlässlicher die Schätzung.

Der KQ-Schätzer $\widehat{\beta}$ wird oftmals als ein *linearer Schätzer* bezeichnet, da er sich, wie in Gleichung (4.3) gezeigt, als eine lineare Funktion der Zufallsvariablen y_t darstellen lässt. Auch der KQ-Schätzer $\widehat{\alpha}$ ist ein linearer Schätzer, denn er ist eine lineare Funktion in $\widehat{\beta}$ und dieses $\widehat{\beta}$ ist selbst ein linearer Schätzer. Unter den unverzerrten Schätzern sind die KQ-Schätzer nicht die einzigen Schätzer, die diese Linearitäts-Eigenschaft besitzen. Es existiert eine ganze Klasse von linearen unverzerrten Schätzern. In Abschnitt 9.8.6 des matrixalgebraischen Anhangs zu Kapitel 9 wird gezeigt, dass die Varianzen (4.6a) und (4.6b) die geringst möglichen innerhalb der Klasse der unverzerrten linearen Schätzer darstellen. Dies bedeutet:

- Unter den getroffenen A-, B- und C-Annahmen (ohne Annahme b4) sind die KQ-Schätzer $\widehat{\alpha}$ und $\widehat{\beta}$ innerhalb der Klasse der unverzerrten linearen Schätzer effizient.

Man spricht in diesem Zusammenhang von der BLUE-Eigenschaft des KQ-Schätzers (BLUE steht für: *Best Linear Unbiased Estimator*). Dieses Resultat wird gewöhnlich als *Gauss-Markov-Theorem* bezeichnet. Die BLUE-Eigenschaft schließt nicht aus, dass es *nicht-lineare* unverzerrte Schätzer gibt, die eine geringere Varianz als der KQ-Schätzer aufweisen. Wenn wir allerdings auch Annahme b4 (Störterme u_t sind normalverteilt) ins Spiel bringen, dann lässt sich ein noch stärkeres Ergebnis herleiten (siehe Rao, 1965), nämlich die sogenannte BUE-Eigenschaft (*Best Unbiased Estimator*):

- Unter den getroffenen A-, B- und C-Annahmen sind die KQ-Schätzer $\widehat{\alpha}$ und $\widehat{\beta}$ innerhalb der Klasse aller unverzerrten Schätzer, nicht-lineare Schätzer eingeschlossen, effizient.

Die drei Ergebnisse dieses Abschnitts machen deutlich, dass sich die KQ-Methode aus Sicht der statistischen Theorie letztlich doch als weit weniger willkürlich erweist, als zunächst angenommen werden konnte. Aufgrund ihrer sehr guten statistischen Eigenschaften nimmt die KQ-Methode eine herausragende Stellung in der Ökonometrie ein.

Wir haben gesehen, dass die KQ-Schätzer Zufallsvariablen sind und dass sie die in Gleichungen (4.6a) und (4.6b) angegebenen Varianzen besitzen. Für die Herleitung dieser Varianzen war Annahme b4 nicht erforderlich. Um nicht nur die Varianzen, sondern auch die Wahrscheinlichkeitsfunktionen der KQ-Schätzer herleiten zu können, müssen wir allerdings Annahme b4 hinzuziehen.

Warum sind wir an den Wahrscheinlichkeitsverteilungen von $\widehat{\alpha}$ und $\widehat{\beta}$ interessiert und begnügen uns nicht mit deren Varianzen? Die Varianzen vermitteln nur einen groben Eindruck über die Streuung der Schätzer $\widehat{\alpha}$ und $\widehat{\beta}$. Ein und dieselbe Varianz ist mit sehr verschiedenen Verteilungen vereinbar. Abbildung 4.4 zeigt beispielsweise eine Normalverteilung und eine Gleichverteilung mit identischem Erwartungswert und identischer Varianz. Um genauere Aussagen über die Verlässlichkeit der Schätzer treffen zu können, sind detailliertere Vorstellungen von den Verteilungen erforderlich. Dazu ist es notwendig, eine weitere Auffrischung statistischer Grundkenntnisse einzuschieben.

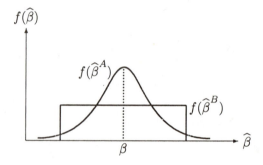

Abbildung 4.4: Zwei unverzerrte Schätzer mit identischer Varianz.

4.4 Statistisches Repetitorium III

In diesem dritten Teil des statistischen Repetitoriums widmen wir uns ausschließlich einigen speziellen Wahrscheinlichkeitsverteilungen. Eine wichtige Wahrscheinlichkeitsverteilung hatten wir bereits kennengelernt, die Normalverteilung. Es werden nun vier weitere Verteilungen vorgestellt: die *Standard-Normalverteilung*, die χ^2-*Verteilung*, die *t-Verteilung* und die *F-Verteilung*. Die Standard-Normalverteilung und die *t*-Verteilung werden in Kürze eine wichtige Rolle spielen, die χ^2-Verteilung und die *F*-Verteilung benötigen wir erst für die Teile II und III dieses Buches.

4.4.1 Standard-Normalverteilung

Aus Abschnitt 2.2.7 wissen wir, dass jede Normalverteilung durch den Erwartungswert und die Varianz der Zufallsvariable eindeutig festgelegt wird. Die spezielle Normalverteilung, die einen Erwartungswert von 0 und eine Varianz von 1 besitzt, bezeichnet man als *Standard-Normalverteilung*.

4.4. STATISTISCHES REPETITORIUM III

Jede normalverteilte Zufallsvariable lässt sich durch geeignete Transformation in eine standard-normalverteilte Zufallsvariable überführen. Um dies zu zeigen, bedienen wir uns der Rechenregeln für den Erwartungswert und die Varianz. Es sei u eine normalverteilte Zufallsvariable:

$$u \sim N\left(E(u), var(u)\right) .$$

Dabei besitzt $E(u)$ einen festen Wert, den wir mit μ bezeichnen wollen. $E(u)$ ist also keine Zufallsvariable! Auch $var(u)$ ist keine Zufallsvariable. Sie besitzt ebenfalls einen festen Wert, den wir mit σ^2 bezeichnen (d.h. $se(u) = \sigma$).

Betrachten wir die folgende lineare Transformation von u:

$$\begin{aligned} z &= \frac{1}{\sigma}u - \frac{\mu}{\sigma} \\ &= \frac{u-\mu}{\sigma} . \end{aligned} \qquad (4.7)$$

Die Zufallsvariable z ist ebenfalls normalverteilt, denn aus der Statistik ist bekannt, dass die lineare Transformation einer normalverteilten Zufallsvariable ebenfalls einer Normalverteilung folgt.

Welche Werte ergeben sich für $E(z)$ und $var(z)$? Für den Erwartungswert $E(z)$ erhält man:

$$\begin{aligned} E(z) &= E\left(\frac{1}{\sigma}u - \frac{\mu}{\sigma}\right) \\ \text{[aus (2.16), (2.17)]} \quad &= \frac{1}{\sigma}E(u) - E\left(\frac{\mu}{\sigma}\right) \\ \text{[aus (2.15)]} \quad &= \frac{1}{\sigma}\mu - \frac{\mu}{\sigma} \\ &= 0 . \end{aligned}$$

Für die Varianz $var(z)$ ergibt sich:

$$\begin{aligned} var(z) &= var\left(\frac{1}{\sigma}u - \frac{\mu}{\sigma}\right) \\ \text{[aus (2.21)]} \quad &= \frac{1}{\sigma^2}var(u) \\ &= \frac{1}{\sigma^2}\sigma^2 \\ &= 1 . \end{aligned}$$

Folglich gilt:

$$z \sim N(0,1) .$$

Die aus der linearen Transformation (4.7) der Zufallsvariable u hervorgegangene Zufallsvariable z ist standard-normalverteilt. Deshalb bezeichnet man die Transformation (4.7) als *Standardisierung der Zufallsvariable u*.

4.4.2 χ^2-Verteilung

Betrachten wir die folgende Zufallsvariable:

c = "Summe aus v quadrierten standard-normalverteilten unabhängigen Zufallsvariablen" .
$= z_1^2 + z_2^2 + ... + z_v^2$.

Diese zusammengesetzte Zufallsvariable c folgt einer $\chi^2_{(v)}$-Verteilung (gesprochen: „Chi-Quadrat Verteilung") mit v „Freiheitsgraden". Die Zahl der Freiheitsgrade entspricht also der Anzahl der in c eingehenden standard-normalverteilten Zufallsvariablen. Die Zahl der Freiheitsgrade v ist wichtig, denn die genaue Form der $\chi^2_{(v)}$-Verteilung hängt von v ab – so wie die genaue Form der Normalverteilung vom Erwartungswert und der Varianz abhängt. Um die Wahrscheinlichkeitsverteilung einer $\chi^2_{(v)}$-verteilten Zufallsvariable präzise anzugeben, werden deshalb die Freiheitsgrade der Verteilung immer mit aufgeführt:

$$c \sim \chi^2_{(v)} \ .$$

Die $\chi^2_{(v)}$-verteilte Zufallsvariable c kann nur positive Werte aufweisen, denn sie wird aus der Summe *quadrierter* Größen gebildet.

Drei exemplarische $\chi^2_{(v)}$-Verteilungen sind in Abbildung 4.5 dargestellt. Im Unterschied zur Normalverteilung ist die Kurvengestalt nicht symmetrisch. Sie wird jedoch umso symmetrischer, je höher die Anzahl der Freiheitsgrade v. Wenn v genügend groß wird, dann nähert sich die $\chi^2_{(v)}$-Verteilung einer Normalverteilung an. Eine Erläuterung, wie es zu der Bezeichnung „Freiheitsgrade" kam, wird in Kürze (Abschnitt 5.3) gegeben.

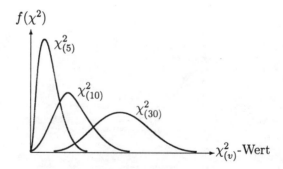

Abbildung 4.5: Drei exemplarische $\chi^2_{(v)}$-Verteilungen mit unterschiedlichen Freiheitsgraden v.

4.4.3 t-Verteilung

Es sei c eine $\chi^2_{(v)}$-verteilte Zufallsvariable und z eine von c unabhängige, standard-normalverteilte Zufallsvariable. Aus diesen beiden Zufallsvariablen lässt sich folgende Zufallsvariable konstruieren:

$$t = \frac{z}{\sqrt{c/v}} \; .$$

Diese konstruierte Zufallsvariable folgt einer *t-Verteilung* mit v Freiheitsgraden. Die genaue Gestalt der Verteilung hängt also auch hier von der Zahl der Freiheitsgrade v ab. Die Zahl der Freiheitsgrade wird durch die in t eingehende $\chi^2_{(v)}$-verteilte Zufallsvariable c bestimmt. Um anzuzeigen, welcher t-Verteilung eine Zufallsvariable genau folgt, gibt man deshalb auch die Zahl der Freiheitsgrade an und schreibt:

$$t \sim t_{(v)} \; .$$

Wie für die Standard-Normalverteilung, so gilt auch für die $t_{(v)}$-Verteilung, dass

$$E(t) = 0 \; .$$

Überhaupt ähnelt die $t_{(v)}$-Verteilung sehr stark der Standard-Normalverteilung. Sie weist aber eine größere Varianz als die Standard-Normalverteilung auf. Ihre grafische Gestalt ist demnach flacher als die einer Standard-Normalverteilung. Dabei gilt allerdings, dass die Varianz der $t_{(v)}$-Verteilung bei steigender Zahl der Freiheitsgrade v fällt, bis sie sich schließlich bei unendlicher Zahl an Freiheitsgraden einer Varianz von 1, also der Varianz der Standard-Normalverteilung, annähert. Eine $t_{(v)}$-Verteilung mit unendlich vielen Freiheitsgraden ist im Grunde deckungsgleich mit der Standard-Normalverteilung. Diese Zusammenhänge sind in Abbildung 4.6 veranschaulicht.

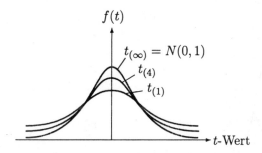

Abbildung 4.6: Drei exemplarische $t_{(v)}$-Verteilungen mit unterschiedlichen Freiheitsgraden v.

Die Abbildung zeigt die $t_{(v)}$-Verteilung mit einem einzigen Freiheitsgrad (v=1), die $t_{(v)}$-Verteilung mit vier Freiheitsgraden (v=4) und die $t_{(v)}$-

Verteilung mit unendlich vielen Freiheitsgraden ($v \to \infty$). Letztere entspricht der Standard-Normalverteilung.

4.4.4 F-Verteilung

Es sei c_1 eine $\chi^2_{(v_1)}$-verteilte Zufallsvariable und c_2 eine von c_1 unabhängige, $\chi^2_{(v_2)}$-verteilte Zufallsvariable. Aus c_1 und c_2 lässt sich die folgende Zufallsvariable bilden:

$$F = \frac{c_1/v_1}{c_2/v_2} = \frac{c_1}{c_2} \cdot \frac{v_2}{v_1} \; .$$

Diese Zufallsvariable ist F-verteilt, wobei die genaue Gestalt der F-Verteilung von den Freiheitsgraden der zugrunde liegenden Zufallsvariablen c_1 und c_2 abhängt, also von v_1 und v_2. Korrekterweise schreibt man deshalb:

$$F \sim F_{(v_1,v_2)} \; .$$

Da $\chi^2_{(v)}$-verteilte Zufallsvariablen ausschließlich positive Werte aufweisen, muss dies auch für eine $F_{(v_1,v_2)}$-verteilte Zufallsvariable gelten. Drei exemplarische $F_{(v_1,v_2)}$-Verteilungen sind in Abbildung 4.7 dargestellt.

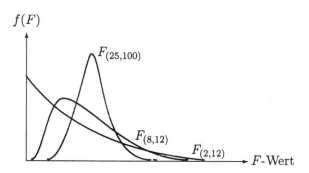

Abbildung 4.7: Drei exemplarische $F_{(v_1,v_2)}$-Verteilungen mit unterschiedlichen Freiheitsgraden v_1 und v_2.

Nachdem nun einige wichtige Wahrscheinlichkeitsverteilungen besprochen wurden, können wir uns wieder der Ausgangsfrage zuwenden: Welche Wahrscheinlichkeitsverteilungen besitzen die KQ-Schätzer $\widehat{\alpha}$ und $\widehat{\beta}$?

4.5 Wahrscheinlichkeitsverteilungen der KQ-Schätzer $\widehat{\alpha}$ und $\widehat{\beta}$

4.5.1 Wahrscheinlichkeitsverteilung von y_t

Um präzise Vorstellungen von den Wahrscheinlichkeitsverteilungen der KQ-Schätzer $\widehat{\alpha}$ und $\widehat{\beta}$ zu entwickeln, wird erstmals auch von der Normalverteilungs-Annahme b4 Gebrauch gemacht. Für die Berechnung der KQ-Schätzer und deren Varianzen war diese Annahme nicht erforderlich. In Verbindung mit den Annahmen b1 bis b3 ergibt sich:

$$u_t \sim UN(0, \sigma^2),$$

für alle $t = 1, 2, ..., T$.

Aus der statistischen Theorie ist bekannt, dass jede Zufallsvariable, die aus einer linearen Transformation einer normalverteilten Zufallsvariable hervorgegangen ist, ebenfalls normalverteilt ist. Für die normalverteilte Störgröße u_t bedeutet dies, dass auch ihre durch (4.1) beschriebene Transformation y_t normalverteilt ist. Außerdem gilt:

$$\begin{aligned} E(y_t) &= E[\alpha + \beta x_t + u_t] \\ &= E(\alpha) + E(\beta x_t) + E(u_t) \\ &= \alpha + \beta x_t + 0 \end{aligned}$$

und

$$\begin{aligned} var(y_t) &= E\left[[y_t - E(y_t)]^2\right] \\ &= E\left[[y_t - \alpha - \beta x_t]^2\right] \\ &= E\left[u_t^2\right] \\ &= E\left[[u_t - \underbrace{E(u_t)}_{=0}]^2\right] \quad (= var(u_t)) \\ &= \sigma^2. \end{aligned}$$

Da die Unabhängigkeits-Eigenschaft der u_t durch die Transformation nicht berührt wird, sind auch die y_t voneinander unabhängig. Diese Resultate implizieren, dass

$$y_t \sim UN(\alpha + \beta x_t, \sigma^2),$$

für alle $t = 1, 2, ..., T$.

4.5.2 Wahrscheinlichkeitsverteilungen von $\widehat{\alpha}$ und $\widehat{\beta}$

Wir wissen aus der Statistik, dass die gewichtete Summe unabhängig normalverteilter Zufallsvariablen ebenfalls normalverteilt ist. In Abschnitt 4.1.3

wurde gezeigt, dass sich die Formeln der KQ-Schätzer (Zufallsvariablen) $\widehat{\alpha}$ und $\widehat{\beta}$ – Gleichungen (4.3) und (4.4) – als eine gewichtete Summe der unabhängig normalverteilten Zufallsvariablen y_t darstellen lassen. Damit sind auch die KQ-Schätzer $\widehat{\alpha}$ und $\widehat{\beta}$ normalverteilt. Aus den Ergebnissen (4.5), (4.6a) und (4.6b) kennen wir bereits die jeweiligen Erwartungswerte und Varianzen der KQ-Schätzer $\widehat{\alpha}$ und $\widehat{\beta}$. Es ergibt sich somit:

$$\widehat{\alpha} \sim N\left(\alpha, \sigma^2(1/T + \overline{x}^2/S_{xx})\right)$$
$$\widehat{\beta} \sim N\left(\beta, \sigma^2/S_{xx}\right). \qquad (4.8)$$

4.6 Zusammenfassung

Eine (gedanklich) wiederholte Stichprobe ist eine Stichprobe, in der die gleichen x_t-Werte zugrunde gelegt werden wie in der tatsächlich beobachteten Stichprobe. Da aber die Störgrößen u_t in der wiederholten Stichprobe neue Werte annehmen würden, ergäben sich auch für die endogene Variable neue y_t-Werte. Letztere fließen wiederum in die Formeln der KQ-Schätzer $\widehat{\alpha}$ und $\widehat{\beta}$ ein. Dies bedeutet, dass jede wiederholte Stichprobe neue Schätzwerte $\widehat{\alpha}$ und $\widehat{\beta}$ liefert. Mit anderen Worten, die KQ-Schätzer $\widehat{\alpha}$ und $\widehat{\beta}$ sind selbst Zufallsvariablen.

Ihre Erwartungswerte lauten

$$E(\widehat{\alpha}) = \alpha \quad \text{und} \quad E(\widehat{\beta}) = \beta, \qquad (4.5)$$

das heißt, die KQ-Schätzer erfüllen das Kriterium der Unverzerrtheit. Die Varianzen lauten

$$var(\widehat{\alpha}) = \sigma^2(1/T + \overline{x}^2/S_{xx}) \qquad (4.6b)$$

$$var(\widehat{\beta}) = \sigma^2/S_{xx}. \qquad (4.6a)$$

Für die Kovarianz ergibt sich

$$cov(\widehat{\alpha}, \widehat{\beta}) = -\sigma^2\left(\overline{x}/S_{xx}\right). \qquad (4.6c)$$

Bei Gültigkeit der A-, B- und C-Annahmen (b4 ist hierfür allerdings nicht notwendig) besitzen die KQ-Schätzer die BLUE-Eigenschaft, das heißt, sie sind effizient in der Klasse der unverzerrten linearen Schätzer, sie besitzen in dieser Klasse also die geringste Varianz. Ist zusätzlich die Normalverteilungs-Annahme b4 gültig, dann sind die KQ-Schätzer sogar effizient in der Klasse der unverzerrten Schätzer (BUE-Eigenschaft) und sie folgen jeweils einer Normalverteilung mit den Erwartungswerten (4.5) und den Varianzen (4.6b) und (4.6a).

Anhang

Berechnung von $E(\widehat{\beta})$

Wir wissen, dass

$$y_t = \alpha + \beta x_t + u_t \tag{4.1}$$

$$\widehat{\beta} = \frac{S_{xy}}{S_{xx}} = \frac{\sum(x_t - \overline{x})(y_t - \overline{y})}{\sum(x_t - \overline{x})^2}. \tag{4.2}$$

Summiert man in Gleichung (4.1) über alle T Beobachtungen und dividiert anschließend durch die Anzahl der Beobachtungen T, so erhält man

$$\overline{y} = \alpha + \beta \overline{x} + \overline{u}. \tag{4.9}$$

Subtrahiert man Gleichung (4.9) von (4.1), so ergibt sich:

$$(y_t - \overline{y}) = \beta(x_t - \overline{x}) + (u_t - \overline{u}).$$

Einsetzen in Gleichung (4.2) liefert:

$$\begin{aligned}
\widehat{\beta} &= \frac{\sum(x_t - \overline{x})[\beta(x_t - \overline{x}) + (u_t - \overline{u})]}{S_{xx}} \\
&= \frac{\sum \beta(x_t - \overline{x})^2}{S_{xx}} + \frac{\sum(x_t - \overline{x})(u_t - \overline{u})}{S_{xx}} \\
&= \beta + \frac{\sum(x_t - \overline{x}) u_t}{S_{xx}} - \overline{u} \cdot \frac{\sum(x_t - \overline{x})}{S_{xx}} \\
&= \beta + \frac{\sum(x_t - \overline{x}) u_t}{S_{xx}} - \overline{u} \cdot \overbrace{\frac{\sum x_t - \sum \overline{x}}{S_{xx}}}^{=0} \\
&= \beta + \frac{(x_1 - \overline{x}) u_1}{S_{xx}} + \frac{(x_2 - \overline{x}) u_2}{S_{xx}} + \ldots + \frac{(x_T - \overline{x}) u_T}{S_{xx}}. \tag{4.10}
\end{aligned}$$

Bildet man auf beiden Seiten von (4.10) den Erwartungswert, so ergibt sich

$$\begin{aligned}
E(\widehat{\beta}) &= E(\beta) + E\left[\frac{(x_1 - \overline{x}) u_1}{S_{xx}}\right] + E\left[\frac{(x_2 - \overline{x}) u_2}{S_{xx}}\right] + \ldots + E\left[\frac{(x_T - \overline{x}) u_T}{S_{xx}}\right] \\
&= \beta + \frac{(x_1 - \overline{x})}{S_{xx}} \underbrace{E(u_1)}_{=0} + \frac{(x_2 - \overline{x})}{S_{xx}} \underbrace{E(u_2)}_{=0} + \ldots + \frac{(x_T - \overline{x})}{S_{xx}} \underbrace{E(u_T)}_{=0} \tag{4.11} \\
&= \beta
\end{aligned}$$

Berechnung von $E(\widehat{\alpha})$

Ein ähnliches Ergebnis lässt sich für den Niveauparameter α herleiten. Wir wissen, dass

$$0 = -y_t + \alpha + \beta x_t + u_t. \tag{4.12}$$

Summiert man (4.12) über alle T Beobachtungen und dividiert anschließend durch T, so ergibt sich

$$0 = -\bar{y} + \alpha + \beta\bar{x} + \bar{u}. \tag{4.13}$$

Wir wissen ferner, dass

$$\hat{\alpha} = \bar{y} - \hat{\beta}\bar{x}. \tag{4.4}$$

Addition von (4.13) und (4.4) liefert

$$\hat{\alpha} = \alpha - \bar{x}\left(\hat{\beta} - \beta\right) + \bar{u}. \tag{4.14}$$

Bildet man auf beiden Seiten den Erwartungswert, so erhält man

$$\begin{aligned} E(\hat{\alpha}) &= E(\alpha) - E\left[\bar{x}(\hat{\beta} - \beta)\right] + E(\bar{u}) \\ &= \alpha - \bar{x}\underbrace{\left[E(\hat{\beta}) - \beta\right]}_{=0} + \frac{1}{T}\sum \underbrace{E(u_t)}_{=0} \\ &= \alpha. \end{aligned} \tag{4.15}$$

Berechnung von var($\hat{\beta}$)

$$\begin{aligned} var(\hat{\beta}) &= E\left[(\hat{\beta} - E(\hat{\beta}))^2\right] \\ &= E\left[(\hat{\beta} - \beta)^2\right] \\ [\text{aus (4.10)}] \quad &= E\left[\left(\sum \frac{(x_t - \bar{x})u_t}{S_{xx}}\right)^2\right] \\ &= \frac{1}{S_{xx}^2} E\left[\sum\sum (x_t - \bar{x})(x_s - \bar{x})u_t u_s\right] \\ &= \frac{1}{S_{xx}^2} \sum\sum (x_t - \bar{x})(x_s - \bar{x}) E(u_t u_s). \end{aligned} \tag{4.16}$$

Aufgrund von Annahmen b2 und b3 gilt:

$$\begin{aligned} E(u_t u_s) &= 0 \quad \text{für } t \neq s \tag{4.17} \\ E(u_t u_s) &= \sigma^2 \quad \text{für } t = s. \tag{4.18} \end{aligned}$$

Folglich vereinfacht sich Gleichung (4.16) zu

$$\begin{aligned} var(\hat{\beta}) &= \frac{1}{S_{xx}^2} \sum (x_t - \bar{x})^2 \sigma^2 \\ &= \frac{\sigma^2}{S_{xx}}. \end{aligned} \tag{4.19}$$

Kapitel 5

Schätzung II: Intervallschätzer

In Kapitel 3 wurde die KQ-Methode vorgestellt, mit deren Hilfe für jeden der Schätzer $\hat{\alpha}$ und $\hat{\beta}$ ein einzelner nummerischer Wert berechnet werden konnte. Diese einzelnen Werte dienen als Schätzwerte für die wahren, aber unbekannten Parameter α und β. Man spricht in diesem Zusammenhang von einer *Punktschätzung* der Parameter α und β. Entsprechend werden die Schätzer $\hat{\alpha}$ und $\hat{\beta}$ häufig als *Punktschätzer* bezeichnet. Im Trinkgeld-Beispiel ist $\hat{\beta}=0,125$ die Punktschätzung bezüglich β, des Einflusses des Rechnungsbetrages auf die Trinkgeldhöhe.

Für Entscheidungsträger ist es hilfreich, eine Einschätzung darüber zu erhalten, wie verlässlich die ermittelte Punktschätzung ist. Wenn zu befürchten ist, dass die Punktschätzung bei wiederholten Stichproben nur sehr selten in der Nähe des wahren Parameters liegt, wird der aus der tatsächlich beobachteten Stichprobe ermittelte Punktschätzer eine geringere Rolle bei der Entscheidungsfindung spielen. Dieser Aspekt war bereits Gegenstand des vorangegangenen Kapitels. Dort sahen wir, dass die KQ-Schätzer die BLUE- bzw. BUE-Eigenschaft besitzen, das heißt, sie sind effizient innerhalb der Klasse der unverzerrten Schätzer. Sie bieten also die „größtmögliche Verlässlichkeit".

Dies beantwortet aber noch nicht die uns hier interessierende Frage, wie groß genau eine „größtmögliche Verlässlichkeit" ist. Wenn der Kellner wissen möchte, ob der geschätzte Wert $\hat{\beta}$ nicht doch um 0,2 vom wahren Wert β entfernt liegen könnte, dann mag der Hinweis auf die BLUE- bzw. BUE-Eigenschaft tröstlich sein, aber er nützt ihm im Grunde wenig.

Es wird deshalb in diesem Abschnitt darum gehen, eine weitere Schätzformel zu entwickeln, die aus den Daten einer Stichprobe ein *Intervall* berechnet. Die Formel soll dabei so konstruiert sein, dass bei einem vorgegebenen Anteil wiederholter Stichproben das jeweilige Intervall den unbekannten wahren Wert des interessierenden Parameters abdecken würde. Die Formel bezeichnet man als *Intervallschätzer*.

Es liegt nahe, bei der Herleitung dieser Formel auf die Wahrscheinlichkeitsverteilung des Schätzers $\widehat{\beta}$ zurückzugreifen, denn diese enthält zahlreiche Anhaltspunkte über die Verlässlichkeit des Schätzers. In Abschnitt 4.5 hatten wir die folgende Wahrscheinlichkeitsverteilung ermittelt:

$$\widehat{\beta} \sim N\left(\beta, \sigma^2/S_{xx}\right) . \tag{5.1}$$

Wir kennen also die Verteilung für den Schätzer $\widehat{\beta}$ und können nun versuchen, genaue Aussagen über dessen Verlässlichkeit zu machen.

Dieser Versuch stößt unmittelbar auf zwei Hindernisse: Wir wissen zwar, dass der KQ-Schätzer $\widehat{\beta}$ normalverteilt ist, aber wir kennen weder den nummerischen Wert des Erwartungswertes, $E(\widehat{\beta}) = \beta$, noch den nummerischen Wert der Varianz, $var(\widehat{\beta}) = \sigma^2/S_{xx}$, denn σ^2, die Varianz der Störgröße u_t, ist unbekannt. Damit bleiben sowohl die durch $E(\widehat{\beta})$ festgelegte *Position* als auch die durch $var(\widehat{\beta})$ festgelegte *Gestalt* der Normalverteilung verborgen. Unsere Unkenntnis bezüglich der Position wird sich als unproblematisch erweisen. Schwierigkeiten erwachsen hingegen aus unserer Unkenntnis bezüglich der Gestalt.

Nachdem dieses Problem angesprochen ist, sollte es für den Augenblick auch gleich wieder ignoriert werden. Es ist hilfreich, die notwendigen Konzepte unter der vereinfachenden Annahme zu entwickeln, dass σ^2, und damit die Gestalt der Wahrscheinlichkeitsverteilung des KQ-Schätzers $\widehat{\beta}$, bekannt sei. Die Abschnitte 5.1 und 5.2 basieren auf dieser Vereinfachung. Erst in Abschnitt 5.3 wird dann der korrekte Fall, das heißt der Fall mit unbekanntem σ^2, behandelt. Dies wird dann lediglich geringfügige Modifikationen erfordern.

5.1 Konfidenzintervalle und Intervallschätzer

In Kapitel 3 haben wir in Gleichung (3.15a) die Formel (Punktschätzer)

$$\widehat{\beta} = \frac{S_{xy}}{S_{xx}} \tag{5.2}$$

entwickelt, die aus den vorliegenden Daten einen einzelnen nummerischen Wert für den wahren Parameter β liefert.

Jetzt ist es unser Ziel, eine Formel zu entwickeln, die aus den vorliegenden Daten ein nummerisches *Intervall* berechnet. Wir bezeichnen diese Formel als *Intervallschätzer*. Das berechnete Intervall soll symmetrisch um den Punktschätzer $\widehat{\beta}$ herum liegen, also durch

$$[\widehat{\beta} - k \, ; \, \widehat{\beta} + k] \tag{5.3}$$

beschrieben werden können. Dabei bezeichnen $\widehat{\beta} - k$ die linke und $\widehat{\beta} + k$ die rechte Intervallbegrenzung. Ferner soll die Formel so beschaffen sein, dass sie mit vorgegebener Wahrscheinlichkeit 1–a Intervalle $\left[\widehat{\beta} - k \, ; \, \widehat{\beta} + k\right]$ liefert, die

5.1. KONFIDENZINTERVALLE UND INTERVALLSCHÄTZER

den wahren Wert β überdecken. Die folgende Gleichung formalisiert diesen Zusammenhang:

$$\Pr\left\{\widehat{\beta} - k \leq \beta \leq \widehat{\beta} + k\right\} = 1 - a. \tag{5.4}$$

Der in geschweiften Klammern stehende Ausdruck besagt: Der Wert von β liegt innerhalb des Intervalls $\left[\widehat{\beta} - k \,;\, \widehat{\beta} + k\right]$. Dieses Intervall bezeichnet man allgemein als *Konfidenzintervall*. „Pr" in Gleichung (5.4) steht für Wahrscheinlichkeit (engl.: *probability*). Die Wahrscheinlichkeit, dass der in geschweiften Klammern stehende Ausdruck erfüllt ist, soll laut Gleichung (5.4) 1–a betragen. Dabei wird a als *Signifikanzniveau* (oftmals auch als *Irrtumswahrscheinlichkeit*) bezeichnet. Üblich sind Signifikanzniveaus von 1% oder 5%, das heißt $a=0,01$ oder $a=0,05$. Zur Frage der Auswahl eines geeigneten Signifikanzniveaus werden wir uns erst in Abschnitt 6.4 genauere Gedanken machen.

Es ist wichtig, in Gleichung (5.4) die Wahrscheinlichkeit $1 - a$ (bzw. das Signifikanzniveau a) und das zugehörige Konfidenzintervall $\left[\widehat{\beta} - k \,;\, \widehat{\beta} + k\right]$ korrekt zu interpretieren. Wir gingen von einem bestimmten Datensatz für die exogene Variable x_t aus und beobachteten in einer Stichprobe die entsprechenden y_t-Realisationen. Aus diesen Daten ermittelten wir mit Hilfe der KQ-Methode einen Schätzwert für $\widehat{\beta}$. Wie bereits in Abschnitt 4.1.1 beschrieben, könnten wir uns eine zweite Stichprobe *mit den gleichen x_t-Werten* vorstellen. Aufgrund der zufallsabhängigen Störgrößen u_t würden sich dann bei dieser *wiederholten Stichprobe* andere y_t-Realisationen als bei der ersten Stichprobe ergeben. Entsprechend erhalten wir auch einen neuen Wert für $\widehat{\beta}$. Diese Stichproben ließen sich unendlich oft wiederholen mit immer neuen Werten für $\widehat{\beta}$. Das Resultat ist die bereits besprochene Wahrscheinlichkeitsverteilung von $\widehat{\beta}$.

Warum ist das im Hinblick auf die Interpretation des Signifikanzniveaus und des Intervalls $\left[\widehat{\beta} - k \,;\, \widehat{\beta} + k\right]$ wichtig? Der Schätzer $\widehat{\beta}$ stellt das Zentrum des Intervalls dar. Das Intervall wird deshalb als $\widehat{\beta}$-zentriert bezeichnet. Jede wiederholte Stichprobe liefert ein neues Zentrum $\widehat{\beta}$ und damit ein neues Intervall $\left[\widehat{\beta} - k \,;\, \widehat{\beta} + k\right]$. Einige dieser Intervalle mögen den wahren, aber unbekannten Wert β abdecken, andere nicht. In Abbildung 5.1 sind einige solcher hypothetischen Intervalle abgebildet. Nicht alle decken den wahren Wert β ab.

Wie ist demnach Gleichung (5.4) zu interpretieren? Für die Interpretation muss man sich gedanklich auf den Zeitpunkt *vor* Beobachtung einer konkreten Stichprobe versetzen und sich vorstellen, man würde nun eine unendliche Zahl von wiederholten Stichproben beobachten. Gleichung (5.4) besagt, dass bei $100(1 - a)\%$ dieser wiederholten Stichproben das *jeweilige* Intervall $\left[\widehat{\beta} - k \,;\, \widehat{\beta} + k\right]$ den wahren Wert β abdecken würde. Beispielsweise würden für $a=0,05$ im Durchschnitt 95 von 100 Intervallen den wahren Wert β abdecken. Würde man also eine der unendlich vielen Stichproben zufällig herausgreifen, dann betrüge die Wahrscheinlichkeit, eine Stichprobe mit einem Intervall erwischt zu haben, welches den wahren Wert abdeckt, genau 1–a, bei $a=0,05$

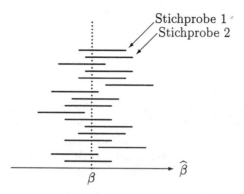

Abbildung 5.1: Mögliche Konfidenzintervalle, die ein Intervallschätzer bei wiederholten Stichproben und bekanntem σ^2 liefern könnte.

also 95%.

Die Breite des Intervalls $\left[\widehat{\beta} - k\ ;\ \widehat{\beta} + k\right]$ wird durch den Wert von k festgelegt. Breitere Intervalle überdecken den wahren Wert β häufiger als schmalere Intervalle. Mit anderen Worten, je kleiner das vorgegebene Signifikanzniveau a, umso größer muss k gewählt werden.

5.2 Intervallschätzer für β bei bekanntem σ^2

In den folgenden Arbeitsschritten wird die Berechnungsformel des Intervallschätzers $\left[\widehat{\beta} - k\ ;\ \widehat{\beta} + k\right]$ entwickelt. Sie liefert uns für jeden vorgegebenen Datensatz und vorgegebenes Signifikanzniveau a ein nummerisches Konfidenzintervall.

Schritt 1: Standardisierung von $\widehat{\beta}$

Die Standardabweichung von $\widehat{\beta}$ entspricht der Wurzel der Varianz von $\widehat{\beta}$. Aus (4.6a) erhalten wir deshalb:

$$se(\widehat{\beta}) = \sqrt{\sigma^2/S_{xx}}\ ,$$

wobei wir unterstellt hatten, dass σ^2 bekannt sei. In Kenntnis von $se(\widehat{\beta})$ kann die normalverteilte Zufallsvariable $\widehat{\beta}$ zu

$$z = \frac{\widehat{\beta} - E(\widehat{\beta})}{se(\widehat{\beta})} = \frac{\widehat{\beta} - \beta}{se(\widehat{\beta})} \qquad (5.5)$$

transformiert werden. Die Variable z stellt eine Standardisierung der normalverteilten Zufallsvariable $\widehat{\beta}$ dar, denn man subtrahiert von $\widehat{\beta}$ den Erwartungs-

5.2. INTERVALLSCHÄTZER FÜR β BEI BEKANNTEM σ^2

wert $E(\widehat{\beta})$ und teilt durch die Standardabweichung $se(\widehat{\beta})$. Diese Standardisierung ist nichts anderes als eine weitere lineare Transformation der normalverteilten Zufallsvariable $\widehat{\beta}$. Wir hatten in Abschnitt 4.4.1 des Statistischen Repetitoriums III erläutert, dass eine standardisierte normalverteilte Zufallsvariable standard-normalverteilt ist. Die in Gleichung (5.5) definierte Zufallsvariable z ist demnach standard-normalverteilt:

$$z \sim N(0,1) \;.$$

Die Zufallsvariable z kann als normierter Indikator für die Abweichungen des Schätzers $\widehat{\beta}$ vom wahren Wert β verstanden werden.

Warum gehen wir für die Herleitung des Intervallschätzers diesen langwierigen Umweg und beschäftigen uns mit einer standard-normalverteilten Zufallsvariable z statt direkt mit der Zufallsvariable $\widehat{\beta}$? Die Zufallsvariable z ist für diesen Zweck besser verwendbar als $\widehat{\beta}$, denn aus der Statistik sind uns eine Reihe von Eigenschaften standard-normalverteilter Zufallsvariablen z bekannt. Diese Eigenschaften werden in den verbleibenden Arbeitsschritten nutzbar gemacht.

Schritt 2: Ermittlung eines $z_{a/2}$-Wertes

Betrachten wir eine standard-normalverteilte Zufallsvariable z, deren Wert (tatsächliche Ausprägung) durch die jeweilige Stichprobe festgelegt wird. Aus der statistischen Theorie ist bekannt, dass sich für eine standard-normalverteilte Zufallsvariable z für jedes Signifikanzniveau a feste Intervallgrenzen $-z_{a/2}$ und $z_{a/2}$ angeben lassen, innerhalb derer z mit einer Wahrscheinlichkeit von $1 - a$ fällt. Die Gleichung

$$\Pr\left\{-z_{a/2} \leq z \leq z_{a/2}\right\} = 1 - a \tag{5.6}$$

formalisiert diese Aussage.

Die Beziehung (5.6) gilt für *jegliche standard-normalverteilte* Zufallsvariable z. Sie ist folgendermaßen zu interpretieren: Bei $100(1 - a)\%$ der wiederholten Stichproben liegt der jeweilige Wert für die standard-normalverteilte Zufallsvariable z im festen Intervall $[-z_{a/2}\,;\,z_{a/2}]$. Würde man also eine der unendlich vielen Stichproben zufällig herausgreifen, dann betrüge die Wahrscheinlichkeit, eine Stichprobe erwischt zu haben, deren z-Wert im Intervall $[-z_{a/2}\,;\,z_{a/2}]$ liegt, genau $1 - a$.

Da Gleichung (5.6) eine allgemeingültige statistische Beziehung für standard-normalverteilte Zufallsvariablen ist, sind wir bei Vorgabe eines Signifikanzniveaus a immer in der Lage, einen nummerischen Wert für $z_{a/2}$ zu ermitteln, *völlig unabhängig von unserer eigentlichen Stichprobe und den dort ermittelten Daten*. Es existiert für diesen Zweck eine einfache Tabelle, aus der $z_{a/2}$ für ein vorgegebenes Signifikanzniveau a direkt abgelesen werden kann. Diese Tabelle findet sich im Anhang jedes Standardlehrbuches der Ökonometrie. Im vorliegenden Buch ist es die Tabelle T.1 im Tabellenanhang.

Es sei nun anhand des Trinkgeld-Beispiels illustriert, wie der Wert von $z_{a/2}$ aus Tabelle T.1 abgelesen werden kann. Für die Bestimmung von $z_{a/2}$ muss lediglich das Signifikanzniveau a vorgegeben sein.

Nummerische Illustration 5.1

Für das Trinkgeld-Beispiel sei vom Kellner ein Signifikanzniveau von 5% vorgegeben. Aus Tabelle T.1 ist direkt ersichtlich, dass eine standardnormalverteilte Zufallsvariable z mit einer Wahrscheinlichkeit von 97,5% im Intervall $(-\infty\ ;\ 1,96]$ liegt. Da jede Normalverteilung symmetrisch ist, liegt z mit einer Wahrscheinlichkeit von 95% im Intervall $[-1,96\ ;\ 1,96]$. Der gesuchte Wert für $z_{a/2}$ lautet also $1,96$. Folglich liegt auch die standardnormalverteilte Zufallsvariable $z = (\widehat{\beta} - \beta)/se(\widehat{\beta})$ unseres Trinkgeld-Beispiels mit 95% Wahrscheinlichkeit im Intervall $[-1,96\ ;\ 1,96]$.

Schritt 3: Formulierung des Intervallschätzers

Da Gleichung (5.6) auf jede standard-normalverteilte Zufallsvariable zutrifft, besitzt sie auch für die in (5.5) definierte Zufallsvariable z Gültigkeit. Setzt man (5.5) in Gleichung (5.6) ein, so ergibt sich

$$\Pr\left\{-z_{a/2} \leq \frac{\widehat{\beta} - \beta}{se(\widehat{\beta})} \leq z_{a/2}\right\} = 1 - a\ .$$

Man kann nun innerhalb der geschweiften Klammern nach β auflösen:

$$\Pr\left\{-\widehat{\beta} - z_{a/2} \cdot se(\widehat{\beta}) \leq -\beta \leq -\widehat{\beta} + z_{a/2} \cdot se(\widehat{\beta})\right\} = 1 - a$$

$$\Longrightarrow \quad \Pr\left\{\widehat{\beta} + z_{a/2} \cdot se(\widehat{\beta}) \geq \beta \geq \widehat{\beta} - z_{a/2} \cdot se(\widehat{\beta})\right\} = 1 - a$$

$$\Longrightarrow \quad \Pr\left\{\widehat{\beta} - z_{a/2} \cdot se(\widehat{\beta}) \leq \beta \leq \widehat{\beta} + z_{a/2} \cdot se(\widehat{\beta})\right\} = 1 - a\ . \quad (5.7)$$

Gleichung (5.7) legt erneut ein Intervall fest:

$$\left[\widehat{\beta} - z_{a/2} \cdot se(\widehat{\beta})\ ;\ \widehat{\beta} + z_{a/2} \cdot se(\widehat{\beta})\right]\ . \quad (5.8)$$

Bei $100(1-a)\%$ der wiederholten Stichproben deckt das jeweils gemäß (5.8) berechnete Intervall den festen wahren Wert β ab. Das in der einen tatsächlichen Stichprobe berechnete Intervall (5.8) kann deshalb als ein Indikator für den wahren Wert β benutzt werden. Es bleibt die Frage zu klären, ob das Intervall (5.8) aus den Daten der Stichprobe vollständig nummerisch bestimmbar ist.

Ein Vergleich der Beziehungen (5.7) und (5.4) bzw. der Intervalle (5.8) und (5.3) zeigt unmittelbar, dass

$$k = z_{a/2} \cdot se(\widehat{\beta})\ . \quad (5.9)$$

5.3. INTERVALLSCHÄTZER FÜR β BEI UNBEKANNTEM σ^2

Das Intervall (5.8) unterscheidet sich vom ursprünglichen Intervall $[\widehat{\beta} - k \, ; \, \widehat{\beta} + k]$ einzig und allein dadurch, dass der nummerisch nicht direkt bestimmbare Parameter k durch zwei Größen ersetzt wurde, für die nummerische Werte vorliegen. Die Standardabweichung $se(\widehat{\beta})$ war als bekannt angenommen worden und die Intervallgrenze $z_{a/2}$ wurde in Schritt 2 aus Tabelle T.1 ermittelt. Der nummerische Wert des Punktschätzers $\widehat{\beta}$ lässt sich mit der KQ-Methode auf gewohnte Art aus den Stichprobendaten errechnen.

Damit ist das Intervall (5.8) vollständig nummerisch bestimmbar. Wir haben die gesuchte Berechnungsformel gefunden. Das Intervall (5.8) ist der Intervallschätzer des Parameters β.

Nummerische Illustration 5.2

Aus Tabelle T.1 hatten wir für a=5% bereits ermittelt, dass $z_{a/2}$=1,96. Wir nehmen nun (unzulässigerweise) an, die Varianz der Störgröße u_t sei bekannt und betrage σ^2=2. Gemäß Gleichung (4.6a) und unserer früheren Berechnung (3.17) ergibt sich die Standardabweichung des Schätzers aus

$$se(\widehat{\beta}) = \sqrt{\sigma^2/S_{xx}} = \sqrt{2/800} = 0,05 \, .$$

Da hier σ^2 als bekannt angenommen wurde, ist diese Standardabweichung keine Zufallsvariable, sondern eine fixe Größe. Wir wissen aus (3.19), dass $\widehat{\beta} = 0,125$.

Einsetzen der Ergebnisse in den Intervallschätzer (5.8) liefert

$$[0,125 - 1,96 \cdot 0,05 \, ; \, 0,125 + 1,96 \cdot 0,05]$$

und damit das nummerische Intervall $[0,027 \, ; \, 0,223]$.

Auf eine ausführliche Interpretation des berechneten Intervalls sei an dieser Stelle verzichtet. Der Frage der Interpretation werden wir uns in Kürze zuwenden.

5.3 Intervallschätzer für β bei unbekanntem σ^2

Der im vorangegangenen Abschnitt konstruierte Intervallschätzer konnte nur unter dem Vorbehalt entwickelt werden, dass uns die Störgrößenvarianz σ^2 und damit $var(\widehat{\beta})$ und $se(\widehat{\beta})$ bekannt seien. Diese vereinfachende Annahme wird nun aufgegeben. Kann man dennoch zu einem sinnvollen Intervallschätzer kommen?

5.3.1 Herleitung des Intervallschätzers

Der in der Ökonometrie üblicherweise beschrittene Ausweg besteht darin, den drei im vorangegangenen Abschnitt beschriebenen Arbeitsschritten einen zusätzlichen Schritt voranzustellen, welcher einen Schätzwert für die Störgrößenvarianz σ^2 und damit für die Standardabweichung $se(\widehat{\beta})$ liefert.

Schritt 1: Schätzung von σ^2 und $\text{se}(\widehat{\beta})$

Für die Schätzung von $\text{se}(\widehat{\beta})$ muss zunächst ein guter Schätzwert $\widehat{\sigma}^2$ gefunden werden. Wie lässt sich ein solcher Schätzwert ermitteln?

Nummerische Illustration 5.3

Betrachten wir Tabelle 5.1. Sie zeigt die (eigentlich nicht beobachtbaren) Störgrößenwerte der wiederholten Stichproben, welche wir in Tabelle 4.1 bereits angegeben hatten. In der Zeile der Beobachtung 1 ergeben sich für jede Stichprobe unterschiedliche Störgrößenwerte u_1 (0,5 ; -0,2 ; -0,1). Wir wissen bereits, dass die Streuung dieser Werte bei unendlich vielen wiederholten Stichproben $\text{var}(u_1) = \sigma^2$ beträgt. Aufgrund von Annahme b2 (Homoskedastizität) gilt das Gleiche auch für die Werte der Störgrößen u_2 und u_3.

Tabelle 5.1: Mögliche Werte für die Störgrößen u_t bei wiederholten Stichproben.

	Stichprobe			
	1	2	3	....
Beobachtung 1	0,5	-0,2	-0,1	....
Beobachtung 2	-1,1	0,6	0	....
Beobachtung 3	0,3	0,1	-0,4	....

Leider kennen wir den nummerischen Wert von σ^2 nicht. Wir kennen nicht einmal die in der Tabelle wiedergegebenen Störgrößenwerte. Wir kennen einzig und allein die Werte x_t und y_t der Stichprobe 1 (siehe Tabelle 4.1). Mit Hilfe der KQ-Methode haben wir daraus die Werte $\widehat{\alpha} = 0,25$ und $\widehat{\beta} = 0,125$ berechnet und hieraus wiederum die Residuen der Stichprobe 1: $\widehat{u}_1 = 0,5$, $\widehat{u}_2 = -1$ und $\widehat{u}_3 = 0,5$. Diese Residuen sind zwar nicht identisch mit den in Spalte 1 der Tabelle 5.1 wiedergegebenen tatsächlichen (aber eigentlich nicht beobachtbaren) Störgrößenwerten der Stichprobe 1, aber doch ähnlich. Man könnte demnach aus den Residuen der Stichprobe 1 $(\widehat{u}_1, \widehat{u}_2, \widehat{u}_3)$ Anhaltspunkte über die unbekannten Störgrößenwerte der Stichprobe 1 (u_1, u_2, u_3) gewinnen und damit auch über die Streuung der Störgrößen innerhalb der Stichprobe 1.

Wir sind aber nicht an der Streuung der Störgrößen innerhalb einer Stichprobe (in Tabelle 5.1 „Streuung innerhalb einer Spalte") interessiert, sondern an σ^2, der Streuung innerhalb einer Beobachtung bei Durchführung wiederholter Stichproben (in Tabelle 5.1 „Streuung innerhalb einer Zeile"). Liefern die drei Residuen der Stichprobe 1 auch über σ^2 Anhaltspunkte? Sie liefern solche Anhaltspunkte, denn die Annahmen b1 bis b4 implizieren, dass alle Störgrößenwerte der Tabelle 5.1 durch den gleichen „Zufallsgenerator" erzeugt werden, nämlich durch eine normalverteilte Zufallsvariable mit Erwartungswert 0 und Varianz σ^2. Das heißt, jeder Störgrößenwert einer Zeile wird durch den gleichen Zufallsgenerator erzeugt wie jeder Störgrößenwert einer Spalte. Damit ist es aber auch möglich, aus den Residuen einer Spalte Anhaltspunkte über

5.3. INTERVALLSCHÄTZER FÜR β BEI UNBEKANNTEM σ^2

die Varianz des Zufallsgenerators, also die Streuung der Störgrößen innerhalb einer Zeile, zu gewinnen. Kenntnis von den Residuen einer Zeile sind dafür nicht notwendig und sie stehen uns auch nicht zur Verfügung.

Wir halten fest, dass bei Gültigkeit der Annahmen b1 bis b4 die Residuen der einen tatsächlich beobachteten Stichprobe (Stichprobe 1) Informationen über die Streuung der Störgrößen u_t enthalten. In Abschnitt 9.8.7 des matrixalgebraischen Anhangs zu Kapitel 9 ist gezeigt, dass im Rahmen der Einfachregression

$$\widehat{\sigma}^2 = S_{\widehat{u}\widehat{u}}/(T-2) \tag{5.10}$$

ein unverzerrter Schätzer für σ^2 ist, vorausgesetzt die Annahmen b1 bis b3 sind erfüllt. Die der KQ-Schätzung von $\widehat{\alpha}$ und $\widehat{\beta}$ zugrunde liegende Stichprobe erlaubt es also, auch einen Schätzwert für σ^2 zu ermitteln.

Wären die Stichprobenwerte der Störgrößen u_t direkt beobachtbar, so könnte man einfach die Stichproben-Varianz $S_{uu}/(T-1)$ als Schätzformel für σ^2 verwenden (siehe Abschnitt 2.4.2). Da aber die Störgrößen unbekannt bleiben und lediglich durch die Residuen $\widehat{u}_t$ approximiert werden können, wird auf die modifizierte Formel (5.10) zurückgegriffen. Im Zähler steht die Summe der tatsächlich geschätzten Residuenquadrate ($S_{\widehat{u}\widehat{u}} = \sum \widehat{u}_t^2$) und im Nenner steht die Anzahl der *Freiheitsgrade* ($T-2$). Letztere ergeben sich aus der Anzahl der Beobachtungen abzüglich der Anzahl der zu schätzenden Regressionsparameter. Im linearen Modell der Einfachregression hat man es mit zwei Parametern zu tun, nämlich α und β.

Warum bezeichnet man die Anzahl der Beobachtungen abzüglich der Anzahl der zu schätzenden Regressionsparameter als Freiheitsgrade? Betrachten wir nochmals die KQ-Schätzung der Parameter α und β sowie die Schätzung der Störgrößenvarianz σ^2. Hätten wir lediglich zwei Beobachtungen zur Verfügung ($T=2$), so wären die KQ-Schätzer $\widehat{\alpha}$ und $\widehat{\beta}$ durch diese zwei Beobachtungen unmittelbar festgelegt, denn die Regressionsgerade $\widehat{R}_{KQ}$ müsste genau durch diese zwei Beobachtungspunkte verlaufen. Das durch diese Gerade festgelegte Wertepaar $\widehat{\alpha}$ und $\widehat{\beta}$ entspricht den gesuchten KQ-Schätzern.

Was ließe sich aus den zwei Beobachtungen bezüglich der Streuung der Störgrößen erfahren? Nichts, denn gleichgültig welche Streuung der Zufallsgenerator zur Erzeugung der Störgrößenwerte besitzt, würde man immer die Regressionsgerade $\widehat{R}_{KQ}$ genau durch die zwei auftretenden Beobachtungspunkte legen und damit immer die Residuen $\widehat{u}_1=0$ und $\widehat{u}_2=0$ generieren. Über die Streuung der Störgrößenvarianz hat man somit keine Erkenntnisse gewonnen. Bei zwei Beobachtungen gibt es demzufolge keine freien Informationen, welche für die Schätzung der Störgößenvarianz verwendbar wären. Die Informationen in den zwei Beobachtungen wurden restlos für die KQ-Schätzung der Parameter α und β aufgebraucht.

Erst wenn eine dritte Beobachtung hinzukommt, erhalten wir für die Schätzung der Störgrößenvarianz frei verfügbare Informationen, denn erst bei einer dritten Beobachtung können die Residuen um den Wert 0 herum streuen. Da bei drei Beobachtungen nur eine Beobachtung *freie* Informationen für die Schätzung der Störgrößenvarianz liefert, sagt man, die Schätzung besitzt nur einen Freiheitsgrad. Bei T Beobachtungen besitzt man entsprechend T–2 Freiheitsgrade.

Ist $\hat{\sigma}^2$ ermittelt, kann auch die geschätzte Standardabweichung des Schätzers $\hat{\beta}$ (eine Zufallsvariable) gemäß

$$\widehat{se}(\hat{\beta}) = \sqrt{\hat{\sigma}^2/S_{xx}} \tag{5.11}$$

berechnet werden.

Nummerische Illustration 5.4

Zunächst müssen die Freiheitsgrade T–2 unserer Schätzung ermittelt werden. Wir haben T=3 Beobachtungen bei zwei zu schätzenden Parametern. Es verbleibt also ein einziger Freiheitsgrad. Aus (3.21) wissen wir, dass $S_{\widehat{u}\widehat{u}}$=1,5. Die unbekannte Störgrößenvarianz σ^2 kann aus

$$\hat{\sigma}^2 = S_{\widehat{u}\widehat{u}}/(T-2) = 1,5/1 = 1,5 \tag{5.12}$$

geschätzt werden. Der Wert von S_{xx} ist aus Resultat (3.17) bekannt. Er beträgt 800. Die Standardabweichung des Schätzers $\hat{\beta}$ errechnet sich dann gemäß

$$\widehat{se}(\hat{\beta}) = \sqrt{\hat{\sigma}^2/S_{xx}} = \sqrt{1,5/800} \approx 0,0433 \:. \tag{5.13}$$

Schritt 2: Standardisierung von $\hat{\beta}$

Die Zufallsvariable $\hat{\beta}$ wird der folgenden Transformation unterzogen:

$$t = \frac{\hat{\beta} - E(\hat{\beta})}{\widehat{se}(\hat{\beta})} = \frac{\hat{\beta} - \beta}{\widehat{se}(\hat{\beta})} \:. \tag{5.14}$$

Für die Standardisierung (5.14) wird diesmal nicht die unbekannte Standardabweichung $se(\hat{\beta})$ benutzt, sondern die *geschätzte* Standardabweichung $\widehat{se}(\hat{\beta})$. Die Zufallsvariable t (nicht zu verwechseln mit dem Beobachtungsindex t) unterscheidet sich demnach von der in Abschnitt 5.2 betrachteten standardnormalverteilten Zufallsvariable z einzig und allein dadurch, dass die unbekannte Standardabweichung $se(\hat{\beta})$ durch die *geschätzte* Standardabweichung $\widehat{se}(\hat{\beta})$ ersetzt wurde.

Wir hatten in Abschnitt 5.2 kurz skizziert, wie man durch eine Kette von linearen Transformationen von den T Zufallsvariablen u_t über die Zufallsvariable $\hat{\beta}$ zur Zufallsvariable z gelangt. Das Ergebnis war, dass aus der

5.3. INTERVALLSCHÄTZER FÜR β BEI UNBEKANNTEM σ^2

Normalverteilungs-Annahme bezüglich der T Störgrößen u_t die (Standard-) Normalverteilung der Zufallsvariable z folgt.

Auf ganz ähnlichem Wege gelangt man von den T Zufallsvariablen u_t über $\widehat{\beta}$ zur Zufallsvariable t. Leider beinhaltet die Kette der für den Übergang von der Zufallsvariable $\widehat{\beta}$ zur Zufallsvariable t notwendigen Transformationen auch eine nicht-lineare Transformation. Dies hat zur Folge, dass nun nicht mehr von der Normalverteilung der Störgrößen u_t auf eine Normalverteilung von t rückgeschlossen werden kann, wie dies noch beim Übergang von $\widehat{\beta}$ zu z der Fall war. In Abschnitt 10.6.4 des matrixalgebraischen Anhangs zu Kapitel 10 ist gezeigt, dass die Zufallsvariable t stattdessen einer t-Verteilung mit $(T-2)$ Freiheitsgraden folgt:

$$t \sim t_{(T-2)} \, .$$

Aus der statistischen Theorie wissen wir einiges über $t_{(T-2)}$-verteilte Zufallsvariablen t. Die Transformation (5.14) erlaubt es, sich diese Informationen zunutze zu machen.

Schritt 3: Ermittlung eines $t_{a/2}$-Wertes

Diesmal wurde in Schritt 2 nicht eine standard-normalverteilte Zufallsvariable z betrachtet, sondern eine $t_{(T-2)}$-verteilte Zufallsvariable t. Dieser Verteilungstyp wurde ebenfalls im Statistischen Repetitorium III besprochen.

Aus der statistischen Theorie ist bekannt, dass sich für eine $t_{(T-2)}$-verteilte Zufallsvariable t für ein vorgegebenes Signifikanzniveau a feste Intervallgrenzen $-t_{a/2}$ und $t_{a/2}$ angeben lassen, innerhalb derer t mit einer Wahrscheinlichkeit von $1-a$ fällt. Diese Aussage ist in der folgenden Gleichung formalisiert:

$$\Pr\left\{-t_{a/2} \leq t \leq t_{a/2}\right\} = 1 - a \, . \tag{5.15}$$

Sie besagt, dass bei $100(1-a)\%$ der wiederholten Stichproben der jeweilige Wert für t im Intervall $[-t_{a/2} \,;\, t_{a/2}]$ liegt. Würde man also eine der unendlich vielen Stichproben zufällig herausgreifen, dann betrüge die Wahrscheinlichkeit eine Stichprobe erwischt zu haben, deren t-Wert im Intervall $[-t_{a/2} \,;\, t_{a/2}]$ liegt, genau $1-a$.

Gleichung (5.15) ist nützlich, da wir bei Vorgabe des Signifikanzniveaus a und der Freiheitsgrade $(T-2)$ immer in der Lage sind, einen nummerischen Wert für $t_{a/2}$ zu ermitteln. Dieser Wert kann aus Tabelle T.2 des Tabellenanhangs dieses Buches direkt abgelesen werden.

Es sei nochmals darauf hingewiesen, dass der Wert für $t_{a/2}$ nun nicht nur vom Signifikanzniveau a abhängt, sondern auch von der Zahl der Freiheitsgrade $(T-2)$. Nicht die Beobachtungen selbst, sondern lediglich die Anzahl der Beobachtungen T ist für die Ermittlung von $t_{a/2}$ relevant.

Anhand des Trinkgeld-Beispiels lässt sich veranschaulichen, wie aus Tabelle T.2 der Wert von $t_{a/2}$ abgelesen werden kann.

Nummerische Illustration 5.5

Aus Tabelle T.2 ist ersichtlich, dass im Falle eines einzelnen Freiheitsgrades der Wert einer t-verteilten Zufallsvariable mit einer Wahrscheinlichkeit von 2,5% außerhalb des Intervalls $(-\infty\ ;\ 12,7062)$ *fällt. Aufgrund der symmetrischen Verteilung liegt t mit einer Wahrscheinlichkeit von 5% außerhalb des Intervalls* $[-12,7062\ ;\ 12,7062]$ *und folglich mit einer Wahrscheinlichkeit von 95% innerhalb dieses Intervalls. Der gesuchte Wert* $t_{a/2}$ *beträgt also* $12,7062$.

Tabelle T.2 zeigt auch, dass der Wert für $t_{a/2}$ *mit der Zahl der Freiheitsgrade sinkt, dass heißt, das Intervall verengt sich. Hätten wir 20 statt nur 3 Beobachtungen, dann ergäben sich 18 Freiheitsgrade und damit für* $t_{a/2}$ *ein Wert von nur noch* $2,1009$.

Schritt 4: Formulierung des Intervallschätzers

Gleichung (5.15) trifft auf jede $t_{(T-2)}$-verteilte Zufallsvariable zu. Sie gilt auch für die in (5.14) definierte Zufallsvariable t. Setzt man (5.14) in Gleichung (5.15) ein, und löst nach β auf, so ergibt sich

$$\Pr\left\{\widehat{\beta} - t_{a/2} \cdot \widehat{se}(\widehat{\beta}) \leq \beta \leq \widehat{\beta} + t_{a/2} \cdot \widehat{se}(\widehat{\beta})\right\} = 1 - a\ . \tag{5.16}$$

Gleichung (5.16) definiert den Intervallschätzer

$$\left[\widehat{\beta} - t_{a/2} \cdot \widehat{se}(\widehat{\beta})\ ;\ \widehat{\beta} + t_{a/2} \cdot \widehat{se}(\widehat{\beta})\right]\ . \tag{5.17}$$

Vergleicht man die Intervalle (5.17) und (5.3), so wird unmittelbar deutlich, dass

$$k = t_{a/2} \cdot \widehat{se}(\widehat{\beta})\ . \tag{5.18}$$

Sowohl für $t_{a/2}$ als auch für $\widehat{se}(\widehat{\beta})$ existieren inzwischen nummerische Werte. Die Intervallgrenze $t_{a/2}$ wurde im Rahmen von Schritt 3 aus Tabelle T.2 abgelesen und der nummerische Wert von $\widehat{se}(\widehat{\beta})$ wurde in Schritt 1 ermittelt. Der Punktschätzer $\widehat{\beta}$ lässt sich mit der KQ-Methode errechnen. Damit kennen wir sämtliche nummerischen Werte des Intervallschätzers (5.17).

Nummerische Illustration 5.6

In Schritt 1 errechneten wir für das Trinkgeld-Beispiel $\widehat{se}(\widehat{\beta}) \approx 0,0433$. *In Schritt 3 ermittelten wir* $t_{a/2}=12,7062$. *Aus Resultat (3.19) kennen wir den Punktschätzer* $\widehat{\beta}=0,125$. *Einsetzen der bisherigen Ergebnisse in den Intervallschätzer (5.17) liefert*

$$[0,125 - 12,7062 \cdot 0,0433\ ;\ 0,125 + 12,7062 \cdot 0,0433]$$

und damit das nummerische Intervall $[-0,4252\ ;\ 0,6752]$. *Eine Interpretation dieses Intervalls wird im folgenden Abschnitt gegeben.*

Da in der Praxis σ^2 niemals bekannt ist, benutzt man den Intervallschätzer (5.17) und nicht den Intervallschätzer (5.8). Der Intervallschätzer (5.8) wurde lediglich aus didaktischen Gründen hergeleitet.

5.3.2 Interpretation des Intervallschätzers

Wie bereits ausgeführt, muss man bei der Interpretation des Intervallschätzers (5.17) beziehungsweise der ihm zugrunde liegenden Beziehung (5.16) vorsichtig sein, denn der Intervallschätzer (5.17) hängt offensichtlich von der Zufallsvariable $\widehat{\beta}$ ab. Da $\widehat{\beta}$ in den verschiedenen (gedanklichen) Wiederholungen der Stichprobe unterschiedlich ausfällt, sind auch die jeweiligen Intervallschätzer unterschiedlich. Da neben $\widehat{\beta}$ auch $\widehat{se}(\widehat{\beta})$ von Stichprobe zu Stichprobe unterschiedlich ausfällt, variiert nicht nur das Zentrum der verschiedenen Intervallschätzer, sondern auch die Breite. Jede Stichprobe liefert einen eigenen Intervallschätzer mit einem neuen Zentrum $\widehat{\beta}$ und neuer Breite $2 \cdot t_{a/2} \cdot \widehat{se}(\widehat{\beta})$. Abbildung 5.2 zeigt einige Intervalle, wie sie aus verschiedenen wiederholten Stichproben hervorgehen könnten.

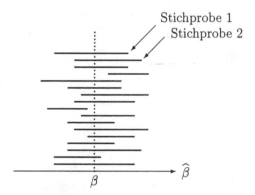

Abbildung 5.2: Mögliche Konfidenzintervalle, die ein Intervallschätzer bei wiederholten Stichproben und unbekanntem σ^2 liefern könnte.

Wie ist Gleichung (5.16) demnach zu interpretieren? Die Gleichung besagt, dass bei $100(1-a)\%$ der wiederholten Stichproben das *jeweilige* in der Stichprobe ermittelte Konfidenzintervall $\left[\widehat{\beta} - t_{a/2} \cdot \widehat{se}(\widehat{\beta}) \; ; \; \widehat{\beta} + t_{a/2} \cdot \widehat{se}(\widehat{\beta})\right]$ den wahren Wert β abdeckt. Würde man also eine der unendlich vielen Stichproben zufällig herausgreifen, dann betrüge die Wahrscheinlichkeit, eine Stichprobe mit einem Intervall erwischt zu haben, welches den wahren Wert abdeckt, genau $1-a$.

Die Gleichung sagt *nicht*, dass der wahre Parameter β mit einer Wahrscheinlichkeit von $1-a$ innerhalb des mit Hilfe *unserer einen tatsächlichen Stichprobe* bestimmten Intervallschätzers liegt! Der tatsächlich berechnete Intervallschätzer ist eine *Ausprägung* der Zufallsvariable „Intervallschätzer". Eine Wahrscheinlichkeitsaussage ist nur im Zusammenhang mit möglichen Ausprägungen einer Zufallsvariable, nicht aber im Zusammenhang mit der tatsächlich eingetretenen Ausprägung dieser Zufallsvariable zulässig. Ein einfaches Beispiel mag dies verdeutlichen: Die Zufallsvariable laute „Augenzahl bei einmaligem Würfeln". Die Wahrscheinlichkeit, die mögliche Ausprägung „4" zu beobachten, beträgt 1/6. *Ist der Würfel erst einmal geworfen,* so lautet die Ausprägung „4" oder sie lautet nicht „4", aber sie lautet keinesfalls mit Wahrscheinlichkeit 1/6 „4". Dieser Gedanke ist auch auf die Zufallsvariable „Intervallschätzer" übertragbar. *Ist der Intervallschätzer unserer tatsächlichen Stichprobe erst einmal ermittelt* (tatsächliche Ausprägung der Zufallsvariable „Intervallschätzer"), dann deckt er den festen Wert β ab oder er deckt ihn nicht ab, aber er deckt ihn keinesfalls mit einer bestimmten Wahrscheinlichkeit (z.B. 95%) ab.

Der tatsächlich berechnete Intervallschätzer kann lediglich als Indikator für die zu erwartende Gestalt der in wiederholten Stichproben ermittelten Intervallschätzer benutzt werden. Dies gilt auch für den Intervallschätzer des Trinkgeld-Beispiels.

Nummerische Illustration 5.7

Der Intervallschätzer des Trinkgeld-Beispiels beträgt $[-0, 4252\ ;\ 0, 6752]$. *Dieser Intervallschätzer sagt nicht, dass der wahre Wert β mit* 95% *Wahrscheinlichkeit durch dieses Intervall abgedeckt wird. Lediglich die folgende Aussage kann getroffen werden: Das Intervall* $[-0, 4252\ ;\ 0, 6752]$ *wurde auf Basis einer Schätzformel berechnet, die bei* 95% *der Stichproben Intervalle liefert, die den wahren Wert β abdecken.*

Ein großer Teil des Intervallschätzers liegt im negativen Bereich. Ist der Kellner an Anhaltspunkten interessiert, die seine Vermutung $\beta > 0$ (Trinkgeldhöhe steigt bei steigendem Rechnungsbetrag) stützen, dann signalisiert der große negative Bereich, dass die Verlässlichkeit der Punktschätzung $\widehat{\beta} = 0, 125$ relativ gering ist und kaum zusätzliche Sicherheit für die Vermutung $\beta > 0$ geben kann.

Abschließend sollte man sich noch Gedanken über die Eigenschaften und die Aussagekraft des durch (5.17) definierten Intervallschätzers machen.

5.3.3 Aussagekraft von Intervallschätzern

Der KQ-Punktschätzer $\widehat{\beta}$ ist eine Mutmaßung bezüglich des wahren Wertes β. Der Intervallschätzer (5.17), dessen Zentrum $\widehat{\beta}$ ist, liefert uns ein Signal für die Verlässlichkeit unserer Mutmaßung. Je enger das Intervall, umso größeres Vertrauen können wir haben, dass der wahre Wert β tatsächlich in der Nähe des Schätzwertes $\widehat{\beta}$ liegt. Wir würden demnach ein enges Intervall einem breiten vorziehen.

Ein enges Intervall wird sich aber nur dann ergeben, wenn der Informationsgehalt in den Daten genügend hoch ist. Dies erfordert einen hinreichend großen Beobachtungsumfang T. Letzteres verengt das Intervall über zwei unterschiedliche Kanäle: Zum einen erhöht sich die Variation S_{xx}, was gemäß Formel (5.11) tendenziell zu einem geringen $\widehat{se}(\widehat{\beta})$-Wert führt. Ein großer Beobachtungsumfang T bedeutet ferner eine hohe Zahl an Freiheitsgraden $T-2$ und damit einen geringen $t_{a/2}$-Wert. Je kleiner $\widehat{se}(\widehat{\beta})$ und $t_{a/2}$, umso enger ist auch der durch (5.17) definierte Intervallschätzer.

Was kann bei gegebener Standardabweichung $\widehat{se}(\widehat{\beta})$ und gegebenen Freiheitsgraden $T-2$ über die Rolle des Signifikanzniveaus a ausgesagt werden? Ein Signifikanzniveau von 1% bedeutet, dass bei 99% der wiederholten Stichproben der jeweils ermittelte Intervallschätzer den wahren Wert abdecken muss. Bei einem Signifikanzniveau von 5% muss dies nur bei 95% der Stichproben der Fall sein. Entsprechend kleiner kann die Breite der jeweiligen Intervallschätzer ausfallen. Aus Gleichung (5.16) ist auch formal ersichtlich, dass der Intervallschätzer umso schmaler ausfällt, je größer der Wert des Signifikanzniveaus a gewählt wird, denn bei gegebenen Freiheitsgraden fällt $t_{a/2}$ mit steigendem a. Es wäre natürlich ein Irrweg, einfach ein großes Signifikanzniveau a zu wählen, um dann einen engen Intervallschätzer zu erhalten. Das Intervall wäre zwar enger, aber es würde in weniger Fällen den wahren Wert β abdecken und wäre somit weniger aussagekräftig. Was wir wollen, ist ein enges Intervall bei geringem Signifikanzniveau a.

In unserem nummerischen Beispiel besitzt der Intervallschätzer eine beträchtliche Breite. Das Intervall ist so breit, dass es im Grunde wertlos ist. Ursache für die geringe Präzision des Intervalls ist hier der Mangel an Freiheitsgraden. Hätte man einige wenige Beobachtungen mehr, so würde sich der Intervallschätzer sofort deutlich verengen.

5.4 Intervallschätzer für α

Wir haben uns bislang ausschließlich um einen Intervallschätzer für den Parameter β gekümmert. Das Vorgehen für α ist jedoch identisch. Ausgangspunkt ist die Gleichung

$$\Pr\{\widehat{\alpha} - k \leq \alpha \leq \widehat{\alpha} + k\} = 1 - a \,.$$

Folgt man den in Abschnitt 5.3 beschriebenen vier Schritten, so ergibt sich schließlich

$$\Pr\{\widehat{\alpha} - t_{a/2} \cdot \widehat{se}(\widehat{\alpha}) \leq \alpha \leq \widehat{\alpha} + t_{a/2} \cdot \widehat{se}(\widehat{\alpha})\} = 1 - a \,,$$

wobei mit Blick auf Ergebnis (4.6b)

$$\widehat{se}(\widehat{\alpha}) = \sqrt{\widehat{\sigma}^2(1/T + \overline{x}^2/S_{xx})} \,. \qquad (5.19)$$

Der Intervallschätzer für $\widehat{\alpha}$ lautet somit

$$[\widehat{\alpha} - t_{a/2} \cdot \widehat{se}(\widehat{\alpha}) \; ; \; \widehat{\alpha} + t_{a/2} \cdot \widehat{se}(\widehat{\alpha})] \; . \tag{5.20}$$

Nummerische Illustration 5.8

Im Trinkgeld-Beispiel wissen wir aus den Ergebnissen der Nummerischen Illustration 3.1 sowie aus (5.12), dass $\overline{x}$=30, S_{xx}=800 und $\widehat{\sigma}^2$=1,5. Damit ergibt sich gemäß (5.19) eine geschätzte Standardabweichung von

$$\widehat{se}(\widehat{\alpha}) = \sqrt{1,5\,(1/3 + 30^2/800)} \approx 1,4790 \; .$$

Der Wert von $t_{a/2}$ beträgt weiterhin 12,7062 und der Schätzer $\widehat{\alpha}$ besitzt gemäß (3.20) einen Wert von 0,25. Einsetzen in (5.20) liefert einen Intervallschätzer von $[-18,5424 \; ; \; 19,0424]$. Auch dieses Intervall ist so groß, dass es im Grunde keinen Anlass gibt, unsere Schätzung von $\widehat{\alpha}$=0,25 als verlässlich zu betrachten.

5.5 Zusammenfassung

Um die Verlässlichkeit der KQ-Punktschätzer $\widehat{\alpha}$ und $\widehat{\beta}$ besser einschätzen zu können, kann man zusätzlich Intervallschätzer für α und β ermitteln. Die Berechnungsformel soll dabei so konzipiert sein, dass sich mit Wahrscheinlichkeit 1-a ein Intervall ergibt, welches den wahren Wert des Parameters abdeckt.

Der Intervallschätzer des Parameters β

$$\left[\widehat{\beta} - t_{a/2} \cdot \widehat{se}(\widehat{\beta}) \; ; \; \widehat{\beta} + t_{a/2} \cdot \widehat{se}(\widehat{\beta})\right] \tag{5.17}$$

erfüllt diese Forderung. Der nummerische Wert von $\widehat{\beta}$ ist aus der Punktschätzung bekannt. Der Wert von $t_{a/2}$ kann bei vorgegebenem Signifikanzniveau a (oftmals 5%) und Freiheitsgraden $T-2$ aus Tabelle T.2 abgelesen werden. Die geschätzte Standardabweichung $\widehat{se}(\widehat{\beta})$ ergibt sich aus der Schätzformel

$$\widehat{se}(\widehat{\beta}) = \sqrt{\widehat{\sigma}^2/S_{xx}} \; , \tag{5.11}$$

wobei

$$\widehat{\sigma}^2 = S_{\widehat{u}\widehat{u}}/(T-2) \; . \tag{5.10}$$

Die Breite des Intervallschätzers fällt umso geringer aus, je höher das vorgegebene Signifikanzniveau a, je höher der Beobachtungsumfang T und je geringer die geschätzte Standardabweichung $\widehat{se}(\widehat{\beta})$. Letzteres erfordert einen geringen Schätzwert für die Störgrößenvarianz σ^2 und eine große Variation der exogenen Variable (S_{xx}).

Analoge Überlegungen gelten für den Intervallschätzer des Niveauparameters α.

Kapitel 6

Hypothesentest

Die Grundidee des Hypothesentests lässt sich anhand des Trinkgeld-Beispiels illustrieren: Man stellt zunächst eine Behauptung auf, z.B. dass jeder zusätzliche Euro auf dem Rechnungsbetrag im Mittel ein zusätzliches Trinkgeld von 70 Cent bringt. Das heißt, der wahre (aber unbekannte) Parameter β besitze den Wert $0,7$. Man bildet nun ein Konfidenzintervall um diesen Wert $0,7$ und überprüft anschließend, ob der aus der Stichprobe *geschätzte* Wert $\widehat{\beta}$ noch innerhalb dieses Konfidenzintervalls liegt. Beispielsweise könnte man ein Konfidenzintervall von $[0,6\ ;\ 0,8]$ definieren. Fällt die Beobachtung für $\widehat{\beta}$ nicht in dieses Intervall, dann scheint die ursprüngliche Behauptung von $\beta = 0,7$ unplausibel und man lehnt sie ab. In unserer Schätzung hatten wir einen Wert von $\widehat{\beta} = 0,125$ ermittelt und müssten deshalb die Behauptung ablehnen. Eine ähnliche Behauptung könnte natürlich auch für den Parameter α formuliert werden. Wir beschränken uns hier aber auf den ökonomisch gehaltvolleren Steigungsparameter β.

In dieser einführenden Illustration blieben einige Fragen offen. Insbesondere stellt sich die Frage, nach welchen Kriterien ein Konfidenzintervall gebildet werden soll. Um diese Frage beantworten zu können, müssen wir das Problem etwas genauer beleuchten. Abschnitt 6.1 ist dem *zweiseitigen Hypothesentest* und Abschnitt 6.2 dem *einseitigen Hypothesentest* gewidmet. Das Konzept des *p-Wertes* wird in Abschnitt 6.3 vorgestellt. In Abschnitt 6.4 werden einige allgemeinere Überlegungen zum Hypothesentest angestellt.

6.1 Zweiseitiger Hypothesentest

Statistischer Ausgangspunkt für die Herleitung eines geeigneten Konfidenzintervalls sei wie schon bei der Herleitung des Intervallschätzers die Beziehung

$$\Pr\left\{\widehat{\beta} - k \leq \beta \leq \widehat{\beta} + k\right\} = 1 - a. \qquad (6.1)$$

Die Wahrscheinlichkeit, dass das Intervall $\left[\widehat{\beta} - k\ ;\ \widehat{\beta} + k\right]$ den wahren Wert β abdeckt, beträgt gemäß dieser Gleichung $1-a$.

6.1.1 Nullhypothese und Konfidenzintervall

Zunächst wird die Behauptung bezüglich der Parameterwerte ins Spiel gebracht: $\beta = q$. In der Sprache der Statistiker wird jede Ausgangsbehauptung als *Nullhypothese* H_0 bezeichnet, also H_0: $\beta = q$. Ein konkretes Beispiel für eine solche Nullhypothese wäre H_0: $\beta = 0,7$. Wenn die Nullhypothese H_0: $\beta = q$ wahr ist, und das wird bis zum „Nachweis" des Gegenteils von nun an unterstellt, dann kann in Gleichung (6.1) β durch q ersetzt werden:

$$\Pr\left\{\widehat{\beta} - k \leq q \leq \widehat{\beta} + k\right\} = 1 - a . \tag{6.2}$$

Die Ungleichung in der geschweiften Klammer lässt sich algebraisch umformen, so dass eine zu Ausdruck (6.2) gleichwertige Gleichung entsteht:

$$\Pr\left\{q - k \leq \widehat{\beta} \leq q + k\right\} = 1 - a . \tag{6.3}$$

Diese Gleichung definiert das um q zentrierte Konfidenzintervall $[q{-}k\ ;\ q{+}k]$. Es sei erwähnt, dass der *Intervallschätzer* aus Kapitel 5 ein um $\widehat{\beta}$ zentriertes Konfidenzintervall war.

Gleichung (6.3) kann folgendermaßen interpretiert werden: Bei $100(1-a)\%$ der (unendlich oft) wiederholten Stichproben fällt das jeweils ermittelte $\widehat{\beta}$ in das jeweilige Konfidenzintervall $[q{-}k\ ;\ q{+}k]$. Gleichung (6.3) besitzt allerdings nur dann Gültigkeit, wenn der wahre Wert β tatsächlich gleich dem Wert der Nullhypothese q ist, wenn also $H_0 : \beta = q$ korrekt ist!

Üblicherweise wird der Nullhypothese immer auch eine *Alternativhypothese* H_1 gegenübergestellt. Eine Ablehnung der Nullhypothese bedeutet dann zugleich die Akzeptanz der Alternativhypothese H_1. Die Alternativhypothese zu $H_0 : \beta = q$ lautet $H_1 : \beta \neq q$.

Der Begriff „Nullhypothese" impliziert nicht, dass die Hypothese $H_0 : \beta = 0$ lautet! Jede Ausgangshypothese wird als Nullhypothese H_0 bezeichnet. Die spezielle Nullhypothese $H_0 : \beta = 0$ ist allerdings in der wirtschaftsempirischen Praxis von zentraler Bedeutung. Es ist oftmals von großem Interesse, ob der Parameter β vernünftigerweise als von 0 verschieden betrachtet werden kann, ob die Schätzung also dafür oder dagegen spricht, dass die exogene Variable überhaupt einen spürbaren Einfluss auf die endogene Variable besitzt.

6.1.2 Ein grafisches Entscheidungsverfahren

Die bisherigen Überlegungen lassen sich auch grafisch veranschaulichen. *Wenn die Nullhypothese $H_0 : \beta = q$ wahr ist* (und auch σ^2 und damit $var(\widehat{\beta})$ bekannt wären), dann würden wir die Wahrscheinlichkeitsverteilung des Schätzers $\widehat{\beta}$ kennen:

$$\widehat{\beta} \sim N(\ q,\ var(\widehat{\beta}))\ . \tag{6.4}$$

In Abbildung 6.1 ist diese Normalverteilung dargestellt. Ferner sind zwei Intervallgrenzen $q{-}k$ und $q{+}k$ eingezeichnet. Wahrscheinlichkeitsmasse in Höhe von

6.1. ZWEISEITIGER HYPOTHESENTEST

$1-a$ liegt innerhalb dieses Intervalls. Die restliche Wahrscheinlichkeitsmasse in Höhe von a verteilt sich zu gleichen Teilen auf die Enden der Verteilung jenseits dieser Intervallgrenzen. Aus der Grafik wird deutlich, dass sich für jeden vorgegebenen Wert von a die entsprechenden Intervallgrenzen $q-k$ und $q+k$ bestimmen lassen. Je kleiner a, umso stärker tendieren die Intervallgrenzen nach außen.

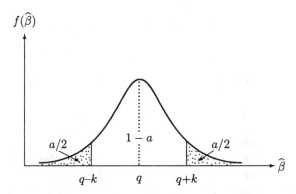

Abbildung 6.1: Die Wahrscheinlichkeitsverteilung des Schätzers $\widehat{\beta}$ (gültig nur unter der Prämisse, dass $H_0 : \beta = q$ wahr ist).

Die tatsächlich beobachtete Stichprobe liefert einen bestimmten $\widehat{\beta}$-Wert. Bei Gültigkeit der Nullhypothese $H_0 : \beta = q$, das heißt bei Gültigkeit der abgebildeten Wahrscheinlichkeitsverteilung, liegt der aus der beobachteten Stichprobe geschätzte $\widehat{\beta}$-Wert mit der hohen Wahrscheinlichkeit von $1-a$ innerhalb des *Konfidenzintervalls* $[q-k \ ; \ q+k]$.

Liegt hingegen $\widehat{\beta}$ im linken oder rechten Bereich außerhalb des Konfidenzintervalls, dann stellt dies unter Maßgabe der Gültigkeit von H_0 (und damit der abgebildeten Wahrscheinlichkeitsverteilung) ein sehr unwahrscheinliches Ereignis dar. Der Schätzer $\widehat{\beta}$ ist so weit vom Wert der Nullhypothese q entfernt, dass man zu dem Schluss kommt, die abgebildete Wahrscheinlichkeitsverteilung und damit die Nullhypothese $H_0 : \beta = q$ werden wohl doch nicht wahr sein. Man lehnt H_0 deshalb ab. Man sagt dann, der geschätzte Wert $\widehat{\beta}$ ist statistisch *signifikant* von dem Wert der Nullhypothese entfernt, wobei das statistische Signifikanzniveau in Gleichung (6.3) weiterhin als Parameter „a" festgelegt ist. Wie bereits erwähnt, werden in der Praxis zumeist Signifikanzniveaus von $a = 1\%$ oder 5% vorgegeben. Warum so geringe Signifikanzniveaus benutzt werden, soll erst in Abschnitt 6.4 erläutert werden.

In der Sprache der Testtheorie handelt es sich hier um einen *zweiseitigen Hypothesentest*, denn es geht darum festzustellen, ob H_0 abgelehnt werden muss, sei es aufgrund von $\widehat{\beta} < q-k$ ($\widehat{\beta}$ im linken *Ablehnungsbereich*) oder $\widehat{\beta} > q+k$ ($\widehat{\beta}$ im rechten *Ablehnungsbereich*). Aufgrund der zentralen Rolle, welche die Intervallgrenzen im Hypothesentest spielen, bezeichnet man sie als *kritische Werte*. Die Wahrscheinlichkeitsmasse jenseits der kritischen Werte kann man entsprechend als *kritische Wahrscheinlichkeitsmasse* charakterisieren. Sie entspricht dem Signifikanzniveau a (dazu mehr in Abschnitt 6.4).

Mit Hilfe von Abbildung 6.1 könnte auf grafischem Wege über die Akzeptanz oder Ablehnung von H_0 entschieden werden. Ein grafisches Vorgehen erfordert die genaue Kenntnis der Wahrscheinlichkeitsverteilung von $\widehat{\beta}$. Wir wissen zwar, dass bei Gültigkeit von $H_0 : \beta = q$ der Schätzer $\widehat{\beta}$ der Wahrscheinlichkeitsverteilung (6.4) folgt, aber wir kennen die Störgrößenvarianz σ^2 nicht und damit auch nicht $var(\widehat{\beta})$. Wir kennen deshalb auch nicht die genaue Form der Normalverteilung. In der praktischen Arbeit wird deshalb ein analytisches Vorgehen gewählt. Der Grundgedanke, der tatsächlichen Beobachtung ein Konfidenzintervall gegenüberzustellen, bleibt dabei vollkommen unangetastet.

6.1.3 Ein analytisches Entscheidungsverfahren

Die analytische Überprüfung der Nullhypothese weist Parallelen zur Herleitung eines Intervallschätzers auf, wie sie in Abschnitt 5.3 besprochen wurde. Die Überprüfung vollzieht sich wieder in mehreren Schritten.

Schritt 1: Formulierung von H_0 und H_1 und Festlegung des Signifikanzniveaus a

Ausgangspunkt für den Hypothesentest ist die Formulierung von Null- und Alternativhypothese. Im vorliegenden Test lauten sie

$$H_0 : \beta = q \quad \text{und} \quad H_1 : \beta \neq q .$$

Sie sollen auf einem Signifikanzniveau von a getestet werden.

Nummerische Illustration 6.1

Der Kellner behauptet, dass jeder zusätzliche Euro auf dem Rechnungsbetrag ein zusätzliches Trinkgeld von 70 Cent bringt: H_0 lautet demnach $\beta = 0,7$ und die Alternativhypothese H_1 lautet $\beta \neq 0,7$. Das Signifikanzniveau betrage $a = 0,05$.

Schritt 2: Schätzung von $se(\widehat{\beta})$

Wir wissen aus den Gleichungen (5.11) und (5.10) des Abschnitts 5.3.1, dass $\widehat{se}(\widehat{\beta})$ aus

$$\widehat{se}(\widehat{\beta}) = \sqrt{\widehat{\sigma}^2 / S_{xx}} \tag{6.5}$$

ermittelt werden kann, wobei

$$\widehat{\sigma}^2 = S_{\widehat{u}\widehat{u}} / (T-2) . \tag{6.6}$$

6.1. ZWEISEITIGER HYPOTHESENTEST

Nummerische Illustration 6.2

Wir haben $T = 3$ Beobachtungen. Aus den Resultaten (3.21) und (3.17) wissen wir, dass $S_{\widehat{u}\widehat{u}} = 1,5$ und $S_{xx} = 800$. Die Störgrößenvarianz σ^2 kann aus

$$\widehat{\sigma}^2 = S_{\widehat{u}\widehat{u}}/(T-2) = 1,5/1 = 1,5$$

geschätzt werden und die Standardabweichung des Schätzers $\widehat{\beta}$ aus

$$\widehat{se}(\widehat{\beta}) = \sqrt{\widehat{\sigma}^2/S_{xx}} = \sqrt{1,5/800} \approx 0,0433 \,. \tag{6.7}$$

Schritt 3: Ermittlung eines t-Wertes aus der Stichprobe

Wie schon bei der Herleitung eines Intervallschätzers wird auch bei der analytischen Überprüfung der Nullhypothese mit einer Standardisierung der Zufallsvariable $\widehat{\beta}$ gearbeitet:

$$t = \frac{\widehat{\beta} - q}{\widehat{se}(\widehat{\beta})} \,. \tag{6.8}$$

Diese Gleichung entspricht Gleichung (5.14) mit dem Unterschied, dass der wahre Parameterwert β durch den in der Nullhypothese festgelegten Wert q ersetzt wurde.

Nummerische Illustration 6.3

Aus unserer Stichprobe errechneten wir in (3.19) $\widehat{\beta} = 0,125$ und aus Schritt 2 wissen wir, dass $\widehat{se}(\widehat{\beta}) \approx 0,0433$. Somit erhalten wir für unsere Stichprobe:

$$t = \frac{\widehat{\beta} - q}{\widehat{se}(\widehat{\beta})} = \frac{0,125 - 0,7}{0,0433} \approx -13,2794 \,.$$

Der Wert für t ist gemäß (6.8) von der Stichprobe abhängig. Der Wert von q ist zwar durch die Nullhypothese festgelegt, aber jede Stichprobe liefert neue Werte für $\widehat{\beta}$ und $\widehat{se}(\widehat{\beta})$ und damit einen neuen t-Wert. In Abschnitt 10.6.4 des matrixalgebraischen Anhangs zu Kapitel 10 ist gezeigt, dass *bei Gültigkeit der Nullhypothese* die standardisierte Zufallsvariable t einer t-Verteilung mit $T-2$ Freiheitsgraden folgt:

$$t \sim t_{(T-2)} \,.$$

Entspricht der Wert des KQ-Schätzers $\widehat{\beta}$ genau dem in der Nullhypothese postulierten Wert q, dann ergibt sich $t=0$. Weicht hingegen $\widehat{\beta}$ von q ab, dann ist auch t von 0 verschieden. Je weiter $\widehat{\beta}$ von q abweicht, umso größer ist die Diskrepanz zwischen der tatsächlichen Beobachtung und der Nullhypothese.

Allerdings ist die Differenz $\widehat{\beta}-q$ für sich genommen noch kein sehr aussagekräftiges Widerspruchsmaß. Um ein aussagekräftiges Widerspruchsmaß zu erhalten, wird die Differenz $\widehat{\beta}-q$ deshalb durch die geschätzte Streuung $\widehat{se}(\widehat{\beta})$ geteilt, was dann dem t-Wert (6.8) entspricht.

Warum ist der gemäß (6.8) berechnete t-Wert ein besseres Widerspruchsmaß als die Differenz $\widehat{\beta}-q$? Der Wert von $\widehat{se}(\widehat{\beta})$ ist ein Indikator für die geschätzte Streuung des KQ-Schätzers $\widehat{\beta}$ um den wahren Wert β. Ist diese Streuung relativ zum berechneten Wert von $\widehat{\beta}$ sehr klein (z.B. $\widehat{se}(\widehat{\beta}) = 0,01$ und $\widehat{\beta} = 0,125$), dann wird der KQ-Schätzer $\widehat{\beta}$ normalerweise dicht am wahren Wert β liegen. Folglich wird auch der beobachtete Wert $\widehat{\beta}-q$ (Differenz zwischen Beobachtung und Nullhypothese) normalerweise dicht am Wert $\beta-q$ (Diskrepanz zwischen wahrem Wert und Nullhypothese) liegen. Eine beobachtete große Differenz $\widehat{\beta}-q$ spricht dann für eine klare Diskrepanz zwischen Wahrheit und Nullhypothese.

Wenn jedoch die geschätzte Streuung relativ zu $\widehat{\beta}$ einen großen Wert besitzt (z.B. $\widehat{se}(\widehat{\beta}) = 1,0$ und $\widehat{\beta} = 0,125$), so muss man davon ausgehen, dass sich für $\widehat{\beta}$ oftmals Ausreißer ergeben, die vom wahren Wert β weit entfernt liegen können. Folglich ist der beobachtete Wert $\widehat{\beta}-q$ (Differenz zwischen Beobachtung und Nullhypothese) ein sehr unverlässlicher Indikator für den Wert $\beta-q$ (Diskrepanz zwischen wahrem Wert und Nullhypothese). Eine beobachtete große Differenz $\widehat{\beta}-q$ ist dann nur ein schwacher Beleg für einen bestehenden Widerspruch zwischen Wahrheit und Nullhypothese. Je größer die geschätzte Streuung $\widehat{se}(\widehat{\beta})$, umso schwächer ist dieser Beleg.

Genau diese Überlegungen spiegeln sich in der Konstruktion des Widerspruchsmaßes t-Wert (6.8) wider: Bei gegebener Differenz $\widehat{\beta}-q$ ist der *betragsmäßige* Wert des Widerspruchsmaßes t umso größer, je kleiner die geschätzte Streuung $\widehat{se}(\widehat{\beta})$, je größer also die Verlässlichkeit des Schätzergebnisses $\widehat{\beta}$. Ferner fällt bei gegebener Streuung $\widehat{se}(\widehat{\beta})$ der betragsmäßige t-Wert umso größer aus, je größer $\widehat{\beta}-q$, die Differenz zwischen Beobachtung und Nullhypothese. Wir können also festhalten: Je größer t *betragsmäßig* ausfällt, umso unplausibler ist die Nullhypothese $H_0 : \beta = q$.

Schritt 4: Ermittlung des kritischen Wertes $t_{a/2}$

Wie in Schritt 3 erläutert, folgt die standardisierte Zufallsvariable t einer $t_{(T-2)}$-Verteilung. Was ist über diese Wahrscheinlichkeitsverteilung bekannt? Betrachten wir eine beliebige $t_{(T-2)}$-verteilte Zufallsvariable t. Wie im Zusammenhang mit Intervallschätzern in Abschnitt 5.3.1 ausführlich erläutert, lassen sich für eine $t_{(T-2)}$-verteilte Zufallsvariable bei vorgegebenem Signifikanzniveau a feste Intervallgrenzen $-t_{a/2}$ und $t_{a/2}$ angeben, innerhalb derer die Zufallsvariable t mit einer Wahrscheinlichkeit von $1-a$ fällt:

$$\Pr\left\{-t_{a/2} \leq t \leq t_{a/2}\right\} = 1 - a\,. \tag{6.9}$$

6.1. ZWEISEITIGER HYPOTHESENTEST

In Kenntnis des Signifikanzniveaus a und der Freiheitsgrade $T-2$ kann ein nummerischer Wert für die Intervallgrenzen $t_{a/2}$ und $-t_{a/2}$ aus Tabelle T.2 direkt abgelesen werden. Er ist vollkommen unabhängig von den Daten der tatsächlich beobachteten Stichprobe. Die tatsächliche Stichprobe liefert uns lediglich die Zahl der Freiheitsgrade. Ansonsten spielt sie in diesem Schritt keine Rolle.

Nummerische Illustration 6.4

Wir interessieren uns für die $t_{(1)}$-Verteilung, denn im Trinkgeld-Beispiel haben wir drei Beobachtungen und damit einen einzigen Freiheitsgrad. Aus Tabelle T.2 ist ersichtlich, dass der Wert einer $t_{(1)}$-verteilten Zufallsvariable mit einer Wahrscheinlichkeit von 95% im Intervall $[-12,7062\ ;\ 12,7062]$ liegt. Der gesuchte Wert $t_{a/2}$ beträgt also $12,7062$.

Schritt 5: Vergleich von $t_{a/2}$ und t

Der in Schritt 3 aus der tatsächlichen Stichprobe ermittelte Wert für t wird nun den in Schritt 4 ermittelten Intervallgrenzen $-t_{a/2}$ und $t_{a/2}$ gegenübergestellt. Liegt der in der Stichprobe beobachtete t-Wert außerhalb des Intervalls $[-t_{a/2}\ ;\ t_{a/2}]$, das heißt $|t| > t_{a/2}$, dann wird die Nullhypothese verworfen. Laut (6.9) ist dieser beobachtete Wert für t unter der getroffenen Nullhypothese so unwahrscheinlich (Wahrscheinlichkeit ist kleiner als a), dass die Nullhypothese H_0 falsch bzw. die Alternativhypothese H_1 wahr zu sein scheint. Der beobachtete Wert von t ist unter der getroffenen Nullhypothese H_0 deshalb unwahrscheinlich, weil sich bei Gültigkeit dieser Nullhypothese eigentlich ein t-Wert nahe bei 0 ergeben sollte oder doch wenigstens ein t-Wert im Intervall $[-t_{a/2}\ ;\ t_{a/2}]$.

Nummerische Illustration 6.5

In Schritt 4 hatten wir das Konfidenzintervall $[-12,7062\ ;\ 12,7062]$ ermittelt. Da der in der Stichprobe ermittelte t-Wert $-13,2794$ außerhalb dieses Intervalls liegt, wird die Nullhypothese $H_0: \beta = 0,7$ verworfen.

6.1.4 Zusammenhang zwischen analytischem und grafischem Vorgehen

Wir hatten in Abbildung 6.1 veranschaulicht, dass ein zweiseitiger Hypothesentest letztlich auf den Vergleich von $\widehat{\beta}$ mit den Intervallgrenzen $q-k$ bzw. $q+k$ hinausläuft. Beim analytischen Vorgehen hatten wir stattdessen einen transformierten Vergleich angestellt, in dem wir t den Intervallgrenzen $-t_{a/2}$ und $t_{a/2}$ gegenübergestellt haben. Es soll nun erläutert werden, dass der Vergleich von $\widehat{\beta}$ mit $q \pm k$ und der Vergleich von t mit $\pm t_{a/2}$ letztlich äquivalent sind.

Einsetzen des Ausdrucks (6.8) in Gleichung (6.9) und Auflösen nach $\widehat{\beta}$ liefert

$$\Pr\left\{q - t_{a/2} \cdot \widehat{se}(\widehat{\beta}) \leq \widehat{\beta} \leq q + t_{a/2} \cdot \widehat{se}(\widehat{\beta})\right\} = 1 - a. \qquad (6.10)$$

Das Kriterium für Akzeptanz oder Ablehnung der Nullhypothese lautet hier folgendermaßen: Liegt der aus der Stichprobe ermittelte Wert für $\widehat{\beta}$ außerhalb des um q gelegten Konfidenzintervalls $\left[q - t_{a/2} \cdot \widehat{se}(\widehat{\beta}) \; ; \; q + t_{a/2} \cdot \widehat{se}(\widehat{\beta})\right]$, dann wird die Nullhypothese verworfen. Da Gleichungen (6.10) und (6.9) durch Umformungen ineinander überführbar sind, ergibt sich eine solche Ablehnung genau dann, wenn der t-Wert aus (6.8) außerhalb des Intervalls $[-t_{a/2} \; ; \; t_{a/2}]$ liegt. Dies lässt sich auch im Trinkgeld-Beispiel illustrieren:

Nummerische Illustration 6.6

Angewandt auf das Trinkgeld-Beispiel liefert (6.10)

$$\Pr\left\{0,7 - 12,7062 \cdot 0,0433 \leq \widehat{\beta} \leq 0,7 + 12,7062 \cdot 0,0433\right\} = 0,95$$

$$\Longrightarrow \quad \Pr\left\{0,1498 \leq \widehat{\beta} \leq 1,2502\right\} = 0,95.$$

Das Konfidenzintervall lautet folglich $[0, 1498 \; ; \; 1, 2502]$. Da der in der Stichprobe beobachtete Wert von $\widehat{\beta} = 0,125$ außerhalb dieses Intervalls liegt, wird $H_0 : \beta = 0,7$ auch auf Basis des Vergleiches von $\widehat{\beta}$ und q abgelehnt.

Gleichungen (6.9) und (6.10) führen zu identischen Ergebnissen bezüglich der Akzeptanz oder des Verwerfens von Nullhypothesen. Obwohl Gleichung (6.10) den ökonomischen Sachverhalt direkter zum Ausdruck bringt, wird in der ökonomischen Praxis mit Gleichung (6.9) gearbeitet.

Es sei schließlich angemerkt, dass bei dem durch Gleichung (6.10) definierten Konfidenzintervall erst die Stichprobe die genaue *Breite* des Intervalls festlegt, denn in (6.10) musste an Stelle der unbekannten Standardabweichung $se(\widehat{\beta}) = \sqrt{\sigma^2/S_{xx}}$ (σ^2 ist unbekannt!) der aus der Stichprobe ermittelte Schätzer $\widehat{se}(\widehat{\beta}) = \sqrt{\widehat{\sigma}^2/S_{xx}}$ benutzt werden. Strenggenommen handelt es sich also um ein *geschätztes* Konfidenzintervall, obwohl das Zentrum durch q festgelegt ist und damit nicht von der jeweiligen Stichprobe abhängt. Jede wiederholte Stichprobe generiert ein neues Konfidenzintervall.

Gleichung (6.10) ist dann folgendermaßen zu interpretieren: *Wenn $H_0 : \beta = q$ gültig ist*, dann liegt bei $100(1-a)\%$ der wiederholten Stichproben der aus der jeweiligen Stichprobe ermittelte Wert $\widehat{\beta}$ innerhalb des aus der *jeweiligen* Stichprobe ermittelten Konfidenzintervalls $\left[q - t_{a/2} \cdot \widehat{se}(\widehat{\beta}) \; , \; q + t_{a/2} \cdot \widehat{se}(\widehat{\beta})\right]$.

6.2 Einseitiger Hypothesentest

Der zuvor beschriebene Test war ein sogenannter *zweiseitiger Hypothesentest*. Es ging darum festzustellen, ob H_0 abgelehnt werden muss, sei es aufgrund

6.2. EINSEITIGER HYPOTHESENTEST

von $\widehat{\beta} < q-k$ oder $\widehat{\beta} > q+k$. Die Nullhypothese spezifizierte für β einen einzelnen Wert, $H_0 : \beta = q$, und die Ablehnungsbereiche von H_0 lagen an beiden Rändern der Verteilung.

Es ist allerdings vorstellbar und in der wirtschaftsempirischen Praxis eher der Regelfall, dass nur der Testbereich auf einer Seite der Verteilung interessiert. Dies ist dann der Fall, wenn sich die Nullhypothese nicht nur auf einen Wert, sondern auf einen in eine Richtung offenen Wertebereich bezieht.

6.2.1 Ein grafisches Entscheidungsverfahren

Betrachten wir Abbildung 6.2. Der obere Teil entspricht Abbildung 6.1. Lautet die Nullhypothese nicht

$$H_0 : \beta = q \qquad \text{(und damit } H_1 : \beta \neq q\text{)},$$

sondern

$$H_0 : \beta \leq q \qquad \text{(und damit } H_1 : \beta > q\text{)},$$

so würde es sich um einen *einseitigen Hypothesentest* handeln – in dem Sinne, dass lediglich ein $\widehat{\beta} > q+k$ zur Ablehnung der Nullhypothese führen kann, ein $\widehat{\beta} < q-k$ hingegen nicht.

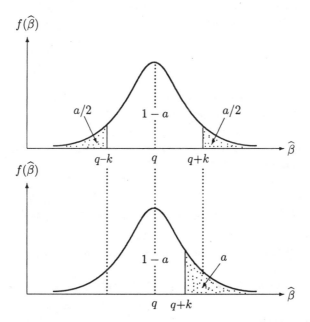

Abbildung 6.2: Zweiseitiger und rechtsseitiger Test mit identischem Signifikanzniveau a und damit unterschiedlichen kritischen Werten $q + k$.

Die relevanten Signifikanzniveaus sind dann allerdings anders zu interpretieren und zu bemessen. Betrachten wir wieder den oberen Teil der Abbildung

6.2. Von den beiden gepunkteten Flächen stellt nur noch die rechte Fläche kritische Wahrscheinlichkeitsmasse dar, denn sie deckt den Fall $\widehat{\beta} > q+k$ ab. Man spricht deshalb auch von einem *rechtsseitigen Test*.

Verglichen mit einem entsprechenden zweiseitigen Test auf Signifikanzniveau a beträgt die kritische Wahrscheinlichkeitsmasse und damit das Signifikanzniveau im rechtsseitigen Test nur $a/2$. Wollte man auch den rechtsseitigen Test mit Signifikanzniveau a durchführen, so müsste man die kritische Wahrscheinlichkeitsmasse am rechten Ende der Verteilung verdoppeln. Wie im unteren Teil der Abbildung dargestellt, erfordert dies einen kleineren Wert für k als beim entsprechenden zweiseitigen Test.

Um auf Basis von Abbildung 6.2 (unterer Teil) zu einer Akzeptanz- bzw. Ablehnungsentscheidung zu kommen, müsste die eingezeichnete Wahrscheinlichkeitsverteilung von $\widehat{\beta}$ bekannt sein, um dann $\widehat{\beta}$ dem kritischen Wert $q+k$ gegenüberzustellen. Aufgrund des unbekannten σ^2 kennen wir jedoch die Varianz von $\widehat{\beta}$ nicht und damit auch nicht die Wahrscheinlichkeitsverteilung von $\widehat{\beta}$. Man geht deshalb wieder einen analytischen Weg.

6.2.2 Ein analytisches Entscheidungsverfahren

Formal liegt dem *rechtsseitigen* Test ($H_0 : \beta \leq q$) folgende Beziehung zugrunde:

$$\Pr\left\{\widehat{\beta} \leq q + k\right\} = 1 - a . \tag{6.11}$$

Die Gleichung besagt, dass bei $100(1-a)\%$ der wiederholten Stichproben das jeweils ermittelte $\widehat{\beta}$ in das *jeweilige* Konfidenzintervall $(-\infty\ ;\ q+k]$ fällt. Dabei ist wieder vorausgesetzt, dass $H_0 : \beta \leq q$ gültig ist.

Das Vorgehen in einseitigen Tests ist vollkommen analog zu demjenigen zweiseitiger Tests.

Schritt 1: Formulierung von H_0 und H_1 und Festlegung des Signifikanzniveaus a

Im *rechtsseitigen* Test lauten die Null- und Alternativhypothese

$$H_0 : \beta \leq q \quad \text{und} \quad H_1 : \beta > q .$$

Sie sollen auf einem Signifikanzniveau von a getestet werden.

Schritt 2: Schätzung von se($\widehat{\beta}$)

Das Vorgehen ist identisch mit demjenigen des zweiseitigen Tests.

6.2. EINSEITIGER HYPOTHESENTEST

Schritt 3: Ermittlung eines t-Wertes aus der Stichprobe

Den t-Wert der Stichprobe errechnet man wie gewohnt aus

$$t = \frac{\widehat{\beta} - q}{\widehat{se}(\widehat{\beta})}, \qquad (6.12)$$

wobei q die in der Nullhypothese $H_0 : \beta \leq q$ formulierte Grenze zwischen H_0 und H_1 darstellt. Aus der Statistik wissen wir, dass *bei Gültigkeit von* $\beta = q$:

$$t \sim t_{(T-2)}.$$

Schritt 4: Ermittlung eines kritischen Wertes t_a

Die Tatsache, dass t einer $t_{(T-2)}$-Verteilung folgt, ist hilfreich, da wir aus der Statistik einiges über die Eigenschaften $t_{(T-2)}$-verteilter Zufallsvariablen wissen. Insbesondere kennen wir die genaue Form der $t_{(T-2)}$-Verteilung.

Wir hatten für den zweiseitigen Test erläutert, dass sich für eine $t_{(T-2)}$-verteilte Zufallsvariable t bei vorgegebenem Signifikanzniveau a feste Intervallgrenzen $t_{a/2}$ angeben lassen, innerhalb derer die Zufallsvariable mit einer Wahrscheinlichkeit von $1-a$ fällt:

$$\Pr\left\{-t_{a/2} \leq t \leq t_{a/2}\right\} = 1 - a.$$

Ebenso lässt sich aber auch eine Grenze t_a angeben, für die gilt, dass die Zufallsvariable t mit der vorgegebenen Wahrscheinlichkeit a kleiner als t_a ausfällt:

$$\Pr\left\{t \leq t_a\right\} = 1 - a. \qquad (6.13)$$

Dabei gilt, dass $t_a < t_{a/2}$, und zwar aus dem gleichen Grund, aus dem (bei gleichem Signifikanzniveau) k im einseitigen Test kleiner ausfallen muss als k im zweiseitigen Test. Dies hatten wir im Zusammenhang mit Abbildung 6.2 erläutert.

In Kenntnis des Signifikanzniveaus a und der Freiheitsgrade $(T-2)$ kann ein nummerischer Wert für t_a aus Tabelle T.2 direkt abgelesen werden.

Schritt 5: Vergleich von t_a und t

Jede wiederholte Stichprobe liefert gemäß Ausdruck (6.12) einen neuen Wert für t, denn jede Stichprobe liefert neue Werte für $\widehat{\beta}$ und $\widehat{se}(\widehat{\beta})$. Um zu einer Entscheidung zu kommen, wird der aus der tatsächlichen Stichprobe ermittelte Wert für t mit dem aus Tabelle T.2 abgelesenen kritischen Wert t_a verglichen. Fällt er größer als t_a aus, dann wird die Nullhypothese verworfen, denn laut Gleichung (6.13) ist der beobachtete Wert für t unter der getroffenen Nullhypothese so unwahrscheinlich, dass die Nullhypothese falsch zu sein scheint.

Nummerische Illustration 6.7

Um eine Vermutung über den wahren Wirkungszusammenhang zu erhärten, wird im einseitigen Test gewöhnlich das Gegenteil der Vermutung als Nullhypothese verwendet. Warum dies eine sinnvolle Vorgehensweise ist, wird in Abschnitt 6.4 genauer erläutert. Gelingt es, eine solche Nullhypothese auf den üblichen geringen Signifikanzniveaus von 1% oder 5% abzulehnen, dann bedeutet dies eine Bestätigung der Ausgangsvermutung.

Der Ökonometriker vermute, dass der Rechnungsbetrag einen positiven Einfluss auf das Trinkgeld ausübe. Um diese Vermutung erhärten zu können, stellt er die gegenteilige Behauptung auf, das heißt, der Rechnungsbetrag habe keinen positiven Einfluss auf die Höhe des Trinkgelds.

Schritt 1: $H_0 : \beta \leq 0$ *und* $H_1 : \beta > 0$. *Das Signifikanzniveau soll bei 5% liegen.*

Schritt 2: In Gleichung (6.7) hatten wir $\widehat{se}(\widehat{\beta}) \approx 0,0433$ *berechnet.*

Schritt 3: Der t-Wert der Stichprobe errechnet sich aus

$$t = \frac{\widehat{\beta} - q}{\widehat{se}(\widehat{\beta})} = \frac{0,125 - 0}{0,0433} \approx 2,8868 \, . \tag{6.14}$$

Schritt 4: Aus Tabelle T.2 ist ersichtlich, dass in Stichproben mit nur einem Freiheitsgrad der t-Wert mit einer Wahrscheinlichkeit von 5% größer als 6,3138 ausfällt. Damit gilt $t_a = 6,3138$.

Schritt 5: Da der errechnete t-Wert von 2,8868 geringer ist als der kritische Wert $t_a = 6,3138$, *kann die Nullhypothese nicht verworfen werden. Demnach ist es nicht gelungen, die Anfangsvermutung* $\beta > 0$ *durch Ablehnung der Nullhypothese zu erhärten.*

Es sei angemerkt, dass ein Test mit nur einem Freiheitsgrad ein sehr unscharfer Test ist und deshalb nur bei sehr extremen Nullhypothesen zur Ablehnung führt (wie es bei $H_0 : \beta = 0,7$ *geschehen ist). Wären unsere Ergebnisse von* $\widehat{\beta} = 0,125$ *und* $\widehat{se}(\widehat{\beta}) \approx 0,0433$ *auf einer Basis von 20 Beobachtungen (18 Freiheitsgraden) zustande gekommen, dann könnte aus Tabelle T.2 abgelesen werden, dass der kritische Wert bei* $t_a = 1,7341$ *und damit deutlich unterhalb von* $t = 2,8868$ *liegen würde. Die Nullhypothese* $H_0 : \beta \leq 0$ *wäre dann abgelehnt worden.*

Eine Anmerkung zur Standardisierung

Im zweiseitigen Test postuliert eine Nullhypothese, dass β einen bestimmten Wert q besitzt. Entsprechend wird in Ausdruck (6.8) q für die Standardisierung herangezogen. Im rechtsseitigen Hypothesentest $H_0 : \beta \leq q$ wird postuliert, dass β den Wert q oder einen Wert kleiner q besitzt. Die vorzunehmende Standardisierung ist in Gleichung (6.12) angegeben, also genau die gleiche Standardisierung, die im zweiseitigen Test benutzt wurde. Warum wird auch

6.3. p-WERT

im rechtsseitigen Hypothesentest q für die Standardisierung herangezogen? Schließlich könnte auch ein Wert kleiner q benutzt werden.

Nehmen wir an, dass in einem rechtsseitigen Hypothesentest für die Standardisierung der Wert q verwendet wird und dass sich bei dieser Standardisierung ein t-Wert ergibt, der größer als t_a ist (das heißt, $\widehat{\beta}$ ist deutlich größer als q). Es kommt folglich zu einer Ablehnung der Nullhypothese $H_0 : \beta \leq q$. Würde man in der Standardisierung kleinere Werte als q verwenden, dann ergäben sich größere t-Werte, die häufiger außerhalb des durch Gleichung (6.13) festgelegten Konfidenzintervalls lägen, als dies bei Verwendung von q der Fall wäre. Die Verwendung von q macht eine Ablehnung der Nullhypothese $H_0 : \beta \leq q$ also besonders unwahrscheinlich. In Abschnitt 6.4 ist erläutert, dass diese Konstruktion einen wichtigen Vorteil aufweist: Kommt es im Hypothesentest dennoch zu einer Ablehnung, dann besitzt diese Ablehnung eine hohe Verlässlichkeit.

6.3 p-Wert

Immer häufiger wird in der empirischen Literatur nicht der t-Wert eines einseitigen Hypothesentests angegeben, sondern der sogenannte p-Wert. Welche Bedeutung besitzt der p-Wert?

Traditionelles Vorgehen

Betrachten wir wieder einen rechtsseitigen Test. In unseren bisherigen Ausführungen wurde das Signifikanzniveau a vorgegeben und daraus das Konfidenzintervall $(-\infty \, ; \, t_a]$ abgeleitet, in das der aus der Stichprobe ermittelte t-Wert mit einer Wahrscheinlichkeit von $(1-a)100\%$ fällt. Lag beim rechtsseitigen Test der ermittelte t-Wert der Stichprobe außerhalb des Konfidenzintervalls, so wurde die Nullhypothese verworfen. Es musste für die Ablehnung der Nullhypothese also gelten: $t > t_a$.

Der obere Teil der Abbildung 6.3 veranschaulicht dieses traditionelle Vorgehen, also den Vergleich des beobachteten t-Wertes mit dem kritischen Wert t_a. Da der aus der Stichprobe ermittelte t-Wert hier kleiner als t_a ist, kann die Nullhypothese nicht verworfen werden.

Dieser Vergleich der t-Werte ist die traditionelle Verfahrensweise. Es existiert jedoch ein alternatives Vorgehen, welches zu genau den gleichen Ablehnungsentscheidungen führt.

Alternatives Vorgehen

Es wird wieder von einem bestimmten Signifikanzniveau a ausgegangen. Der nächste Schritt ist aber nicht die Bildung eines Konfidenzintervalls $(-\infty \, ; \, t_a]$. Vielmehr wird auf Basis des t-Wertes der vorliegenden Stichprobe ein Konfidenzintervall $(-\infty \, ; \, t]$ gebildet. Anschließend fragt man: Wie groß ist die

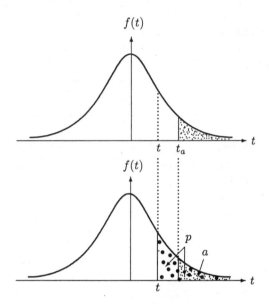

Abbildung 6.3: Die Gleichwertigkeit von Tests auf Basis des t- und p-Wertes.

Wahrscheinlichkeit p, dass unter Gültigkeit der Nullhypothese eine wiederholte Stichprobe einen t-Wert außerhalb dieses Intervalls liefern würde? Ist diese Wahrscheinlichkeit geringer als a, so wird die Nullhypothese verworfen. Für die Ablehnung der Nullhypothese muss also gelten: $p < a$.

Der untere Teil der Abbildung 6.3 veranschaulicht dieses alternative Vorgehen, also den *Vergleich von Wahrscheinlichkeitsmassen*. Der aus der Stichprobe ermittelte t-Wert legt eine rechterhand von t liegende Wahrscheinlichkeitsmasse fest. Diese durch fettgedruckte Punkte gekennzeichnete Wahrscheinlichkeitsmasse ist der p-Wert der Stichprobe. Da für unsere Stichprobe $p > a$ gilt, kann die Nullhypothese auch nach dieser Vorgehensweise nicht verworfen werden.

Die Gleichwertigkeit beider Vorgehen
Offensichtlich ergibt sich erst für t-Werte, die größer sind als t_a, ein p-Wert, der kleiner ist als a. Dann würde wiederum *nach beiden Vorgehensweisen* die Nullhypothese abgelehnt werden. Das traditionelle und das alternative Vorgehen führen demnach zu identischen Akzeptanz- und Ablehnungsentscheidungen.

Nummerische Illustration 6.8
Im Trinkgeld-Beispiel laute die Nullhypothese wieder $H_0 : \beta \leq 0$. Es handelt sich also um den gleichen rechtsseitigen Hypothesentest, den wir auch in Abschnitt 6.2 betrachtet hatten.

6.4. GEEIGNETE NULLHYPOTHESE UND SIGNIFIKANZNIVEAU 115

Aus unserer Stichprobe errechneten wir in (3.19) und (6.7), dass $\widehat{\beta} = 0,125$ und $\widehat{se}(\widehat{\beta}) \approx 0,0433$. Daraus ergab sich in (6.14) ein t-Wert von $2,8868$. Jede ökonometrische Standard-Software liefert für den betrachteten Hypothesentest die Wahrscheinlichkeitsmasse (p-Wert), die außerhalb des durch diesen t-Wert definierten Intervalls $(-\infty\;;\;2,8868]$ liegt. Für unsere Stichprobe ergibt sich ein p-Wert von $10,6\%$. Da $10,6\% > 5\%$ kann die Nullhypothese nicht verworfen werden, genau wie bei einem Vergleich von $t = 2,8868$ und $t_a = 6,3138$.

Die Idee des p-Wertes wurde hier am Beispiel eines einseitigen Hypothesentests erläutert. Im zweiseitigen Test bezeichnet der p-Wert die Wahrscheinlichkeitsmasse, die außerhalb des Intervalls $[-t\;;\;t]$ liegt. Eine Ablehnung der Nullhypothese erfolgt wieder, wenn $p < a$.

Die schnelle Berechnung von p-Werten wurde erst durch die Nutzung von PC-gestützter Ökonometrie-Software möglich. Eine manuelle Berechnung wäre zu aufwändig, weshalb in der Vergangenheit Hypothesentests fast ausschließlich auf Basis von t-Werten formuliert wurden. Die Advokaten des p-Wertes weisen daraufhin, dass der p-Wert im Vergleich zum traditionellen t-Wert direkter zum Ausdruck bringt, *wie deutlich* eine Nullhypothese abgelehnt oder akzeptiert worden ist.

6.4 Wahl der geeigneten Nullhypothese und des geeigneten Signifikanzniveaus

Die Festlegung auf eine geeignete Formulierung der Nullhypothese ist eng verzahnt mit der Festlegung auf ein geeignetes Signifikanzniveau. Die Festlegung sollte immer von der Fragestellung der Untersuchung abhängig gemacht werden. Beispielsweise beschrieben wir in Abschnitt 6.2.2 den folgenden Fall: Der Ökonometriker möchte dem Kellner demonstrieren, dass der Rechnungsbetrag einen positiven Einfluss auf die Höhe des Trinkgelds ausübt. Dem Ökonometriker stehen grundsätzlich zwei Strategien offen, diese Anfangsvermutung statistisch zu untermauern:

A) Man kann das Gegenteil der Vermutung als Nullhypothese verwenden und versuchen, im Test zu einer Ablehnung der Nullhypothese zu gelangen.

B) Man kann die Vermutung als Nullhypothese formulieren und im Test zeigen, dass diese Nullhypothese nicht abgelehnt werden kann.

6.4.1 Strategie A: Nullhypothese behauptet Gegenteil der Anfangsvermutung

Der Ökonometriker kann die Vermutung ($\beta > 0$) überzeugend dadurch stützen, dass er das Gegenteil als Nullhypothese benutzt ($H_0 : \beta \leq 0$) und nun zeigt, dass diese Nullhypothese auf Basis der Datenlage abgelehnt werden kann. Kommt es nach Auswertung der Stichprobendaten tatsächlich zur erhofften Ablehnung, so sind zwei Fälle zu unterscheiden:

1. Berechtigte Ablehnung: Die Nullhypothese ist *unwahr* und dies wurde in den beobachteten Daten auch deutlich zum Ausdruck gebracht;

2. Unberechtigte Ablehnung: die Nullhypothese ist *wahr*, aber die Daten der Stichprobe waren zufällig so, dass sie einen genügend großen Widerspruch zur Nullhypothese darzustellen schienen.

Der zweite Fall ist in der oberen Grafik der Abbildung 6.4 veranschaulicht. Gilt in Wirklichkeit, dass $\beta = 0$ (d.h. H_0 ist wahr), dann stellt die symmetrisch um $\beta = 0$ liegende linke Wahrscheinlichkeitsverteilung die korrekte Verteilung dar. Ist k der kritische Wert und fällt der in der Stichprobe ermittelte Wert $\hat{\beta}$ zufällig in den durch fettgedruckte Punkte gekennzeichneten Bereich dieser Verteilung ($\hat{\beta} > k$), dann wird die Nullhypothese *zu unrecht* abgelehnt (Fall 2). Man bezeichnet unberechtigte Ablehnungen oftmals als Typ I-Fehler.

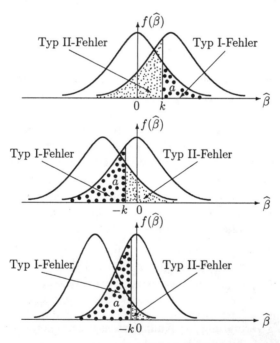

Abbildung 6.4: Die Bedeutung des Typ I-Fehlerrisikos (Signifikanzniveau a) und des Typ II-Fehlerrisikos.

Wir sind daran interessiert, dass Ablehnungen ausschließlich aufgrund von Fall 1 erfolgen. Unberechtigte Ablehnungen sind unerwünscht. Tests, die so konzipiert sind, dass die Nullhypothese erst bei erheblichem Widerspruch zu

6.4. GEEIGNETE NULLHYPOTHESE UND SIGNIFIKANZNIVEAU

den beobachteten Daten abgelehnt wird, besitzen einen wichtigen Vorteil: Wenn es tatsächlich zu einer Ablehnung kommt, erfolgt diese „meistens" zu Recht. Es liegt dann also Fall 1 und nicht Fall 2 vor. Man hält bei diesen Tests das Risiko einer unberechtigten Ablehnung (Typ I-Fehlerrisiko) gering. Aus der oberen Grafik der Abbildung ist ersichtlich, dass das Signifikanzniveau a die Wahrscheinlichkeit einer unberechtigten Ablehnung (Typ I-Fehlerrisiko) darstellt. Je kleiner also a vorab gewählt wird, umso verlässlicher und überzeugender ist eine eventuelle Ablehnung eines Tests.

Natürlich kann es sich in unserem Hypothesentest auch ereignen, dass $H_0 : \beta \leq 0$ nicht abgelehnt werden kann. Auch bei dieser Akzeptanz der Nullhypothese kann es zwei Typen geben:

3. Berechtigte Akzeptanz: Die Nullhypothese ist *wahr* und dies wurde in den beobachteten Daten auch deutlich zum Ausdruck gebracht;

4. Unberechtigte Akzeptanz: die Nullhypothese ist *unwahr*, aber die Daten der Stichprobe waren zufällig so, dass sie *keinen* genügend großen Widerspruch zur Nullhypothese darstellten.

Der zweite Fall (unberechtigte Akzeptanz) ist ebenfalls in der oberen Grafik der Abbildung 6.4 veranschaulicht. Die rechte der beiden Wahrscheinlichkeitsverteilungen zeigt für einen positiven wahren Wert von β die entsprechenden Wahrscheinlichkeiten für den Schätzer $\hat{\beta}$. Fällt der $\hat{\beta}$-Wert der beobachteten Stichprobe zufällig kleiner als k aus, dann wird $H_0 : \beta \leq 0$ nicht abgelehnt, denn der Test ging davon aus, dass die linke Wahrscheinlichkeitsverteilung wahr ist und entsprechend nur größere $\hat{\beta}$-Werte als k zur Ablehnung führen. Wir haben es dann mit Fall 4 zu tun, also einer unberechtigten Akzeptanz. Eine unberechtigte Akzeptanz bezeichnet man als Typ II-Fehler. Das Risiko eines Typ II-Fehlers entspricht dem durch kleine Pünktchen gekennzeichneten Bereich.

Die Grafik zeigt, dass die Wahl des Signifikanzniveaus a sowohl das Risiko eines Typ I-Fehlers als auch das Risiko eines Typ II-Fehlers festlegt. Die Senkung des Signifikanzniveaus a senkt das Risiko eines Typ I-Fehlers und erhöht das Risiko eines Typ II-Fehlers. Da wir im vorliegenden Test an einer möglichst verlässlichen Ablehnung der Nullhypothese interessiert sind und das Risiko einer unberechtigten Akzeptanz relativ unwichtig ist, werden wir ein geringes Signifikanzniveau wählen. Traditionell werden in der wirtschaftsempirischen Praxis Niveaus von $a = 5\%$ oder sogar $a = 1\%$ gewählt.

All diese Überlegungen besitzen allerdings nur für Strategie A Gültigkeit, also für die Strategie, dass die eigentliche Vermutung durch die Ablehnung ihres in der Nullhypothese formulierten Gegenteils erhärtet werden soll. Im Folgenden wenden wir uns Strategie B zu.

6.4.2 Strategie B: Nullhypothese stimmt mit Anfangsvermutung überein

Nehmen wir nun an, der Ökonometriker versucht seine Vermutung ($\beta > 0$) durch den direkten Test ($H_0 : \beta \geq 0$) zu erhärten. Für diesen Test liegt die kritische Wahrscheinlichkeitsmasse im linken Bereich der entsprechenden Wahrscheinlichkeitsverteilung. Auch bei diesem Test kann es zu vier unterschiedlichen Entscheidungstypen kommen:

1. Berechtigte Ablehnung
2. Unberechtigte Ablehnung
3. Berechtigte Akzeptanz
4. Unberechtigte Akzeptanz

Die mittlere Grafik der Abbildung 6.4 veranschaulicht das Risiko einer unberechtigten Ablehnung (Typ I-Fehlerrisiko). Wenn die rechte abgebildete Wahrscheinlichkeitsverteilung der Wirklichkeit entspricht (Nullhypothese ist wahr) und $-k$ der kritische Wert ist, dann entspricht das Risiko, einen Typ I-Fehler zu begehen, der fett gepunkteten Fläche, also dem Signifikanzniveau a.

Die linke Verteilung der Grafik illustriert das Risiko einer unberechtigten Akzeptanz (Typ II-Fehlerrisiko). Ist die linke Verteilung die wahre Verteilung (Nullhypothese ist nicht wahr), so stellt die klein gepunktete Fläche das Risiko eines Typ II-Fehlers dar.

In diesem Test sind wir an Akzeptanzentscheidungen interessiert, die zu Recht erfolgen. Der Test wird also so konzipiert, dass er mit einem *geringen* Risiko der unberechtigten Akzeptanz (Typ II-Fehlerrisiko) einhergeht. Je geringer dieses Risiko, d.h. je weiter rechts k in der Grafik liegt, umso stärker würde eine nicht verworfene Nullhypothese $H_0 : \beta \geq 0$ die Ausgangsvermutung $\beta \geq 0$ stärken. Je weiter k nach rechts wandert, umso größer ist aber das Risiko einer fälschlichen Ablehnung (Signifikanzniveau a). Mit anderen Worten, die Stärkung der Vermutung $\beta \geq 0$ mit Hilfe einer nicht abgelehnten Nullhypothese $H_0 : \beta \geq 0$ ist umso überzeugender, je größer das Signifikanzniveau a.

Der mittlere Teil der Abbildung 6.4 zeigt aber auch, dass der Erhöhung des Signifikanzniveaus a gewisse Plausibilitätsgrenzen gesetzt sind. Würde man a soweit erhöhen, dass k positiv wird, so müsste man für *positive* β-Werte, die linkerhand von k liegen, $H_0 : \beta \geq 0$ ablehnen! Ein weiteres Problem der Strategie B besteht darin, dass die Nichtablehnung der Nullhypothese $H_0 : \beta \geq 0$ kein eindeutiges Indiz für die Korrektheit der eigentlichen Vermutung $\beta > 0$ darstellt, denn die Nichtablehnung der Nullhypothese $H_0 : \beta \geq 0$ könnte auch ein Indiz für $\beta = 0$ sein und damit gegen die eigentliche Vermutung $\beta > 0$ sprechen. In der Praxis wird deshalb ein einseitiger Test zumeist so formuliert, dass die eigentliche Vermutung in der Alternativhypothese H_1 und nicht in der Nullhypothese H_0 steckt. Man folgt also Strategie A und nicht Strategie B. Entsprechend werden normalerweise kleine Signifikanzniveaus gewählt, am häufigsten $a = 5\%$. Dass nicht 4% oder 7% verwendet werden, ist reine Konvention.

6.4.3 Trennschärfe von Tests

Sowohl aus dem oberen als auch dem mittleren Teil der Abbildung 6.4 ist ersichtlich, dass eine Verringerung des Typ II-Fehlerrisikos immer mit einer Erhöhung des Typ I-Fehlerrisikos einhergeht. Nur wenn zusätzliche Informationen – zum Beispiel durch einen größeren Beobachtungsumfang – zur Verfügung stehen, kann eine Senkung des Typ II-Fehlerrisikos ohne gleichzeitige Erhöhung des Typ I-Fehlerrisikos erfolgen (bzw. umgekehrt). Dies ist in der untersten Grafik der Abbildung 6.4 veranschaulicht. Die zusätzlichen Informationen bewirken weniger streuende Wahrscheinlichkeitsverteilungen. Dies führt gegenüber der mittleren Grafik bei konstantem Typ I-Fehlerrisiko zu kleinerem Typ II-Fehlerrisiko. Die Gesamtverlässlichkeit des Tests steigt. Statistiker sagen, die *Trennschärfe* des Tests hat sich verbessert. Die Trennschärfe eines Tests bezeichnet eine Eigenschaft, die man als die „Ablehnungskraft" des Tests bezeichnen könnte. Jedenfalls wäre dieser Begriff dichter an der üblichen englischen Terminologie. Tests mit geringer Trennschärfe werden dort als *tests with low power* bezeichnet.

6.4.4 Anmerkungen zu zweiseitigen Tests

Es wurde am Ende des Abschnitts 6.4.2 dargelegt, warum beim *einseitigen* Hypothesentest Strategie A besser geeignet ist, eine Anfangsvermutung statistisch zu erhärten als Strategie B. Welcher Strategie sollte man bei zweiseitigen Hypothesentests folgen? Ein zweiseitiger Hypothesentest mit $H_0 : \beta \neq q$ ist nicht möglich. Unabhängig davon, ob die zu erhärtende Anfangsvermutung $\beta = q$ oder $\beta \neq q$ lautet, kann deshalb immer nur die Nullhypothese $H_0 : \beta = q$ getestet werden.

Lautet die Anfangsvermutung $\beta \neq q$, so läuft der Test der Nullhypothese $H_0 : \beta = q$ auf Strategie A hinaus. Man wählt dann einen kleinen Wert für das Signifikanzniveau a, um eine Ablehnung der Nullhypothese möglichst schwer zu machen. Kommt es im Test dennoch zu einer Ablehnung, dann ist diese Ablehnung und damit auch die Anfangsvermutung besonders glaubwürdig.

Lautet die Anfangsvermutung $\beta = q$ (was seltener vorkommt), dann entspricht der Test der Nullhypothese $H_0 : \beta = q$ der Strategie B. In diesem Fall ist ein hoher Wert für das Signifikanzniveau a zu benutzen, denn dadurch wird es dem Test sehr leicht gemacht, zu einer Ablehnung zu kommen. Kommt es dennoch zu keiner Ablehnung, dann verleiht dies der Nullhypothese und damit auch der Anfangsvermutung eine besonders hohe Glaubwürdigkeit.

Die Schätzmethodik des zweiseitigen Hypothesentests wurde in Abschnitt 6.1 ausführlich erläutert. Dort hatten wir als nummerisches Beispiel die Nullhypothese $H_0 : \beta = 0{,}7$ auf einem Signifikanzniveau von $a = 5\%$ getestet. Dies wäre die angemessene Strategie, wenn die Anfangsvermutung $\beta \neq 0{,}7$ zu erhärten gewesen wäre. Wenn hingegen die Anfangsvermutung $\beta = 0{,}7$ zu untermauern gewesen wäre, dann hätte man einen größeren Wert für das Signifikanzniveau wählen müssen.

6.5 Zusammenfassung

Im Hypothesentest überprüft man, ob eine zuvor aufgestellte Behauptung (Nullhypothese H_0) einer Gegenüberstellung mit den beobachteten Daten standhält. Weichen die Beobachtungen zu stark von der Nullhypothese ab, dann wird die Nullhypothese als unplausibel betrachtet und deshalb verworfen.

Die Überprüfung von Hypothesen der Form $H_0 : \beta = q$ bezeichnet man als zweiseitige Hypothesentests. Einseitige Hypothesentests beschäftigen sich mit Hypothesen der Form $H_0 : \beta \geq q$ (linksseitiger Test) oder $H_0 : \beta \leq q$ (rechtsseitiger Test). Ein zweiseitiger Hypothesentest verfährt in fünf Schritten:

1. Formulierung von Null- und Alternativhypothese

$$H_0 : \beta = q, \qquad H_1 : \beta \neq q$$

und Festlegung des Signifikanzniveaus a.

2. Schätzung von $\widehat{se}(\widehat{\beta})$ mit der Formel

$$\widehat{se}(\widehat{\beta}) = \sqrt{\widehat{\sigma}^2 / S_{xx}}, \tag{6.5}$$

wobei

$$\widehat{\sigma}^2 = S_{\widehat{u}\widehat{u}} / (T - 2). \tag{6.6}$$

3. Ermittlung eines t-Wertes aus

$$t = \frac{\widehat{\beta} - q}{\widehat{se}(\widehat{\beta})}. \tag{6.8}$$

4. Ermittlung des kritischen Wertes $t_{a/2}$ aus Tabelle T.2.

5. Vergleich von $t_{a/2}$ und t. Falls $|t| > t_{a/2}$ wird H_0 abgelehnt.

Ein einseitiger Hypothesentest verfährt nach dem gleichen Schema, wobei dem t-Wert aber nicht $t_{a/2}$ als kritischer Wert gegenübergestellt wird, sondern t_a. Eine Ablehnung von H_0 erfolgt im linksseitigen Test, wenn $t < -t_a$ und im rechtsseitigen Test, wenn $t > t_a$.

Statt eines Vergleichs von t mit dem kritischen Wert $t_{a/2}$ (bzw. t_a) wird immer häufiger ein Vergleich des p-Wertes mit dem Signifikanzniveau a angestellt.

Im linksseitigen Hypothesentest ($H_0 : \beta \geq q$) bezeichnet p die Wahrscheinlichkeitsmasse der Verteilung von $\widehat{\beta}$, die außerhalb des Konfidenzintervalls $[t\,;\,\infty)$ liegt. Falls $p < a$ wird H_0 abgelehnt.

Der übliche Weg, eine Anfangsvermutung durch einen Hypothesentest zu untermauern, besteht darin, das Gegenteil der Vermutung als Nullhypothese zu formulieren. Kommt es im Test zu einer Ablehnung, dann stützt dies die Anfangsvermutung. Diese Untermauerung fällt umso stärker aus, je niedriger das vorgegebene Signifikanzniveau a, denn Letzteres quantifiziert das Risiko einer unberechtigten Ablehnung (Typ I-Fehler).

Wir haben in diesem Abschnitt ein- und zweiseitige Hypothesentests kennengelernt. Dabei ging es immer um Hypothesen bezüglich der Parameterwerte von α oder β. Die Grundidee des Hypothesentests ist jedoch wesentlich allgemeiner und kann für eine Vielzahl von anderen Hypothesen genutzt werden. Im Rahmen dieses Lehrbuches werden wir noch einigen solcher Fälle begegnen. Dabei geht es insbesondere um Tests bezüglich der Gültigkeit der A-, B- und C-Annahmen.

Kapitel 7

Prognose

Im Kellner-Beispiel des Kapitels 3 hatten wir auf Grundlage dreier Beobachtungen den Zusammenhang zwischen Rechnungsbetrag und Trinkgeld geschätzt: $\widehat{\alpha} = 0,25$ und $\widehat{\beta} = 0,125$. Nehmen wir an, inzwischen sei ein neuer Gast eingetroffen, der ein Menü für 20 Euro verspeist. Der Kellner beauftragt den Ökonometriker, eine *Prognose* über das zu erwartende Trinkgeld abzugeben.

Die hier erbetene Prognose der endogenen Variablen y_t ist eine *„bedingte"* Prognose, denn sie gilt nur unter der Annahme, dass die exogene Variable x_t einen bestimmten Wert x_0 annimmt, der vor der eigentlichen Prognose feststeht (im Beispiel 20 Euro). Eine *„unbedingte"* Prognose würde zunächst den Wert der exogenen Variable vorhersagen und dann in einem zweiten Schritt den Wert der endogenen Variable. Für diesen Typ Prognose fehlt unserem einfachen Modell jedoch die Grundlage. Wir begnügen uns im Folgenden mit bedingten Prognosen. Ähnlich wie bei der Schätzung kann man auch bei der Prognose zwischen Punkt- und Intervallprognose unterscheiden.

7.1 Punktprognose

7.1.1 Prognosewert und Prognosefehler

Nummerische Illustration 7.1

In Kenntnis des geschätzten Modells

$$\widehat{y}_t = 0,25 + 0,125 \cdot x_t$$

ist es offensichtlich eine triviale Aufgabe, eine Prognose für das Trinkgeld abzugeben. Einsetzen von $x_0 = 20$ liefert einen Prognosewert von $2,75$ Euro.

Das allgemeine Vorgehen ist demnach folgendes: In das geschätzte Modell

$$\widehat{y}_t = \widehat{\alpha} + \widehat{\beta} x_t$$

setzt man einen bestimmten Wert x_0 für x_t ein und erhält damit die *Punktprognose* der endogenen Variable $\widehat{y}_0$:

$$\widehat{y}_0 = \widehat{\alpha} + \widehat{\beta} x_0 \,. \tag{7.1}$$

Der tatsächliche Wert von y_0 wird aber nicht $\widehat{y}_0$, sondern

$$y_0 = \alpha + \beta x_0 + u_0$$

sein. Der Prognosefehler, das heißt ein Abweichen des tatsächlichen vom prognostizierten Wert, lässt sich damit aus

$$\widehat{y}_0 - y_0 = (\widehat{\alpha} - \alpha) + (\widehat{\beta} - \beta)x_0 - u_0 \tag{7.2}$$

berechnen.

Demnach kann es zwei Ursachen für einen Prognosefehler geben:

1. Die Störgröße u_0 kann einen von 0 verschiedenen Wert annehmen.

2. Die Parameterschätzungen $\widehat{\alpha}$ und $\widehat{\beta}$ können von den wahren Werten α und β abweichen.

Hängen wichtige praktische Entscheidungen von der Prognose ab, dann ist es hilfreich, Aussagen über die Verlässlichkeit der Prognose zu treffen.

7.1.2 Verlässlichkeit der Punktprognose

Gemäß Gleichung (7.1) ist $\widehat{y}_0$ eine lineare Transformation der Zufallsvariablen $\widehat{\alpha}$ und $\widehat{\beta}$. Folglich würde die Punktprognose $\widehat{y}_0$ von Stichprobe zu Stichprobe unterschiedlich ausfallen. Um zu einer Einschätzung der Verlässlichkeit zu kommen, könnte die Wahrscheinlichkeitsverteilung der Zufallsvariable $\widehat{y}_0$ hergeleitet werden. Abweichend von dem Vorgehen, wie es bei der Verlässlichkeitsanalyse der Schätzer $\widehat{\alpha}$ und $\widehat{\beta}$ gewählt wurde, bedient man sich hier üblicherweise aber der Wahrscheinlichkeitsverteilung des Prognose*fehlers* ($\widehat{y}_0 - y_0$) und nicht der Wahrscheinlichkeitsverteilung der Zufallsvariable $\widehat{y}_0$ selbst. Wünschenswert wäre eine Wahrscheinlichkeitsverteilung des Prognosefehlers, die möglichst konzentriert um den Wert 0 herum liegt.

Aus unseren bisherigen Ergebnissen lassen sich Erwartungswert und Varianz des Prognosefehlers ($\widehat{y}_0 - y_0$) bestimmen. Die Punktprognose $\widehat{y}_0$ ist unverzerrt, denn gemäß Gleichung (7.2) gilt für den Erwartungswert des Prognosefehlers:

$$\begin{aligned} E(\widehat{y}_0 - y_0) &= E(\widehat{\alpha} - \alpha) + E(\widehat{\beta} - \beta)x_0 - E(u_0) \\ &= 0 + 0 - 0 = 0 \,. \end{aligned} \tag{7.3}$$

Im matrixalgebraischen Anhang zu Kapitel 11 ist gezeigt, dass die Varianz des Prognosefehlers

$$var(\widehat{y}_0 - y_0) = \sigma^2 \left[1 + 1/T + (x_0 - \overline{x})^2 / S_{xx} \right] \tag{7.4}$$

beträgt. Da auch hier wieder σ^2 nicht bekannt ist, muss man für eine Schätzung der Varianz des Prognosefehlers die unbekannte Störgrößenvarianz σ^2 durch ihren aus der Stichprobe ermittelten Schätzer $\hat{\sigma}^2 = S_{\hat{u}\hat{u}}/(T-2)$ ersetzen:

$$\widehat{var}(\hat{y}_0 - y_0) = \hat{\sigma}^2 \left[1 + 1/T + (x_0 - \bar{x})^2 / S_{xx}\right] . \quad (7.5)$$

Die Struktur dieser Formel offenbart, dass der Prognosefehler mit der geschätzten Störgrößenvarianz $\hat{\sigma}^2$ zunimmt und mit der Anzahl der Beobachtungen T und der Streuung der exogenen Variablen S_{xx} abnimmt – alles Ergebnisse, die aus früheren Zusammenhängen bekannt und plausibel sind.

Die Formel zeigt auch, dass die Varianz des Prognosefehlers umso größer ist, je weiter der (bedingende) Wert x_0 vom Mittelwert $\bar{x}$ entfernt liegt, denn je größer $(x_0 - \bar{x})$, umso mehr verlässt man den Kernbereich des Informationsgehaltes, auf dem die Schätzergebnisse beruhen. Beispielsweise enthalten die Beobachtungen $(x_1 = 10, y_1 = 2)$ und $(x_2 = 30, y_2 = 3)$ gute Informationen bezüglich einer Prognose für den Wert $x_0 = 20$, denn sie liegen beide nicht weit vom Wert 20 entfernt. Aber nur die Beobachtung $(x_1 = 10, y_1 = 2)$ enthält brauchbare Informationen für eine Prognose beim Wert $x_0 = 5$. Die Beobachtung $(x_2 = 30, y_2 = 3)$ liegt zu weit entfernt von diesem Wert.

Nummerische Illustration 7.2

Für einen Gast mit einer Rechnung von $x_0 = 20$ haben wir ein Trinkgeld von $2,75$ Euro prognostiziert. Der Erwartungswert des Prognosefehlers beträgt aufgrund des Zusammenhangs (7.3) 0.

Wir hatten in Gleichung (3.21) eine Störgrößenvarianz von $\hat{\sigma}^2 = 1,5$ geschätzt. In Resultat (3.17) wurde $S_{xx} = 800$ berechnet und $\bar{x}$ betrug 30. Demnach ergibt sich die geschätzte Varianz des Prognosefehlers gemäß Formel (7.5) aus

$$\widehat{var}(\hat{y}_0 - y_0) = 1,5 \left[1 + 1/3 + (20 - 30)^2 / 800\right] = 2,1875 . \quad (7.6)$$

Der Kernbereich des Informationsgehalts liegt im Trinkgeld-Beispiel zwischen $x_1 = 10$ und $x_3 = 50$. Der Wert $x_0 = 20$ liegt innerhalb dieses Kernbereiches. Für $x_0 = 5$, also einen Wert außerhalb des Kernbereiches, erhöht sich die Varianz des Prognosefehlers auf

$$\widehat{var}(\hat{y}_0 - y_0) = 1,5 \left[1 + 1/3 + (5 - 30)^2 / 800\right] = 3,1719 .$$

Für $x_0 = 5$ weist die Prognose folglich einen geringeren Grad an Verlässlichkeit auf.

7.2 Prognoseintervall

Wie sieht ein Prognoseintervall für $\hat{y}_0$ aus? Die Vorgehensweise ist ähnlich derjenigen, die wir von den Konfidenzintervallen für Parameterschätzungen kennen. Zunächst führt man unter Benutzung der Gleichungen (7.3) und (7.4) eine Standardisierung des Prognose*fehlers* durch. Es taucht aber erneut das Problem auf, dass σ^2 unbekannt ist. Aus Gleichung (7.4) wird offensichtlich, dass damit auch $se(\widehat{y}_0 - y_0) = \sqrt{var(\widehat{y}_0 - y_0)}$ unbekannt ist. Deshalb lautet der erste Schritt:

Schritt 1: Schätzung von $se(\widehat{y}_0 - y_0)$ und Festlegung des Signifikanzniveaus

Wir ersetzen σ^2 durch seinen mit Formel (5.10) berechneten Schätzer $\widehat{\sigma}^2$. Aus Gleichung (7.5) erhält man dann $\widehat{var}(\widehat{y}_0 - y_0)$ und die Wurzel daraus entspricht $\widehat{se}(\widehat{y}_0 - y_0)$. Ferner wird das Signifikanzniveau a festgelegt.

Schritt 2: Standardisierung des Prognosefehlers $(\widehat{y}_0 - y_0)$

Der Prognosefehler $(\widehat{y}_0 - y_0)$ lässt sich wie gewohnt standardisieren:

$$t = \frac{(\widehat{y}_0 - y_0) - \overbrace{E(\widehat{y}_0 - y_0)}^{=0}}{\widehat{se}(\widehat{y}_0 - y_0)} = \frac{\widehat{y}_0 - y_0}{\widehat{se}(\widehat{y}_0 - y_0)} \ . \quad (7.7)$$

Hätte man mit $se(\widehat{y}_0 - y_0)$ statt mit $\widehat{se}(\widehat{y}_0 - y_0)$ standardisiert, so wäre die so transformierte Zufallsvariable standard-normalverteilt. Wie schon beim Intervallschätzer und beim t-Test, so bedeutet die Verwendung von $\widehat{se}(\widehat{y}_0 - y_0)$ auch hier wieder, dass die transformierte Zufallsvariable t einer t-Verteilung mit $T-2$ Freiheitsgraden folgt:

$$t \sim t_{(T-2)} \ .$$

Schritt 3: Ermittlung eines $t_{a/2}$-Wertes

Aus der statistischen Theorie ist bekannt, dass sich für eine $t_{(T-2)}$-verteilte Zufallsvariable t für vorgegebenes Signifikanzniveau a feste Intervallgrenzen $-t_{a/2}$ und $t_{a/2}$ angeben lassen, innerhalb derer t mit einer Wahrscheinlichkeit von $1 - a$ fällt. Diese können wie gewohnt aus Tabelle T.2 direkt abgelesen werden.

Schritt 4: Formulierung des Prognoseintervalls

Der gemäß Gleichung (7.7) definierte Wert t fällt mit einer Wahrscheinlichkeit von $1 - a$ in das Konfidenzintervall $[-t_{a/2} \, ; \, t_{a/2}]$, also

$$\Pr\left\{ -t_{a/2} \leq \frac{\widehat{y}_0 - y_0}{\widehat{se}(\widehat{y}_0 - y_0)} \leq t_{a/2} \right\} = 1 - a \ .$$

Durch Auflösen nach y_0 ergibt sich:

$$\Pr\left\{ \widehat{y}_0 - t_{a/2} \cdot \widehat{se}(\widehat{y}_0 - y_0) \leq y_0 \leq \widehat{y}_0 + t_{a/2} \cdot \widehat{se}(\widehat{y}_0 - y_0) \right\} = 1 - a \ . \quad (7.8)$$

7.2. PROGNOSEINTERVALL

Das gesuchte Prognoseintervall lautet folglich:

$$[\widehat{y}_0 - t_{a/2} \cdot \widehat{se}(\widehat{y}_0 - y_0) \;;\; \widehat{y}_0 + t_{a/2} \cdot \widehat{se}(\widehat{y}_0 - y_0)] \;. \tag{7.9}$$

Man beachte auch hier wieder, dass $\widehat{se}(\widehat{y}_0 - y_0)$ von Stichprobe zu Stichprobe unterschiedlich ausfällt. Folglich variiert nicht nur die Mitte der in verschiedenen Stichproben geschätzten Prognoseintervalle, sondern auch deren Breite. Es ist für die Interpretation des Prognoseintervalls (7.9) hilfreich, sich vorzustellen, dass (eigentlich unendlich) viele wiederholte Stichproben erfasst werden. Jede dieser Stichproben liefert für den fest vorgegebenen x_0-Wert ein eigenes Prognoseintervall (7.9). Anschließend wird gedanklich zu jeder dieser Stichproben eine zusätzliche Beobachtung (x_0, y_0) erfasst. Zu jeder Stichprobe ergibt sich also neben dem Prognoseintervall auch ein eigener Wert für y_0, denn u_0 variiert von Stichprobe zu Stichprobe. Gleichung (7.8) besagt, dass bei $100(1-a)\%$ der Stichproben das jeweilige Prognoseintervall den jeweils beobachteten y_0-Wert abdecken würde.

Grafisch lässt sich für ein vorgegebenes Signifikanzniveau a und einen gegebenen Beobachtungsumfang T die Gestalt der Prognoseintervalle wie in Abbildung 7.1 beschreiben: Für einen bedingenden Wert von $x_0 = \bar{x}$ ist das mittlere Prognoseintervall – der vertikale Abstand zwischen den zwei geschwungenen Kurven – am schmalsten, denn hier ist der Wert von $\widehat{se}(\widehat{y}_0 - y_0)$ am kleinsten. Je weiter der vorgegebene Wert x_0 von $\bar{x}$ entfernt ist, umso größer wird $\widehat{se}(\widehat{y}_0 - y_0)$ und umso breiter wird das Intervall. Das begrenzende Band der mit x_0 variierenden Prognoseintervalle hat also eine Art Taillierung, bedingt durch den Term $(x_0 - \bar{x})^2$ in Formel (7.5).

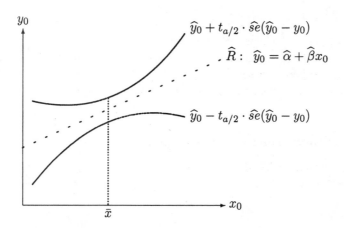

Abbildung 7.1: Die Abhängigkeit der Breite des Prognoseintervalls vom Abstand $(x_0 - \bar{x})$.

Nummerische Illustration 7.3

Wir hatten in Gleichung (7.6) für die geschätzte Varianz des Prognosefehlers $\widehat{var}(\widehat{y}_0 - y_0)$ einen Wert von $2,1875$ ermittelt. Die geschätzte Standardabweichung beträgt somit $\widehat{se}(\widehat{y}_0 - y_0) = \sqrt{2,1875} \approx 1,4790$. Bei einem Signifikanzniveau von $a = 5\%$ und einem einzigen Freiheitsgrad ergibt sich aus der Tabelle T.2 ein kritischer Wert von $t_{a/2} = 12,7062$. Bei einem bedingenden Wert von $x_0 = 20$ lautete unsere Punktprognose: $\widehat{y}_0 = 2,75$. Einsetzen dieser Werte in Formel (7.9) ergibt einen Intervallschätzer von $[-16,0425 \; ; \; 21,5425]$.

Dieser Intervallschätzer ist aufgrund seiner Breite weitgehend wertlos. Die Ursache für die Breite liegt in der geringen Zahl an Freiheitsgraden und der damit einhergehenden großen Varianz des Prognosefehlers.

7.3 Zusammenfassung

Im Rahmen der Einfachregression lautet die bedingte Punktprognose:

$$\widehat{y}_0 = \widehat{\alpha} + \widehat{\beta} x_0 \, , \tag{7.1}$$

wobei der Wert von x_0 vorgegeben ist. Die Varianz des Prognosefehlers beträgt

$$var(\widehat{y}_0 - y_0) = \sigma^2 \left[1 + 1/T + (x_0 - \overline{x})^2 / S_{xx} \right] \, . \tag{7.4}$$

Für eine Schätzung dieser Varianz wird σ^2 durch seinen Schätzwert ersetzt.

Das Prognoseintervall lautet

$$\left[\widehat{y}_0 - t_{a/2} \cdot \widehat{se}(\widehat{y}_0 - y_0) \; ; \; \widehat{y}_0 + t_{a/2} \cdot \widehat{se}(\widehat{y}_0 - y_0) \right] \, . \tag{7.9}$$

Teil II

Multiples lineares Regressionsmodell

TEIL II: MULTIPLES LINEARES REGRESSIONSMODELL

Im ersten Teil dieses Lehrbuches wurden die beobachteten Werte der endogenen Variable durch den linearen Einfluss einer einzigen exogenen Variable erklärt. Einen solchen Erklärungsversuch bezeichneten wir als *Einfachregression* und das zugrunde liegende ökonometrische Modell als *einfaches lineares Regressionsmodell*.

In der praktischen empirischen Arbeit gibt es allerdings nur sehr wenige Fragestellungen, die sich sinnvoll mit einfachen linearen Regressionsmodellen angehen lassen, denn kaum ein ökonomisches Phänomen der Realität lässt sich monokausal, das heißt durch das Wirken allein einer einzigen anderen Variable, plausibel erklären. Die meisten Modelle der Wirtschaftstheorie spezifizieren schon vom Ansatz her multikausale Zusammenhänge.

Selbst dann, wenn die ökonomische Theorie eine einzige exogene Variable in den Vordergrund rückt, ist es in der Praxis oft nötig, zusätzliche Variablen einzufügen, um den Effekt der ersten Variable von anderen systematischen Einflüssen zu isolieren, die den eigentlich interessierenden Zusammenhang überdecken. Ein klassisches Beispiel für letzteren Fall sind saisonale Einflussfaktoren. Will man z.B. den Einfluss der Lohnstückkosten auf die Beschäftigung in der Baubranche aus Monatsdaten schätzen, so wird man nicht umhin kommen, den saisonalen Einfluss der exogenen Größe „Jahreszeit" oder „Wetter" in irgendeiner Form zu spezifizieren, z.B. durch Einführung einer zusätzlichen exogenen Variable wie der monatlichen Durchschnittstemperatur.

In der ökonometrischen Praxis geht es also fast nur um *multiple Regressionsmodelle*. Den Versuch, eine endogene Variable durch *mehrere* exogene Variablen zu erklären, bezeichnet man entsprechend als *Mehrfachregression*. Dies heißt aber keineswegs, dass die Erkenntnisse, die wir im Rahmen der Einfachregression (Teil I dieses Lehrbuches) gewonnen haben, für die Arbeit mit multiplen linearen Regressionsmodellen irrelevant sind. Ganz im Gegenteil, alle wichtigen methodischen Probleme, die im Zusammenhang mit der Einfachregression zu besprechen waren, begegnen uns in identischer oder doch sehr ähnlicher Form auch in der Mehrfachregression.

Wegen dieser Analogie zwischen Einfach- und Mehrfachregression können wir uns in den meisten Abschnitten relativ kurz fassen. Ausführlicher werden wir nur bei denjenigen Problemen, die sich überhaupt erst in einem multiplen Regressionsmodell stellen und deshalb auch nur in diesem Rahmen beantwortet werden können. Sie hängen fast alle damit zusammen, dass es – anders als im einfachen Regressionsmodell – im multiplen Regressionsmodell nicht nur eine Korrelation zwischen der exogenen und der endogenen Variable geben kann, sondern auch zwischen den exogenen Variablen selbst.

Der einfachste Fall einer Mehrfachregression ist die *Zweifachregression*. Für Zwecke der Veranschaulichung genügt es in den meisten Fällen, eine Zweifachregression zu unterstellen. Wie schon im Modell der Einfachregression, so werden wir auch hier die theoretische Behandlung des Stoffes durch ein nummerisches Beispiel ergänzen.

Kapitel 8 widmet sich der *Spezifikation*, also der Formulierung der A-, B-

und C-Annahmen. Die *Schätzung* des multiplen linearen Regressionsmodells ist Gegenstand von Kapitel 9. Die wichtigsten Ergänzungen, die eine Mehrfachregression gegenüber einer Einfachregression erfordert, spielen sich im Bereich des *Hypothesentests* ab (Kapitel 10). Für den Bereich der *Prognose* sind nur geringfügige Modifikationen notwendig (Kapitel 11). Abgerundet wird dieser zweite Teil durch Kapitel 12. Es enthält ein paar Anmerkungen zur computergestützten Schätzung von ökonometrischen Modellen und zu geeigneten Präsentationsformen eigener Schätzergebnisse.

Beginnend mit Kapitel 8 findet sich am Ende eines jeden Kapitels immer ein matrixalgebraischer Anhang, welcher den zuvor behandelten Lehrstoff in matrixalgebraischer Form präsentiert. Diejenigen Leser, welche sich nicht für diese Anhänge interessieren, können direkt mit dem jeweils nachfolgenden Kapitel fortfahren. Das Verständnis der Hauptteile der Kapitel erfordert keinerlei matrixalgebraische Kenntnisse. Für diejenigen Leser aber, welche auch die matrixalgebraischen Anhänge der einzelnen Kapitel bewältigen wollen (oder müssen), findet sich im Anschluss an den Hauptteil des Kapitels 8 zusätzlich ein Repetitorium der Matrixalgebra. Dort werden die für das Verständnis der matrixalgebraischen Anhänge notwendigen Grundlagen der Matrixalgebra in kompakter Form aufgefrischt.

Kapitel 8

Spezifikation

Zur Veranschaulichung der folgenden Ausführungen benutzen wir diesmal ein Beispiel aus dem Agrarbereich.

Beispiel zu den Kapiteln 8 bis 12

Wir sind Mitarbeiter der Firma AgrarConsult GmbH. Ein Getreideproduzent erteilte der Firma den Auftrag, eine Produktionsfunktion für Gerste zu schätzen. Dazu führten wir auf einem Testareal mit 30 homogenen Beobachtungsparzellen ein Experiment durch, bei dem wir den Gerstenoutput für verschiedene Kombinationen der Düngemittel Phosphat und Stickstoff beobachteten. Die entsprechenden Beobachtungsdaten befinden sich in Tabelle 8.1.

Tabelle 8.1: Phosphat p_t (in kg/ha), Stickstoff n_t (in kg/ha) und Gerstenoutput g_t (in dt/ha, wobei 1 dt = 100 kg) auf 30 beobachteten Parzellen.

t	p_t	n_t	g_t	t	p_t	n_t	g_t
1	22,00	40,00	38,36	16	25,00	110,00	59,55
2	22,00	60,00	49,03	17	26,00	50,00	55,24
3	22,00	90,00	59,87	18	26,00	70,00	54,13
4	22,00	120,00	59,35	19	26,00	90,00	66,57
5	23,00	50,00	45,45	20	26,00	110,00	61,74
6	23,00	80,00	53,23	21	27,00	40,00	48,99
7	23,00	100,00	56,55	22	27,00	60,00	54,38
8	23,00	120,00	50,91	23	27,00	80,00	58,28
9	24,00	40,00	44,87	24	27,00	100,00	62,81
10	24,00	60,00	54,06	25	28,00	50,00	50,76
11	24,00	90,00	60,34	26	28,00	70,00	51,54
12	24,00	120,00	58,21	27	28,00	100,00	59,39
13	25,00	50,00	51,52	28	28,00	110,00	68,17
14	25,00	80,00	58,58	29	29,00	60,00	59,25
15	25,00	100,00	57,27	30	29,00	100,00	64,39

Ausgangspunkt für eine ökonometrische Analyse der Daten ist wieder das *ökonomische Modell*. Es formalisiert den grundlegenden Wirkungszusammenhang zwischen dem Gersten-Output (g) und den Düngemitteln Phosphat (p) und Stickstoff (n):

$$g = f(p, n) \ .$$

8.1 A-Annahmen

Um das ökonomische Modell in ein ökonometrisches Modell zu überführen, müssen in einem ersten Schritt die A-Annahmen getroffen werden, die das ökonometrische Modell funktional spezifizieren. Der ökonomische Wirkungszusammenhang soll in eine parametrische Form gegossen werden, die mit der Wirklichkeit in Einklang steht. Wir wollen die Gelegenheit nutzen, zu illustrieren, dass die funktionale Spezifikation nicht immer so leicht vonstatten geht wie im Trinkgeld-Beispiel aus Teil I dieses Buches.

8.1.1 Erster Schritt: Formulierung eines plausiblen linearen Modells

In Analogie zum Trinkgeld-Beispiel könnte man für das Dünger-Beispiel ein lineares Modell der folgenden Form spezifizieren:

$$g = \alpha + \beta_1 p + \beta_2 n \ .$$

Aus der Agrarwissenschaft ist jedoch bekannt, dass eine solche lineare Produktionsfunktion mit der Wirklichkeit kaum in Einklang zu bringen ist, denn sie postuliert, dass, *unabhängig vom Niveau* der Variablen p und n, eine zusätzliche Einheit Phosphat immer die gleiche Outputsteigerung β_1 bewirkt und dass eine zusätzliche Einheit Stickstoff immer die gleiche Outputsteigerung β_2 auslöst. Aus agrarwissenschaftlicher Sicht wird deshalb die folgende Cobb-Douglas Produktionsfunktion bevorzugt:

$$g = A p^{\beta_1} n^{\beta_2} \ , \tag{8.1}$$

wobei A, β_1, und β_2 drei konstante Parameter sind.

Diese Gleichung mag die Realität zutreffend beschreiben, aber sie hat einen schwerwiegenden Nachteil: Sie ist nicht linear. Ist sie deshalb für unsere Zwecke wertlos? Sie ist keineswegs wertlos, denn sie lässt sich leicht in eine lineare Beziehung transformieren. Durch Logarithmierung beider Seiten und Anwendung der Logarithmus-Rechenregeln erhalten wir

$$\begin{aligned} \ln g &= \ln \left(A p^{\beta_1} n^{\beta_2} \right) \\ &= \ln A + \ln \left(p^{\beta_1} \right) + \ln \left(n^{\beta_2} \right) \\ &= \ln A + \beta_1 \ln p + \beta_2 \ln n \ . \end{aligned}$$

8.1. A-ANNAHMEN

Dies ist zwar ein lineares Modell, aber die Variablen erscheinen in logarithmierter Form. Erst nachdem wir die endogene Variable y als den Logarithmus des Outputs ($\ln g$) definieren, und ebenso die exogenen Variablen x_1 und x_2 als die logarithmierten Mengen an Phosphat und Stickstoff ($\ln p$ und $\ln n$), erhalten wir unser vertrautes lineares Modell

$$y = \alpha + \beta_1 x_1 + \beta_2 x_2 , \tag{8.2}$$

wobei $\alpha = \ln A$. Diese Gleichung definiert nicht eine wahre Gerade, sondern eine wahre *Ebene*. Grafisch lässt sich dieser Zusammenhang in einem dreidimensionalen x_1-x_2-y-Koordinatensystem darstellen. Abbildung 8.1 zeigt die durch (8.2) festgelegte „wahre" Ebene R. Sie beschreibt den wahren Zusammenhang zwischen logarithmierten Düngereinsatz und logarithmierten Gersten-Output.

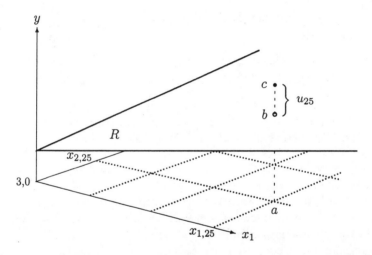

Abbildung 8.1: Die wahre Ebene für den Zusammenhang zwischen logarithmierten Düngemittelmengen (x_1 und x_2) und logarithmiertem Gerstenoutput (y).

Die Daten, mit denen bei der Schätzung der Ebene gearbeitet werden, sind deshalb nicht länger diejenigen aus Tabelle 8.1, sondern deren logarithmierte Werte, wie sie in Tabelle 8.2 aufgelistet sind.

Wir gehen im Folgenden davon aus, dass Gleichung (8.2) den wahren Zusammenhang zwischen der endogenen Variable y (=$\ln g$) und den beiden exogenen Variablen x_1 (=$\ln p$) und x_2 (=$\ln n$) korrekt beschreibt. Im nächsten Schritt ist das Modell (8.2) von der abstrakten theoretischen Ebene in die Ebene der beobachtbaren Realität zu transformieren.

Tabelle 8.2: Logarithmierter Phosphat-Input (x_{1t}), logarithmierter Stickstoff-Input (x_{2t}) und logarithmierter Gersten-Output (y_t) von 30 beobachteten Parzellen.

t	x_{1t} ($=\ln p_t$)	x_{2t} ($=\ln n_t$)	y_t ($=\ln g_t$)	t	x_{1t} ($=\ln p_t$)	x_{2t} ($=\ln n_t$)	y_t ($=\ln g_t$)
1	3,0910	3,6889	3,6470	16	3,2189	4,7005	4,0868
2	3,0910	4,0943	3,8924	17	3,2581	3,9120	4,0117
3	3,0910	4,4998	4,0922	18	3,2581	4,2485	3,9914
4	3,0910	4,7875	4,0835	19	3,2581	4,4998	4,1983
5	3,1355	3,9120	3,8166	20	3,2581	4,7005	4,1229
6	3,1355	4,3820	3,9746	21	3,2958	3,6889	3,8916
7	3,1355	4,6052	4,0351	22	3,2958	4,0943	3,9960
8	3,1355	4,7875	3,9301	23	3,2958	4,3820	4,0653
9	3,1781	3,6889	3,8038	24	3,2958	4,6052	4,1401
10	3,1781	4,0943	3,9901	25	3,3322	3,9120	3,9271
11	3,1781	4,4998	4,1000	26	3,3322	4,2485	3,9424
12	3,1781	4,7875	4,0641	27	3,3322	4,6052	4,0841
13	3,2189	3,9120	3,9420	28	3,3322	4,7005	4,2220
14	3,2189	4,3820	4,0704	29	3,3673	4,0943	4,0818
15	3,2189	4,6052	4,0478	30	3,3673	4,6052	4,1650

8.1.2 Zweiter und dritter Schritt: Hinzufügung eines Beobachtungsindex und einer Störgröße

Die in den Parzellen *beobachteten* Werte für x_1, x_2 und y liegen als Datentripel (x_{1t}, x_{2t}, y_t) vor. Das in Gleichung (8.2) formulierte Modell hingegen ist eine theoretische Abstraktion. Wäre der dort postulierte Zusammenhang zwischen den exogenen Variablen und der endogenen Variable auch in der beobachtbaren Realität korrekt, dann müsste er für alle 30 Parzellen gelten. Sämtliche Beobachtungspunkte müssten auf der wahren Ebene R liegen. Abbildung 8.2 zeigt eine willkürliche Auswahl aus den in Tabelle 8.2 aufgelisteten Beobachtungspunkten. Die Punkte liegen nicht auf einer Ebene.

In unserer realen Welt gibt es stets Sondereinflüsse, deren Ursachen nicht direkt beobachtbar sind. Bei einer einzelnen Parzelle könnte beispielsweise ein Fehler bei der Bewässerung unterlaufen sein. Selbst in den sorgfältigsten Experimenten sind solche Sondereinflüsse nie vollständig zu eliminieren. Beim Übergang von der theoretischen Ebene des Modells (8.2) zur beobachtbaren Realität muss deshalb wieder eine zufallsabhängige Störgröße zugelassen werden und den Variablen y, x_1 und x_2 ein Beobachtungsindex hinzugefügt werden. Das zum ökonomischen Modell gehörige ökonometrische Modell lautet deshalb

$$y_t = \alpha + \beta_1 x_{1t} + \beta_2 x_{2t} + u_t, \tag{8.3}$$

8.1. A-ANNAHMEN

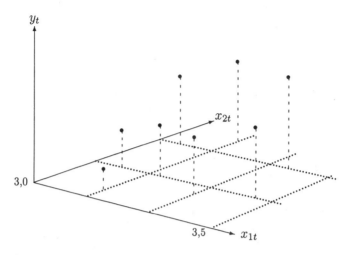

Abbildung 8.2: Eine dreidimensionale Punktwolke.

für $t = 1, 2, ..., 30$.

Kehren wir nochmals zu Abbildung 8.1 zurück. Sie zeigt die (eigentlich unbekannte) „wahre" Ebene R. In einer von Störeinflüssen freien Welt müssten sämtliche Beobachtungspunkte auf dieser sanft ansteigenden Ebene liegen. Störeinflüsse bewirken, dass die Beobachtungspunkte einen mehr oder weniger großen vertikalen (das heißt parallel zur y_t-Achse gemessenen) Abstand von der wahren Ebene R besitzen. Dies ist für Beobachtung $t=25$ veranschaulicht. Die drei Punkte a, b und c liegen auf der gleichen senkrechten Gerade. Punkt b liegt auf der wahren Ebene und Punkt c senkrecht darüber. Der Abstand zwischen den Punkten a und c, also die Höhe der gestrichelt eingezeichneten Strecke, beträgt y_{25}. Dieser Abstand lässt sich in zwei Komponenten zerlegen: Der Abstand von a zu b entspricht dem Term $\alpha + \beta_1 x_{1,25} + \beta_2 x_{2,25}$ und der Abstand von b zu c der Störgröße u_{25}.

Das Düngemittel-Beispiel stellt eine Zweifachregression ($K=2$) und damit einen Spezialfall des multiplen Regressionsmodells dar. Ein allgemeines multiples Regressionsmodell mit $K+1$ Parametern (Niveauparameter α und K Steigungsparameter β_k) lautet:

$$y_t = \alpha + \beta_1 x_{1t} + \beta_2 x_{2t} + ... + \beta_K x_{Kt} + u_t, \quad \text{für } t = 1, 2, ...T. \quad (8.4)$$

Für Modelle, die mehr als zwei exogene Variablen und folglich mehr als zwei Steigungsparameter besitzen, ist eine grafische Darstellung offensichtlich nicht länger möglich.

8.1.3 Formulierung der A-Annahmen

Wir sind nun in der Lage, die im Rahmen der funktionalen Spezifikation getroffenen A-Annahmen zu formulieren. Sie sind für den in Gleichung (8.4) dargestellten Fall der Mehrfachregression gültig und enthalten die Einfach- oder Zweifachregression als Spezialfälle. Um ihren allgemeineren Charakter formal zu unterstreichen, geschieht ihre Auflistung nicht länger mit Kleinbuchstaben (a1, a2, a3), sondern mit Großbuchstaben (A1, A2, A3).

Annahme A1 In Gleichung (8.4) fehlen keine relevanten exogenen Variablen und die in Gleichung (8.4) benutzten exogenen Variablen sind nicht irrelevant.

Annahme A2 Der wahre Zusammenhang zwischen $x_{1t}, x_{2t}, \ldots, x_{Kt}$ und y_t ist linear.

Annahme A3 Die $K+1$ Parameter $\alpha, \beta_1, \beta_2, \ldots, \beta_K$ sind für alle T Beobachtungen $(x_{1t}, x_{2t}, \ldots, x_{Kt}, y_t)$ konstant.

Für den Fall $K=1$ (nur eine exogene Variable) ergeben sich offensichtlich die Annahmen a1 bis a3, wie sie im Rahmen der Einfachregression eingeführt wurden. Zusammengenommen postulieren Annahmen A1 bis A3 wieder, dass das ökonometrische Modell funktional nicht fehlspezifiziert ist. Damit ist die *funktionale* Spezifikation abgeschlossen, und wir können uns der *Störgrößen*-Spezifikation, also der Formulierung der B-Annahmen zuwenden.

8.2 B-Annahmen

Unsere Aufgabe ist es, die B-Annahmen auf den Fall der Mehrfachregression zu übertragen. Sie erfordern dabei keinerlei Modifikationen, denn sie befassen sich ausschließlich mit der Störgröße. Deren statistischer Charakter ist aber durch die Einbeziehung zusätzlicher exogener Variablen in keiner Weise beeinflusst. Die Störgröße erfasst nach wie vor Störeinflüsse auf die endogene Variable, also Einflüsse, die nicht im Zusammenhang mit den exogenen Variablen stehen. Die Gründe für solche Störeinflüsse sind nach wie vor diejenigen, die im Zusammenhang mit der Einfachregression in Abschnitt 2.3.1 aufgelistet wurden.

8.2.1 Formulierung der B-Annahmen

Die B-Annahmen lauten im Einzelnen:

Annahme B1 (Erwartungswert) Die Störgröße u_t hat für alle Beobachtungen t einen Erwartungswert von 0, das heißt,

$$E(u_t) = 0 , \qquad (8.5)$$

für $t = 1, 2, \ldots, T$.

8.2. B-ANNAHMEN

Annahme B2 (Homoskedastizität) Die Störgröße u_t hat für alle Beobachtungen t eine konstante Varianz, das heißt,

$$var(u_t) = \sigma^2 \,, \tag{8.6}$$

für $t = 1, 2..., T$.

Annahme B3 (Freiheit von Autokorrelation) Die Störgröße ist nicht korreliert, das heißt,

$$cov(u_t, u_s) = 0 \,, \tag{8.7}$$

für alle $t \neq s$ sowie $t = 1, 2, ..., T$ und $s = 1, 2, .., T$.

Annahme B4 (Normalverteilung) Die Störgröße u_t ist normalverteilt, das heißt,

$$u_t \sim N\left(E(u_t)\,,\, var(u_t)\right) \,,$$

für $t = 1, 2..., T$.

Zusammengenommen bedeuten die Annahmen B1 bis B4 wieder, dass jede der T Zufallsvariablen u_t die gleiche Wahrscheinlichkeitsverteilung besitzt, nämlich eine Normalverteilung mit Erwartungswert $E(u_t) = 0$ und Varianz σ^2. Wie schon im Falle der Einfachregression werden die vier B-Annahmen in folgender Form gebündelt:

$$u_t \sim UN(0, \sigma^2) \,, \tag{8.8}$$

für alle $t = 1, 2, ..., T$. Das U in Ausdruck (8.8) steht wieder für „unabhängig" und das N für „Normalverteilung".

8.2.2 Interpretation der B-Annahmen

Werfen wir noch einen Blick auf das Dünger-Beispiel. Die vier B-Annahmen charakterisieren die statistischen Eigenschaften der beim Gerstenanbau auftretenden Störeinflüsse. Um diese Eigenschaften zu erfassen, ist es wieder notwendig, das Konzept einer wiederholten Stichprobe verinnerlicht zu haben. Bezogen auf das Dünger-Beispiel besteht eine wiederholte Stichprobe darin, auf den 30 Parzellen nochmals genau die gleichen Düngermengen auszutragen wie bei der ersten Stichprobe. Jede der 30 zufälligen Störgrößen u_t würde bei dieser wiederholten Stichprobe einen anderen Wert als bei der ersten Stichprobe annehmen. Durch weitere wiederholte Stichproben würde man *für jede Düngerdosierung* (x_{1t}, x_{2t}) und damit für jede Parzelle *eine eigene Sequenz* von Störgrößen generieren.

Annahme B1 (Unverzerrtheit) fordert, dass für jede einzelne Parzelle (und damit Düngerdosierung) der Mittelwert dieser Sequenz von Störgrößen 0 wäre. Diese Annahme wäre dann verletzt, wenn die natürliche Bodenqualität für die einzelnen Parzellen unterschiedlich ist, denn dann gäbe es Parzellen, die

Sequenzen von positiven Störeinflüssen aufweisen und andere Parzellen, die negative Sequenzen aufweisen. In beiden Fällen wäre der Erwartungswert der Störgröße von 0 verschieden.

Annahme B2 (Homoskedastizität) fordert, dass die Streuung der Störgrößen-Sequenzen für alle Parzellen identisch ist. Diese Annahme wäre beispielsweise dann verletzt, wenn einzelne Parzellen aufgrund ihrer spezifischen Beschaffenheit stärker auf eine besonders schlechte oder besonders günstige Witterung reagieren als andere Parzellen.

Annahme B3 (Freiheit von Autokorrelation) fordert, dass die Störungen auf den einzelnen Parzellen voneinander unabhängig sind. Wächst die Gerste einer Parzelle aus einem zufälligen Grund (z.B. Witterung passt sehr gut zu den Bodeneigenschaften dieser Parzelle) besonders schnell, so entzieht sie den umliegenden Parzellen Nährstoffe. Dies kann dazu führen, dass die Gerste auf den benachbarten Parzellen besonders langsam wächst und damit einen unterdurchschnittlichen Output liefert. Ergibt sich also auf Parzelle t ein positiver Störeinfluss ($u_t > 0$), dann kann es sein, dass sich dieser Einfluss gleichzeitig bei einer anderen Parzelle s negativ bemerkbar macht ($u_s < 0$). Es gilt dann aber, dass $cov(u_t, u_s) < 0$.

Annahme B4 (Normalverteilung) fordert, dass die Wahrscheinlichkeitsverteilung der Störgröße bei allen Dosierungen einer Normalverteilung folgt.

Im Dünger-Experiment können Probleme im Zusammenhang mit den Annahmen B1, B2 und B4 dadurch gemildert werden, dass die gegebenen 30 Düngerdosierungen den 30 Parzellen in der tatsächlichen Stichprobe und in jeder wiederholten Stichprobe *zugelost* werden. So würde beispielsweise die erste Düngerdosierung ($x_{11}=3,0910$, $x_{21}=3,6889$) in den wiederholten Stichproben auf unterschiedlichen Parzellen aufgebracht werden und eine eigene Sequenz von Störgrößen u_1 generieren. Die Sequenz von Störgrößen u_1 könnte dann nicht länger einer festen Parzelle zugeordnet werden.

8.3 C-Annahmen

Die C-Annahmen werden hinsichtlich der Eigenschaften der exogenen Variablen $x_{1t}, x_{2t}, \ldots, x_{Kt}$ getroffen. Wir sprachen in diesem Zusammenhang von der *Variablen*-Spezifikation. Die Verallgemeinerung der ersten C-Annahme verursacht keine weiteren Komplikationen:

Annahme C1 (Exogene Variablen fix) Die exogenen Variablen $x_{1t}, x_{2t}, \ldots, x_{Kt}$
    sind keine Zufallsvariablen, sondern können wie in einem Experiment kontrolliert werden.

Im Dünger-Beispiel ist dieser experimentelle Charakter offensichtlich erfüllt.

Annahme c2 war die zweite der im Rahmen der Einfachregression getroffenen C-Annahmen. Sie forderte: $S_{xx} > 0$. Die Verallgemeinerung dieser Annahme auf den Fall der Mehrfachregression lautet:

8.3. C-ANNAHMEN

Annahme C2 (Freiheit von perfekter Multikollinearität) Es existieren keine Parameterwerte $\gamma_0, \gamma_1, \gamma_2, ..., \gamma_K$ (wobei mindestens ein $\gamma_k \neq 0$), so dass zwischen den exogenen Variablen $x_{1t}, x_{2t}, ..., x_{Kt}$ für alle $t = 1, 2, ..., T$ die folgende lineare Beziehung gilt:

$$\gamma_0 + \gamma_1 x_{1t} + \gamma_2 x_{2t} + ... + \gamma_K x_{Kt} = 0. \quad (8.9)$$

Perfekte Multikollinearität liegt gemäß Annahme C2 dann vor, wenn eine lineare Beziehung zwischen den exogenen Variablen $x_{1t}, x_{2t}, ..., x_{Kt}$ existiert, die für alle T Beobachtungen gleichermaßen gültig ist. Tabelle 8.3 veranschaulicht den Begriff der perfekten Multikollinearität für den Fall $K=3$. Für die ersten drei Beobachtungen gilt $x_{1t} = 2 + 2x_{2t} + x_{3t}$, oder um es in der Form (8.9) zu schreiben:

$$2 - 1 \cdot x_{1t} + 2 \cdot x_{2t} + 1 \cdot x_{3t} = 0.$$

Letzteres besagt, dass für die exogenen Variablen x_{1t}, x_{2t} und x_{3t} tatsächlich eine lineare Beziehung der Form (8.9) existiert, nämlich die lineare Beziehung mit den Werten $\gamma_0 = 2$, $\gamma_1 = -1$, $\gamma_2 = 2$ und $\gamma_3 = 1$. Dies würde auf perfekte Multikollinearität hindeuten. Da aber für Beobachtung T dieser lineare Zusammenhang nicht gilt ($2 - 1 \cdot x_{1T} + 2 \cdot x_{2T} + 1 \cdot x_{3T} \neq 0$), weisen die Daten in Tabelle 8.3 letztlich doch keine *perfekte* Multikollinearität auf. Es handelt sich lediglich um *imperfekte* Multikollinearität.

Wenn eine lineare Beziehung lediglich zwischen zwei exogenen Variablen besteht, dann spricht man gewöhnlich von *Kollinearität*, ein Spezialfall der Multikollinearität. Wir werden uns im Folgenden aber nicht um die begriffliche Trennung von Multikollinearität und Kollinearität kümmern und sprechen immer von Multikollinearität.

Tabelle 8.3: Der Unterschied zwischen perfekter und imperfekter Multikollinearität.

t	x_{1t}	x_{2t}	x_{3t}
1	12	4	2
2	17	6	3
3	32	12	6
⋮	⋮	⋮	⋮
T	20	8	5

Zunächst muss geklärt werden, welche Implikationen *perfekte* Multikollinearität besitzt. Anschließend widmen wir uns der Frage, warum Annahme C2 überhaupt eine Verallgemeinerung von Annahme c2 darstellt.

Kapitel 21 ist der Multikollinearität gewidmet. Um hier bereits eine Vorstellung von den Konsequenzen der Multikollinearität zu entwickeln, genügt es, den in Gleichung (8.3) dargestellten Fall einer Zweifachregression zu betrachten. Gleichung (8.9) vereinfacht sich hier zu

$$\gamma_0 + \gamma_1 x_{1t} + \gamma_2 x_{2t} = 0$$

und damit zu

$$\begin{aligned} x_{2t} &= -(\gamma_0/\gamma_2) - (\gamma_1/\gamma_2)\, x_{1t} \\ &= \delta_0 + \delta_1 x_{1t}\,, \end{aligned} \quad (8.10)$$

wobei $\delta_0 = -(\gamma_0/\gamma_2)$ und $\delta_1 = -(\gamma_1/\gamma_2)$. Da die Parameter γ_0, γ_1 und γ_2 konstant sind, müssen auch die Parameter δ_0 und δ_1 für alle Beobachtungen T den gleichen Wert besitzen. Für den Fall der Zweifachregression schließt Annahme C2 demnach aus, dass zwischen den exogenen Variablen eine lineare Beziehung wie (8.10) für *alle* T Beobachtungen gleichermaßen besteht. Sie schließt nicht aus, dass für *einige* der Beobachtungen eine solche Beziehung Gültigkeit besitzt. Es würde sich dann um einen Fall *imperfekter* Multikollinearität handeln.

Ein Blick auf Tabelle 8.2 zeigt, dass die zwei exogenen Variablen des Dünger-Beispiels keine perfekte Multikollinearität aufweisen. Es ist beispielsweise nicht möglich, Parameterwerte für δ_0 und δ_1 zu finden, so dass Gleichung (8.10) sowohl bei Beobachtung $t=1$ als auch bei Beobachtungen $t=2$ und $t=3$ gültig ist. Überhaupt taucht das Problem der Multikollinearität selten im Zusammenhang mit kontrollierbaren Experimenten auf, denn dort kann man durch geeignete Wahl der Werte der exogenen Variablen das Problem der Multikollinearität gezielt vermeiden.

Warum müssen wir perfekte Multikollinearität und damit Beziehung (8.10) für die Schätzung ausschließen? Wenn Gleichung (8.10) gültig ist, beschreibt Gleichung (8.3) eigentlich gar kein Modell der Zweifach-, sondern nur ein Modell der Einfachregression, denn

$$\begin{aligned} y_t &= \alpha + \beta_1 x_{1t} + \beta_2(\delta_0 + \delta_1 x_{1t}) + u_t \\ &= \alpha' + \beta' x_{1t} + u_t\,, \end{aligned}$$

wobei $\alpha' = \alpha + \beta_2 \delta_0$ und $\beta' = \beta_1 + \beta_2 \delta_1$. Eine der exogenen Variablen ist überflüssig, weil sich die Variablen x_{1t} und x_{2t} „perfekt synchronisiert" bewegen. Weist x_{1t} einen besonders hohen Wert auf, so gilt dies auch für x_{2t} (falls $\delta_1 > 0$). Keine der beiden exogenen Variablen verfügt über „*autonome Variation*". Autonome Variation ist aber erforderlich, um unterscheiden zu können, in welchem Ausmaß die unterschiedlichen Werte der endogenen Variable y_t auf x_{1t} und in welchem Ausmaß sie auf x_{2t} zurückzuführen sind. Existiert keine autonome Variation, dann genügt es, nur eine der beiden Variablen in die Regression einzubeziehen.

Annahme C2 sorgt dafür, dass das Modell der Gleichung (8.3) keine von vornherein redundanten Variablen enthält, also Variablen, die keine eigenständige Information für die Schätzung liefern können. Wie wir noch sehen werden, sorgt die perfekte Multikollinearität auch formal für unüberwindliche Probleme, die zwingend erfordern, dass bei den exogenen Variablen keine perfekte Multikollinearität vorliegt.

Schließlich muss noch geklärt werden, warum Annahme C2 eine Verallgemeinerung von Annahme c2 darstellt. Für den Fall der Einfachregression ($K=1$) vereinfacht sich (8.9) zu

$$\gamma_0 + \gamma_1 x_t = 0$$

und damit zu

$$x_t = -(\gamma_0/\gamma_1) \ .$$

Für den Fall der Einfachregression fordert Annahme C2 demnach, dass x_t keinen konstanten Wert annimmt. Aber genau das Gleiche wird durch $S_{xx} > 0$ (Annahme c2) gefordert.

Annahme C2 schließt lediglich den Fall *perfekter* Multikollinearität aus. Imperfekte Multikollinearität, das heißt geringe autonome Variation, stellt keine Verletzung von Annahme C2 dar. Wir werden aber im Rahmen von Kapitel 21 noch sehen, dass auch eine imperfekte Multikollinearität die Qualität unserer Schätzung beeinträchtigt. Es kann passieren, dass die Parameter eines ökonometrischen Modells nicht mehr mit hinreichender Präzision geschätzt werden können.

Damit ist die Spezifikation des ökonometrischen Modells abgeschlossen. Wir haben sämtliche A-, B- und C-Annahmen für den Fall der Mehrfachregression formuliert und können uns nun der Schätzung zuwenden. Auch beim multiplen Regressionsmodell erfordert eine Schätzung, dass eine ausreichende Zahl an Beobachtungen zur Verfügung steht. Um eine Gerade zu definieren, das heißt, um die Parameter α und β der Einfachregression festzulegen, brauchte man mindestens zwei Beobachtungen. Entsprechend braucht man für ein Modell mit den Parametern $\alpha, \beta_1, \beta_2, \ldots, \beta_K$ insgesamt $K+1$ Beobachtungen. Formaler ausgedrückt: Es muss gelten, dass $T \geq K+1$. Diese Annahme ist im Dünger-Beispiel offensichtlich erfüllt, denn $30 \geq 2+1$.

8.4 Zusammenfassung

Das multiple Regressionsmodell lautet

$$y_t = \alpha + \beta_1 x_{1t} + \beta_2 x_{2t} + \ldots + \beta_K x_{Kt} + u_t \ , \tag{8.4}$$

für $t = 1, 2, \ldots, T$. Auch für dieses Modell sind im Rahmen der Spezifikation die entsprechenden A-, B- und C-Annahmen zu treffen. Sie lauten

Annahme A1 In Gleichung (8.4) fehlen keine relevanten exogenen Variablen und die in Gleichung (8.4) benutzten exogenen Variablen sind nicht irrelevant.

Annahme A2 Der wahre Zusammenhang zwischen $x_{1t}, x_{2t}, \ldots, x_{Kt}$ und y_t ist linear.

Annahme A3 Die $K + 1$ Parameter $\alpha, \beta_1, \beta_2, \ldots, \beta_K$ sind für alle T Beobachtungen $(x_{1t}, x_{2t}, \ldots, x_{Kt}, y_t)$ konstant.

Annahme B1 (Erwartungswert) $E(u_t) = 0$, für $t = 1, 2, \ldots, T$.

Annahme B2 (Homoskedastizität) $var(u_t) = \sigma^2$, für $t = 1, 2, \ldots, T$.

Annahme B3 (Freiheit von Autokorrelation) $cov(u_t, u_s) = 0$, für alle $t \neq s$ sowie $t = 1, 2, \ldots, T$ und $s = 1, 2, \ldots, T$.

Annahme B4 (Normalverteilung) $u_t \sim N(E(u_t), var(u_t))$, für $t = 1, 2, \ldots, T$.

Annahme C1 (Exogene Variablen fix) Die exogenen Variablen $x_{1t}, x_{2t}, \ldots, x_{Kt}$ sind keine Zufallsvariablen, sondern können wie in einem Experiment kontrolliert werden.

Annahme C2 (Freiheit von perfekter Multikollinearität) Es existieren keine Parameterwerte $\gamma_0, \gamma_1, \gamma_2, \ldots, \gamma_K$ (wobei mindestens ein $\gamma_k \neq 0$), so dass zwischen den exogenen Variablen $x_{1t}, x_{2t}, \ldots, x_{Kt}$ für alle $t = 1, 2, \ldots, T$ die folgende lineare Beziehung gilt:

$$\gamma_0 + \gamma_1 x_{1t} + \gamma_2 x_{2t} + \ldots + \gamma_K x_{Kt} = 0 . \tag{8.9}$$

Für den Spezialfall einer einzigen exogenen Variable ($K=1$) ergeben sich aus diesen Annahmen die in Kapitel 2 eingeführten Annahmen a1 bis c2.

8.5 Repetitorium Matrixalgebra I

8.5.1 Notation und Terminologie

Eine *Matrix* **A** ist eine rechteckige Anordnung von reellen Zahlen a_{ij} ($i = 1, 2, \ldots, Z$; $j = 1, 2, \ldots, S$):

$$\mathbf{A} = \begin{bmatrix} a_{11} & a_{12} & \cdots & a_{1S} \\ a_{21} & a_{22} & \cdots & a_{2S} \\ \vdots & \vdots & \ddots & \vdots \\ a_{Z1} & a_{Z2} & \cdots & a_{ZS} \end{bmatrix} . \tag{8.11}$$

Diese Matrix besitzt Z Zeilen und S Spalten und damit $Z \cdot S$ *Elemente* a_{ij}. Sie wird deshalb auch als eine Matrix der *Ordnung* $(Z \times S)$ oder einfach als eine $(Z \times S)$-*Matrix* bezeichnet. Eine reelle Zahl kann immer auch als eine (1×1)-Matrix interpretiert werden. In der Matrixalgebra firmiert eine solche Matrix unter der Bezeichnung *Skalar*.

8.5. REPETITORIUM MATRIXALGEBRA I

Eine Matrix mit nur einer Spalte ist ein *Spaltenvektor* und eine Matrix mit nur einer Zeile ist ein *Zeilenvektor*. Es ist inzwischen Konvention, Spaltenvektoren durch fettgedruckte Kleinbuchstaben (z.B. a) zu bezeichnen und Zeilenvektor durch fettgedruckte Kleinbuchstaben mit einem Strich (z.B. a'). Die Elemente einer Spalte der in Ausdruck (8.11) definierten Matrix **A** können ebenfalls als Spaltenvektor $\mathbf{a}_j$ aufgefasst werden, wobei j angibt, um welche Spalte der Matrix **A** es sich handelt. Die Elemente einer Zeile von **A** können entsprechend als Zeilenvektor $\mathbf{a}'_i$ betrachtet werden, wobei i angibt, um welche Zeile es sich handelt. Folglich lässt sich die Matrix **A** wahlweise auch in den folgenden Formen schreiben:

$$\mathbf{A} = \begin{bmatrix} \mathbf{a}'_1 \\ \mathbf{a}'_2 \\ \vdots \\ \mathbf{a}'_Z \end{bmatrix} = \begin{bmatrix} \mathbf{a}_1 & \mathbf{a}_2 & \cdots & \mathbf{a}_S \end{bmatrix}.$$

Falls für eine Matrix **A** die Zeilen- und Spaltenzahl übereinstimmen ($Z = S$), wird sie als *quadratische Matrix* bezeichnet. Eine quadratische Matrix besitzt eine *Hauptdiagonale*, welche durch die Elemente $a_{11}, a_{22}, ..., a_{ZZ}$ gegeben ist. Wenn für alle Elemente der quadratischen Matrix **A** die Beziehung $a_{ij} = a_{ji}$ gilt, dann ist **A** eine *symmetrische Matrix*.

Es existieren einige Spezialfälle symmetrischer Matrizen. Eine symmetrische Matrix, bei der nur die Elemente auf der Hauptdiagonalen einen von Null verschiedenen Wert besitzen, bezeichnet man als *Diagonalmatrix*. Wenn für die Diagonalmatrix $a_{11} = a_{22} = ... = a_{ZZ}$ gilt, dann handelt es sich bei der Diagonalmatrix um eine *skalare Matrix* und wenn sogar $a_{11} = a_{22} = ... = a_{ZZ} = 1$ gilt, dann spricht man von einer *Einheitsmatrix*. Sie wird gewöhnlich durch das Symbol $\mathbf{I}_Z$ gekennzeichnet, wobei Z anzeigt, dass es sich um eine $(Z \times Z)$-Einheitsmatrix handelt.

Eine obere (untere) *Dreiecksmatrix* ist eine quadratische Matrix, welche unterhalb (oberhalb) der Hauptdiagonalen ausschließlich Nullen aufweist. Eine Matrix, die ausschließlich aus Nullen besteht, wird üblicherweise durch das Symbol **0** gekennzeichnet. Eine quadratische Nullmatrix der Ordnung $(S \times S)$ kann durch $\mathbf{0}_S$ symbolisiert werden. Entsprechend wird ein Spaltenvektor aus Nullen durch **o** und ein Zeilenvektor durch **o'** bezeichnet.

Vertauscht man die Zeilen und Spalten einer $(Z \times S)$-Matrix **A**, so erhält man ihre *Transponierte* **A'**, eine $(S \times Z)$-Matrix. Sie besitzt demnach die folgende Form:

$$\mathbf{A}' = \begin{bmatrix} a_{11} & a_{21} & \cdots & a_{Z1} \\ a_{12} & a_{22} & \cdots & a_{Z2} \\ \vdots & \vdots & \ddots & \vdots \\ a_{1S} & a_{2S} & \cdots & a_{ZS} \end{bmatrix}.$$

Entsprechend liefert das Transponieren eines Spaltenvektors **a** einen Zeilenvektor $\mathbf{a}'$ (und umgekehrt). Allgemein gilt

$$(\mathbf{A}')' = \mathbf{A}. \tag{8.12}$$

Für symmetrische Matrizen ergibt sich $\mathbf{A} = \mathbf{A}'$.

Zwei Matrizen $\mathbf{A}$ und $\mathbf{B}$ sind identisch, wenn sie die gleiche Ordnung besitzen und elementweise übereinstimmen, das heißt $a_{ij} = b_{ij}$ $(i = 1, 2, ..., Z;\; j = 1, 2, ..., S)$.

8.5.2 Rechnen mit Matrizen

Addition und Subtraktion: Die Addition oder Subtraktion zweier Matrizen $\mathbf{A}$ und $\mathbf{B}$ erfordert, dass sie die gleiche Ordnung besitzen. Ist dies erfüllt, so gilt für die Addition von $\mathbf{A}$ und $\mathbf{B}$:

$$\mathbf{A} + \mathbf{B} = \begin{bmatrix} a_{11} + b_{11} & a_{12} + b_{12} & \cdots & a_{1S} + b_{1S} \\ a_{21} + b_{21} & a_{22} + b_{22} & \cdots & a_{2S} + b_{2S} \\ \vdots & \vdots & \ddots & \vdots \\ a_{Z1} + b_{Z1} & a_{Z2} + b_{Z2} & \cdots & a_{ZS} + b_{ZS} \end{bmatrix}.$$

Folglich gilt

$$\begin{aligned} \mathbf{A} + \mathbf{0} &= \mathbf{A} \\ \mathbf{A} + \mathbf{B} &= \mathbf{B} + \mathbf{A} \\ \mathbf{A}' + \mathbf{B}' &= (\mathbf{A} + \mathbf{B})'. \end{aligned} \tag{8.13}$$

Auch drei Matrizen $\mathbf{A}$, $\mathbf{B}$ und $\mathbf{C}$ mit gleicher Ordnung lassen sich addieren, wobei

$$(\mathbf{A} + \mathbf{B}) + \mathbf{C} = \mathbf{A} + (\mathbf{B} + \mathbf{C}).$$

Analoges gilt für die Subtraktion von Matrizen.

Skalare Multiplikation: Eine Matrix $\mathbf{A}$ multipliziert man mit einem Skalar λ, indem man jedes Element a_{ij} der Matrix mit diesem Skalar multipliziert:

$$\lambda \mathbf{A} = \begin{bmatrix} \lambda a_{11} & \lambda a_{12} & \cdots & \lambda a_{1S} \\ \lambda a_{21} & \lambda a_{22} & \cdots & \lambda a_{2S} \\ \vdots & \vdots & \ddots & \vdots \\ \lambda a_{Z1} & \lambda a_{Z2} & \cdots & \lambda a_{ZS} \end{bmatrix}. \tag{8.14}$$

Inneres Produkt und Multiplikation von Matrizen: Betrachten wir einen Zeilenvektor $\mathbf{a}'$ und einen Spaltenvektor $\mathbf{b}$. Wenn beide Vektoren Z Elemente (a_j bzw. b_i) besitzen, dann lässt sich das *innere Produkt* dieser beiden Vektoren gemäß

$$\mathbf{a}'\mathbf{b} = a_1 b_1 + a_2 b_2 + ... + a_Z b_Z$$

als eine einzelne reelle Zahl berechnen.

8.5. REPETITORIUM MATRIXALGEBRA I

Um zwei Matrizen **A** und **B** miteinander multiplizieren zu können (**AB**), muss die Spaltenzahl der Matrix **A** mit der Zeilenzahl der Matrix **B** übereinstimmen. Die Elemente c_{ij} des Produktes

$$\mathbf{C} = \mathbf{AB}$$

ergeben sich aus dem inneren Produkt der Zeile i der Matrix **A** mit der Spalte j der Matrix **B**. Für eine fehlerfreie Multiplikation der Matrizen **A** und **B** ist es hilfreich, sie in einem Vierfelderschema anzuordnen, und zwar **B** rechts oben, **A** links unten und **C** rechts unten. Beispielsweise ergibt sich für das Produkt aus

$$\mathbf{A} = \begin{bmatrix} a_{11} & a_{12} \\ a_{21} & a_{22} \end{bmatrix} \quad \text{und} \quad \mathbf{B} = \begin{bmatrix} b_{11} & b_{12} & b_{13} \\ b_{21} & b_{22} & b_{23} \end{bmatrix} \quad (8.15)$$

das Vierfelderschema

$$\begin{array}{c|c} & \mathbf{B} \\ \hline \mathbf{A} & \mathbf{C} \end{array} = \begin{array}{cc|ccc} & & b_{11} & b_{12} & b_{13} \\ & & b_{21} & b_{22} & b_{23} \\ \hline a_{11} & a_{12} & c_{11} & c_{12} & c_{13} \\ a_{21} & a_{22} & c_{21} & c_{22} & c_{23} \end{array}.$$

Um aus diesem Schema beispielsweise den Wert des Elementes c_{23} zu ermitteln, benutzt man die zweite Zeile der Matrix **A** und die dritte Spalte der Matrix **B**, also $i=2$ und $j=3$. Es werden jeweils das erste Element aus Zeile und Spalte miteinander multipliziert ($a_{21}b_{13}$). Das Gleiche wird auch mit den jeweils zweiten Elementen aus Zeile und Spalte getan ($a_{22}b_{23}$). Abschließend werden die einzelnen Produkte aufsummiert: $a_{21}b_{13} + a_{22}b_{23}$. Diese Summe ist das innere Produkt aus Zeile $i=2$ und Spalte $j=3$. Dieses innere Produkt bildet das Element c_{23}. Auf analogem Wege würde man aus der ersten Zeile von **A** und der ersten Spalte von **B** das Element c_{11} erhalten: $c_{11} = a_{11}b_{11} + a_{12}b_{21}$. Insgesamt ergibt sich aus der Multiplikation von **A** und **B** die Matrix

$$\mathbf{C} = \begin{bmatrix} c_{11} & c_{12} & c_{13} \\ c_{21} & c_{22} & c_{23} \end{bmatrix} = \begin{bmatrix} a_{11}b_{11}+a_{12}b_{21} & a_{11}b_{12}+a_{12}b_{22} & a_{11}b_{13}+a_{12}b_{23} \\ a_{21}b_{11}+a_{22}b_{21} & a_{21}b_{12}+a_{22}b_{22} & a_{21}b_{13}+a_{22}b_{23} \end{bmatrix}.$$

Die Reihenfolge der Matrizen ist bei der Multiplikation wichtig. Man unterscheidet deshalb begrifflich zwischen der *rechtsseitigen* Multiplikation einer Matrix **A** mit einer Matrix **B** (liefert **AB**) und einer *linksseitigen* Multiplikation einer Matrix **A** mit einer Matrix **B** (liefert **BA**). Das Produkt **BA** der in (8.15) definierten Matrizen **A** und **B** ist beispielsweise nicht berechenbar, denn die Spaltenzahl von **B** beträgt 3 und die Zeilenzahl von **A** beträgt lediglich 2. Wäre **A** stattdessen eine (3 × 2)-Matrix, dann hätte man sowohl **AB** als auch **BA** berechnen können. Dabei wäre dann **AB** eine (3 × 3)-Matrix, **BA** hingegen eine (2 × 2)-Matrix. Es gilt also **AB** ≠ **BA**. Selbst für die Multiplikation zweier quadratischer Matrizen **A** und **B** mit gleicher Ordnung gilt normalerweise **AB** ≠ **BA**.

Aus dem beschriebenen Multiplikationsverfahren für Matrizen ergeben sich einige wichtige Implikationen. Betrachten wir eine $(Z \times S)$-Matrix **A**. Es gilt dann

$$\mathbf{AI}_S = \mathbf{A} \tag{8.16}$$
$$\mathbf{I}_Z \mathbf{A} = \mathbf{A} \tag{8.17}$$
$$\mathbf{A0}_S = \mathbf{0} \tag{8.18}$$
$$\mathbf{0}_Z \mathbf{A} = \mathbf{0}, \tag{8.19}$$

wobei die Matrizen **0** die Ordnung $(Z \times S)$ besitzen. Für vier Matrizen **A**, **B**, **C** und **D**, bei denen die jeweiligen Rechenoperationen (Addition bzw. Multiplikation) zulässig sind, gilt

$$(\mathbf{AB})\mathbf{C} = \mathbf{A}(\mathbf{BC}) \tag{8.20}$$
$$(\mathbf{A}+\mathbf{B})\mathbf{C} = \mathbf{AC}+\mathbf{BC} \tag{8.21}$$
$$\mathbf{A}(\mathbf{B}+\mathbf{C}) = \mathbf{AB}+\mathbf{AC} \tag{8.22}$$
$$(\mathbf{A}+\mathbf{B})(\mathbf{C}+\mathbf{D}) = \mathbf{AC}+\mathbf{AD}+\mathbf{BC}+\mathbf{BD} \tag{8.23}$$
$$(\mathbf{AB})' = \mathbf{B}'\mathbf{A}' \tag{8.24}$$
$$(\mathbf{ABC})' = \mathbf{C}'\mathbf{B}'\mathbf{A}'. \tag{8.25}$$

Es sei λ ein Skalar. Es gilt dann

$$\lambda\mathbf{AB} = \mathbf{A}\lambda\mathbf{B} = \mathbf{AB}\lambda. \tag{8.26}$$

Eine quadratische Matrix **A**, für die

$$\mathbf{AA} = \mathbf{A}$$

gilt, bezeichnet man als *idempotent*. Einheitsmatrizen $\mathbf{I}_Z$ sind ein Beispiel für idempotente Matrizen.

8.5.3 Rang einer Matrix und ihre Inversion

Es seien $\lambda_1, \lambda_2, ..., \lambda_S$ beliebige reelle Zahlen. Der Ausdruck

$$\mathbf{a}_1\lambda_1 + \mathbf{a}_2\lambda_2 + ... + \mathbf{a}_S\lambda_S \tag{8.27}$$

stellt eine *Linearkombination der Vektoren* $\mathbf{a}_1, \mathbf{a}_2, ..., \mathbf{a}_S$ dar. In unserer bisherigen Terminologie hätten wir von einer „gewichteten Summe der Vektoren $\mathbf{a}_1, \mathbf{a}_2, ..., \mathbf{a}_S$" oder von einer „linearen Funktion in den Vektoren $\mathbf{a}_1, \mathbf{a}_2, ..., \mathbf{a}_S$" gesprochen. Man bezeichnet die Linearkombination (8.27) als *trivial*, wenn $\lambda_1 = \lambda_2 = ... = \lambda_S = 0$.

Die Vektoren $\mathbf{a}_1, \mathbf{a}_2, ..., \mathbf{a}_S$ sind *linear abhängig*, wenn sich der Nullvektor **o** als eine nicht–triviale Linearkombination (d.h. mindestens ein $\lambda_i \neq 0$) der anderen Vektoren darstellen lässt, wenn also

$$\mathbf{a}_1\lambda_1 + \mathbf{a}_2\lambda_2 + ... + \mathbf{a}_S\lambda_S = \mathbf{o}, \quad \text{wobei mindestens ein } \lambda_i \neq 0. \tag{8.28}$$

8.5. REPETITORIUM MATRIXALGEBRA I

Ansonsten sind die Vektoren $a_1, a_2, ..., a_S$ *linear unabhängig*. Sind die Vektoren $a_1, a_2, ..., a_S$ linear abhängig, dann lässt sich mindestens einer von ihnen als eine nicht–triviale Linearkombination der anderen Vektoren darstellen.

Als *Spaltenrang* (*Zeilenrang*) einer Matrix $\mathbf{A}$ bezeichnet man die Maximalzahl der linear unabhängigen Spaltenvektoren (Zeilenvektoren) dieser Matrix. Es lässt sich zeigen, dass der Spalten- und der Zeilenrang einer Matrix stets übereinstimmen. Deshalb genügt es, von *dem Rang* der Matrix $\mathbf{A}$ zu sprechen. Man schreibt: rang($\mathbf{A}$).

Der Rang einer $(Z \times S)$-Matrix $\mathbf{A}$ kann niemals größer sein als die kleinere der beiden Zahlen Z und S:

$$\text{rang}(\mathbf{A}) \leq \min(Z, S) . \tag{8.29}$$

Für den Rang einer Matrix gilt ferner:

$$\begin{aligned}\text{rang}(\mathbf{A}') &= \text{rang}(\mathbf{A}) \\ \text{rang}(\mathbf{A}'\mathbf{A}) &= \text{rang}(\mathbf{A}\mathbf{A}') = \text{rang}(\mathbf{A}) \\ \text{rang}(\mathbf{I}_Z) &= Z .\end{aligned} \tag{8.30}$$
$$\tag{8.31}$$

Eine Matrix $\mathbf{A}$ besitzt *vollen* Rang, wenn $\text{rang}(\mathbf{A}) = \min(Z, S)$. Eine quadratische Matrix mit vollem Rang wird als *reguläre Matrix* bezeichnet. Anderenfalls ist die quadratische Matrix eine *singuläre Matrix*.

Zu jeder regulären $(Z \times Z)$-Matrix $\mathbf{A}$ existiert eine Matrix $\mathbf{A}^{-1}$, welche durch folgende Eigenschaft charakterisiert ist:

$$\mathbf{A}\mathbf{A}^{-1} = \mathbf{A}^{-1}\mathbf{A} = \mathbf{I}_Z . \tag{8.32}$$

Die Matrix $\mathbf{A}^{-1}$ wird als die *Inverse* von $\mathbf{A}$ bezeichnet. Ist Matrix $\mathbf{A}$ nicht regulär, dann besitzt sie auch keine Inverse. Die Inverse einer regulären Matrix $\mathbf{A}$ ist ebenfalls regulär und

$$\left(\mathbf{A}^{-1}\right)^{-1} = \mathbf{A} . \tag{8.33}$$

Für inverse Matrizen existieren einige weitere wichtige Rechenregeln:

$$\begin{aligned}\left(\mathbf{A}^{-1}\right)' &= \left(\mathbf{A}'\right)^{-1} \\ (\lambda \mathbf{A})^{-1} &= \lambda^{-1}\mathbf{A}^{-1} .\end{aligned} \tag{8.34}$$
$$\tag{8.35}$$

Zusammengenommen liefern die Rechenregeln (8.24) und (8.34):

$$\left[(\mathbf{A}'\mathbf{A})^{-1}\right]' = (\mathbf{A}'\mathbf{A})^{-1} . \tag{8.36}$$

Es seien $\mathbf{A}$, $\mathbf{B}$ und $\mathbf{C}$ drei beliebige reguläre $(Z \times Z)$-Matrizen. In diesem Fall gilt:

$$(\mathbf{AB})^{-1} = \mathbf{B}^{-1}\mathbf{A}^{-1} \quad \text{und} \quad (\mathbf{ABC})^{-1} = \mathbf{C}^{-1}\mathbf{B}^{-1}\mathbf{A}^{-1} . \tag{8.37}$$

Im Zusammenhang mit dem Rang und der Inversen eine Matrix werden in den typischen Lehrprogrammen der Matrixalgebra (z.B. Greene, 2003) zwei weitere Konzepte behandelt: Die *Determinante* und die *Kofaktoren* einer Matrix. Für unsere Zwecke kann auf diese beiden Konzepte jedoch leicht verzichtet werden.

8.5.4 Quadratische Form

Betrachten wir den S-elementigen Zeilenvektor $\mathbf{b'} = [b_1 \ b_2 \ ... \ b_S]$ und eine quadratische $(S \times S)$-Matrix $\mathbf{A}$. Die Multiplikation $\mathbf{b'Ab}$ bezeichnet man als *quadratische Form*. Ausgeschrieben lautet sie

$$\begin{aligned}
\mathbf{b'Ab} &= \mathbf{b'[Ab]} \\
&= \begin{bmatrix} b_1 & b_2 & \cdots & b_S \end{bmatrix} \begin{bmatrix} a_{11}b_1 + a_{12}b_2 + ... + a_{1S}b_S \\ a_{21}b_1 + a_{22}b_2 + ... + a_{2S}b_S \\ \vdots \\ a_{S1}b_1 + a_{S2}b_2 + ... + a_{SS}b_S \end{bmatrix} \\
&= b_1(a_{11}b_1 + a_{12}b_2 + ... + a_{1S}b_S) \\
&\quad + b_2(a_{21}b_1 + a_{22}b_2 + ... + a_{2S}b_S) \\
&\quad \vdots \\
&\quad + b_S(a_{S1}b_1 + a_{S2}b_2 + ... + a_{SS}b_S) \, .
\end{aligned} \qquad (8.38)$$

8.5.5 Differentiation von linearen Funktionen

Es sei $\mathbf{a'} = [a_1 \ a_2 \ ... \ a_S]$ ein S-elementiger Zeilenvektor und $\mathbf{b} = [b_1 \ b_2 \ ... \ b_S]'$ ein S-elementiger Spaltenvektor. Das innere Produkt dieser beiden Vektoren lautet

$$\mathbf{a'b} = a_1 b_1 + a_2 b_2 + ... + a_S b_S = \sum_{i=1}^{S} a_i b_i \, .$$

Folglich ergibt sich für die partielle Ableitung von $\mathbf{a'b}$ nach b_1: $\partial(\mathbf{a'b})/\partial b_1 = a_1$. Die partiellen Ableitungen nach $b_2, b_3, ..., b_S$ lauten entsprechend $a_2, a_3, ..., a_S$. Möchte man sämtliche S partiellen Ableitungen des inneren Produktes $\mathbf{a'b}$ in einem Spaltenvektor (dem sogenannten *Gradienten*) zusammenfassen, so schreibt man

$$\frac{\partial(\mathbf{a'b})}{\partial \mathbf{b}} = \begin{bmatrix} \partial(\mathbf{a'b})/\partial b_1 \\ \partial(\mathbf{a'b})/\partial b_2 \\ \vdots \\ \partial(\mathbf{a'b})/\partial b_S \end{bmatrix} = \begin{bmatrix} a_1 \\ a_2 \\ \vdots \\ a_S \end{bmatrix} = \mathbf{a} \, . \qquad (8.39)$$

Da $\mathbf{a'b} = \mathbf{b'a}$, ergibt sich auch für die partiellen Ableitungen des inneren Produktes $\mathbf{b'a}$ nach $\mathbf{b}$ das gleiche Ergebnis:

$$\frac{\partial(\mathbf{b'a})}{\partial \mathbf{b}} = \mathbf{a} \, . \qquad (8.40)$$

Betrachten wir als nächstes den S-elementigen Zeilenvektor $\mathbf{b}' = [b_1\ b_2\ ...\ b_S]$ und eine symmetrische $(S \times S)$-Matrix $\mathbf{A}$. Die entsprechende quadratische Form $\mathbf{b}'\mathbf{A}\mathbf{b}$ war in Gleichung (8.38) ausgeschrieben. Die partielle Ableitung der quadratischen Form $\mathbf{b}'\mathbf{A}\mathbf{b}$ nach b_1 lautet folglich:

$$\frac{\partial(\mathbf{b}'\mathbf{A}\mathbf{b})}{\partial b_1} = (a_{11}b_1 + a_{12}b_2 + ... + a_{1S}b_S) + b_1 a_{11} + b_2 a_{21} + b_3 a_{31} + ... + b_S a_{S1}.$$
(8.41)

Da die Matrix $\mathbf{A}$ hier nicht nur quadratisch sondern auch symmetrisch ist, gilt $a_{ij} = a_{ji}$. Somit vereinfacht sich Gleichung (8.41) zu

$$\begin{aligned}\frac{\partial(\mathbf{b}'\mathbf{A}\mathbf{b})}{\partial b_1} &= 2a_{11}b_1 + (a_{21} + a_{12})b_2 + (a_{31} + a_{13})b_3 + ... + (a_{S1} + a_{1S})b_S \\ &= 2a_{11}b_1 + 2a_{12}b_2 + 2a_{13}b_3 + ... + 2a_{1S}b_S \\ &= 2\sum_{i=1}^{S} a_{1i}b_i.\end{aligned}$$

Auf analogem Wege ergibt sich für die partielle Ableitung von $\mathbf{b}'\mathbf{A}\mathbf{b}$ nach b_2 der Ausdruck $2\sum_{i=1}^{S} a_{2i}b_i$. Der Gradient der quadratischen Form $\mathbf{b}'\mathbf{A}\mathbf{b}$ lautet folglich

$$\begin{aligned}\frac{\partial(\mathbf{b}'\mathbf{A}\mathbf{b})}{\partial \mathbf{b}} &= 2\begin{bmatrix} \sum_{i=1}^{S} a_{1i}b_i \\ \sum_{i=1}^{S} a_{2i}b_i \\ \vdots \\ \sum_{i=1}^{S} a_{Si}b_i \end{bmatrix} = 2\begin{bmatrix} a_{11} & a_{12} & \cdots & a_{1S} \\ a_{21} & a_{22} & \cdots & a_{2S} \\ \vdots & \vdots & \ddots & \vdots \\ a_{S1} & a_{S2} & \cdots & a_{SS} \end{bmatrix}\begin{bmatrix} b_1 \\ b_2 \\ \vdots \\ b_S \end{bmatrix} \\ &= 2\mathbf{A}\mathbf{b}.\end{aligned}$$
(8.42)

8.5.6 Erwartungswert und Varianz-Kovarianz-Matrix

Es sei $\mathbf{A}$ eine $(Z \times S)$-Matrix aus Zufallsvariablen (statt wie bisher aus reellen Zahlen). Wenn von dem *Erwartungswert der Matrix* $\mathbf{A}$ gesprochen wird, dann sind eigentlich die Erwartungswerte der einzelnen Elemente a_{ij} von $\mathbf{A}$ gemeint:

$$E(\mathbf{A}) = \begin{bmatrix} E(a_{11}) & E(a_{12}) & \cdots & E(a_{1S}) \\ E(a_{21}) & E(a_{22}) & \cdots & E(a_{2S}) \\ \vdots & \vdots & \ddots & \vdots \\ E(a_{Z1}) & E(a_{Z2}) & \cdots & E(a_{ZS}) \end{bmatrix}.$$
(8.43)

Es seien λ_1 und λ_2 Konstanten und $\mathbf{A}$ und $\mathbf{B}$ Matrizen der gleichen Ordnung. Es gilt dann:

$$E(\lambda_1 \mathbf{A} + \lambda_2 \mathbf{B}) = \lambda_1 E(\mathbf{A}) + \lambda_2 E(\mathbf{B}).$$
(8.44)

Es sei $\mathbf{a} = [a_1\ a_2\ ...\ a_Z]'$ ein Z-elementiger Spaltenvektor, dessen Elemente

a_i Zufallsvariablen darstellen. Die $(Z \times Z)$-Matrix

$$\mathbf{V}(\mathbf{a}) = \begin{bmatrix} var(a_1) & cov(a_1, a_2) & \cdots & cov(a_1, a_Z) \\ cov(a_2, a_1) & var(a_2) & \cdots & cov(a_2, a_Z) \\ \vdots & \vdots & \ddots & \vdots \\ cov(a_Z, a_1) & cov(a_Z, a_2) & \cdots & var(a_Z) \end{bmatrix}$$

bezeichnet man als *Varianz-Kovarianz-Matrix* des Vektors **a**. Sie enthält die Varianzen der einzelnen Elemente des Vektors **a** auf der Hauptdiagonalen und die Kovarianzen zwischen den Elementen auf den anderen Positionen. Da $cov(a_i, a_j) = cov(a_j, a_i)$, ist eine Varianz-Kovarianz-Matrix immer symmetrisch.

Es sei $\boldsymbol{\lambda}'$ ein Z-elementiger Zeilenvektor aus Konstanten und b eine weitere Konstante. Es gilt dann

$$\mathbf{V}(\boldsymbol{\lambda}'\mathbf{a} + b) = \boldsymbol{\lambda}'\mathbf{V}(\mathbf{a})\boldsymbol{\lambda} . \tag{8.45}$$

8.5.7 Spur einer Matrix

Die Spur (englisch: *trace*) einer Matrix ist nur für quadratische Matrizen definiert. Die Spur einer $(Z \times Z)$-Matrix **A** ist definiert als die Summe ihrer Diagonalelemente a_{ii}:

$$\text{tr}(\mathbf{A}) = \sum_{i=1}^{Z} a_{ii} .$$

Für den Erwartungswert von $\text{tr}(\mathbf{A})$ folgt daraus unmittelbar, dass

$$E[\text{tr}(\mathbf{A})] = \text{tr}\,[E(\mathbf{A})] . \tag{8.46}$$

Offensichtlich gilt für Einheitsmatrizen, dass

$$\text{tr}(\mathbf{I}_Z) = Z . \tag{8.47}$$

Für die Spur einer Matrix existieren einige weitere wichtige Regeln:

$$\begin{aligned} \text{tr}(\mathbf{A}) &= \text{tr}(\mathbf{A}') \\ \text{tr}(\lambda) &= \lambda \\ \text{tr}(\lambda \mathbf{A}) &= \lambda \,\text{tr}(\mathbf{A}) . \end{aligned} \tag{8.48} \tag{8.49}$$

Wenn für zwei Matrizen **A** und **B** die entsprechenden Rechenoperationen zulässig sind, dann gilt ferner:

$$\begin{aligned} \text{tr}(\mathbf{AB}) &= \text{tr}(\mathbf{BA}) \\ \text{tr}(\mathbf{A} + \mathbf{B}) &= \text{tr}(\mathbf{A}) + \text{tr}(\mathbf{B}) \end{aligned} \tag{8.50} \tag{8.51}$$

8.5.8 Definite und Semidefinite Matrizen

Um die Grundidee zu veranschaulichen, betrachten wir exemplarisch die beiden quadratischen Matrizen

$$\mathbf{B} = \begin{bmatrix} 4 & 0 \\ 3 & 4 \end{bmatrix} \quad \text{und} \quad \mathbf{C} = \begin{bmatrix} 2 & 3 \\ 0 & 2 \end{bmatrix}.$$

Welche der beiden Matrizen besitzt „einen größeren Wert"? Um diese Frage zu beantworten, könnten wir die Differenz der beiden Matrizen bilden:

$$\mathbf{A} = \mathbf{B} - \mathbf{C} = \begin{bmatrix} 2 & -3 \\ 3 & 2 \end{bmatrix}. \tag{8.52}$$

Wären alle Werte in $\mathbf{A}$ positiv, so würde man $\mathbf{B}$ gegenüber $\mathbf{C}$ als „größer" erachten. Da es aber in $\mathbf{A}$ sowohl positive als auch ein negatives Element gibt, hängt die Antwort auf die Größer-Kleiner-Frage von der Gewichtung ab, welche man den einzelnen Elementen in $\mathbf{A}$ zumisst.

Eine mögliche allgemeine Form der Gewichtung besteht darin, die Matrix $\mathbf{A}$ linksseitig mit einem allgemeinen Zeilenvektor $\mathbf{b}' = [b_1 \; b_2]$ und rechtsseitig mit dem entsprechenden Spaltenvektor $\mathbf{b} = [b_1 \; b_2]'$ zu multiplizieren:

$$\mathbf{b}'\mathbf{A}\mathbf{b} = [b_1 \; b_2] \begin{bmatrix} 2 & -3 \\ 3 & 2 \end{bmatrix} \begin{bmatrix} b_1 \\ b_2 \end{bmatrix}.$$

Wie bereits erwähnt, bezeichnet man die Multiplikation $\mathbf{b}'\mathbf{A}\mathbf{b}$ als *quadratische Form*. Sie ist ein Skalar. Ausmultiplizieren der quadratischen Form liefert

$$\begin{aligned} \mathbf{b}'\mathbf{A}\mathbf{b} &= [\; 2b_1 + 3b_2 \quad -3b_1 + 2b_2 \;] \begin{bmatrix} b_1 \\ b_2 \end{bmatrix} \\ &= (2b_1 + 3b_2)b_1 + (-3b_1 + 2b_2)b_2 \\ &= 2b_1 b_1 + 2b_2 b_2 + 3b_2 b_1 - 3b_1 b_2 \tag{8.53} \\ &= 2b_1 b_1 + 2b_2 b_2. \tag{8.54} \end{aligned}$$

Gleichung (8.53) kann als eine gewichtete Summe der einzelnen Elemente der Matrix $\mathbf{A}$ interpretiert werden. Die Gewichte lauten $b_1 b_1$, $b_2 b_2$, $b_2 b_1$ und $b_1 b_2$. Die letzten beiden Gewichte sind also identisch. In dem von uns gewählten Zahlenbeispiel (8.52) vereinfacht sich die gewichtete Summe (8.53) zum Ausdruck (8.54). Dieser Ausdruck ist für alle beliebigen Werte b_1 und b_2 immer positiv (abgesehen von $b_1 = b_2 = 0$). Das heißt, *gleichgültig welche Werte man für b_1 und b_2 benutzt*, liefert die quadratische Form $\mathbf{b}'\mathbf{A}\mathbf{b}$ für das Zahlenbeispiel (8.52), also die gewichtete Summe (8.53), immer einen positiven Wert. Mit anderen Worten, unabhängig von der Gewichtung der einzelnen Elemente in $\mathbf{A}$, ergibt sich für die gewichtete Summe dieser Elemente immer ein positiver Wert. Es wäre deshalb durchaus angemessen, die Matrix $\mathbf{A}$ als „insgesamt positiv" zu erachten und deshalb im Vergleich der Matrizen $\mathbf{B}$ und $\mathbf{C}$ die Matrix $\mathbf{B}$ als „größer" zu bezeichnen.

Hätten wir andere (2 × 2)-Matrizen **B** und **C** betrachtet und damit eine andere Matrix **A** erhalten, so hätte sich zwar erneut eine quadratische Form **b'Ab** und daraus eine gewichtete Summme, analog derjenigen in Gleichung (8.53), bilden lassen, aber eine Vereinfachung in die Form (8.54) wäre wahrscheinlich nicht möglich gewesen. Damit hätte die quadratische Form **b'Ab**, und damit die gewichtete Summe (8.53) für bestimmte Werte b_1 und b_2 (d.h. Vektoren **b**) möglicherweise einen negativen Summenwert geliefert und für andere Werte b_1 und b_2 einen positiven Summenwert. Jede Antwort auf die Größer-Kleiner-Frage würde in diesem Fall sehr willkürlich erscheinen.

Die Idee des „Größenvergleiches" lässt sich auch auf den Fall zweier Matrizen übertragen, welche eine höhere Ordnung als (2 × 2) besitzen. Betrachten wir den S-elementigen Zeilenvektor **b'** = $[b_1 \ b_2 \ ... \ b_S]$ und eine symmetrische $(S \times S)$-Matrix **A**. Auch hier lässt sich wieder die Frage stellen, ob die Matrix **A** als „insgesamt positiv" angesehen werden kann, ob also die gewichtete Summe der Elemente der Matrix **A**, **b'Ab**, immer einen positiven Wert liefert, unabhängig von den für den Vektor **b** gewählten nummerischen Werten. Aus der ausgeschriebenen Variante (8.38) ist ersichtlich, dass eine quadratische Form ein Skalar ist:

$$\mathbf{b'Ab} = \sum_{i=1}^{S}\sum_{j=1}^{S} a_{ij}b_i b_j \ .$$

Zu jeder quadratischen Matrix **A** (gleichgültig ob symmetrisch oder nicht) existiert eine solche quadratische Form. Eine quadratische Matrix **A** heißt *positiv definit* (bzw. *negativ definit*), falls für ihre quadratische Form gilt: **b'Ab** > 0 (bzw. **b'Ab** < 0) für alle **b** ≠ **o**. Der Begriff „positiv definit" ist der formale Terminus für unsere umgangssprachliche Bezeichnung „insgesamt positiv". Die Matrix **A** heißt *positiv semidefinit* (bzw. *negativ semidefinit*), falls für ihre quadratische Form gilt: **b'Ab** ≥ 0 (bzw. **b'Ab** ≤ 0) für alle **b** ≠ **o**. Die Matrix heißt *indefinit*, falls sie weder positiv noch negativ semidefinit ist.

Für definite bzw. semidefinite Matrizen existieren einige Regeln, auf die an späterer Stelle zurückgegriffen wird:

- Es sei **A** eine beliebige $(Z \times S)$-Matrix mit rang(**S**) = S:

  A'A ist immer positiv definit. (8.55)

- Es sei **A** eine positiv definite Matrix:

  $\mathbf{A}^{-1}$ ist dann ebenfalls positiv definit. (8.56)

- Es sei **A** eine positiv definite $(Z \times Z)$-Matrix und **B** eine $(Z \times S)$-Matrix mit rang(**B**) = S. Für die $(S \times S)$-Matrix **B'AB** gilt dann:

  B'AB ist positiv definit. (8.57)

- Für jede beliebige positiv definite $(S \times S)$-Matrix $\mathbf{C}$ gilt:
$$\text{rang}(\mathbf{C}) = S \ . \tag{8.58}$$

- Es seien $\mathbf{A}$ und $\mathbf{B}$ zwei reguläre Matrizen gleicher Ordnung:
$$\mathbf{A} - \mathbf{B} \text{ positiv definit} \quad \Longleftrightarrow \quad \mathbf{B}^{-1} - \mathbf{A}^{-1} \text{ positiv definit} \ . \tag{8.59}$$

- Es sei $\mathbf{A}$ eine positiv definite Matrix. Es existiert dann mindestens eine reguläre Matrix $\mathbf{B}$, so dass
$$\mathbf{B}'\mathbf{B} = \mathbf{A}^{-1}. \tag{8.60}$$

8.6 Matrixalgebraischer Anhang

8.6.1 Multiples Regressionsmodell in Matrixschreibweise

Das multiple Regressionsmodell lautet

$$y_t = \alpha + \beta_1 x_{1t} + \beta_2 x_{2t} + ... + \beta_K x_{Kt} + u_t \ , \tag{8.4}$$

für $t = 1, 2, ..., T$. Schreibt man dieses Modell für jede Beobachtung explizit aus, so ergibt sich das folgende Gleichungssystem:

$$\begin{aligned} y_1 &= \alpha + \beta_1 x_{11} + \beta_2 x_{21} + ... + \beta_K x_{K1} + u_1 \\ y_2 &= \alpha + \beta_1 x_{12} + \beta_2 x_{22} + ... + \beta_K x_{K2} + u_2 \\ &\vdots \\ y_T &= \alpha + \beta_1 x_{1T} + \beta_2 x_{2T} + ... + \beta_K x_{KT} + u_T \ . \end{aligned}$$

Matrixschreibweise erlaubt es, dieses Gleichungssystem in kompakterer Form darzustellen:

$$\mathbf{y} = \mathbf{X}\boldsymbol{\beta} + \mathbf{u} \ , \tag{8.61}$$

wobei

$$\mathbf{y} = \begin{bmatrix} y_1 \\ y_2 \\ \vdots \\ y_T \end{bmatrix} \quad \mathbf{X} = \begin{bmatrix} 1 & x_{11} & \cdots & x_{K1} \\ 1 & x_{12} & \cdots & x_{K2} \\ \vdots & \vdots & \ddots & \vdots \\ 1 & x_{1T} & \cdots & x_{KT} \end{bmatrix} \quad \boldsymbol{\beta} = \begin{bmatrix} \alpha \\ \beta_1 \\ \vdots \\ \beta_K \end{bmatrix} \quad \mathbf{u} = \begin{bmatrix} u_1 \\ u_2 \\ \vdots \\ u_T \end{bmatrix} \ .$$

Bei $\mathbf{y}$ und $\mathbf{u}$ handelt es sich um T-elementige Spaltenvektoren, bei $\boldsymbol{\beta}$ um einen $(K+1)$-elementigen Spaltenvektor und bei $\mathbf{X}$ um eine $(T \times (K+1))$-Matrix. Die Elemente in der ersten Zeile der Matrix $\mathbf{X}$ sind die in der Beobachtung $t=1$ aufgetretenen Werte der exogenen Variablen. Die Werte der Beobachtung $t=T$ befinden sich entsprechend in der letzten Zeile.

8.6.2 Formulierung der A-, B- und C-Annahmen

Die Formulierung der Annahmen A1 bis A3 kann durch die Matrixdarstellung nicht wesentlich vereinfacht werden.

Annahme A1 In Gleichung (8.61) fehlen keine relevanten exogenen Variablen und die in Gleichung (8.61) benutzten exogenen Variablen sind nicht irrelevant.

Annahme A2 Der wahre Zusammenhang zwischen $\mathbf{X}$ und $\mathbf{y}$ ist linear.

Annahme A3 Die Parameter $\boldsymbol{\beta}$ sind für alle T Beobachtungen $(\mathbf{x}_t, y_t)$ konstant.

Die B-Annahmen können durch die Matrixschreibweise kompakter formuliert werden als zuvor.

Annahme B1 $\qquad E(\mathbf{u}) = \mathbf{o}$.

Das Produkt $\mathbf{u}\mathbf{u}'$ ist eine $(T \times T)$-Matrix. Der Erwartungswert dieser Matrix lautet

$$E[\mathbf{u}\mathbf{u}'] = E \begin{bmatrix} u_1 u_1 & u_1 u_2 & \cdots & u_1 u_T \\ u_2 u_1 & u_2 u_2 & \cdots & u_2 u_T \\ \vdots & \vdots & \ddots & \vdots \\ u_T u_1 & u_T u_2 & \cdots & u_T u_T \end{bmatrix} \qquad (8.62)$$

$$[\text{aus (8.43)}] \quad = \begin{bmatrix} E[(u_1)^2] & E[u_1 u_2] & \cdots & E[u_1 u_T] \\ E[u_2 u_1] & E[(u_2)^2] & \cdots & E[u_2 u_T] \\ \vdots & \vdots & \ddots & \vdots \\ E[u_T u_1] & E[u_T u_2] & \cdots & E[(u_T)^2] \end{bmatrix} .$$

Aus Annahme B1 wissen wir, dass $E(u_i) = 0$ bzw. $E(u_j) = 0$ und damit,

falls $i \neq j$, $\qquad E[u_i u_j] = E\left[[u_i - E(u_i)][u_j - E(u_j)]\right] = cov(u_i, u_j)$,

falls $i = j$, $\qquad E[u_i u_i] = E\left[[u_i - E(u_i)][u_i - E(u_i)]\right] = var(u_i)$.

Bei Gültigkeit der Annahme B1 können wir Gleichung (8.62) demnach auch folgendermaßen schreiben:

$$E[\mathbf{u}\mathbf{u}'] = \mathbf{V}(\mathbf{u}) , \qquad (8.63)$$

wobei

$$\mathbf{V}(\mathbf{u}) = \begin{bmatrix} var(u_1) & cov(u_1, u_2) & \cdots & cov(u_1, u_T) \\ cov(u_2, u_1) & var(u_2) & \cdots & cov(u_2, u_T) \\ \vdots & \vdots & \ddots & \vdots \\ cov(u_T, u_1) & var(u_T, u_2) & \cdots & var(u_T) \end{bmatrix} . \qquad (8.64)$$

8.6. MATRIXALGEBRAISCHER ANHANG

Die durch (8.64) definierte Matrix enthält sowohl die Varianzen sämtlicher Störgrößen als auch sämtliche Kovarianzen, welche zwischen den Störgrößen bestehen können. Sie wird deshalb als *Varianz-Kovarianz-Matrix* $\mathbf{V}(\mathbf{u})$ des multiplen Regressionsmodells bezeichnet. Sie ist symmetrisch.

Wenn sämtliche Varianzen $var(u_t)$ den gleichen Wert σ^2 besitzen (Annahme B2) und sämtliche Kovarianzen $cov(u_i, u_j)$ gleich Null sind (Annahme B3), lautet die in Ausdruck (8.64) definierte Varianz-Kovarianz-Matrix:

$$\mathbf{V}(\mathbf{u}) = \begin{bmatrix} \sigma^2 & 0 & \cdots & 0 \\ 0 & \sigma^2 & \cdots & 0 \\ \vdots & \vdots & \ddots & \vdots \\ 0 & 0 & \cdots & \sigma^2 \end{bmatrix} = \sigma^2 \begin{bmatrix} 1 & 0 & \cdots & 0 \\ 0 & 1 & \cdots & 0 \\ \vdots & \vdots & \ddots & \vdots \\ 0 & 0 & \cdots & 1 \end{bmatrix} = \sigma^2 \mathbf{I}_T, \quad (8.65)$$

wobei Rechenregel (8.14) benutzt wurde. Die Annahmen B2 und B3 lassen sich deshalb in der folgenden Form wiedergeben:

Annahmen B2 und B3 $\qquad \mathbf{V}(\mathbf{u}) = \sigma^2 \mathbf{I}_T$.

Annahme B4 lässt sich in der folgenden Form schreiben:

Annahme B4 $\qquad \mathbf{u} \sim N(E(\mathbf{u}), \mathbf{V}(\mathbf{u}))$.

Man sagt, die Störgrößen $\mathbf{u}$ sind *multivariat normalverteilt*. Eine genaue Definition der multivariaten Normalverteilung findet sich beispielsweise in Judge et al. (1988).

Der Annahmenkomplex B1 bis B4 wird oftmals in noch kompakterer Form geschrieben:

$$\mathbf{u} \sim N(\mathbf{o}, \sigma^2 \mathbf{I}_T) . \quad (8.66)$$

Die Matrixdarstellung der Annahme C1 lautet folgendermaßen:

Annahme C1 Keines der Elemente der $(T \times (K+1))$-Matrix $\mathbf{X}$ ist eine Zufallsvariable.

Die Matrix $\mathbf{X}$ lässt sich auch in der folgenden Form schreiben:

$$\mathbf{X} = \begin{bmatrix} \mathbf{x}_0 & \mathbf{x}_1 & \cdots & \mathbf{x}_K \end{bmatrix} ,$$

wobei

$$\mathbf{x}_0 = \begin{bmatrix} 1 \\ 1 \\ \vdots \\ 1 \end{bmatrix}, \quad \mathbf{x}_1 = \begin{bmatrix} x_{11} \\ x_{12} \\ \vdots \\ x_{1T} \end{bmatrix} \quad \text{und} \quad \mathbf{x}_K = \begin{bmatrix} x_{K1} \\ x_{K2} \\ \vdots \\ x_{KT} \end{bmatrix} .$$

Wie in Abschnitt 8.5.3 des matrixalgebraischen Repetitoriums ausgeführt, besagt $\text{rang}(\mathbf{X}) = K+1$, dass alle Spaltenvektoren $\mathbf{x}_0, \mathbf{x}_1, ..., \mathbf{x}_K$ der Matrix $\mathbf{X}$

linear unabhängig sind, dass also keine lineare Beziehung zwischen diesen Spaltenvektoren besteht. Da jeder Spaltenvektor die Beobachtungen einer einzelnen exogenen Variable repräsentiert, bedeutet $\text{rang}(\mathbf{X}) = K+1$, dass keine lineare Beziehung zwischen den exogenen Variablen existiert. Genau dies wurde auch in Gleichung (8.9), welche der Kern der ohne Matrixschreibweise formulierten Annahme C2 ist, gefordert. Annahme C2 kann somit auch folgendermaßen geschrieben werden:

Annahme C2 $\qquad \text{rang}(\mathbf{X}) = K+1.$

(keine Multikollinearität)

Kapitel 9

Schätzung

Das multiple lineare Regressionsmodell lautet gemäß Annahme A1:

$$y_t = \alpha + \beta_1 x_{1t} + \beta_2 x_{2t} + \ldots + \beta_K x_{Kt} + u_t , \qquad (9.1)$$

für $t = 1, 2, \ldots, T$. Gleichung (9.1) spezifiziert also ein Modell mit K exogenen Variablen. Die Schätzung eines solchen Modells erfolgt in der gleichen Weise wie die Schätzung im Falle der Einfachregression.

Wir werden uns im Folgenden weitgehend auf das Modell der Zweifachregression konzentrieren. Auch das Dünger-Beispiel stellt eine Zweifachregression dar. Die meisten für uns relevanten Fragestellungen zeigen sich bereits in einer Zweifachregression, und die Darstellung kommt auch ohne den Einsatz von Matrixalgebra aus. Der allgemeine Fall einer Mehrfachregression mit mehr als zwei exogenen Variablen bleibt dem matrixalgebraischen Anhang dieses Kapitels (Abschnitt 9.8) vorbehalten. Dort werden die wesentlichen formalen Resultate dieses Kapitels auf der Grundlage von Matrixalgebra verallgemeinert. Ferner finden sich dort Beweise zu einigen Resultaten, mit denen hier gearbeitet wird.

Das *ökonometrische Modell* der Zweifachregression lautet

$$y_t = \alpha + \beta_1 x_{1t} + \beta_2 x_{2t} + u_t . \qquad (9.2)$$

Eine *Schätzung* besteht wieder darin, aus den beobachteten Daten (x_{1t}, x_{2t}, y_t) Schätzwerte für die wahren, aber unbekannten Parameter α, β_1 und β_2 zu ermitteln. Die Formeln für die Transformation der beobachteten Daten in Schätzwerte bezeichnen wir weiterhin als *Punktschätzer* oder vereinfachend als *Schätzer*. Im Fall der Zweifachregression haben wir es mit den drei Schätzern $\widehat{\alpha}$, $\widehat{\beta}_1$ und $\widehat{\beta}_2$ zu tun. Unser Ziel ist es, aus diesen drei Schätzern (bzw. den dahinterstehenden Formeln) numerische Werte zu ermitteln, die möglichst dicht an den wahren, aber unbekannten Parameterwerten von α, β_1 und β_2 liegen.

Sind solche numerischen Werte ermittelt, dann können sie in das *geschätzte Modell*

$$\widehat{y}_t = \widehat{\alpha} + \widehat{\beta}_1 x_{1t} + \widehat{\beta}_2 x_{2t} , \qquad (9.3)$$

mit $t = 1, 2, ..., T$, eingesetzt werden. Das geschätzte Modell (9.3) reflektiert unsere *Vermutung* bezüglich des wahren (von Störeinflüssen freien) Zusammenhangs. Dabei bezeichnet $\widehat{y}_t$ wieder den Wert der endogenen Variable, der sich gemäß der aus der Stichprobe geschätzten Parameterwerte hätte ergeben müssen, wenn x_{1t} und x_{2t} die Werte der exogenen Variablen sind und die Welt frei von Störeinflüssen wäre. Tatsächlich ergab sich in Beobachtung t der Stichprobe nicht ein Wert von $\widehat{y}_t$, sondern ein Wert von y_t. Die Differenz

$$\widehat{u}_t = y_t - \widehat{y}_t \qquad (9.4)$$

bezeichnen wir wieder als *Residuum*. Es reflektiert unsere *Vermutung* bezüglich des in Beobachtung t aufgetretenen Störeinflusses, also bezüglich des Wertes der Störgröße u_t.

Was bedeutet eine Schätzung aus grafischer Sicht? In der Einfachregression bedeutete eine Schätzung, dass eine Schätz*gerade* $\widehat{R}$ durch eine auf einer *Ebene* (der x_t-y_t-Ebene) liegende Punktwolke gelegt wird. Im Fall der Zweifachregression wird eine Schätz*ebene* durch eine im *Raum* befindliche Punktwolke gelegt. Dies ist in Abbildung 9.1 veranschaulicht, wobei lediglich der Datenpunkt der Beobachtung $t=25$ eingezeichnet wurde. R bezeichnet die eigentlich nicht beobachtbare, wahre Ebene. Die steilere Ebene $\widehat{R}$ ist die Schätzebene oder *Regressionsebene*, also unsere auf Basis der beobachteten Daten ermittelte Vermutung bezüglich der wahren Ebene R.

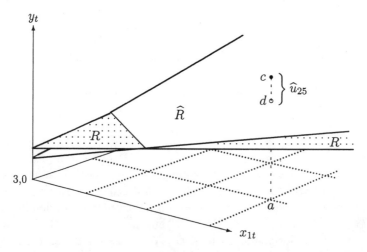

Abbildung 9.1: Der Zusammenhang zwischen wahrer Ebene R, Schätzebene $\widehat{R}$ und Residuen $\widehat{u}_t$.

Die drei Punkte a, d und c liegen alle auf derselben senkrechten Gerade. Der Punkt d befindet sich dabei auf der geschätzten Ebene $\widehat{R}$. Der Abstand

9.1. PUNKTSCHÄTZER

der Punkte a und c beträgt y_{25}. Er lässt sich in zwei Komponenten zerlegen: Der Abstand von a zu d entspricht dem Term $\widehat{\alpha} + \widehat{\beta}_1 x_{1,25} + \widehat{\beta}_2 x_{2,25}$. Der verbleibende Rest, also die Distanz zwischen d und c, ist das Residuum $\widehat{u}_{25}$. Es entspricht also dem vertikalen (das heißt parallel zur y_t-Achse gemessenen) Abstand zwischen Beobachtungspunkt und Schätzebene $\widehat{R}$. Formal ergeben sich die zwei Komponenten, indem man Gleichung (9.4) in das geschätzte Modell (9.3) einsetzt und nach y_t auflöst:

$$y_t = \widehat{\alpha} + \widehat{\beta}_1 x_{1t} + \widehat{\beta}_2 x_{2t} + \widehat{u}_t \ . \tag{9.5}$$

Dies ist wieder die zweite Variante des geschätzten Modells.

Es bleibt die Frage zu klären, welche Schätzformeln für die Berechnung von $\widehat{\alpha}$, $\widehat{\beta}_1$ und $\widehat{\beta}_2$ verwendet werden sollen.

9.1 Punktschätzer $\widehat{\alpha}$, $\widehat{\beta}_1$ und $\widehat{\beta}_2$

Auch für das multiple Regressionsmodell erweist sich die Methode der kleinsten Quadrate (*KQ-Methode*) als ein leistungsfähiges Verfahren. Es geht also wieder darum, die Summe der quadrierten Residuen

$$S_{\widehat{u}\widehat{u}} = \sum \widehat{u}_t^2 \tag{9.6}$$

zu minimieren.

Für eine Mehrfachregression mit $K > 2$ erhöht sich die Komplexität der Schätzer erheblich. Eine übersichtliche Darstellung ist ohne den Einsatz von Matrixalgebra nicht möglich. Wir begnügen uns hier deshalb mit der Zweifachregression. Der allgemeine Fall der Mehrfachregression ist in Abschnitt 9.8.1 des matrixalgebraischen Anhangs dieses Kapitels dargestellt.

Löst man das geschätzte Modell (9.5) nach $\widehat{u}_t$ auf, so ergibt sich:

$$\widehat{u}_t = y_t - \widehat{\alpha} - \widehat{\beta}_1 x_{1t} - \widehat{\beta}_2 x_{2t} \ , \tag{9.7}$$

für $t = 1, 2, ..., T$. Einsetzen in Ausdruck (9.6) liefert

$$S_{\widehat{u}\widehat{u}} = \sum \left(y_t - \widehat{\alpha} - \widehat{\beta}_1 x_{1t} - \widehat{\beta}_2 x_{2t} \right)^2 \ . \tag{9.8}$$

Diese Form der Summe der Residuenquadrate erlaubt es uns, die Formeln der KQ-Schätzer algebraisch herzuleiten. Auch hier folgt die Vorgehensweise in allen Punkten der Einfachregression. Lediglich die Algebra ist etwas komplizierter.

Für eine Minimierung der Summe (9.8) müssen die folgenden drei Bedingungen erster Ordnung erfüllt sein:

$$\partial S_{\widehat{u}\widehat{u}} / \partial \widehat{\alpha} = 0 \tag{9.9a}$$
$$\partial S_{\widehat{u}\widehat{u}} / \partial \widehat{\beta}_1 = 0 \tag{9.9b}$$
$$\partial S_{\widehat{u}\widehat{u}} / \partial \widehat{\beta}_2 = 0 \ . \tag{9.9c}$$

Um übersichtliche Formeln für die geschätzten Parameter $\widehat{\alpha}$, $\widehat{\beta}_1$ und $\widehat{\beta}_2$ zu erhalten, ist es wieder nützlich, Definitionen für die quadratischen Abweichungen der Variablen von ihrem jeweiligen Mittelwert zu verwenden. Bei der Einfachregression definierten wir dieses Maß als *Variation* der Variable. Die Variation der exogenen Variable x_t ergab sich gemäß:

$$S_{xx} \equiv \sum (x_t - \overline{x})^2 \ .$$

In der Zweifachregression haben wir zwei exogene Variablen. Für die Variation der Variable x_{1t} müsste man konsequenterweise das aufwändige Symbol $S_{x_1 x_1}$ benutzen. Um einen gewissen Grad an Übersichtlichkeit zu wahren, vollziehen wir deshalb einen geringfügigen Notationswechsel und bezeichnen diese Variation einfach durch das Symbol S_{11}. Entsprechend repräsentiert S_{22} die Variation der zweiten exogenen Variable x_{2t}. Im Einzelnen lauten die Definitionen dann folgendermaßen:

$$S_{11} \equiv \sum (x_{1t} - \overline{x}_1)^2 = \sum x_{1t}^2 - T\,\overline{x}_1^2 \tag{9.10a}$$

$$S_{22} \equiv \sum (x_{2t} - \overline{x}_2)^2 = \sum x_{2t}^2 - T\,\overline{x}_2^2 \tag{9.10b}$$

$$S_{yy} \equiv \sum (y_t - \overline{y})^2 = \sum y_t^2 - T\,\overline{y}^2 \tag{9.10c}$$

$$S_{12} \equiv \sum (x_{1t} - \overline{x}_1)(x_{2t} - \overline{x}_2) = \sum x_{1t} x_{2t} - T\,\overline{x}_1 \overline{x}_2 \tag{9.10d}$$

$$S_{1y} \equiv \sum (x_{1t} - \overline{x}_1)(y_t - \overline{y}) = \sum x_{1t} y_t - T\,\overline{x}_1 \overline{y} \tag{9.10e}$$

$$S_{2y} \equiv \sum (x_{2t} - \overline{x}_2)(y_t - \overline{y}) = \sum x_{2t} y_t - T\,\overline{x}_2 \overline{y}\ . \tag{9.10f}$$

Die ersten drei dieser Definitionen stellen Variationen dar, die anderen drei *Kovariationen*.

Im Anhang ist gezeigt, dass die Bedingungen (9.9a) bis (9.9c) zu den folgenden KQ-Schätzern führen:

$$\widehat{\alpha} = \overline{y} - \widehat{\beta}_1 \overline{x}_1 - \widehat{\beta}_2 \overline{x}_2 \tag{9.11a}$$

$$\widehat{\beta}_1 = \frac{S_{22} S_{1y} - S_{12} S_{2y}}{S_{11} S_{22} - S_{12}^2} \tag{9.11b}$$

$$\widehat{\beta}_2 = \frac{S_{11} S_{2y} - S_{12} S_{1y}}{S_{11} S_{22} - S_{12}^2}\ . \tag{9.11c}$$

In den Gleichungen (9.11b) und (9.11c) sind die gesuchten KQ-Schätzer $\widehat{\beta}_1$ und $\widehat{\beta}_2$ algebraisch definiert. Der Nenner ist für beide Schätzer identisch. Wie schon bei der Einfachregression, so wird er auch hier ausschließlich durch die beobachteten Daten der *exogenen* Variablen bestimmt. Im Zähler erscheinen unter anderem auch wieder Kovariationen zwischen exogener und endogener Variable. Allerdings ist der Zusammenhang algebraisch erheblich komplizierter, weil es mehr Kovariationen zu berücksichtigen gilt als bei der Einfachregression.

9.1. PUNKTSCHÄTZER

Beim Schätzer $\widehat{\alpha}$ ist die Analogie zur Einfachregression offensichtlich. Da in Formel (9.11a) nicht nur die direkt beobachteten Daten $\bar{y}$, $\bar{x}_1$ und $\bar{x}_2$ eingehen, sondern auch die Schätzer $\widehat{\beta}_1$ und $\widehat{\beta}_2$, kann ein nummerischer Wert für $\widehat{\alpha}$ erst im Anschluss an die Berechnung der nummerischen Werte von $\widehat{\beta}_1$ und $\widehat{\beta}_2$ angegeben werden.

Nummerische Illustration 9.1

Aus den Daten der Tabelle 8.2 ergeben sich folgende Werte:

$$S_{11} = 0,22369 \tag{9.12}$$
$$S_{22} = 3,67920 \tag{9.13}$$
$$S_{yy} = 0,44629 \tag{9.14}$$
$$S_{12} = -0,00556 \tag{9.15}$$
$$S_{1y} = 0,13198 \tag{9.16}$$
$$S_{2y} = 0,96267 \ . \tag{9.17}$$

Einsetzen dieser Werte in die Formeln (9.11b) und (9.11c) liefert die Schätzer der exogenen Variablen $(x_{1t} = \ln p_t)$ und $(x_{2t} = \ln n_t)$:

$$\widehat{\beta}_1 = \frac{3,67920 \cdot 0,13198 + 0,00556 \cdot 0,96267}{0,22369 \cdot 3,67920 - [-0,00556]^2} = 0,59652 \tag{9.18}$$

$$\widehat{\beta}_2 = \frac{0,22369 \cdot 0,96267 + 0,00556 \cdot 0,13198}{0,22369 \cdot 3,67920 - [-0,00556]^2} = 0,26255 \ . \tag{9.19}$$

Die aus der Stichprobe zu ermittelnden Durchschnittswerte der drei Variablen lauten $\bar{x}_1 = 3,22577$, $\bar{x}_2 = 4,32415$ und $\bar{y} = 4,01386$. Zusammen mit den Werten für $\widehat{\beta}_1$ und $\widehat{\beta}_2$ ergibt sich aus Formel (9.11a):

$$\widehat{\alpha} = 4,01386 - 0,59652 \cdot 3,22577 - 0,26255 \cdot 4,32415 = 0,95432 \ .$$

Das geschätzte Modell lautet demnach:

$$\widehat{y}_t = 0,95432 + 0,59652 \cdot x_{1t} + 0,26255 \cdot x_{2t} \ .$$

Es wurde bereits im Rahmen der Einfachregression darauf hingewiesen, dass man genaugenommen von den *KQ-Schätzern* $\widehat{\alpha}^{KQ}$ und $\widehat{\beta}_k^{KQ}$ sprechen sollte und nicht einfach nur von den *Schätzern* $\widehat{\alpha}$ und $\widehat{\beta}_k$. Um die Notation jedoch nicht zu aufwändig werden zu lassen, werden die KQ-Schätzer weiterhin einfach durch $\widehat{\alpha}$ und $\widehat{\beta}_k$ bezeichnet. Wann immer wir es mit Schätzern zu tun haben, welche durch eine andere Schätzmethode als die KQ-Methode gewonnen werden, erhalten sie eine zusätzliche Markierung, welche die verwendete Schätzmethode kenntlich macht.

9.2 Interpretation der Schätzer $\widehat{\alpha}$, $\widehat{\beta}_1$ und $\widehat{\beta}_2$

9.2.1 Formale Interpretation

Nehmen wir an, beide exogene Variablen x_{1t} und x_{2t} besäßen einen Wert von 0. Formal gibt der geschätzte Niveauparameter $\widehat{\alpha}$ den für diesen Fall zu erwartenden Wert der endogenen Variable $\widehat{y}_t$ an.

Die Steigungsparameter $\widehat{\beta}_1$ und $\widehat{\beta}_2$ entsprechen formal den partiellen Ableitungen des geschätzten Modells nach den exogenen Variablen:

$$\partial \widehat{y}_t / \partial x_{1t} = \widehat{\beta}_1 \qquad (9.20)$$
$$\partial \widehat{y}_t / \partial x_{2t} = \widehat{\beta}_2 \ .$$

Damit ist die Bedeutung von $\widehat{\alpha}$, $\widehat{\beta}_1$ und $\widehat{\beta}_2$ zwar mathematisch korrekt beschrieben, aber was können wir mit dieser Information anfangen? Letztlich brauchen wir inhaltliche Aussagen. Im Trinkgeld-Beispiel war dies ohne weitere Mühen möglich. Der Schätzer $\widehat{\beta}$ beispielsweise gab an, um wieviel Euro das Trinkgeld vermutlich steigt, wenn der Rechnungsbetrag des Gastes um einen Euro höher ausfällt. Im Dünger-Beispiel hingegen ergeben sich Komplikationen. Diese sind *nicht nur* darauf zurückzuführen, dass es sich im Dünger-Beispiel um eine Mehrfachregression handelt, sondern auch darauf, dass die verwendeten Daten logarithmiert sind.

9.2.2 Ökonomische Interpretation

Schätzer $\widehat{\alpha}$

Der Schätzer des Niveauparameters α besagt im Dünger-Beispiel, dass auf einer Parzelle mit Düngermengen $x_{1t} = \ln p_t = 0$ und $x_{2t} = \ln n_t = 0$ der erwartete *logarithmierte* Gersten-Output $0,95432$ beträgt:

$$\ln \widehat{g}_t = 0,95432$$

und damit

$$e^{\ln \widehat{g}_t} = e^{0,95432} \ .$$

Da $e^{\ln \widehat{g}_t} = \widehat{g}_t$, erhalten wir:

$$\widehat{g}_t = e^{0,95432} \approx 2,59690 \ . \qquad (9.21)$$

Bekanntlich gilt $\ln 1 = 0$ und deshalb ist $x_{1t} = x_{2t} = 0$ gleichbedeutend mit $n_t = p_t = 1$. Demzufolge besagt Gleichung (9.21), dass für Stickstoff- und Phosphatmengen von jeweils 1 kg/ha der vermutete Gersten-Output $\widehat{g}_t = 2,59690$ dt/ha beträgt.

Angesichts der Rohdaten in Tabelle 8.1 erscheint dieser Output unplausibel klein. Wir stoßen hier wieder auf ein altbekanntes Problem: Das von uns spezifizierte ökonometrische Modell scheint nicht in allen Wertebereichen

9.2. INTERPRETATION DER SCHÄTZER

der exogenen Variablen eine gute Beschreibung des wahren Zusammenhangs zu liefern. Insbesondere für den Bereich kleiner Werte mag es erhebliche Abweichungen geben. Dieser Ursprungsbereich ist für uns aber nicht interessant, denn alle Beobachtungen spielen sich außerhalb des Ursprungsbereiches ab. In den Wertebereichen, für die Beobachtungen vorliegen, mag unser ökonometrisches Modell sehr wohl eine gute Beschreibung des wahren Zusammenhangs darstellen. Im Dünger-Beispiel lagen die kleinsten Düngemengen bei 22 kg/ha Phosphat (x_{1t}=3,0910) und bei 40 kg/ha Stickstoff (x_{2t}=3,6889). Der Parameter $\widehat{\alpha}$ sollte also wieder als eine rein technische Größe verstanden werden, die lediglich festlegt, auf welchem Niveau sich der beobachtete lineare Zusammenhang abspielt.

Schätzer $\widehat{\beta}_1$ und $\widehat{\beta}_2$

Ökonomisch gehaltvollere Aussagen erhält man aus den Schätzern der Steigungsparameter $\widehat{\beta}_1$ und $\widehat{\beta}_2$. Der Schätzwert $\widehat{\beta}_1 = 0,59652$ gibt an, dass der vermutete *logarithmierte* Gersten-Output ($\widehat{y}_t$) um 0,59652 steigt, wenn der *logarithmierte* Phosphat-Input (x_{1t}) um eine Einheit erhöht wird *und dabei die Stickstoffmenge (x_{2t}) konstant gehalten wird.* Um auch hier zu verwertbaren inhaltlichen Aussagen zu kommen, müssen wir einige mikroökonomische Kenntnisse kurz auffrischen.

Aus Gleichung (9.20) ergibt sich

$$\widehat{\beta}_1 = \frac{\partial \widehat{y}_t}{\partial x_{1t}} = \frac{\partial (\ln \widehat{g}_t)}{\partial (\ln p_t)} . \qquad (9.22)$$

Wegen

$$\frac{\partial \ln \widehat{g}_t}{\partial \widehat{g}_t} = \frac{1}{\widehat{g}_t} \qquad \text{und} \qquad \frac{\partial \ln p_t}{\partial p_t} = \frac{1}{p_t}$$

liefert Gleichung (9.22):

$$\widehat{\beta}_1 = \frac{\partial \widehat{g}_t / \widehat{g}_t}{\partial p_t / p_t} .$$

Dem Leser mit mikroökonomischen Kenntnissen wird der rechte Teil dieses Ausdrucks bekannt vorkommen. Es handelt sich beim Schätzer $\widehat{\beta}_1$ offenbar um eine *Elastizität*. Der Schätzer $\widehat{\beta}_1$ gibt demzufolge an, dass der zu erwartende Gersten-Output ($\widehat{g}_t$) um 0,59652 *Prozent* steigt, wenn der Phosphat-Input (p_t) um 1 *Prozent* erhöht wird *und dabei die Stickstoffmenge (n_t) unverändert bleibt*. Entsprechend sagt der Schätzer $\widehat{\beta}_2$, dass der zu erwartende Gersten-Output ($\widehat{g}_t$) um 0,26255 *Prozent* steigt, wenn der Stickstoff-Input (n_t) um 1 *Prozent* erhöht wird *und dabei die Phosphatmenge (p_t) unverändert bleibt*.

Dies ist ein allgemeines Resultat. Immer wenn wir es in unserer Schätzung mit einer logarithmierten endogenen und einer logarithmierten exogenen Variable zu tun haben, dann kann der entsprechende Steigungsparameter als Elastizität interpretiert werden. Dies gilt also auch für eine Einfachregression.

9.3 Bestimmtheitsmaß R^2

Im einfachen linearen Regressionsmodell versuchte man die *Erklärungskraft* einer Regressionsgrade durch das Bestimmtheitsmaß zu quantifizieren. Dasselbe ist auch für das multiple lineare Regressionsmodell möglich. Da hier mehr als eine exogene Variable zur Erklärung beiträgt, spricht man gelegentlich auch vom *multiplen Bestimmtheitsmaß*.

9.3.1 Definition des Bestimmtheitsmaßes

Die Variation der endogenen Variable ist weiterhin gemäß

$$S_{yy} \equiv \sum (y_t - \overline{y})^2$$

definiert. Die Summe der quadrierten Residuen $S_{\widehat{u}\widehat{u}}$ entspricht dem Anteil an S_{yy}, der nicht auf die unterschiedlichen Werte der exogenen Variablen zurückzuführen ist, also der unerklärten Variation. Die Differenz aus den beiden Größen kann wieder als diejenige Variation aufgefasst werden, die durch die Werte der exogenen Variable tatsächlich erklärt wird:

$$S_{yy} - S_{\widehat{u}\widehat{u}} = \text{„erklärte Variation"}.$$

Wie schon bei der Einfachregression, so lässt sich auch bei der Mehrfachregression zeigen (siehe Abschnitt 9.8.2 des matrixalgebraischen Anhangs), dass die erklärte Variation genau

$$S_{\widehat{y}\widehat{y}} \equiv \sum (\widehat{y}_t - \overline{y})^2 \tag{9.23}$$

entspricht, wobei $\overline{y} = \overline{\widehat{y}}$. Damit ergibt sich wieder

$$S_{yy} = S_{\widehat{y}\widehat{y}} + S_{\widehat{u}\widehat{u}}. \tag{9.24}$$

Diese Gleichung zeigt, dass sich auch im Falle der Mehrfachregression die gesamte Variation der endogenen Variable S_{yy} in zwei Komponenten zerlegen lässt: in die erklärte Variation $S_{\widehat{y}\widehat{y}}$ und die unerklärte Variation $S_{\widehat{u}\widehat{u}}$.

Entsprechend ist das *Bestimmtheitsmaß* R^2 genau wie im Falle der Einfachregression definiert:

$$R^2 = \frac{S_{yy} - S_{\widehat{u}\widehat{u}}}{S_{yy}} = \frac{S_{\widehat{y}\widehat{y}}}{S_{yy}}. \tag{9.25}$$

Je höher der Anteil der erklärten Variation, umso höher der Wert des Bestimmtheitsmaßes. Das Bestimmtheitsmaß R^2 fällt auch hier notwendigerweise zwischen 0 und 1, da die erklärte Variation größer oder gleich 0 ist, aber in keinem Fall größer sein kann als die Gesamtvariation der endogenen Variable.

9.3.2 Grafische Veranschaulichung des Bestimmtheitsmaßes

Die auf einen Vorschlag von Cohen und Cohen (1975) und Kennedy (1981) zurückgehende Abbildung 9.2 stellt die KQ-Mechanik der Informationsverarbeitung in einem Venn-Diagramm dar.

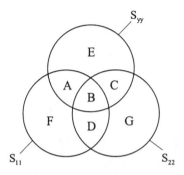

Abbildung 9.2: Grafische Veranschaulichung des Bestimmtheitsmaßes.

Der obere Kreis repräsentiert die Variation der endogenen Variable (S_{yy}), während die unteren beiden Kreise die jeweilige Variation in den beiden exogenen Variablen darstellen (S_{11} und S_{22}). Bestünde kein Wirkungszusammenhang zwischen den betrachteten Variablen, dann wäre die Variation in der endogenen Variable von den Variationen der exogenen Variablen vollkommen unabhängig ($S_{1y} = S_{2y} = 0$). Wenn hingegen ein Wirkungszusammenhang zwischen den Variablen existiert, dann ist die Variation der endogenen Variable (S_{yy}) nicht vollkommen unabhängig von der Variation in den exogenen Variablen (S_{11} und S_{22}). Mit anderen Worten, die Kovariationen S_{1y} und S_{2y} weisen positive Werte auf. In Abbildung 9.2 wird die Kovariation S_{1y} durch die Überschneidungsflächen A und B repräsentiert. S_{2y} wird entsprechend durch die Flächen B und C dargestellt. Die Flächen B und D signalisieren Kovariation zwischen den beiden exogenen Variablen (S_{12}).

Die Summe der Flächen A, B und C kann man als *erklärte Variation* $S_{\widehat{y}\widehat{y}}$ auffassen, also als diejenige Variation in der endogenen Variable, die auf die Werte der exogenen Variablen zurückzuführen ist. Fläche E interpretiert man entsprechend als *unerklärte Variation* $S_{\widehat{u}\widehat{u}}$, also als Variation in der endogenen Variable, die reine Störeinflüsse darstellt und nicht auf die Werte der exogenen Variablen zurückzuführen ist.

Das Bestimmtheitsmaß quantifiziert den Anteil der erklärten Variation an der gesamten Variation der endogenen Variable, also

$$R^2 = \frac{A+B+C}{A+B+C+E}.$$

9.3.3 Berechnung des Bestimmtheitsmaßes

Die Größe S_{yy} lässt sich aus den Beobachtungen direkt ermitteln. Die unerklärte Variation $S_{\widehat{u}\widehat{u}}$ ergibt sich allerdings erst bei der Berechnung der KQ-Schätzer. Um das Bestimmtheitsmaß R^2 direkt aus den Beobachtungsdaten zu berechnen, kann man auf eine alternative Formulierung des Bestimmtheitsmaßes zurückgreifen.

Für die Einfachregression konnten wir im Anhang des Kapitels 3 zeigen, dass $S_{\widehat{y}\widehat{y}} = \widehat{\beta}S_{xy}$. In Abschnitt 9.8.2 des matrixalgebraischen Anhangs wird gezeigt, dass für den Fall der Mehrfachregression ein ganz analoges Ergebnis gilt:

$$S_{\widehat{y}\widehat{y}} = \sum_{k=1}^{K} \widehat{\beta}_k S_{ky} \; . \tag{9.26}$$

Die erklärte Variation $S_{\widehat{y}\widehat{y}}$ lässt sich demnach als eine Linearkombination der K Kovariationen S_{ky} gewichtet mit ihrem jeweiligen Regressionsparameter $\widehat{\beta}_k$ darstellen. Die Gewichtung der Kovariationen erlaubt es, die partiellen Erklärungsbeiträge der exogenen Variablen des multiplen Modells zu einem Gesamt-Erklärungsbeitrag aufzusummieren. Setzt man den Ausdruck (9.26) in Gleichung (9.25) ein, so erhält man für das Bestimmtheitsmaß die folgende Formel:

$$R^2 = \frac{S_{\widehat{y}\widehat{y}}}{S_{yy}} = \frac{\sum_{k=1}^{K} \widehat{\beta}_k S_{ky}}{S_{yy}} \; . \tag{9.27}$$

Nummerische Illustration 9.2

Die Schätzwerte der Parameter im Dünger-Beispiel kennen wir aus den Resultaten (9.18) und (9.19): $\widehat{\beta}_1 = 0,59652$ und $\widehat{\beta}_2 = 0,26255$. Unter Nutzung der Ergebnisse (9.16) und (9.17) ergibt sich gemäß Formel (9.27):

$$R^2 = \frac{0,59652 \cdot 0,13198 + 0,26255 \cdot 0,96267}{0,44629} = 74,3\% \; .$$

Eine Berechnung mit Formel (9.25) liefert denselben Wert: Im Dünger-Beispiel ergab sich laut Ergebnis (9.14) für S_{yy} ein Wert von $0,44629$. Ferner berechnet uns jede ökonometrische Standard-Software den Wert von $S_{\widehat{u}\widehat{u}}$. In unserem Beispiel ergibt sich

$$S_{\widehat{u}\widehat{u}} = 0,11481 \; . \tag{9.28}$$

Aus Formel (9.25) kann damit ein Bestimmtheitsmaß in Höhe von

$$R^2 = \frac{0,44629 - 0,11481}{0,44629} = 74,3\%$$

errechnet werden. $74,3\%$ der Variation der endogenen Variable kann durch die exogenen Variablen erklärt werden. Dies signalisiert eine gute Erklärungskraft unseres Modells.

9.4 Unverzerrtheit und Effizienz der KQ-Methode

9.4.1 Erwartungswert und Varianz der KQ-Schätzer $\widehat{\alpha}$ und $\widehat{\beta}_k$

In den matrixalgebraischen Abschnitten 9.8.3 und 9.8.4 dieses Kapitels sind die Erwartungswerte, Varianzen und Kovarianzen der KQ-Schätzer einer Mehrfachregression hergeleitet. Für den Spezialfall der Zweifachregression liefern die dortigen Resultate die Erwartungswerte

$$E(\widehat{\beta}_1) = \beta_1 \tag{9.29a}$$
$$E(\widehat{\beta}_2) = \beta_2 \tag{9.29b}$$
$$E(\widehat{\alpha}) = \alpha, \tag{9.29c}$$

die Varianzen

$$var(\widehat{\beta}_1) = \frac{\sigma^2}{S_{11}\left(1-R_{1\cdot 2}^2\right)} \tag{9.30a}$$

$$var(\widehat{\beta}_2) = \frac{\sigma^2}{S_{22}\left(1-R_{1\cdot 2}^2\right)} \tag{9.30b}$$

$$var(\widehat{\alpha}) = \sigma^2/T + \overline{x}_1^2 var(\widehat{\beta}_1) + 2\overline{x}_1\overline{x}_2 cov(\widehat{\beta}_1,\widehat{\beta}_2) + \overline{x}_2^2 var(\widehat{\beta}_2) \tag{9.30c}$$

und die Kovarianz

$$cov(\widehat{\beta}_1,\widehat{\beta}_2) = \frac{-\sigma^2 R_{1\cdot 2}^2}{S_{12}\left(1-R_{1\cdot 2}^2\right)}, \tag{9.31}$$

wobei

$$R_{1\cdot 2}^2 = \frac{S_{12}^2}{S_{11}S_{22}}.$$

9.4.2 Interpretation der Formeln

Gleichungen (9.29a) bis (9.29c) zeigen, dass die KQ-Schätzer $\widehat{\alpha}$, $\widehat{\beta}_1$ und $\widehat{\beta}_2$ *unverzerrt* sind, genau wie im einfachen Regressionsmodell. Auch die Struktur der Bestimmungsgleichungen für die *Varianz* der Parameterschätzungen $\widehat{\beta}_1$ und $\widehat{\beta}_2$ entspricht der Struktur, die wir von der Einfachregression her kennen: In den Ausdrücken (9.30a) und (9.30b) ist die Varianz *ceteris paribus* umso höher, je größer die Varianz der Störgröße σ^2 in Relation zur Variation der exogenen Variablen S_{11} bzw. S_{22}.

Es gibt aber in (9.30a) und (9.30b) einen wesentlichen Unterschied zum Fall der Einfachregression: Die Varianz des jeweiligen geschätzten Parameters fällt *ceteris paribus* umso größer aus, je größer $R_{1\cdot 2}^2$, das heißt je größer der Quotient $S_{12}^2/(S_{11}S_{22})$.

Was sagt dieser Quotient aus? In Gleichung (3.27) aus Teil I dieses Lehrbuches wurde das Bestimmtheitsmaß im Falle der Einfachregression durch

$$R^2 = S_{xy}^2 / (S_{xx}S_{yy}) \qquad (3.27)$$

definiert. Es drückt die Erklärungskraft der exogenen Variable für die Bewegung der endogenen Variable aus. Der Quotient $S_{12}^2/(S_{11}S_{22})$ hat genau die gleiche Struktur. Demnach kann er als Bestimmtheitsmaß $R_{1\cdot 2}^2$ einer Einfachregression aufgefasst werden, und zwar einer *Regression der x_{1t} auf x_{2t}* (oder umgekehrt – die symmetrische Struktur eines Bestimmtheitsmaßes erlaubt auch eine Interpretation in die Gegenrichtung, also $R_{1\cdot 2}^2 = R_{2\cdot 1}^2$). Je größer dieses Bestimmtheitsmaß, umso dichter liegen die (x_{1t}, x_{2t})-Punkte entlang einer Geraden, das heißt umso stärker sind ihre Bewegungen synchronisiert. Im Zusammenhang mit Annahme C2 (Multikollinearität) beschreiben wir diese synchronisierten Bewegungen mit „geringer *autonomer Variation* der exogenen Variablen".

Die Nenner der Ausdrücke (9.30a) und (9.30b) verleihen dem Begriff der „autonomen Variation" formale Struktur: Die autonome Variation der exogenen Variable x_{1t} ergibt sich als die Variation S_{11} reduziert durch Multiplikation mit dem Korrekturfaktor $(1 - R_{1\cdot 2}^2)$, welcher einen Wert zwischen 0 und 1 besitzt. Wären die beiden exogenen Variablen vollkommen perfekt synchronisiert, dann ergäbe sich $R_{1\cdot 2}^2 = 1$, das heißt es gäbe keine autonome Variation von x_{1t}: $S_{11}(1 - R_{1\cdot 2}^2) = 0$. Wären x_{1t} und x_{2t} überhaupt nicht synchronisiert ($R_{1\cdot 2}^2 = 0$), dann wäre die gesamte Variation von x_{1t} zugleich *autonome* Variation. Das Gleiche würde für die Variation von x_{2t} gelten.

Nummerische Illustration 9.3

Die Ergebnisse (9.12), (9.13) und (9.15) liefern für $R_{1\cdot 2}^2$ einen Wert von

$$R_{1\cdot 2}^2 = \frac{S_{12}^2}{S_{11}S_{22}} = \frac{[-0,00556]^2}{0,22369 \cdot 3,67920} = 0,00004 \ . \qquad (9.32)$$

Dieser Wert ist außerordentlich gering, was typisch für Experimente ist. Da man die Werte der exogenen Variablen selbst wählen kann, vermeidet man ganz bewusst synchronisierte Bewegungen dieser Variablen. So wurde auch im Dünger-Beispiel auf eine hohe autonome Variation der exogenen Variablen geachtet.

Je größer $R_{1\cdot 2}^2$, umso geringer die autonome Variation, also der Nenner der Ausdrücke (9.30a) und (9.30b). Ein kleiner Nenner bedeutet aber eine große Varianz der Schätzer $\widehat{\beta}_1$ und $\widehat{\beta}_2$.

Warum wirkt sich eine geringe autonome Variation der exogenen Variablen nachteilig auf die Varianz der Schätzer aus? Dies ist ebenfalls im Venn-Diagramm der Abbildung 9.2 veranschaulicht. Die Flächen $A + B$ und $B + C$ repräsentieren die Kovariationen S_{1y} und S_{2y}. Die Kovariation zwischen den beiden exogenen Variablen (S_{12}) wird durch die Flächen $B + D$ dargestellt. Die autonome Variation der Variable x_{1t} wird durch die Flächen $A + F$ erfasst.

9.4. UNVERZERRTHEIT UND EFFIZIENZ DER KQ-METHODE

Die Flächen $C + G$ repräsentieren die autonome Variation der Variable x_{2t}. Nutzbar für die *individuelle* Schätzung des Parameters β_1 ist ausschließlich die Überschneidungsfläche A. Entsprechend liefert Fläche C die Informationen für eine *individuelle* Schätzung des Parameters β_2. Die Informationen in Fläche B sind für die individuellen Schätzungen der Parameter β_1 und β_2 *nicht* verwertbar. Fläche B liefert nur darüber Informationen, welchen gemeinsamen Einfluss die Parameter β_1 und β_2 auf die endogene Variable ausüben. Sie repräsentieren also Informationen, welche für die Erklärung der Variation der endogenen Variable wichtig sind und erhöhen insofern das Bestimmtheitsmaß R^2, aber es ist unmöglich, diese Informationen den beiden Parametern β_1 und β_2 *individuell* zuzurechnen.

Je synchroner sich x_{1t} und x_{2t} bewegen, umso geringer also die Informationsmenge, die *individuell* einer der beiden exogenen Variablen zuzuordnen ist. Für jeden einzelnen Schätzer $\widehat{\beta}_1$ und $\widehat{\beta}_2$ wachsen deshalb die Unsicherheiten bezüglich der wahren Werte der Parameter. Die Varianz der einzelnen Schätzer steigt.

9.4.3 Schätzformeln für $var(\widehat{\alpha})$, $var(\widehat{\beta}_k)$ und $cov(\widehat{\beta}_1, \widehat{\beta}_2)$

Es sei betont, dass die Störgrößenvarianz σ^2 einen unbekannten Wert besitzt und somit die nummerischen Werte von $var(\widehat{\beta}_1)$, $var(\widehat{\beta}_2)$, $var(\widehat{\alpha})$ und $cov(\widehat{\beta}_1, \widehat{\beta}_2)$ aus den Daten nicht berechenbar sind. Aus den vorliegenden Daten kann allerdings eine *Schätzung* von σ^2 erfolgen. In Abschnitt 9.8.7 des matrixalgebraischen Anhangs dieses Kapitels ist gezeigt, dass im Rahmen der Mehrfachregression der Schätzer

$$\widehat{\sigma}^2 = S_{\widehat{u}\widehat{u}}/(T - K - 1) \qquad (9.33)$$

unverzerrt ist, vorausgesetzt die Annahmen B1 bis B3 sind erfüllt. Für die Zweifachregression ergibt sich demnach

$$\widehat{\sigma}^2 = S_{\widehat{u}\widehat{u}}/(T - 3) \qquad (9.34)$$

und für die Einfachregression

$$\widehat{\sigma}^2 = S_{\widehat{u}\widehat{u}}/(T - 2) \ .$$

Die Schätzformel (9.33) ist demnach lediglich die Verallgemeinerung der Formel (5.10), welche wir für die Einfachregression angegeben hatten.

Einsetzen von $\widehat{\sigma}^2$ in die Gleichungen (9.30a), (9.30b), (9.30c) und (9.31) liefert Schätzwerte für $var(\widehat{\beta}_1)$, $var(\widehat{\beta}_2)$, $var(\widehat{\alpha})$ und $cov(\widehat{\beta}_1, \widehat{\beta}_2)$.

Nummerische Illustration 9.4

Der Beobachtungsumfang T beträgt im Dünger-Beispiel 30. Die in der Stichprobe ermittelte Summe der Residuenquadrate $S_{\widehat{u}\widehat{u}}$ kennen wir bereits aus Ergebnis (9.28): $S_{\widehat{u}\widehat{u}} = 0,11481$. Die unbekannte Störgrößenvarianz σ^2 kann nun geschätzt werden:

$$\hat{\sigma}^2 = S_{\widehat{u}\widehat{u}}/(T-3) = 0,11481/27 = 0,00425 \ . \tag{9.35}$$

Einsetzen der Ergebnisse (9.32) und (9.35) in die Gleichungen (9.30a), (9.30b), (9.30c) und (9.31) liefert

$$\widehat{var}(\hat{\beta}_1) = 0,01901 \tag{9.36}$$
$$\widehat{var}(\hat{\beta}_2) = 0,00116 \tag{9.37}$$
$$\widehat{var}(\hat{\alpha}) = 0,22037$$
$$\widehat{cov}(\hat{\beta}_1, \hat{\beta}_2) = 0,00003 \ . \tag{9.38}$$

Die Schätzformeln (9.30) und (9.31) gelten ausschließlich für den Fall der Zweifachregression. Für komplexere Regressionen sind die Formeln ohne Matrixschreibweise nicht vernünftig darstellbar.

9.4.4 BLUE- bzw. BUE-Eigenschaft der KQ-Schätzer

Auch im multiplen Regressionsmodell gilt das Gauss-Markov-Theorem: Die KQ-Methode weist unter sämtlichen linearen unverzerrten Schätzern die geringste Varianz auf. Was bei der simultanen Schätzung mehrerer Parameter unter „geringster Varianz" zu verstehen ist, wird in Abschnitt 9.8.5 des matrixalgebraischen Anhangs erläutert. In Abschnitt 9.8.6 findet sich ein Beweis des Gauss-Markov-Theorems. Die KQ-Schätzer sind demnach effizient in der Klasse der unverzerrten linearen Schätzer. Wir sprachen in diesem Zusamenhang von der „BLUE-Eigenschaft" der KQ-Schätzer. Wird die Normalverteilungsannahme B4 hinzugezogen, dann gilt wieder, dass die KQ-Schätzer effizient in der Klasse sämtlicher unverzerrter Schätzer sind (BUE-Eigenschaft).

9.5 Wahrscheinlichkeitsverteilungen der KQ-Schätzer $\hat{\alpha}$ und $\hat{\beta}_k$

Wir beschränken uns wieder auf den Fall der Zweifachregression. Die Wahrscheinlichkeitsverteilungen der KQ-Schätzer $\hat{\alpha}$, $\hat{\beta}_1$ und $\hat{\beta}_2$ können mit Hilfe der Normalverteilungsannahme bezüglich der Störgröße (Annahme B4) hergeleitet werden.

9.5.1 Wahrscheinlichkeitsverteilung der y_t

Aus der Statistik wissen wir, dass eine normalverteilte Zufallsvariable, die einer linearen Transformation unterzogen wird, wiederum eine normalverteilte Zufallsvariable darstellt. Für die normalverteilte Störgröße u_t bedeutet dies,

9.6. INTERVALLSCHÄTZER

dass auch ihre durch Gleichung (9.2) beschriebene Transformation y_t normalverteilt ist. Für den Erwartungswert von y_t gilt:

$$\begin{aligned} E(y_t) &= E\left[\alpha + \beta_1 x_{1t} + \beta_2 x_{2t} + u_t\right] \\ &= E(\alpha) + E(\beta_1 x_{1t}) + E(\beta_2 x_{2t}) + E(u_t) \\ &= \alpha + \beta_1 x_{1t} + \beta_2 x_{2t} + 0\,. \end{aligned}$$

Die Varianz von y_t ergibt sich aus

$$\begin{aligned} var(y_t) &= E\left[y_t - E(y_t)\right]^2 \\ &= E\left[y_t - \alpha - \beta_1 x_{1t} - \beta_2 x_{2t}\right]^2 \\ &= E[u_t]^2 \\ &= E\left[[u_t - \underbrace{E(u_t)}_{=0}]^2\right] \qquad (= var(u_t)) \\ &= \sigma^2\,. \end{aligned}$$

Da die Unabhängigkeits-Eigenschaft der u_t durch die Transformation nicht berührt wird, sind auch die y_t voneinander unabhängig. Wir erhalten also

$$y_t \sim UN(\alpha + \beta_1 x_{1t} + \beta_2 x_{2t}\,,\ \sigma^2)\,,$$

für alle $t = 1, 2, ..., T$.

9.5.2 Wahrscheinlichkeitsverteilungen der Schätzer $\widehat{\alpha}$ und $\widehat{\beta}_k$

Es lässt sich zeigen (siehe Abschnitt 9.8.1), dass der durch (9.11b) definierte Schätzer $\widehat{\beta}_1$ eine gewichtete Summe (eine lineare Funktion) der unabhängig normalverteilten Zufallsvariablen y_t darstellt. Da die gewichtete Summe unabhängig normalverteilter Zufallsvariablen ebenfalls normalverteilt ist, ist auch der Schätzer $\widehat{\beta}_1$ eine normalverteilte Zufallsvariable.

Angesichts der Ergebnisse (9.29a) und (9.30a) lautet die Wahrscheinlichkeitsverteilung des KQ-Schätzers $\widehat{\beta}_1$:

$$\widehat{\beta}_1 \sim N\left(\beta_1\,,\ \frac{\sigma^2}{S_{11}(1 - R_{1\cdot 2}^2)}\right)\,. \tag{9.39}$$

Analoge Verteilungen lassen sich für die Schätzer $\widehat{\alpha}$ und $\widehat{\beta}_2$ angeben. Der allgemeine Fall mit K exogenen Variablen ist im matrixalgebraischen Abschnitt 9.8.8 dargestellt.

9.6 Intervallschätzer

Die Berechnung von Intervallschätzern geschieht im multiplen Regressionsmodell nicht anders als im einfachen Regressionsmodell. Betrachten wir wieder stellvertretend den Steigungsparameter $\widehat{\beta}_1$ im Modell einer Zweifachregression. Seine Wahrscheinlichkeitsverteilung war in Gleichung (9.39) angegeben.

Wie schon bei der Einfachregression, so suchen wir auch hier wieder einen Intervallschätzer, der so konstruiert ist, dass bei 100(1−a)% der wiederholten Stichproben das *jeweilige* in der Stichprobe ermittelte Intervall $\left[\widehat{\beta}_1-k\;;\;\widehat{\beta}_1+k\right]$ den wahren Wert β_1 abdeckt, also

$$\Pr\left\{\widehat{\beta}_1 - k \leq \beta_1 \leq \widehat{\beta}_1 + k\right\} = 1 - a\,. \tag{9.40}$$

Zunächst geht es wieder darum, die Zufallsvariable $\widehat{\beta}_1$ in *standardisierter* Form zu erhalten. Eine Standardisierung von $\widehat{\beta}_1$ erfordert jedoch die Kenntnis der Standardabweichung

$$se(\widehat{\beta}_1) = \sqrt{var(\widehat{\beta}_1)} = \sqrt{\frac{\sigma^2}{S_{11}\left(1 - R_{1\cdot 2}^2\right)}}\,.$$

Da wir die Störgrößenvarianz σ^2 nicht kennen, ist auch $se(\widehat{\beta}_1)$ unbekannt. Der Ausweg besteht wieder darin, aus den Daten der Stichprobe σ^2 zu schätzen.

Schritt 1: Schätzung von σ^2 und $se(\widehat{\beta}_1)$

Wir hatten bereits darauf hingewiesen, dass im Rahmen der Zweifachregression die Formel (9.34) ein unverzerrter Schätzer für σ^2 ist.

$$\widehat{\sigma}^2 = S_{\widehat{u}\widehat{u}}/(T-3)\,. \tag{9.34}$$

Ist $\widehat{\sigma}^2$ ermittelt, dann kann auch die geschätzte Standardabweichung der Zufallsvariable $\widehat{\beta}_1$ gemäß

$$\widehat{se}(\widehat{\beta}_1) = \sqrt{\widehat{var}(\widehat{\beta}_1)} = \sqrt{\frac{\widehat{\sigma}^2}{S_{11}\left(1 - R_{1\cdot 2}^2\right)}} \tag{9.41}$$

berechnet werden.

Nummerische Illustration 9.5

Aus dem Ergebnis (9.36) wissen wir bereits, dass $\widehat{var}(\widehat{\beta}_1) = 0,01901$. *Gemäß Formel (9.41) errechnet sich dann die geschätzte Standardabweichung für* $\widehat{\beta}_1$ *aus*

$$\widehat{se}(\widehat{\beta}_1) = \sqrt{\widehat{var}(\widehat{\beta}_1)} = 0,13788\,. \tag{9.42}$$

9.6. INTERVALLSCHÄTZER

Schritt 2: Standardisierung von $\widehat{\beta}_1$

Die Standardisierung von $\widehat{\beta}_1$ lautet:

$$t = \frac{\widehat{\beta}_1 - E(\widehat{\beta}_1)}{\widehat{se}(\widehat{\beta}_1)} = \frac{\widehat{\beta}_1 - \beta_1}{\widehat{se}(\widehat{\beta}_1)} \ . \tag{9.43}$$

Die Zufallsvariable t ist nichts weiter als eine spezielle Transformation der Zufallsvariable $\widehat{\beta}_1$. Es handelt sich bei dieser Transformation um eine Standardisierung von $\widehat{\beta}_1$ auf Basis der geschätzten Standardabweichung $\widehat{se}(\widehat{\beta}_1)$.

Wie schon im einfachen Regressionsmodell, so beinhaltet die Kette der für den Übergang von der Zufallsvariable $\widehat{\beta}_1$ zur Zufallsvariable t notwendigen Transformationen auch eine nicht-lineare Transformation. Die Normalverteilung der Zufallsvariable $\widehat{\beta}_1$ impliziert deshalb nicht länger, dass auch die standardisierte Zufallsvariable normalverteilt ist. In Abschnitt 10.6.4 des matrixalgebraischen Anhangs zu Kapitel 10 ist gezeigt, dass die Zufallsvariable t stattdessen einer t-Verteilung mit $(T-3)$ Freiheitsgraden folgt:

$$t \sim t_{(T-3)} \ .$$

Diese Information ist wichtig, da wir aus der Statistik eine Reihe von Eigenschaften t-verteilter Zufallsvariablen kennen und für die Ermittlung des Intervallschätzers nutzbar machen können.

Schritt 3: Ermittlung eines $t_{a/2}$-Wertes

Für eine $t_{(T-3)}$-verteilte Zufallsvariable t gilt folgende Beziehung:

$$\Pr\left\{-t_{a/2} \leq t \leq t_{a/2}\right\} = 1 - a \ . \tag{9.44}$$

Diese Gleichung bedeutet, dass bei $100(1-a)\%$ der wiederholten Stichproben der Wert für t im Intervall $[-t_{a/2}\,;\,t_{a/2}]$ liegt.

Für welchen Wert $t_{a/2}$ diese Aussage gilt, kann wieder aus Tabelle T.2 des Tabellenanhangs abgelesen werden. Der Wert für $t_{a/2}$ hängt lediglich von der Anzahl der Freiheitsgrade $T-3$ und dem Signifikanzniveau a ab. Der konkrete Untersuchungsgegenstand (bei uns das Dünger-Experiment) spielt nur insofern eine Rolle, als wir dort die uns interessierende Anzahl der Freiheitsgrade und das Signifikanzniveau vorgegeben bekommen. Die beobachteten Daten sind an dieser Stelle wieder vollkommen unerheblich.

Nummerische Illustration 9.6

Im Dünger-Beispiel sei ein Signifikanzniveau von $a = 5\%$ gefordert. Die Anzahl der Freiheitsgrade beträgt $30 - 3 = 27$. Wir interessieren uns also für die statistischen Eigenschaften einer $t_{(27)}$-verteilten Zufallsvariable.

Was lässt sich über deren Wahrscheinlichkeitsverteilung aussagen? Aus Tabelle T.2 ist ersichtlich, dass der Wert einer $t_{(27)}$-verteilten Zufallsvariable mit *einer Wahrscheinlichkeit von 2,5% größer als 2,0518 ausfällt. Aufgrund der symmetrischen Verteilung muss die Wahrscheinlichkeit dafür, dass t kleiner als −2,0518 ausfällt, ebenfalls 2,5% betragen. Mit anderen Worten, mit einer Wahrscheinlichkeit von 95% liegt t im Intervall [−2,0518 ; 2,0518]. Der gesuchte Wert $t_{a/2}$ beträgt also 2,0518.*

Der Nutzen, den wir aus der Ermittlung von $t_{a/2}$ ziehen, wird im folgenden Schritt deutlich.

Schritt 4: Formulierung des Intervallschätzers

Einsetzen des Ausdrucks (9.43) in Gleichung (9.44) und Auflösen nach β_1 ergibt:

$$\Pr\left\{\widehat{\beta}_1 - t_{a/2} \cdot \widehat{se}(\widehat{\beta}_1) \leq \beta_1 \leq \widehat{\beta}_1 + t_{a/2} \cdot \widehat{se}(\widehat{\beta}_1)\right\} = 1 - a. \qquad (9.45)$$

Diese Gleichung liefert den gesuchten Intervallschätzer:

$$\left[\widehat{\beta}_1 - t_{a/2} \cdot \widehat{se}(\widehat{\beta}_1) \; ; \; \widehat{\beta}_1 + t_{a/2} \cdot \widehat{se}(\widehat{\beta}_1)\right]. \qquad (9.46)$$

Da wir $\widehat{se}(\widehat{\beta}_1)$ bereits durch Formel (9.41) berechnet haben, $t_{a/2}$ aus Tabelle T.2 abgelesen wurde und sich $\widehat{\beta}_1$ als KQ-Schätzer aus der Stichprobe ergibt, liefert der Ausdruck (9.46) die nummerischen Werte des Intervallschätzers.

Wie aus der Einfachregression bekannt, verengt eine Erhöhung von T den Intervallschätzer, denn dadurch steigt die Zahl der Freiheitsgrade, was wiederum zwei positive Konsequenzen hat: Erstens wird jedem Signifikanzniveau a ein geringerer $t_{a/2}$-Wert zugeordnet und zweitens verringert sich die Standardabweichung $\widehat{se}(\widehat{\beta}_1)$. Je kleiner aber $\widehat{se}(\widehat{\beta}_1)$, d.h. je präziser die Parameterschätzung ist, umso enger auch der Intervallschätzer.

Der Intervallschätzer ist umso schmaler, je größer der Wert des Signifikanzniveaus a, denn die Zahl der Fälle, in denen der Intervallschätzer den wahren Wert abdecken muss, sinkt bei steigendem a. Formal drückt sich dies in einem fallenden $t_{a/2}$-Wert bei steigendem a aus.

Zum Abschluss soll ein Intervallschätzer für das Dünger-Beispiel berechnet werden.

Nummerische Illustration 9.7

Unsere Parameterschätzung lautet gemäß Ergebnis (9.18): $\widehat{\beta}_1 = 0,59652$. Der Schätzwert für die Standardabweichung von $\widehat{\beta}_1$ betrug laut Resultat (9.42) $\widehat{se}(\widehat{\beta}_1) = 0,13788$ und aus Tabelle T.2 hatten wir $t_{a/2} = 2,0518$ ermittelt. Einsetzen in den Intervallschätzer (9.46) liefert [0,31362 ; 0,87942].

Dieser Intervallschätzer sagt nicht, dass der wahre Wert β mit 95% Wahrscheinlichkeit durch dieses Intervall abgedeckt wird. Folgende Aussage kann *jedoch getroffen werden: Das Intervall* [0, 31362 ; 0, 87942] *wurde auf Basis einer Schätzformel berechnet, die bei 95% der Stichproben Intervalle liefert, die den wahren Wert β abdecken.*

Natürlich ist die Analyse für den Intervallschätzer des zweiten Steigungsparameters β_2 identisch. Analoge Überlegungen führen auch zum Intervallschätzer für α:

$$[\widehat{\alpha} - t_{a/2} \cdot \widehat{se}(\widehat{\alpha}) \ ; \ \widehat{\alpha} + t_{a/2} \cdot \widehat{se}(\widehat{\alpha})] \ . \tag{9.47}$$

Die Intervallschätzer (9.46) und (9.47) besitzen auch für Mehrfachregressionen mit $K > 2$ Gültigkeit. Lediglich die Berechnungsformeln für $\widehat{se}(\widehat{\beta}_k)$ bzw. $\widehat{se}(\widehat{\alpha})$ werden komplexer. Die entsprechenden Formeln finden sich im matrixalgebraischen Abschnitt 9.8.8.

9.7 Zusammenfassung

Im Modell der Zweifachregression lauten die KQ-Punktschätzer

$$\widehat{\alpha} = \overline{y} - \widehat{\beta}_1 \overline{x}_1 - \widehat{\beta}_2 \overline{x}_2 \tag{9.11a}$$

$$\widehat{\beta}_1 = \frac{S_{22} S_{1y} - S_{12} S_{2y}}{S_{11} S_{22} - S_{12}^2} \tag{9.11b}$$

$$\widehat{\beta}_2 = \frac{S_{11} S_{2y} - S_{12} S_{1y}}{S_{11} S_{22} - S_{12}^2} \ . \tag{9.11c}$$

Der Schätzer $\widehat{\beta}_1$ quantifiziert die geschätzte Veränderung im Wert der endogenen Variable, der sich aus der Veränderung des Wertes von x_{1t} um eine Einheit *bei gleichzeitiger Konstanthaltung von* x_{2t} ergibt.

Die KQ-Schätzer sind unverzerrt und sie besitzen weiterhin die BLUE- bzw. BUE-Eigenschaft. Ihre Varianzen lauten

$$var(\widehat{\beta}_1) = \frac{\sigma^2}{S_{11} \left(1 - R_{1 \cdot 2}^2\right)} \tag{9.30a}$$

$$var(\widehat{\beta}_2) = \frac{\sigma^2}{S_{22} \left(1 - R_{1 \cdot 2}^2\right)} \tag{9.30b}$$

$$var(\widehat{\alpha}) = \sigma^2 / T + \overline{x}_1^2 var(\widehat{\beta}_1) + 2\overline{x}_1 \overline{x}_2 cov(\widehat{\beta}_1, \widehat{\beta}_2) + \overline{x}_2^2 var(\widehat{\beta}_2) \ , \tag{9.30c}$$

wobei

$$R_{1 \cdot 2}^2 = \frac{S_{12}^2}{S_{11} S_{22}} \ .$$

Ferner ergibt sich die Kovarianz

$$cov(\widehat{\beta}_1, \widehat{\beta}_2) = \frac{-\sigma^2 R_{1 \cdot 2}^2}{S_{12} \left(1 - R_{1 \cdot 2}^2\right)} \ . \tag{9.31}$$

Für eine Schätzung dieser Varianzen und Kovarianz muss σ^2 durch den unverzerrten Schätzer

$$\widehat{\sigma}^2 = S_{\widehat{u}\widehat{u}}/(T-3) \tag{9.34}$$

ersetzt werden.

Das Bestimmtheitsmaß einer Schätzung lautet

$$R^2 = \frac{S_{yy} - S_{\widehat{u}\widehat{u}}}{S_{yy}} = \frac{S_{\widehat{y}\widehat{y}}}{S_{yy}} = \frac{\sum_{k=1}^{K}\widehat{\beta}_k S_{ky}}{S_{yy}} \tag{9.27}$$

und liegt immer zwischen 0 und 1.

Der Intervallschätzer für den Steigungsparameter β_k berechnet sich aus

$$\left[\widehat{\beta}_k - t_{a/2} \cdot \widehat{se}(\widehat{\beta}_k) \, ; \, \widehat{\beta}_k + t_{a/2} \cdot \widehat{se}(\widehat{\beta}_k)\right], \tag{9.46}$$

wobei

$$\widehat{se}(\widehat{\beta}_k) = \sqrt{\widehat{var}(\widehat{\beta}_k)}\,.$$

Anhang

Herleitung der Punktschätzer im Modell der Zweifachregression:

Eine Minimierung von (9.8) erfordert, dass die Bedingungen erster Ordnung erfüllt sind:

$$\partial S_{\widehat{u}\widehat{u}}/\partial \widehat{\alpha} = \sum 2\left(y_t - \widehat{\alpha} - \widehat{\beta}_1 x_{1t} - \widehat{\beta}_2 x_{2t}\right)(-1) = 0 \tag{9.9a}$$

$$\partial S_{\widehat{u}\widehat{u}}/\partial \widehat{\beta}_1 = \sum 2\left(y_t - \widehat{\alpha} - \widehat{\beta}_1 x_{1t} - \widehat{\beta}_2 x_{2t}\right)(-x_{1t}) = 0 \tag{9.9b}$$

$$\partial S_{\widehat{u}\widehat{u}}/\partial \widehat{\beta}_2 = \sum 2\left(y_t - \widehat{\alpha} - \widehat{\beta}_1 x_{1t} - \widehat{\beta}_2 x_{2t}\right)(-x_{2t}) = 0\,. \tag{9.9c}$$

Die Gleichungen (9.9a), (9.9b) und (9.9c) lassen sich nach einigen algebraischen Umformungen als

$$\sum y_t = T\widehat{\alpha} + \widehat{\beta}_1 \sum x_{1t} + \widehat{\beta}_2 \sum x_{2t} \tag{9.48a}$$

$$\sum x_{1t}y_t = \widehat{\alpha}\sum x_{1t} + \widehat{\beta}_1 \sum x_{1t}^2 + \widehat{\beta}_2 \sum x_{1t}x_{2t} \tag{9.48b}$$

$$\sum x_{2t}y_t = \widehat{\alpha}\sum x_{2t} + \widehat{\beta}_1 \sum x_{1t}x_{2t} + \widehat{\beta}_2 \sum x_{2t}^2 \tag{9.48c}$$

schreiben.

Dividieren von Gleichung (9.48a) durch T und anschließendes Umstellen ergibt

$$\widehat{\alpha} = \overline{y} - \widehat{\beta}_1 \overline{x}_1 - \widehat{\beta}_2 \overline{x}_2\,, \tag{9.11a}$$

mit $\overline{y} = (1/T)\sum y_t$, $\overline{x}_1 = (1/T)\sum x_{1t}$ und $\overline{x}_2 = (1/T)\sum x_{2t}$. Einsetzen von Gleichung (9.11a) in die Gleichungen (9.48b) und (9.48c) führt nach einigen algebraischen Umformungen zu

$$\sum x_{1t}y_t = T\bar{x}_1\left(\bar{y} - \widehat{\beta}_1\bar{x}_1 - \widehat{\beta}_2\bar{x}_2\right) + \widehat{\beta}_1\sum x_{1t}^2 + \widehat{\beta}_2\sum x_{1t}x_{2t} \quad (9.49a)$$

$$\sum x_{2t}y_t = T\bar{x}_2\left(\bar{y} - \widehat{\beta}_1\bar{x}_1 - \widehat{\beta}_2\bar{x}_2\right) + \widehat{\beta}_1\sum x_{1t}x_{2t} + \widehat{\beta}_2\sum x_{2t}^2 . \quad (9.49b)$$

Kombiniert man Gleichungen (9.49a) und (9.49b) mit dem Satz von Gleichungen (9.10a) bis (9.10f), so erhält man nach einer Reihe von mühsamen, aber im Prinzip einfachen algebraischen Umformungen

$$S_{1y} = \widehat{\beta}_1 S_{11} + \widehat{\beta}_2 S_{12}$$
$$S_{2y} = \widehat{\beta}_1 S_{12} + \widehat{\beta}_2 S_{22} .$$

Nach $\widehat{\beta}_1$ und $\widehat{\beta}_2$ aufgelöst, ergeben diese Gleichungen

$$\widehat{\beta}_1 = \frac{S_{22}S_{1y} - S_{12}S_{2y}}{S_{11}S_{22} - S_{12}^2} \quad (9.11b)$$

$$\widehat{\beta}_2 = \frac{S_{11}S_{2y} - S_{12}S_{1y}}{S_{11}S_{22} - S_{12}^2} . \quad (9.11c)$$

Den Schätzer $\widehat{\alpha}$ erhält man aus (9.11a).

9.8 Matrixalgebraischer Anhang

Das ökonometrische Modell ist weiterhin durch Gleichung (8.61) definiert:

$$\mathbf{y} = \mathbf{X}\boldsymbol{\beta} + \mathbf{u},$$

wobei

$$\mathbf{y} = \begin{bmatrix} y_1 \\ y_2 \\ \vdots \\ y_T \end{bmatrix}, \quad \mathbf{X} = \begin{bmatrix} 1 & x_{11} & \cdots & x_{K1} \\ 1 & x_{12} & \cdots & x_{K2} \\ \vdots & \vdots & \ddots & \vdots \\ 1 & x_{1T} & \cdots & x_{KT} \end{bmatrix}, \quad \boldsymbol{\beta} = \begin{bmatrix} \alpha \\ \beta_1 \\ \vdots \\ \beta_K \end{bmatrix}, \quad \mathbf{u} = \begin{bmatrix} u_1 \\ u_2 \\ \vdots \\ u_T \end{bmatrix}.$$

Das entsprechende geschätzte Modell lautet

$$\widehat{\mathbf{y}} = \mathbf{X}\widehat{\boldsymbol{\beta}}, \quad (9.50)$$

wobei

$$\widehat{\mathbf{y}} = \begin{bmatrix} \widehat{y}_1 \\ \widehat{y}_2 \\ \vdots \\ \widehat{y}_T \end{bmatrix} \quad \text{und} \quad \widehat{\boldsymbol{\beta}} = \begin{bmatrix} \widehat{\alpha} \\ \widehat{\beta}_1 \\ \vdots \\ \widehat{\beta}_K \end{bmatrix}.$$

Für die Residuen $\widehat{\mathbf{u}} = [\widehat{u}_1\ \widehat{u}_2\ ...\ \widehat{u}_T]'$ gilt wie bisher

$$\widehat{\mathbf{u}} = \mathbf{y} - \widehat{\mathbf{y}} . \quad (9.51)$$

Das geschätzte Modell lässt sich folglich auch in der Form

$$\mathbf{y} = \mathbf{X}\widehat{\boldsymbol{\beta}} + \widehat{\mathbf{u}} \qquad (9.52)$$

schreiben.

9.8.1 Herleitung der KQ-Schätzer

Die KQ-Methode minimiert die Summe der Residuenquadrate $S_{\widehat{uu}} = \sum_{t=1}^{T} \widehat{u}_t^2 = \widehat{\mathbf{u}}'\widehat{\mathbf{u}}$. Unter Beachtung von Gleichung (9.52) lässt sich die Summe der Residuenquadrate auch in der folgenden Form ausdrücken:

$$\begin{aligned}
\widehat{\mathbf{u}}'\widehat{\mathbf{u}} &= \left[\mathbf{y} - \mathbf{X}\widehat{\boldsymbol{\beta}}\right]' \left[\mathbf{y} - \mathbf{X}\widehat{\boldsymbol{\beta}}\right] \\
\text{[aus (8.13), (8.24)]} \quad &= \left[\mathbf{y}' - \left[\widehat{\boldsymbol{\beta}}'\mathbf{X}'\right]\right]\left[\mathbf{y} - \mathbf{X}\widehat{\boldsymbol{\beta}}\right] \\
\text{[aus (8.23)]} \quad &= \mathbf{y}'\mathbf{y} - \mathbf{y}'\mathbf{X}\widehat{\boldsymbol{\beta}} - \widehat{\boldsymbol{\beta}}'\mathbf{X}'\mathbf{y} + \widehat{\boldsymbol{\beta}}'\mathbf{X}'\mathbf{X}\widehat{\boldsymbol{\beta}} \\
&= \mathbf{y}'\mathbf{y} - 2\mathbf{y}'\mathbf{X}\widehat{\boldsymbol{\beta}} + \widehat{\boldsymbol{\beta}}'\mathbf{X}'\mathbf{X}\widehat{\boldsymbol{\beta}}, \qquad (9.53)
\end{aligned}$$

wobei für den letzten Schritt zu beachten ist, dass $\widehat{\boldsymbol{\beta}}'\mathbf{X}'\mathbf{y}$ ein Skalar ist und deshalb mit dem Skalar $\mathbf{y}'\mathbf{X}\widehat{\boldsymbol{\beta}} = [\widehat{\boldsymbol{\beta}}'\mathbf{X}'\mathbf{y}]'$ übereinstimmt.

Um denjenigen Vektor $\widehat{\boldsymbol{\beta}}$ zu erhalten, welcher die Summe der Residuenquadrate $\widehat{\mathbf{u}}'\widehat{\mathbf{u}}$ minimiert, muss Ausdruck (9.53) zunächst nach sämtlichen Elementen des Vektors $\widehat{\boldsymbol{\beta}}$ partiell abgeleitet werden. Der entsprechende Gradient (also der Spaltenvektor der partiellen Ableitungen, vgl. Abschnitt 8.5.5 des Repetitoriums Matrixalgebra I) lautet

$$\frac{\partial \left(\mathbf{y}'\mathbf{y} - 2\mathbf{y}'\mathbf{X}\widehat{\boldsymbol{\beta}} + \widehat{\boldsymbol{\beta}}'\mathbf{X}'\mathbf{X}\widehat{\boldsymbol{\beta}}\right)}{\partial \widehat{\boldsymbol{\beta}}} = \frac{\partial \left(\mathbf{y}'\mathbf{y}\right)}{\partial \widehat{\boldsymbol{\beta}}} - \frac{\partial \left(2\mathbf{y}'\mathbf{X}\widehat{\boldsymbol{\beta}}\right)}{\partial \widehat{\boldsymbol{\beta}}} + \frac{\partial \left(\widehat{\boldsymbol{\beta}}'\mathbf{X}'\mathbf{X}\widehat{\boldsymbol{\beta}}\right)}{\partial \widehat{\boldsymbol{\beta}}} . \qquad (9.54)$$

Der Gradient lässt sich also in drei einzelne Gradienten zerlegen. Jeder dieser Gradienten stellt einen ($K+1$)-elementigen Spaltenvektor dar.

Es gilt $\mathbf{y}'\mathbf{y} = \sum y_t^2$. Da die Elemente des Vektors $\widehat{\boldsymbol{\beta}}$ in der Summe $\sum y_t^2$ nicht vorkommen, ergibt sich für den ersten der drei Gradienten:

$$\partial \left(\mathbf{y}'\mathbf{y}\right) / \partial \widehat{\boldsymbol{\beta}} = \mathbf{o} . \qquad (9.55)$$

Der Ausdruck $2\mathbf{y}'\mathbf{X}$ im zweiten Gradienten stellt einen ($K+1$)-elementigen Zeilenvektor dar. Aus Gleichung (8.39) des Repetitoriums Matrixalgebra I (Abschnitt 8.5.5) wissen wir, dass dann

$$\begin{aligned}
\partial \left(2\mathbf{y}'\mathbf{X}\widehat{\boldsymbol{\beta}}\right) / \partial \widehat{\boldsymbol{\beta}} &= (2\mathbf{y}'\mathbf{X})' \\
\text{[aus (8.12), (8.24)]} \quad &= 2\mathbf{X}'\mathbf{y} . \qquad (9.56)
\end{aligned}$$

Das Produkt $\mathbf{X}'\mathbf{X}$ im dritten Gradienten ist eine symmetrische (($K+1$) × ($K+1$))-Matrix. Der Ausdruck $\widehat{\boldsymbol{\beta}}'\mathbf{X}'\mathbf{X}\widehat{\boldsymbol{\beta}}$ kann deshalb als quadratische Form

9.8. MATRIXALGEBRAISCHER ANHANG

aufgefasst werden. Aus Gleichung (8.42) des Repetitoriums Matrixalgebra I wissen wir, dass dann

$$\partial \left(\widehat{\beta}'X'X\widehat{\beta}\right) \Big/ \partial\widehat{\beta} = 2X'X\widehat{\beta} . \tag{9.57}$$

Setzt man die Ergebnisse (9.55), (9.56) und (9.57) in Gleichung (9.54) ein, so erhält man

$$\frac{\partial \left(y'y - 2y'X\widehat{\beta} + \widehat{\beta}'X'X\widehat{\beta}\right)}{\partial\widehat{\beta}} = -2X'y + 2X'X\widehat{\beta} . \tag{9.58}$$

Um in der Zweifachregression die KQ-Schätzer $\widehat{\alpha}$, $\widehat{\beta}_1$ und $\widehat{\beta}_2$ zu erhalten, haben wir die partiellen Ableitungen gleich Null gesetzt und die Gleichungen anschließend nach $\widehat{\alpha}$, $\widehat{\beta}_1$ und $\widehat{\beta}_2$ aufgelöst. Das gleiche Vorgehen wird auch hier angewendet: Um die KQ-Schätzer $\widehat{\beta}$ zu erhalten, setzt man den Gradienten (9.58), also den Spaltenvektor aus partiellen Ableitungen, gleich dem Nullvektor und löst anschließend nach $\widehat{\beta}$ auf:

$$\begin{aligned} -2X'y + 2X'X\widehat{\beta} &= \mathbf{o} \\ \Longrightarrow \quad X'X\widehat{\beta} &= X'y . \end{aligned} \tag{9.59}$$

Aufgrund von Annahme C2 wissen wir, dass die $(T \times (K+1))$-Matrix X den vollen Rang besitzt: rang$(X) = K+1$. Unter Ausnutzung der Regel (8.30) ergibt sich auch für die $((K+1) \times (K+1))$-Matrix $X'X$ der volle Rang: rang$(X'X) = K+1$. Damit ist die Matrix $X'X$ eine reguläre Matrix und besitzt eine inverse Matrix $(X'X)^{-1}$ mit Rang $K+1$. Linksseitiges Multiplizieren beider Seiten der Gleichung (9.59) mit der inversen Matrix $(X'X)^{-1}$ ergibt

$$(X'X)^{-1} X'X\widehat{\beta} = (X'X)^{-1} X'y .$$

Benutzt man die Rechenregeln (8.32) und (8.17), so erhält man schließlich

$$\widehat{\beta} = (X'X)^{-1} X'y . \tag{9.60}$$

Gleichung (9.60) ist der gesuchte KQ-Schätzer, das verallgemeinerte Pendant der KQ-Schätzer (9.11), welche wir für die Zweifachregression hergeleitet hatten. Die Interpretation der einzelnen Elemente in $\widehat{\beta}$ ist natürlich genau wie in der Einfach- bzw. Zweifachregression. Die Minimierungsbedingungen zweiter Ordnung sind auch hier erfüllt.

Der Term $(X'X)^{-1}$ ist eine $((K+1) \times (K+1))$-Matrix und X' ist eine $((K+1) \times T)$-Matrix. Das Produkt $(X'X)^{-1} X'$ repräsentiert demnach eine $((K+1) \times T)$-Matrix. Es besteht ausschließlich aus zufallsunabhängigen Größen. Wenn wir die Matrix $(X'X)^{-1} X'$ einfach durch C bezeichnen und die Elemente dieser Matrix gemäß

$$C = \begin{bmatrix} c_{11} & c_{12} & \cdots & c_{1T} \\ c_{21} & c_{22} & \cdots & c_{2T} \\ \vdots & \vdots & \ddots & \vdots \\ c_{K+1\,1} & c_{K+1\,2} & \cdots & c_{K+1\,T} \end{bmatrix}$$

definieren, dann lässt sich Gleichung (9.60) auch in der Form

$$\widehat{\beta} = \mathbf{Cy}$$

$$= \begin{bmatrix} c_{11} & c_{12} & \cdots & c_{1T} \\ c_{21} & c_{22} & \cdots & c_{2T} \\ \vdots & \vdots & \ddots & \vdots \\ c_{K+1\,1} & c_{K+1\,2} & \cdots & c_{K+1\,T} \end{bmatrix} \begin{bmatrix} y_1 \\ y_2 \\ \vdots \\ y_T \end{bmatrix}$$

$$= \begin{bmatrix} c_{11}y_1 + c_{12}y_2 + \ldots + c_{1T}y_T \\ c_{21}y_1 + c_{22}y_2 + \ldots + c_{2T}y_T \\ \vdots \\ c_{K+1\,1}y_1 + c_{K+1\,2}y_2 + \ldots + c_{K+1\,T}y_T \end{bmatrix} \quad (9.61)$$

schreiben. Die Schreibweise (9.61) offenbart, dass jedes Element in $\widehat{\beta}$ eine Linearkombination (bzw. eine lineare Funktion) der endogenen Variable $\mathbf{y} = [y_1 \; y_2 \; \ldots \; y_T]'$ darstellt. Mit anderen Worten, die KQ-Schätzer $\widehat{\beta} = (\mathbf{X}'\mathbf{X})^{-1}\mathbf{X}'\mathbf{y}$ sind *lineare* Schätzer.

Die KQ-Schätzer $\widehat{\beta}$ bestehen aus zwei Komponenten, nämlich der Inversen der Matrix $\mathbf{X}'\mathbf{X}$ und dem Spaltenvektor $\mathbf{X}'\mathbf{y}$. Ausgeschrieben lauten diese beiden Komponenten

$$(\mathbf{X}'\mathbf{X})^{-1} = \begin{bmatrix} T & \sum x_{1t} & \cdots & \sum x_{Kt} \\ \sum x_{1t} & \sum x_{1t}^2 & \cdots & \sum x_{1t}x_{Kt} \\ \vdots & \vdots & \ddots & \vdots \\ \sum x_{Kt} & \sum x_{Kt}x_{1t} & \cdots & \sum x_{Kt}^2 \end{bmatrix}^{-1} \quad (9.62)$$

$$\mathbf{X}'\mathbf{y} = \begin{bmatrix} \sum y_t \\ \sum x_{1t}y_t \\ \vdots \\ \sum x_{Kt}y_t \end{bmatrix}.$$

Bei $\mathbf{X}'\mathbf{y}$ handelt es sich um einen $(K+1)$-elementigen Spaltenvektor. Die Matrix $\mathbf{X}'\mathbf{X}$ ist eine $((K+1) \times (K+1))$-Matrix. Da $\sum x_{it}x_{jt} = \sum x_{jt}x_{it}$, ist sie symmetrisch. Dies gilt dann auch für ihre Inverse $(\mathbf{X}'\mathbf{X})^{-1}$. Multiplikation der Inversen $(\mathbf{X}'\mathbf{X})^{-1}$ mit dem $(K+1)$-elementigen Spaltenvektor $\mathbf{X}'\mathbf{y}$ ergibt einen $(K+1)$-elementigen Spaltenvektor, nämlich, wie aus Gleichung (9.60) ersichtlich, die KQ-Schätzer $\widehat{\beta}$.

Um zu demonstrieren, dass die durch Formel (9.60) definierten KQ-Schätzer tatsächlich eine Verallgemeinerung unserer bisherigen Ergebnisse darstellen, betrachten wir die Matrix $(\mathbf{X}'\mathbf{X})^{-1}$ etwas genauer, und zwar für den Fall der Einfachregression. Die Matrix $(\mathbf{X}'\mathbf{X})^{-1}$ lautet in diesem Fall

$$(\mathbf{X}'\mathbf{X})^{-1} = \begin{bmatrix} T & \sum x_t \\ \sum x_t & \sum x_t^2 \end{bmatrix}^{-1} = \frac{1}{TS_{xx}} \begin{bmatrix} \sum x_t^2 & -\sum x_t \\ -\sum x_t & T \end{bmatrix}, \quad (9.63)$$

9.8. MATRIXALGEBRAISCHER ANHANG

wobei S_{xx} wie gewohnt die Variation der exogenen Variable ist. Dass dies tatsächlich die Inverse zu $\mathbf{X'X}$ ist, lässt sich daraus ersehen, dass

$$\mathbf{X'X}\,(\mathbf{X'X})^{-1} = \begin{bmatrix} T & \sum x_t \\ \sum x_t & \sum x_t^2 \end{bmatrix} \frac{1}{TS_{xx}} \begin{bmatrix} \sum x_t^2 & -\sum x_t \\ -\sum x_t & T \end{bmatrix}$$

[aus (8.26)]
$$= \frac{1}{TS_{xx}} \begin{bmatrix} T & T\overline{x} \\ T\overline{x} & \sum x_t^2 \end{bmatrix} \begin{bmatrix} \sum x_t^2 & -T\overline{x} \\ -T\overline{x} & T \end{bmatrix}$$

$$= \frac{1}{TS_{xx}} \begin{bmatrix} T\left[\sum x_t^2 - T\overline{x}^2\right] & 0 \\ 0 & T\left[\sum x_t^2 - T\overline{x}^2\right] \end{bmatrix}$$

[aus (8.14)]
$$= \begin{bmatrix} 1 & 0 \\ 0 & 1 \end{bmatrix},$$

wobei im letzten Schritt zu beachten ist, dass gemäß Gleichung (3.13b) die Variation S_{xx} genau $\sum x_t^2 - T\overline{x}^2$ bzw. $\sum x_t^2 - (\sum x_t)^2/T$ entspricht.

Da im Falle der Einfachregression

$$\mathbf{X'y} = \begin{bmatrix} \sum y_t \\ \sum x_t y_t \end{bmatrix},$$

errechnen sich die KQ-Schätzer $\widehat{\boldsymbol{\beta}}$ aus

$$(\mathbf{X'X})^{-1}\mathbf{X'y} = \frac{1}{TS_{xx}} \begin{bmatrix} \sum x_t^2 & -\sum x_t \\ -\sum x_t & T \end{bmatrix} \begin{bmatrix} \sum y_t \\ \sum x_t y_t \end{bmatrix}$$

$$= \frac{1}{TS_{xx}} \begin{bmatrix} \sum x_t^2 & -T\overline{x} \\ -T\overline{x} & T \end{bmatrix} \begin{bmatrix} T\overline{y} \\ \sum x_t y_t \end{bmatrix}$$

$$= \frac{1}{TS_{xx}} \begin{bmatrix} T\overline{y}\sum x_t^2 - T\overline{x}\sum x_t y_t \\ -T\overline{x}T\overline{y} + T\sum x_t y_t \end{bmatrix}$$

[aus (8.14)]
$$= \frac{1}{S_{xx}} \begin{bmatrix} \overline{y}\sum x_t^2 - T\overline{y}\,\overline{x}^2 + T\overline{y}\,\overline{x}^2 - \overline{x}\sum x_t y_t \\ -T\overline{x}\,\overline{y} + \sum x_t y_t \end{bmatrix}$$

$$= \frac{1}{S_{xx}} \begin{bmatrix} \overline{y}S_{xx} - \overline{x}S_{xy} \\ S_{xy} \end{bmatrix}$$

$$= \begin{bmatrix} \overline{y} - (S_{xy}/S_{xx})\,\overline{x} \\ S_{xy}/S_{xx} \end{bmatrix} = \begin{bmatrix} \widehat{\alpha} \\ \widehat{\beta} \end{bmatrix},$$

was genau den in Kapitel 3 hergeleiteten KQ-Schätzern der Einfachregression (3.15a) und (3.15b) entspricht.

Auf analogem Wege ließe sich demonstrieren, dass die KQ-Schätzer $\widehat{\boldsymbol{\beta}} = (\mathbf{X'X})^{-1}\mathbf{X'y}$ für den Fall der Zweifachregression genau den in Abschnitt 9.1 hergeleiteten KQ-Schätzern $\widehat{\alpha}$, $\widehat{\beta}_1$ und $\widehat{\beta}_2$, also den Formeln (9.11) entsprechen. Anstatt dies zu demonstrieren, betrachten wir das Dünger-Beispiel und berechnen die KQ-Schätzer auf Basis des matrixalgebraischen Schätzers (9.60).

Nummerische Illustration 9.8

Aus den Daten der Tabelle 8.2 ergeben sich unter Zuhilfenahme ökonometrischer Software die folgenden Resultate:

$$\widehat{\boldsymbol{\beta}} = (\mathbf{X'X})^{-1}\mathbf{X'y}$$

$$= \begin{bmatrix} T & \sum x_{1t} & \sum x_{2t} \\ \sum x_{1t} & \sum x_{1t}^2 & \sum x_{1t}x_{2t} \\ \sum x_{2t} & \sum x_{2t}x_{1t} & \sum x_{2t}^2 \end{bmatrix}^{-1} \begin{bmatrix} \sum y_t \\ \sum x_{1t}y_t \\ \sum x_{2t}y_t \end{bmatrix}$$

$$= \begin{bmatrix} 30,0000 & 96,7330 & 129,7244 \\ 96,7330 & 312,3909 & 418,4550 \\ 129,7244 & 418,4550 & 564,6263 \end{bmatrix}^{-1} \begin{bmatrix} 120,4159 \\ 388,5657 \\ 521,6587 \end{bmatrix}$$

$$= \begin{bmatrix} 51,8232 & -14,4503 & -1,1971 \\ -14,4503 & 4,4706 & 0,0068 \\ -1,1971 & 0,0068 & 0,2718 \end{bmatrix} \begin{bmatrix} 120,4159 \\ 388,5657 \\ 521,6587 \end{bmatrix} \quad (9.64)$$

$$= \begin{bmatrix} 0,95432 \\ 0,59652 \\ 0,26255 \end{bmatrix} = \begin{bmatrix} \widehat{\alpha} \\ \widehat{\beta}_1 \\ \widehat{\beta}_2 \end{bmatrix}.$$

Genau die gleichen Ergebnisse hatten wir auch in der Nummerischen Illustration 9.1 erhalten.

9.8.2 Bestimmtheitsmaß

Auch in der Mehrfachregression gilt

$$S_{yy} = S_{\widehat{y}\widehat{y}} + S_{\widehat{u}\widehat{u}}. \quad (9.24)$$

Um dies zu zeigen, ersetzen wir in Gleichung (9.59) den Spaltenvektor $\mathbf{y}$ gemäß Gleichung (9.52) durch $\mathbf{X}\widehat{\boldsymbol{\beta}} + \widehat{\mathbf{u}}$. Es ergibt sich

$$\mathbf{X'X}\widehat{\boldsymbol{\beta}} = \mathbf{X'}\left(\mathbf{X}\widehat{\boldsymbol{\beta}} + \widehat{\mathbf{u}}\right)$$
[aus (8.22)] $\quad = \mathbf{X'X}\widehat{\boldsymbol{\beta}} + \mathbf{X'}\widehat{\mathbf{u}}.$

Damit diese Gleichung erfüllt ist, muss

$$\mathbf{X'}\widehat{\mathbf{u}} = \mathbf{o} \quad (9.65)$$

gelten. Ferner wissen wir, dass

$$\widehat{\mathbf{u}}'\widehat{\mathbf{y}} = \widehat{\mathbf{y}}'\widehat{\mathbf{u}}$$
[aus (9.50)] $\quad = \left(\mathbf{X}\widehat{\boldsymbol{\beta}}\right)'\widehat{\mathbf{u}}$
[aus (8.24)] $\quad = \widehat{\boldsymbol{\beta}}'\mathbf{X'}\widehat{\mathbf{u}}$
[aus (9.65), (8.18)] $\quad = \widehat{\boldsymbol{\beta}}'\mathbf{o} = 0. \quad (9.66)$

9.8. MATRIXALGEBRAISCHER ANHANG

Aus Gleichung (9.53) wissen wir, dass

$$\begin{aligned}
\mathbf{y'y} &= \widehat{\mathbf{u}}'\widehat{\mathbf{u}} + 2\mathbf{y'X}\widehat{\boldsymbol{\beta}} - \widehat{\boldsymbol{\beta}}'\mathbf{X'X}\widehat{\boldsymbol{\beta}} \\
\text{[aus (9.51), (9.50)]} \quad &= \widehat{\mathbf{u}}'\widehat{\mathbf{u}} + 2(\widehat{\mathbf{y}} + \widehat{\mathbf{u}})'\widehat{\mathbf{y}} - \widehat{\mathbf{y}}'\widehat{\mathbf{y}} \\
\text{[aus (8.13), (8.21)]} \quad &= \widehat{\mathbf{u}}'\widehat{\mathbf{u}} + 2\widehat{\mathbf{y}}'\widehat{\mathbf{y}} + 2\widehat{\mathbf{u}}'\widehat{\mathbf{y}} - \widehat{\mathbf{y}}'\widehat{\mathbf{y}} \\
\text{[aus (9.66)]} \quad &= \widehat{\mathbf{u}}'\widehat{\mathbf{u}} + \widehat{\mathbf{y}}'\widehat{\mathbf{y}} \quad (9.67) \\
&= S_{\widehat{u}\widehat{u}} + \widehat{\mathbf{y}}'\widehat{\mathbf{y}} \,.
\end{aligned}$$

Subtrahiert man auf beiden Seiten $T\bar{y}^2$ und beachtet man, dass $\mathbf{y'y} = \sum y_t^2$ und $\widehat{\mathbf{y}}'\widehat{\mathbf{y}} = \sum \widehat{y}_t^2$, so ergibt sich

$$\sum y_t^2 - T\bar{y}^2 = S_{\widehat{u}\widehat{u}} + \left(\sum \widehat{y}_t^2 - T\bar{y}^2\right) . \quad (9.68)$$

Aus der Definition (9.10c) wissen wir, dass die Variation der endogenen Variable y_t durch $\sum y_t^2 - T\bar{y}^2 = S_{yy}$, also durch die linke Seite der Gleichung (9.68) gegeben ist. Entsprechend wäre die Variation der *geschätzten* endogenen Variable $\widehat{y}_t$ durch $\sum \widehat{y}_t^2 - T\bar{\widehat{y}}^2 = S_{\widehat{y}\widehat{y}}$ definiert. Wenn also gezeigt werden kann, dass $\bar{y} = \bar{\widehat{y}}$, dann ist zugleich gezeigt, dass der Klammerterm auf der rechten Seite der Gleichung (9.68) genau $S_{\widehat{y}\widehat{y}}$ entspricht. Betrachten wir das oberste Element des Gradienten (9.58). Es entspricht der auf K exogene Variablen verallgemeinerten Variante der Gleichung (9.9a) des Anhangs zu Kapitel 9. Diese verallgemeinerte Variante lautet:

$$\begin{aligned}
\partial S_{\widehat{u}\widehat{u}}/\partial\widehat{\alpha} &= \sum 2\left(y_t - \widehat{\alpha} - \widehat{\beta}_1 x_{1t} - \widehat{\beta}_2 x_{2t} - \ldots - \widehat{\beta}_K x_{Kt}\right)(-1) = 0 \\
\Longrightarrow \quad \sum y_t &= \sum \left(\widehat{\alpha} + \widehat{\beta}_1 x_{1t} + \widehat{\beta}_2 x_{2t} + \ldots + \widehat{\beta}_K x_{Kt}\right) . \quad (9.69)
\end{aligned}$$

Da $\widehat{\alpha} + \widehat{\beta}_1 x_{1t} + \widehat{\beta}_2 x_{2t} + \ldots + \widehat{\beta}_K x_{Kt} = \widehat{y}_t$, ist diese Bedingung nur für

$$\sum y_t = \sum \widehat{y}_t \quad (9.70)$$

erfüllt. Division durch T liefert: $\bar{y} = \bar{\widehat{y}}$. Folglich ist der Klammerterm auf der rechten Seite der Gleichung (9.68) identisch mit dem Ausdruck $\sum \widehat{y}_t^2 - T\bar{\widehat{y}}^2 = S_{\widehat{y}\widehat{y}}$. Gleichung (9.68) entspricht somit der Gleichung (9.24). Damit ist gezeigt, dass auch in der Mehrfachregression die gesamte Variation S_{yy} in eine erklärte Variation $S_{\widehat{y}\widehat{y}}$ und eine unerklärte Variation $S_{\widehat{u}\widehat{u}}$ zerlegbar ist. In einem Modell ohne Niveauparameter und damit ohne Gleichung (9.69) hätte dieses Resultat nicht hergeleitet werden können.

Es sei ferner angemerkt, dass man aus $\widehat{u}_t = y_t - \widehat{y}_t$ und Gleichung (9.70) das folgende Resultat erhält:

$$\sum \widehat{u}_t = \sum y_t - \sum \widehat{y}_t = 0 .$$

Da

$$
\begin{aligned}
S_{\widehat{y}\widehat{y}} &= \sum \widehat{y}_t^2 - T\bar{y}^2 \\
&= \widehat{\mathbf{y}}'\widehat{\mathbf{y}} - T\bar{y}^2 \\
\text{[aus (9.50)]} \quad &= (\mathbf{X}\widehat{\boldsymbol{\beta}})'(\mathbf{X}\widehat{\boldsymbol{\beta}}) - T\bar{y}^2 \\
\text{[aus (8.24), (9.60)]} \quad &= [(\mathbf{X}'\mathbf{X})^{-1}\mathbf{X}'\mathbf{y}]'\mathbf{X}'\mathbf{X}\widehat{\boldsymbol{\beta}} - T\bar{y}^2 \\
\text{[aus (8.25)]} \quad &= \mathbf{y}'\mathbf{X}[(\mathbf{X}'\mathbf{X})^{-1}]'\mathbf{X}'\mathbf{X}\widehat{\boldsymbol{\beta}} - T\bar{y}^2 \\
\text{[aus (8.34), (8.24)]} \quad &= \mathbf{y}'\mathbf{X}(\mathbf{X}'\mathbf{X})^{-1}\mathbf{X}'\mathbf{X}\widehat{\boldsymbol{\beta}} - T\bar{y}^2 \\
\text{[aus (8.32), (8.17)]} \quad &= \mathbf{y}'\mathbf{X}\widehat{\boldsymbol{\beta}} - T\bar{y}^2 \quad (9.71) \\
\text{[aus (9.60)]} \quad &= \mathbf{y}'\mathbf{X}(\mathbf{X}'\mathbf{X})^{-1}\mathbf{X}'\mathbf{y} - T\bar{y}^2 ,
\end{aligned}
$$

ergibt sich die Berechnung des Bestimmtheitsmaßes aus

$$
R^2 = \frac{S_{\widehat{y}\widehat{y}}}{S_{yy}} = \frac{\mathbf{y}'\mathbf{X}(\mathbf{X}'\mathbf{X})^{-1}\mathbf{X}'\mathbf{y} - T\bar{y}^2}{\mathbf{y}'\mathbf{y} - T\bar{y}^2} . \quad (9.72)
$$

Das Bestimmtheitsmaß kann mit dieser Formel unmittelbar aus den beobachteten Daten $\mathbf{X}$ und $\mathbf{y}$ berechnet werden.

Wir hatten in Abschnitt 9.3.3 ohne weitere Erläuterung darauf hingewiesen, dass

$$
S_{\widehat{y}\widehat{y}} = \sum_{k=1}^{K} \widehat{\beta}_k S_{ky} . \quad (9.26)
$$

Die Richtigkeit dieser Beziehung lässt sich aus Gleichung (9.71) herleiten:

$$
\begin{aligned}
S_{\widehat{y}\widehat{y}} &= \left[\sum y_t \quad \sum x_{1t}y_t \quad \cdots \quad \sum x_{Kt}y_t \right] \widehat{\boldsymbol{\beta}} - T\bar{y}^2 \\
&= \widehat{\alpha} \sum y_t + \widehat{\beta}_1 \sum x_{1t}y_t + \ldots + \widehat{\beta}_K \sum x_{Kt}y_t - T\bar{y}^2 \\
\text{[aus (9.10e)]} \quad &= \widehat{\alpha} T\bar{y} + \widehat{\beta}_1 (S_{1y} + T\bar{x}_1\bar{y}) + \ldots + \widehat{\beta}_K (S_{Ky} + T\bar{x}_K\bar{y}) - T\bar{y}^2 \\
&= \widehat{\beta}_1 S_{1y} + \ldots + \widehat{\beta}_K S_{Ky} + \widehat{\alpha} T\bar{y} + \widehat{\beta}_1 T\bar{x}_1\bar{y} + \ldots + \widehat{\beta}_K T\bar{x}_K\bar{y} - T\bar{y}^2 \\
&= \sum \widehat{\beta}_k S_{ky} + T\bar{y}\left[\widehat{\alpha} + \widehat{\beta}_1\bar{x}_1 + \ldots + \widehat{\beta}_K\bar{x}_K - \bar{y}\right] . \quad (9.73)
\end{aligned}
$$

Dividiert man Gleichung (9.69) durch T, so ist ersichtlich, dass der Klammerausdruck in Gleichung (9.73) den Wert 0 besitzt. Damit ist Gleichung (9.73) identisch mit Gleichung (9.26).

9.8.3 Erwartungswert der KQ-Schätzer

Ersetzt man in Gleichung (9.60) $\mathbf{y}$ durch $\mathbf{X}\boldsymbol{\beta} + \mathbf{u}$, so ergibt sich

$$
\begin{aligned}
\widehat{\boldsymbol{\beta}} &= (\mathbf{X}'\mathbf{X})^{-1}\mathbf{X}'(\mathbf{X}\boldsymbol{\beta} + \mathbf{u}) \\
\text{[aus (8.22)]} \quad &= (\mathbf{X}'\mathbf{X})^{-1}\mathbf{X}'\mathbf{X}\boldsymbol{\beta} + (\mathbf{X}'\mathbf{X})^{-1}\mathbf{X}'\mathbf{u} \\
\text{[aus (8.32), (8.17)]} \quad &= \boldsymbol{\beta} + (\mathbf{X}'\mathbf{X})^{-1}\mathbf{X}'\mathbf{u} . \quad (9.74)
\end{aligned}
$$

9.8. MATRIXALGEBRAISCHER ANHANG

Man beachte, dass $(\mathbf{X}'\mathbf{X})^{-1}\mathbf{X}'\mathbf{u}$ als eine lineare Funktion in den Elementen des Spaltenvektors $\mathbf{u}$ geschrieben werden kann. Deshalb gilt $E[(\mathbf{X}'\mathbf{X})^{-1}\mathbf{X}'\mathbf{u}] = (\mathbf{X}'\mathbf{X})^{-1}\mathbf{X}'E(\mathbf{u})$. Annahme B1 besagt, dass $E(\mathbf{u}) = \mathbf{o}$ und Rechenregel (2.15) besagt, dass $E(\boldsymbol{\beta}) = \boldsymbol{\beta}$. Bildet man auf beiden Seiten der Gleichung (9.74) den Erwartungswert, so ergibt sich deshalb

$$E(\widehat{\boldsymbol{\beta}}) = \boldsymbol{\beta} + (\mathbf{X}'\mathbf{X})^{-1}\mathbf{X}'\mathbf{o}$$
[aus (8.18)] $\quad = \boldsymbol{\beta}.$ (9.75)

Die KQ-Schätzer $\widehat{\boldsymbol{\beta}}$ sind also unverzerrt.

9.8.4 Varianz-Kovarianz-Matrix der KQ-Schätzer

Um Aussagen über die Varianz der einzelnen KQ-Schätzer $\widehat{\boldsymbol{\beta}} = [\widehat{\alpha}\ \widehat{\beta}_1\ ...\ \widehat{\beta}_K]'$ und über die Kovarianzen zwischen diesen Elementen machen zu können, müssen wir die entsprechende Varianz-Kovarianz-Matrix

$$\mathbf{V}(\widehat{\boldsymbol{\beta}}) = \begin{bmatrix} var(\widehat{\alpha}) & cov(\widehat{\alpha},\widehat{\beta}_1) & \cdots & cov(\widehat{\alpha},\widehat{\beta}_K) \\ cov(\widehat{\beta}_1,\widehat{\alpha}) & var(\widehat{\beta}_1) & \cdots & cov(\widehat{\beta}_1,\widehat{\beta}_K) \\ \vdots & \vdots & \ddots & \vdots \\ cov(\widehat{\beta}_K,\widehat{\alpha}) & cov(\widehat{\beta}_K,\widehat{\beta}_1) & \cdots & var(\widehat{\beta}_K) \end{bmatrix} \quad (9.76)$$

berechnen. Sie ergibt sich aus

$$\mathbf{V}(\widehat{\boldsymbol{\beta}}) = E\left[\left[\widehat{\boldsymbol{\beta}} - E(\widehat{\boldsymbol{\beta}})\right]\left[\widehat{\boldsymbol{\beta}} - E(\widehat{\boldsymbol{\beta}})\right]'\right]$$
[aus (9.75)] $\quad = E\left[\left[\widehat{\boldsymbol{\beta}} - \boldsymbol{\beta}\right]\left[\widehat{\boldsymbol{\beta}} - \boldsymbol{\beta}\right]'\right]$
[aus (9.74)] $\quad = E\left[(\mathbf{X}'\mathbf{X})^{-1}\mathbf{X}'\mathbf{u}\left[(\mathbf{X}'\mathbf{X})^{-1}\mathbf{X}'\mathbf{u}\right]'\right]$
[aus (8.24)] $\quad = E\left[(\mathbf{X}'\mathbf{X})^{-1}\mathbf{X}'\mathbf{u}\left[\mathbf{X}'\mathbf{u}\right]'\left[(\mathbf{X}'\mathbf{X})^{-1}\right]'\right]$
[aus (8.24), (8.36)] $\quad = E\left[(\mathbf{X}'\mathbf{X})^{-1}\mathbf{X}'\mathbf{u}\mathbf{u}'\mathbf{X}(\mathbf{X}'\mathbf{X})^{-1}\right].$ (9.77)

Da $\mathbf{X}$ und $(\mathbf{X}'\mathbf{X})^{-1}$ Matrizen darstellen, deren sämtliche Elemente Konstanten sind, kann Gleichung (9.77) auch folgendermaßen geschrieben werden:

$$\mathbf{V}(\widehat{\boldsymbol{\beta}}) = (\mathbf{X}'\mathbf{X})^{-1}\mathbf{X}'E\left[\mathbf{u}\mathbf{u}'\right]\mathbf{X}(\mathbf{X}'\mathbf{X})^{-1}$$
[aus (8.65)] $\quad = (\mathbf{X}'\mathbf{X})^{-1}\mathbf{X}'(\sigma^2\mathbf{I}_T)\mathbf{X}(\mathbf{X}'\mathbf{X})^{-1}$
[aus (8.26), (8.16)] $\quad = \sigma^2(\mathbf{X}'\mathbf{X})^{-1}\mathbf{X}'\mathbf{X}(\mathbf{X}'\mathbf{X})^{-1}$
[aus (8.32)] $\quad = \sigma^2(\mathbf{X}'\mathbf{X})^{-1}.$ (9.78)

Es zeigt sich also, dass die in Ausdruck (9.76) definierte Varianz-Kovarianz-Matrix $\mathbf{V}(\widehat{\boldsymbol{\beta}})$ die übersichtliche Form (9.78) besitzt. Es handelt sich bei $\mathbf{V}(\widehat{\boldsymbol{\beta}})$

um eine symmetrische $((K+1) \times (K+1))$-Matrix. Die Varianzen der einzelnen KQ-Schätzer befinden sich auf der Hauptdiagonalen dieser Matrix und die Kovarianzen auf den anderen Positionen.

Um ein besseres Gefühl für die Gestalt der Varianz-Kovarianz-Matrix zu bekommen, betrachten wir exemplarisch den Fall einer Einfachregression. Die Varianz-Kovarianz-Matrix lautet dann

$$
\begin{aligned}
\mathbf{V}(\widehat{\boldsymbol{\beta}}) &= \begin{bmatrix} var(\widehat{\alpha}) & cov(\widehat{\alpha}, \widehat{\beta}) \\ cov(\widehat{\alpha}, \widehat{\beta}) & var(\widehat{\beta}) \end{bmatrix} \\
&= \sigma^2 \left(\mathbf{X'X}\right)^{-1} \\
[\text{aus (9.63)}] \quad &= \frac{\sigma^2}{TS_{xx}} \begin{bmatrix} \sum x_t^2 & -\sum x_t \\ -\sum x_t & T \end{bmatrix} \\
&= \begin{bmatrix} \sigma^2 \sum x_t^2/(TS_{xx}) & -\sigma^2(\sum x_t)/(TS_{xx}) \\ -\sigma^2(\sum x_t)/(TS_{xx}) & \sigma^2 T/(TS_{xx}) \end{bmatrix} \\
&= \begin{bmatrix} [\sigma^2 [\sum x_t^2 - T\bar{x}^2] + \sigma^2 T \bar{x}^2]/(TS_{xx}) & -\sigma^2 T \bar{x}/(TS_{xx}) \\ -\sigma^2 T \bar{x}/(TS_{xx}) & \sigma^2 T/(TS_{xx}) \end{bmatrix} \\
&= \begin{bmatrix} [\sigma^2 S_{xx} + \sigma^2 T \bar{x}^2]/(TS_{xx}) & -\sigma^2 T \bar{x}/(TS_{xx}) \\ -\sigma^2 T \bar{x}/(TS_{xx}) & \sigma^2 T/(TS_{xx}) \end{bmatrix} \\
&= \begin{bmatrix} \sigma^2(1/T + \bar{x}^2/S_{xx}) & -\sigma^2 \bar{x}/S_{xx} \\ -\sigma^2 \bar{x}/S_{xx} & \sigma^2/S_{xx} \end{bmatrix},
\end{aligned}
$$

was mit den im Rahmen der Einfachregression angegebenen Ergebnissen (4.6b), (4.6a) und (4.6c) übereinstimmt.

9.8.5 Was genau bedeutet BLUE?

BLUE steht für „Best Linear Unbiased Estimator". Was genau versteht man aber unter „Best"? Hätten wir es mit der Schätzung eines einzelnen Parameters (z.B. β) zu tun, dann fiele eine Antwort leicht: Ein lineares unverzerrtes Schätzverfahren A ist „best" genau dann, wenn $var(\widehat{\beta}^A) \leq var(\widehat{\beta}^B)$, wobei B für jedes beliebige alternative *lineare unverzerrte* Schätzverfahren steht. Hat man es aber mit der simultanen Schätzung mehrerer Parameter (z.B. α und β) zu tun, dann fällt eine Antwort weitaus schwerer. Möglicherweise gilt zwar $var(\widehat{\beta}^A) \leq var(\widehat{\beta}^B)$, aber gleichzeitig könnte auch $var(\widehat{\alpha}^A) > var(\widehat{\alpha}^B)$ gelten. Ist dann Schätzverfahren A immer noch „Best"? Ferner muss man sich fragen, wie die Kovarianzen $cov(\widehat{\alpha}^A, \widehat{\beta}^A)$ bzw. $cov(\widehat{\alpha}^B, \widehat{\beta}^B)$ zu berücksichtigen sind.

Diese Überlegungen zeigen auf, dass man bei der simultanen Schätzung mehrerer Parameter einen Vergleich zwischen zwei linearen unverzerrten Schätzverfahren strenggenommen nur auf Basis *sämtlicher* Varianzen und Kovarianzen der Schätzer anstellen kann. Man muss also die Varianz-Kovarianz-Matrizen $\mathbf{V}(\widehat{\boldsymbol{\beta}}^A)$ und $\mathbf{V}(\widehat{\boldsymbol{\beta}}^B)$ der beiden Schätzverfahren vergleichen. Schätzverfahren A ist „besser" als Schätzverfahren B, wenn es eine „kleinere"

9.8. MATRIXALGEBRAISCHER ANHANG

Varianz-Kovarianz-Matrix aufweist. Was aber ist ein sinnvolles Kriterium, um entscheiden zu können, ob die Varianz-Kovarianz-Matrix eines Schätzverfahrens A „kleiner" ist als diejenige eines anderen Schätzverfahrens B?

Genau diese Größer-Kleiner-Frage hatten wir in Abschnitt 8.5.8 des Repetitoriums Matrixalgebra I erörtert. Die dort gewonnenen Erkenntnisse lassen sich hier unmittelbar anwenden. Um zu entscheiden, ob $\mathbf{V}(\widehat{\boldsymbol{\beta}}^B)$ „größer" ist als $\mathbf{V}(\widehat{\boldsymbol{\beta}}^A)$, bilden wir die Differenz der beiden zu vergleichenden Varianz-Kovarianz-Matrizen: $\mathbf{V} = \mathbf{V}(\widehat{\boldsymbol{\beta}}^B) - \mathbf{V}(\widehat{\boldsymbol{\beta}}^A)$. Wir betrachten die einzelnen Elemente der Matrix $\mathbf{V}$. Sind sämtliche Elemente in $\mathbf{V}$ positiv, so ist $\mathbf{V}(\widehat{\boldsymbol{\beta}}^B)$ offensichtlich größer als $\mathbf{V}(\widehat{\boldsymbol{\beta}}^A)$. Gibt es jedoch positive und negative Elemente in $\mathbf{V}$, so fällt eine Antwort weitaus schwieriger. Man könnte eine gewichtete Summe über sämtliche Elemente von $\mathbf{V}$ bilden und sehen, ob diese gewichtete Summe einen positiven Wert aufweist. Aber welche Gewichtung wäre sinnvoll? Um hier die Willkür zu reduzieren, lassen wir viele verschiedene Gewichtungen zu, allerdings nicht alle möglichen Gewichtungen. Wir beschränken uns auf diejenigen Gewichtungen, welche sich aus der quadratischen Form $\mathbf{q}'\mathbf{V}\mathbf{q}$ ergeben.

Betrachten wir exemplarisch die Einfachregression, also

$$\widehat{\boldsymbol{\beta}}^A = (\widehat{\alpha}^A \ \widehat{\beta}^A)' \qquad \mathbf{q}' = [q_0 \ q_1]$$

und

$$\mathbf{V} = \begin{bmatrix} var(\widehat{\alpha}^B) - var(\widehat{\alpha}^A) & cov(\widehat{\alpha}^B, \widehat{\beta}^B) - cov(\widehat{\alpha}^A, \widehat{\beta}^A) \\ cov(\widehat{\alpha}^B, \widehat{\beta}^B) - cov(\widehat{\alpha}^A, \widehat{\beta}^A) & var(\widehat{\beta}^B) - var(\widehat{\beta}^A) \end{bmatrix}.$$

Es ergibt sich somit die folgende quadratische Form:

$$\mathbf{q}'\mathbf{V}\mathbf{q} = q_0^2 \left[var(\widehat{\alpha}^B) - var(\widehat{\alpha}^A)\right] + q_1^2 \left[var(\widehat{\beta}^B) - var(\widehat{\beta}^A)\right]$$
$$+ 2q_0 q_1 \left[cov(\widehat{\alpha}^B, \widehat{\beta}^B) - cov(\widehat{\alpha}^A, \widehat{\beta}^A)\right]. \tag{9.79}$$

Die Gewichte lauten demnach: q_0^2, q_1^2, und $2q_0 q_1$. Je nachdem, welche nummerischen Werte q_0 und q_1 zugewiesen werden, ergeben sich unterschiedliche Werte für diese Gewichte und damit auch unterschiedliche Werte für die quadratische Form $\mathbf{q}'\mathbf{V}\mathbf{q}$. In einigen Fällen mag diese Summe positiv ausfallen, in anderen negativ.

Wenn allerdings für *alle* möglichen Werte von q_0 und q_1 die gewichtete Summe (9.79) immer einen positiven Wert annimmt, dann ist es durchaus vernünftig, die Matrix $\mathbf{V}$ als eine dem Wert nach „insgesamt positive" Matrix zu erachten. Dies bedeutet dann zugleich, dass $\mathbf{V}(\widehat{\boldsymbol{\beta}}^B)$ größer ist als $\mathbf{V}(\widehat{\boldsymbol{\beta}}^A)$, und damit Schätzverfahren $\widehat{\boldsymbol{\beta}}^B$ schlechter als Schätzverfahren $\widehat{\boldsymbol{\beta}}^A$. Wenn $\mathbf{V}(\widehat{\boldsymbol{\beta}}^A)$, die Varianz-Kovarianz-Matrix des linearen unverzerrten Schätzverfahrens A, nicht nur kleiner (oder gleich) ausfällt als diejenige eines *einzelnen* alternativen linearen unverzerrten Schätzverfahrens B, sondern kleiner (oder gleich) als die Varianz-Kovarianz-Matrizen *sämtlicher anderer* linearer unverzerrter Schätzverfahren, dann ist $\mathbf{V}(\widehat{\boldsymbol{\beta}}^A)$ „Best" und das Schätzverfahren A erhält das Prädikat „BLUE". Für die BLUE–Eigenschaft des linearen unverzerrten Schätzverfahrens A muss also Bedingung

$$\mathbf{q}' \left[\mathbf{V}(\widehat{\boldsymbol{\beta}}^B) - \mathbf{V}(\widehat{\boldsymbol{\beta}}^A) \right] \mathbf{q} \geq 0 \qquad \text{für alle } \mathbf{q} \qquad (9.80)$$

gelten, wobei B für sämtliche alternativen linearen unverzerrten Schätzverfahren steht.

Aus Abschnitt 8.5.8 des Repetitoriums Matrixalgebra I wissen wir, dass genau dann, wenn die symmetrische Matrix $\mathbf{V}(\widehat{\boldsymbol{\beta}}^B)-\mathbf{V}(\widehat{\boldsymbol{\beta}}^A)$ positiv semidefinit ist, die quadratische Form $\mathbf{q}' \left[\mathbf{V}(\widehat{\boldsymbol{\beta}}^B)-\mathbf{V}(\widehat{\boldsymbol{\beta}}^A) \right] \mathbf{q}$ für keinen Vektor $\mathbf{q}$ einen negativen Wert besitzt. Wenn also bewiesen werden kann, dass für jedes beliebige lineare unverzerrte Schätzverfahren B die Matrix $\mathbf{V}(\widehat{\boldsymbol{\beta}}^B)-\mathbf{V}(\widehat{\boldsymbol{\beta}}^A)$ positiv semidefinit ist, dann hat man gezeigt, dass Bedingung (9.80) stets erfüllt ist. Dies wiederum bedeutet dann, dass das lineare unverzerrte Schätzverfahren A die kleinste Varianz-Kovarianz-Matrix aufweist und deshalb die BLUE–Eigenschaft besitzt.

9.8.6 KQ-Schätzer sind BLUE: Gauss-Markov-Theorem

Das Gauss-Markov-Theorem besagt, dass die KQ-Schätzer $\widehat{\boldsymbol{\beta}}$ die BLUE–Eigenschaft besitzen. Um die Gültigkeit des Gauss-Markov-Theorems zu beweisen, müssen wir zeigen, dass die Matrix $\mathbf{V}(\widehat{\boldsymbol{\beta}}^B)-\mathbf{V}(\widehat{\boldsymbol{\beta}})$ positiv semidefinit ist, wobei B für sämtliche lineare unverzerrte Schätzverfahren steht und $\mathbf{V}(\widehat{\boldsymbol{\beta}})$ die Varianz-Kovarianz-Matrix der KQ-Schätzer darstellt.

Da wir nur *lineare* Schätzverfahren zulassen, muss für die Schätzverfahren B gelten, dass sie als lineare Funktion des Vektors $\mathbf{y}$ geschrieben werden können, dass also $\widehat{\boldsymbol{\beta}}^B$ in der Form

$$\widehat{\boldsymbol{\beta}}^B = \mathbf{C}\mathbf{y} = \mathbf{C}[\mathbf{X}\boldsymbol{\beta} + \mathbf{u}] = \mathbf{C}\mathbf{X}\boldsymbol{\beta} + \mathbf{C}\mathbf{u} \qquad (9.81)$$

geschrieben werden kann, wobei $\mathbf{C}$ eine beliebige, aus den beobachteten Daten $\mathbf{X}$ gebildete Matrix sein kann. Um die Zulässigkeit der Multiplikation zu gewährleisten, muss die Matrix $\mathbf{C}$ allerdings T Spalten besitzen. Da wir zudem nur *unverzerrte* Schätzverfahren B zulassen, muss auch $E(\widehat{\boldsymbol{\beta}}^B) = \boldsymbol{\beta}$ gelten. Zusammengenommen beschränken wir uns also auf Schätzverfahren B, bei denen Folgendes gilt:

$$E(\widehat{\boldsymbol{\beta}}^B) = E[\mathbf{C}\mathbf{X}\boldsymbol{\beta} + \mathbf{C}\mathbf{u}] = \mathbf{C}\mathbf{X}\boldsymbol{\beta} + \mathbf{C}E(\mathbf{u}) = \boldsymbol{\beta}\,. \qquad (9.82)$$

9.8. MATRIXALGEBRAISCHER ANHANG

Aus Annahme B1 wissen wir, dass $E(\mathbf{u}) = \mathbf{o}$. Folglich impliziert Bedingung (9.82), dass für die zugelassenen Schätzverfahren B die Beziehungen

$$\mathbf{CX} = \mathbf{I}_{K+1} = \mathbf{I}'_{K+1} = (\mathbf{CX})' = \mathbf{X}'\mathbf{C}' \tag{9.83}$$

gelten. Setzt man die erste dieser Beziehungen in Gleichung (9.81) ein, so ergibt sich

$$\widehat{\boldsymbol{\beta}}^B - \boldsymbol{\beta} = \mathbf{Cu}. \tag{9.84}$$

Es sei angemerkt, dass die KQ-Methode ein lineares unverzerrtes Schätzverfahren darstellt und deshalb die Beziehung (9.83) auch für die KQ-Methode gilt. Dies lässt sich daraus ersehen, dass gemäß Gleichung (9.60) die KQ-Schätzer $\widehat{\boldsymbol{\beta}}$ durch $(\mathbf{X}'\mathbf{X})^{-1}\mathbf{X}'\mathbf{y}$ definiert sind. Folglich ist in der KQ-Methode die Matrix $\mathbf{C}$ durch $(\mathbf{X}'\mathbf{X})^{-1}\mathbf{X}'$ gegeben. Ersetzt man in Gleichung (9.83) die Matrix $\mathbf{C}$ durch $(\mathbf{X}'\mathbf{X})^{-1}\mathbf{X}'$, so vereinfacht sich die linke Seite der Gleichung zu $\mathbf{I}_{K+1}$.

Um den Beweis des Gauss-Markov-Theorems abzuschließen, betrachten wir die Varianz-Kovarianz-Matrix der Schätzer $\widehat{\boldsymbol{\beta}}^B$. Sie kann in der folgenden Form geschrieben werden:

$$\mathbf{V}(\widehat{\boldsymbol{\beta}}^B) = E\left[\left[\widehat{\boldsymbol{\beta}}^B - E(\widehat{\boldsymbol{\beta}}^B)\right]\left[\widehat{\boldsymbol{\beta}}^B - E(\widehat{\boldsymbol{\beta}}^B)\right]'\right]$$

[aus (9.82)] $= E\left[\left[\widehat{\boldsymbol{\beta}}^B - \boldsymbol{\beta}\right]\left[\widehat{\boldsymbol{\beta}}^B - \boldsymbol{\beta})\right]'\right]$

[aus (9.84), (8.24)] $= E\left[\mathbf{Cuu}'\mathbf{C}'\right]$

$= \mathbf{C}E[\mathbf{uu}']\mathbf{C}'$

[aus (8.65)] $= \mathbf{C}\sigma^2\mathbf{I}_T\mathbf{C}'$

[aus (8.14)] $= \sigma^2\mathbf{CC}'.$

Wir wissen aus Gleichung (9.78), dass in der KQ-Methode $\mathbf{V}(\widehat{\boldsymbol{\beta}}) = \sigma^2(\mathbf{X}'\mathbf{X})^{-1}$. Für die Matrix $\mathbf{V}(\widehat{\boldsymbol{\beta}}^B) - \mathbf{V}(\widehat{\boldsymbol{\beta}})$ erhalten wir somit

$$\mathbf{V}(\widehat{\boldsymbol{\beta}}^B) - \mathbf{V}(\widehat{\boldsymbol{\beta}}) = \sigma^2\left[\mathbf{CC}' - (\mathbf{X}'\mathbf{X})^{-1}\right]$$

[aus (8.16), (8.17)] $= \sigma^2\left[\mathbf{CC}' - \mathbf{I}_{K+1}(\mathbf{X}'\mathbf{X})^{-1} - (\mathbf{X}'\mathbf{X})^{-1}\mathbf{I}_{K+1} + (\mathbf{X}'\mathbf{X})^{-1}\mathbf{I}_{K+1}\right]$

[aus (9.83), (8.32)] $= \sigma^2\left[\mathbf{CC}' - \mathbf{CX}(\mathbf{X}'\mathbf{X})^{-1} - (\mathbf{X}'\mathbf{X})^{-1}\mathbf{X}'\mathbf{C}' + (\mathbf{X}'\mathbf{X})^{-1}\mathbf{X}'\mathbf{X}(\mathbf{X}'\mathbf{X})^{-1}\right]$

[aus (8.24), (8.34), (8.36)] $= \sigma^2\left[\mathbf{CC}' - \mathbf{C}\left[(\mathbf{X}'\mathbf{X})^{-1}\mathbf{X}'\right]' - \left[(\mathbf{X}'\mathbf{X})^{-1}\mathbf{X}'\right]\mathbf{C}' + \left[(\mathbf{X}'\mathbf{X})^{-1}\mathbf{X}'\right]\left[(\mathbf{X}'\mathbf{X})^{-1}\mathbf{X}'\right]'\right]$

[aus (8.13), (8.23)] $= \sigma^2\left[\mathbf{C} - (\mathbf{X}'\mathbf{X})^{-1}\mathbf{X}'\right]\left[\mathbf{C} - (\mathbf{X}'\mathbf{X})^{-1}\mathbf{X}'\right]'.$

Aus dem Repetitorium Matrixalgebra I (Abschnitt 8.5.8) wissen wir, dass das Produkt aus einer Matrix und ihrer eigenen Transponierten (hier die Matrix $\mathbf{C}-(\mathbf{X}'\mathbf{X})^{-1}\mathbf{X}'$ und ihre Transponierte) immer positiv semidefinit ist. Ferner liefert die Multiplikation einer positiv semidefiniten Matrix mit einer positiven Konstanten (hier σ^2) erneut eine positiv semidefinite Matrix. Somit ist die Matrix $\mathbf{V}(\widehat{\boldsymbol{\beta}}^B) - \mathbf{V}(\widehat{\boldsymbol{\beta}})$ positiv semidefinit und damit die Gültigkeit des Gauss-Markov-Theorems nachgewiesen.

9.8.7 Schätzung der Störgrößenvarianz

Es wird im Folgenden gezeigt, dass die in Abschnitt 9.4.3 vorgestellte Formel

$$\widehat{\sigma}^2 = S_{\widehat{u}\widehat{u}}/(T-K-1) \tag{9.33}$$

ein unverzerrter Schätzer für die Störgrößenvarianz σ^2 ist. Der Beweis vollzieht sich in mehreren Schritten.

Da $\widehat{\mathbf{y}} = \mathbf{X}\widehat{\boldsymbol{\beta}} = \mathbf{X}(\mathbf{X}'\mathbf{X})^{-1}\mathbf{X}'\mathbf{y}$ und $\widehat{\mathbf{u}} = \mathbf{y} - \widehat{\mathbf{y}}$, folgt

$$\begin{aligned}
\widehat{\mathbf{u}} &= \mathbf{y} - \mathbf{X}(\mathbf{X}'\mathbf{X})^{-1}\mathbf{X}'\mathbf{y} \\
\text{[aus (8.21), (8.17)]} \quad &= \left[\mathbf{I}_T - \mathbf{X}(\mathbf{X}'\mathbf{X})^{-1}\mathbf{X}'\right]\mathbf{y} \\
&= \mathbf{M}\mathbf{y}, \tag{9.85}
\end{aligned}$$

wobei $\mathbf{M}$ gemäß

$$\mathbf{M} = \mathbf{I}_T - \mathbf{X}(\mathbf{X}'\mathbf{X})^{-1}\mathbf{X}' \tag{9.86}$$

definiert ist. Die $(T \times T)$-Matrix $\mathbf{M}$ ist symmetrisch, denn

$$\begin{aligned}
\mathbf{M}' &= \mathbf{I}_T' - \left[\mathbf{X}(\mathbf{X}'\mathbf{X})^{-1}\mathbf{X}'\right]' \\
\text{[aus (8.25), (8.36)]} \quad &= \mathbf{I}_T - \mathbf{X}(\mathbf{X}'\mathbf{X})^{-1}\mathbf{X}' \\
&= \mathbf{M}. \tag{9.87}
\end{aligned}$$

Die Matrix $\mathbf{M}$ ist zudem idempotent, denn

$$\begin{aligned}
\mathbf{M}\mathbf{M} &= \left[\mathbf{I}_T - \mathbf{X}(\mathbf{X}'\mathbf{X})^{-1}\mathbf{X}'\right]\left[\mathbf{I}_T - \mathbf{X}(\mathbf{X}'\mathbf{X})^{-1}\mathbf{X}'\right] \\
\text{[aus (8.23)]} \quad &= \mathbf{I}_T\mathbf{I}_T - 2\mathbf{I}_T\mathbf{X}(\mathbf{X}'\mathbf{X})^{-1}\mathbf{X}' \\
&\quad + \mathbf{X}(\mathbf{X}'\mathbf{X})^{-1}\mathbf{X}'\mathbf{X}(\mathbf{X}'\mathbf{X})^{-1}\mathbf{X}' \\
\text{[aus (8.17), (8.32)]} \quad &= \mathbf{I}_T - 2\mathbf{X}(\mathbf{X}'\mathbf{X})^{-1}\mathbf{X}' + \mathbf{X}(\mathbf{X}'\mathbf{X})^{-1}\mathbf{X}' \\
&= \mathbf{I}_T - \mathbf{X}(\mathbf{X}'\mathbf{X})^{-1}\mathbf{X}' \\
\text{[aus (9.86)]} \quad &= \mathbf{M}. \tag{9.88}
\end{aligned}$$

9.8. MATRIXALGEBRAISCHER ANHANG

Einsetzen der Beziehung $\mathbf{y} = \mathbf{X}\boldsymbol{\beta} + \mathbf{u}$ in Gleichung (9.85) liefert

$$\begin{aligned}
\widehat{\mathbf{u}} &= \mathbf{M}(\mathbf{X}\boldsymbol{\beta} + \mathbf{u}) \\
\text{[aus (8.22)]} \quad &= \mathbf{M}\mathbf{X}\boldsymbol{\beta} + \mathbf{M}\mathbf{u} \\
\text{[aus (9.86), (8.21)]} \quad &= \left[\mathbf{I}_T\mathbf{X} - \mathbf{X}(\mathbf{X}'\mathbf{X})^{-1}\mathbf{X}'\mathbf{X}\right]\boldsymbol{\beta} + \mathbf{M}\mathbf{u} \\
\text{[aus (8.32)]} \quad &= [\mathbf{I}_T\mathbf{X} - \mathbf{X}\mathbf{I}_{K+1}]\boldsymbol{\beta} + \mathbf{M}\mathbf{u} \\
\text{[aus (8.16), (8.17)]} \quad &= \mathbf{M}\mathbf{u} \, .
\end{aligned}$$

Folglich gilt für die Summe der Residuenquadrate $\widehat{\mathbf{u}}'\widehat{\mathbf{u}}(= S_{\widehat{u}\widehat{u}})$, dass

$$\begin{aligned}
\widehat{\mathbf{u}}'\widehat{\mathbf{u}} &= \mathbf{u}'\mathbf{M}'\mathbf{M}\mathbf{u} \\
\text{[aus (9.87), (9.88)]} \quad &= \mathbf{u}'\mathbf{M}\mathbf{u} \quad \text{(ein Skalar)} \quad (9.89) \\
\text{[aus (8.48)]} \quad &= \text{tr}\left(\mathbf{u}'\mathbf{M}\mathbf{u}\right) \\
\text{[aus (8.50)]} \quad &= \text{tr}\left(\mathbf{u}\mathbf{u}'\mathbf{M}\right) \, . \quad (9.90)
\end{aligned}$$

Bildet man auf beiden Seiten von Gleichung (9.90) den Erwartungswert, so ergibt sich

$$\begin{aligned}
E\left[\widehat{\mathbf{u}}'\widehat{\mathbf{u}}\right] &= E\left[\text{tr}\left[\mathbf{u}\mathbf{u}'\mathbf{M}\right]\right] \\
\text{[aus (8.46)]} \quad &= \text{tr}\left[E\left[\mathbf{u}\mathbf{u}'\mathbf{M}\right]\right] \, .
\end{aligned}$$

Da $\mathbf{M}$ gemäß Definition (9.86) eine Matrix aus Konstanten ist, ergibt sich

$$\begin{aligned}
E\left[\widehat{\mathbf{u}}'\widehat{\mathbf{u}}\right] &= \text{tr}\left[[E[\mathbf{u}\mathbf{u}']]\mathbf{M}\right] & (9.91) \\
\text{[aus (8.63)]} \quad &= \text{tr}\left[[\mathbf{V}(\mathbf{u})]\mathbf{M}\right] \\
\text{[aus (8.65)]} \quad &= \text{tr}\left[\sigma^2 \mathbf{I}_T \mathbf{M}\right] & (9.92) \\
\text{[aus (8.49)]} \quad &= \sigma^2 \text{tr}\left[\mathbf{M}\right] \\
\text{[aus (9.86)]} \quad &= \sigma^2 \text{tr}\left[\mathbf{I}_T - \mathbf{X}(\mathbf{X}'\mathbf{X})^{-1}\mathbf{X}'\right] \\
\text{[aus (8.51)]} \quad &= \sigma^2 \left[\text{tr}\left[\mathbf{I}_T\right] - \text{tr}\left[\mathbf{X}(\mathbf{X}'\mathbf{X})^{-1}\mathbf{X}'\right]\right] \\
\text{[aus (8.50)]} \quad &= \sigma^2 \left[\text{tr}\left[\mathbf{I}_T\right] - \text{tr}\left[\mathbf{X}'\mathbf{X}(\mathbf{X}'\mathbf{X})^{-1}\right]\right] \\
\text{[aus (8.32)]} \quad &= \sigma^2 \left[\text{tr}\left[\mathbf{I}_T\right] - \text{tr}\left[\mathbf{I}_{K+1}\right]\right] \\
\text{[aus (8.47)]} \quad &= \sigma^2 \left[T - K - 1\right] \, . & (9.93)
\end{aligned}$$

Dividiert man beide Seiten der Gleichung (9.93) durch $(T-K-1)$, so erhält man

$$E\left[\widehat{\mathbf{u}}'\widehat{\mathbf{u}}\right]/(T-K-1) = \sigma^2 \, ,$$

was identisch ist mit

$$E\left[S_{\widehat{u}\widehat{u}}/(T-K-1)\right] = \sigma^2 \, .$$

Folglich ist Formel (9.33) ein unverzerrter Schätzer für die Störgrößenvarianz σ^2. Man beachte, dass für die Herleitung dieses Resultates im Übergang auf Gleichung (9.92) sowohl auf Gleichung (8.63) und damit auf Annahme B1 zurückgegriffen wurde, als auch auf Gleichung (8.65) und damit auf Annahmen B2 und B3.

9.8.8 Wahrscheinlichkeitsverteilung der KQ-Schätzer

Ersetzt man in Gleichung (9.78) die unbekannte Störgrößenvarianz σ^2 durch ihren unverzerrten Schätzer $\widehat{\sigma}^2$, so erhält man die *geschätzte* Varianz-Kovarianz-Matrix der KQ-Schätzer $\widehat{\boldsymbol{\beta}}$:

$$\widehat{\mathbf{V}}(\widehat{\boldsymbol{\beta}}) = \widehat{\sigma}^2 \left(\mathbf{X}'\mathbf{X}\right)^{-1}. \tag{9.94}$$

Nummerische Illustration 9.9

Wir suchen für das Dünger-Beispiel die Werte der Varianz-Kovarianz-Matrix

$$\widehat{\mathbf{V}}(\widehat{\boldsymbol{\beta}}) = \begin{bmatrix} \widehat{var}(\widehat{\alpha}) & \widehat{cov}(\widehat{\alpha},\widehat{\beta}_1) & \widehat{cov}(\widehat{\alpha},\widehat{\beta}_2) \\ \widehat{cov}(\widehat{\beta}_1,\widehat{\alpha}) & \widehat{var}(\widehat{\beta}_1) & \widehat{cov}(\widehat{\beta}_1,\widehat{\beta}_2) \\ \widehat{cov}(\widehat{\beta}_2,\widehat{\alpha}) & \widehat{var}(\widehat{\beta}_2,\widehat{\beta}_1) & \widehat{var}(\widehat{\beta}_2) \end{bmatrix}.$$

Aus Ergebnis (9.35) wissen wir bereits, dass $\widehat{\sigma}^2 = S_{\widehat{u}\widehat{u}}/(T-3) = 0,00425$. Die Werte der Matrix $(\mathbf{X}'\mathbf{X})^{-1}$ hatten wir in (9.64) berechnet. Einsetzen dieser Ergebnisse in Gleichung (9.94) liefert

$$\begin{aligned}\widehat{\mathbf{V}}(\widehat{\boldsymbol{\beta}}) &= \widehat{\sigma}^2 \left(\mathbf{X}'\mathbf{X}\right)^{-1} \\ &= 0,00425 \begin{bmatrix} 51,8232 & -14,4503 & -1,1971 \\ -14,4503 & 4,4706 & 0,0068 \\ -1,1971 & 0,0068 & 0,2718 \end{bmatrix} \\ &= \begin{bmatrix} 0,22037 & -0,06145 & -0,00509 \\ -0,06145 & 0,01901 & 0,00003 \\ -0,00509 & 0,00003 & 0,00116 \end{bmatrix}.\end{aligned}$$

In der Nummerischen Illustration 9.4 hatten wir für $\widehat{var}(\widehat{\alpha})$, $\widehat{var}(\widehat{\beta}_1)$, $\widehat{var}(\widehat{\beta}_2)$ und $\widehat{cov}(\widehat{\beta}_1,\widehat{\beta}_2)$ die gleichen Werte errechnet. Die Kovarianzen $\widehat{cov}(\widehat{\alpha},\widehat{\beta}_1)$ und $\widehat{cov}(\widehat{\alpha},\widehat{\beta}_2)$ hatten wir dort nicht berechnet.

Wir wissen aus Gleichung (9.61), dass die KQ-Schätzer $\widehat{\boldsymbol{\beta}}$ eine *lineare* Funktion der endogenen Variable **y** sind. Die endogene Variable **y** wiederum ist eine lineare Funktion der Störgrößen **u**. Am Ende des Abschnitts 8.6.2 wurde erläutert, dass diese Störgrößen multivariat normalverteilt sind. Die multivariate Normalverteilung der Störgrößen **u** impliziert deshalb, dass auch die KQ-Schätzer $\widehat{\boldsymbol{\beta}}$ multivariat normalverteilt sind. Die entsprechenden Erwartungswerte kennen wir aus Gleichung (9.75) und die Varianz-Kovarianz-Matrix aus

9.8. MATRIXALGEBRAISCHER ANHANG

Gleichung (9.78). Zusammenfassend lässt sich die Wahrscheinlichkeitsverteilung der KQ-Schätzer deshalb folgendermaßen schreiben:

$$\widehat{\boldsymbol{\beta}} \sim N\left(\boldsymbol{\beta},\ \sigma^2\left(\mathbf{X}'\mathbf{X}\right)^{-1}\right).$$

9.8.9 Intervallschätzung

In Abschnitt 9.6 hatten wir im Rahmen der Zweifachregression den Intervallschätzer des Parameters β_k hergeleitet:

$$\left[\widehat{\beta}_k - t_{\alpha/2} \cdot \widehat{se}(\widehat{\beta}_k)\ ;\ \widehat{\beta}_k + t_{\alpha/2} \cdot \widehat{se}(\widehat{\beta}_k)\right]. \tag{9.46}$$

In einer Mehrfachregression mit $K > 2$ exogenen Variablen sieht der Intervallschätzer identisch aus. Die Zahl der exogenen Variablen beeinflusst lediglich die Berechnungsformel für $\widehat{se}(\widehat{\beta}_k)$ sowie die Anzahl der Freiheitsgrade und damit den kritischen Wert $t_{\alpha/2}$, aber nicht die allgemeine Formel (9.46). Unsere Aufgabe an dieser Stelle beschränkt sich deshalb darauf, den Intervallschätzer (9.46) in Matrixschreibweise anzugeben.

Es sei $\mathbf{s}'$ ein $(K+1)$-elementiger Zeilenvektor, dessen Elemente alle den Wert 0 besitzen, abgesehen von einem Element, welches den Wert 1 besitzt. Bildet man das innere Produkt $\mathbf{s}'\widehat{\boldsymbol{\beta}}$, so erhält man einen Skalar und zwar dasjenige Element des Vektors $\widehat{\boldsymbol{\beta}}$, dessen Pendant im Vektor $\mathbf{s}'$ den Wert 1 besitzt. Beispielsweise ergibt sich für den Vektor $\mathbf{s}' = (0 \ldots 0\ 1)$: $\mathbf{s}'\widehat{\boldsymbol{\beta}} = \widehat{\beta}_K$.

Mit Hilfe eines entsprechend spezifizierten Vektors $\mathbf{s}'$ lässt sich demnach jedes beliebige Element des Vektors $\widehat{\boldsymbol{\beta}}$ auswählen, einfach dadurch, dass die anderen Elemente durch die Nullen in $\mathbf{s}'$ eliminiert werden. Ein solcher „Selektionsvektor" $\mathbf{s}'$ ist nicht nur geeignet, aus einem *Vektor* ein Element auszuwählen, sondern auch, um aus einer beliebigen quadratischen *Matrix* das gewünschte Diagonalelement zu selektieren. Soll beispielsweise aus der Varianz-Kovarianz-Matrix $\widehat{\mathbf{V}}(\widehat{\boldsymbol{\beta}})$ ein bestimmtes Element der Hauptdiagonalen, also die Varianz eines KQ-Schätzers, ausgewählt werden, dann wird dies durch die quadratische Form $\mathbf{s}'\widehat{\mathbf{V}}(\widehat{\boldsymbol{\beta}})\mathbf{s}$ erreicht. Beispielsweise ergibt sich für den Selektionsvektor $\mathbf{s}' = (0 \ldots 0\ 1)$:

$$\begin{aligned}
\mathbf{s}'\widehat{\mathbf{V}}(\widehat{\boldsymbol{\beta}})\mathbf{s} &= (0\ \cdots\ 0\ 1) \begin{bmatrix} \widehat{var}(\widehat{\alpha}) & \widehat{cov}(\widehat{\alpha},\widehat{\beta}_1) & \cdots & \widehat{cov}(\widehat{\alpha},\widehat{\beta}_K) \\ \widehat{cov}(\widehat{\beta}_1,\widehat{\alpha}) & \widehat{var}(\widehat{\beta}_1) & \cdots & \widehat{cov}(\widehat{\beta}_1,\widehat{\beta}_K) \\ \vdots & \vdots & \ddots & \vdots \\ \widehat{cov}(\widehat{\beta}_K,\widehat{\alpha}) & \widehat{cov}(\widehat{\beta}_K,\widehat{\beta}_1) & \cdots & \widehat{var}(\widehat{\beta}_K) \end{bmatrix} \begin{bmatrix} 0 \\ \vdots \\ 0 \\ 1 \end{bmatrix} \\
&= \begin{bmatrix} \widehat{cov}(\widehat{\beta}_K,\widehat{\alpha}) & \widehat{cov}(\widehat{\beta}_K,\widehat{\beta}_1) & \cdots & \widehat{var}(\widehat{\beta}_K) \end{bmatrix} \begin{bmatrix} 0 \\ \vdots \\ 0 \\ 1 \end{bmatrix} = \widehat{var}(\widehat{\beta}_K).
\end{aligned}$$

Folglich gilt

$$\sqrt{s'\widehat{V}(\widehat{\beta})s} = \widehat{se}(\widehat{\beta}_K) .$$

Beachtet man schließlich, dass gemäß Gleichung (9.94)

$$\sqrt{s'\widehat{V}(\widehat{\beta})s} = \sqrt{s'\widehat{\sigma}^2 (X'X)^{-1} s} = \widehat{\sigma}\sqrt{s' (X'X)^{-1} s},$$

so lässt sich der Intervallschätzer (9.46) in folgender allgemeiner Form angeben:

$$\left[s'\widehat{\beta} - t_{a/2} \cdot \widehat{\sigma}\sqrt{s' (X'X)^{-1} s} \; ; \; s'\widehat{\beta} + t_{a/2} \cdot \widehat{\sigma}\sqrt{s' (X'X)^{-1} s}\right] . \qquad (9.95)$$

Mit der Spezifizierung des Selektionsvektors s' bestimmt man, auf welchen Parameter β_k sich der Intervallschätzer (9.95) beziehen soll.

9.8.10 Resümee

In diesem matrixalgebraischen Anhang wurden die KQ-Punktschätzer

$$\widehat{\beta} = (X'X)^{-1} X'y \qquad (9.60)$$

sowie die Berechnungsformel für das Bestimmtheitsmaß

$$R^2 = \left[\widehat{\beta}'\widehat{X}'\widehat{X}\widehat{\beta} - T\bar{y}^2\right] \Big/ \left[y'y - T\bar{y}^2\right] \qquad (9.72)$$

hergeleitet. Es wurde gezeigt, dass die KQ-Schätzer BLUE sind und es wurde die Varianz-Kovarianz-Matrix

$$V(\widehat{\beta}) = \sigma^2 (X'X)^{-1} \qquad (9.78)$$

der KQ-Schätzer berechnet. Ferner wurde gezeigt, dass

$$\widehat{\sigma}^2 = S_{\widehat{u}\widehat{u}}/(T - K - 1) \qquad (9.33)$$

eine unverzerrte Berechnungsformel für die Störgrößenvarianz ist. Die Varianz-Kovarianz-Matrix $V(\widehat{\beta})$ kann durch

$$\widehat{V}(\widehat{\beta}) = \widehat{\sigma}^2 (X'X)^{-1} \qquad (9.94)$$

geschätzt werden. Der Intervallschätzer lautet

$$\left[s'\widehat{\beta} - t_{a/2} \cdot \widehat{\sigma}\sqrt{s' (X'X)^{-1} s} \; ; \; s'\widehat{\beta} + t_{a/2} \cdot \widehat{\sigma}\sqrt{s' (X'X)^{-1} s}\right] . \qquad (9.95)$$

Kapitel 10

Hypothesentest

Aufgrund der höheren Anzahl an Parametern enthält das multiple Regressionsmodell vielfältigere Möglichkeiten für zu testende Hypothesen. Manche dieser Hypothesen sind weiterhin mit einem t-Test zu überprüfen. Abschnitt 10.1 ist dieser Klasse von Hypothesen gewidmet. Eine andere Klasse von Hypothesen erfordert allerdings einen allgemeineren Test als den t-Test, nämlich den sogenannten F-Test. Dieser wird in Abschnitt 10.2 vorgestellt. Die Abschnitte 10.3 und 10.4 erläutern den Zusammenhang zwischen diesen beiden Testvarianten.

10.1 Testen einer Linearkombination von Parametern: t-Test

10.1.1 Zweiseitiger t-Test

In Teil I dieses Lehrbuches hatten wir zweiseitige Hypothesen der Form

$$H_0 : \beta = q \quad \text{und} \quad H_1 : \beta \neq q \tag{10.1}$$

betrachtet. Für den Fall der Mehrfachregression ergeben sich beim Testen solcher Hypothesen keine erwähnenswerten Unterschiede. Wir verzichten deshalb auf eine wiederholte Darstellung. Stattdessen soll eine verallgemeinerte Hypothesenform vorgestellt werden, die (10.1) als Spezialfall enthält.

Im Rahmen einer Zweifachregression

$$y_t = \alpha + \beta_1 x_{1t} + \beta_2 x_{2t} + u_t, \tag{10.2}$$

laute die Null- und Alternativhypothese

$$H_0 : r_1\beta_1 + r_2\beta_2 = q \quad \text{und} \quad H_1 : r_1\beta_1 + r_2\beta_2 \neq q \tag{10.3}$$

wobei r_1, r_2 und q Konstanten seien, denen ein nummerischer Wert zugeordnet ist. Die in (10.3) formulierte Nullhypothese H_0 stellt eine lineare Funktion der

Parameter β_1 und β_2 dar. Man spricht auch von einer *Linearkombination* der Parameter β_1 und β_2. Auch diese allgemeine Form der Hypothese kann mit einem t-Test, das heißt durch die Gegenüberstellung des in der Stichprobe ermittelten t-Wertes mit den Intervallgrenzen $[-t_{a/2}\,;\,t_{a/2}]$, überprüft werden.

Ein Spezialfall der unter (10.3) zulässigen Hypothesen ist die in (10.1) formulierte Nullhypothese. Sie ergibt sich, wenn man einer der beiden Konstanten r_1 und r_2 den Wert 0 und der anderen den Wert 1 zuweist. Hypothesen des Typs (10.3) sind also allgemeiner als solche der Art (10.1). Alle Ergebnisse, die wir im Folgenden für (10.3) herleiten, besitzen deshalb auch für (10.1) Gültigkeit.

Schritt 1: Formulierung von H_0 und H_1 und Festlegung des Signifikanzniveaus a

Die Null- und Alternativhypothese in Ausdruck (10.3) sollen auf einem Signifikanzniveau von a getestet werden.

Nummerische Illustration 10.1

Aus der Mikroökonomik ist bekannt, dass in der Produktionsfunktion (8.1) die Summe der Parameter β_1 und β_2 den Homogenitätsgrad festlegt. Ein Homogenitätsgrad von 1 besagt, dass bei Verdopplung der Inputmengen (Phosphat und Stickstoff) der Output (Gerste) sich ebenfalls verdoppelt. Man spricht auch von konstanten Skalenerträgen. Für einen Homogenitätsgrad größer als 1 würde der Output sich mehr als verdoppeln (steigende Skalenerträge), für einen Homogenitätsgrad kleiner 1 würde er sich weniger als verdoppeln (abnehmende Skalenerträge).

Ein interessanter Test ist deshalb der Test auf konstante Skalenerträge:

$$H_0 : \beta_1 + \beta_2 = 1 \quad und \quad H_1 : \beta_1 + \beta_2 \neq 1\,.$$

Wenn man in (10.3) $r_1 = 1$, $r_2 = 1$ und $q = 1$ setzt, ergibt sich genau diese Hypothese. Sie ist also ein Spezialfall von (10.3). Das Signifikanzniveau betrage $a = 5\%$.

Schritt 2: Schätzung von $\mathrm{se}(r_1\widehat{\beta}_1 + r_2\widehat{\beta}_2)$

Der zweite Schritt des Tests von Nullhypothese (10.3) ist wieder die Schätzung der unbekannten Standardabweichung der für den Test relevanten Zufallsvariable. Aber welches ist hier die relevante Zufallsvariable? Beim Testen der Nullhypothese (10.1) wäre $\widehat{\beta}$ die Zufallsvariable und $\widehat{se}(\widehat{\beta})$ ihre Standardabweichung. Entsprechend ist im Test der Nullhypothese (10.3) $(r_1\widehat{\beta}_1 + r_2\widehat{\beta}_2)$ die Zufallsvariable und $\widehat{se}(r_1\widehat{\beta}_1 + r_2\widehat{\beta}_2)$ ihre Standardabweichung.

10.1. t-TEST

Bei der Berechnung von $\widehat{se}(r_1\widehat{\beta}_1 + r_2\widehat{\beta}_2)$ nutzen wir den statistischen Satz (2.20) bezüglich der Varianz einer Linearkombination von zwei Zufallsvariablen. Angewandt auf unsere Linearkombination lautet er:

$$var(r_1\widehat{\beta}_1 + r_2\widehat{\beta}_2) = r_1^2 var(\widehat{\beta}_1) + r_2^2 var(\widehat{\beta}_2) + 2r_1 r_2 cov(\widehat{\beta}_1, \widehat{\beta}_2) \, .$$

Entsprechend ergibt sich die Schätzung der Standardabweichung gemäß

$$\begin{aligned}
&\widehat{se}(r_1\widehat{\beta}_1 + r_2\widehat{\beta}_2) \\
=\ &\sqrt{\widehat{var}(r_1\widehat{\beta}_1 + r_2\widehat{\beta}_2)} \\
=\ &\sqrt{r_1^2\widehat{var}(\widehat{\beta}_1) + r_2^2\widehat{var}(\widehat{\beta}_2) + 2r_1 r_2 \widehat{cov}(\widehat{\beta}_1, \widehat{\beta}_2)} \\
=\ &\sqrt{r_1^2 \frac{\widehat{\sigma}^2}{S_{11}\left(1 - R_{1\cdot 2}^2\right)} + r_2^2 \frac{\widehat{\sigma}^2}{S_{22}\left(1 - R_{1\cdot 2}^2\right)} + 2r_1 r_2 \frac{-\widehat{\sigma}^2 R_{1\cdot 2}^2}{S_{12}\left(1 - R_{1\cdot 2}^2\right)}} \, , \quad (10.4)
\end{aligned}$$

wobei die Gleichungen (9.30a), (9.30b) und (9.31) genutzt wurden und sich die geschätzte Störgrößenvarianz $\widehat{\sigma}^2$, wie aus Formel (9.34) bekannt, gemäß

$$\widehat{\sigma}^2 = S_{\widehat{u}\widehat{u}}/(T-3) \tag{10.5}$$

berechnen lässt.

Nummerische Illustration 10.2

Setzt man die Ergebnisse (9.12), (9.13), (9.15), (9.32) und (9.35) in Formel (10.4) ein, so erhält man

$$\begin{aligned}
&\widehat{se}(1\cdot\widehat{\beta}_1 + 1\cdot\widehat{\beta}_2) \\
=\ &\sqrt{\frac{0,00425}{0,22369\,(0,99996)} + \frac{0,00425}{3,67920\,(0,99996)} + 2\frac{-0,00425 \cdot 0,00004}{-0,00556\,(0,99996)}} \\
=\ &\sqrt{0,01900 + 0,00116 + 0,00006} \\
=\ &0,14220 \, . \tag{10.6}
\end{aligned}$$

Schritt 3: Ermittlung des t-Wertes aus der Stichprobe

Wie gewohnt, ist im dritten Schritt eine Standardisierung der Zufallsvariable vorzunehmen. Beim Testen der Nullhypothese (10.1) war $\widehat{\beta}$ die Zufallsvariable, q ihr Erwartungswert (falls die Nullhypothese wahr ist, wovon im t-Test ausgegangen wird) und $\widehat{se}(\widehat{\beta})$ ihre geschätzte Standardabweichung:

$$t = \frac{\widehat{\beta} - q}{\widehat{se}(\widehat{\beta})} \, .$$

Entsprechend ist im Test der Nullhypothese (10.3) $(r_1\widehat{\beta}_1 + r_2\widehat{\beta}_2)$ die Zufallsvariable, $q(= r_1\beta_1 + r_2\beta_2)$ der Erwartungswert und $\widehat{se}(r_1\widehat{\beta}_1 + r_2\widehat{\beta}_2)$ die geschätzte Standardabweichung:

$$t = \frac{\left(r_1\widehat{\beta}_1 + r_2\widehat{\beta}_2\right) - q}{\widehat{se}(r_1\widehat{\beta}_1 + r_2\widehat{\beta}_2)} \ . \qquad (10.7)$$

Aus dieser Formel lässt sich der nummerische Wert von t berechnen. Dieser Wert ist von der Stichprobe abhängig. Die Konstanten q, r_1 und r_2 sind zwar vorgegeben, aber jede Stichprobe liefert neue Werte für $\widehat{\beta}_1$ und $\widehat{\beta}_2$ sowie für $\widehat{se}(r_1\widehat{\beta}_1 + r_2\widehat{\beta}_2)$.

Nummerische Illustration 10.3

Unter Nutzung der Ergebnisse (9.18), (9.19) und (10.6) beträgt der beobachtete Wert für t gemäß Gleichung (10.7)

$$t = \frac{(1 \cdot 0,59652 + 1 \cdot 0,26255) - 1}{0,14220} \approx -0,991 \ . \qquad (10.8)$$

Da die Summe der Schätzer $\widehat{\beta}_1$ und $\widehat{\beta}_2$ geringer als 1 ausfällt ($0,59652 + 0,26255 = 0,85907 < 1$), liegt der t-Wert im negativen Bereich. Dies signalisiert eher fallende denn konstante Skalenerträge und spricht damit eher für die Alternativhypothese. Ob es tatsächlich zu einer Ablehnung der Nullhypothese kommt, hängt davon ab, ob der beobachtete t-Wert von $-0,991$ negativ genug ist, um außerhalb des Konfidenzintervalls zu liegen. Das Konfidenzintervall ist in Schritt 4 zu ermitteln.

Da die Zufallsvariable $(r_1\widehat{\beta}_1 + r_2\widehat{\beta}_2)$ eine lineare Funktion (Linearkombination) der normalverteilten Zufallsvariablen $\widehat{\beta}_1$ und $\widehat{\beta}_2$ darstellt, ist sie ebenfalls normalverteilt. In Analogie zu früheren Ergebnissen gilt deshalb auch hier: *Wenn die Nullhypothese (10.3) wahr ist*, dann folgt die standardisierte Zufallsvariable t einer t-Verteilung, und zwar mit $T{-}K{-}1$ Freiheitsgraden. Ein Beweis findet sich im matrixalgebraischen Anhang dieses Kapitels (Abschnitt 10.6.4). Da für Modell (10.2) $K+1 = 3$ gilt, ist die in (10.7) definierte Zufallsvariable t-verteilt mit $T - 3$ Freiheitsgraden:

$$t \sim t_{(T-3)} \ .$$

Schritt 4: Ermittlung des kritischen Wertes $t_{a/2}$

Wir wissen bereits, dass sich für eine $t_{(T-3)}$-verteilte Zufallsvariable bei vorgegebenem Signifikanzniveau a feste Intervallgrenzen $t_{a/2}$ angeben lassen, innerhalb derer die Zufallsvariable t mit einer Wahrscheinlichkeit von $1-a$ liegt:

$$\Pr\left\{-t_{a/2} \leq t \leq t_{a/2}\right\} = 1 - a \ .$$

10.1. t-TEST

Aus Tabelle T.2 kann wieder ein nummerischer Wert für $t_{a/2}$ direkt abgelesen werden.

Nummerische Illustration 10.4

Aus Tabelle T.2 wissen wir, dass bei einem Signifikanzniveau von $a = 5\%$ und 27 Freiheitsgraden der kritische Wert $t_{0,025} = 2,0518$ beträgt. Wir haben es also wieder mit dem Konfidenzintervall $[-2,0518\,;\,2,0518]$ zu tun.

Schritt 5: Vergleich von $t_{a/2}$ und t

Um zu einer Ablehnungs- bzw. Akzeptanzentscheidung zu kommen, wird wieder der aus der tatsächlichen Stichprobe ermittelte Wert für t mit den aus Tabelle T.2 abgelesenen kritischen Werten $-t_{a/2}$ und $t_{a/2}$ verglichen. Liegt der in der Stichprobe beobachtete t-Wert außerhalb des Intervalls $[-t_{a/2}\,;\,t_{a/2}]$, das heißt $|t| > t_{a/2}$, dann wird die Nullhypothese verworfen.

Nummerische Illustration 10.5

Die Summe der Schätzer $\widehat{\beta}_1$ und $\widehat{\beta}_2$ fällt zwar kleiner als 1 aus, aber nicht wesentlich kleiner. Der t-Wert in Höhe von $-0,991$ liegt deshalb noch deutlich innerhalb des Konfidenzintervalls $[-2,0518\,;\,2,0518]$. Die Nullhypothese $H_0: \beta_1 + \beta_2 = 1$ kann nicht abgelehnt werden. Man kann also nicht ausschließen, dass die Gersten-Produktion durch konstante Skalenerträge gekennzeichnet ist.

10.1.2 Einseitiger t-Test

Die in (10.3) formulierte Hypothese stellt einen *zweiseitigen Test* dar. Es ist auch möglich, einen entsprechenden *einseitigen Test* durchzuführen. Ein linksseitiger Test (kritischer Bereich auf der linken Seite der Verteilung) hätte folgende allgemeine Form:

$$H_0: r_1\beta_1 + r_2\beta_2 \geq q \quad \text{und} \quad H_1: r_1\beta_1 + r_2\beta_2 < q \,. \tag{10.9}$$

An der Berechnung des Wertes für t ändert sich dadurch nichts. Er wird weiterhin durch Gleichung (10.7) ermittelt. Wie verhält es sich mit dem Konfidenzintervall, das t gegenübergestellt wird? Nur besonders negative t-Werte, das heißt besonders kleine $(r_1\widehat{\beta}_1 + r_2\widehat{\beta}_2)$-Werte, können zur Ablehnung der Nullhypothese führen. Das Konfidenzintervall ist deshalb nach rechts offen und besitzt als linke Grenze den negativen Wert $-t_a$.

Will man das gleiche Signifikanzniveau a wie im entsprechenden zweiseitigen Test verwenden, dann muss im linksseitigen Test die kritische Wahrscheinlichkeitsmasse am linken Ende der Verteilung doppelt so groß sein wie im zweiseitigen Test. Deshalb muss $-t_a$, der kritische Wert im linksseitigen Test, rechts von $-t_{a/2}$, der linksseitigen Grenze im zweiseitigen Test, liegen.

Wir hatten diese Zusammenhänge an früherer Stelle (Abbildung 6.2) am Beispiel eines rechtsseitigen Tests ausführlicher erläutert. Aus Tabelle T.2 kann der zu verwendende Wert für $-t_a$ abgelesen werden. Fällt t negativer aus als $-t_a$, dann muss die Nullhypothese zugunsten der Alternativhypothese verworfen werden.

Nummerische Illustration 10.6

Nehmen wir an, wir hätten die Vermutung, dass Gerste unter fallenden Skalenerträgen produziert wird. Das Gegenteil dieser Vermutung lautet: Gerste wird unter steigenden Skalenerträgen produziert. Dies ist auch unsere Nullhypothese:

$$H_0 : \beta_1 + \beta_2 \geq 1 \quad und \quad H_1 : \beta_1 + \beta_2 < 1 .$$

Wir kennen den Wert für t aus (10.8). Er beträgt $-0,991$. Aus Tabelle T.2 ergibt sich für $a = 5\%$ und 27 Freiheitsgrade eine untere Intervallgrenze von $-1,7033$. 5% der Wahrscheinlichkeitsmasse liegen linkerhand von $-1,7033$. Da t nicht in diesen Bereich fällt, kann die Nullhypothese nicht abgelehnt werden. Es ist also nicht gelungen, unsere Ausgangsvermutung (fallende Skalenerträge) durch Ablehnung der Nullhypothese signifikant zu erhärten.

Schließlich sollte noch darauf hingewiesen werden, dass auch im Rahmen der Einfachregression ein Hypothesentest einer über zwei Parameter formulierten linearen Restriktion möglich ist, und zwar als gemeinsamer Test über dem Niveau- und dem Steigungsparameter, also über α und β. Wir haben in Kapitel 6 diesen Test übergangen, denn wenn es in der ökonomischen Theorie um den Test von linearen Zusammenhängen zwischen Parametern geht, dann fast ausschließlich um den gemeinsamen Test von Steigungsparametern β_k.

10.2 Simultaner Test mehrerer Linearkombinationen von Parametern: F-Test

Im vorangegangenen Abschnitt hatten wir durch einen t-Test, das heißt durch den Vergleich von t mit dem kritischen Wert $t_{a/2}$ oder t_a, eine einzelne Linearkombination von Parametern getestet. Ist es möglich, auch mehrere Linearkombinationen gleichzeitig zu testen? Es ist möglich, allerdings nicht mit einem t-Test. Sollen mehrere Linearkombinationen gleichzeitig getestet werden, dann ist der sogenannte F-*Test* das angemessene Instrument. Wie der Name bereits andeutet, stellt dieser Test einer aus der Stichprobe gewonnenen Zufallsvariable F einen kritischen Wert F_a gegenüber.

Im Rahmen der Zweifachregression

$$y_t = \alpha + \beta_1 x_{1t} + \beta_2 x_{2t} + u_t \tag{10.2}$$

10.2. F-TEST

wurde bereits darauf hingewiesen, dass eine Null- und Alternativhypothese der Form

$$H_0 : \beta_1 = 0 \text{ und } H_1 : \beta_1 \neq 0$$

bzw.

$$H_0 : \beta_2 = 0 \text{ und } H_1 : \beta_2 \neq 0$$

den einfachsten Fall einer zu testenden „Linearkombination" darstellt. Entsprechend stellt der *simultane* Test der Nullhypothese

$$H_0 : \beta_1 = 0 \text{ und gleichzeitig } \beta_2 = 0 \tag{10.10}$$

gegen die Alternativhypothese

$$H_1 : \beta_1 \neq 0 \text{ und/oder } \beta_2 \neq 0 , \tag{10.11}$$

den wichtigsten und einfachsten Fall simultan zu testender „Linearkombinationen" dar. Wir wollen den F-Test zunächst anhand dieses einfachsten Falles illustrieren, bevor wir uns dann komplexeren Hypothesen zuwenden.

10.2.1 Eine wichtige Nullhypothese

Für den F-Test existieren zwei gleichwertige Vorgehensweisen. Die eine verdeutlicht die Analogie zum t-Test besser, die andere ist jedoch der Intuition etwas leichter zugänglich und erlaubt eine Anwendung in vielfältigen Zusammenhängen. Es soll hier die zweite Vorgehensweise behandelt werden. Auf die Verbindung zum t-Test wird im Abschnitt 10.3 gesondert eingegangen. Die erste Vorgehensweise des F-Tests wird im matrixalgebraischen Anhang dieses Kapitels ausführlich dargestellt.

Schritt 1: Formulierung von H_0 und H_1 und Festlegung des Signifikanzniveaus a

Wie in allen bislang beschriebenen Testvarianten, so wird auch hier zunächst die zu testende Hypothese formuliert und das Signifikanzniveau vorgegeben. Hier soll exemplarisch die Nullhypothese (10.10) gegen die Alternativhypothese (10.11) getestet werden.

Nummerische Illustration 10.7

Im Rahmen des Dünger-Beispiels soll die Nullhypothese (10.10) gegen die Alternativhypothese (10.11) auf einem Signifikanzniveau von a = 5% getestet werden. Die Nullhypothese (10.10) wird normalerweise in der kompakteren Form

$$H_0 : \beta_1 = \beta_2 = 0 \tag{10.12}$$

geschrieben.

Schritt 2: Berechnung der Summe der Residuenquadrate für das ökonometrische Modell ($S_{\widehat{u}\widehat{u}}$) und das Nullhypothesenmodell ($S^0_{\widehat{u}\widehat{u}}$)

Ausgangspunkt für die weiteren Schritte ist das ökonometrische Modell (10.2). Eine Schätzung dieses Modells auf Basis der KQ-Methode minimiert die Summe der Residuenquadrate $S_{\widehat{u}\widehat{u}}$. Es sei daran erinnert, dass ein Residuum $\widehat{u}_t$ unsere Vermutung bezüglich des bei Beobachtung t wirksam gewordenen Störeinflusses u_t wiedergibt. Die Summe der Residuenquadrate $S_{\widehat{u}\widehat{u}}$ konnte auch als die Variation in der endogenen Variable verstanden werden, die nicht durch das Modell zu erklären ist.

Im nächsten Schritt wird die Nullhypothese einbezogen. Wenn sie wahr ist, dann vereinfacht sich der Zusammenhang (10.2) zu

$$\begin{aligned} y_t &= \alpha + 0 \cdot x_{1t} + 0 \cdot x_{2t} + u^0_t \\ &= \alpha + u^0_t, \end{aligned} \qquad (10.13)$$

wobei u^0_t die Störgröße dieses neuen Modells bezeichnet. Dieses „*Nullhypothesenmodell*" postuliert, dass die exogenen Variablen keinen Beitrag zur Erklärung der Bewegung der endogenen Variable leisten.

Auch für dieses durch die Nullhypothese restringierte Modell kann die KQ-Methode angewendet werden. Sie ermittelt denjenigen Wert $\widehat{\alpha}$, der die Summe der Residuenquadrate minimiert. Um zu betonen, dass diese Residuenquadrate nicht auf Basis des unrestringierten Modells (10.2), sondern auf Basis des restringierten Nullhypothesenmodells (10.13) ermittelt wurden, sollen sie im Folgenden durch $S^0_{\widehat{u}\widehat{u}}$ symbolisiert werden. Es handelt sich hierbei um die Variation in der endogenen Variable, die nicht durch das Nullhypothesenmodell zu erklären ist.

Es sei angemerkt, dass bei dem speziellen Nullhypothesenmodell (10.13) nur noch der Parameter α zu schätzen ist. Das entsprechende geschätzte Modell lautet

$$y_t = \widehat{\alpha} - 0 \cdot x_{1t} - 0 \cdot x_{2t} + \widehat{u}^0_t.$$

Umstellen liefert:

$$\widehat{u}^0_t = y_t - \widehat{\alpha}.$$

Eine KQ-Schätzung des Nullhypothesenmodells (10.13) ist demnach eine Minimierung von $S^0_{\widehat{u}\widehat{u}} = \sum(y_t - \widehat{\alpha})^2$. Ableiten dieses Ausdrucks nach $\widehat{\alpha}$ und Nullsetzen dieser Ableitung ergibt $\sum y_t = \sum \widehat{\alpha}$ und damit $\widehat{\alpha} = \overline{y}$. Damit gilt für alle T Beobachtungen: $\widehat{y}_t = \overline{y}$. Dies bedeutet zugleich, dass $\widehat{u}^0_t = y_t - \widehat{y}_t = y_t - \overline{y}$ und damit $S^0_{\widehat{u}\widehat{u}} = S_{yy}$.

Nummerische Illustration 10.8

Die Summe der Residuenquadrate für das unrestringierte Modell hatten wir bereits in (9.28) berechnet: $S_{\widehat{u}\widehat{u}} = 0,11481$. Das durch die Nullhypothese restringierte Modell entspricht Gleichung (10.13). Dieses Nullhypothesenmodell liefert Residuenquadrate in Höhe von $S^0_{\widehat{u}\widehat{u}}(= S_{yy}) = 0,44629$. Den Wert für

10.2. F-TEST

S_{yy} hatten wir bereits in (9.14) angegeben.

Wie die Residuenquadrate des restringierten Nullhypothesenmodells ($S_{\widehat{u}\widehat{u}}^0$) relativ zu denen des unrestringierten Modells ($S_{\widehat{u}\widehat{u}}$) ausfallen, hängt von der Nullhypothese und den Daten ab. Aber auch ohne die Daten der Stichprobe oder die genaue Nullhypothese zu kennen, kann bereits etwas über die relative Größe von $S_{\widehat{u}\widehat{u}}$ und $S_{\widehat{u}\widehat{u}}^0$ ausgesagt werden: Es muss immer gelten, dass

$$S_{\widehat{u}\widehat{u}}^0 \geq S_{\widehat{u}\widehat{u}},$$

denn wäre $S_{\widehat{u}\widehat{u}}^0 < S_{\widehat{u}\widehat{u}}$, dann könnte $S_{\widehat{u}\widehat{u}}$ nicht das *Minimum* der Residuenquadrate des unrestringierten Modells (10.2) darstellen. Offensichtlich hätte man im unrestringierten Modell für $\widehat{\beta}_1 = 0$ und $\widehat{\beta}_2 = 0$ wenigstens die Residuenquadrate $S_{\widehat{u}\widehat{u}}^0$ erreichen können. Es ist also immer möglich, $S_{\widehat{u}\widehat{u}}$ durch entsprechende Parameterwahl mindestens so klein zu machen wie $S_{\widehat{u}\widehat{u}}^0$. Das Nullhypothesenmodell erlaubt grundsätzlich eine weniger flexible parametrische Anpassung an die Daten als das unrestringierte Modell (10.2), weshalb die verbleibenden Residuenquadrate $S_{\widehat{u}\widehat{u}}^0$ nicht kleiner sein können als $S_{\widehat{u}\widehat{u}}$.

Wenn die exogenen Variablen in den beobachteten Daten einen wichtigen Einfluss auf die endogene Variable besitzen (Nullhypothese scheint unzutreffend), dann wird $S_{\widehat{u}\widehat{u}}^0$ *deutlich* größer als $S_{\widehat{u}\widehat{u}}$ ausfallen, denn die Parameter $\widehat{\beta}_1$ und $\widehat{\beta}_2$ stehen im Nullhypothesenmodell für eine Anpassung nicht zur Verfügung. Wenn in den Daten kein Einfluss der beiden exogenen Variablen auf die endogene Variable festzustellen ist (Nullhypothese scheint korrekt), dann wird $S_{\widehat{u}\widehat{u}}^0$ nur *geringfügig* über $S_{\widehat{u}\widehat{u}}$ liegen oder mit $S_{\widehat{u}\widehat{u}}$ zusammenfallen. Der F-Test macht sich diese Zusammenhänge zu Nutze.

Schritt 3: Berechnung des F-Wertes

Da sowohl $S_{\widehat{u}\widehat{u}}^0$ als auch $S_{\widehat{u}\widehat{u}}$ für unterschiedliche Stichproben verschiedene Werte annehmen würden, stellen sie Zufallsvariablen dar. Aus diesen beiden Zufallsvariablen lässt sich eine neue Zufallsvariable F formen:

$$F = \frac{(S_{\widehat{u}\widehat{u}}^0 - S_{\widehat{u}\widehat{u}})/L}{S_{\widehat{u}\widehat{u}}/(T-K-1)}, \qquad (10.14)$$

wobei L die Anzahl der in der Nullhypothese formulierten unabhängigen Linearkombinationen ist und $T-K-1$ wie gewohnt die Anzahl der Freiheitsgrade (Anzahl der Beobachtungen abzüglich der Zahl der zu schätzenden Parameter) bezeichnet. Der Wert der Zufallsvariable F hängt sowohl von den Daten der Stichprobe als auch von den Restriktionen der Nullhypothese ab. Eine andere Nullhypothese würde zu anderen Residuenquadraten $S_{\widehat{u}\widehat{u}}^0$ und damit zu einem anderen Wert F führen. Da $S_{\widehat{u}\widehat{u}}^0 \geq S_{\widehat{u}\widehat{u}}$ und alle Größen in Formel (10.14) positive Werte besitzen, ist auch die Zufallsvariable F immer positiv.

Anhand der Formel (10.14) kann die Grundmechanik der Zufallsvariable F verständlich gemacht werden. Freiheitsgrade waren definiert als die Zahl der Beobachtungen abzüglich der Zahl der zu schätzenden Parameter. Im unrestringierten Modell beträgt die Zahl der Freiheitsgrade $T-K-1$, im Nullhypothesenmodell hingegen $T-K-1+L$, denn es sind dort aufgrund der L Restriktionen (Vorgaben) lediglich $K+1-L$ Parameter zu schätzen. L im Zähler von (10.14) gibt folglich an, wieviel *zusätzliche* Freiheitsgrade das Nullhypothesenmodell gegenüber dem unrestringierten Modell besitzt. Der Term $(S^0_{\widehat{uu}} - S_{\widehat{uu}})$ im Zähler von (10.14) misst die durch die Beschränkung auf das Nullhypothesenmodell ausgelöste Erhöhung der Residuenquadrate. Der gesamte Zähler der Gleichung (10.14) verteilt demzufolge den *Zuwachs* in den Residuenquadraten auf die zusätzlichen Freiheitsgrade. Der Zähler misst demnach das „durchschnittliche zusätzliche Residuenquadrat pro zusätzlichem Freiheitsgrad". Der Nenner der Gleichung (10.14) entspricht dem durchschnittlichen Residuum pro Freiheitsgrad des unrestringierten Modells.

Stehen die Beschränkungen der Nullhypothese (z.B. $\beta_k=0$ für alle $k=1, 2, \ldots, K$) im Einklang mit den beobachteten Daten, dann wird das „durchschnittliche zusätzliche Residuum pro zusätzlichem Freiheitsgrad" $(S^0_{\widehat{uu}}-S_{\widehat{uu}})/L$ nicht größer ausfallen als das durchschnittliche Residuum der unrestringierten Schätzung $S_{\widehat{uu}}/(T-K-1)$. Entsprechend wird F einen Wert besitzen, der nicht weit über 1 hinausgeht. Besteht hingegen ein Widerspruch zwischen den Restriktionen der Nullhypothese und den beobachteten Daten, dann wird $S^0_{\widehat{uu}}$ weitaus größer sein als $S_{\widehat{uu}}$ und damit der Zähler in Gleichung (10.14) den Nenner deutlich übersteigen. Damit wird auch F einen großen Wert annehmen. Eine Nullhypothese verursacht einen umso höheren F-Wert, je schlechter sie mit den beobachteten Daten in Einklang steht.

In dem von uns betrachteten Fall einer Zweifachregression (drei zu schätzende Parameter, $(K+1=3)$ mit einer Nullhypothese, die zwei Linearkombinationen enthält ($L=2$), berechnet sich der Wert der Zufallsvariable F gemäß

$$F = \frac{(S^0_{\widehat{uu}} - S_{\widehat{uu}})/2}{S_{\widehat{uu}}/(T-3)} \ . \tag{10.15}$$

Nummerische Illustration 10.9

Im Dünger-Beispiel liegen $T = 30$ Beobachtungen vor. Die Nullhypothese in (10.12) bzw. (10.10) enthält zwei Linearkombinationen ($L = 2$). Ist man sich nicht ganz sicher bezüglich der Anzahl der in der Nullhypothese enthaltenen Linearkombinationen, dann kann man einfach die Zahl der in der Nullhypothese vorkommenden Gleichheitszeichen verwenden. Einsetzen des Ergebnisses aus Schritt 2 in Formel (10.15) liefert den F-Wert:

$$F = \frac{(0,44629 - 0,11481)/2}{0,11481/(30-3)} \approx 38,98 \ .$$

10.2. F-TEST

Im Statistik Repetitorium III (Abschnitt 4.4.4) hatten wir uns mit der $F_{(v_1,v_2)}$-Verteilung auseinandergesetzt. Im matrixalgebraischen Anhang dieses Kapitels (Abschnitt 10.6.4) ist Folgendes gezeigt: *Wenn die Nullhypothese wahr ist*, dann folgt eine wie in (10.14) definierte Zufallsvariable F einer $F_{(v_1,v_2)}$-Verteilung, wobei $v_1 = L$ und $v_2 = T-K-1$:

$$F \sim F_{(L, T-K-1)} \ .$$

Demzufolge hängt nicht nur der *Wert* der Zufallsvariable F, sondern auch die genaue Form ihrer *Verteilung* sowohl von der Anzahl der Freiheitsgrade ($T-K-1$) als auch von der Anzahl der Linearkombinationen L ab. Entsprechend wäre eine gemäß Ausdruck (10.15) definierte Zufallsvariable $F_{(2,T-3)}$-verteilt.

Schritt 4: Ermittlung eines kritischen Wertes F_a

Wir hatten darauf hingewiesen, dass alle F-Verteilungen nur für den positiven Bereich definiert sind und eine asymmetrische Gestalt aufweisen. Abbildung 4.7 zeigte einige $F_{(L,T-K-1)}$-Verteilungen. Für jede $F_{(L,T-K-1)}$-Verteilung lässt sich ein *kritischer Wert* F_a ermitteln, für den gilt, dass mit Wahrscheinlichkeit a eine Ausprägung beobachtet wird, die größer als F_a ausfällt.

Für unsere Zwecke ist die Wahrscheinlichkeit (Signifikanzniveau) von $a = 5\%$ und damit der kritische Wert $F_{0,05}$ von besonderem Interesse. Grafisch ausgedrückt lässt sich also ein kritischer Wert $F_{0,05}$ bestimmen, bei dem genau 5% der gesamten Wahrscheinlichkeitsmasse der Verteilung rechterhand dieses Wertes liegt. Für diesen Zweck existiert eine Tabelle, die für sämtliche wichtigen $F_{(L,T-K-1)}$-Verteilungen den $F_{0,05}$-Wert angibt. Im vorliegenden Lehrbuch sind diese Werte in Tabelle T.3 des Tabellenanhangs abgebildet.

Nummerische Illustration 10.10

Tabelle T.3 hat auf der Horizontalen die Freiheitsgrade L abgetragen (v_1) und auf der Vertikalen die Freiheitsgrade $T-K-1$ (v_2). Es lässt sich ablesen, dass für eine $F_{(2,27)}$-verteilte Zufallsvariable 5% der Wahrscheinlichkeitsmasse im Bereich rechts von $F_{0,05} = 3,354$ liegen.

Rekapitulieren wir den Stand der Dinge: Wir testen die Nullhypothese (10.12). Aus den Daten der Stichprobe und den Restriktionen der Nullhypothese wurden im zweiten Schritt die Größen $S^0_{\widehat{u}\widehat{u}}$ und $S_{\widehat{u}\widehat{u}}$ berechnet und im dritten Schritt gemäß Formel (10.15) in einen Wert für F transformiert. Wir wissen, dass dieser Wert umso größer wird, je schlechter die Nullhypothese zu den beobachteten Daten passt, denn umso größer fällt die Differenz $S^0_{\widehat{u}\widehat{u}} - S_{\widehat{u}\widehat{u}}$ aus. Wir wissen ferner, dass bei Gültigkeit der Nullhypothese die Zufallsvariable F einer $F_{(2,T-3)}$-Verteilung folgt.

Weiterhin kennen wir aus Tabelle T.3 für die $F_{(2,T-3)}$-Verteilung den kritischen Wert F_a. Die Wahrscheinlichkeit, dass eine $F_{(2,T-3)}$-verteilte Zufallsvariable einen Wert annimmt, der größer als F_a ist, beträgt genau a. *Wenn die*

Nullhypothese wahr ist – und davon gehen wir im Hypothesentest zunächst immer aus – dann gilt die getroffene Wahrscheinlichkeitsaussage auch für unsere $F_{(2,T-3)}$-verteilte Zufallsvariable F. Am gebräuchlichsten ist ein Signifikanzniveau von $a = 5\%$. Bei diesem Signifikanzniveau fällt ein aus der Stichprobe ermittelter F-Wert mit nur 5% Wahrscheinlichkeit größer als der kritische Wert $F_{0,05}$ aus – vorausgesetzt, die Nullhypothese ist wahr. Die Entscheidung für oder gegen die Nullhypothese verläuft nun wieder auf gewohnten Bahnen.

Schritt 5: Vergleich von F_a und F

Wenn die Nullhypothese wahr ist, dann sollte $S_{\widetilde{uu}}^0$ nicht viel größer als $S_{\widetilde{uu}}$ ausfallen und damit F nicht wesentlich über 0 liegen. Der aus Tabelle T.3 ermittelte kritische F_a-Wert wird dem F-Wert der Stichprobe gegenübergestellt. Fällt F größer aus als F_a, dann wird die Nullhypothese verworfen, denn bei Gültigkeit der Nullhypothese wäre es sehr unwahrscheinlich (die Wahrscheinlichkeit würde a betragen), einen so großen F-Wert zu beobachten. Die beobachteten Daten widersprechen dann der Nullhypothese so stark, dass sich ein „zu großer" Wert für F ergab und die Nullhypothese wohl doch falsch zu sein scheint.

Nummerische Illustration 10.11

Aus Tabelle T.3 wissen wir bereits, dass bei einer $F_{(2,27)}$-verteilten Zufallsvariable 5% der Wahrscheinlichkeitsmasse oberhalb von $3,354$ liegen. Folglich ist $F_{0,05} = 3,354$ der kritische Wert für den Hypothesentest. Der Wert besagt, dass im Dünger-Experiment bei Gültigkeit der Nullhypothese ein F-Wert oberhalb von $3,354$ nur mit 5% Wahrscheinlichkeit auftreten würde.

Wir hatten einen F-Wert von $38,98$ ermittelt und folglich gilt: $F > F_a$. Damit wird die Nullhypothese abgelehnt. Dass sich bei Gültigkeit der Nullhypothese ein solch hoher F-Wert ergibt, ist so unwahrscheinlich, dass wir die Nullhypothese als unplausibel zurückweisen müssen. Unser Ergebnis signalisiert einen Einfluss der exogenen Variablen, so wie es in der Alternativhypothese formuliert ist.

Ökonometrische Computersoftware liefert neben dem F-Wert des Hypothesentests gewöhnlich auch einen p-Wert. In Analogie zum p-Wert eines t-Tests besagt der p-Wert eines F-Tests, wie wahrscheinlich es bei Gültigkeit der Nullhypothese ist, dass man einen F-Wert aus der Stichprobe erhält, welcher größer oder gleich dem tatsächlich in der Stichprobe berechneten F-Wert ist. Mit anderen Worten, der p-Wert sagt einem, wie wahrscheinlich der beobachtete F-Wert ist – unter der Maßgabe, dass die Nullhypothese wahr ist. Ist der ausgewiesene p-Wert kleiner als das Signifikanzniveau a, dann stellt der beobachtete F-Wert ein so unwahrscheinliches Ereignis dar, dass man die Nullhypothese ablehnt.

Damit ist die grundlegende Methodik des F-Tests in fünf Arbeitsschritten hinreichend beschrieben. Die Methodik wurde im Rahmen der sehr einfachen Nullhypothese (10.10) bzw. (10.12) illustriert. Es wurde bereits darauf hingewiesen, dass der F-Test auch zum Testen komplexerer Parameterkombinationen herangezogen werden kann. Der folgende Abschnitt zeigt, dass die Methodik dabei vollkommen unverändert bleibt.

10.2.2 Test einer allgemeinen Nullhypothese

Der F-Test findet auch bei komplexeren Nullhypothesen Verwendung. Wichtig ist bei solchen Nullhypothesen, dass die Parameterkombinationen in der Form von unabhängigen Linearkombinationen formuliert sind. Es sei auch darauf hingewiesen, dass die Anzahl der in den Linearkombinationen insgesamt erscheinenden Parameter nicht unterhalb der Zahl der Linearkombinationen L liegen darf. Dies impliziert, dass in einem Modell mit $K+1$ Parametern nicht mehr als $K+1$ Linearkombinationen in der Nullhypothese enthalten sein dürfen: $L \leq K+1$.

Wir wollen den Test einer allgemeineren Nullhypothese wieder anhand von dem in Gleichung (10.2) definierten Modell der Zweifachregression erläutern, und zwar an der konkreten Nullhypothese

$$H_0 : \beta_1 + \beta_2 = 1 \text{ und gleichzeitig } \alpha = 1 \,. \tag{10.16}$$

Eine allgemeinere Darstellungsform findet sich im matrixalgebraischen Anhang dieses Kapitels (Abschnitt 10.6.2). Die zur Nullhypothese (10.16) komplementäre Alternativhypothese lautet

$$H_1 : \beta_1 + \beta_2 \neq 1 \text{ und/oder } \alpha \neq 1 \,. \tag{10.17}$$

Als Nullhypothesenmodell ergibt sich dann

$$\begin{aligned} y_t &= 1 + \beta_1 x_{1t} + (1 - \beta_1) x_{2t} + u_t \\ &= 1 + \beta_1 (x_{1t} - x_{2t}) + x_{2t} + u_t \,. \end{aligned} \tag{10.18}$$

Für den Test der Nullhypothese (10.16) müssen aus den Stichprobendaten wieder die Residuenquadrate sowohl für das unrestringierte Modell (10.2) als auch für das Nullhypothesenmodell (10.18) ermittelt werden. Anwendung der Formel (10.15) liefert wieder den F-Wert der Stichprobe. Aus Tabelle T.3 wird der kritische Wert F_a abgelesen und F gegenübergestellt. Gilt $F > F_a$, dann wird die Nullhypothese zugunsten der Alternativhypothese verworfen.

Nummerische Illustration 10.12 ▬▬▬▬▬▬▬▬▬▬▬▬▬▬▬

Schritt 1: Im Rahmen des Dünger-Beispiels sollen die Null- und Alternativhypothese (10.16) und (10.17) auf einem Signifikanzniveau von $a = 5\%$

getestet werden. Es wurde bereits erläutert, dass im Rahmen des Dünger-Beispiels der erste Teil dieser Nullhypothese konstante Skalenerträge postuliert. Der zweite Teil besagt, dass bei einem Input von je 1 kg/ha Phosphat und Stickstoff ($p_t = n_t = 1$, das heißt $x_{1t} = x_{2t} = \ln 1 = 0$) der Gersten-Output etwa 2,72 dt/ha ($g_t = 2,72$, das heißt $y_t = \ln 2,72 \approx 1$) betragen sollte.

Schritt 2: Wir wissen bereits aus Resultat (9.28), dass $S_{\widetilde{uu}} = 0,11481$. Für das Nullhypothesenmodell (10.18) lässt sich mit ökonometrischer Standard-Software die Summe der Residuenquadrate $S^0_{\widetilde{uu}}$ berechnen. Es ergibt sich ein Wert von $S^0_{\widetilde{uu}} = 0,87854$.

Schritt 3: Die Anzahl der Linearkombinationen L beträgt 2 und $T-K-1$ ist wieder 27. Aus Formel (10.15) ergibt sich somit

$$F = \frac{(0,87854 - 0,11481)/2}{0,11481/27} \approx 89,80 \; .$$

Wenn die Nullhypothese wahr ist, dann folgt die Zufallsvariable F einer $F_{(2,27)}$-Verteilung.

Schritt 4: Aus Tabelle T.3 hatten wir zuvor bereits gesehen, dass bei dieser Verteilung die Zufallsvariable F mit einer Wahrscheinlichkeit von 5% einen Wert größer 3,354 annimmt. Der kritische Wert unseres F-Tests lautet folglich wieder $F_{0,05} = 3,354$.

Schritt 5: Da der aus der Stichprobe tatsächlich ermittelte Wert von F größer ausfällt als $F_{0,05}$, muss die Nullhypothese (10.16) zugunsten der Alternativhypothese (10.17) verworfen werden.

10.3 Zusammenhang zwischen t-Test und F-Test bei L=1

Eine Nullhypothese wie $H_0 : \beta_1 = \beta_2 = 0$ macht einen F-Test erforderlich, denn sie enthält zwei Linearkombinationen ($L = 2$). Für eine Nullhypothese wie $H_0 : \beta_1 = 0$ würde ein t-Test genügen, denn nur eine Linearkombination ist zu testen ($L = 1$). Man könnte sich nun fragen, ob auch der F-Test zum Testen einer einzelnen Linearkombination herangezogen werden kann. Es ist in der Tat zulässig, auch für eine einzelne Linearkombination den F-Test zu verwenden.

10.3.1 Zweiseitiger F-Test einer einzelnen Linearkombination

Beim Testen einer *zweiseitigen* Nullhypothese ändert sich die beschriebene Methodik des F-Tests nicht und die Ablehnungs- bzw. Akzeptanzentscheidungen entsprechen immer denjenigen des t-Tests.

10.3. ZUSAMMENHANG ZWISCHEN t-TEST UND F-TEST (L=1)

Nummerische Illustration 10.13

Schritt 1: Wir hatten in Abschnitt 10.1 im Rahmen des Dünger-Experimentes auf einem Signifikanzniveau von 5% getestet, ob konstante Skalenerträge vorliegen:

$$H_0 : \beta_1 + \beta_2 = 1 \quad und \quad H_1 : \beta_1 + \beta_2 \neq 1 \,.$$

Schritt 2: Als Nullhypothesenmodell ergibt sich in diesem Fall:

$$\begin{aligned} y_t &= \alpha + \beta_1 x_{1t} + (1 - \beta_1) x_{2t} + u_t \\ &= \alpha + \beta_1 (x_{1t} - x_{2t}) + x_{2t} + u_t \,. \end{aligned} \quad (10.19)$$

Ökonometrische Standard-Software errechnet für dieses Modell einen $S^0_{\widehat{uu}}$-Wert von $0,11899$. Laut Resultat (9.28) ergab sich für das unrestringierte ökonometrische Modell $S_{\widehat{uu}} = 0,11481$.

Schritt 3: Die Anzahl der Linearkombinationen L beträgt 1 und $T-K-1$ ist wieder 27. Aus Formel (10.15) ergibt sich somit

$$F = \frac{(0,11899 - 0,11481)}{0,11481/27} \approx 0,982 \,.$$

Wenn die Nullhypothese wahr ist, dann folgt die Zufallsvariable F einer $F_{(1,27)}$-Verteilung.

Schritt 4: Aus Tabelle T.3 kann abgelesen werden, dass bei dieser Verteilung die Zufallsvariable F mit einer Wahrscheinlichkeit von 5% einen Wert größer $4,210$ annimmt. Der kritische Wert unseres F-Tests lautet folglich $F_{0,05} = 4,210$.

Schritt 5: Da der aus der Stichprobe tatsächlich ermittelte Wert von $F = 0,982$ geringer ausfällt als $F_{0,05}$, kann die Nullhypothese $H_0 : \beta_1 + \beta_2 = 1$ nicht verworfen werden.

Beim t-Test kamen wir zum gleichen Ergebnis. Dort hatten wir aus der Stichprobe einen t-Wert von $-0,991$ errechnet. Dieser Wert lag innerhalb des Konfidenzintervalls $[-2,0518 \,;\, 2,0518]$.

Es sei schließlich darauf hingewiesen, dass für die soeben beschriebenen Tests des Dünger-Beispiels folgender Zusammenhang gilt:

$$t^2 = 0,991^2 = 0,982 = F \quad und \quad (t_{a/2})^2 = 2,0518^2 = 4,210 = F_a \,.$$

Dies ist kein Zufall! Es wird in Abschnitt 10.6.3 des matrixalgebraischen Anhangs dieses Kapitels gezeigt, dass beim Testen einer *einzelnen* Linearkombination der quadrierte t-Wert mit dem entsprechenden F-Wert übereinstimmen muss. Die Akzeptanz- bzw. Ablehnungsentscheidung muss deshalb bei beiden Verfahren identisch ausfallen. Wenn mehr als eine Linearkombination zu testen ist, dann gilt diese Äquivalenz natürlich nicht mehr, denn ein t-Test ist für solche Nullhypothesen nicht zulässig.

Wenn sogar einzelne Linearkombinationen mit einem F-Test überprüft werden können, warum wurde dann der t-Test überhaupt besprochen? Der Hauptgrund besteht darin, dass der F-Test für *zweiseitige* Tests, aber nicht für *einseitige* Tests konzipiert ist.

10.3.2 Probleme des F-Tests bei einseitigen Hypothesen

Haben wir es mit einem *einseitigen* Test einer *einzelnen* Linearkombination zu tun, dann verwendet man üblicherweise einen t-Test. Theoretisch kann zwar unter Beachtung einer Reihe von zusätzlichen Aspekten ein korrekter einseitiger F-Test durchgeführt werden, die Verwendung eines t-Tests ist aber einfacher und sicherer.

Welche Probleme hat der F-Test bei einseitigen Hypothesen? Um dies zu illustrieren, betrachten wir nochmals den einseitigen Test der folgenden Null- und Alternativhypothese:

$$H_0 : \beta_1 + \beta_2 \geq 1 \quad \text{und} \quad H_1 : \beta_1 + \beta_2 < 1 \, .$$

Man lehnt die Nullhypothese ab, wenn $\widehat{\beta}_1 + \widehat{\beta}_2$ deutlich kleiner ausfällt als 1. Man würde sie nicht ablehnen wollen, wäre $\widehat{\beta}_1 + \widehat{\beta}_2$ größer als 1. Ein F-Test kann aber zwischen diesen beiden Fällen nicht unterscheiden. Um dies zu veranschaulichen, führen wir die notwendigen Arbeitsschritte eines F-Tests durch.

Formal kann das Nullhypothesenmodell in der gewohnten Art formuliert werden, indem man die Gleichung $\beta_1 + \beta_2 = 1$ benutzt und nach Umformung in Gleichung (10.2), das Grundmodell der Zweifachregression, einsetzt. Es ergibt sich wieder das Nullhypothesenmodell (10.19). Nur α und β_1 sind noch zu schätzen. Der Wert von β_2 ist bei Kenntnis des Wertes von β_1 durch die Nullhypothese H_0 gegeben.

Aus dem Nullhypothesenmodell können die Residuenquadrate $S^0_{\widehat{u}\widehat{u}}$ berechnet werden. Diese werden immer dann deutlich größer als die Residuenquadrate $S_{\widehat{u}\widehat{u}}$ des unrestringierten Modells ausfallen, wenn $\widehat{\beta}_1 + \widehat{\beta}_2$ deutlich von 1 abweicht. Die Richtung der Abweichung ist dabei gleichgültig!

Diese Differenz zwischen $S^0_{\widehat{u}\widehat{u}}$ und $S_{\widehat{u}\widehat{u}}$ widerspricht der *einseitigen* Nullhypothese aber nur dann, wenn sie aufgrund der Tatsache entstanden ist, dass $\widehat{\beta}_1 + \widehat{\beta}_2$ deutlich *kleiner* ausfällt als 1, nicht aber wenn $\widehat{\beta}_1 + \widehat{\beta}_2$ einen größeren Wert als 1 besitzt. Kennt man lediglich den errechneten F-Wert, dann ist es unmöglich zu erkennen, welcher der zwei Fälle vorliegt. Der F-Test scheint damit für die Überprüfung einseitiger Hypothesen unbrauchbar zu sein.

Es existiert jedoch ein Ausweg. Normalerweise kennt man auch die Werte von $\widehat{\beta}_1$ und $\widehat{\beta}_2$. In Kenntnis dieser Werte kann zwischen den beiden Fällen $\widehat{\beta}_1 + \widehat{\beta}_2 < 1$ und $\widehat{\beta}_1 + \widehat{\beta}_2 > 1$ unterschieden werden. Gilt $\widehat{\beta}_1 + \widehat{\beta}_2 < 1$, dann handelt es sich um den Fall, der tendenziell gegen die Gültigkeit der Nullhypothese spricht. Um das gleiche Signifikanzniveau wie im entsprechenden zweiseitigen Test zu haben, muss man dann allerdings dem F-Wert der Stichprobe nicht den F_a-Wert als kritischen Wert gegenüberstellen, sondern den F_{2a}-Wert. Bei Verwendung des F_{2a}-Wertes gilt, dass die Wahrscheinlichkeitsmasse a auf den Fall einer zu großen negativen Abweichung der Zufallsvariable $\widehat{\beta}_1 + \widehat{\beta}_2$ von 1 entfällt und eine ebenso große Wahrscheinlichkeitsmasse a auf den Fall einer zu großen positiven Abweichung. Für einen einseitigen Test mit Signifikanzniveau 5% bedeutet dies, dass der Wert für $F_{0,1}$ der $F_{(1,T-3)}$-Verteilung ermittelt werden muss. Dieser ist aber in Tabelle T.3 nicht aufgelistet.

Aus den vorangegangenen Überlegungen sollte deutlich geworden sein, dass ein einseitiger F-Test bei einer einzelnen Linearkombination zwar theoretisch möglich ist, aber einige Stolpersteine aufweist. Bei $L=1$ wird deshalb empfohlen, bei einseitigen Nullhypothesen einen t-Test zu verwenden.

10.4 Zusammenhang zwischen t-Test und F-Test bei L = 2

Im vorangegangenen Abschnitt wurde erläutert, dass der F-Test einer einzelnen Linearkombination ($L=1$) mit einem t-Test gleichwertig ist. Wir kehren nun wieder zum Fall $L=2$ zurück und untersuchen, ob auch hier ein ähnlicher Zusammenhang zum t-Test besteht.

Der Test der Nullhypothese

$$H_0 : \beta_1 = \beta_2 = 0,33 \tag{10.20}$$

gegen die Alternativhypothese

$$H_1 : \beta_1 \neq 0,33 \text{ und/oder } \beta_2 \neq 0,33$$

wurde als *simultaner* Parametertest bezeichnet, weil er *simultan* zwei Restriktionen überprüft. Könnte man nicht anstelle eines simultanen Tests einfach jeden der beiden Parameter mit jeweils einem t-Test *individuell* überprüfen? Man würde dann zuerst die Null- und Alternativhypothese

$$H_0 : \beta_1 = 0,33 \text{ und } H_1 : \beta_1 \neq 0,33 \tag{10.21}$$

testen und anschließend die Null- und Alternativhypothese

$$H_0 : \beta_2 = 0,33 \text{ und } H_1 : \beta_2 \neq 0,33 \ . \tag{10.22}$$

Wenn es bei keinem der beiden individuellen t-Tests zu einer Ablehnung kommt, dann könnte man folgern, dass es auch im F-Test der Nullhypothese (10.20) zu keiner Ablehnung kommen kann. Dies ist jedoch ein Trugschluss!

10.4.1 Nummerisches Beispiel

Wir benutzen wieder die Daten des Dünger-Experiments und testen jeweils mit einem t-Test die Hypothesen (10.21) und (10.22). Anschließend wird mit einem F-Test die simultane Nullhypothese (10.20) getestet.

Nummerische Illustration 10.14

Wir beginnen mit den t-Tests der Nullhypothesen (10.21) und (10.22). In den Gleichungen (9.18) und (9.19) errechneten wir die folgenden Schätzwerte: $\widehat{\beta}_1 = 0,59652$ und $\widehat{\beta}_2 = 0,26255$. Wir wissen bereits aus Ergebnis (9.42), dass $\widehat{se}(\widehat{\beta}_1) = 0,13788$. Ergebnis (9.37) liefert $\widehat{se}(\widehat{\beta}_2) = 0,03400$. Das Signifikanzniveau α soll wieder 5% betragen. Aus Tabelle T.2 wissen wir, dass bei diesem Signifikanzniveau und 27 Freiheitsgraden der kritische Wert $t_{0,025} = 2,0518$ beträgt. Wir haben es also wieder mit dem Konfidenzintervall $[-2,0518\ ;\ 2,0518]$ zu tun.

Bei Nullhypothese (10.21) ergibt sich

$$t = \frac{0,59652 - 0,33}{0,13788} = 1,933$$

und bei Nullhypothese (10.22)

$$t = \frac{0,26255 - 0,33}{0,03400} = -1,984 .$$

Beide t-Werte liegen innerhalb des Konfidenzintervalls $[-2,0518\ ;\ 2,0518]$. Folglich kann keine der Nullhypothesen (10.21) und (10.22) abgelehnt werden.

Als nächstes kommen wir zum F-Test der simultanen Nullhypothese (10.20). Wir wissen bereits aus (9.28), dass $S_{\widehat{uu}} = 0,11481$. Die Summe der Residuen des Nullhypothesenmodells $S^0_{\widehat{uu}}$ lässt sich mit ökonometrischer Standard-Software berechnen. Man erhält $S^0_{\widehat{uu}} = 0,14764$. Der F-Wert errechnet sich dann gemäß Formel (10.15):

$$F = \frac{(0,14764 - 0,11481)/2}{0,11481/(30-3)} = 3,860 .$$

Aus Tabelle T.3 hatten wir früher bereits ermittelt, dass für $v_1 = L = 2$ und $v_2 = T-K-1 = 27$ der kritische Wert $F_{0,05}$ bei $3,354$ liegt. Der F-Wert der Stichprobe fällt größer als $3,354$ aus. Deshalb muss die Nullhypothese (10.20) abgelehnt werden, und das, obwohl die individuellen Nullhypothesen (10.21) und (10.22) nicht abgelehnt werden konnten.

10.4.2 Unterschied zwischen individuellen und simultanen Tests

Was steckt hinter dieser Diskrepanz zwischen individuellem und simultanem Testergebnis? Dies soll in Abbildung 10.1 veranschaulicht werden. Die Abbildung zeigt auf der horizontalen Achse die Werte des Schätzers $\widehat{\beta}_1$ und auf der vertikalen Achse diejenigen des Schätzers $\widehat{\beta}_2$. Jeder Punkt der Abbildung entspricht also einem Wertepaar $(\widehat{\beta}_1, \widehat{\beta}_2)$. Punkt A repräsentiert die Schätzwerte unserer Stichprobe: $(0,59652\ ,\ 0,26255)$.

10.4. ZUSAMMENHANG ZWISCHEN t-TEST UND F-TEST (L=2)

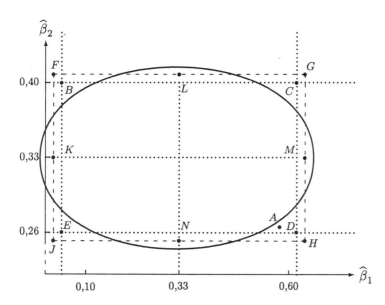

Abbildung 10.1: Der Vergleich der Konfidenzintervalle zweier t-Tests mit der Konfidenzregion eines F-Tests.

Wir hatten in Abschnitt 6.1.4 erläutert, dass ein t-Test letztlich auf einen Vergleich des beobachteten $\widehat{\beta}_k$-Wertes mit dem Konfidenzintervall $\left[q_k - t_{a/2} \cdot \widehat{se}(\widehat{\beta}_k) \; ; \; q_k + t_{a/2} \cdot \widehat{se}(\widehat{\beta}_k)\right]$ hinausläuft. Für $H_0 : \beta_1 = 0,33$ lautet dieses Intervall $[0,05 \; ; \; 0,61]$. Es entspricht dem Abstand der Punkte E und D. Auf analoge Weise erhalten wir für den t-Test der Nullhypothese $H_0 : \beta_2 = 0,33$ das Konfidenzintervall $[0,26 \; ; \; 0,40]$. Es entspricht dem Abstand der Punkte C und D. Da in unserer Stichprobe sowohl $\widehat{\beta}_1$ als auch $\widehat{\beta}_2$ in das jeweilige Konfidenzintervall fallen (Punkt A liegt innerhalb des Rechtecks $BCDE$), kann keine der beiden Nullhypothesen verworfen werden.

Kommen wir nun zum F-Test der simultanen Nullhypothese $\beta_1 = \beta_2 = 0,33$. Während ein t-Test dem beobachteten Wert $\widehat{\beta}_k$ ein Konfidenz*intervall* gegenüberstellt, wird im F-Test (mit $L = 2$) dem beobachteten Werte*paar* $(\widehat{\beta}_1, \widehat{\beta}_2)$ eine Konfidenz*region* gegenübergestellt. Liegt das beobachtete Wertepaar (in Abbildung 10.1 ist dies Punkt A) außerhalb der Konfidenzregion, dann wird die Nullhypothese abgelehnt.

Wie sieht die Konfidenzregion unseres F-Tests genau aus? In unseren t-Tests sind die Konfidenzintervalle sämtlicher gedanklich wiederholter Stichproben um $q_k = 0,33$ zentriert. Entsprechend sind die Konfidenzregionen im F-Test um den Punkt $(0,33 \; , \; 0,33)$ zentriert. Die beiden in den t-Tests berechneten Intervalle stellen jeweils Konfidenzintervalle auf einem Signifikanzniveau von 5% dar. Das heißt, bei 95 Prozent der gedanklich wiederholten Stichproben fällt der jeweilige $\widehat{\beta}_1$-Wert in das jeweilige ED-Intervall, vorausgesetzt H_0 ist wahr. Entsprechend fällt bei 95 Prozent der gedanklich wiederholten Stichproben der jeweilige $\widehat{\beta}_2$-Wert in das jeweilige CD-Intervall.

Heißt dies auch, dass bei 95 Prozent der wiederholten Stichproben das jeweilige Wertepaar $(\widehat{\beta}_1, \widehat{\beta}_2)$ in die jeweilige Konfidenzregion $BCDE$ fällt? Wären die beiden Schätzer $\widehat{\beta}_1$ und $\widehat{\beta}_2$ statistisch voneinander unabhängig und damit ihre Kovarianz gleich 0, dann würde bei nur 95%·95% = 90,25% Prozent der wiederholten Stichproben das jeweilige Wertepaar $(\widehat{\beta}_1, \widehat{\beta}_2)$ in das jeweilige Rechteck $BCDE$ fallen. Erst ein vergrößertes Rechteck wie etwa das Rechteck $FGHJ$ würde die geforderte 95%-Eigenschaft besitzen.

Es gibt jedoch auch kleinere Konfidenzregionen, die diese Eigenschaft besitzen, und ein F-Test arbeitet mit der *minimalen* Konfidenzregion. Wie sieht die minimale 95%-Konfidenzregion aus? Sie besitzt etwa die Form des in Abbildung 10.1 eingezeichneten Ovals. Aus dem Rechteck $FGHJ$ wurden also Eckflächen entfernt. Im Gegenzug wurden etwas kleinere Flächen im Bereich der Punkte K, L, M und N hinzugefügt. Es ist nämlich etwas wahrscheinlicher, ein Wertepaar $(\widehat{\beta}_1, \widehat{\beta}_2)$ in der Nähe der Punkte K, L, M oder N zu erhalten, als in der Nähe der Eckpunkte F, G, H oder J. Die hinzugekommenen Konfidenzflächen weisen demnach eine höhere Wahrscheinlichkeitsdichte auf als die herausgenommen Konfidenzflächen und fallen deshalb kleiner aus.

Die eingezeichnete Ellipse stellt die minimale 95%-Konfidenzregion dar. Das durch Punkt A markierte beobachtete Wertepaar liegt außerhalb dieser Konfidenzregion. Damit muss $H_0: \beta_1 = \beta_2 = 0,33$ im F-Test verworfen werden.

Abbildung 10.1 ist nicht ganz präzise. In einer genauen Zeichnung müsste die minimale 95%-Konfidenzregion eine leichte Schieflage aufweisen. Der linke Endpunkt müsste leicht *unterhalb* von K liegen und der rechte Endpunkt leicht *oberhalb* von M. Die Ursache für diese Schieflage liegt in der positiven Kovarianz zwischen den Schätzern $\widehat{\beta}_1$ und $\widehat{\beta}_2$ des Dünger-Beispiels. Eine positive Kovarianz bedeutet, dass in einer Stichprobe, in welcher der Schätzer $\widehat{\beta}_1$ größer ausfällt als β_1, eine erhöhte Wahrscheinlichkeit besteht, dass auch der Schätzer $\widehat{\beta}_2$ größer ausfällt als β_2. Aus diesem Grund ist die Wahrscheinlichkeitsdichte im oberen linken und unteren rechten Teil der 95%-Konfidenzellipse etwas geringer als im oberen rechten und unteren linken Teil. Je größer die Kovarianz, umso stärker verengt sich die Ellipse in Richtung einer Geraden. Dabei nimmt auch die Konfidenzfläche der Ellipse kontinuierlich ab. Bei einer negativen Kovarianz würde die Ellipse eine umgekehrte Schieflage aufweisen, also von links nach rechts fallend.

Mit Hilfe der Abbildung 10.1 wurde dargelegt, dass die Nichtablehnung zweier individueller t-Tests nicht zwangsläufig bedeutet, dass es auch im entsprechenden F-Test zu keiner Ablehnung kommt. Die Abbildung zeigt aber auch, dass es im Falle einer Ablehnung zweier individueller t-Tests zwangsläufig auch zur Ablehnung des entsprechenden F-Tests kommt. Betrachten wir beispielsweise wieder die t-Tests der Hypothesen (10.21) und (10.22) sowie den F-Test der Nullhypothese (10.20). Es kommt genau dann in beiden t-Tests zu einer Ablehnung, wenn das Wertepaar $(\widehat{\beta}_1, \widehat{\beta}_2)$ links oberhalb des Punktes B oder rechts oberhalb des Punktes C oder rechts unterhalb des Punktes D oder links unterhalb des Punktes E liegt. In diesen vier Fällen kommt es aber zwangsläufig auch beim F-Test der Nullhypothese (10.20) zu einer Ablehnung.

10.5 Zusammenfassung

Wir betrachten exemplarisch den Fall einer Zweifachregression:

$$y_t = \alpha + \beta_1 x_{1t} + \beta_2 x_{2t} + u_t \ . \tag{10.2}$$

Möchte man bezüglich der Parameter dieses Modells eine Nullhypothese testen, welche sich als einzelne Linearkombination formulieren lässt, dann genügt ein t-Test. Sind für die Formulierung der Nullhypothese jedoch mehr als eine Linearkombination erforderlich, dann muss ein F-Test eingesetzt werden.

Der zweiseitige t-Test vollzieht sich wie gewohnt in fünf Schritten:

1. Formulierung von H_0 und H_1 und Festlegung des Signifikanzniveaus a:

$$H_0 : r_1\beta_1 + r_2\beta_2 = q \quad \text{und} \quad H_1 : r_1\beta_1 + r_2\beta_2 \neq q \ .$$

2. Schätzung von $se(r_1\widehat{\beta}_1 + r_2\widehat{\beta}_2)$ mit der Formel

$$\widehat{se}(r_1\widehat{\beta}_1 + r_2\widehat{\beta}_2) = \sqrt{r_1^2 \widehat{var}(\widehat{\beta}_1) + r_2^2 \widehat{var}(\widehat{\beta}_2) + 2r_1 r_2 \widehat{cov}(\widehat{\beta}_1, \widehat{\beta}_2)} \ . \tag{10.4}$$

3. Ermittlung des t-Wertes gemäß

$$t = \frac{\left(r_1\widehat{\beta}_1 + r_2\widehat{\beta}_2\right) - q}{\widehat{se}(r_1\widehat{\beta}_1 + r_2\widehat{\beta}_2)} \ . \tag{10.7}$$

Die Zufallsvariable t folgt einer $t_{(T-3)}$-Verteilung.

4. Ermittlung des kritischen Wertes $t_{a/2}$ aus Tabelle T.2.

5. Vergleich von t und $t_{a/2}$. Falls $|t| > t_{a/2}$, muss die Nullhypothese abgelehnt werden.

Ein einseitiger t-Test verläuft analog. Als kritischen Wert benutzt man allerdings t_a oder $-t_a$ und nicht $t_{a/2}$.

Eine Nullhypothese wie beispielsweise $H_0 : \beta_1 = \beta_2 = 0$ kann nicht in einem t-Test überprüft werden, denn hier sind zwei Linearkombinationen involviert ($\beta_1 = 0$ und $\beta_2 = 0$). Der erforderliche F-Test kann ebenfalls in fünf Arbeitsschritte zerlegt werden:

1. Formulierung von H_0 und H_1 und Festlegung des Signifikanzniveaus a.

2. Berechnung von $S_{\widehat{u}\widehat{u}}$ und $S^0_{\widehat{u}\widehat{u}}$. Dabei bezeichnet $S_{\widehat{u}\widehat{u}}$ die Summe der Residuenquadrate des unrestringierten Modells (10.2) und $S^0_{\widehat{u}\widehat{u}}$ die Summe der Residuenquadrate des Nullhypothesenmodells. Letzteres ergibt sich durch Einsetzen der Nullhypothese in Modell (10.2).

3. Berechnung des F-Wertes gemäß der allgemeinen Formel

$$F = \frac{(S^0_{\widehat{u}\widehat{u}} - S_{\widehat{u}\widehat{u}})/L}{S_{\widehat{u}\widehat{u}}/(T-K-1)}, \qquad (10.14)$$

wobei L die Anzahl der in H_0 erscheinenden unabhängigen Linearkombinationen ist – hier also $L=2$. F ist eine $F_{(L,T-k-1)}$-verteilte Zufallsvariable.

4. Ermittlung des kritischen Wertes F_a aus Tabelle T.3.

5. Vergleich von F_a und F. Falls $F > F_a$, muss H_0 verworfen werden.

Auch komplexere Nullhypothesen als $H_0 : \beta_1 = \beta_2 = 0$ können durch dieses Verfahren überprüft werden. Ferner könnte auch eine Nullhypothese mit einer einzelnen Linearkombination ($L=1$) einem F-Test unterzogen werden. Die Ablehnungs- bzw. Akzeptanzentscheidungen fallen im t- und F-Test identisch aus. Wenn es sich um einen einseitigen Test handelt, ist der t-Test aus methodischer Sicht leichter anwendbar.

Schließlich sollte betont werden, dass die Ergebnisse individueller t-Tests von denjenigen des korrespondierenden simultanen F-Tests unter Umständen abweichen können. Beispielsweise können individuelle t-Tests der Nullhypothesen $H_0 : \beta_1 = q_1$ und $H_0 : \beta_2 = q_2$ zu anderen Ergebnissen führen als der simultane F-Test der Hypothese $H_0 : \beta_1 = \beta_2 = q_1$.

10.6 Matrixalgebraischer Anhang

Wir betrachten wieder das ökonometrische Modell

$$\mathbf{y} = \mathbf{X}\boldsymbol{\beta} + \mathbf{u}, \qquad (10.23)$$

wobei $\boldsymbol{\beta}$ wie gewohnt der $(K+1)$-elementige Spaltenvektor aus den zu schätzenden Parametern $\alpha, \beta_1, ..., \beta_K$ ist.

10.6.1 t-Test

Kann die Nullhypothese als eine einzelne Linearkombination dargestellt werden, so wird sie normalerweise auf Basis eines t-Tests überprüft. Die allgemeinste Form einer solchen zu testenden Nullhypothese lautet

$$H_0 : \mathbf{r}'\boldsymbol{\beta} = q, \qquad (10.24)$$

10.6. MATRIXALGEBRAISCHER ANHANG

wobei $\mathbf{r}' = [r_0 \; r_1 \; ... \; r_K]$ einen $(K+1)$-elementigen Zeilenvektor aus Konstanten darstellt und q ebenfalls eine Konstante ist.

Möchte man beispielsweise im Rahmen einer Zweifachregression, also einer Regression mit $\boldsymbol{\beta} = [\alpha \; \beta_1 \; \beta_2]'$, die Nullhypothese

$$H_0 : \beta_1 + \beta_2 = 1 \tag{10.25}$$

in der Form (10.24) schreiben, so spezifiziert man $\mathbf{r}'$ und q gemäß

$$\mathbf{r}' = [\;0\;\;1\;\;1\;] \qquad \text{und} \qquad q = 1\;, \tag{10.26}$$

denn ersetzt man in der Nullhypothese (10.24) den Vektor $\mathbf{r}'$ und den Skalar q durch diese Zahlen, so ergibt sich genau die Nullhypothese (10.25).

Die Berechnungsformel für den t-Wert einer durch (10.24) darstellbaren Nullhypothese lautet

$$t = \frac{\mathbf{r}'\widehat{\boldsymbol{\beta}} - q}{\sqrt{\mathbf{r}'\widehat{\mathbf{V}}(\widehat{\boldsymbol{\beta}})\mathbf{r}}} \;, \tag{10.27}$$

wobei $\widehat{\mathbf{V}}(\widehat{\boldsymbol{\beta}})$ die geschätzte Varianz-Kovarianz-Matrix der KQ-Schätzer $\widehat{\boldsymbol{\beta}}$ ist. Um zu veranschaulichen, dass dies die korrekte Berechnungsformel ist, betrachten wir wieder exemplarisch die Nullhypothese (10.25). Wir wissen bereits aus Abschnitt 10.1.1, dass der zur Nullhypothese (10.25) korrespondierende t-Wert aus

$$t = \frac{\left(\widehat{\beta}_1 + \widehat{\beta}_2\right) - q}{\widehat{se}(\widehat{\beta}_1 + \widehat{\beta}_2)} = \frac{\left(\widehat{\beta}_1 + \widehat{\beta}_2\right) - q}{\sqrt{\widehat{var}(\widehat{\beta}_1) + \widehat{var}(\widehat{\beta}_2) + 2\widehat{cov}(\widehat{\beta}_1,\widehat{\beta}_2)}} \;. \tag{10.28}$$

berechnet wird. Es soll nun gezeigt werden, dass im Falle der speziellen Nullhypothese (10.25) die allgemeine Berechnungsformel (10.27) zur Berechnungsformel (10.28) wird und somit tatsächlich eine Verallgemeinerung darstellt.

Betrachten wir zunächst den Zähler der allgemeinen Berechnungsformel (10.27). Hat man es mit der Nullhypothese (10.25) zu tun, dann sind $\mathbf{r}'$ und q gemäß (10.26) definiert und folglich wird $\mathbf{r}'\widehat{\boldsymbol{\beta}} - q$ genau zum Zähler der Gleichung (10.28). Der Zähler in Ausdruck (10.27) ist lediglich eine matrixalgebraische Verallgemeinerung des Zählers in Ausdruck (10.28).

Als nächstes vergleichen wir die Nenner der beiden Berechnungsformeln. Im Nenner der Formel (10.27) erscheint wieder der in der Nullhypothese verwendete Zeilenvektor $\mathbf{r}'$. Mit seiner Hilfe wird aus der geschätzten Varianz-Kovarianz-Matrix $\widehat{\mathbf{V}}(\widehat{\boldsymbol{\beta}})$ für jede Nullhypothese genau der erforderliche Term gebildet. Für diesen Zweck wird die quadratische Form $\mathbf{r}'\widehat{\mathbf{V}}(\widehat{\boldsymbol{\beta}})\mathbf{r}$ benutzt. Betrachten wir exemplarisch wieder die Nullhypothese (10.25) und damit den in (10.26) definierten Zeilenvektor $\mathbf{r}'$. Für diesen Fall liefert die quadratische

Form:

$$\begin{aligned}
\mathbf{r}'\widehat{\mathbf{V}}(\widehat{\boldsymbol{\beta}})\mathbf{r} &= \begin{bmatrix} 0 & 1 & 1 \end{bmatrix} \begin{bmatrix} \widehat{var}(\widehat{\alpha}) & \widehat{cov}(\widehat{\alpha},\widehat{\beta}_1) & \widehat{cov}(\widehat{\alpha},\widehat{\beta}_2) \\ \widehat{cov}(\widehat{\beta}_1,\widehat{\alpha}) & \widehat{var}(\widehat{\beta}_1) & \widehat{cov}(\widehat{\beta}_1,\widehat{\beta}_2) \\ \widehat{cov}(\widehat{\beta}_2,\widehat{\alpha}) & \widehat{cov}(\widehat{\beta}_2,\widehat{\beta}_1) & \widehat{var}(\widehat{\beta}_2) \end{bmatrix} \begin{bmatrix} 0 \\ 1 \\ 1 \end{bmatrix} \\
&= \begin{bmatrix} 0 & 1 & 1 \end{bmatrix} \begin{bmatrix} \widehat{cov}(\widehat{\alpha},\widehat{\beta}_1) + \widehat{cov}(\widehat{\alpha},\widehat{\beta}_2) \\ \widehat{var}(\widehat{\beta}_1) + \widehat{cov}(\widehat{\beta}_1,\widehat{\beta}_2) \\ \widehat{cov}(\widehat{\beta}_2,\widehat{\beta}_1) + \widehat{var}(\widehat{\beta}_2) \end{bmatrix} \\
&= \widehat{var}(\widehat{\beta}_1) + \widehat{cov}(\widehat{\beta}_1,\widehat{\beta}_2) + \widehat{cov}(\widehat{\beta}_2,\widehat{\beta}_1) + \widehat{var}(\widehat{\beta}_2) \\
&= \widehat{var}(\widehat{\beta}_1) + \widehat{var}(\widehat{\beta}_2) + 2\widehat{cov}(\widehat{\beta}_1,\widehat{\beta}_2) \, .
\end{aligned}$$

Die Wurzel dieses Ausdrucks entspricht genau dem Nenner in Formel (10.28). Also stellt auch der Nenner in Formel (10.27) eine matrixalgebraische Verallgemeinerung des Nenners in Formel (10.28) dar.

Dieses Beispiel sollte veranschaulichen, dass bei allgemeinen Nullhypothesen des Typs (10.24) der t-Wert der Stichprobe aus der allgemeinen Berechnungsformel (10.27) ermittelt werden kann. Da $\widehat{\mathbf{V}}(\widehat{\boldsymbol{\beta}}) = \widehat{\sigma}^2(\mathbf{X}'\mathbf{X})^{-1}$, lässt sich diese Berechnungsformel auch in der Form

$$t = \frac{\mathbf{r}'\widehat{\boldsymbol{\beta}} - q}{\widehat{\sigma}\sqrt{\mathbf{r}'(\mathbf{X}'\mathbf{X})^{-1}\mathbf{r}}} \tag{10.29}$$

schreiben, wobei ausgenutzt wurde, dass $\widehat{\sigma}^2$ vor die Wurzel gezogen werden kann. Um im Hypothesentest zu einer Akzeptanz- oder Ablehnungsentscheidung zu kommen, wird abschließend der aus (10.29) berechnete t-Wert wie gewohnt mit dem kritischen Wert $t_{a/2}$ (bzw. t_a) verglichen.

10.6.2 F-Test

Sollen simultan mehrere Linearkombinationen in einem Hypothesentest überprüft werden ($L > 1$), so ist der t-Test nicht zulässig. Es ist dann ein F-Test erforderlich. Die allgemeinste Form einer solchen zu testenden Nullhypothese lautet

$$H_0 : \mathbf{R}\boldsymbol{\beta} = \mathbf{q} \, . \tag{10.30}$$

Möchte man beispielsweise die Nullhypothese

$$H_0 : \beta_1 = \beta_2 = \ldots = \beta_K = 0 \tag{10.31}$$

testen, also eine Nullhypothese mit $L = K$ Linearkombinationen, so würde man $\mathbf{R}$ und $\mathbf{q}$ folgendermaßen spezifizieren:

$$\mathbf{R} = \begin{bmatrix} 0 & 1 & 0 & \cdots & 0 \\ 0 & 0 & 1 & \cdots & 0 \\ \vdots & \vdots & \vdots & \ddots & \vdots \\ 0 & 0 & 0 & \cdots & 1 \end{bmatrix} \qquad \mathbf{q} = \begin{bmatrix} 0 \\ 0 \\ \vdots \\ 0 \end{bmatrix} = \mathbf{o} \, .$$

10.6. MATRIXALGEBRAISCHER ANHANG

Für diese Spezifikation entspricht die in Matrixschreibweise formulierte Nullhypothese (10.30) genau der Nullhypothese (10.31). Es ergibt sich für $\mathbf{R}$ eine $(L \times (K+1))$-Matrix und für $\mathbf{q}$ ein K-elementiger Spaltenvektor.

Wollte man hingegen die 2 Linearkombinationen der Nullhypothese

$$H_0 : \beta_1 + \beta_2 + \ldots + \beta_K = 1 \text{ und gleichzeitig } \beta_1 = 2\beta_2$$

testen, so würde man $\mathbf{R}$ und $\mathbf{q}$ gemäß

$$\mathbf{R} = \begin{bmatrix} 0 & 1 & 1 & 1 & \cdots & 1 \\ 0 & 1 & -2 & 0 & \cdots & 0 \end{bmatrix} \qquad \mathbf{q} = \begin{bmatrix} 1 \\ 0 \end{bmatrix}$$

spezifizieren. In diesem Fall wäre $\mathbf{R}$ eine $(2 \times (K+1))$-Matrix und $\mathbf{q}$ ein 2-elementiger Spaltenvektor.

Allgemein muss $\mathbf{q}$ immer ein L-elementiger Spaltenvektor sein und die Matrix $\mathbf{R}$ muss immer eine $(L \times (K+1))$-Matrix sein, deren Rang durch L festgelegt ist. Dabei ist wichtig, dass $L \leq K+1$, denn wäre $L > K+1$, so bestünde die Nullhypothese aus mehr Linearkombinationen (Restriktionen über die Beziehung zwischen den Parametern $\boldsymbol{\beta}$) als Parameter im Vektor $\boldsymbol{\beta}$ überhaupt zur Verfügung stehen. Es wäre für $L > K+1$ ausgeschlossen, dass diese Parameter alle Restriktionen gleichzeitig erfüllen können. Der Rang der $(L \times (K+1))$-Matrix $\mathbf{R}$ darf aber auch nicht geringer als L sein, denn ansonsten hätte man eine oder mehrere redundante Restriktionen in der Nullhypothese. Sie wären redundant in dem Sinne, dass sie gegenüber den anderen Restriktionen keine wirklich neuen Restriktionen darstellten. Formaler gesagt, wären die entsprechenden Zeilenvektoren der redundanten Restriktionen linear abhängig von den Zeilenvektoren anderer Restriktionen.

Um die Plausibilität der Nullhypothese zu überprüfen, könnte man im Rahmen der Berechnung des F-Wertes wie gewohnt $S_{\widehat{u}\widehat{u}}$, die Residuenquadrate des unrestringierten Modells (10.23), den Residuenquadraten $S^0_{\widehat{u}\widehat{u}}$ gegenüberstellen, welche sich aus einer KQ-Schätzung des Nullhypothesenmodells ergeben:

$$F = \frac{(S^0_{\widehat{u}\widehat{u}} - S_{\widehat{u}\widehat{u}})/L}{S_{\widehat{u}\widehat{u}}/(T - K - 1)} \, . \tag{10.32}$$

Da $S^0_{\widehat{u}\widehat{u}} = \widehat{\mathbf{u}}^{0\prime}\widehat{\mathbf{u}}^0$ und $S_{\widehat{u}\widehat{u}} = \widehat{\mathbf{u}}'\widehat{\mathbf{u}}$, lässt sich diese Berechnungsformel auch in Matrixschreibweise angeben:

$$F = \frac{(\widehat{\mathbf{u}}^{0\prime}\widehat{\mathbf{u}}^0 - \widehat{\mathbf{u}}'\widehat{\mathbf{u}})/L}{\widehat{\mathbf{u}}'\widehat{\mathbf{u}}/(T - K - 1)} \, . \tag{10.33}$$

Um im Hypothesentest zu einer abschließenden Akzeptanz- bzw. Ablehnungsentscheidung zu kommen, wird der berechnete F-Wert wie üblich dem kritischen Wert F_a gegenübergestellt.

Wir hatten in Abschnitt 10.2.1 darauf hingewiesen, dass für den F-Test zwei gleichwertige Vorgehensweisen existieren, von denen die eine der Intuition etwas mehr entgegen kommt und die andere eine stärkere Analogie zum t-Test aufweist. Wir haben bislang nur die erste Vorgehensweise erläutert und die entsprechende Berechnungsformel für den F-Wert in Matrixschreibweise gefasst. Das Ergebnis war Formel (10.33).

Im Folgenden soll die zweite mögliche Vorgehensweise des F-Tests genauer beschrieben werden. Sie ist allein schon deshalb wichtig, weil bei komplexen Nullhypothesen des Typs (10.30) die Formulierung eines Nullhypothesenmodells unüblich bzw. schwierig ist und damit auch die gewohnte Berechnung der Residuenquadrate $S^0_{\widetilde{uu}}(= \widehat{\mathbf{u}}^{0\prime}\widehat{\mathbf{u}}^0)$ Probleme aufwirft.

Im t-Test stellt man einen Vergleich an zwischen dem in der Nullhypothese geforderten Wert $\mathbf{r}'\boldsymbol{\beta}\,(=q)$ und dem aus der beobachteten Stichprobe hervorgegangenen Wert $\mathbf{r}'\widehat{\boldsymbol{\beta}}$. Ein Blick auf den Zähler der Formel (10.29) bestätigt dies. Ein Blick auf den Zähler der Formel (10.33) offenbart, dass im F-Test anscheinend ein anderer Vergleich angestellt wird. Nicht die in der Nullhypothese geforderte Linearkombination der Parameter $\mathbf{R}\boldsymbol{\beta}\,(=\mathbf{q})$ und die Linearkombination der aus der Stichprobe hervorgegangenen KQ-Schätzer $\mathbf{R}\widehat{\boldsymbol{\beta}}$ werden miteinander verglichen, sondern die Residuenquadrate des Nullhypothesenmodells ($\widehat{\mathbf{u}}^{0\prime}\widehat{\mathbf{u}}^0$) und die Residuenquadrate des unrestringierten Modells ($\widehat{\mathbf{u}}'\widehat{\mathbf{u}}$). Es soll nun gezeigt werden, dass der Vergleich dieser Residuenquadrate letztlich wieder nichts anderes ist als der Vergleich von $\mathbf{R}\boldsymbol{\beta}\,(=\mathbf{q})$ und $\mathbf{R}\widehat{\boldsymbol{\beta}}$. Somit ist das Vorgehen eines F-Tests durchaus in Analogie zum Vorgehen eines t-Tests zu sehen. Um dies zu demonstrieren, wird im Folgenden die Berechnungsformel (10.33) so umgeformt, dass die Terme $\mathbf{R}\widehat{\boldsymbol{\beta}}$ und $\mathbf{R}\boldsymbol{\beta}\,(=\mathbf{q})$ in dieser Formel erscheinen.

Der Spaltenvektor $\widehat{\boldsymbol{\beta}}^0$ repräsentiere die KQ-Schätzer des Nullhypothesenmodells. In der Literatur wird ein solcher Schätzer als *restringierter KQ-Schätzer* bezeichnet. Eine genaue Herleitung solcher Schätzer findet sich in Abschnitt 21.5.3 des matrixalgebraischen Anhangs zu Kapitel 21. Das geschätzte Nullhypothesenmodell lässt sich als $\widehat{\mathbf{y}}^0 = \mathbf{X}\widehat{\boldsymbol{\beta}}^0$ darstellen. Die Residuen des geschätzten Nullhypothesenmodells lauten damit

$$\begin{aligned}
\widehat{\mathbf{u}}^0 &= \mathbf{y} - \widehat{\mathbf{y}}^0 \\
&= \mathbf{y} - \mathbf{X}\widehat{\boldsymbol{\beta}}^0 \\
&= \mathbf{y} - \mathbf{X}\widehat{\boldsymbol{\beta}} + \mathbf{X}\widehat{\boldsymbol{\beta}} - \mathbf{X}\widehat{\boldsymbol{\beta}}^0 \\
\text{[aus (9.52), (8.22)]} \quad &= \widehat{\mathbf{u}} + \mathbf{X}\left(\widehat{\boldsymbol{\beta}} - \widehat{\boldsymbol{\beta}}^0\right).
\end{aligned} \quad (10.34)$$

Für die Summe der Residuenquadrate $S^0_{\widetilde{uu}}(= \widehat{\mathbf{u}}^{0\prime}\widehat{\mathbf{u}}^0)$ ergibt sich somit der

10.6. MATRIXALGEBRAISCHER ANHANG

folgende Term:

$$\widehat{u}^{0'}\widehat{u}^0 = \left[\widehat{u} + X\left(\widehat{\beta} - \widehat{\beta}^0\right)\right]' \left[\widehat{u} + X\left(\widehat{\beta} - \widehat{\beta}^0\right)\right]$$

[aus (8.13), (8.24)]
$$= \left[\widehat{u}' + \left(\widehat{\beta} - \widehat{\beta}^0\right)' X'\right] \left[\widehat{u} + X\left(\widehat{\beta} - \widehat{\beta}^0\right)\right]$$

[aus (8.23)]
$$= \widehat{u}'\widehat{u} + \widehat{u}'X\left(\widehat{\beta} - \widehat{\beta}^0\right) + \left(\widehat{\beta} - \widehat{\beta}^0\right)' X'\widehat{u}$$
$$+ \left(\widehat{\beta} - \widehat{\beta}^0\right)' X'X \left(\widehat{\beta} - \widehat{\beta}^0\right)$$

[aus (8.24), (9.65)]
$$= \widehat{u}'\widehat{u} + \left(\widehat{\beta} - \widehat{\beta}^0\right)' X'X \left(\widehat{\beta} - \widehat{\beta}^0\right)$$

und damit

$$\widehat{u}^{0'}\widehat{u}^0 - \widehat{u}'\widehat{u} = \left(\widehat{\beta} - \widehat{\beta}^0\right)' X'X \left(\widehat{\beta} - \widehat{\beta}^0\right) . \tag{10.35}$$

In Abschnitt 21.5.3 des matrixalgebraischen Anhangs zu Kapitel 21 wird gezeigt, dass

$$\widehat{\beta} - \widehat{\beta}^0 = (X'X)^{-1} R' \left[R (X'X)^{-1} R'\right]^{-1} \left(R\widehat{\beta} - q\right) . \tag{10.36}$$

Ersetzt man in Gleichung (10.35) den Term $(\widehat{\beta} - \widehat{\beta}^0)$ durch den aus Gleichung (10.36) ersichtlichen Ausdruck, so ergibt sich

$$\widehat{u}^{0'}\widehat{u}^0 - \widehat{u}'\widehat{u} = \left[(X'X)^{-1} R' \left[R (X'X)^{-1} R'\right]^{-1} \left(R\widehat{\beta} - q\right)\right]'$$
$$X'X (X'X)^{-1} R' \left[R (X'X)^{-1} R'\right]^{-1} \left(R\widehat{\beta} - q\right)$$

[aus (8.25), (8.12),
$$= \left(R\widehat{\beta} - q\right)' \left[\left[R (X'X)^{-1} R'\right]^{-1}\right]' R \left[(X'X)^{-1}\right]' R'$$

(8.32)]
$$\left[R (X'X)^{-1} R'\right]^{-1} \left(R\widehat{\beta} - q\right)$$

[aus (8.36), (8.32)]
$$= \left(R\widehat{\beta} - q\right)' \left[R (X'X)^{-1} R'\right]^{-1} \left(R\widehat{\beta} - q\right) .$$

Einsetzen in die Berchnungsformel für den F-Wert (10.33) liefert

$$F = \frac{\left(R\widehat{\beta} - q\right)' \left[R (X'X)^{-1} R'\right]^{-1} \left(R\widehat{\beta} - q\right) \big/ L}{\widehat{u}'\widehat{u} / (T - K - 1)} . \tag{10.37}$$

Aus dem Zähler dieses Ausdrucks wird deutlich, dass der F-Test analog wie ein t-Test verstanden werden kann, nämlich als ein Vergleich der auf Basis der beobachteten Stichprobendaten berechneten Werte $R\widehat{\beta}$ mit den in der Nullhypothese angegebenen Parameterwerten $R\beta (= q)$. Ist die Differenz zwischen der tatsächlichen Beobachtung $R\widehat{\beta}$ und der Nullhypothese $R\beta (= q)$ zu groß, dann wird die Nullhypothese abgelehnt ($F > F_a$). Der Nenner des Ausdrucks (10.37) übernimmt die gleiche Rolle wie der Nenner in der Berechnungsformel eines t-Wertes. Er standardisiert den Wert des Zählers.

Mit diesen Ausführungen sollte die zweite Vorgehensweise im F-Test hinreichend erläutert sein. Es handelt sich bei dieser zweiten Vorgehensweise nur um eine alternative, aber gleichwertige Berechnungsweise des F-Wertes. Abschließend soll diese alternative Berechnungsweise anhand des Dünger-Beispiels nummerisch angewendet werden.

Nummerische Illustration 10.15

Wir betrachten die Nullhypothese $H_0 : \beta_1 = \beta_2 = 0,33$. Folglich sind $\mathbf{R}$ und $\mathbf{q}$ gemäß

$$\mathbf{R} = \begin{bmatrix} 0 & 1 & 0 \\ 0 & 0 & 1 \end{bmatrix} \quad und \quad \mathbf{q} = \begin{bmatrix} 0,33 \\ 0,33 \end{bmatrix} \tag{10.38}$$

zu spezifizieren. Aus der Nummerischen Illustration 9.1 wissen wir bereits, dass

$$\widehat{\boldsymbol{\beta}} = \begin{bmatrix} 0,95432 \\ 0,59652 \\ 0,26255 \end{bmatrix}. \tag{10.39}$$

Folglich erhalten wir

$$\mathbf{R}\widehat{\boldsymbol{\beta}} - \mathbf{q} = \begin{bmatrix} 0,59652 \\ 0,26255 \end{bmatrix} - \begin{bmatrix} 0,33 \\ 0,33 \end{bmatrix} = \begin{bmatrix} 0,26652 \\ -0,06745 \end{bmatrix}. \tag{10.40}$$

Die Werte der Matrix $(\mathbf{X'X})^{-1}$ kennen wir bereits aus der Nummerischen Illustration 9.8:

$$(\mathbf{X'X})^{-1} = \begin{bmatrix} 51,8232 & -14,4503 & -1,1971 \\ -14,4503 & 4,4706 & 0,0068 \\ -1,1971 & 0,0068 & 0,2718 \end{bmatrix}. \tag{10.41}$$

Es ergibt sich folglich:

$$\begin{aligned} \mathbf{R}(\mathbf{X'X})^{-1}\mathbf{R'} &= \begin{bmatrix} 0 & 1 & 0 \\ 0 & 0 & 1 \end{bmatrix} \begin{bmatrix} 51,8232 & -14,4503 & -1,1971 \\ -14,4503 & 4,4706 & 0,0068 \\ -1,1971 & 0,0068 & 0,2718 \end{bmatrix} \begin{bmatrix} 0 & 0 \\ 1 & 0 \\ 0 & 1 \end{bmatrix} \\ &= \begin{bmatrix} -14,4503 & 4,4706 & 0,0068 \\ -1,1971 & 0,0068 & 0,2718 \end{bmatrix} \begin{bmatrix} 0 & 0 \\ 1 & 0 \\ 0 & 1 \end{bmatrix} \\ &= \begin{bmatrix} 4,4706 & 0,0068 \\ 0,0068 & 0,2718 \end{bmatrix}. \end{aligned}$$

Ökonometrische Software liefert für diese Matrix die folgende Inverse:

$$\left[\mathbf{R}(\mathbf{X'X})^{-1}\mathbf{R'} \right]^{-1} = \begin{bmatrix} 0,2237 & -0,0056 \\ -0,0056 & 3,6792 \end{bmatrix}. \tag{10.42}$$

10.6. MATRIXALGEBRAISCHER ANHANG

Somit erhalten wir

$$\left(\mathbf{R}\widehat{\boldsymbol{\beta}} - \mathbf{q}\right)' \left[\mathbf{R}\left(\mathbf{X'X}\right)^{-1}\mathbf{R'}\right]^{-1} \left(\mathbf{R}\widehat{\boldsymbol{\beta}} - \mathbf{q}\right)$$

$$= \begin{bmatrix} 0,26652 & -0,06745 \end{bmatrix} \begin{bmatrix} 0,2237 & -0,0056 \\ -0,0056 & 3,6792 \end{bmatrix} \begin{bmatrix} 0,26652 \\ -0,06745 \end{bmatrix}$$

$$= 0,0328. \qquad (10.43)$$

Aus der Nummerischen Illustration 9.4 wissen wir bereits, dass im Dünger-Beispiel $\widehat{\sigma}^2 = \widehat{\mathbf{u}}'\widehat{\mathbf{u}}/(T-3) = 0,00425$. *Setzt man dieses Ergebnis zusammen mit dem Resultat (10.43) in Formel (10.37) ein, so ergibt sich der folgende F-Wert:*

$$F = \frac{0,0328/2}{0,00425} = 3,860.$$

Bei einem Signifikanzniveau von 5% liegt der kritische Wert bei $F_a = 3,354$. *Die Nullhypothese muss also abgelehnt werden. Genau den gleichen F-Wert und die gleiche Ablehnungsentscheidung hatten wir in der Nummerischen Illustration 10.14 ermittelt, wo wir die gleiche Nullhypothese getestet haben, allerdings auf Basis der Berechnungsformel (10.32) anstelle der Berechnungsformel (10.37).*

10.6.3 Zusammenhang zwischen t-Test und F-Test bei L=1

Wir hatten in Abschnitt 10.3.1 darauf hingewiesen, dass im Falle einer einzelnen zu testenden Linearkombination ($L = 1$) der quadrierte t-Wert und der F-Wert des entsprechenden F-Tests identisch sind. Dies soll nun gezeigt werden.

Quadriert man (10.29), die Berechnungsformel des t-Wertes, so ergibt sich

$$t^2 = \frac{\left(\mathbf{r}'\widehat{\boldsymbol{\beta}} - q\right)^2}{\widehat{\sigma}^2 \mathbf{r}'(\mathbf{X'X})^{-1}\mathbf{r}}, \qquad (10.44)$$

denn sowohl der Zähler als auch der Nenner der Formel stellen Skalare dar.

Für einen F-Test mit $L=1$ vereinfacht sich die in der Nullhypothese verwendete Matrix $\mathbf{R}$ zu einem Zeilenvektor $\mathbf{r}'$ und der Vektor $\mathbf{q}$ wird zu einem Skalar q. Nutzt man ferner die Beziehung $\widehat{\sigma}^2 = \widehat{\mathbf{u}}'\widehat{\mathbf{u}}/(T{-}K{-}1)$, dann vereinfacht sich Ausdruck (10.37) zu

$$F = \frac{\left(\mathbf{r}'\widehat{\boldsymbol{\beta}} - q\right)' \left[\mathbf{r}'(\mathbf{X'X})^{-1}\mathbf{r}\right]^{-1} \left(\mathbf{r}'\widehat{\boldsymbol{\beta}} - q\right)}{\widehat{\sigma}^2}.$$

Beachtet man schließlich, dass sowohl der Ausdruck $(\mathbf{r}'\widehat{\boldsymbol{\beta}} - q)$ als auch der Ausdruck $[\mathbf{r}'(\mathbf{X'X})^{-1}\mathbf{r}]^{-1}$ jeweils einen Skalar darstellen, so ergibt sich genau der Quotient der Gleichung (10.44).

10.6.4 Warum besitzen F-Werte eine F-Verteilung?

Um zu zeigen, dass die in Gleichung (10.37) definierte Zufallvariable des F-Tests tatsächlich $F_{(L,T-K-1)}$-verteilt ist, dividieren wir zunächst Zähler und Nenner des Ausdrucks durch σ^2, die Varianz der Störgröße u_t:

$$F = \frac{\left(R\widehat{\beta} - q\right)' \left[R\left(X'X\right)^{-1} R'\right]^{-1} \left(R\widehat{\beta} - q\right) \big/ L\sigma^2}{\widehat{u}'\widehat{u}/[\sigma^2(T-K-1)]} . \qquad (10.45)$$

Johnston und DiNardo (1997) zeigen, dass

$$\left(R\widehat{\beta} - q\right)' \left[R\left(X'X\right)^{-1} R'\right]^{-1} \left(R\widehat{\beta} - q\right) \big/ \sigma^2 \sim \chi^2_{(L)} \qquad (10.46)$$

und

$$\widehat{u}'\widehat{u}/\sigma^2 \sim \chi^2_{(T-K-1)} , \qquad (10.47)$$

wobei die in Ausdruck (10.47) definierte Zufallsvariable von $\widehat{\beta}$ und damit auch von der in Ausdruck (10.46) definierten Zufallsvariable unabhängig ist. Folglich ist der Zähler in Gleichung (10.45) eine $\chi^2_{(L)}$-verteilte Zufallsvariable dividiert durch ihre Freiheitsgrade L. Der Nenner ist eine vom Zähler unabhängige $\chi^2_{(T-K-1)}$-verteilte Zufallsvariable dividiert durch die Anzahl ihrer Freiheitsgrade $T-K-1$. Aus dem Statistischen Repetitorium III (Abschnitt 4.4.4) wissen wir, dass ein Quotient mit einem solchen Zähler und einem solchen Nenner eine $F_{(L,T-K-1)}$-verteilte Zufallsvariable darstellt.

10.6.5 Warum besitzen t-Werte eine t-Verteilung?

Um zu zeigen, dass die in Ausdruck (10.29) definierte Zufallvariable des t-Tests tatsächlich $t_{(T-K-1)}$-verteilt ist, dividieren wir Zähler und Nenner des Ausdrucks durch σ, die Standardabweichung der Störgröße u_t:

$$
\begin{aligned}
t &= \frac{\left(r'\widehat{\beta} - q\right)/\sigma}{\widehat{\sigma}\sqrt{r'(X'X)^{-1}r}\big/\sigma} \\
&= \frac{\left(r'\widehat{\beta} - q\right)\big/\left[\sqrt{r'(X'X)^{-1}r}\,\sigma\right]}{\sqrt{\widehat{\sigma}^2/\sigma^2}} \\
[\text{aus (9.33)}] \quad &= \frac{\left(r'\widehat{\beta} - q\right)\big/\left[\sqrt{r'(X'X)^{-1}r}\,\sigma\right]}{\sqrt{\widehat{u}'\widehat{u}/[\sigma^2(T-K-1)]}} \qquad (10.48)
\end{aligned}
$$

Da r, X, q und σ ausschließlich Konstanten repräsentieren, handelt es sich bei dem Zähler des Ausdrucks (10.48) um eine lineare Transformation der normalverteilten Zufallsvariablen des Vektors $\widehat{\beta}$. Der Zähler ist folglich selbst eine normalverteilte Zufallsvariable.

10.6. MATRIXALGEBRAISCHER ANHANG

Welchen Erwartungswert und welche Varianz besitzt diese Zufallsvariable? Wir wissen, dass $E(\widehat{\beta}) = \beta$. Bei Gültigkeit der Nullhypothese ($H_0 : \mathbf{r}'\beta = q$) erhält man folglich:

$$E(\mathbf{r}'\widehat{\beta} - q) = \mathbf{r}'E(\widehat{\beta}) - q = \mathbf{r}'\beta - q = 0 \, .$$

Unter Beachtung von Rechenregel (8.44) ergibt sich für den Zähler des Ausdrucks (10.48) deshalb ebenfalls ein Erwartungswert von 0.

Man beachte schließlich, dass sowohl $(\mathbf{r}'\widehat{\beta} - q)$ als auch $\sqrt{\mathbf{r}'(\mathbf{X}'\mathbf{X})^{-1}\mathbf{r}}$ *Skalare* darstellen. Die Varianz der Zufallsvariable, also des Zählers in Ausdruck (10.48), berechnet sich deshalb gemäß

$$\begin{aligned}
\mathit{var}\left[(\mathbf{r}'\widehat{\beta} - q) \Big/ \left[\sqrt{\mathbf{r}'(\mathbf{X}'\mathbf{X})^{-1}\mathbf{r}}\,\sigma\right]\right] &= \left[1\big/[\mathbf{r}'(\mathbf{X}'\mathbf{X})^{-1}\mathbf{r}\,\sigma^2]\right]\mathit{var}(\mathbf{r}'\widehat{\beta} - q)\\
[\text{aus (8.45)}] &= \left[1\big/[\mathbf{r}'(\mathbf{X}'\mathbf{X})^{-1}\mathbf{r}\,\sigma^2]\right]\mathbf{r}'\left[\mathit{var}(\widehat{\beta})\right]\mathbf{r}\\
[\text{aus (9.94)}] &= \left[1\big/[\mathbf{r}'(\mathbf{X}'\mathbf{X})^{-1}\mathbf{r}\,\sigma^2]\right]\mathbf{r}'\sigma^2(\mathbf{X}'\mathbf{X})^{-1}\mathbf{r}\\
&= 1 \, .
\end{aligned}$$

Zusammengenommen bedeutet dies, der Zähler des Ausdrucks (10.48) ist standard-normalverteilt:

$$\left(\mathbf{r}'\widehat{\beta} - q\right)\Big/\left[\sqrt{\mathbf{r}'(\mathbf{X}'\mathbf{X})^{-1}\mathbf{r}}\,\sigma\right] \sim N(0,1) \, .$$

Aus dem Resultat (10.47) folgt unmittelbar, dass in der Wurzel des Nenners von Ausdruck (10.48) eine vom Zähler unabhängige $\chi_{(T-K-1)}$-verteilte Zufallsvariable, dividiert durch die Anzahl ihrer Freiheitsgrade $T-K-1$, steht. Aus dem Statistischen Repetitorium III (Abschnitt 4.4.3) wissen wir, dass ein Quotient mit einem solchen Zähler und einem solchen Nenner eine $t_{(T-K-1)}$-verteilte Zufallsvariable darstellt. Damit ist gezeigt, dass im t-Test der t-Wert einer $t_{(T-K-1)}$-Verteilung folgt.

Kapitel 11

Prognose

Gegenüber der Einfachregression ergeben sich für die bedingte Prognose keine grundlegenden Veränderungen. Wir beschränken uns weiterhin auf den Fall einer Zweifachregression. Es soll wieder zwischen Punkt- und Intervallprognose unterschieden werden.

11.1 Punktprognose

11.1.1 Prognosewert und Prognosefehler

Wie schon bei der Einfachregression setzt man in das geschätzte Modell

$$\widehat{y}_t = \widehat{\alpha} + \widehat{\beta}_1 x_{1t} + \widehat{\beta}_2 x_{2t} \qquad (11.1)$$

jeweils bestimmte Werte x_{10} und x_{20} für x_{1t} und x_{2t} ein. Die *Punktprognose* der endogenen Variable, $\widehat{y}_0$, ergibt sich dann aus

$$\widehat{y}_0 = \widehat{\alpha} + \widehat{\beta}_1 x_{10} + \widehat{\beta}_2 x_{20} \,. \qquad (11.2)$$

Nummerische Illustration 11.1

Das geschätzte Modell des Dünger-Beispiels lautet

$$\widehat{y}_t = 0,95432 + 0,59652 \cdot x_{1t} + 0,26255 \cdot x_{2t}\,.$$

Für eine Parzelle mit 29 kg/ha Phosphat ($x_{10} = \ln 29 = 3,36730$) und 120 kg/ha Stickstoff ($x_{20} = \ln 120 = 4,78749$) soll der Gersten-Output prognostiziert werden. Einsetzen der Werte in das geschätzte Modell ergibt

$$\widehat{y}_0 = 4,21994\,,$$

was einem Output von etwa 68 dt/ha Gerste entspricht.

11.1.2 Verlässlichkeit der Punktprognose

Gleichung (11.2) liefert den prognostizierten Wert $\widehat{y}_0$. Der tatsächliche Wert von y_0 ergibt sich aus

$$y_0 = \alpha + \beta_1 x_{10} + \beta_2 x_{20} + u_0 \ . \tag{11.3}$$

Um die Verlässlichkeit der Prognose beurteilen zu können, wird wieder die Wahrscheinlichkeitsverteilung des Prognosefehlers ($\widehat{y}_0 - y_0$) hergeleitet. Dazu werden aus den Gleichungen (11.2) und (11.3) zunächst der Erwartungswert und die Varianz des Prognosefehlers bestimmt. Die Punktprognose $\widehat{y}_0$ ist unverzerrt, denn

$$\begin{aligned} E(\widehat{y}_0 - y_0) &= E(\widehat{\alpha} - \alpha) + E(\widehat{\beta}_1 - \beta_1)x_{10} + E(\widehat{\beta}_2 - \beta_2)x_{20} - E(u_0) \\ &= 0 + 0 + 0 - 0 = 0 \ . \end{aligned} \tag{11.4}$$

Im matrixalgebraischen Anhang dieses Kapitels (Abschnitt 11.4) wird die Varianz des Prognosefehlers für die Mehrfachregression hergeleitet. Angewandt auf den Fall der Zweifachregression ergibt sich der folgende Term:

$$\begin{aligned} var\left(\widehat{y}_0 - y_0\right) =\ & \sigma^2 \left(1 + 1/T\right) \\ & + (x_{10} - \overline{x}_1)^2 \, var(\widehat{\beta}_1) + (x_{20} - \overline{x}_2)^2 \, var(\widehat{\beta}_2) \\ & + 2\left(x_{10} - \overline{x}_1\right)\left(x_{20} - \overline{x}_2\right) cov(\widehat{\beta}_1, \widehat{\beta}_2) \ . \end{aligned} \tag{11.5}$$

Die Varianz des Prognosefehlers steigt demnach mit der Störgrößenvarianz σ^2, mit der Varianz der geschätzten Parameter und tendenziell auch mit dem Abstand der Realisation der jeweiligen exogenen Variable von deren Durchschnitt. Die Varianz fällt umso geringer aus, je mehr Beobachtungen vorliegen.

Nummerische Illustration 11.2

Der Erwartungswert des Prognosefehlers beträgt gemäß Gleichung (11.4) 0. Aus Gleichung (11.5) lässt sich die Varianz des Prognosefehlers schätzen. Dazu müssen in (11.5) die Schätzwerte für σ^2, $var(\widehat{\beta}_1)$, $var(\widehat{\beta}_2)$ und $cov(\widehat{\beta}_1, \widehat{\beta}_2)$ eingesetzt werden. Aus den Gleichungen (9.35), (9.36), (9.37) und (9.38) wissen wir, dass

$$\begin{aligned} \widehat{\sigma}^2 &= 0,00425 \\ \widehat{var}(\widehat{\beta}_1) &= 0,01901 \\ \widehat{var}(\widehat{\beta}_2) &= 0,00116 \\ \widehat{cov}(\widehat{\beta}_1, \widehat{\beta}_2) &= 0,00003 \ . \end{aligned}$$

Man erhält dann aus Formel (11.5):

$$\begin{aligned}\widehat{var}\,(\widehat{y}_0 - y_0) &= 0,00425\,(1 + 1/30) \\ &\quad + (3,36730 - 3,22577)^2\,0,01901 \\ &\quad + (4,78749 - 4,32415)^2\,0,00116 \\ &\quad + 2\,(3,36730 - 3,22577) \\ &\qquad (4,78749 - 4,32415)\,0,00003 \\ &= 0,00502\,.\end{aligned}$$

Die geschätzte Varianz des Prognosefehlers ist nur geringfügig größer als die geschätzte Varianz der Störgröße $\widehat{\sigma}^2$ selbst. Folglich ist ein nur geringer Anteil in der Unsicherheit der Prognose auf die Ungenauigkeit der KQ-Schätzer $\widehat{\alpha}$, $\widehat{\beta}_1$ und $\widehat{\beta}_2$ zurückzuführen. Die Hauptquelle in der Prognosevarianz erwächst aus der möglichen Störung u_0, welche in der zusätzlichen Beobachtung (x_{10}, x_{20}, y_0) auftreten kann.

11.2 Prognoseintervall

Die Vorgehensweise für ein Prognoseintervall entspricht genau derjenigen, die wir von der Einfachregression kennen. Zunächst führt man wieder unter Benutzung von Gleichung (11.4) eine Standardisierung des Prognosefehlers durch:

$$t = \frac{(\widehat{y}_0 - y_0) - E(\widehat{y}_0 - y_0)}{\widehat{se}(\widehat{y}_0 - y_0)} = \frac{\widehat{y}_0 - y_0}{\widehat{se}(\widehat{y}_0 - y_0)},$$

wobei $\widehat{se}(\widehat{y}_0 - y_0) = \sqrt{\widehat{var}(\widehat{y}_0 - y_0)}$. Hätte man mit $se(\widehat{y}_0 - y_0)$ statt mit $\widehat{se}(\widehat{y}_0 - y_0)$ standardisiert, so wäre die neue Zufallsvariable standard-normalverteilt. Wie schon beim Intervallschätzer und beim t-Test, so bedeutet die Verwendung von $\widehat{se}(\widehat{y}_0 - y_0)$ auch hier wieder, dass die neue Zufallsvariable t einer t-Verteilung mit $T-3$ Freiheitsgraden folgt:

$$t \sim t_{(T-3)}\,.$$

Der in der Stichprobe beobachtete Wert von t fällt mit einer Wahrscheinlichkeit von $1-a$ in das Konfidenzintervall $[-t_{a/2}\,;\,t_{a/2}]$:

$$\Pr\left\{-t_{a/2} \leq \frac{\widehat{y}_0 - y_0}{\widehat{se}(\widehat{y}_0 - y_0)} \leq t_{a/2}\right\} = 1 - a\,.$$

Auflösen nach y_0 liefert:

$$\Pr\left\{\widehat{y}_0 - t_{a/2} \cdot \widehat{se}(\widehat{y}_0 - y_0) \leq y_0 \leq \widehat{y}_0 + t_{a/2} \cdot \widehat{se}(\widehat{y}_0 - y_0)\right\} = 1 - a\,.$$

Das gesuchte Prognoseintervall lautet folglich:

$$[\widehat{y}_0 - t_{a/2} \cdot \widehat{se}(\widehat{y}_0 - y_0)\,;\,\widehat{y}_0 + t_{a/2} \cdot \widehat{se}(\widehat{y}_0 - y_0)]\,. \tag{11.6}$$

Nummerische Illustration 11.3

Wir hatten für die geschätzte Varianz des Prognosefehlers einen Wert von $\widehat{var}(\widehat{y}_0 - y_0) = 0,00502$ ermittelt. Der geschätzte Standardfehler beträgt somit $\widehat{se}(\widehat{y}_0 - y_0) = \sqrt{0,00502} \approx 0,07088$. Bei einem Signifikanzniveau von $a = 5\%$ und 27 Freiheitsgraden ergibt sich aus Tabelle T.2 ein kritischer Wert von $2,0518$. Unsere Punktprognose aus der Nummerischen Illustration 11.1 lautete $\widehat{y}_0 = 4,21994$. Einsetzen dieser Werte in Ausdruck (11.6) ergibt einen Intervallschätzer von $[4,07452\,;\,4,36536]$. Da $\ln 58,8 \approx 4,07452$ und $\ln 78,7 \approx 4,36536$, entspricht dieses Intervall einem Wertebereich von $58,8$ bis $78,7$ dt/ha Gerste. Das heißt, bei Inputs in Höhe von 29 kg/ha Phosphat und 120 kg/ha Stickstoff erwarten wir einen Gersten-Output, der zwischen $58,8$ und $78,7$ dt/ha Gerste liegt. Die Berechnungsformel für dieses Intervall war dabei so konstruiert, dass 95% der in gedanklich wiederholten Stichproben berechneten Prognoseintervalle den jeweils beobachteten y_0-Wert abdecken würden.

11.3 Zusammenfassung

Im Rahmen einer Zweifachregression lautet die bedingte Punktprognose:

$$\widehat{y}_0 = \widehat{\alpha} + \widehat{\beta}_1 x_{10} + \widehat{\beta}_2 x_{20}\,, \tag{11.2}$$

wobei die Werte von x_{10} und x_{20} vorgegeben sind. Die Punktprognose ist unverzerrt.

Die Varianz des Prognosefehlers errechnet sich gemäß

$$\begin{aligned}
var\,(\widehat{y}_0 - y_0) &= \sigma^2\,(1 + 1/T) \\
&\quad + (x_{10} - \overline{x}_1)^2\,var(\widehat{\beta}_1) + (x_{20} - \overline{x}_2)^2\,var(\widehat{\beta}_2) \\
&\quad + 2\,(x_{10} - \overline{x}_1)\,(x_{20} - \overline{x}_2)\,cov(\widehat{\beta}_1, \widehat{\beta}_2)\,.
\end{aligned}$$

Für eine Schätzung dieser Varianz werden σ^2, $var(\widehat{\beta}_1)$, $var(\widehat{\beta}_2)$ und $cov(\widehat{\beta}_1, \widehat{\beta}_2)$ durch ihre jeweiligen Schätzwerte ersetzt.

Das Prognoseintervall lautet

$$\left[\widehat{y}_0 - t_{a/2} \cdot \widehat{se}(\widehat{y}_0 - y_0)\,;\,\widehat{y}_0 + t_{a/2} \cdot \widehat{se}(\widehat{y}_0 - y_0)\right]\,. \tag{11.6}$$

11.4 Matrixalgebraischer Anhang

Die bedingenden Werte der exogenen Variablen sind durch den $(K+1)$-elementigen Zeilenvektor $x_0' = [1\ x_{10}\ \ldots\ x_{K0}]$ gegeben. Die (bedingte) Prognose für $\widehat{y}_0$ errechnet sich dann gemäß

$$\widehat{y}_0 = \mathbf{x}_0'\widehat{\boldsymbol{\beta}}\,.$$

11.4. MATRIXALGEBRAISCHER ANHANG

Die tatsächliche Beobachtung y_0 würde sich aus

$$y_0 = \mathbf{x}_0'\boldsymbol{\beta} + u_0$$

ergeben, wobei u_0 die Störgröße dieser Beobachtung ist. Der Prognosefehler lautet somit

$$\widehat{y}_0 - y_0 = \mathbf{x}_0'\widehat{\boldsymbol{\beta}} - \mathbf{x}_0'\boldsymbol{\beta} - u_0 = \mathbf{x}_0'\left(\widehat{\boldsymbol{\beta}} - \boldsymbol{\beta}\right) - u_0 \ . \qquad (11.7)$$

Der Erwartungswert dieses Prognosefehlers beträgt

$$E(\widehat{y}_0 - y_0) = \mathbf{x}_0'E\left(\widehat{\boldsymbol{\beta}} - \boldsymbol{\beta}\right) - E(u_0) = 0 \ . \qquad (11.8)$$

Die Varianz des Prognosefehlers erhält man aus

$$
\begin{aligned}
var(\widehat{y}_0 - y_0) &= E\left[\left[(\widehat{y}_0 - y_0) - E(\widehat{y}_0 - y_0)\right]^2\right] \\
\text{[aus (11.4)]} \quad &= E\left[(\widehat{y}_0 - y_0)(\widehat{y}_0 - y_0)\right] \\
\text{[aus (11.7)]} \quad &= E\left[\left[\mathbf{x}_0'\left(\widehat{\boldsymbol{\beta}} - \boldsymbol{\beta}\right) - u_0\right]\left[\mathbf{x}_0'\left(\widehat{\boldsymbol{\beta}} - \boldsymbol{\beta}\right) - u_0\right]\right] \\
&= E\left[\left[\mathbf{x}_0'\left(\widehat{\boldsymbol{\beta}} - \boldsymbol{\beta}\right)\right]^2 - 2\left[\mathbf{x}_0'\left(\widehat{\boldsymbol{\beta}} - \boldsymbol{\beta}\right)u_0\right] + u_0^2\right] \\
&= E\left[\mathbf{x}_0'(\widehat{\boldsymbol{\beta}}-\boldsymbol{\beta})(\widehat{\boldsymbol{\beta}}-\boldsymbol{\beta})'\mathbf{x}_0\right] - 2\mathbf{x}_0'E\left[(\widehat{\boldsymbol{\beta}}-\boldsymbol{\beta})u_0\right] + E(u_0^2), \quad (11.9)
\end{aligned}
$$

wobei für den letzten Schritt zu beachten ist, dass $\mathbf{x}_0'(\widehat{\boldsymbol{\beta}} - \boldsymbol{\beta}) = (\widehat{\boldsymbol{\beta}} - \boldsymbol{\beta})'\mathbf{x}_0$. Da die Elemente in $\widehat{\boldsymbol{\beta}}$ ausschließlich von den Beobachtungen $t = 1, 2, ..., T$ abhängen und u_0 die Störgröße der zusätzlichen Beobachtung ist, sind $\widehat{\boldsymbol{\beta}}$ und u_0 unabhängig und damit auch $(\widehat{\boldsymbol{\beta}} - \boldsymbol{\beta})$ und u_0: $cov\left((\widehat{\boldsymbol{\beta}} - \boldsymbol{\beta}), u_0\right) = 0$. Da zudem $E(u_0) = 0$ und $E(\widehat{\boldsymbol{\beta}} - \boldsymbol{\beta}) = 0$, ergibt sich

$$
\begin{aligned}
E[(\widehat{\boldsymbol{\beta}} - \boldsymbol{\beta})u_0] &= E\left[\left[(\widehat{\boldsymbol{\beta}} - \boldsymbol{\beta}) - E(\widehat{\boldsymbol{\beta}} - \boldsymbol{\beta})\right][u_0 - E(u_0)]\right] \\
&= cov\left((\widehat{\boldsymbol{\beta}} - \boldsymbol{\beta}), u_0\right) = 0 \ .
\end{aligned}
$$

Ferner gilt:

$$E(u_0^2) = E\left[[u_0 - E(u_0)]^2\right] = var(u_0) = \sigma^2 \ .$$

Damit vereinfacht sich Ausdruck (11.9) zu

$$
\begin{aligned}
var(\widehat{y}_0 - y_0) &= \mathbf{x}_0'E\left[\left(\widehat{\boldsymbol{\beta}} - \boldsymbol{\beta}\right)\left(\widehat{\boldsymbol{\beta}} - \boldsymbol{\beta}\right)'\right]\mathbf{x}_0 + \sigma^2 \\
&= \mathbf{x}_0'\mathbf{V}(\widehat{\boldsymbol{\beta}})\mathbf{x}_0 + \sigma^2 \\
&= \mathbf{x}_0'\sigma^2\left(\mathbf{X}'\mathbf{X}\right)^{-1}\mathbf{x}_0 + \sigma^2 \\
&= \sigma^2\left[1 + \mathbf{x}_0'\left(\mathbf{X}'\mathbf{X}\right)^{-1}\mathbf{x}_0\right] \ . \qquad (11.10)
\end{aligned}
$$

Dies ist die Verallgemeinerung der Ergebnisse (7.5) bzw. (11.5), welche wir im Rahmen der Einfach- bzw. Zweifachregression als Varianz des Prognosefehlers angegeben hatten. Wendet man Ausdruck (11.10) beispielsweise auf den Fall einer Einfachregression an, so ergibt sich:

$$\begin{aligned}
var(\widehat{y}_0 - y_0) &= \sigma^2 \left[1 + [1\ x_0]\frac{1}{TS_{xx}}\left[\begin{array}{cc}\sum x_t^2 & -\sum x_t \\ -\sum x_t & T\end{array}\right]\left[\begin{array}{c}1 \\ x_0\end{array}\right]\right] \\
&= \sigma^2 \left[1 + \frac{1}{TS_{xx}}\left[\ \sum x_t^2 - x_0\sum x_t\ \ -\sum x_t + x_0 T\ \right]\left[\begin{array}{c}1 \\ x_0\end{array}\right]\right] \\
&= \sigma^2 \left[1 + \frac{1}{TS_{xx}}\left[\sum x_t^2 - x_0 \sum x_t - x_0 \sum x_t + x_0^2 T\right]\right] \\
&= \sigma^2 \left[1 + \frac{1}{TS_{xx}}\left[\sum x_t^2 - T\overline{x}^2 + T\overline{x}^2 - 2x_0\sum x_t + x_0^2 T\right]\right] \\
&= \sigma^2 \left[1 + \frac{1}{TS_{xx}}\left[S_{xx} + T\overline{x}^2 - 2x_0 T\overline{x} + x_0^2 T\right]\right] \\
&= \sigma^2 \left[1 + 1/T + (\overline{x} - x_0)^2/S_{xx}\right],
\end{aligned}$$

was Ausdruck (7.5) entspricht.

In Abschnitt 11.2 hatten wir im Rahmen der Zweifachregression das Prognoseintervall

$$[\widehat{y}_0 - t_{a/2} \cdot \widehat{se}(\widehat{y}_0 - y_0)\ ;\ \widehat{y}_0 + t_{a/2} \cdot \widehat{se}(\widehat{y}_0 - y_0)] \tag{11.6}$$

hergeleitet. In einer Mehrfachregression mit $K > 2$ exogenen Variablen sieht das Prognoseintervall identisch aus. Die Zahl der exogenen Variablen beeinflusst lediglich die Berechnungsformel für $\widehat{se}(\widehat{y}_0 - y_0)$ sowie die Anzahl der Freiheitsgrade und damit den kritischen Wert $t_{a/2}$, aber nicht die allgemeine Formel (11.6). Unsere Aufgabe an dieser Stelle beschränkt sich deshalb darauf, den Intervallschätzer (11.6) in Matrixschreibweise anzugeben. Unter Rückgriff auf Ergebnis (11.10) lautet er:

$$\left[\widehat{y}_0 - t_{a/2} \cdot \widehat{\sigma}\sqrt{1 + \mathbf{x}_0'\left(\mathbf{X'X}\right)^{-1}\mathbf{x}_0}\ ;\ \widehat{y}_0 + t_{a/2} \cdot \widehat{\sigma}\sqrt{1 + \mathbf{x}_0'\left(\mathbf{X'X}\right)^{-1}\mathbf{x}_0}\right].$$

Kapitel 12

Präsentation der Schätzergebnisse und deren computergestützte Berechnung

Der Computer ist aus der gegenwärtigen empirischen Forschung nicht mehr wegzudenken. Dies war nicht immer so. Erst seit Ende der sechziger Jahre begann man, wirtschaftswissenschaftliche Fakultäten und Forschungsabteilungen mit leistungsstarken Computern auszurüsten. Der zunehmende Verbreitungsgrad ging mit intensiven Anstrengungen einher, das methodische Gerüst der Ökonometrie zu stabilisieren und zu erweitern. Ferner versuchten Forscher in zunehmendem Maße, ihre ökonomischen Modelle durch computergestützte empirische Analysen zu fundieren. Ein Ende dieser Entwicklung ist bis heute nicht absehbar.

Um diesem Trend wenigstens ansatzweise gerecht zu werden, finden sich in Abschnitt 12.1 einige kurze Anmerkungen zur computergestützten ökonometrischen Analyse. Eine ausführliche Anleitung für die ökonometrische Arbeit mit Computern kann hier allerdings nicht gegeben werden, denn es existieren unterschiedliche ökonometrische Softwarepakete mit abweichenden Schwerpunkten und Befehlsstrukturen. Das jeweilige Handbuch des Softwarepakets gibt Aufschluss über das erforderliche Vorgehen.

Eine solche Software erlaubt eine mühelose nummerische Berechnung der KQ-Schätzer und diverser zusätzlicher Kennzahlen. Um die ermittelten Schätzergebnisse in einem wissenschaftlichen Aufsatz oder Buch präsentieren zu können, bedient man sich einer bestimmten Darstellungsform, die wir bislang noch nicht kennengelernt haben. Sie wird deshalb in Abschnitt 12.2 erläutert.

12.1 Computergestützte ökonometrische Analyse

In den vorangegangenen Kapiteln wurde wiederholt auf die Bedeutung des Datenumfangs hingewiesen: Die Verlässlichkeit einer Schätzung steigt mit der Zahl der Beobachtungen T. Es sollten deshalb stets sämtliche verfügbare Datenquellen für die empirische Analyse herangezogen werden.

Ein größerer Beobachtungsumfang bedeutet zugleich jedoch einen höheren Rechenaufwand. Bis in die siebziger Jahre hinein war dies ein echtes Problem und bremste den Empiriker in seinem Drang nach zusätzlichen Daten. Seit der Verfügbarkeit von leistungsstarken Computern und entsprechender ökonometrischer Software hat sich das Problem weitgehend entschärft. Heute stehen dem Ökonometriker eine Vielzahl von alternativen Softwarepaketen zur Verfügung, die eine komfortable Schätzung auch bei größeren Datenmengen ermöglichen. Die Eingabe der Daten und eines einfachen zusätzlichen Befehls bewirkt, dass in Sekundenbruchteilen die KQ-Schätzer einer Mehrfachregression nummerisch ermittelt werden. Im gleichen Atemzug werden weitere für die Schätzung zentrale Ergebnisse berechnet (z.B. Bestimmtheitsmaß, geschätzte Standardabweichungen der KQ-Schätzer, etc.).

12.1.1 Ökonometrische Software

Die Anschaffungspreise ökonometrischer Softwarepakete sind in den vergangenen Jahren soweit gefallen, dass auch Studenten den Erwerb eines solchen Paketes in Erwägung ziehen können. Ferner gibt es spezielle Studentenversionen, die oftmals eine geringfügig abgespeckte Version mit einem deutlich abgespeckten Preis verknüpfen.

Es gibt eine Vielzahl von Softwarepaketen, die sich hinsichtlich Komplexität, Programmierungsanforderungen und Preis unterscheiden. Die verschiedenen Programme haben zwar jeweils eigene Schwerpunkte und Tugenden, wirklich spürbar werden diese Unterschiede allerdings erst in Bereichen, die über das in diesem Buch vermittelte Instrumentarium deutlich hinausgehen. Eine Auswahl der zur Zeit gängigsten Softwarepakete ist in Tabelle 12.1 aufgeführt. Die entsprechenden Internetadressen geben Auskunft über Kosten, Funktionalitätseigenschaften und Ähnliches.

Das „Experimentieren" mit einer ökonometrischen Software macht nicht nur Spaß, sondern ist auch eine hervorragende Übung, das Erlernte in der Praxis korrekt umzusetzen. Vermeintliches Verständnis kann auf diese Weise rechtzeitig aufgedeckt werden. Auf einigen Webseiten der Hersteller finden sich zu den Softwarepaketen umfangreiche Übungskurse mit zahlreichen Hilfestellungen und Beispielen, die den Einstieg unterstützen.

Eine weitere Webseite von besonderem Interesse ist die des *Journal of Applied Econometrics*, **http://jae.wiley.com/**. Dort kann auf sämtliche Datensätze zugegriffen werden, die den Veröffentlichungen dieser Zeitschrift seit 1994 zugrunde liegen. Mutige Leser seien ermuntert, anhand der Datensätze

12.1. COMPUTERGESTÜTZTE ÖKONOMETRISCHE ANALYSE

Tabelle 12.1: Ein Auswahl ökonometrischer Softwarepakete.

EViews	www.eviews.com
GAUSS	www.aptech.com
LIMDEP	www.limdep.com
MICROFIT	www.intecc.co.uk/camfit
PcGive	www.pcgive.com
RATS	www.estima.com
SAS/ETS	www.sas.com
SHAZAM	http://shazam.econ.ubc.ca
STATA	www.stata.com
TSP	www.tspintl.com

und einer geeigneten Software zu versuchen, die Ergebnisse einer interessant erscheinenden Veröffentlichung nachzuvollziehen.

12.1.2 Interpretation des Computeroutputs

In den Kapiteln 8 bis 11 wurden für das Dünger-Beispiel zahlreiche nummerische Resultate geliefert, die teilweise bereits unter Mithilfe des Computers ermittelt wurden. Sie lassen sich mit jedem der genannten Softwarepakete leicht reproduzieren. Der gedruckte Output der ökonometrischen Softwarepakete geschieht in wesentlich kompakterer Form als in unseren bisherigen nummerischen Illustrationen.

Nummerische Illustration 12.1 ▬▬▬▬▬▬▬▬▬▬

Wir kehren nochmals zum Düngerbeispiel zurück und führen mit PC eine KQ-Schätzung durch. Der typische Computeroutput besitzt in etwa das Erscheinungsbild der Tabelle 12.2.

Die ersten vier Zeilen bedürfen keiner weiteren Erläuterung. Bemerkenswerter sind die fünfte und sechste Zeile: Das Programmpaket führt automatisch einen F-Test der Nullhypothese $H_0 : \beta_1 = \beta_2 = 0$ durch. Der entsprechende F-Wert fällt so groß aus, bzw. der p-Wert ist so gering, dass auf einem Signifikanzniveau von 1% die Nullhypothese H_0 abgelehnt werden kann. Die exogenen Variablen leisten einen signifikanten Beitrag für die Erklärung der endogenen Variable.

In den Zeilen sieben bis zehn ist eine Tabelle mit fünf Spalten wiedergegeben. Die erste Spalte gibt an, um welchen Schätzer es sich in der jeweiligen Zeile handelt. In der letzten Zeile werden beispielsweise die Ergebnisse bezüglich der Variable Stickstoff aufgeführt, also bezüglich des Parameters β_2. Die Zahl in der zweiten Spalte der letzten Zeile gibt den Wert des KQ-Schätzers an: $\widehat{\beta}_2 = 0,26255$. In der dritten Spalte erscheint die geschätzte Standardabweichung dieses Schätzers: $\widehat{se}(\widehat{\beta}_2) = 0,03400$. Die vierte Spalte liefert den t-Wert eines Tests der Nullhypothese $H_0 : \beta_2 = 0$, und die fünfte Spalte den

Tabelle 12.2: Typisches Erscheinungsbild eines Computeroutputs.

Zahl der Beobachtungen		30	
Freiheitsgrade		27	
Bestimmtheitsmaß R^2		0,743	
Störgrößenvarianz $\hat{\sigma}^2$		0,00425	
F-Test:	F-Wert	38,98	
	p-Wert	0,00000001	

Variable	Koeff.	$\hat{se}(\cdot)$	t-Wert	p-Wert
Konstante	0,95432	0,46943	2,0329	0,052
Phosphat	0,59652	0,13788	4,3265	<0,001
Stickstoff	0,26255	0,03400	7,7228	<0,001

entsprechenden p-Wert dieses zweiseitigen Tests. Wie in Abschnitt 6.3 erläutert, entspricht der p-Wert der Wahrscheinlichkeitsmasse, die außerhalb des Intervalls $[-t\; ;\; t]$ liegt. Die letzten beiden Ergebnisse implizieren, dass selbst auf einem Signifikanzniveau von 1% die Nullhypothese $H_0 : \beta_2 = 0$ verworfen werden muss.

Im weiteren Verlauf dieses Buches werden neue illustrierende Beispiele vorgestellt. Die entsprechenden Schätzergebnisse werden in der soeben erläuterten tabellarischen Form wiedergegeben. Ziel ist es dabei, ein gewisses Maß an Vertrautheit mit dieser Darstellungsform herzustellen. Dies zahlt sich insbesondere dann aus, wenn der Leser die Ergebnisse selbständig am Computer reproduziert. Um ein solches eigenständiges Nachrechnen zu ermöglichen, sind in den Beispielen immer sämtliche verwendeten Rohdaten angegeben. Diese Daten können auch von der Homepage dieses Buches (siehe Vorwort) kostenlos heruntergeladen werden.

12.2 Präsentation von Schätzergebnissen

Möchte man eigene ökonometrische Untersuchungsergebnisse in einem Aufsatz oder Buch vorstellen, so wählt man üblicherweise nicht die Darstellungsform der Softwarepakete, sondern eine noch weiter reduzierte Form.

Nummerische Illustration 12.2
Die KQ-Schätzergebnisse des Dünger-Beispiels würde man in der folgenden

12.2. PRÄSENTATION VON SCHÄTZERGEBNISSEN

Weise präsentieren:

$$\widehat{y}_t = 0{,}95432 + 0{,}59652\, x_{1t} + 0{,}26255\, x_{2t}\,.$$
$$(0{,}46943) \quad (0{,}13788) \quad\quad (0{,}03400) \qquad \widehat{se}(\cdot)\text{-}Werte$$

Oftmals wird auch statt der Standardabweichung $\widehat{se}(\cdot)$ der jeweilige t-Wert angegeben. Beide Darstellungsformen sind gleichwertig, denn

$$t = \frac{\widehat{\beta}_k - \overbrace{q_k}^{=0}}{\widehat{se}(\widehat{\beta}_k)}\,.$$

Aus der Standardabweichung $\widehat{se}(\widehat{\beta}_k)$ und dem geschätztem $\widehat{\beta}_k$-Wert kann demnach mühelos der korrespondierende t-Wert berechnet werden und umgekehrt. Zusätzlich werden manchmal die entsprechenden p-Werte angeführt. Angaben bezüglich des Bestimmtheitsmaßes oder eines F-Tests der Nullhypothese $H_0 : \beta_1 = \beta_2 = 0$ könnte man in einem separaten Satz unterbringen.

Mit diesen Erläuterungen ist Teil II dieses Lehrbuches abgeschlossen. Es kann sich als hilfreich erweisen, zunächst noch einmal die Zusammenfassungen der Kapitel 8 bis 11 zu lesen und sich erst dann mit Teil III auseinanderzusetzen.

Teil III

Ökonometrische Probleme der wirtschaftsempirischen Praxis: Verletzungen der A-, B- oder C-Annahmen

TEIL III: VERLETZUNGEN DER A-, B- ODER C-ANNAHMEN

Im ersten Teil dieses Lehrbuches wurde das einfache lineare Regressionsmodell und im zweiten Teil das multiple lineare Regressionsmodell vorgestellt. Dabei wurden Punkt- und Intervallschätzer für die Regressionsparameter entwickelt und Verfahren besprochen, die Hypothesentests bezüglich dieser Parameter erlauben. Ausgangspunkt der Analyse waren neun Annahmen, die wir als A-, B- und C-Annahmen klassifizierten.

Die drei A-Annahmen wurden im Rahmen der funktionalen Spezifikation des ökonometrischen Modells getroffen. Die Spezifikation der Störgrößen geschah im Rahmen der vier B-Annahmen und die Spezifikation der Eigenschaften der exogenen Variablen erfolgte innerhalb der C-Annahmen. Es wurde wiederholt darauf hingewiesen, dass die Erfüllung dieser Annahmen gewährleistet sein muss, damit die vorgestellten Schätz- und Testverfahren nicht irreführende Resultate liefern.

In der wirtschaftsempirischen Praxis sind leider nur in Ausnahmefällen alle neun Annahmen erfüllt. Welche Konsequenzen hat dies für unsere Analyse? Um diese Frage soll es in den folgenden Kapiteln gehen. Jedes Kapitel ist einer einzelnen Annahme gewidmet. Zunächst werden die spezifischen Konsequenzen der Annahmeverletzung diskutiert und anschließend werden Verfahren zu deren Diagnose vorgestellt. Gegebenenfalls werden dann Schätzmethoden entwickelt, die auch bei der betrachteten Annahmeverletzung brauchbare Ergebnisse liefern.

Es liegt nahe, zunächst die A-, dann die B- und schließlich die C-Annahmen zu diskutieren. Einige Annahmeverletzungen (insbesondere B4) erfordern nur wenig Erläuterung, sei es, weil sie leicht zu beheben sind oder weil sie nicht zu beheben sind. Auch in diesen Fällen wird ihnen ein eigenes kurzes Kapitel gewidmet.

Kapitel 13

Verletzung der Annahme A1: Fehlerhafte Auswahl der exogenen Variablen

Betrachten wir das folgende ökonometrische Modell:

$$y_t = \alpha + \beta_1 x_{1t} + \beta_2 x_{2t} + ... + \beta_K x_{Kt} + u_t \, . \tag{13.1}$$

Annahme A1 lautete:

Annahme A1 In Gleichung (13.1) fehlen keine relevanten exogenen Variablen und die in Gleichung (13.1) benutzten exogenen Variablen sind nicht irrelevant.

Die Festlegung auf geeignete exogene Variablen gehört zu den schwierigsten Aufgaben des Ökonometrikers. Eine Variablenauswahl ist gelungen, wenn das ökonometrische Modell

1. keine relevanten exogenen Variablen auslässt und

2. keine irrelevanten exogenen Variablen enthält.

Warum überlässt die ökonomische Theorie dem Ökonometriker so viel Entscheidungsspielraum? Für die empirische Analyse von theoretischen Zusammenhängen sind oftmals zusätzliche Variablen aufzunehmen, um beispielsweise die grundlegenden Einflüsse von störenden saisonalen Einflüssen zu bereinigen. Ein Beispiel hatten wir bereits erwähnt: Will man untersuchen, ob die monatlichen Beschäftigtenzahlen in der Baubranche durch die Lohnstückkosten erklärt werden können, dann muss man eine zusätzliche Variable einfügen, die den saisonbedingten winterlichen Arbeitskräfteabbau erfasst. Dies könnte beispielsweise durch eine exogene Variable *monatliche Durchschnittstemperatur* erfolgen. Würde das ökonometrische Modell auf diese Variable verzichten, dann hätte man eine relevante exogene Variable ausgelassen.

Auch für den umgekehrten Fall, also die Verwendung irrelevanter exogener Variablen, gibt es Beispiele. Manchmal ist eine aus der ökonomischen Theorie vorgeschlagene Variable für die empirische Praxis zu allgemein. Beispielsweise wird in der ökonomischen Theorie angenommen, dass die Nachfrage nach einem Produkt von seinem Preis abhängt, aber auch von den Preisen der Substitute. Für den Praktiker stellt sich nun die Frage, *welche* Substitute relevant sind. Werden einfach alle möglichen Produkte als Substitute herangezogen, dann hat man wahrscheinlich einige irrelevante exogene Variablen in das Modell aufgenommen.

Ein ähnliches Problem ergibt sich, wenn die interessierende Variable nicht direkt beobachtbar ist. In einem solchen Fall muss man nach anderen Variablen suchen, die jede für sich oder gemeinsam einen guten Indikator für die eigentlich interessierende Variable abgeben. Dabei kann es aber leicht passieren, dass man zu viele Variablen als Indikatoren heranzieht. Auch hier herrscht Unsicherheit darüber, welche Variablen wirklich relevant sind.

Im folgenden Abschnitt 13.1 wird erläutert, welche Auswirkungen die Aufnahme irrelevanter exogener Variablen oder die Vernachlässigung relevanter exogener Variablen auf die Schätzergebnisse hat. Abschnitt 13.2 stellt diagnostische Verfahren vor, die helfen, eine korrekte Variablenauswahl zu treffen. Der abschließende Abschnitt 13.3 enthält einige grundlegende Anmerkungen zur Variablenauswahl.

13.1 Konsequenzen der Annahmeverletzung

Um die verschiedenen Probleme und den angemessenen Umgang mit diesen zu veranschaulichen, soll wieder ein konkretes Beispiel betrachtet werden.

Beispiel zu Kapitel 13

Wir werden beauftragt, die Lohnstruktur in einem Betrieb mit 20 Arbeitskräften zu untersuchen. Dabei sollen wir herausfinden, welche Faktoren in welchem Ausmaß für die Höhe des Lohnes y_t verantwortlich sind. Wir vermuten, dass die Ausbildung x_{1t} eine entscheidende Rolle spielt, erwägen aber auch die Berücksichtigung des Alters x_{2t} und der Dauer der Firmenzugehörigkeit x_{3t} als exogene Variablen. Die zur Verfügung stehenden Daten sind in Tabelle 13.1 wiedergegeben.

Der Zusammenhang zwischen der Höhe des Lohnes und seinen Bestimmungsgrößen sei durch drei konkurrierende ökonometrische Modelle beschrieben:

$$y_t = \alpha + \beta_1 x_{1t} + u'_t \tag{13.2a}$$

$$y_t = \alpha + \beta_1 x_{1t} + \beta_2 x_{2t} + u_t \text{ (korrektes Modell)} \tag{13.2b}$$

$$y_t = \alpha + \beta_1 x_{1t} + \beta_2 x_{2t} + \beta_3 x_{3t} + u''_t, \tag{13.2c}$$

13.1. KONSEQUENZEN DER ANNAHMEVERLETZUNG

Tabelle 13.1: Lohnhöhe y_t (in Euro), Ausbildung x_{1t} (in Ausbildungsjahren, welche über den Hauptschulabschluss hinausgehen), Alter x_{2t} und Dauer der Firmenzugehörigkeit x_{3t} (beides in Jahren) der 20 Mitarbeiter eines Betriebes.

t	y_t	x_{1t}	x_{2t}	x_{3t}	t	y_t	x_{1t}	x_{2t}	x_{3t}
1	1250	1	28	12	11	1350	1	30	13
2	1950	9	34	8	12	1600	2	43	21
3	2300	11	55	25	13	1400	2	23	5
4	1350	3	24	5	14	1500	3	21	1
5	1650	2	42	21	15	2350	6	50	22
6	1750	1	43	19	16	1700	9	64	36
7	1550	4	37	17	17	1350	1	36	10
8	1400	1	18	1	18	2600	7	58	30
9	1700	3	63	25	19	1400	2	35	17
10	2000	4	58	30	20	1550	2	41	6

wobei y_t die Höhe des Lohnes, x_{1t} die Ausbildungszeit, x_{2t} das Alter und x_{3t} die Firmenzugehörigkeit darstellen. Modell (13.2b) erfülle alle A-, B- und C-Annahmen und sei damit das *korrekte Modell*. Das heißt, sowohl die Bildung, als auch das Alter sind relevante exogene Variablen, die Dauer der Firmenzugehörigkeit hingegen nicht. Welche Konsequenzen ergeben sich, wenn anstelle des korrekten Modells (13.2b) die *fehlspezifizierten Modelle* (13.2a) oder (13.2c) geschätzt werden?

Tabelle 13.2: Übersicht der Schätzergebnisse für die Modellvarianten (13.2a), (13.2b) und (13.2c).

Modell	Variable	Koeff.	$\widehat{se}(\cdot)$	t-Wert	p-Wert
(13.2a)	Konstante	1354,7	94,2	14,377	<0,001
	Ausbildung	89,3	19,8	4,505	<0,001
(13.2b)	Konstante	1027,8	164,5	6,249	<0,001
	Ausbildung	62,6	21,2	2,953	0,009
	Alter	10,6	4,6	2,317	0,033
(13.2c)	Konstante	1000,5	225,7	4,432	<0,001
	Ausbildung	62,4	21,8	2,859	0,011
	Alter	12,4	10,7	1,159	0,263
	Firmenzugehör.	-2,6	14,3	-0,183	0,857

Nummerische Illustration 13.1

In Tabelle 13.2 sind die jeweiligen Schätzwerte der drei Modelle angegeben. Der Parameter β_1 (Ausbildung) weist in allen drei Modellen das erwartete positive Vorzeichen auf. Auch für β_2 (Alter) ergeben sich positive Werte. Im

Widerspruch zu unserer Intuition steht das negative Vorzeichen von β_3 (Firmenzugehörigkeit). Die letzte Spalte der Tabelle zeigt jedoch, dass der Parameter nicht signifikant ist ($p > 0{,}05$).

Teilweise kommt es zu erheblichen Unterschieden in den Schätzergebnissen. Vor allem zwischen dem unvollständigen Modell (13.2a) und dem korrekten Modell (13.2b) ergeben sich deutliche Abweichungen. Die Berücksichtigung des Alters bewirkt, dass der Schätzer des Steigungsparameters β_1 (Ausbildung) von $89{,}3$ auf $62{,}6$ fällt. Auch der Wert des Niveauparameters nimmt deutlich ab.

Wie konnte es zu den zum Teil erheblichen Unterschieden in den Schätzergebnissen kommen? Ist es wirklich notwendig, immer genau die richtigen Variablen im ökonometrischen Modell zu haben? Diese Fragen werden im Folgenden beantwortet. Wir beginnen mit dem Fall, dass eine oder mehrere relevante Variablen im ökonometrischen Modell fehlen.

13.1.1 Auslassen relevanter Variablen

Grafische Veranschaulichung

Es ist davon auszugehen, dass die Variablen *Ausbildung* und *Alter* einen positiven Einfluss auf die Lohnhöhe ausüben. Die wahren Parameterwerte von β_1 und β_2 werden demnach positiv sein. Abbildung 13.1 stellt den Wirkungszusammenhang der Variablen des korrekten Modells in einem Venn-Diagramm dar. Im Zusammenhang mit dem Bestimmtheitsmaß R^2 hatten wir bereits von dieser Darstellungsform Gebrauch gemacht (siehe Abbildung 9.2). Sie wird uns auch hier gute Dienste leisten.

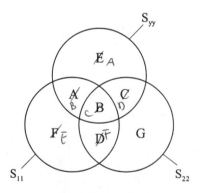

Abbildung 13.1: Der Wirkungszusammenhang des korrekten Modells.

Der obere Kreis repräsentiert wieder die Variation der endogenen Variable (S_{yy}), während die unteren beiden Kreise die jeweilige Variation in den beiden exogenen Variablen (S_{11} und S_{22}) darstellen. Die Flächen $A + B + C$ verkörpern den Einfluss der exogenen Variablen auf die endogene Variable. Während

13.1. KONSEQUENZEN DER ANNAHMEVERLETZUNG

wir die „Einflussflächen" A und C eindeutig den Variablen *Ausbildung* (linker unterer Kreis) und *Alter* (rechter unterer Kreis) zuordnen können, ist dies bei „Einflussfläche" B nicht möglich. Es bleibt demnach unklar, zu welchem Anteil der sich in B manifestierende gemeinsame Einfluss individuell der Variable *Ausbildung* (und damit β_1) und zu welchem Anteil der Variable *Alter* (und damit β_2) zuordnen lässt. Würde man Fläche B vollständig dem Alter zurechnen, dann hätte man wahrscheinlich den Einfluss dieser Variable überschätzt. Der Schätzwert $\widehat{\beta}_2$ würde zu groß ausfallen. Würde man umgekehrt die Fläche B vollständig der Ausbildung zuschlagen, so ergäbe sich wahrscheinlich ein zu großer Schätzwert $\widehat{\beta}_1$.

Aber genau dieser zweite Fall tritt ein, wenn wir die relevante Variable *Alter* fälschlicherweise in unserer Schätzung nicht berücksichtigen. Der scheinbare Wirkungszusammenhang, der sich uns dann bietet, besteht ausschließlich aus den Kreisen S_{yy} und S_{11}. Der Kreis S_{22} wird nicht wahrgenommen. Dabei wird aber auch nicht erkannt, dass in Fläche B in Wahrheit auch ein Einflussanteil der Variable *Alter* steckt. Die lohnerhöhenden Einflüsse, die von den Flächen A und B ausgehen, werden fälschlicherweise vollständig der Variable *Ausbildung* und damit β_1 zugeschrieben. Es kommt zu einer Überschätzung von β_1.

Auswirkungen auf den Erwartungswert der Störgröße

Das Modell (13.2a) ist unvollständig, denn es enthält nicht die relevante Variable *Alter* (x_{2t}). Dies hat Auswirkungen auf u'_t, die Störgröße dieses unvollständigen Modells. Sie nimmt nun sowohl den Einfluss der wahren Störgröße u_t auf als auch den Einfluss der ausgelassenen Variable:

$$u'_t = \beta_2 x_{2t} + u_t \,,$$

wie ein Blick auf die Gleichungen (13.2a) und (13.2b) unmittelbar deutlich macht. Dies impliziert aber, dass der Erwartungswert der Störgröße u'_t von 0 abweicht:

$$\begin{aligned} E(u'_t) &= E(\beta_2 x_{2t} + u_t) \\ &= \beta_2 x_{2t} + E(u_t) \\ &= \beta_2 x_{2t} + 0 \neq 0 \,. \end{aligned}$$

Damit ist Annahme B1 nicht länger erfüllt. Das Auslassen einer relevanten Variable (Verletzung der Annahme A1) führt also zu einer Verletzung der Annahme B1. Welche Konsequenzen ergeben sich daraus für die KQ-Schätzer des unvollständigen Modells $\widehat{\alpha}'$ und $\widehat{\beta}'_1$?

Konsequenzen für Punktschätzer

Betrachten wir exemplarisch die *Punktschätzung* von β_1, dem *wahren* Einfluss der Ausbildungszeit (x_{1t}) auf die Lohnhöhe. Welche Konsequenzen ergeben sich, wenn bei der KQ-Schätzung dieses Einflusses statt des wahren Modells (13.2b) das unvollständige Modell (13.2a) zugrunde gelegt wird? Im Anhang dieses Kapitels ist gezeigt, dass sich für den auf Basis des unvollständigen Modells berechneten KQ-Schätzer $\widehat{\beta}'_1$ folgende Beziehung ergibt:

$$\widehat{\beta}'_1 = \widehat{\beta}_1 + \widehat{\beta}_2 \frac{S_{12}}{S_{11}}, \qquad (13.3)$$

wobei $\widehat{\beta}_1$ und $\widehat{\beta}_2$ die auf Basis des vollständigen Modells berechneten KQ-Schätzer sind. Bildet man den Erwartungswert, so erhält man

$$\begin{aligned} E(\widehat{\beta}'_1) &= E\left(\widehat{\beta}_1 + \widehat{\beta}_2 \frac{S_{12}}{S_{11}}\right) \\ &= \beta_1 + \beta_2 \frac{S_{12}}{S_{11}}. \end{aligned} \qquad (13.4)$$

Diese Gleichung zeigt, dass der auf Basis des unvollständigen Modells definierte Schätzer $\widehat{\beta}'_1$ verzerrt ist, und zwar in Höhe des Terms $\beta_2(S_{12}/S_{11})$.

Wie kann dieser verzerrende Term interpretiert werden? In der Einfachregression der Variable y_t auf die Variable x_t war der KQ-Schätzer des Steigungsparameters durch S_{xy}/S_{xx} definiert. Entsprechend kann in Ausdruck (13.4) der Quotient (S_{12}/S_{11}) als der KQ-Schätzer des Steigungsparameters einer Einfachregression der „endogenen" Variable *Alter* auf die exogene Variable *Ausbildung* interpretiert werden. Der Quotient quantifiziert also den Einfluss der Ausbildung auf die Höhe des Alters. Es handelt sich hierbei allerdings um einen *scheinbaren* Einfluss, denn in Wirklichkeit besteht kein kausaler Zusammenhang zwischen einer exogenen Variable *Ausbildung* und einer endogenen Variable *Alter*. Alt wird man auch ohne Ausbildung. Der scheinbare Einfluss kommt dadurch zustande, dass die Variablen *Ausbildung* und *Alter* positiv miteinander korreliert sind, was sich formal in $S_{12} > 0$ und damit in $S_{12}/S_{11} > 0$ niederschlägt. Multipliziert man diesen scheinbaren Einfluss mit β_2, also der Wirkung des Alters auf die Lohnhöhe, so ergibt sich ein indirekter scheinbarer Einfluss der Ausbildung auf die Lohnhöhe. Da dieser indirekte Einfluss nur scheinbar existiert, handelt es sich bei $\beta_2(S_{12}/S_{11})$ um einen Verzerrungsterm.

Da die Variable *Alter* relevant ist, weicht der wahre Wert β_2 von 0 ab. Die Variation der Variable *Ausbildung* (S_{11}) ist gemäß Annahme C2 immer größer 0. Nur für den seltenen Spezialfall, dass S_{12}, die Kovariation zwischen den beiden exogenen Variablen, 0 beträgt, verschwindet der Verzerrungsterm $\beta_2(S_{12}/S_{11})$ und man erhält für β_1 trotz unvollständigen Modells einen unverzerrten Schätzer: $E(\widehat{\beta}'_1) = \beta_1$. Dieser Spezialfall lässt sich auch leicht anhand von Abbildung 13.1 illustrieren. Grafisch bedeutet $S_{12} = 0$, dass die unteren Kreise keine Überschneidung aufweisen und damit die für die Verzerrung verantwortliche Fläche B gar nicht erst auftaucht.

13.1. KONSEQUENZEN DER ANNAHMEVERLETZUNG

Nummerische Illustration 13.2

Im Lohn-Beispiel beträgt

$$\frac{S_{12}}{S_{11}} = \frac{448,9}{178,2} = 2,52 \ .$$

Aus Tabelle 13.2 (S. 247) wissen wir, dass im korrekten Modell $\widehat{\beta}_1 = 62,6$ und $\widehat{\beta}_2 = 10,6$. Folglich erhalten wir

$$\widehat{\beta}'_1 = \widehat{\beta}_1 + \widehat{\beta}_2 \frac{S_{12}}{S_{11}} = 62,6 + 10,6 \cdot 2,52 = 89,3 \ ,$$

was mit dem Schätzergebnis in Tabelle 13.2 in Einklang steht. Unseren Schätzwerten zur Folge macht die Verzerrung fast ein Drittel des auf Basis des unvollständigen Modells (13.2a) berechneten Schätzers $\widehat{\beta}'_1$ aus.

Für den KQ-Schätzer des Niveauparameters α erhalten wir im unvollständigen Modell folgenden Ausdruck (siehe Anhang dieses Kapitels):

$$E(\widehat{\alpha}') = \alpha + \beta_2 \left(\overline{x}_2 - \frac{S_{12}}{S_{11}} \overline{x}_1 \right) \ .$$

Da der letzte Klammerterm normalerweise nicht 0 ist, ergibt sich auch für $\widehat{\alpha}'$ eine Verzerrung. Im Gegensatz zum KQ-Schätzer des Steigungsparameters β_1 ergibt sich selbst für den Spezialfall $S_{12}/S_{11} = 0$ eine Verzerrung.

Konsequenzen für Intervallschätzer

Der *Intervallschätzer* für β_1 – den Einfluss von x_{1t} (Ausbildungszeit) – ist definiert durch

$$\left[\widehat{\beta}'_1 - t_{a/2} \cdot \widehat{se}(\widehat{\beta}'_1) \ ; \ \widehat{\beta}'_1 + t_{a/2} \cdot \widehat{se}(\widehat{\beta}'_1) \right] \ .$$

Dieses auf Grundlage des unvollständigen Modells ermittelte Intervall ist verzerrt, denn das Zentrum dieses Intervalls $\widehat{\beta}'_1$ liegt bei wiederholten Stichproben im Mittel nicht auf dem wahren Wert β_1.

Aber nicht nur das Zentrum des Intervallschätzers wäre verzerrt, sondern auch die Breite $2 \cdot t_{a/2} \cdot \widehat{se}(\widehat{\beta}'_1)$. Eine unverzerrte Schätzung der Breite erfordert, dass $var(\widehat{\beta}'_1)$ unverzerrt geschätzt wird, denn $se(\widehat{\beta}'_1) = \sqrt{var(\widehat{\beta}'_1)}$. Im Anhang dieses Kapitels ist gezeigt, dass der KQ-Schätzer des unvollständigen Modells die folgende Varianz besitzt:

$$var(\widehat{\beta}'_1) = \frac{\sigma^2}{S_{11}} \ . \tag{13.5}$$

Für eine unverzerrte Schätzung von $var(\widehat{\beta}'_1)$ benötigt man eine unverzerrte Schätzung von σ^2. Da es sich bei dem unvollständigen Modell um eine Einfachregression handelt, würde man die Formel (5.10), also

$$\hat{\sigma}^2 = \frac{S_{\widehat{u}'\widehat{u}'}}{T-2} \tag{13.6}$$

verwenden, wobei $S_{\widehat{u}'\widehat{u}'}$ die Summe der Residuenquadrate des *unvollständigen* Modells darstellt. Wir wissen aber, dass diese Formel nur dann unverzerrt ist, wenn die Annahmen B1 bis B3 für das zugrunde liegende Modell erfüllt sind. Da im unvollständigen Modell Annahme B1 verletzt ist, liefert Formel (13.6) eine verzerrte Schätzung. Die verzerrte Schätzung von σ^2 impliziert, dass auch der Schätzer $\widehat{var}(\widehat{\beta}'_1)$ verzerrt ist und damit auch die Breite des Intervallschätzers.

Nummerische Illustration 13.3

Ökonometrische Software liefert für das korrekte Modell eine Summe der Residuenquadrate in Höhe von $S_{\widehat{u}\widehat{u}} = 957.698$ und damit eine unverzerrt geschätzte Störgrößenvarianz von $\hat{\sigma}^2 = S_{\widehat{u}\widehat{u}}/(T-3) = 56.335$. Für das unvollständige Modell erhält man $S_{\widehat{u}'\widehat{u}'} = 1.260.028$ und damit aus (13.6) $\hat{\sigma}^2 = 70.002$. Würde man den unverzerrt geschätzten Wert von $\hat{\sigma}^2 = 56.335$ in (13.5) einsetzen, so ergäbe sich eine unverzerrte Schätzung für $var(\widehat{\beta}'_1)$ (nicht für $var(\widehat{\beta}_1)$). Da jedoch $\hat{\sigma}^2 = 70.002$ in (13.5) eingesetzt wird, erhält man eine verzerrte Schätzung für $var(\widehat{\beta}'_1)$. Damit ist auch der in Tabelle 13.2 wiedergegebene Wert von $\widehat{se}(\widehat{\beta}'_1) = \sqrt{\widehat{var}(\widehat{\beta}'_1)}$ unbrauchbar.

In dieser Nummerischen Illustration beträgt der verzerrte Schätzwert für die Störgrößenvarianz $\hat{\sigma}^2 = 70.002$ und ist damit deutlich höher als der unverzerrte Schätzwert von $\hat{\sigma}^2 = 56.335$. Ein Blick auf Abbildung 13.1 offenbart, dass dies kein Zufall ist: Im vollständigen Modell wird die geschätzte Höhe der Störgrößenvarianz durch die Größe der Fläche E bestimmt. Im unvollständigen Modell (Kreis S_{22} wird nicht wahrgenommen) wird sie durch die Größe der Fläche $E + C$ bestimmt. Sie wird folglich größer ausfallen als im vollständigen Modell. Ein formaler Beweis findet sich in Abschnitt 13.6.1 des matrixalgebraischen Anhangs dieses Kapitels.

Konsequenzen für den Hypothesentest

Grundlage für einen t-Test bezüglich β_1 war eine Standardisierung des Schätzers (der Zufallsvariable) $\widehat{\beta}'_1$:

$$t = \frac{\widehat{\beta}'_1 - q}{\widehat{se}(\widehat{\beta}'_1)}.$$

Maßgeblich für die Standardisierung sind also der Wert des KQ-Schätzers $\widehat{\beta}'_1$ sowie die Schätzung der Standardabweichung $se(\widehat{\beta}'_1) = \sqrt{var(\widehat{\beta}'_1)}$. Wir wissen aber, dass sowohl der KQ-Schätzer $\widehat{\beta}'_1$ als auch die Schätzung von $var(\widehat{\beta}'_1)$ verzerrt sind, denn beide erfolgen auf Grundlage des unvollständigen Modells.

13.1. KONSEQUENZEN DER ANNAHMEVERLETZUNG

Die standardisierte Zufallsvariable besitzt folglich nicht die Eigenschaften, die sie eigentlich besitzen muss, damit die Testverfahren Gültigkeit besitzen. Ignoriert man das Problem einfach und führt dennoch einen Test durch, dann fußt dieser auf falschen Voraussetzungen und die Ergebnisse des Tests sind wertlos.

In Abschnitt 10.6.2 des matrixalgebraischen Anhangs zu Kapitel 10 wurde erläutert, dass aus formaler Sicht letztlich auch ein F-Test auf der Standardisierung der jeweiligen Schätzer basiert. Deswegen können die vorangegangenen Aussagen bezüglich des t-Tests auch auf F-Tests übertragen werden: Auch sie sind wertlos.

Fazit

Wir haben gesehen, dass das *Auslassen relevanter Variablen* zu

1. verzerrten Punktschätzern,
2. verzerrten Intervallschätzern und
3. wertlosen Hypothesentests

führt. Im folgenden Abschnitt wird untersucht, ob die *Aufnahme irrelevanter Variablen* ähnliche Konsequenzen besitzt.

13.1.2 Verwendung irrelevanter Variablen

Welche Konsequenzen ergeben sich, wenn ein korrektes Modell fälschlicherweise um eine oder mehrere irrelevante Variablen erweitert wird? Ein solcher Fall ist in Modell (13.2c) gegeben, welches das korrekte Modell (13.2b) um die irrelevante Variable x_{3t} (Dauer der Firmenzugehörigkeit) ergänzt. Irrelevant bedeutet, dass der Parameter der Variable in Wahrheit einen Wert von 0 besitzt.

Auswirkungen auf den Erwartungswert der Störgröße

Im vorangegangenen Abschnitt hatten wir gesehen, dass im Falle einer ausgelassenen *relevanten* Variable der Erwartungswert der Störgröße von 0 abweicht, das heißt, Annahme B1 ist verletzt. Dies war der Ausgangspunkt für die besprochenen Komplikationen. Im Falle einer berücksichtigten *irrelevanten* Variable existiert dieses Problem nicht, denn gemäß Gleichungen (13.2b) und (13.2c) gilt für die Störgröße des fehlspezifizierten Modells:

$$u''_t = u_t - \beta_3 x_{3t},$$

und aufgrund von $\beta_3 = 0$,

$$u''_t = u_t.$$

Da für u_t, die Störgröße des korrekten Modells, alle B-Annahmen erfüllt sind, gilt dies auch für u''_t, die Störgröße des fehlspezifizierten Modells. Folglich gilt $E(u''_t) = 0$.

Konsequenzen für Punktschätzer

Aufbauend auf dem Ergebnis $E(u_t'') = 0$ wird in Abschnitt 13.6.2 des matrix-algebraischen Anhangs dieses Kapitels gezeigt, dass die auf Basis des fehlspezifizierten Modells (13.2c) berechneten Schätzer $\widehat{\alpha}''$, $\widehat{\beta}_1''$, $\widehat{\beta}_2''$ und $\widehat{\beta}_3''$ unverzerrt sind: $E(\widehat{\alpha}_1'') = \alpha$, $E(\widehat{\beta}_1'') = \beta_1$, $E(\widehat{\beta}_2'') = \beta_2$ und $E(\widehat{\beta}_3'') = \beta_3 = 0$. Dies bedeutet natürlich nicht, dass beispielsweise $\widehat{\beta}_1$ und $\widehat{\beta}_1''$ identische Werte liefern müssten, wie ein Blick auf Tabelle 13.2 (S. 247) bestätigt. Nur für das gedankliche Konstrukt wiederholter Stichproben müssen sowohl $\widehat{\beta}_1$ als auch $\widehat{\beta}_1''$ den einen wahren Wert β_1 *als Mittelwert* generieren.

Für die irrelevante exogene Variable x_{3t} erhält man im Mittel den wahren Parameterwert $\beta_3 = 0$. Im korrekten Modell ist diese Information bereits enthalten und muss nicht erst durch den „Verbrauch" von Daten gewonnen werden. Die Aufnahme der zusätzlichen Variable x_{3t} bringt zwar auch zusätzliche Daten, aber für die Schätzung der Parameter α, β_1 und β_2 enthalten diese keine verwertbaren Informationen. Für die Schätzung des zusätzlichen Parameters β_3 werden hingegen relevante Informationen, die in x_{1t} und x_{2t} stecken, verbraucht und stehen nicht länger für die Schätzung von α, β_1 und β_2 zur Verfügung.

Wird die irrelevante Variable x_{3t} gar nicht erst in das Modell aufgenommen, dann verbleiben sämtliche relevante Informationen für die Berechnung der Parameter α, β_1 und β_2, was sich in einer höheren Präzision der jeweiligen Schätzung niederschlägt. Mit anderen Worten, die Streuung der Schätzer $\widehat{\alpha}$, $\widehat{\beta}_1$ und $\widehat{\beta}_2$ fällt geringer aus als diejenige der Schätzer $\widehat{\alpha}''$, $\widehat{\beta}_1''$ und $\widehat{\beta}_2''$. Das heißt, die auf Basis des *fehlspezifizierten Modells* (13.2c) gewonnenen Schätzer $\widehat{\alpha}''$, $\widehat{\beta}_1''$ und $\widehat{\beta}_2''$ sind *nicht effizient*.

Formal lässt sich dieses Ergebnis direkt aus den Definitionen der Varianzen der Schätzer ersehen. Aus Gleichung (9.30a) wissen wir, dass sich im Modell der Zweifachregression – wie dem korrekten Modell – für den Schätzer $\widehat{\beta}_1$ die folgende Varianz ergibt:

$$var(\widehat{\beta}_1) = \frac{\sigma^2}{S_{11}\left(1 - R_{1\cdot 2}^2\right)}, \qquad (13.7)$$

wobei $R_{1\cdot 2}^2 = (S_{11}S_{22})/(S_{12})^2$. Aus den Ergebnissen des Abschnitts 9.8.4 (matrixalgebraischer Anhang des Kapitels 9) lässt sich herleiten, dass im Modell der Dreifachregression – wie das fehlspezifizierte Modell (13.2c) – der Schätzer $\widehat{\beta}_1''$ die folgende Varianz aufweist:

$$var(\widehat{\beta}_1'') = \frac{\sigma^2}{S_{11}\left(1 - R_{1\cdot 2}^2 - R_{1\cdot 3}^2\right)}, \qquad (13.8)$$

wobei der Klammerterm im Nenner immer einen positiven Wert aufweist. Da $R_{1\cdot 3}^2 \geq 0$, weist $\widehat{\beta}_1$, der Schätzer des korrekten Modells, eine geringere Varianz

13.1. KONSEQUENZEN DER ANNAHMEVERLETZUNG

auf als $\widehat{\beta}_1''$, der Schätzer des fehlspezifizierten Modells. Nur für den Spezialfall $R_{1\cdot3}^2 = 0$ – zwischen der relevanten Variable x_{1t} und der irrelevanten Variable x_{3t} besteht keine lineare Abhängigkeit – fällt die Varianz bei der Dreifachregression nicht größer aus als bei der Zweifachregression.

Konsequenzen für Intervallschätzer und Hypothesentest

Betrachten wir wieder exemplarisch den Parameter β_1 und seinen Intervallschätzer

$$\left[\widehat{\beta}_1'' - t_{a/2} \cdot \widehat{se}(\widehat{\beta}_1'') \; ; \; \widehat{\beta}_1'' + t_{a/2} \cdot \widehat{se}(\widehat{\beta}_1'')\right] .$$

Die Varianz des auf Basis des fehlspezifizierten Modells (13.2c) ermittelten Schätzers $\widehat{\beta}_1''$ ist durch Gleichung (13.8) gegeben. Für den Intervallschätzer benötigen wir eine nummerische Schätzung der Varianz. Dafür muss die Störgrößenvarianz σ^2 durch einen unverzerrten Schätzer $\widehat{\sigma}^2$ ersetzt werden. Aus Formel (9.33) wissen wir, dass für den Fall der Dreifachregression die Formel

$$\widehat{\sigma}^2 = S_{\widehat{u}''\widehat{u}''} / (T-4) \tag{13.9}$$

einen unverzerrten Schätzer für die Störgrößenvarianz darstellt, sofern die Annahmen B1 bis B3 erfüllt sind. Da für das fehlspezifizierte (13.2c) Modell alle B-Annahmen erfüllt sind, liefert der Schätzer (13.9) im Mittel das korrekte σ^2, die Streuung der Störgröße u_t bzw. u_t'' ($u_t = u_t''$!). Da die Schätzung der Störgrößenvarianz $\widehat{\sigma}^2$ unverzerrt ist, ist es auch die Schätzung $\widehat{var}(\widehat{\beta}_1'')$ und folglich kann $\widehat{se}(\widehat{\beta}_1'') = \sqrt{\widehat{var}(\widehat{\beta}_1'')}$ für die Standardisierung verwendet werden. Der auf Grundlage des fehlspezifizierten Modells errechnete Intervallschätzer ist somit unverzerrt. Er ist allerdings nicht effizient, denn $var(\widehat{\beta}_1'') \geq var(\widehat{\beta}_1)$ und damit $se(\widehat{\beta}_1'') \geq se(\widehat{\beta}_1)$.

Da $\widehat{var}(\widehat{\beta}_1'')$ unverzerrt ist, basiert auch der Hypothesentest auf korrekten Voraussetzungen und seine Ergebnisse sind aussagekräftig. Die Trennschärfe fällt jedoch geringer aus als im korrekten Modell.

Fazit

Wir haben gesehen, dass die *Aufnahme irrelevanter Variablen* zu

1. unverzerrten, aber ineffizienten Punktschätzern,
2. unverzerrten, aber ineffizienten Intervallschätzern und
3. verwendbaren, aber unnötig unscharfen Hypothesentests

führt. Die Konsequenzen sind demnach weit weniger gravierend als beim *Auslassen relevanter Variablen*.

13.2 Diagnose und Neu-Spezifikation

Die Auswahl der richtigen exogenen Variablen ist eine der schwersten Aufgaben des Ökonometrikers. Es gibt hierbei keine festen Regeln, nach denen man vorgehen könnte. Die vorangegangenen Überlegungen vermitteln jedoch einige Orientierungspunkte.

Wir haben gesehen, dass jede zusätzliche exogene Variable das Risiko einer Verzerrung in der Parameterschätzung senkt. Der Preis, den man für diese Risikominderung zahlt, besteht in der höheren Varianz der Parameterschätzung. Umgekehrt erhöht die Vernachlässigung von Variablen das Risiko einer verzerrten Schätzung, mindert aber die Varianz. Jede Veränderung in der Zahl der exogenen Variablen spielt sich vor diesem Grundkonflikt zwischen *Verzerrungsrisiko* und *Schätzvarianz* ab. Die Auswahl der Variablen erfordert ein sorgfältiges Abwägen zwischen diesen beiden Polen. Ein solches Abwägen bleibt bis zu einem gewissen Grad immer willkürlich und subjektiv.

Es gibt einige wichtige Instrumente, mit deren Hilfe die Willkür in der Variablenauswahl eingeschränkt werden kann. Diese Instrumente sollen im Folgenden erläutert werden. Erfahrene Praktiker gebrauchen mehrere dieser Instrumente und machen ihre Variablenauswahl von den verschiedenen Einzelergebnissen abhängig.

Das erste Kriterium für die Auswahl einer Variable bleibt natürlich die ökonomische Theorie. Erst nachdem jegliche Information, die aus der ökonomischen Theorie zu ziehen ist, tatsächlich gezogen wurde und es keine weiteren Anhaltspunkte für die Selektion geeigneter Variablen gibt, sollte man seine Variablenauswahl auch von der Auswertung der beobachteten Daten abhängig machen.

Die nachstehend erläuterten Kriterien ermitteln aus den Daten verschiedene Kennzahlen, die als Entscheidungsgrundlage für die Variablenauswahl dienen können. Jede dieser Kennzahlen aggregiert das Verzerrungsrisiko und die Schätzvarianz in eine einzige Zahl. Die unterschiedlichen Konstruktionen der Kennzahlen können als unterschiedliche Gewichtungen bei der Aggregation von Verzerrungsrisiko und Schätzvarianz aufgefasst werden.

13.2.1 Korrigiertes Bestimmtheitsmaß $\overline{R}^2$

Das Bestimmtheitsmaß,

$$R^2 = \frac{S_{yy} - S_{\widehat{u}\widehat{u}}}{S_{yy}} = 1 - \frac{S_{\widehat{u}\widehat{u}}}{S_{yy}}, \qquad (13.10)$$

ist grundsätzlich nur dann ein sinnvolles Kriterium, wenn für die zu vergleichenden Modelle drei Bedingungen erfüllt sind:

1. die endogene Variable der Modelle ist identisch, das heißt ihre nummerischen Werte stimmen überein,
2. die Anzahl der exogenen Variablen ist in den Modellen identisch,
3. die Modelle besitzen einen Niveauparameter α.

13.2. DIAGNOSE UND NEU-SPEZIFIKATION

Auf die erste Bedingung werden wir in der Diskussion der Annahme A2 (Kapitel 14) genauer eingehen. Eine Begründung für die dritte Bedingung findet sich in der Anmerkung des Anhangs zu Kapitel 3. Die Bedingungen 1 und 3 sind für die zu vergleichenden Modelle (13.2a), (13.2b) und (13.2c) erfüllt. Bedingung 2 ist hingegen nicht erfüllt. Warum ist diese Bedingung aber eine notwendige Voraussetzung für sinnvolle Vergleiche? Das Bestimmtheitsmaß R^2 kann immer dadurch erhöht werden, dass man zusätzliche exogene Variablen und damit zusätzliche Regressionsparameter β_k in das ökonometrische Modell aufnimmt, denn je mehr solcher Parameter zur Verfügung stehen, umso leichter ist es, die Variation S_{yy} durch die Variation der exogenen Variablen zu erklären. Wie im Zusammenhang mit dem F-Test (Abschnitt 10.2.1) erläutert, ergibt sich die Erhöhung des Bestimmtheitsmaßes formal dadurch, dass *jede* zusätzlich in ein Modell aufgenomme Variable die Summe der Residuenquadrate $S_{\widehat{u}\widehat{u}}$ verringert, wenngleich oftmals nur sehr geringfügig.

Wir haben jedoch gesehen, dass bei jeder zusätzlichen exogenen Variable ein Grundkonflikt besteht zwischen der Minderung des Verzerrungsrisikos (hier angezeigt durch die Erhöhung des Bestimmtheitsmaßes R^2) und der Verringerung der durch $var(\widehat{\alpha})$ und $var(\widehat{\beta}_k)$ quantifizierten Präzision der Schätzung. Das Bestimmtheitsmaß fängt jedoch nur das verminderte Verzerrungsrisiko ein. Für sich genommen ist es also noch kein gutes Kriterium.

Nummerische Illustration 13.4

Ökonometrische Software liefert uns für die drei Lohn-Modelle (13.2a), (13.2b) und (13.2c) die in Tabelle 13.3 wiedergegebenen Bestimmtheitsmaße und Schätzvarianzen für $\widehat{\alpha}$ und $\widehat{\beta}_1$. Sowohl das Bestimmtheitsmaß als auch die Schätzvarianzen steigen bei Aufnahme einer zusätzlichen Variable jedes Mal an. Man beachte allerdings, dass die für das unvollständige Modell (13.2a) angegebenen Schätzvarianzen verzerrt sind.

Tabelle 13.3: Bestimmtheitsmaße und Schätzvarianzen der drei zu vergleichenden Modelle.

Modell	R^2 in %	$\widehat{var}(\widehat{\alpha})$	$\widehat{var}(\widehat{\beta}_1)$
(13.2a)	52,99	8.877	392,824
(13.2b)	64,27	27.052	449,043
(13.2c)	64,35	50.953	477,745

Eine zusätzliche Variable ist dann attraktiv, wenn das Verzerrungsrisiko deutlich sinkt und die Schätzvarianz nur geringfügig steigt. Um beide Aspekte in einem einzigen Kriterium zu vereinigen, wurde deshalb ein *korrigiertes Bestimmtheitsmaß* $\overline{R}^2$ vorgeschlagen (siehe z.B. Theil, 1971, S. 178ff). Die Grundidee besteht darin, die im gemäß (13.10) definierten Bestimmtheitsmaß verwendeten *Variationen* $S_{\widehat{u}\widehat{u}}$ und S_{yy} durch die entsprechenden Stichproben-*Varianzen* $S_{\widehat{u}\widehat{u}}/(T-K-1)$ und $S_{yy}/(T-1)$ zu ersetzen:

$$\overline{R}^2 = 1 - \frac{S_{\widehat{u}\widehat{u}}/(T-K-1)}{S_{yy}/(T-1)} \qquad (13.11)$$

$$= 1 - \frac{S_{\widehat{u}\widehat{u}}(T-1)}{S_{yy}(T-K-1)}$$

[aus (13.10)] $\qquad = 1 - (1-R^2)\frac{T-1}{T-K-1}. \qquad (13.12)$

Das Bestimmtheitsmaß R^2 dient nach wie vor als Indikator für das Verzerrungsrisiko. Den Gegenpart, also die Berücksichtigung der Schätzvarianz, übernimmt die Anzahl der exogenen Variablen K. Werden zusätzliche exogene Variablen in ein Modell aufgenommen, dann steigt zwar R^2 (fällt das Verzerrungsrisiko), aber es steigt auch K (Indikator der Schätzvarianz) im Nenner von (13.12). Der erste Effekt erhöht den Wert des korrigierten Bestimmtheitsmaßes $\overline{R}^2$ während der zweite Effekt den Wert verringert. Je mehr exogene Variablen aufgenommen werden, umso schwächer wird der erste Effekt und umso wahrscheinlicher wird es, dass der $\overline{R}^2$-reduzierende zweite Effekt überwiegt. Man beachte schließlich, dass $\overline{R}^2$ auch negativ werden kann.

Je höher der Wert des korrigierten Bestimmtheitsmaßes, umso attraktiver ist das Modell. Man entscheidet sich also für dasjenige unter den konkurrierenden Modellen, das den größten $\overline{R}^2$-Wert aufweist.

Nummerische Illustration 13.5

Für einen Vergleich der drei Lohn-Modelle (13.2a), (13.2b) und (13.2c) können die zuvor berechneten Bestimmtheitsmaße herangezogen werden. Formel (13.12) liefert die folgenden Ergebnisse:

$$\text{Modell (13.2a)} \quad : \quad \overline{R}^2 = 1 - (1 - 0,5299)\frac{20-1}{20-2} = 0,5038$$

$$\text{Modell (13.2b)} \quad : \quad \overline{R}^2 = 1 - (1 - 0,6427)\frac{20-1}{20-3} = 0,6007$$

$$\text{Modell (13.2c)} \quad : \quad \overline{R}^2 = 1 - (1 - 0,6434)\frac{20-1}{20-4} = 0,5766.$$

Das korrekte Modell (13.2b) weist demnach auch das höchste korrigierte Bestimmtheitsmaß auf.

Im korrigierten Bestimmtheitsmaß wird die Aufnahme zusätzlicher Variablen durch den Quotienten der Formel (13.12) „bestraft". Einige Ökonometriker empfinden das Ausmaß der Bestrafung allerdings als unzureichend und bevorzugen deshalb Kennzahlen, welche tendenziell eine ausgeprägtere Bestrafung vornehmen. Beispiele für solche Kennzahlen werden im folgenden Abschnitt vorgestellt.

13.2.2 Weitere Kennzahlen: AIC, SC und PC

Sowohl Akaikes (1973) Informationskriterium (AIC) als auch das von Schwarz (1978) vorgeschlagene Schwarz–Kriterium (SC) sowie Amemiyas (1980) Prognosekriterium (PC) basieren wieder auf einer Abwägung von Verzerrungsrisiko und Schätzvarianz. Als Indikator für das jeweilige Verzerrungsrisiko der Modelle dient hier die jeweilige Summe der Residuenquadrate $S_{\widehat{u}\widehat{u}}$. Wird sie durch die Aufnahme einer zusätzlichen Variable stark gesenkt, so weist dies auf eine Minderung des Verzerrungsrisikos hin. Als Indikator für die Schätzvarianz wird wie schon beim korrigierten Bestimmtheitsmaß die Zahl der exogenen Variablen benutzt. Eine höhere Zahl signalisiert dabei wieder eine größere Schätzvarianz.

Die genauen Definitionen der Kennzahlen lauten:

$$AIC = \ln\left(\frac{S_{\widehat{u}\widehat{u}}}{T}\right) + \frac{2(K+1)}{T} \qquad (13.13)$$

$$SC = \ln\left(\frac{S_{\widehat{u}\widehat{u}}}{T}\right) + \frac{(K+1)\ln T}{T} \qquad (13.14)$$

$$PC = \frac{S_{\widehat{u}\widehat{u}}[1 + (K+1)/T]}{T - K - 1}. \qquad (13.15)$$

Ein Modell ist umso besser, je kleiner die Werte für $S_{\widehat{u}\widehat{u}}$ (Indikator für Verzerrungsrisiko) und K (Indikator für Schätzvarianz). Benutzt man als Kennzahl das AIC, so wird unter den konkurrierenden Modellen deshalb dasjenige ausgesucht, welches den *geringsten* AIC-Wert aufweist. Gleiches gilt für die Kennzahlen SC und PC. Eine ausführliche Diskussion der Beziehungen zwischen diesen Kennzahlen sowie ihrer individuellen Stärken findet sich in Amemiya (1980).

Nummerische Illustration 13.6

Die Summe der Residuenquadrate $S_{\widehat{u}\widehat{u}}$ wird durch jede ökonometrische Standardsoftware automatisch bei einer KQ-Schätzung mitberechnet und angegeben. Für die drei Lohn-Modelle (13.2a), (13.2b) und (13.2c) erhält man die $S_{\widehat{u}\widehat{u}}$-Werte 1.260.028, 957.698 und 955.692. Die Formeln (13.13), (13.14) und (13.15) liefern dann die folgenden Ergebnisse:

Tabelle 13.4: AIC, SC und PC der drei zu vergleichenden Modelle.

Modell	AIC	SC	PC
(13.2a)	11,251	11,350	77.001,715
(13.2b)	11,077	11,226	61.968,701
(13.2c)	11,174	11,374	71.676,877

Das korrekte Modell (13.2b) weist auch hinsichtlich des AIC, SC und PC den besten Wert auf. Der Gesamteindruck der Ergebnisse in Tabelle 13.4 spricht eindeutig für das korrekte Modell (13.2b). Mitunter kommt es vor, dass verschiedene Kriterien zu widersprüchlichen Ergebnissen führen. Eine Entscheidung für das eine oder andere Modell fällt dann unter Umständen schwer.

Das korrigierte Bestimmtheitsmaß, das AIC, das SC und das PC sind einfache Kennzahlen. Wenn beispielsweise das AIC als Kennzahl benutzt wird und das AIC eines Modells nur geringfügig kleiner ausfällt als bei den anderen Modellen, so wird das Modell bevorzugt. Dabei bleibt die Frage, ob die unterschiedlichen Werte nicht ein reines Zufallsprodukt der einen tatsächlich beobachteten Stichprobe sind, vollkommen ausgeklammert.

Für die Variablenauswahl existieren jedoch auch eine Reihe von Verfahren, welche diese Willkür bis zu einem gewissen Grade vermeiden. Diese Verfahren basieren auf der Formulierung von Hypothesentests. Neben den bereits besprochenen t- und F-Tests sollen hier der ungenestete F-Test und der J-Test vorgestellt werden.

13.2.3 t-Test

Das wohl gebräuchlichste Auswahlverfahren für Variablen ist der in den Abschnitten 6.1 und 10.1 bereits hinlänglich besprochene t-Test der Nullhypothese $H_0 : \beta_k = 0$. Möchte man sich beispielsweise zwischen den Modellen (13.2b) und (13.2c) entscheiden, so kann man $H_0 : \beta_3 = 0$ testen. Fällt der in der Stichprobe beobachtete t-Wert

$$t = \frac{\widehat{\beta}_3 - 0}{\widehat{se}(\widehat{\beta}_3)} \tag{13.16}$$

innerhalb des Konfidenzintervalls $[-t_{a/2}\, ;\, t_{a/2}]$, dann kann die Nullhypothese nicht abgelehnt werden. Man sagt dann, der Parameter β_3 *ist nicht signifikant*, was für Modell (13.2b) und gegen Modell (13.2c) spricht. Normalerweise sollte man für sämtliche Variablen der zu vergleichenden Modelle die entsprechenden t-Werte berechnen und seine Entscheidung von diesem Gesamtbild abhängig machen.

Nummerische Illustration 13.7

Der kritische Wert $t_{a/2}$ liegt bei einem Signifikanzniveau von $a = 0,05$ für Modell (13.2b) bei $2,1098$ (17 Freiheitsgrade) und für Modell (13.2c) bei $2,1199$ (16 Freiheitsgrade). Ein Blick auf Tabelle 13.2 (S. 247) zeigt, dass in Modell (13.2b) sowohl die Variable Ausbildung als auch die Variable Alter signifikant sind ($t > 2,1098$). Die Variable Ausbildung ist auch in Modell (13.2c) signifikant ($t > 2,1199$), die Variablen Alter und Firmenzugehörigkeit hingegen nicht. Die Ergebnisse sprechen wieder für Modell (13.2b), also für das korrekte Modell.

13.2. DIAGNOSE UND NEU-SPEZIFIKATION

Letztlich kann man auch aus dem t-Wert eines t-Tests ein Abwägen zwischen Verzerrungsrisiko und Schätzvarianz herauslesen. Je größer in (13.16) der Zähler des Quotienten, $\widehat{\beta}_3 - 0$, umso wahrscheinlicher die Relevanz von β_3 und umso ausgeprägter die Verminderung im Verzerrungsrisiko, welche durch die Berücksichtigung von x_{3t} erzielt werden könnte. In den Nenner des Quotienten, $\widehat{se}(\widehat{\beta}_3)$, gehen die Freiheitsgrade $T-K-1$ und damit die Anzahl der exogenen Variablen ein. Eine große Anzahl K erhöht tendenziell den Wert von $\widehat{se}(\widehat{\beta}_3)$. Folglich kann $\widehat{se}(\widehat{\beta}_3)$ auch als ein Indikator für die Schätzvarianz des Modells aufgefasst werden. Je geringer $\widehat{se}(\widehat{\beta}_3)$, umso geringer der Zuwachs an Schätzvarianz, welcher durch die Aufnahme der Variable x_{3t} ausgelöst wird. Ein großer Zähler und ein kleiner Nenner führen zu einem großen t-Wert und damit tendenziell zur Ablehnung von $H_0 : \beta_3 = 0$. Das heißt, x_{3t} würde im Falle eines großen t-Wertes als relevante Variable in das Modell aufgenommen werden.

13.2.4 F-Test

Statt jeden Parameter einzeln auf Signifikanz zu testen, kann man auch simultan eine Gruppe von Parametern auf Signifikanz testen. Ein Beispiel wäre für Modell (13.2c) der Test der Nullhypothese $H_0 : \beta_2 = \beta_3 = 0$. Aus Abschnitt 10.2 wissen wir, dass für eine solche Nullhypothese ein F-Test verwendet werden muss. Ein F-Wert berechnet sich gemäß Formel (10.14) aus

$$F = \frac{(S^0_{\widehat{u}\widehat{u}} - S_{\widehat{u}\widehat{u}})/L}{S_{\widehat{u}\widehat{u}}/(T-K-1)} \ . \qquad (13.17)$$

Je größer $(S^0_{\widehat{u}\widehat{u}} - S_{\widehat{u}\widehat{u}})/S_{\widehat{u}\widehat{u}}$, umso größer das Verzerrungsrisiko, welches sich aus einem gemeinsamen Ausschluss der Variablen *Alter* und *Firmenzugehörigkeit* ergeben würde. Als Indikator für die Schätzvarianz dient wieder K, die Anzahl der exogenen Variablen. Ein großer Wert K signalisiert wie immer eine hohe potenzielle Schätzvarianz.

Ist der Wert der Zufallsvariable F genügend groß, dann leisten die Variablen *Alter* und *Firmenzugehörigkeit* einen wichtigen Erklärungsbeitrag. Ein Modell, das ohne diese Variablen formuliert wird, birgt dann ein Verzerrungsrisiko, das durch die geringere Schätzvarianz dieses verkleinerten Modells nicht aufgewogen werden kann.

Nummerische Illustration 13.8

Ein F-Test der Nullhypothese $H_0 : \beta_2 = \beta_3 = 0$ liefert im Modell (13.2c) folgenden F-Wert:

$$F = \frac{(1.260.028 - 955.692)/2}{955.692/(20-4)} = 2,548 \ . \qquad (13.18)$$

Der kritische F-Wert beträgt bei einem Signifikanzniveau von $\alpha = 0,05$ bei 2 und 16 Freiheitsgraden: $F_{0,05} = 3,634$. Die Nullhypothese kann nicht abgelehnt werden. Die beiden Variablen Alter und Firmenzugehörigkeit sind folglich gemeinsam nicht signifikant.

13.2.5 Zusammenhang zwischen korrigiertem Bestimmtheitsmaß, F-Test und t-Test

Es besteht eine bemerkenswerte Beziehung zwischen dem korrigierten Bestimmtheitsmaß $\overline{R}^2$ und einem F-Test des obigen Typs, also einem F-Test, welcher die gemeinsame Signifikanz mehrerer exogener Variablen testet. Wir wissen aus Gleichung (13.11), dass

$$S_{\widehat{u}\widehat{u}} = (T-K-1)(1-\overline{R}^2)S_{yy}/(T-1)$$

und

$$S^0_{\widehat{u}\widehat{u}} = (T-K-1+L)(1-\overline{R^0}^2)S_{yy}/(T-1) \;,$$

wobei $\overline{R^0}^2$ das korrigierte Bestimmtheitsmaß des Nullhypothesenmodells bezeichnet, also des Modells mit lediglich $K-L$ exogenen Variablen. Setzt man diese beiden Beziehungen in den F-Wert (13.17) ein, so ergibt sich

$$\begin{aligned}
F &= \frac{[S_{yy}/(T-1)]\left[(T-K-1+L)(1-\overline{R^0}^2) - (T-K-1)(1-\overline{R}^2)\right]/L}{(1-\overline{R}^2)S_{yy}/(T-1)} \\
&= \frac{\left[(T-K-1)(1-\overline{R^0}^2) + L(1-\overline{R^0}^2) - (T-K-1)(1-\overline{R}^2)\right]/L}{1-\overline{R}^2} \\
&= \frac{(T-K-1)(\overline{R}^2 - \overline{R^0}^2)/L + (1-\overline{R^0}^2)}{1-\overline{R}^2} \;.
\end{aligned}$$

Folglich ist der F-Wert genau dann größer als 1, wenn

$$(T-K-1)(\overline{R}^2 - \overline{R^0}^2)/L + (1-\overline{R^0}^2) > 1 - \overline{R}^2 \;.$$

Umformung dieser Bedingung liefert:

$$(\overline{R}^2 - \overline{R^0}^2) > -(\overline{R}^2 - \overline{R^0}^2)L/(T-K-1) \;.$$

Diese Bedingung ist genau dann erfüllt, wenn $\overline{R}^2 > \overline{R^0}^2$. Mit anderen Worten, das korrigierte Bestimmtheitsmaß des größeren Modells übersteigt das korrigierte Bestimmtheitsmaß des kleineren Modells genau dann, wenn der F-Wert des entsprechenden F-Tests größer als 1 ausfällt.

In Abschnitt 10.3.1 wurde erläutert, dass der t-Test einen Spezialfall des F-Tests darstellt: Beim Testen einer einzelnen Linearkombination ($L=1$) gilt $t^2 = F$. Folglich lässt sich die soeben hergeleitete Beziehung zwischen F-Test

13.2. DIAGNOSE UND NEU-SPEZIFIKATION

und korrigiertem Bestimmtheitsmaß auch auf einen t-Test übertragen, in welchem die Signifikanz einer einzelnen Variable x_{kt} überprüft wird ($H_0 : \beta_k = 0$). $\overline{R}^2$ ist genau dann größer als $\overline{R^0}^2$ (das korrigierte Bestimmtheitsmaß des Modells ohne Variable x_{kt}), wenn t^2 größer als 1 ausfällt, wenn sich also ein t-Wert außerhalb des Intervalls $[-1, 1]$ ergibt. Aus Tabelle 13.2 ist beispielsweise ersichtlich, dass $\widehat{\beta}_3$ einen t-Wert von $-0,183$ besitzt. Folglich ist das korrigierte Bestimmtheitsmaß des Modells (13.2c) kleiner als dasjenige des Modells (13.2b).

13.2.6 Ungenesteter F-Test

Nehmen wir an, nicht die Modelle (13.2a) und (13.2c) seien die Alternativkandidaten zu Modell (13.2b), sondern das folgende Modell:

$$y_t = \alpha + \beta_2 x_{2t} + \beta_3 x_{3t} + u_t''' . \tag{13.19}$$

Die Bedeutung der Variable *Alter* wird bei diesen konkurrierenden Modellen offenbar nicht in Frage gestellt. Es geht also einzig um die Frage, ob die Variable *Ausbildung* oder die Variable *Firmenzugehörigkeit* einen Erklärungsbeitrag für die Lohnhöhe leistet. Die relevante Variable soll in das Modell aufgenommen werden.

Nummerische Illustration 13.9

Die KQ-geschätzten Parameterwerte des Modells (13.19) sind Tabelle 13.5 zu entnehmen. Bei einem Signifikanzniveau von 5% ist weder x_{2t} (Alter) noch x_{3t} (Firmenzugehörigkeit) signifikant.

Tabelle 13.5: Schätzergebnisse für Modell (13.19).

Variable	Koeff.	$\widehat{se}(\cdot)$	t-Wert	p-Wert
Konstante	$921,4$	$267,2$	$3,449$	$0,003$
Alter	$20,7$	$12,2$	$1,691$	$0,109$
Firmenzugehör.	$-4,1$	$17,0$	$-0,241$	$0,812$

Auch der ungenestete F-Test soll eine fundierte Entscheidung zwischen den beiden Modellen ermöglichen. Der Begriff *ungenesteter* Test ist aus dem Englischen *to nest* (einbetten) übernommen. Er bezeichnet einen Test zwischen zwei Modellen, bei denen es nicht möglich ist, das eine Modell durch geeignete Parameterrestriktion in das andere zu überführen. Ein Test zwischen den Modellen (13.2b) und (13.2a) wäre ein genesteter Test, da die Restriktion $\beta_2 = 0$ aus Modell (13.2b) das Modell (13.2a) macht. Bei den Modellen (13.2b) und (13.19) ist eine solche Überführung nicht möglich.

Der ungenestete F-Test zwischen den Modellen (13.2b) und (13.19) geht in zwei Schritten vor:

1. Aus den beiden Modellen wird ein „Mega-Modell" gebildet:

$$y_t = \alpha + \beta_1 x_{1t} + \beta_2 x_{2t} + \beta_3 x_{3t} + u_t \,.$$

Im Lohn-Beispiel ist dies das Modell (13.2c).

2. *Im Rahmen des Mega-Modells* werden zwei F-Tests durchgeführt. Der eine F-Test überprüft die gemeinsame Signifikanz derjenigen Variablen, die in Modell (13.2b) nicht aber in Modell (13.19) erscheinen. Der andere F-Test überprüft die gemeinsame Signifikanz derjenigen Variablen, die in Modell (13.19) nicht aber in Modell (13.2b) erscheinen.

In unserem Beispiel werden also hintereinander die Nullhypothesen $H_0 : \beta_1 = 0$ und $H_0^* : \beta_3 = 0$ jeweils mit einem F-Test überprüft (natürlich hätten hier auch t-Tests benutzt werden können). Wird H_0 verworfen, dann ist das ein Gütezeichen für Modell (13.2b). Wird H_0^* verworfen, dann ist das ein Gütezeichen für Modell (13.19). Werden beide Nullhypothesen verworfen, so kann keine Auswahl zwischen den beiden Modellen getroffen werden. Wird keine der Nullhypothesen verworfen, dann scheinen beide Modelle fehlspezifiziert.

Nummerische Illustration 13.10

Für die Nullhypothese $H_0 : \beta_1 = 0$ liefert das „Mega-Modell" (13.2c) folgenden F-Wert:

$$F = t^2 = 2{,}859^2 = 8{,}174 \,.$$

Der kritische F-Wert beträgt $F_{0{,}05} = 4{,}494$. Folglich kann die erste Nullhypothese abgelehnt werden, also ein Signal für die Güte des Modells (13.2b).

Für die Nullhypothese $H_0^* : \beta_3 = 0$ ergibt sich aus dem „Mega-Modell"

$$F = t^2 = -0{,}183^2 = 0{,}033$$

und damit $F < F_{0{,}05}$. Die Nullhypothese H_0^* kann demnach nicht abgelehnt werden, also ein Signal gegen das Alternativmodell (13.19). Folglich wird Modell (13.2b) dem Alternativmodell (13.19) vorgezogen.

Der ungenestete F-Test besitzt einige Schwachstellen. Nehmen wir beispielsweise an, die beiden zu vergleichenden Modellvarianten unterscheiden sich allein dadurch, dass in dem einen Modell die Variable x_{kt} enthalten ist und in dem anderen Modell stattdessen die Variable x_{lt} – also genau der Fall, den wir auch beim Vergleich der Modelle (13.2b) und (13.19) betrachtet hatten. Wenn die Variablen x_{kt} und x_{lt} hochgradig miteinander korreliert sind, dann kommt es in den einzelnen F-Tests nur selten zu einer Ablehnung und damit auch nur selten zu einer Entscheidung zwischen den beiden verglichenen Modellvarianten. Eine genauere Begründung, warum es in den einzelnen

13.2. DIAGNOSE UND NEU-SPEZIFIKATION

F-Tests nur selten zu einer Ablehung kommt, findet sich in Kapitel 21, wo die Konsequenzen hoher Multikollinearität genauer erörtert werden.

Ein weiteres Problem des ungenesteten F-Tests betrifft die Plausibilität des „Mega-Modells". Repräsentieren die beiden ungenesteten Modellvarianten beispielsweise zwei sich gegenseitig ausschließende ökonomische Theorien, dann weist das entsprechende „Mega-Modell" keine sinnvolle ökonomische Fundierung auf.

13.2.7 J-Test

Der von Davidson und MacKinnon (1981) vorgeschlagene J-Test ist ein weiterer ungenesteter Spezifikationstest. Nehmen wir wieder an, die Modelle (13.2b) und (13.19) stünden als Kandidaten zur Auswahl. Der Test verfährt in den folgenden Schritten:

1. Man ermittelt für Modell (13.2b) die geschätzten Werte der endogenen Variable $\widehat{y}_t$. Wenn die Variable x_{1t} (*Ausbildung*) für die Lohnhöhe einen Erklärungsbeitrag leistet, dann müssten $\widehat{y}_t$ und x_{1t} korreliert sein und somit in $\widehat{y}_t$ auch Informationen über x_{1t} enthalten sein.

2. Die Variable $\widehat{y}_t$ wird als zusätzliche Variable in Modell (13.19) benutzt:

$$y_t = \alpha + \beta_2 x_{2t} + \beta_3 x_{3t} + \beta_4 \widehat{y}_t + u_t \,. \tag{13.20}$$

3. Wenn die Variable x_{1t} für die Lohnhöhe einen Erklärungsbeitrag leistet, dann müsste auch die zusätzliche Variable $\widehat{y}_t$ für die gemäß Modell (13.20) bestimmte Lohnhöhe einen Erklärungsbeitrag leisten, denn in $\widehat{y}_t$ stecken Informationen über die fehlende Variable x_{1t} (*Ausbildung*). Mit anderen Worten, der Parameter β_4 müsste signifikant von 0 verschieden sein. Man führt deshalb einen t-Test der Nullhypothese $H_0 : \beta_4 = 0$ durch. Liegt der berechnete t-Wert außerhalb des Konfidenzintervalls $[-t_{a/2} \,;\, t_{a/2}]$, dann wird die Nullhypothese abgelehnt. Die Nutzung von Informationen aus Modell (13.2b) hat offenbar zu einer Erhöhung des Informationsgehalts des Modells (13.19) geführt. Damit scheint Modell (13.19) nicht das adäquate Modell zu sein.

4. Der gleiche Test kann schließlich auch umgekehrt erfolgen, so dass zunächst Modell (13.19) geschätzt wird und die entsprechenden Werte von $\widehat{y}_t^*$ als zusätzliche Variable in Modell (13.2b) aufgenommen werden:

$$y_t = \alpha + \beta_1 x_{1t} + \beta_2 x_{2t} + \beta_4^* \widehat{y}_t^* + u_t \,. \tag{13.21}$$

Ist der Parameterwert $\widehat{\beta}_4^*$ nicht signifikant, dann entscheidet man sich für Modell (13.2b). Ist der Parameter jedoch auch hier signifikant, dann kann keine Entscheidung zwischen den Modellen getroffen werden. Man sollte dann ein neues Modell in Erwägung ziehen, das die exogenen Variablen beider Modelle vereint.

Nummerische Illustration 13.11

Die geschätzten Parameterwerte des Modells (13.2b) sind Tabelle 13.2 (S. 247) zu entnehmen. Ökonometrische Standard-Software liefert auch die entsprechenden geschätzten Werte der endogenen Variable ($\widehat{y}_t$). Auf Basis dieser Werte kann eine Schätzung des Modells (13.20) erfolgen. Sie liefert für die Variable $\widehat{y}_t$ einen Parameterwert $\widehat{\beta}_4$ in Höhe von $1,0$ und einen t-Wert von $2,859$. Der kritische t-Wert beträgt $t_{a/2} = 2,1199$ (16 Freiheitsgrade, Signifikanzniveau $a = 0,05$) und fällt damit geringer aus als der beobachtete t-Wert der Variable $\widehat{y}_t$. Die Nullhypothese muss demnach verworfen werden. Dies bedeutet, dass $\widehat{y}_t$ und damit x_{1t} (Ausbildung) wichtige zusätzliche Informationen für die Erklärung der endogenen Variable enthält. Dies spricht für Modell (13.2b) und gegen Modell (13.19).

Kommen wir nun zum umgekehrten Test. Die geschätzten Parameterwerte des Modells (13.19) waren in Tabelle 13.5 angegeben. Die entsprechenden geschätzten Werte der endogenen Variable $\widehat{y}_t^*$ können wieder mit Hilfe von Ökonometrie-Software berechnet werden. Auf Basis dieser Werte kann eine Schätzung des Modells (13.21) erfolgen. Diese Schätzung liefert für die Variable $\widehat{y}_t^*$ einen Parameterwert $\widehat{\beta}_4^*$ in Höhe von $0,637$ und einen t-Wert von $0,183$. Der kritische t-Wert beträgt weiterhin $t_{a/2} = 2,1199$ (16 Freiheitsgrade, Signifikanzniveau $a = 0,05$). Die Nullhypothese $H_0 : \beta_4^* = 0$ kann natürlich nicht verworfen werden, die Variable x_{3t} enthält nicht genügend zusätzliche Informationen. Der J-Test würde demzufolge Modell (13.2b) dem Alternativmodell (13.19) vorziehen.

Wie schon im ungenesteten F-Test, so kann es auch im J-Test zu Situationen kommen, in welchen keine Entscheidung zwischen den verglichenen Modellvarianten getroffen werden kann. Insbesondere bei einem kleinen Stichprobenumfang neigt der J-Test dazu, eine wahre Nullhypothese zu oft abzulehnen, so dass keine Auswahl zwischen den Modellvarianten erfolgen kann.

Alle in diesem Abschnitt bislang besprochenen Tests sind sogenannte *Spezifikationstests*. Ein Spezifikationstest gibt eine Empfehlung ab, welches der verglichenen Modelle das passendere ist. Es existiert auch eine andere Klasse von Tests, die sogenannten *Fehlspezifikationstests*. Sie vergleichen nicht konkurrierende Modelle, sondern greifen sich ein bestimmtes Modell heraus und untersuchen, ob es bei diesem Modell Anhaltspunkte für eine Fehlspezifikation gibt, lassen aber offen, welches alternative Modell gegebenenfalls verwendet werden soll.

Einer der wichtigsten Fehlspezifikationstests ist das RESET-Verfahren. Es wurde ursprünglich für die Variablenauswahl konzipiert. Das RESET-Verfahren ist in diesem Zusammenhang jedoch nicht unumstritten. In der Folge verlagerte sich das Anwendungsgebiet des RESET-Verfahrens deshalb zunehmend in den Bereich von Annahme A2 (Wahl der geeigneten funktionalen Form). Aus diesem Grund werden wir dieses Verfahren erst dort vorstellen.

13.3 Spezifikations-Methodologien

Im vorangegangenen Abschnitt wurden diverse Tests vorgestellt, die den Ökonometriker bei der Auswahl geeigneter exogener Variablen unterstützen sollen. Welche der Tests sind besonders geeignet und in welcher Reihenfolge sollen sie eingesetzt werden? Leider gibt es zu dieser Frage keine einvernehmliche Antwort. Man gerät hier sehr schnell auf äußerst komplexes Terrain, und bis heute wogt der Disput zwischen den Advokaten der unterschiedlichen Methodologien. Wir wollen in diese Kontroverse lediglich hineinschmecken und beschränken uns deshalb auf eine knappe Veranschaulichung zweier Methodologien, der Maurer-Methodologie (engl.: *bottom-up* oder *specific-to-general approach* oder *simple-to-general*) und der Steinmetz-Methodologie (engl.: *top-down* oder *general-to-specific approach* oder *general-to-simple*).

13.3.1 Steinmetz- versus Maurer-Methodologie

Der *Steinmetz-Methodologie* zufolge wird zunächst ein umfangreiches Modell mit allen *möglicherweise* relevanten exogenen Variablen formuliert. Anschließend werden irrelevante Variablen „weggeschlagen", bis ein elegantes Modell mit ausschließlich relevanten Variablen stehenbleibt. Irrelevant sind beispielsweise solche Variablen oder Variablengruppen, die einen geringen t-Wert bzw. F-Wert aufweisen, also statistisch nicht signifikant sind.

Das Gegenstück zur Steinmetz-Methodologie könnte man als *Maurer-Methodologie* bezeichnen. Man beginnt mit einem denkbar spartanischen Modell, welches nur zweifelsfrei relevante Variablen enthält. Anschließend erweitert man dieses Modell Stück für Stück um zusätzliche exogene Variablen, die nach Lage der Daten als relevant erscheinen. Auch hier könnten t- und F-Tests eingesetzt werden.

Ein wichtiges Problem der Maurer-Methodologie besteht darin, dass im Falle ausgelassener relevanter Variablen die üblichen Hypothesentests keine Aussagekraft besitzen und deshalb auch nicht als Rechtfertigung für die Aufnahme der einen oder anderen Variable benutzt werden können. Ferner kann die Maurer-Methodologie dazu verleiten, zunächst die Daten einer Stichprobe zu sichten und erst anschließend eine passende Theorie und ein passendes ökonometrisches Modell um diese Daten herum zu basteln. Im Englischen bezeichnet man diesen Missbrauch als *data-mining*. Aus diesen Gründen besteht inzwischen eine gewisse Neigung der Steinmetz-Methodologie den Vorzug zu geben. Dieser Trend dürfte insbesondere den Arbeiten von Hendry (z.B., 1995) zuzuschreiben sein.

13.3.2 Ein wichtiges Problem bei der Variablenauswahl

Ein Problem bei der Variablenauswahl durch t- und F-Tests besteht darin, dass das letztendlich erreichte Modell unter Umständen unterschiedlich ausfallen kann, je nachdem in welcher Reihenfolge die Hypothesentests vorgenommen werden.

Nummerische Illustration 13.12

Wir betrachten erneut das Lohn-Beispiel und folgen bei der Variablenauswahl der Steinmetz-Philosophie. Auf Basis der in Tabelle 13.2 (S. 247) angegebenen t-Werte der drei exogenen Variablen des Modells (13.2c) könnte man sowohl die Variable Alter als auch die Variable Firmenzugehörigkeit ausschließen, denn der kritische Wert beträgt $t_{0,025} = 2,1199$. Auch ein F-Test der Nullhypothese $H_0 : \beta_2 = \beta_3 = 0$ würde einen solchen Ausschluss nahelegen, denn es ergibt sich laut (13.18) ein F-Wert in Höhe von $2,548$ und der kritische Wert beträgt $3,634$. Der Ausschluss der beiden Variablen führt zu Modell (13.2a). Der t-Wert der Variable Ausbildung beträgt in diesem unvollständigen Modell $4,505$ (siehe Tabelle 13.2a) und ist damit nach wie vor signifikant ($t_{0,025} = 2,1009$). Die Variablenauswahl endet demnach mit dem unvollständigen Modell (13.2a).

Würde man stattdessen zunächst nur die Variable Firmenzugehörigkeit ausschließen, dann ergäbe sich das korrekte Modell (13.2b). Tabelle 13.2 zeigt, dass in diesem Modell sowohl die Variable Ausbildung als auch die Variable Alter signifikante t-Werte besitzen ($t_{0,025} = 2,1098$). Man würde in diesem Fall mit dem korrekten Modell enden.

13.4 Zusammenfassung

Werden relevante Variablen nicht in die Regression einbezogen oder werden irrelevante Variablen berücksichtigt, so bedeutet dies eine Verletzung der Annahme A1. Das Auslassen relevanter Variablen führt zu

1. verzerrten Punktschätzern,
2. verzerrten Intervallschätzern und
3. wertlosen Hypothesentests.

Die Aufnahme irrelevanter Variablen besitzt weniger gravierende Konsequenzen:

1. unverzerrte, aber ineffiziente Punktschätzer,
2. unverzerrte, aber ineffiziente Intervallschätzer und
3. verwendbare, aber unscharfe Hypothesentests.

Der Auswahl der geeigneten exogenen Variablen kommt deshalb große Bedeutung zu. Je nachdem welche Variablen benutzt werden, ergibt sich auch immer ein neues ökonometrisches Modell. Die Selektion geeigneter Variablen ist folglich nichts anderes als die Festlegung auf ein bestimmtes ökonometrisches Modell.

13.4. ANHANG

In der Variablenauswahl geht es um ein Abwägen zwischen Verzerrungsrisiko und Schätzvarianz. Jede zusätzliche Variable mindert zwar das Risiko, eine verzerrte Schätzung vorzunehmen, erhöht aber die Schätzvarianz. Es existieren einige Kennzahlen, welche diesem Grundkonflikt Rechnung tragen:

- das korrigierte Bestimmtheitsmaß

$$\overline{R}^2 = 1 - (1 - R^2)\frac{T-1}{T-K-1}, \qquad (13.12)$$

- das Akaike-Informationskriterium (AIC)

$$AIC = ln\left(\frac{S_{\widehat{u}\widehat{u}}}{T}\right) + \frac{2(K+1)}{T}. \qquad (13.13)$$

- das Schwarz–Kriterium

$$SC = ln\left(\frac{S_{\widehat{u}\widehat{u}}}{T}\right) + \frac{(K+1)\ln T}{T}. \qquad (13.14)$$

- das Prognosekriterium

$$PC = \frac{S_{\widehat{u}\widehat{u}}[1 + (K+1)/T]}{T-K-1}. \qquad (13.15)$$

Ein Modell ist umso besser, je größer sein korrigiertes Bestimmtheitsmaß $\overline{R}^2$ und je geringer sein AIC, SC und PC.

Für die Variablenauswahl stehen ferner diverse Tests zur Verfügung. Zu nennen wären t-Test, F-Test, ungenesteter F-Test und J-Test. Die ersten beiden Tests eignen sich für den Vergleich genesteter Modelle, das heißt, für den Vergleich von Modellen, bei denen das eine Modell durch geeignete Parameterrestriktionen aus dem anderen Modell hervorgeht. Ungenestete Modelle können mit Hilfe der beiden letztgenannten Tests verglichen werden.

Anhang

Zerlegung des Schätzers $\widehat{\beta}'_1$:

$$\begin{aligned}
\widehat{\beta}'_1 &= \frac{S_{1y}}{S_{11}} \\
&= \frac{S_{11}S_{22}S_{1y} - S_{12}^2 S_{1y}}{(S_{11}S_{22} - S_{12}^2)S_{11}} \\
&= \frac{S_{11}S_{22}S_{1y} - S_{12}S_{11}S_{2y} + S_{12}S_{11}S_{2y} - S_{12}^2 S_{1y}}{(S_{11}S_{22} - S_{12}^2)S_{11}} \\
&= \frac{(S_{22}S_{1y} - S_{12}S_{2y})S_{11}}{(S_{11}S_{22} - S_{12}^2)S_{11}} + \frac{(S_{11}S_{2y} - S_{12}S_{1y})S_{12}}{(S_{11}S_{22} - S_{12}^2)S_{11}} \\
[\text{aus (9.11)}] \quad &= \widehat{\beta}_1 + \widehat{\beta}_2 \frac{S_{12}}{S_{11}}.
\end{aligned}$$

Zerlegung des Schätzers $\widehat{\alpha}'$:

$$\begin{aligned}
E(\widehat{\alpha}') &= E(\overline{y} - \widehat{\beta}_1'\overline{x}_1) \\
&= E(\widehat{\alpha} + \widehat{\beta}_1\overline{x}_1 + \widehat{\beta}_2\overline{x}_2 - \widehat{\beta}_1'\overline{x}_1) \\
&= \alpha + \beta_1\overline{x}_1 + \beta_2\overline{x}_2 - \beta_1\overline{x}_1 - \beta_2\frac{S_{12}}{S_{11}}\overline{x}_1 \\
&= \alpha + \beta_2(\overline{x}_2 - \frac{S_{12}}{S_{11}}\overline{x}_1) \ .
\end{aligned}$$

Herleitung der Varianz des Schätzers $\widehat{\beta}_1'$:

$$\begin{aligned}
var(\widehat{\beta}_1') &= var\left(\widehat{\beta}_1 + \widehat{\beta}_2\frac{S_{12}}{S_{11}}\right) \\
&= var(\widehat{\beta}_1) + \left(\frac{S_{12}}{S_{11}}\right)^2 var(\widehat{\beta}_2) + 2\frac{S_{12}}{S_{11}}cov(\widehat{\beta}_1, \widehat{\beta}_2) \\
&= \frac{\sigma^2}{S_{11}\left(1 - R_{1\cdot 2}^2\right)} + \left(\frac{S_{12}}{S_{11}}\right)^2 \frac{\sigma^2}{S_{22}\left(1 - R_{1\cdot 2}^2\right)} + 2\frac{S_{12}}{S_{11}}\frac{-\sigma^2 R_{1\cdot 2}^2}{S_{12}\left(1 - R_{1\cdot 2}^2\right)} \\
&= \frac{\sigma^2}{S_{11}\left(1 - R_{1\cdot 2}^2\right)}\left(1 + R_{1\cdot 2}^2 - 2R_{1\cdot 2}^2\right) \\
&= \frac{\sigma^2}{S_{11}} \ .
\end{aligned}$$

13.5 Repetitorium Matrixalgebra II

In diesem Repetitorium werden noch ein paar zusätzliche Konzepte aufgefrischt, welche in einigen der matrixalgebraischen Anhänge der restlichen Kapitel dieses Buches verwendet werden.

13.5.1 Blockmatrizen

Es ist oftmals hilfreich, größere Matrizen in Teilmatrizen zu zerlegen. Grafisch erfolgt eine solche Zerlegung dadurch, dass man eine oder mehrere horizontale Linien sowie eine oder mehrere vertikale Linien durch die ursprüngliche Matrix legt. Betrachten wir exemplarisch eine (5×6)-Matrix $\mathbf{A}$. Eine mögliche Zerlegung ist die folgende:

$$\mathbf{A} = \begin{bmatrix} a_{11} & a_{12} & a_{13} & a_{14} & a_{15} & a_{16} \\ a_{21} & a_{22} & a_{23} & a_{24} & a_{25} & a_{26} \\ a_{31} & a_{32} & a_{33} & a_{34} & a_{35} & a_{36} \\ a_{41} & a_{42} & a_{43} & a_{44} & a_{45} & a_{46} \\ a_{51} & a_{52} & a_{53} & a_{54} & a_{55} & a_{56} \end{bmatrix} \ . \quad (13.22)$$

13.5. REPETITORIUM MATRIXALGEBRA II

Die Matrix **A** ist in vier Teilmatrizen zerlegt worden. Wenn wir diese Teilmatrizen durch $\mathbf{A}_{11}$, $\mathbf{A}_{12}$, $\mathbf{A}_{21}$ und $\mathbf{A}_{22}$ bezeichnen, dann kann man die Matrix **A** auch in der übersichtlicheren Form

$$\mathbf{A} = \begin{bmatrix} \mathbf{A}_{11} & \mathbf{A}_{12} \\ \mathbf{A}_{21} & \mathbf{A}_{22} \end{bmatrix} \tag{13.23}$$

schreiben. Die gemäß (13.23) zerlegte Matrix **A** bezeichnet man als *Blockmatrix*. Es handelt sich bei (13.22) und (13.23) lediglich um verschiedene Schreibweisen der Matrix **A** und nicht etwa um eine Veränderung der Matrix **A**.

Aus (13.22) und (13.23) ist unmittelbar zu ersehen, dass

$$\mathbf{A}' = \begin{bmatrix} \mathbf{A}'_{11} & \mathbf{A}'_{21} \\ \mathbf{A}'_{12} & \mathbf{A}'_{22} \end{bmatrix}. \tag{13.24}$$

13.5.2 Rechnen mit Blockmatrizen

Die Addition und Multiplikation von Blockmatrizen folgt den gleichen Prinzipien wie die Addition und Multiplikatin gewöhnlicher Matrizen. Es muss lediglich sichergestellt sein, dass die jeweiligen Ordnungen der Teilmatrizen eine Addition bzw. Multiplikation zulassen. Es seien die zwei Blockmatrizen

$$\mathbf{A} = \begin{bmatrix} \mathbf{A}_{11} & \mathbf{A}_{12} \\ \mathbf{A}_{21} & \mathbf{A}_{22} \end{bmatrix} \quad \text{und} \quad \mathbf{B} = \begin{bmatrix} \mathbf{B}_{11} & \mathbf{B}_{12} \\ \mathbf{B}_{21} & \mathbf{B}_{22} \end{bmatrix}$$

betrachtet.

Wenn jede Teilmatrix $\mathbf{B}_{ij}$ der Blockmatrix **B** die gleiche Ordnung besitzt wie die jeweils korrespondierende Teilmatrix $\mathbf{A}_{ij}$ der Blockmatrix **A**, dann gilt:

$$\mathbf{A} + \mathbf{B} = \begin{bmatrix} \mathbf{A}_{11} + \mathbf{B}_{11} & \mathbf{A}_{12} + \mathbf{B}_{12} \\ \mathbf{A}_{21} + \mathbf{B}_{21} & \mathbf{A}_{22} + \mathbf{B}_{22} \end{bmatrix}.$$

Wenn jede Teilmatrix $\mathbf{B}_{ij}$ eine Spaltenzahl besitzt, die genau der Zeilenzahl der jeweils zu multiplizierenden Teilmatrix $\mathbf{A}_{ij}$ entspricht, dann gilt:

$$\begin{aligned} \mathbf{AB} &= \begin{bmatrix} \mathbf{A}_{11} & \mathbf{A}_{12} \\ \mathbf{A}_{21} & \mathbf{A}_{22} \end{bmatrix} \begin{bmatrix} \mathbf{B}_{11} & \mathbf{B}_{12} \\ \mathbf{B}_{21} & \mathbf{B}_{22} \end{bmatrix} \\ &= \begin{bmatrix} \mathbf{A}_{11}\mathbf{B}_{11} + \mathbf{A}_{12}\mathbf{B}_{21} & \mathbf{A}_{11}\mathbf{B}_{12} + \mathbf{A}_{12}\mathbf{B}_{22} \\ \mathbf{A}_{21}\mathbf{B}_{11} + \mathbf{A}_{22}\mathbf{B}_{21} & \mathbf{A}_{21}\mathbf{B}_{12} + \mathbf{A}_{22}\mathbf{B}_{22} \end{bmatrix}. \end{aligned} \tag{13.25}$$

13.5.3 Inversion von Blockmatrizen

Betrachten wir nun eine beliebige $(Z \times Z)$-Matrix **A**. Auch eine solche quadratische Matrix lässt sich beliebig zerlegen. Auch sie kann als eine Blockmatrix der Form (13.23) geschrieben werden. Man kann die Matrix **A** beispielsweise so zerlegen, dass die Teilmatrix $\mathbf{A}_{11}$ eine $(Z_1 \times Z_1)$-Matrix darstellt und die Teilmatrix $\mathbf{A}_{22}$ eine $(Z_2 \times Z_2)$-Matrix, wobei $Z_1 + Z_2 = Z$. Entsprechend handelt es sich dann bei $\mathbf{A}_{12}$ um eine $(Z_1 \times Z_2)$-Matrix und bei $\mathbf{A}_{21}$ um eine $(Z_2 \times Z_1)$-Matrix.

Falls die quadratische Matrix $\mathbf{A}$ regulär ist, lässt sich ihre Inverse $\mathbf{A}^{-1}$ ebenfalls als Blockmatrix schreiben. Im Gegensatz zur Beziehung (13.24) gilt allerdings für diese Inverse $\mathbf{A}^{-1}$ normalerweise *nicht*, dass sie sich aus $\mathbf{A}_{11}^{-1}$, $\mathbf{A}_{12}^{-1}$, $\mathbf{A}_{21}^{-1}$ und $\mathbf{A}_{22}^{-1}$ (den Inversen der Teilmatrizen $\mathbf{A}_{11}$, $\mathbf{A}_{12}$, $\mathbf{A}_{21}$ und $\mathbf{A}_{22}$) zusammensetzen lässt. Wir wollen deshalb die Inverse $\mathbf{A}^{-1}$ hier als Matrix $\mathbf{B}$ bezeichnen,

$$\mathbf{A}^{-1} = \mathbf{B} = \begin{bmatrix} \mathbf{B}_{11} & \mathbf{B}_{12} \\ \mathbf{B}_{21} & \mathbf{B}_{22} \end{bmatrix},$$

und im Folgenden die genauere Form der Teilmatrizen $\mathbf{B}_{11}$, $\mathbf{B}_{12}$, $\mathbf{B}_{21}$ und $\mathbf{B}_{22}$ der Inversen $\mathbf{B}$ bestimmen. Wir wissen, dass $\mathbf{A}\mathbf{A}^{-1} = \mathbf{A}\mathbf{B} = \mathbf{I}_Z$ und damit

$$\begin{bmatrix} \mathbf{A}_{11} & \mathbf{A}_{12} \\ \mathbf{A}_{21} & \mathbf{A}_{22} \end{bmatrix} \begin{bmatrix} \mathbf{B}_{11} & \mathbf{B}_{12} \\ \mathbf{B}_{21} & \mathbf{B}_{22} \end{bmatrix} = \begin{bmatrix} \mathbf{I}_{Z_1} & 0 \\ 0 & \mathbf{I}_{Z_2} \end{bmatrix}.$$

Diese Beziehung lässt sich auch durch die folgenden vier Gleichungen ausdrücken:

$$\mathbf{A}_{11}\mathbf{B}_{11} + \mathbf{A}_{12}\mathbf{B}_{21} = \mathbf{I}_{Z_1} \tag{13.26a}$$

$$\mathbf{A}_{11}\mathbf{B}_{12} + \mathbf{A}_{12}\mathbf{B}_{22} = 0 \tag{13.26b}$$

$$\mathbf{A}_{21}\mathbf{B}_{11} + \mathbf{A}_{22}\mathbf{B}_{21} = 0 \tag{13.26c}$$

$$\mathbf{A}_{21}\mathbf{B}_{12} + \mathbf{A}_{22}\mathbf{B}_{22} = \mathbf{I}_{Z_2}. \tag{13.26d}$$

Wir unterstellen im Folgenden, dass die Teilmatrizen $\mathbf{A}_{11}$ und $\mathbf{A}_{22}$ regulär sind und somit Inverse $\mathbf{A}_{11}^{-1}$ und $\mathbf{A}_{22}^{-1}$ besitzen. Löst man Gleichung (13.26c) nach $\mathbf{B}_{21}$ auf, so erhält man $\mathbf{B}_{21} = -\mathbf{A}_{22}^{-1}\mathbf{A}_{21}\mathbf{B}_{11}$. Einsetzen dieses Ausdrucks in (13.26a) liefert

$$\left[\mathbf{A}_{11} - \mathbf{A}_{12}\mathbf{A}_{22}^{-1}\mathbf{A}_{21}\right]\mathbf{B}_{11} = \mathbf{I}_{Z_1}$$

und damit, vorausgesetzt $\mathbf{A}_{11} - \mathbf{A}_{12}\mathbf{A}_{22}^{-1}\mathbf{A}_{21}$ ist eine reguläre Matrix,

$$\mathbf{B}_{11} = \left[\mathbf{A}_{11} - \mathbf{A}_{12}\mathbf{A}_{22}^{-1}\mathbf{A}_{21}\right]^{-1}. \tag{13.27}$$

Entsprechend lässt sich aus (13.26b) und (13.26d) das Ergebnis

$$\mathbf{B}_{22} = \left[\mathbf{A}_{22} - \mathbf{A}_{21}\mathbf{A}_{11}^{-1}\mathbf{A}_{12}\right]^{-1} \tag{13.28}$$

herleiten.

Setzt man Ausdruck (13.27) in Gleichung (13.26c) ein, so erhält man

$$\mathbf{A}_{21}\left[\mathbf{A}_{11} - \mathbf{A}_{12}\mathbf{A}_{22}^{-1}\mathbf{A}_{21}\right]^{-1} + \mathbf{A}_{22}\mathbf{B}_{21} = 0$$

und folglich

$$\mathbf{B}_{21} = -\mathbf{A}_{22}^{-1}\mathbf{A}_{21}\left[\mathbf{A}_{11} - \mathbf{A}_{12}\mathbf{A}_{22}^{-1}\mathbf{A}_{21}\right]^{-1}. \tag{13.29}$$

Entsprechend liefert Einsetzen des Ausdrucks (13.28) in Gleichung (13.26b) und anschließendes Auflösen:

$$\mathbf{B}_{12} = -\mathbf{A}_{11}^{-1}\mathbf{A}_{12}\left[\mathbf{A}_{22} - \mathbf{A}_{21}\mathbf{A}_{11}^{-1}\mathbf{A}_{12}\right]^{-1}. \qquad (13.30)$$

Zusammengenommen erhält man aus den Ergebnissen (13.27) bis (13.30) die folgende Inverse $\mathbf{A}^{-1} = \mathbf{B}$:

$$\begin{aligned}
\mathbf{A}^{-1} &= \begin{bmatrix} \mathbf{B}_{11} & \mathbf{B}_{12} \\ \mathbf{B}_{21} & \mathbf{B}_{22} \end{bmatrix} \\
&= \begin{bmatrix} \left[\mathbf{A}_{11} - \mathbf{A}_{12}\mathbf{A}_{22}^{-1}\mathbf{A}_{21}\right]^{-1} & -\mathbf{A}_{11}^{-1}\mathbf{A}_{12}\left[\mathbf{A}_{22} - \mathbf{A}_{21}\mathbf{A}_{11}^{-1}\mathbf{A}_{12}\right]^{-1} \\ -\mathbf{A}_{22}^{-1}\mathbf{A}_{21}\left[\mathbf{A}_{11} - \mathbf{A}_{12}\mathbf{A}_{22}^{-1}\mathbf{A}_{21}\right]^{-1} & \left[\mathbf{A}_{22} - \mathbf{A}_{21}\mathbf{A}_{11}^{-1}\mathbf{A}_{12}\right]^{-1} \end{bmatrix} \\
&= \begin{bmatrix} \mathbf{C}_1^{-1} & -\mathbf{A}_{11}^{-1}\mathbf{A}_{12}\mathbf{C}_2^{-1} \\ -\mathbf{A}_{22}^{-1}\mathbf{A}_{21}\mathbf{C}_1^{-1} & \mathbf{C}_2^{-1} \end{bmatrix},
\end{aligned} \qquad (13.31)$$

wobei

$$\mathbf{C}_1 = \mathbf{A}_{11} - \mathbf{A}_{12}\mathbf{A}_{22}^{-1}\mathbf{A}_{21} \qquad (13.32a)$$
$$\mathbf{C}_2 = \mathbf{A}_{22} - \mathbf{A}_{21}\mathbf{A}_{11}^{-1}\mathbf{A}_{12}. \qquad (13.32b)$$

Falls $\mathbf{A}_{12} = \mathbf{A}_{21} = \mathbf{0}$, bezeichnet man die in (13.23) definierte Blockmatrix $\mathbf{A}$ als *blockdiagonal*. Es gilt dann $\mathbf{C}_1 = \mathbf{A}_{11}$ und $\mathbf{C}_2 = \mathbf{A}_{22}$. Aus unserem Ergebnis (13.31) ist unmittelbar ersichtlich, dass sich in diesem Fall die Inverse $\mathbf{A}^{-1}$ zu

$$\mathbf{A}^{-1} = \begin{bmatrix} \mathbf{A}_{11}^{-1} & \mathbf{0} \\ \mathbf{0} & \mathbf{A}_{22}^{-1} \end{bmatrix}$$

vereinfacht.

Die in Gleichung (13.31) angegebene Inverse lässt sich auch in einer zweiten Form angeben, auf welche wir an späterer Stelle noch zurückgreifen werden. Um diese alternative Form herzuleiten, benutzen wir eine weitere Rechenregel für die Inversion von Matrizen:

- Für die Inverse einer regulären Matrix $\mathbf{D}$, welche sich in der Form

$$\mathbf{D} = \mathbf{E} + \mathbf{FGH}$$

schreiben lässt, wobei $\mathbf{D}$ und $\mathbf{G}$ regulär sind und $\mathbf{F}$ eine $(Z \times S)$-Matrix, $\mathbf{G}$ eine $(S \times S)$-Matrix und $\mathbf{H}$ eine $(S \times Z)$-Matrix darstellen, gilt:

$$\mathbf{D}^{-1} = \mathbf{E}^{-1} - \mathbf{E}^{-1}\mathbf{F}(\mathbf{G}^{-1} + \mathbf{H}\mathbf{E}^{-1}\mathbf{F})^{-1}\mathbf{H}\mathbf{E}^{-1}.$$

Betrachten wir beispielsweise die in Ausdruck (13.32a) definierte Matrix $\mathbf{C}_1$. Wenn die Matrizen $\mathbf{C}_1$, $\mathbf{A}_{11}$, $-\mathbf{A}_{12}$, $\mathbf{A}_{22}^{-1}$ und $\mathbf{A}_{21}$ die an die Matrizen $\mathbf{D}$,

E, F, G und H gestellten Forderungen erfüllen, dann lässt sich gemäß obiger Rechenregel die Inverse zu $\mathbf{C}_1$ auch in der Form

[aus (13.32b)]
$$\begin{aligned}\mathbf{C}_1^{-1} &= \mathbf{A}_{11}^{-1} + \mathbf{A}_{11}^{-1}\mathbf{A}_{12}(\mathbf{A}_{22} - \mathbf{A}_{21}\mathbf{A}_{11}^{-1}\mathbf{A}_{12})^{-1}\mathbf{A}_{21}\mathbf{A}_{11}^{-1} \\ &= \mathbf{A}_{11}^{-1} + \mathbf{A}_{11}^{-1}\mathbf{A}_{12}\mathbf{C}_2^{-1}\mathbf{A}_{21}\mathbf{A}_{11}^{-1}\end{aligned}$$

schreiben. Linksseitige Multiplikation mit $-\mathbf{A}_{22}^{-1}\mathbf{A}_{21}$ liefert

$$\begin{aligned}-\mathbf{A}_{22}^{-1}\mathbf{A}_{21}\mathbf{C}_1^{-1} &= -\mathbf{A}_{22}^{-1}\mathbf{A}_{21}\mathbf{A}_{11}^{-1} - \mathbf{A}_{22}^{-1}\mathbf{A}_{21}\mathbf{A}_{11}^{-1}\mathbf{A}_{12}\mathbf{C}_2^{-1}\mathbf{A}_{21}\mathbf{A}_{11}^{-1} \\ &= -\left[\mathbf{A}_{22}^{-1}\mathbf{C}_2 + \mathbf{A}_{22}^{-1}\mathbf{A}_{21}\mathbf{A}_{11}^{-1}\mathbf{A}_{12}\right]\mathbf{C}_2^{-1}\mathbf{A}_{21}\mathbf{A}_{11}^{-1} \\ &= -\left[\mathbf{A}_{22}^{-1}(\mathbf{A}_{22}-\mathbf{A}_{21}\mathbf{A}_{11}^{-1}\mathbf{A}_{12}) + \mathbf{A}_{22}^{-1}\mathbf{A}_{21}\mathbf{A}_{11}^{-1}\mathbf{A}_{12}\right]\mathbf{C}_2^{-1}\mathbf{A}_{21}\mathbf{A}_{11}^{-1} \\ &= -\left[\mathbf{I} - \mathbf{A}_{22}^{-1}\mathbf{A}_{21}\mathbf{A}_{11}^{-1}\mathbf{A}_{12} + \mathbf{A}_{22}^{-1}\mathbf{A}_{21}\mathbf{A}_{11}^{-1}\mathbf{A}_{12}\right]\mathbf{C}_2^{-1}\mathbf{A}_{21}\mathbf{A}_{11}^{-1} \\ &= -\mathbf{C}_2^{-1}\mathbf{A}_{21}\mathbf{A}_{11}^{-1}.\end{aligned} \qquad (13.33)$$

Dies bedeutet, dass die in Gleichung (13.31) angegebene linke untere Teilmatrix auch in der Variante (13.33) angegeben werden kann.

Auf ganz analoge Weise lässt sich die Inverse zu $\mathbf{C}_2^{-1}$ auch in der Form

$$\mathbf{C}_2^{-1} = \mathbf{A}_{22}^{-1} - \mathbf{A}_{22}^{-1}\mathbf{A}_{21}\mathbf{C}_1^{-1}\mathbf{A}_{12}\mathbf{A}_{22}^{-1}$$

schreiben und entsprechend gilt für die rechte obere Teilmatrix in (13.31):

$$-\mathbf{A}_{11}^{-1}\mathbf{A}_{12}\mathbf{C}_2^{-1} = -\mathbf{C}_1^{-1}\mathbf{A}_{12}\mathbf{A}_{22}^{-1}. \qquad (13.34)$$

Zusammengenommen erlauben die Resultate (13.33) und (13.34), die Gleichung (13.31) in folgender alternativer Form zu schreiben:

$$\mathbf{A}^{-1} = \begin{bmatrix} \mathbf{C}_1^{-1} & -\mathbf{C}_1^{-1}\mathbf{A}_{12}\mathbf{A}_{22}^{-1} \\ -\mathbf{C}_2^{-1}\mathbf{A}_{21}\mathbf{A}_{11}^{-1} & \mathbf{C}_2^{-1} \end{bmatrix}. \qquad (13.35)$$

13.6 Matrixalgebraischer Anhang

Wir betrachten wie gewohnt das ökonometrische Modell

$$\mathbf{y} = \mathbf{X}\boldsymbol{\beta} + \mathbf{u}.$$

Für die folgende Analyse ist es hilfreich, die $(T \times (K+1))$-Matrix $\mathbf{X}$ in zwei Teilmatrizen $\mathbf{X}_1$ und $\mathbf{X}_2$ zu zerlegen und entsprechend den Vektor $\boldsymbol{\beta}$ in zwei Teilvektoren $\boldsymbol{\beta}_1$ und $\boldsymbol{\beta}_2$:

$$\mathbf{X} = \begin{bmatrix} \mathbf{X}_1 & \mathbf{X}_2 \end{bmatrix} \qquad \text{und} \qquad \boldsymbol{\beta} = \begin{bmatrix} \boldsymbol{\beta}_1 \\ \boldsymbol{\beta}_2 \end{bmatrix}.$$

Dabei beinhaltet $\mathbf{X}_1$ die Konstante sowie K_1 exogene Variablen und die Matrix $\mathbf{X}_2$ beinhaltet die restlichen K_2 exogenen Variablen, also die Variablen $K_1 + 1$

bis K:

$$\mathbf{X}_1 = \begin{bmatrix} 1 & x_{11} & \cdots & x_{K_1 1} \\ 1 & x_{12} & \cdots & x_{K_1 2} \\ \vdots & \vdots & \ddots & \vdots \\ 1 & x_{1T} & \cdots & x_{K_1 T} \end{bmatrix}, \mathbf{X}_2 = \begin{bmatrix} x_{K_1+1\,1} & x_{K_1+2\,1} & \cdots & x_{K1} \\ x_{K_1+1\,2} & x_{K_1+2\,2} & \cdots & x_{K2} \\ \vdots & \vdots & \ddots & \vdots \\ x_{K_1+1\,T} & x_{K_1+2\,T} & \cdots & x_{KT} \end{bmatrix} \quad (13.36)$$

Es handelt sich bei $\mathbf{X}_1$ also um eine $(T \times (K_1 + 1))$-Matrix und bei $\mathbf{X}_2$ um eine $(T \times K_2)$-Matrix. Entsprechend ist $\boldsymbol{\beta}_1$ ein $(K_1 + 1)$-elementiger Spaltenvektor und $\boldsymbol{\beta}_2$ ein K_2-elementiger Spaltenvektor. Das ökonometrische Modell lässt sich dann auch folgendermaßen schreiben:

$$\mathbf{y} = \mathbf{X}_1 \boldsymbol{\beta}_1 + \mathbf{X}_2 \boldsymbol{\beta}_2 + \mathbf{u}. \quad (13.37)$$

13.6.1 Auslassen relevanter Variablen

Das ökonometrische Modell (13.37) sei das korrekte Modell. Was passiert, wenn man die durch $\mathbf{X}_2$ repräsentierten relevanten exogenen Variablen nicht in das ökonometrische Modell aufnimmt, wenn man also anstelle von Modell (13.37) das Modell

$$\mathbf{y} = \mathbf{X}_1 \boldsymbol{\beta}_1 + \tilde{\mathbf{u}} \quad (13.38)$$

schätzt, wobei $\tilde{\mathbf{u}}$ die Störgrößen dieses unvollständigen Modells bezeichnet?

Schätzung der Parameter $\boldsymbol{\beta}_1$

Der KQ-Schätzer des unvollständigen Modells (13.38) sei durch $\widehat{\tilde{\boldsymbol{\beta}}}_1$ bezeichnet. Er lautet wie gewohnt:

$$\begin{aligned} \widehat{\tilde{\boldsymbol{\beta}}}_1 &= (\mathbf{X}_1'\mathbf{X}_1)^{-1} \mathbf{X}_1' \mathbf{y} \\ [\text{aus (13.37)}] &= (\mathbf{X}_1'\mathbf{X}_1)^{-1} \mathbf{X}_1' (\mathbf{X}_1 \boldsymbol{\beta}_1 + \mathbf{X}_2 \boldsymbol{\beta}_2 + \mathbf{u}) \\ &= (\mathbf{X}_1'\mathbf{X}_1)^{-1} \mathbf{X}_1' \mathbf{X}_1 \boldsymbol{\beta}_1 + (\mathbf{X}_1'\mathbf{X}_1)^{-1} \mathbf{X}_1' \mathbf{X}_2 \boldsymbol{\beta}_2 \\ &\quad + (\mathbf{X}_1'\mathbf{X}_1)^{-1} \mathbf{X}_1' \mathbf{u} \\ &= \boldsymbol{\beta}_1 + (\mathbf{X}_1'\mathbf{X}_1)^{-1} \mathbf{X}_1' \mathbf{X}_2 \boldsymbol{\beta}_2 + (\mathbf{X}_1'\mathbf{X}_1)^{-1} \mathbf{X}_1' \mathbf{u}. \end{aligned}$$

Bildet man auf beiden Seiten dieser Gleichung den Erwartungswert, so ergibt sich unter Verwendung von $E(\boldsymbol{\beta}_1) = \boldsymbol{\beta}_1$ und $E(\mathbf{u}) = \mathbf{o}$:

$$E(\widehat{\tilde{\boldsymbol{\beta}}}_1) = \boldsymbol{\beta}_1 + (\mathbf{X}_1'\mathbf{X}_1)^{-1} \mathbf{X}_1' \mathbf{X}_2 \boldsymbol{\beta}_2 \neq \boldsymbol{\beta}_1. \quad (13.39)$$

Demnach sind im unvollständigen Modell (13.38) die KQ-Schätzer $\widehat{\tilde{\boldsymbol{\beta}}}_1$ verzerrt, und zwar um das Produkt aus $(\mathbf{X}_1'\mathbf{X}_1)^{-1} \mathbf{X}_1' \mathbf{X}_2$ und $\boldsymbol{\beta}_2$. Ein Blick auf Ausdruck (13.36) zeigt, dass die erste Spalte des Termes $(\mathbf{X}_1'\mathbf{X}_1)^{-1} \mathbf{X}_1' \mathbf{X}_2$ durch den Vektor $(\mathbf{X}_1'\mathbf{X}_1)^{-1} \mathbf{X}_1' \mathbf{x}_{K_1+1}$ gegeben ist. Die anderen Spalten sind analog definiert. Beispielsweise lautet die letzte Spalte $(\mathbf{X}_1'\mathbf{X}_1)^{-1}\mathbf{X}_1'\mathbf{x}_K$. Die formale Struktur dieser Spaltenvektoren entspricht genau derjenigen, welche wir vom KQ-Schätzer $\widehat{\boldsymbol{\beta}} = (\mathbf{X}'\mathbf{X})^{-1}\mathbf{X}'\mathbf{y}$ her bereits kennen. Wir können demnach den Spaltenvektor $(\mathbf{X}_1'\mathbf{X}_1)^{-1}\mathbf{X}_1'\mathbf{x}_K$ als die KQ-Schätzer einer Regression auffassen, und zwar einer Regression, in welcher $\mathbf{x}_K$ durch die Variablen in $\mathbf{X}_1$ erklärt wird (anstelle des Spaltenvektors $\mathbf{y}$, der durch die Variablen in $\mathbf{X}$ erklärt wird). Auch die anderen Spaltenvektoren in $(\mathbf{X}_1'\mathbf{X}_1)^{-1}\mathbf{X}_1'\mathbf{X}_2$ besitzen eine solche Interpretation. In Gleichung (13.4) übernahm der Quotient S_{12}/S_{11} (also der KQ-Schätzer einer Einfachregression, in welcher x_2 durch x_1 erklärt wird) den Part, welcher in Gleichung (13.39) durch die Terme $(\mathbf{X}_1'\mathbf{X}_1)^{-1}\mathbf{X}_1'\mathbf{x}_{K_1+1}$ (also die KQ-Schätzer einer Mehrfachregression, in welcher $\mathbf{x}_K$ durch die Variablen in $\mathbf{X}_1$ erklärt wird) bis $(\mathbf{X}_1'\mathbf{X}_1)^{-1}\mathbf{X}_1'\mathbf{x}_K$ wahrgenommen wird.

Schätzung der Störgrößenvarianz σ^2

Um σ^2 zu schätzen, würde man $\widehat{\mathbf{u}}$, die Residuen der KQ-Schätzung des unvollständigen Modells (13.38) heranziehen:

$$\widehat{\sigma}^2 = \widehat{\mathbf{u}}'\widehat{\mathbf{u}}/(T - K_1 - 1) \ . \tag{13.40}$$

Um zu überprüfen, ob dieser Schätzer verzerrt ist, folgen wir der Beweisführung des Abschnitts 9.8.7. Der Vektor $\widehat{\widehat{\mathbf{y}}}$ bezeichne die KQ-geschätzten Werte der endogenen Variable. Im unvollständigen Modell gilt dann:

$$\begin{aligned}\widehat{\mathbf{u}} &= \mathbf{y}-\widehat{\widehat{\mathbf{y}}} \\ &= \mathbf{y} - \mathbf{X}_1\widehat{\widehat{\boldsymbol{\beta}}}_1 \\ &= \mathbf{y} - \mathbf{X}_1\left(\mathbf{X}_1'\mathbf{X}_1\right)^{-1}\mathbf{X}_1'\mathbf{y} \\ &= \mathbf{M}_1\mathbf{y} \ ,\end{aligned} \tag{13.41}$$

wobei die $(T \times T)$-Matrix $\mathbf{M}_1$ gemäß

$$\mathbf{M}_1 = \mathbf{I}_T - \mathbf{X}_1\left(\mathbf{X}_1'\mathbf{X}_1\right)^{-1}\mathbf{X}_1' \tag{13.42}$$

definiert ist. Diese Matrix hatten wir bereits in Abschnitt 9.8.7 genauer untersucht. Aus Gleichung (9.87) wissen wir, dass $\mathbf{M}_1 = \mathbf{M}_1'$, und aus Gleichung (9.88) ist ersichtlich, dass $\mathbf{M}_1\mathbf{M}_1 = \mathbf{M}_1$. Die Matrix $\mathbf{M}_1$ ist demnach symmetrisch und idempotent:

$$\mathbf{M}_1'\mathbf{M}_1 = \mathbf{M}_1 \ . \tag{13.43}$$

Einsetzen der Gleichung (13.37) in Gleichung (13.41) liefert

$$\widehat{\mathbf{u}} = \mathbf{M}_1\left(\mathbf{X}_1\boldsymbol{\beta}_1 + \mathbf{X}_2\boldsymbol{\beta}_2 + \mathbf{u}\right) \ .$$

Unter Beachtung von Definition (13.42) ergibt sich

$$\begin{aligned}\widehat{\mathbf{u}} &= \left[\mathbf{I}_T\mathbf{X}_1 - \mathbf{X}_1\left(\mathbf{X}_1'\mathbf{X}_1\right)^{-1}\mathbf{X}_1'\mathbf{X}_1\right]\boldsymbol{\beta}_1 + \mathbf{M}_1\mathbf{X}_2\boldsymbol{\beta}_2 + \mathbf{M}_1\mathbf{u} \\ &= \mathbf{M}_1\mathbf{X}_2\boldsymbol{\beta}_2 + \mathbf{M}_1\mathbf{u} \ .\end{aligned}$$

13.6. MATRIXALGEBRAISCHER ANHANG

Folglich gilt für die Summe der Residuenquadrate $\widehat{\mathbf{u}}'\widehat{\mathbf{u}}$, dass

$$\begin{aligned}\widehat{\mathbf{u}}'\widehat{\mathbf{u}} &= [\beta_2'\mathbf{X}_2'\mathbf{M}_1' + \mathbf{u}'\mathbf{M}_1'][\mathbf{M}_1\mathbf{X}_2\beta_2 + \mathbf{M}_1\mathbf{u}] \\ &= \beta_2'\mathbf{X}_2'\mathbf{M}_1'\mathbf{M}_1\mathbf{X}_2\beta_2 + \beta_2'\mathbf{X}_2'\mathbf{M}_1'\mathbf{M}_1\mathbf{u} + \mathbf{u}'\mathbf{M}_1'\mathbf{M}_1\mathbf{X}_2\beta_2 + \mathbf{u}'\mathbf{M}_1'\mathbf{M}_1\mathbf{u} \\ &= \beta_2'\mathbf{X}_2'\mathbf{M}_1\mathbf{X}_2\beta_2 + \beta_2'\mathbf{X}_2'\mathbf{M}_1\mathbf{u} + \mathbf{u}'\mathbf{M}_1\mathbf{X}_2\beta_2 + \mathbf{u}'\mathbf{M}_1\mathbf{u}\,, \quad (13.44)\end{aligned}$$

wobei im letzten Schritt Gleichung (13.43) benutzt wurde. Da $\mathbf{u}'\mathbf{M}_1\mathbf{u}$ ein Skalar ist, gilt $\mathbf{u}'\mathbf{M}_1\mathbf{u} = \text{tr}[\mathbf{u}'\mathbf{M}_1\mathbf{u}]$. Bildet man auf beiden Seiten der Gleichung (13.44) den Erwartungswert, so ergibt sich unter Ausnutzung der Regel (8.50):

$$E\left[\widehat{\mathbf{u}}'\widehat{\mathbf{u}}\right] = \beta_2'\mathbf{X}_2'\mathbf{M}_1\mathbf{X}_2\beta_2 + \beta_2'\mathbf{X}_2'\mathbf{M}_1 E(\mathbf{u}) + E(\mathbf{u}')\mathbf{M}_1\mathbf{X}_2\beta_2 + E[\text{tr}[\mathbf{u}\mathbf{u}'\mathbf{M}_1]]. \quad (13.45)$$

Da $E(\mathbf{u}) = \mathbf{o}$ und $E(\mathbf{u}') = \mathbf{o}'$, besitzen der zweite und dritte Summand den Wert 0. In Abschnitt 9.8.7 wurde gezeigt, dass $E[\text{tr}[\mathbf{u}\mathbf{u}'\mathbf{M}_1]] = \sigma^2[T-K_1-1]$. Folglich vereinfacht sich Gleichung (13.45) zu

$$E\left[\widehat{\mathbf{u}}'\widehat{\mathbf{u}}\right] = \beta_2'\mathbf{X}_2'\mathbf{M}_1\mathbf{X}_2\beta_2 + \sigma^2[T - K_1 - 1]\,.$$

Für den in Gleichung (13.40) defnierten Schätzer der Störgrößenvarianz σ^2 ergibt sich somit:

$$E(\widehat{\sigma}^2) = E\left[\widehat{\mathbf{u}}'\widehat{\mathbf{u}}/(T - K_1 - 1)\right] = \sigma^2 + \beta_2'\mathbf{X}_2'\mathbf{M}_1\mathbf{X}_2\beta_2/(T - K_1 - 1)\,.$$

Der Schätzer ist um den Wert des Skalars $\beta_2'\mathbf{X}_2'\mathbf{M}_1\mathbf{X}_2\beta_2/(T-K_1-1)$ verzerrt. Da

$$\beta_2'\mathbf{X}_2'\mathbf{M}_1\mathbf{X}_2\beta_2 = \beta_2'\mathbf{X}_2'\mathbf{M}_1'\mathbf{M}_1\mathbf{X}_2\beta_2 = \beta_2'[\mathbf{M}_1\mathbf{X}_2]'[\mathbf{M}_1\mathbf{X}_2]\beta_2\,,$$

handelt es sich bei dem Verzerrungsterm $\beta_2'\mathbf{X}_2'\mathbf{M}_1\mathbf{X}_2\beta_2$ um eine quadratische Form. Aus Regel (8.55) des matrixalgebraischen Repetitoriums I (Abschnitt 8.5.8) wissen wir, dass eine Matrix der Form $\mathbf{A}'\mathbf{A}$ immer positiv definit ist. Somit ist auch $[\mathbf{M}_1\mathbf{X}_2]'[\mathbf{M}_1\mathbf{X}_2]$ positiv definit. Ebenfalls aus Abschnitt 8.5.8 wissen wir, dass die quadratische Form einer positiv definiten Matrix immer einen positiven Skalar darstellt. Also stellt auch der Verzerrungsterm $\beta_2'[\mathbf{M}_1\mathbf{X}_2]'[\mathbf{M}_1\mathbf{X}_2]\beta_2$ einen positiven Skalar dar, besitzt also einen positiven Wert. Die Störgrößenvarianz wird demnach *über*schätzt.

13.6.2 Verwendung irrelevanter Variablen

Kehren wir zum Modell (13.37) zurück und nehmen nun an, die Variablen in $\mathbf{X}_2$ seien irrelevant, das heißt, sie besäßen Steigungsparameter mit einem Wert von Null: $\beta_2 = \mathbf{o}$. Was passiert, wenn anstelle des korrekten Modells (13.38) das zu große Modell (13.37) geschätzt wird?

Unverzerrtheit des überladenen Modells

Im matrixalgebraischen Anhang zu Kapitel 9 (Abschnitte 9.8.3 und 9.8.7) hatten wir gezeigt, dass bei Gültigkeit der A-, B- und C-Annahmen der KQ-Schätzer $\widehat{\boldsymbol{\beta}}$ eines Modells der Form (13.37) unverzerrt ist und dass $\widehat{\sigma}^2 = \widehat{\mathbf{u}}'\widehat{\mathbf{u}}/(T-K-1)$ eine unverzerrte Schätzung der Störgrößenvarianz liefert. Eine genauere Inspektion der dort vollzogenen Beweisführung offenbart, dass es für die einzelnen Schritte vollkommen unerheblich ist, ob einer oder mehrere der Parameter in $\boldsymbol{\beta}$ einen Wert von Null besitzen, ob also die Matrix $\mathbf{X}$ eine irrelevante Teilmatrix $\mathbf{X}_2$ enthält oder nicht. Folglich gelten die dort hergeleiteten Ergebnisse auch für den Fall, dass im Modell irrelevante Variablen enthalten sind. Die KQ-Punktschätzer bleiben unverzerrt und ebenso die Schätzung der Störgrößenvarianz. Damit sind auch die Intervallschätzer unverzerrt und die Hypothesentests bewahren ihre Gültigkeit.

Völlig unproblematisch ist die Verwendung von irrelevanten Variablen jedoch nicht: Die Punkt- und Intervallschätzer des zu großen Modells sind nicht effizient. Dies wird im Folgenden erläutert.

Partitionierte Varianz-Kovarianz-Matrix

Wir vergleichen die Varianz-Kovarianz-Matrix der KQ-Schätzer des korrekten Modells (13.38), $\mathbf{V}(\widehat{\boldsymbol{\beta}}_1)$, mit der Varianz-Kovarianz-Matrix der KQ-Schätzer des überladenen Modells (13.37), $\mathbf{V}(\widehat{\boldsymbol{\beta}})$. Aus Abschnitt 9.8.4 wissen wir bereits, dass

$$\mathbf{V}(\widehat{\boldsymbol{\beta}}_1) = \sigma^2 \left(\mathbf{X}_1'\mathbf{X}_1\right)^{-1} \qquad \text{und} \qquad \mathbf{V}(\widehat{\boldsymbol{\beta}}) = \sigma^2 \left(\mathbf{X}'\mathbf{X}\right)^{-1} .$$

Die Varianz-Kovarianz-Matrix $\mathbf{V}(\widehat{\boldsymbol{\beta}})$ lässt sich auch als Blockmatrix schreiben (siehe Abschnitt 13.5.1 des matrixalgebraischen Repetitoriums II):

$$\mathbf{V}(\widehat{\boldsymbol{\beta}}) = \begin{bmatrix} \mathbf{V}(\widehat{\boldsymbol{\beta}}_1) & \mathbf{V}(\widehat{\boldsymbol{\beta}}_{21}) \\ \mathbf{V}(\widehat{\boldsymbol{\beta}}_{12}) & \mathbf{V}(\widehat{\boldsymbol{\beta}}_2) \end{bmatrix} .$$

Dabei ist $\mathbf{V}(\widehat{\boldsymbol{\beta}}_1)$ die Varianz-Kovarianz-Matrix der KQ-Schätzer $\widehat{\boldsymbol{\beta}}_1$, $\mathbf{V}(\widehat{\boldsymbol{\beta}}_2)$ ist die Varianz-Kovarianz-Matrix der KQ-Schätzer $\widehat{\boldsymbol{\beta}}_2$, und $\mathbf{V}(\widehat{\boldsymbol{\beta}}_{12})$ und $\mathbf{V}(\widehat{\boldsymbol{\beta}}_{21})$ stellen Kovarianz-Matrizen dar, deren sämtliche Elemente Kovarianzen zwischen den Elementen von $\widehat{\boldsymbol{\beta}}_1$ und $\widehat{\boldsymbol{\beta}}_2$ sind.

Um einen aussagekräftigen Vergleich zwischen den KQ-Schätzern des korrekten und des überladenen Modells anzustellen, müssen wir der Varianz-Kovarianz-Matrix $\mathbf{V}(\widehat{\boldsymbol{\beta}}_1)$ nicht $\mathbf{V}(\widehat{\boldsymbol{\beta}})$, sondern $\mathbf{V}(\widehat{\boldsymbol{\beta}}_1)$, also die Varianz-Kovarianz-Matrix der KQ-Schätzer $\widehat{\boldsymbol{\beta}}_1$ des überladenen Modells gegenüberstellen.

Um die genaue Form von $\mathbf{V}(\widehat{\boldsymbol{\beta}}_1)$ zu ermitteln, greifen wir auf die in Abschnitt 13.5.1 des matrixalgebraischen Repetitoriums II hergeleitete Regel

13.6. MATRIXALGEBRAISCHER ANHANG

(13.31) zurück, wobei die dort betrachtete Matrix $\mathbf{A}$ in dem hier behandelten Fall $\mathbf{X'X}$ lautet. Da

$$\mathbf{X'X} = \begin{bmatrix} \mathbf{X}_1' \\ \mathbf{X}_2' \end{bmatrix} \begin{bmatrix} \mathbf{X}_1 & \mathbf{X}_2 \end{bmatrix}$$
$$= \begin{bmatrix} \mathbf{X}_1'\mathbf{X}_1 & \mathbf{X}_1'\mathbf{X}_2 \\ \mathbf{X}_2'\mathbf{X}_1 & \mathbf{X}_2'\mathbf{X}_2 \end{bmatrix},$$

können wir $\mathbf{A}_{11} = \mathbf{X}_1'\mathbf{X}_1$, $\mathbf{A}_{22} = \mathbf{X}_2'\mathbf{X}_2$, $\mathbf{A}_{12} = \mathbf{X}_1'\mathbf{X}_2$ und $\mathbf{A}_{21} = \mathbf{X}_2'\mathbf{X}_1$ setzen. Regel (13.31) besagt dann, dass die linke obere Teilmatrix der Inversen $(\mathbf{X'X})^{-1}$ durch $\left[\mathbf{X}_1'\mathbf{X}_1 - \mathbf{X}_1'\mathbf{X}_2\left(\mathbf{X}_2'\mathbf{X}_2\right)^{-1}\mathbf{X}_2'\mathbf{X}_1\right]^{-1}$ und damit durch $[\mathbf{X}_1'\mathbf{M}_2\mathbf{X}_1]^{-1}$ gegeben ist, wobei

$$\mathbf{M}_2 = \mathbf{I}_T - \mathbf{X}_2\left(\mathbf{X}_2'\mathbf{X}_2\right)^{-1}\mathbf{X}_2'.$$

Die untere linke Teilmatrix von $(\mathbf{X'X})^{-1}$ lautet dann gemäß Regel (13.31):

$$\left(\mathbf{X}_2'\mathbf{X}_2\right)^{-1}\mathbf{X}_2'\mathbf{X}_1\left[\mathbf{X}_1'\mathbf{M}_2\mathbf{X}_1\right]^{-1}.$$

Ganz analog liefert Regel (13.31) für die untere rechte Teilmatrix von $(\mathbf{X'X})^{-1}$ den Ausdruck $\left[\mathbf{X}_2'\mathbf{X}_2 - \mathbf{X}_2'\mathbf{X}_1\left(\mathbf{X}_1'\mathbf{X}_1\right)^{-1}\mathbf{X}_1'\mathbf{X}_2\right]^{-1}$ und somit $[\mathbf{X}_2'\mathbf{M}_1\mathbf{X}_2]^{-1}$, wobei

$$\mathbf{M}_1 = \mathbf{I}_T - \mathbf{X}_1\left(\mathbf{X}_1'\mathbf{X}_1\right)^{-1}\mathbf{X}_1'.$$

Die rechte obere Teilmatrix von $(\mathbf{X'X})^{-1}$ lautet dann:

$$\left(\mathbf{X}_1'\mathbf{X}_1\right)^{-1}\mathbf{X}_1'\mathbf{X}_2\left[\mathbf{X}_2'\mathbf{M}_1\mathbf{X}_2\right]^{-1}.$$

Zusammengenommen ergibt sich also:

$$(\mathbf{X'X})^{-1} = \begin{bmatrix} [\mathbf{X}_1'\mathbf{M}_2\mathbf{X}_1]^{-1} & \left(\mathbf{X}_1'\mathbf{X}_1\right)^{-1}\mathbf{X}_1'\mathbf{X}_2\left[\mathbf{X}_2'\mathbf{M}_1\mathbf{X}_2\right]^{-1} \\ \left(\mathbf{X}_2'\mathbf{X}_2\right)^{-1}\mathbf{X}_2'\mathbf{X}_1\left[\mathbf{X}_1'\mathbf{M}_2\mathbf{X}_1\right]^{-1} & [\mathbf{X}_2'\mathbf{M}_1\mathbf{X}_2]^{-1} \end{bmatrix} \quad (13.46)$$

und damit

$$\mathbf{V}(\widehat{\boldsymbol{\beta}}) = \sigma^2(\mathbf{X'X})^{-1}$$
$$= \sigma^2 \begin{bmatrix} [\mathbf{X}_1'\mathbf{M}_2\mathbf{X}_1]^{-1} & \left(\mathbf{X}_1'\mathbf{X}_1\right)^{-1}\mathbf{X}_1'\mathbf{X}_2\left[\mathbf{X}_2'\mathbf{M}_1\mathbf{X}_2\right]^{-1} \\ \left(\mathbf{X}_2'\mathbf{X}_2\right)^{-1}\mathbf{X}_2'\mathbf{X}_1\left[\mathbf{X}_1'\mathbf{M}_2\mathbf{X}_1\right]^{-1} & [\mathbf{X}_2'\mathbf{M}_1\mathbf{X}_2]^{-1} \end{bmatrix} \quad (13.47)$$

Die linke obere Teilmatrix von $\mathbf{V}(\widehat{\boldsymbol{\beta}})$ lautet also

$$\mathbf{V}(\widehat{\boldsymbol{\beta}}_1) = \sigma^2\left[\mathbf{X}_1'\mathbf{M}_2\mathbf{X}_1\right]^{-1}. \quad (13.48)$$

Ineffizienz des überladenen Modells

Wir möchten wissen, ob $V(\widehat{\beta}_1)$ „größer" ist als $V(\widehat{\widehat{\beta}}_1)$. Wie dies geschehen kann, wurde in Abschnitt 8.5.8 des matrixalgebraischen Repetitoriums I bereits erläutert. Wir hatten dort gesehen, dass es genügt, zu überprüfen, ob die Matrix $V(\widehat{\beta}_1) - V(\widehat{\widehat{\beta}}_1)$ positiv definit ist. Bei der hier betrachteten Matrix besteht der einfachste Weg, dies zu überprüfen, darin, die Inversen $V(\widehat{\beta}_1)^{-1}$ und $V(\widehat{\widehat{\beta}}_1)^{-1}$ zu benutzen. Aus Regel (8.59) des Abschnitt 8.5.8 wissen wir, dass $V(\widehat{\beta}_1) - V(\widehat{\widehat{\beta}}_1)$ genau dann positiv definit ist, wenn $V(\widehat{\widehat{\beta}}_1)^{-1} - V(\widehat{\beta}_1)^{-1}$ positiv definit ist. Wir müssen also zeigen, dass die Matrix

$$V(\widehat{\widehat{\beta}}_1)^{-1} - V(\widehat{\beta}_1)^{-1} = (1/\sigma^2)(X_1'X_1) - (1/\sigma^2)\left[X_1'X_1 - X_1'X_2(X_2'X_2)^{-1}X_2'X_1\right]$$

$$= (1/\sigma^2) X_1'X_2 (X_2'X_2)^{-1} X_2'X_1$$

positiv definit ist. Aus den Regeln (8.55) und (8.56) geht hervor, dass $(X_2'X_2)^{-1}$ positiv definit ist. Regel (8.57) besagt, dass damit auch $X_1'X_2(X_2'X_2)^{-1}X_2'X_1$ positiv definit ist. Mit anderen Worten, $V(\widehat{\beta}_1)$, die Varianz-Kovarianz Matrix der KQ-Schätzer des überladenen Modells (13.37), ist „größer" als $V(\widehat{\widehat{\beta}}_1)$, die Varianz-Kovarianz-Matrix der KQ-Schätzer des korrekten Modells (13.38). Folglich sind die KQ-Schätzer des überladenen Modells, $\widehat{\beta}_1$, nicht effizient.

13.6.3 Instrumente der Variablenauswahl

In den Abschnitten 13.2.1 und 13.2.2 wurden verschiedene Kennzahlen vorgestellt, welche sich bei der Variablenauswahl als hilfreich erwiesen haben. In Matrixschreibweise lauten diese Kennzahlen

Korrigiertes Bestimmheitsmaß: $\quad \overline{R}^2 = 1 - \dfrac{\widehat{u}'\widehat{u}/(T-K-1)}{(\widehat{y}'\widehat{y} - T\overline{y}^2)/(T-1)}$

Akaike-Informationskriterium: $\quad AIC = \ln\left(\dfrac{\widehat{u}'\widehat{u}}{T}\right) + \dfrac{2(K+1)}{T}$

Schwarz-Kriterium: $\quad SC = \ln\left(\dfrac{\widehat{u}'\widehat{u}}{T}\right) + \dfrac{(K+1)\ln T}{T}$

Prognosekriterium: $\quad PC = \dfrac{\widehat{u}'\widehat{u}[1+(K+1)/T]}{T-K-1}$.

In den Abschnitten 13.2.3 und 13.2.4 wurde erläutert, dass auch t-Tests und F-Tests wertvolle Instrumente der Variablenauswahl darstellen. Eine matrixalgebraische Darstellung dieser Tests erübrigt sich hier, denn sie wurde bereits im matrixalgebraischen Anhang des Kapitels 10 (Abschnitte 10.6.1 und 10.6.2) geliefert. Weitere Aufschlüsse über geeignete Variablen können sich aus ungenesteten F-Tests sowie J-Tests ergeben, welche in den Abschnitten 13.2.6 und 13.2.7 vorgestellt wurden. Da es sich bei beiden Testvarianten jeweils um die Durchführung zweier individueller F-Tests handelt, kann auch für diese Testvarianten eine gesonderte matrixalgebraische Darstellung unterbleiben.

Kapitel 14

Verletzung der Annahme A2: Nicht-lineare Wirkungszusammenhänge

Annahme A2 lautete:

Annahme A2 Der wahre Zusammenhang zwischen $x_{1t}, x_{2t}, \ldots, x_{Kt}$ und y_t ist linear.

Es wird also davon ausgegangen, dass wir es im ökonometrischen Modell mit einem linearen Wirkungszusammenhang zu tun haben. Die Realität macht uns aber nur sehr selten den Gefallen, in linearer Form fassbar zu sein. Ein typisches Beispiel für nicht-lineare Zusammenhänge ist der Bereich der Produktion. Typischerweise bewirkt die fortgesetzte Erhöhung eines Inputs bei Konstanthaltung der anderen Inputs einen Zuwachs beim Output, wobei der Zuwachs jedoch immer kleiner ausfällt. Man spricht hier von fallenden Grenzerträgen. Das folgende Agrar-Beispiel ist ein solcher Fall.

Beispiel zu Kapitel 14

Die Milchleistung (m) einer Kuh hängt bei Konstanthaltung aller anderen Inputs ausschließlich von der zugefütterten Menge des Kraftfutters (f) ab. Das ökonomische Modell lautet demnach:

$$m = g(f) \,. \tag{14.1}$$

Die beobachteten Daten sind in Tabelle 14.1 wiedergegeben.

Das zum ökonomischen Modell (14.1) korrespondierende lineare ökonometrische Modell würde lauten:

$$m_t = \alpha + \beta f_t + u_t \,, \tag{14.2}$$

Tabelle 14.1: Kraftfutter f_t (in Zentner/Jahr wobei 1 Zentner = 50 kg) und Milchleistung m_t (in Liter/Jahr) von 12 beobachteten Kühen.

t	f_t	m_t	t	f_t	m_t
1	10	6525	7	8	5821
2	30	8437	8	14	7531
3	20	8019	9	25	8320
4	33	8255	10	1	4336
5	5	5335	11	17	7225
6	22	7236	12	28	8112

wobei der Beobachtungsindex t und die Störgröße u_t hinzugefügt wurden.

Teil (a) der Abbildung 14.1 stellt die Daten in einer Punktwolke dar. Die Gestalt der Punktwolke deutet darauf hin, dass der wahre Zusammenhang nicht linear ist, sondern abnehmende Grenzerträge aufweist. Gleichung (14.2) ist deshalb als ökonometrisches Modell ungeeignet.

14.1 Konsequenzen der Annahmeverletzung

Nehmen wir an, Gleichung (14.2) wird unwissentlich oder wider besseren Wissens als ökonometrisches Modell benutzt. Eine Schätzung auf Grundlage dieses Modells ist vollkommen wertlos, denn man berechnet Schätzwerte für Parameter, die in Wahrheit überhaupt nicht existieren. Die Schätzung eines Modells, das nicht existiert, ist nicht nur nutzlos, sondern auch schädlich, denn es suggeriert eine Scheinwirklichkeit, die zu falschen Schlüssen und somit zu Fehlentscheidungen führen kann.

Wenn aber Linearität in der Wirklichkeit so selten gegeben ist, lohnt es sich dann überhaupt, das ganze ökonometrische Instrumentarium zu erlernen? Schließlich fußt es auf der Linearitäts-Annahme. Diese Annahme ist jedoch weit weniger einschneidend als man zunächst denkt, denn sehr viele nicht-lineare Zusammenhänge der Wirklichkeit lassen sich durch kleine formale Kunstgriffe in linearer Form darstellen und dann mit der KQ-Schätzung auf gewohntem Wege empirisch auswerten. Diese Kunstgriffe lassen sich anhand des Milch-Beispiels leicht illustrieren.

14.2 Einige alternative Funktionsformen

Angesichts der in Teil (a) der Abbildung 14.1 abgebildeten Punktwolke scheint das lineare Modell (14.2) nicht geeignet, den wahren Zusammenhang zwischen dem Kraftfuttereinsatz und der Milchleistung wiederzugeben. Die Variable m_t scheint keine *lineare* Funktion der Variable f_t zu sein. Dies schließt natürlich nicht aus, dass zwischen den beiden Variablen f_t und m_t eine *nicht-lineare*

14.2. EINIGE ALTERNATIVE FUNKTIONSFORMEN

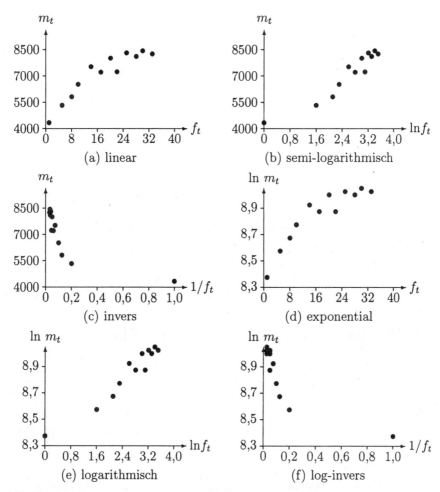

Abbildung 14.1: Verschieden Versuche den Zusammenhang zwischen Kraftfuttereinsatz f_t und Milchleistung m_t in linearisierter Form abzubilden.

Beziehung besteht. Wenn es gelingt, diese nicht-lineare Beziehung zwischen f_t und m_t als lineare Beziehung zwischen zwei anderen Variablen zu formalisieren, welche selbst Funktionen von f_t bzw. m_t sind (z.B. ist die Variable $\ln f_t$ eine Funktion der Variable f_t), dann wäre Annahme A2 für dieses linear formalisierte Modell erfüllt. Im Folgenden werden die wichtigsten Beispiele solcher linear formalisierten Modelle vorgestellt.

14.2.1 Semi-logarithmisches Modell

Zwischen den Variablen f_t und m_t scheint keine lineare Beziehung zu bestehen. Möglicherweise besteht aber zwischen den Variablen $\ln f_t$ und m_t eine solche

lineare Beziehung:
$$m_t = \alpha + \beta \ln f_t + u_t \ . \tag{14.3}$$

Diese Gleichung wird als *semi-logarithmisches* Modell (bzw. als linlog-Modell) bezeichnet. Würde man die Umbenennungen $m_t = y_t$ und $\ln f_t = x_t$ vornehmen, dann ergäbe sich das in Annahme A2 geforderte lineare Modell:

$$y_t = \alpha + \beta x_t + u_t \ . \tag{14.4}$$

Diese Gleichung ist linear in den Parametern α und β, und nur darauf kommt es bei Annahme A2 an. Ob das Modell in der Form (14.3) oder (14.4) geschrieben wird, ist unerheblich. Beide Varianten beschreiben den linearen Zusammenhang zwischen der endogenen Variable *Milchleistung* und der exogenen Variable *logarithmierter Kraftfuttereinsatz*. Modell (14.3) kann demnach dem gewohnten ökonometrischen Instrumentarium unterzogen werden.

Ist Gleichung (14.3) eine plausible Beschreibung der Realität? Teil (b) der Abbildung 14.1 liefert die Antwort. Dort wurde die m_t-Achse gegenüber Teil (a) unverändert gelassen. Die f_t-Achse wurde hingegen durch eine Achse ersetzt, welche die logarithmierten Werte des Futtermitteleinsatzes ($\ln f_t$) wiedergibt. Die sich ergebende Punktwolke lässt also Rückschlüsse über den Zusammenhang zwischen $\ln f_t$ und m_t zu. Die in Teil (b) abgebildete Punktwolke signalisiert einen möglichen *linearen* Zusammenhang zwischen den beiden Variablen $\ln f_t$ und m_t. Dies spricht für die Plausibilität der Gleichung (14.3). Die Punktwolke spricht ferner für einen positiven β-Wert.

Welche Interpretation besitzt der Steigungsparameter β im semi-logarithmischen Modell (14.3)? Um dies zu erkennen, differenzieren wir Gleichung (14.3) nach f_t:

$$\frac{dm_t}{df_t} = \frac{dm_t}{d(\ln f_t)} \cdot \frac{d(\ln f_t)}{df_t} = \beta \cdot \frac{1}{f_t} \ . \tag{14.5}$$

Demnach erhöht ein zusätzlicher Zentner Kraftfutter die Milchleistung um β/f_t Liter. Dies ist die *marginale Veränderung* der Milchleistung. Gleichung (14.5) zeigt, dass die marginale Veränderung der Milchleistung nicht nur vom Parameter β, sondern auch vom Niveau der Variable f_t abhängt. Die marginale Veränderung fällt im semi-logarithmischen Modell umso niedriger aus, je größer der Wert von f_t, je größer also das Ausgangsniveau, von dem aus die Erhöhung des Kraftfuttereinsatzes vorgenommen wird. Dies bedeutet, Gleichung (14.3) ist eine funktionale Form, welche abnehmende Grenzerträge abbilden kann. Umstellen der Gleichung (14.5) liefert

$$\beta = \frac{dm_t}{df_t/f_t} \ .$$

Der Parameter β misst demnach die zusätzlichen Milchliter, welche sich aus einer ein*prozentigen* Erhöhung des Kraftfuttereinsatzes ergeben.

14.2.2 Inverses Modell

Anstelle eines linearen Zusammenhangs zwischen den Variablen f_t und m_t könnte auch ein linearer Zusammenhang zwischen den Variablen $1/f_t$ und m_t bestehen:

$$m_t = \alpha + \beta\,(1/f_t) + u_t\ . \tag{14.6}$$

Diese Gleichung wird als *inverses* Modell bezeichnet. Die Umbenennungen $m_t = y_t$ und $1/f_t = x_t$ würden unmittelbar das gewohnte Modell (14.4) ergeben.

Teil (c) der Abbildung 14.1 zeigt die Punktwolke, welche sich ergibt, wenn auf der horizontalen Achse anstelle von f_t die reziproken Werte, also $1/f_t$ wiedergegeben werden. Angesichts der abgebildeten Punktwolke scheint Gleichung (14.6) keine plausible Beschreibung des Zusammenhangs zwischen den Variablen $1/f_t$ und m_t zu sein. Die Gleichung würde einen linearen Zusammenhang postulieren, während die Punktwolke auf einen nicht-linearen Zusammenhang hindeutet.

Differenziert man Gleichung (14.6) nach f_t, so erhält man die marginale Veränderung

$$\frac{dm_t}{df_t} = -\frac{\beta}{f_t^2}\ .$$

Wie schon beim semi-logarithmischen Modell, so hängt auch hier die marginale Veränderung vom Ausgangsniveau f_t ab.

14.2.3 Exponential-Modell

Dem semi-logarithmischen Modell lag ein linearer Zusammenhang zwischen den Variablen $\ln f_t$ und m_t zugrunde. Das Gegenstück, also ein linearer Zusammenhang zwischen f_t und $\ln m_t$, bezeichnet man als *Exponential*-Modell:

$$\ln m_t = \alpha + \beta f_t + u_t\ . \tag{14.7}$$

Die entsprechende Punktwolke ist in Teil (d) der Abbildung 14.1 wiedergegeben. Auch hier widerspricht die Punktwolke dem in Gleichung (14.7) postulierten linearen Zusammenhang zwischen f_t und $\ln m_t$.

Differenziert man Gleichung (14.7) nach f_t, so ergibt sich

$$\frac{d(\ln m_t)}{df_t} = \beta\ . \tag{14.8}$$

Da $d(\ln m_t)/dm_t = 1/m_t$, gilt

$$d(\ln m_t) = dm_t/m_t\ . \tag{14.9}$$

Ausdruck (14.8) ist deshalb identisch mit

$$\beta = \frac{dm_t/m_t}{df_t}\ . \tag{14.10}$$

Der Parameter β des Exponential-Modells misst demnach, um wieviel *Prozent* die Milchleistung steigt, wenn der Kraftfuttereinsatz um einen Zentner erhöht wird. Oftmals wird ein solches Maß als *Semi-Elastizität* bezeichnet.

In exponentieller Form geschrieben lautet Gleichung (14.7):

$$e^{\ln m_t} = e^{\alpha + \beta f_t} ,$$

wobei u_t gleich 0 gesetzt wurde. Wegen $e^{\ln m_t} = m_t$ ist diese Gleichung äquivalent mit

$$m_t = e^{\alpha + \beta f_t} .$$

Setzt man diesen Ausdruck in Gleichung (14.10) ein und löst nach der marginalen Veränderung dm_t/df_t auf, so ergibt sich:

$$\frac{dm_t}{df_t} = \beta e^{\alpha + \beta f_t} .$$

Da von $\beta > 0$ auszugehen ist, steigt die marginale Veränderung mit dem Wert von f_t. Das heißt, wir haben es im Exponential-Modell mit steigenden Grenzerträgen zu tun. Diese Eigenschaft unterscheidet diesen Funktionstyp von den anderen bislang besprochenen Funktionstypen.

14.2.4 Logarithmisches Modell

Möglicherweise besteht ein linearer Zusammenhang zwischen den Variablen $\ln f_t$ und $\ln m_t$:

$$\ln m_t = \alpha + \beta \ln f_t + u_t . \qquad (14.11)$$

Dies ist das *logarithmische* Modell. Die entsprechende Punktwolke findet sich in Teil (e) der Abbildung 14.1. Sie vermittelt den Eindruck, dass der in Gleichung (14.11) formulierte lineare Zusammenhang zwischen $\ln f_t$ und $\ln m_t$ eine plausible Beschreibung des wahren Zusammenhangs darstellt.

Die Interpretation des Steigungsparameters β hatten wir bereits im Zusammenhang mit dem Dünger-Beispiel erläutert (Abschnitt 9.2.2). Der Parameter β zeigt die *Elastizität* der Milchleistung an, also die *prozentuale* Veränderung der Milchleistung m_t bei einer einprozentigen Erhöhung des Kraftfuttereinsatzes f_t. Formal ergibt sich dies aus der Differentiation der Gleichung (14.11) nach $\ln f_t$:

$$\frac{d(\ln m_t)}{d(\ln f_t)} = \beta ,$$

was gemäß Gleichung (14.9) und der entsprechenden Gleichung für $d(\ln f_t)$ identisch ist mit

$$\beta = \frac{dm_t/m_t}{df_t/f_t} . \qquad (14.12)$$

14.2. EINIGE ALTERNATIVE FUNKTIONSFORMEN

Möchte man neben der Elastizität auch die marginale Veränderung dm_t/df_t errechnen, so kann man dafür die exponentielle Form der Gleichung (14.11) bilden, wobei u_t gleich 0 gesetzt wird:

$$e^{\ln m_t} = e^{\alpha + \beta \ln f_t}$$

und damit, wegen $e^{\beta \ln f_t} = f_t^\beta$,

$$m_t = e^\alpha f_t^\beta .$$

Einsetzen in Gleichung (14.12) und Auflösen nach der marginalen Veränderung dm_t/df_t liefert:

$$\frac{dm_t}{df_t} = e^\alpha \beta f_t^{\beta-1} .$$

Ein Parameterwert β von größer 1 impliziert, dass die marginale Veränderung der endogenen Variable mit steigendem Wert der exogenen Variable zunimmt. Für einen Parameterwert, der zwischen 0 und 1 liegt, nimmt die marginale Veränderung hingegen ab. Im Milch-Beispiel haben wir es anscheinend mit einem solchen Parameterwert zu tun.

14.2.5 Log-inverses Modell

Wenn ein linearer Zusammenhang zwischen den Variablen $1/f_t$ und $\ln m_t$ besteht, so lautet das entsprechende Modell:

$$\ln m_t = \alpha + \beta \left(1/f_t\right) + u_t . \tag{14.13}$$

Diese Gleichung wird als *log-inverses* Modell bezeichnet. Die entsprechende Punktwolke ist in Teil (f) der Abbildung 14.1 wiedergegeben. Es ergibt sich ein deutlicher Widerspruch zwischen der abgebildeten Punktwolke und der in Gleichung (14.13) postulierten linearen Form.

Setzt man u_t gleich 0, so lautet die exponentielle Form der Gleichung (14.13):

$$m_t = e^{\alpha + \beta(1/f_t)} .$$

Differenzieren nach f_t liefert die marginale Veränderung:

$$\frac{dm_t}{df_t} = -\beta \frac{e^{\alpha+\beta(1/f_t)}}{f_t^2} .$$

Bei einem negativem β-Wert ist die marginale Veränderung im gesamten positiven Wertebereich von f_t positiv. Im untersten Wertebereich von f_t steigen diese Zuwächse mit f_t. Bei weiterer Erhöhung von f_t fallen die Zuwächse jedoch wieder geringer aus. Der Wendepunkt liegt bei $-\beta/2$.

14.2.6 Quadratisches Modell

Eine weitere Variante eines möglichen linearen Zusammenhangs wird durch das quadratische Modell beschrieben:

$$m_t = \alpha + \beta_1 f_t + \beta_2 f_t^2 + u_t \ . \tag{14.14}$$

Würde man die Umbenennungen $m_t = y_t$, $f_t = x_{1t}$ und $f_t^2 = x_{2t}$ vornehmen, so erhielte man das lineare Modell

$$y_t = \alpha + \beta_1 x_{1t} + \beta_2 x_{2t} + u_t \ .$$

Im Unterschied zu den zuvor beschriebenen Fällen wird hier der lineare Zusammenhang zwischen dem Kraftfuttereinsatz und der Milchleistung durch ein Modell der Zweifachregression wiedergegeben. Dieses Modell beschreibt einen linearen Zusammenhang zwischen der endogenen Variable m_t und den exogenen Variablen $x_{1t}(=f_t)$ und $x_{2t}(=f_t^2)$. Die entsprechende Punktwolke müsste im dreidimensionalen Raum dargestellt werden, durch den eine „wahre Ebene" verläuft (so wie in Abbildung 8.1).

Auch im quadratischen Modell ist die marginale Veränderung vom Niveau der exogenen Variable abhängig, denn Differenzieren der Gleichung (14.14) liefert

$$\frac{dm_t}{df_t} = \beta_1 + 2\beta_2 f_t \ .$$

Falls β_1 einen positiven und β_2 einen negativen Wert besitzt, fällt die marginale Veränderung mit dem Wert der exogenen Variable f_t. Für genügend hohe Werte von f_t fällt die Veränderung negativ aus. Dieses Merkmal unterscheidet das quadratische Modell von den anderen vorgestellten Modelltypen.

14.2.7 Eine vergleichende Anwendung

Wir kennen nun eine Reihe von Funktionstypen, die alle als Grundlage für eine Schätzung des Milch-Beispiels in Frage kommen. Tabelle 14.2 stellt diese Funktionstypen in einer Übersicht dar.

Tabelle 14.2: Verschiedene Funktionstypen in ihrer linearisierten Form und mit ihren marginalen Veränderungen.

Funktionstyp	lineare Funktion	marg. Veränd. (dm_t/df_t)
linear	$m_t = \alpha + \beta f_t + u_t$	β
semi-log.	$m_t = \alpha + \beta \ln f_t + u_t$	β/f_t
invers	$m_t = \alpha + \beta(1/f_t) + u_t$	$-\beta/f_t^2$
exponential	$\ln m_t = \alpha + \beta f_t + u_t$	$\beta e^{\alpha+\beta f_t}$
logarithmisch	$\ln m_t = \alpha + \beta \ln f_t + u_t$	$e^\alpha \beta f_t^{\beta-1}$
log-invers	$\ln m_t = \alpha + \beta(1/f_t) + u_t$	$-\beta e^{\alpha+\beta(1/f_t)}/f_t^2$
quadratisch	$m_t = \alpha + \beta_1 f_t + \beta_2 f_t^2 + u_t$	$\beta_1 + 2\beta_2 f_t$

14.2. EINIGE ALTERNATIVE FUNKTIONSFORMEN

In der mittleren Spalte sind die linearen Formen angegeben und in der letzten Spalte finden sich die entsprechenden marginalen Veränderungen. Alle aufgeführten Modelle könnten für eine KQ-Schätzung herangezogen werden. Wie maßgeblich die Schätzwerte der Parameter vom verwendeten Funktionstyp abhängen, lässt sich ebenfalls anhand des Milch-Beispiels ersehen.

Nummerische Illustration 14.1

Wir benutzen die Daten der Tabelle 14.1 und führen für jeden der vorgestellten Funktionstypen eine eigene KQ-Schätzung durch. Dies liefert uns die in Tabelle 14.3 wiedergegebenen Ergebnisse. Die Werte des Schätzers $\widehat{\alpha}$ reichen von 8,323 bis 7657,231 und die Werte des Schätzers $\widehat{\beta}$ von −3762,321 bis 1268,803. Die große Bandbreite an Werten sollte uns allerdings nicht überraschen, denn nicht nur die Werte der Parameter variieren, sondern auch ihre Interpretation. Beispielsweise quantifiziert β im linearen Modell den marginalen Einfluss von f_t auf m_t. Im logarithmischen Modell hingegen bezeichnet β die Elastizität von m_t in Bezug auf f_t.

Tabelle 14.3: Eine Übersicht der Schätzergebnisse des Milch-Beispiels.

Modell	Funktionstyp	$\widehat{\alpha}$	$\widehat{\beta}$		R^2
(14.2)	linear	4985,270	118,914		85,6
(14.3)	semi-logarithmisch	3818,334	1268,803		90,5
(14.6)	invers	7657,231	−3762,321		59,5
(14.7)	exponential	8,524	0,018		82,0
(14.11)	logarithmisch	8,323	0,204		94,0
(14.13)	log-invers	8,943	−0,631		67,6
			$\widehat{\beta}_1$	$\widehat{\beta}_2$	
(14.14)	quadratisch	4109,445	271,393	4,432	95,0

Zwischen der Milchleistung und der Kraftfuttermenge besteht eine *positive* nicht-lineare Beziehung. Andere Wirkungszusammenhänge könnten durch eine *negative* nicht-lineare Beziehung charakterisiert sein. Auch für diese Fälle können die vorgestellten funktionalen Formen eingesetzt werden. Der einzige wesentliche Unterschied besteht im Vorzeichen des Steigungsparameters β.

Alle vorgestellten Modell-Varianten sind mit der durch Annahme A2 geforderten Linearität in den Parametern vereinbar. Welches Modell tatsächlich benutzt werden soll, wird nur selten durch die ökonomische Theorie vorgegeben. Meistens wird die Menge der möglichen Modelle durch die ökonomische Theorie lediglich eingeengt und es bleibt dem Ökonometriker überlassen, die letzte Auswahl zu treffen.

Im Milch-Beispiel haben wir es mit fallenden Grenzerträgen zu tun. Es handelt sich also um einen Fall, in dem die ökonomische Theorie bereits eine bestimmte Niveauabhängigkeit der marginalen Veränderung impliziert. Folglich scheiden das einfache lineare und das Exponential-Modell als Kandidaten für das ökonometrische Modell von vornherein aus.

Für welches der alternativen Modelle soll man sich entscheiden? Wenn die ökonomische Theorie konstante Elastizitäten postuliert, dann ist das logarithmische Modell zu benutzen, denn es ist das einzige Modell, das konstante Elastizitäten aufweist. Im Milch-Beispiel wird aber keine solche zusätzliche Einschränkung getroffen. Nach welchen Kriterien soll dann entschieden werden? Der folgende Abschnitt ist dieser Frage gewidmet.

14.3 Diagnose und Neu-Spezifikation

Wenn die Vorgaben der ökonomischen Theorie nicht ausreichen, um einen bestimmten Funktionstyp auszuwählen, dann muss man sich an den beobachteten Daten orientieren und testen, ob sie besser mit dem einen oder mit dem anderen Funktionstyp in Einklang stehen.

Handelt es sich um eine Einfachregression, dann hilft oft schon die Betrachtung der Daten in einer Grafik weiter. Die Punktwolke des Milch-Beispiels (Abbildung 14.1) weist auf einen nicht-linearen Zusammenhang. Wie wir aber im vorangegangenen Abschnitt gesehen haben, gibt es eine Vielzahl von schätzbaren ökonometrischen Modellen, die mit einem nicht-linearen Wirkungszusammenhang in Einklang stehen. Welches dieser Modelle benutzt werden soll, ist aus der Punktwolke nicht immer erkennbar. In Abbildung 14.1 kommt man immerhin zu dem Schluss, dass das semi-logarithmische und das logarithmische Modell besonders geeignet erscheinen. Welches der beiden das bessere Modell ist, bleibt aber unklar. Die grafische Suche nach dem geeigneten Funktionstyp stößt hier an ihre Grenzen. Im Falle eines multiplen Regressionsmodells mit mehr als zwei exogenen Variablen ist es nicht einmal möglich, eine grafische Analyse vorzunehmen.

Wenn die ökonomische Theorie keine Vorgaben macht, dann beginnt man üblicherweise mit der Frage, ob das lineare Modell geeignet ist. Um diese grundsätzliche Frage zu beantworten, hat sich insbesondere das RESET-Verfahren als nützlich erwiesen. Dieses ist Gegenstand des Abschnitts 14.3.1. Wenn das RESET-Verfahren anzeigt, dass die lineare Form nicht angemessen ist, muss nach einem alternativen Funktionstyp Ausschau gehalten werden. In Abschnitt 14.3.2 wird erläutert, dass in einigen Fällen ein Vergleich der jeweiligen Bestimmtheitsmaße Anhaltspunkte über die relative Eignung der verschiedenen Funktionstypen liefern kann. Hilfreich ist auch der Box-Cox-Test, welcher in Abschnitt 14.3.3 vorgestellt wird.

14.3.1 Regression Specification Error Test (RESET)

Das RESET-Verfahren geht auf einen Vorschlag von Ramsey (1969) zurück. Mit Hilfe dieses Verfahrens lässt sich leicht überprüfen, ob angesichts der beobachteten Daten eine bestimmte funktionale Form (z.B. das lineare Modell) mit dem wahren Wirkungszusammenhang in Einklang steht. Kommt man im RESET-Verfahren beispielsweise zu dem Schluss, dass ein zu großer Widerspruch zwischen dem linearen Modell und den beobachteten Daten besteht, so scheidet das lineare Modell als Kandidat für das ökonometrische Modell aus. Es bleibt dabei allerdings offen, welcher alternative Modelltyp (z.B. logarithmisch, semi-logarithmisch, usw.) eventuell besser geeignet wäre. Auch für diese könnte man ein RESET-Verfahren durchführen. Wie bereits in Kapitel 13 erwähnt, bezeichnet man Tests, in denen keine konkreten Alternativkandidaten beurteilt werden, als *Fehlspezifikationstests*.

Grundidee des RESET-Verfahrens

Ausgangspunkt für das RESET-Verfahren ist folgende Überlegung: Die endogene Variable ist eine Funktion der exogenen Variable, also $y_t = f(x_t)$. Unabhängig davon, welche genaue Form $f(x_t)$ besitzt, kann sie als Taylor-Expansion geschrieben werden:

$$y_t = f(x_t) \approx \alpha + \beta_1 x_t + \beta_2 x_t^2 + \beta_3 x_t^3 + \dots \,. \tag{14.15}$$

Eine einfache Erläuterung der Taylor-Expansion findet sich beispielsweise in Chiang (1984). Wäre der wahre Wirkungszusammenhang nicht linear und würde man dennoch das lineare Modell

$$y_t = \alpha + \beta_1 x_t + u'_t \tag{14.16}$$

schätzen, so hätte man die relevanten Variablen x_t^2, x_t^3, *usw.* in seiner Schätzung ausgelassen. Um entscheiden zu können, ob das lineare Modell (14.16) für die Schätzung geeignet ist, könnte man folglich das Modell um Variablen ergänzen, in welchen Informationen über x_t^2, x_t^3, *usw.* stecken, und anschließend überprüfen, ob eine oder mehrere der ergänzten Variablen relevant sind. Erweist es sich, dass diese ergänzten Variablen in einer KQ-Schätzung des ergänzten Modells keine signifikanten Parameterwerte besitzen, dann wäre dies ein starkes Signal dafür, dass das lineare Modell (14.16) in Ordnung ist. Zeigen die ergänzten Variablen hingegen signifikante Parameterwerte, dann wäre dies ein Signal, dass im linearen Modell eine oder mehrere der Variablen x_t^2, x_t^3, *usw.* fehlen und damit $y_t = f(x_t)$ wohl doch keine lineare Funktion der Form (14.16) zu sein scheint. Die Schätzung des linearen Modells (14.16) wäre dann unzulässig.

Um welche Variablen könnte man das lineare Modell (14.16) erweitern, so dass tatsächlich Informationen über x_t^2, x_t^3, *usw.* in das Modell eingehen? Unterstellen wir zunächst, das lineare Modell (14.16) sei korrekt. Die geschätzten Werte der endogenen Variable errechnen sich dann gemäß

$$\widehat{y}_t = \widehat{\alpha} + \widehat{\beta}_1 x_t \,.$$

Entsprechend erhält man die quadrierten geschätzten Werte aus

$$\widehat{y}_t^2 = \left(\widehat{\alpha} + \widehat{\beta}_1 x_t\right)^2 = \widehat{\alpha}^2 + \widehat{\beta}_1^2 x_t^2 + 2\widehat{\alpha}\widehat{\beta}_1 x_t \ . \tag{14.17}$$

Analoge Ausdrücke lassen sich für $\widehat{y}_t^3$, $\widehat{y}_t^4$, usw. angeben. Gleichung (14.17) zeigt, dass $\widehat{y}_t^2$ mit x_t^2 korreliert ist, dass also in $\widehat{y}_t^2$ Informationen bezüglich x_t^2 stecken. Desgleichen lässt sich leicht ersehen, dass $\widehat{y}_t^3$ mit x_t^2 und mit x_t^3 korreliert ist, und dass $\widehat{y}_t^4$ mit x_t^2, x_t^3 und x_t^4 korreliert ist. Somit haben wir geeignete Variablen gefunden, um welche Modell (14.16) ergänzt werden kann, um Informationen über x_t^2, x_t^3, usw. in das Modell zu integrieren: $\widehat{y}_t^2$, $\widehat{y}_t^3$ und $\widehat{y}_t^4$. Ebenso könnte man auch $\widehat{y}_t^5$, $\widehat{y}_t^6$, usw. in Erwägung ziehen. Eine Ergänzung um die drei Variablen $\widehat{y}_t^2$, $\widehat{y}_t^3$ und $\widehat{y}_t^4$ ist aber unter normalen Umständen vollkommen ausreichend. Das ergänzte Modell lautet somit

$$y_t = \alpha + \beta_1 x_t + \gamma_1 \widehat{y}_t^2 + \gamma_2 \widehat{y}_t^3 + \gamma_3 \widehat{y}_t^4 + u_t^* \ . \tag{14.18}$$

Wenn das lineare Modell (14.16) tatsächlich korrekt ist, dann stecken in den Variablen $\widehat{y}_t^2$, $\widehat{y}_t^3$ und $\widehat{y}_t^4$ des Modells (14.18) zwar Informationen über die Variablen x_t^2, x_t^3 und x_t^4, aber gleichzeitig dürften diese Informationen keinen Beitrag zur Erklärung der endogenen Variable y_t leisten, das heißt, ihre Parameter γ_1, γ_2 und γ_3 müssten allesamt den Wert 0 besitzen. Man sollte deshalb in einem Hypothesentest überprüfen, ob in Modell (14.18) die Parameter γ_1, γ_2 und γ_3 den Wert 0 besitzen. Erweisen sich die Parameter allerdings als signifikant und damit die zusätzlichen Variablen als relevant, dann war das lineare Modell (14.16) anscheinend fehlspezifiziert.

Arbeitsschritte des RESET-Verfahrens

Ein RESET-Verfahren für das lineare Modell (14.16) erfordert die folgenden Arbeitsschritte:

1. Man ermittelt für das lineare Modell (14.16) die geschätzten Werte der endogenen Variable $\widehat{y}_t$ und die Summe der Residuenquadrate $S'_{\widehat{u}\widehat{u}}$. Ferner werden die Werte $\widehat{y}_t^2$, $\widehat{y}_t^3$ und $\widehat{y}_t^4$ berechnet.

2. Das lineare Modell wird erweitert zu Modell (14.18). Auch für dieses Modell werden die Residuenquadrate berechnet ($S^*_{\widehat{u}\widehat{u}}$). Wir wissen, dass immer $S^*_{\widehat{u}\widehat{u}} \leq S'_{\widehat{u}\widehat{u}}$ gilt.

3. Für das erweiterte Modell (14.18) wird ein F-Test der Nullhypothese $H_0 : \gamma_1 = \gamma_2 = \gamma_3 = 0$ durchgeführt. Diese Hypothese würde besagen, dass die zusätzlichen Variablen keinen Erklärungsbeitrag leisten. Der entsprechende F-Wert dieses Tests errechnet sich wie gewohnt aus

$$F = \frac{(S'_{\widehat{u}\widehat{u}} - S^*_{\widehat{u}\widehat{u}})/L}{S^*_{\widehat{u}\widehat{u}}/(T - K^* - 1)} \ ,$$

14.3. DIAGNOSE UND NEU-SPEZIFIKATION

wobei K^* die Anzahl der exogenen Variablen im erweiterten Modell (14.18) darstellt. Im vorliegenden Fall gilt $L = 3$ und $T - K^* - 1 = T - 5$. Damit ist Modell (14.16) das Nullhypothesenmodell.

4. Falls die Nullhypothese wahr ist, folgt die Zufallsvariable F einer $F_{(L,T-K^*-1)}$-Verteilung. Fällt der Wert für F größer aus als der entsprechende kritische F_a-Wert (Signifikanzniveau a), dann wird die Nullhypothese abgelehnt. Das lineare Modell wird damit verworfen.

Nummerische Illustration 14.2

Die geschätzten Werte der Milchleistung, $\widehat{m}_t = \widehat{\alpha} + \widehat{\beta}_1 f_t$, und die Summe der Residuenquadrate $S'_{\widehat{u}\widehat{u}}$ lassen sich am einfachsten mit ökonometrischer Standardsoftware berechnen. Im Milch-Beispiel ergibt sich für das einfache lineare Modell, $m_t = \alpha + \beta_1 f_t + u'_t$, die Summe der Residuenquadrate $S'_{\widehat{u}\widehat{u}} = 2.786.870$. Für $\widehat{m}_t$ erhält man die in Tabelle 14.4 wiedergegebenen Werte. Aus diesen werden die Werte für $\widehat{m}_t^2$, $\widehat{m}_t^3$ und $\widehat{m}_t^4$ berechnet.

Tabelle 14.4: Geschätzte Milchleistung $\widehat{m}_t$ (in Litern/Jahr) von 12 beobachteten Kühen.

t	$\widehat{m}_t$	t	$\widehat{m}_t$
1	6174	7	5937
2	8552	8	6650
3	7364	9	7958
4	8909	10	5104
5	5580	11	7007
6	7601	12	8315

Erweitert man das lineare Modell um die Variablen $\widehat{m}_t^2$, $\widehat{m}_t^3$ und $\widehat{m}_t^4$, dann ergibt sich die folgende Gleichung:

$$m_t = \alpha + \beta_1 f_t + \gamma_1 \widehat{m}_t^2 + \gamma_2 \widehat{m}_t^3 + \gamma_3 \widehat{m}_t^4 + u_t^*.$$

Für das erweiterte Modell beträgt die Summe der Residuenquadrate $S^*_{\widehat{u}\widehat{u}} = 932.014$.

Für die Nullhypothese $H_0 : \gamma_1 = \gamma_2 = \gamma_3 = 0$ ergibt sich aus den Werten für $S'_{\widehat{u}\widehat{u}}$ und $S^*_{\widehat{u}\widehat{u}}$ der folgende F-Wert:

$$F = \frac{(2.786.870 - 932.014)/3}{932.014/7} \approx 4,644.$$

Wenn die Nullhypothese wahr ist, dann folgt die Zufallsvariable F einer $F_{(3,7)}$-Verteilung. Aus Tabelle T.3 kann abgelesen werden, dass bei dieser Verteilung die Zufallsvariable F mit einer Wahrscheinlichkeit von 5% einen Wert größer 4,347 annimmt. Der kritische Wert unseres F-Tests lautet folglich $F_{0,05} = 4,347$. Da der aus der Stichprobe tatsächlich ermittelte Wert von F größer ausfällt, muss die Nullhypothese verworfen werden. Damit wird das lineare

Modell als fehlspezifiziert betrachtet. Welches Alternativmodell besser geeignet erscheint, ist damit aber noch nicht gesagt. Um in dieser Richtung Fortschritte zu erzielen, sind weitere Analyseinstrumente einzusetzen.

Im RESET-Verfahren wurde das lineare Modell um die Variablen $\hat{y}_t^2$, $\hat{y}_t^3$ und $\hat{y}_t^4$ ergänzt, denn diese enthalten Informationen über die Variablen x_t^2, x_t^3, x_t^4, und es waren die Variablen x_t^2, x_t^3, x_t^4, deren Relevanz wir überprüfen wollten, denn deren Relevanz würde signalisieren, dass das einfache lineare Modell nicht haltbar ist. Da die Werte der Variablen x_t^2, x_t^3 und x_t^4 bekannt sind, mag man sich fragen, warum nicht direkt Modell (14.15) geschätzt wurde und im Rahmen eines F-Tests die Signifikanz der entsprechenden Parameter β_2, β_3 und β_4 überprüft wurde. Dies hätte unmittelbar Aufschluss über die gemeinsame Relevanz der Variablen x_t^2, x_t^3 und x_t^4 geliefert. In einer Einfachregression (und eine solche wurde in den einführenden Überlegungen und im Milch-Beispiel betrachtet) ist dies tatsächlich ein eleganteres Vorgehen, in einer Mehrfachregression hingegen nicht. Das sich in einer Mehrfachregression ergebende Pendant zu Gleichung (14.15) enthält nämlich eine Vielzahl von Variablen ($x_{1t}^2, x_{2t}^2, x_{3t}^2, .., x_{1t}^3, x_{2t}^3, x_{3t}^3, ..., usw.$) und darüber hinaus auch noch eine Vielzahl von Kreuzprodukten von Variablen (z.B. $x_{1t}^2 x_{2t}^2$, $x_{2t}^3 x_{3t}^4$, *usw.*). Bei einer Schätzung eines solch umfangreichen Modells wird die Zahl der Freiheitsgrade unter Umständen sehr gering und entsprechend klein wird die Trennschärfe des F-Tests. Das hier beschriebene RESET-Verfahren, also die Ergänzung allein um die Variablen $\hat{y}_t^2$, $\hat{y}_t^3$ und $\hat{y}_t^4$, ist für den Fall der Mehrfachregression deshalb vorzuziehen.

Aussagekraft des RESET-Verfahrens (und ähnlicher Testverfahren)

Wie aussagekräftig ist das RESET-Verfahren? Nehmen wir an, wir hätten im F-Test des RESET-Verfahrens ein Signifikanzniveau von 5% verwendet und es kommt zu einer Ablehnung der Nullhypothese $H_0 : \gamma_1 = \gamma_2 = \gamma_3 = 0$. Dies wäre eine verlässliche Information, denn wir hatten in Abschnitt 6.4 anhand des oberen Teils der Abbildung 6.4 gesehen, dass bei einem Signifikanzniveau von 5% eine Nullhypothese, die wahr ist, nur in 5% der Fälle irrtümlich abgelehnt wird. Mit anderen Worten, das Typ I-Fehlerrisiko entspricht dem Signifikanzniveau. Wir hätten also ein verlässliches Signal für Fehlspezifikation und damit für die Verletzung der Annahme A2 erhalten. Kommt es im F-Test des RESET-Verfahrens hingegen zu keiner Ablehnung der Nullhypothese, dann ist dies noch kein sehr verlässliches Signal für eine korrekte Spezifikation und damit für die Nichtverletzung der Annahme A2, denn aus dem oberen Teil der Abbildung 6.4 ist auch ersichtlich, dass der Anteil der Fälle, in denen eine unwahre Nullhypothese fälschlicherweise nicht verworfen wird (Typ II-Fehlerrisiko) weitaus größer sein kann als das Signifikanzniveau.

Diese Anmerkung ist kein Spezifikum des RESET-Verfahrens, sondern betrifft alle Tests, welche als Nullhypothese die *Nichtverletzung* der jeweils un-

14.3. DIAGNOSE UND NEU-SPEZIFIKATION

tersuchten A-, B- oder C-Annahme verwenden. Eine Ablehnung einer solchen Nullhypothese ist eine gute Rechtfertigung dafür, dass man in seiner empirischen Analyse von einer Verletzung der Annahme ausgeht und entsprechende Modifikationen vornimmt, z.B. das logarithmische Modell anstelle des linearen Modells verwendet. Eine Nichtablehnung der Nullhypothese ist hingegen oftmals keine sehr starke Rechtfertigung dafür, in seiner empirischen Analyse von der Erfüllung der untersuchten Annahmen auszugehen.

14.3.2 Bestimmtheitsmaß R^2

Mit Hilfe des RESET-Verfahrens haben wir gesehen, dass im Milch-Beispiel das lineare Modell nicht die geeignete funktionale Form ist. Es muss nach Alternativkandidaten gesucht werden. Das Bestimmtheitsmaß R^2 kann dabei helfen. Es ist allerdings nur in eingeschränktem Maße verwendbar. Wie bereits in Kapitel 13 erwähnt, darf das Bestimmtheitsmaß nur dann angewendet werden, wenn für die zu vergleichenden Modelle drei Bedingungen erfüllt sind:

1. die endogene Variable der Modelle ist identisch, das heißt, ihre numerischen Werte stimmen überein,
2. die Anzahl der exogenen Variablen ist in den Modellen identisch,
3. die Modelle besitzen einen Niveauparameter α.

Die zweite Bedingung verhindert einen Vergleich des quadratischen Modells mit den anderen sechs Modellvarianten, denn das quadratische Modell weist gegenüber den anderen Modellen eine zusätzliche exogene Variable auf. Wir beschränken uns deshalb auf einen Vergleich der Modelle mit gleicher Zahl an exogenen Variablen.

Auch hier sind die Vergleichsmöglichkeiten eingeschränkt, und zwar durch die erste Bedingung, denn bei den verschiedenen Modellen haben wir es mit zwei unterschiedlichen Gruppen zu tun. In der einen Gruppe (logarithmisches Modell, Exponential-Modell und log-inverses Modell) sind die Modelle mit logarithmierter endogener Variable, in der anderen Gruppe (lineares Modell, semi-logarithmisches Modell und inverses Modell) diejenigen mit nicht-logarithmierter endogener Variable. Ein Vergleich der Funktionstypen der verschiedenen Modelle auf Basis ihrer Bestimmtheitsmaße ist nur innerhalb der Gruppen möglich, aber nicht über die Gruppen hinweg. Zu welchen Resultaten kommen wir im Milch-Beispiel?

Nummerische Illustration 14.3

Aus Tabelle 14.3 ist ersichtlich, dass das semi-logarithmische Modell ein höheres Bestimmtheitsmaß aufweist als das lineare und vor allem als das inverse Modell. Innerhalb der Modellgruppe mit nicht-logarithmierter endogener Variable scheint deshalb das semi-logarithmische Modell am besten geeignet.

Innerhalb der Gruppe mit logarithmierter endogener Variable besitzt das logarithmische Modell das höchste Bestimmtheitsmaß. Das log-inverse Modell liefert ein auffallend kleines Bestimmtheitsmaß und fällt deshalb als Kandidat aus.

Aufgrund der Ergebnisse könnte man versucht sein, die Bestimmtheitsmaße des logarithmischen und des semi-logarithmischen Modells zu vergleichen. Dieser Vergleich ist jedoch nicht zulässig, denn die endogenen Variablen dieser Modelle weisen unterschiedliche Dimensionen auf. Im semi-logarithmischen Modell quantifiziert das Bestimmtheitsmaß die erklärte Variation der Milchleistung, im logarithmischen Modell hingegen die erklärte Variation der *logarithmierten* Milchleistung, also eine andere Dimension. Falls die Bestimmtheitsmaße der verglichenen Modelle sehr unterschiedlich ausfallen, wäre es durchaus vertretbar, das Modell mit dem größeren Bestimmtheitsmaß vorzuziehen. Besitzen die Bestimmtheitsmaße allerdings ähnliche Größenordnungen, so kann keine solche Entscheidung getroffen werden. Im Folgenden wird eine Methode vorgestellt, die Modellvergleiche über die Modellgruppen hinweg erlaubt, also beispielsweise einen Vergleich zwischen dem linearen und dem logarithmischen Modell, oder auch einen Vergleich zwischen dem semi-logarithmischen und dem logarithmischen Modell.

14.3.3 Box-Cox-Test

Wenn die Dimensionen der endogenen Variablen in den zu vergleichenden Modellvarianten unterschiedlich sind (z.B. logarithmiert und nicht-logarithmiert), dann hilft das Bestimmtheitsmaß R^2 bei der Suche nach dem geeigneten Funktionstyp normalerweise nicht weiter. Könnte man stattdessen die Summe der Residuenquadrate $S_{\widehat{u}\widehat{u}}$ als Kriterium heranziehen? Man steht hier vor dem gleichen Problem wie schon beim Bestimmtheitsmaß, diesmal aber sogar in verschärfter Form: Die Residuenquadrate sind nicht dimensionslos. Die Werte von $\ln y_t$ sind (im Normalfall wesentlich) kleiner als die Werte von y_t. Entsprechend sollte es nicht überraschen, dass in einem Modell mit $\ln y_t$ als endogener Variable die Residuen normalerweise wesentlich geringer ausfallen als in einem Modell mit y_t als endogener Variable. Für die relative Eignung der beiden Modelle lassen sich daraus aber keine Schlüsse ableiten.

Ein Vergleich der Modelle auf Basis der Residuenquadrate ist erst dann sinnvoll, wenn die Residuenquadrate in eine einheitliche Dimension gebracht werden. Genau diesen Weg beschritten Box und Cox (1964). Wir betrachten eine besonders einfache Version ihres Konzeptes, die auf einen Vorschlag von Zarembka (1968) zurückgeht. Diese Version kann immer dann eingesetzt werden, wenn zwei Modelle zu vergleichen sind, von denen das eine Modell die endogene Variable y_t besitzt und das andere die endogene Variable $\ln y_t$ (wobei $y_t > 0$).

14.3. DIAGNOSE UND NEU-SPEZIFIKATION

Zarembkas Box-Cox-Test

Der Test vollzieht sich in sieben Schritten.

1. Man ermittelt aus den beobachteten Stichprobendaten das *geometrische* Mittel der Variable y_t:

$$\begin{aligned}\widetilde{y} &= (y_1 \cdot y_2 \cdot \ldots \cdot y_T)^{(1/T)} \\ &= e^{\ln(y_1 \cdot y_2 \cdot \ldots \cdot y_T)^{(1/T)}} \\ &= e^{(1/T)\cdot \ln(y_1 \cdot y_2 \cdot \ldots \cdot y_T)} \\ &= e^{(1/T)\cdot \sum_{t=1}^{T} \ln y_t}\ .\end{aligned}$$

2. Anschließend skaliert man die beobachteten Werte der Variable y_t, indem man sie durch das geometrische Mittel $\widetilde{y}$ dividiert: $y_t^* = y_t/\widetilde{y}$.

3. In demjenigen Modell, welches y_t als endogene Variable besitzt, wird y_t durch y_t^* ersetzt und dieses modifizierte Modell einer KQ-Schätzung unterzogen. Diese Schätzung liefert Residuenquadrate, welche hier durch $S_{\widehat{uu}}^*$ bezeichnet seien. In demjenigen Modell, welches $\ln y_t$ als endogene Variable besitzt, wird $\ln y_t$ durch $\ln y_t^*$ ersetzt und auch dieses modifizierte Modell einer KQ-Schätzung unterzogen. Diese Schätzung liefert Residuenquadrate, welche hier durch $S_{\widehat{uu}}^{**}$ bezeichnet seien.

4. Es lässt sich formal zeigen, dass $S_{\widehat{uu}}^*$ und $S_{\widehat{uu}}^{**}$ die gleiche Dimension besitzen und folglich direkt vergleichbar sind. Der Modelltyp mit den kleineren Residuen scheint besser mit den Daten in Einklang zu stehen. Gilt beispielsweise $S_{\widehat{uu}}^* < S_{\widehat{uu}}^{**}$, dann spricht dies für das Modell mit y_t als endogener Variable und gegen das Modell mit $\ln y_t$ als endogener Variable.

5. Weichen $S_{\widehat{uu}}^*$ und $S_{\widehat{uu}}^{**}$ aber nicht weit voneinander ab, dann könnte die Differenz auch rein zufällig sein. Um willkürliche Urteile weitestgehend auszuschließen, werden deshalb die Ergebnisse der Schritte 1 bis 4 durch einen Test ergänzt. In Anlehnung an frühere Tests wird auch hier zunächst eine Nullhypothese formuliert, nämlich dass beide Modell empirisch gleichwertig sind, $H_0: S_{\widehat{uu}}^* = S_{\widehat{uu}}^{**}$.

6. Aus den relevanten Größen $S_{\widehat{uu}}^*$ und $S_{\widehat{uu}}^{**}$ wird eine neue Zufallsvariable l definiert, deren Wahrscheinlichkeitsverteilung, bei Gültigkeit der Nullhypothese, einer $\chi^2_{(1)}$-Verteilung entspricht (unabhängig von der Anzahl der Freiheitsgrade in den KQ-Schätzungen):

$$l = \frac{T}{2}\left|\ln\left(\frac{S_{\widehat{uu}}^*}{S_{\widehat{uu}}^{**}}\right)\right| \sim \chi^2_{(1)}\ .$$

Da $(T/2)$ immer positiv ist und die senkrechten Striche Betragsstriche darstellen, weist die Zufallsvariable l immer einen positiven Wert auf. Da $\ln 1 = 0$, ergibt sich für $S^*_{\widehat{\tilde{u}\tilde{u}}} = S^{**}_{\widehat{\tilde{u}\tilde{u}}}$ ein l-Wert von 0. Je stärker $S^*_{\widehat{\tilde{u}\tilde{u}}}$ und $S^{**}_{\widehat{\tilde{u}\tilde{u}}}$ voneinander abweichen, umso größer der Wert von l. Das gilt sowohl für $S^*_{\widehat{\tilde{u}\tilde{u}}} > S^{**}_{\widehat{\tilde{u}\tilde{u}}}$ als auch für $S^*_{\widehat{\tilde{u}\tilde{u}}} < S^{**}_{\widehat{\tilde{u}\tilde{u}}}$. Aus Tabelle T.4 im Tabellenanhang können für verschiedene Signifikanzniveaus a die kritischen Werte der $\chi^2_{(1)}$-Verteilung abgelesen werden. Liegt der beobachtete Wert der Zufallsvariable oberhalb des kritischen Wertes, dann wird die Nullhypothese verworfen: Die Modelle scheinen empirisch nicht gleichwertig.

7. Wenn die Modelle empirisch nicht gleichwertig sind, dann wird dasjenige Modell ausgewählt, welches die geringere Summe der Residuenquadrate aufweist. Gilt also $S^*_{\widehat{\tilde{u}\tilde{u}}} < S^{**}_{\widehat{\tilde{u}\tilde{u}}}$, dann wird das Modell mit y_t als endogener Variable dem Modell mit $\ln y_t$ als endogener Variable vorgezogen.

Nummerische Illustration 14.4

Der soeben beschriebene Test kann für einen Vergleich zwischen dem linearen Modell (14.2) und dem logarithmischen Modell

$$\ln m_t = \alpha + \beta \ln f_t + u_t \qquad (14.11)$$

benutzt werden. Er kann aber ebensogut auch für einen Vergleich des logarithmischen Modells (14.11) und des semi-logarithmischen Modells

$$m_t = \alpha + \beta \ln f_t + u_t \qquad (14.3)$$

benutzt werden. Angesichts unserer Analyse der Bestimmtheitsmaße (Nummerische Illustration 14.3) wäre letzterer Vergleich von besonderem Interesse, denn dort waren das logarithmische und das semi-logarithmische Modell als jeweilige „Gruppenbeste" verblieben. Ein direkter Vergleich dieser beiden Modelle auf der Grundlage ihrer Bestimmtheitsmaße war jedoch nicht zulässig. Ein Vergleich mit Hilfe des Box-Cox-Tests ist hingegen möglich.

Es lässt sich berechnen, dass im Milch-Beispiel $\sum_{t=1}^{T} \ln m_t = 106,18432$. Das geometrische Mittel der endogenen Variable beträgt somit

$$\widetilde{m} = e^{(1/12)106,18432} \approx 6965,29 \;.$$

Die zu schätzenden modifizierten Modelle lauten folglich

$$m_t/6965,29 \;=\; \alpha + \beta \ln f_t + u_t^*$$
$$\text{und} \qquad \ln(m_t/6965,29) \;=\; \alpha + \beta \ln f_t + u_t^{**} \;,$$

wobei u_t^* und u_t^{**} die jeweiligen Störgrößen darstellen. Eine KQ-Schätzung dieser beiden modifizierten Modelle liefert die folgenden Ergebnisse: $S^*_{\widehat{\tilde{u}\tilde{u}}} = 0,03807$ und $S^{**}_{\widehat{\tilde{u}\tilde{u}}} = 0,02873$. Da die Summe der Residuenquadrate des modifizierten logarithmischen Modells ($S^{**}_{\widehat{\tilde{u}\tilde{u}}}$) kleiner ausfällt als diejenige des modifizierten semi-logarithmischen Modells ($S^*_{\widehat{\tilde{u}\tilde{u}}}$), scheint das logarithmische Modell (14.11) besser geeignet als das semi-logarithmische Modell (14.3).

14.3. DIAGNOSE UND NEU-SPEZIFIKATION

Ist der Unterschied zwischen $S^*_{\widetilde{uu}}$ und $S^{**}_{\widetilde{uu}}$ signifikant? Für die Zufallsvariable l ergibt sich aus den bisherigen Ergebnissen:

$$l = \frac{12}{2} \left| \ln\left(\frac{0,03807}{0,02873}\right) \right| \approx 1,68877 \,.$$

Aus Tabelle T.4 kann der kritische Wert abgelesen werden: Bei Gültigkeit der Nullhypothese und bei einem Freiheitsgrad ($v = 1$) beträgt die Wahrscheinlichkeit, dass l größer als 3,84146 ausfällt 5%. Wir haben einen l-Wert von 1,68877 beobachtet, also einen Wert, der bei Gültigkeit der Nullhypothese nicht sehr unwahrscheinlich ist. Bei einem Signifikanzniveau von 5% kann die Nullhypothese deshalb nicht verworfen werden. $S^{**}_{\widetilde{uu}}$ fällt zwar kleiner aus als $S^*_{\widetilde{uu}}$, aber eben doch nicht signifikant kleiner. Ob signifikant oder nicht, da $S^{**}_{\widetilde{uu}} < S^*_{\widetilde{uu}}$, würde man aus pragmatischer Sicht dennoch das logarithmische Modell dem semi-logarithmischen Modell vorziehen.

Ein allgemeineres Box-Cox-Verfahren

Wir haben zuvor eine spezielle Variante des Box-Cox-Tests beschrieben. Sie kann immer dann eingesetzt werden, wenn zwei Modelle zu vergleichen sind, von denen das eine Modell die endogene Variable y_t besitzt und das andere die endogene Variable $\ln y_t$. Zum Abschluss soll kurz ein allgemeineres Box-Cox-Verfahren skizziert werden. Dieses Verfahren erlaubt auch Vergleiche zwischen vielen weiteren Modellvarianten.

Die Logarithmierung ist eine sehr spezielle Variante der Variablentransformation. Eine allgemeine Variablentransformation ist durch folgende Funktion beschrieben:

$$y_t(\lambda) = \frac{y_t^\lambda - 1}{\lambda} \,, \tag{14.19}$$

wobei λ ein selbst zu wählender Transformationsparameter ist. Auf analoge Weise könnte auch die exogene Variable transformiert werden.

$$x_t(\psi) = \frac{x_t^\psi - 1}{\psi} \,, \tag{14.20}$$

wobei ψ einen weiteren Transformationsparameter darstellt. Eine sehr allgemeine Modellformulierung lautet somit:

$$\frac{y_t^\lambda - 1}{\lambda} = \alpha^* + \beta \, \frac{x_t^\psi - 1}{\psi} + u_t \,, \tag{14.21}$$

wobei α^* den Niveauparameter dieses Modells bezeichne. Das Modell (14.21) wird als *Box-Cox-Modell* bezeichnet. Es beschreibt eine Klasse von vergleichbaren Modellen, deren relative Eignung mit dem allgemeinen Box-Cox-Verfahren überprüft werden kann.

Als Spezialfälle enthält diese Klasse unter anderem das lineare und das logarithmische Modell: Setzt man $\lambda = \psi = 1$, dann ergibt sich das lineare Modell (14.4), denn Einsetzen von $\lambda = \psi = 1$ in das Box-Cox-Modell (14.21) liefert

$$
\begin{aligned}
y_t - 1 &= \alpha^* + \beta\,(x_t - 1) + u_t \\
\Longrightarrow \quad y_t &= \alpha^* + 1 - \beta + \beta x_t + u_t \\
&= \alpha + \beta x_t + u_t\,,
\end{aligned}
$$

wobei $\alpha = \alpha^* + 1 - \beta$. Tendieren hingegen λ und ψ gegen 0, dann ergeben sich in (14.19) und (14.20) als Grenzwerte die Logarithmen $\ln y_t$ und $\ln x_t$. Das allgemeine Box-Cox-Modell wird zum logarithmischen Modell. Ferner ergibt sich

für $\lambda = 1$ und $\psi \to 0$ das semi-logarithmische Modell,
für $\lambda \to 0$ und $\psi = 1$ das Exponential-Modell,
für $\lambda \to 0$ und $\psi = -1$ das log-inverse Modell und
für $\lambda = 1$ und $\psi = -1$ das inverse Modell.

Für andere Werte von λ und ψ (z.B. $\lambda = 0.5$ und $\psi = 1.2$) ergeben sich weitere Funktionstypen.

Das allgemeine Box-Cox-Verfahren vollzieht sich in 5 Schritten:

1. Man ermittelt aus den beobachteten Stichprobendaten das *geometrische* Mittel der Variable y_t:

$$
\begin{aligned}
\widetilde{y} &= (y_1 \cdot y_2 \cdot \ldots \cdot y_T)^{(1/T)} \\
&= e^{(1/T)\cdot \sum_{t=1}^{T} \ln y_t}\,.
\end{aligned}
$$

2. Im allgemeinen Box-Cox-Modell (14.21) wird y_t durch die transformierte Variable $y_t^* = y_t/\widetilde{y}$ ersetzt:

$$
\frac{(y_t^*)^\lambda - 1}{\lambda} = \alpha^* + \beta \frac{x_t^\psi - 1}{\psi} + u_t\,. \tag{14.22}
$$

3. Man kann nun eine bestimmte λ-ψ-Kombination benutzen (z.B. $\lambda = 1,1$ und $\psi = 0,7$) und für Modell (14.22) die entsprechenden Werte der endogenen Variable $[(y_t^*)^\lambda - 1]/\lambda$ und der exogenen Variable $(x_t^\psi - 1)/\psi$ berechnen. Auf Basis dieser Werte kann eine KQ-Schätzung des Modells (14.22) erfolgen und die sich dabei ergebende Summe der Residuenquadrate festgehalten werden.

4. Schritt 3 wird nun für alle anderen möglichen λ-ψ-Kombinationen wiederholt. Es reicht normalerweise aus, sich bei λ und ψ auf den Wertebereich -2 bis 2 zu beschränken und die Werte für λ und ψ in Schritten von $0,1$ unabhängig voneinander zu variieren.

5. Hat man Schritt 3 für alle möglichen λ-ψ-Kombinationen durchgeführt, so wählt man diejenige λ-ψ-Kombination aus, welche die kleinste Summe der Residuenquadrate generiert hat. Setzt man die Werte dieser „besten" λ-ψ-Kombination in Modell (14.21) ein, so hat man die nach Lage der Stichprobendaten beste funktionale Form für das zu schätzende Modell gefunden.

Es sei angemerkt, dass dieses beste Modell linear in den zu schätzenden Parametern α^* und β ist. Man könnte das beschriebene Verfahren noch weiter verfeinern, indem für die in Schritt 5 ausgewählte λ-ψ-Kombination untersucht wird, ob Veränderungen in der zweiten Dezimalstelle dieser λ-ψ-Kombination eventuell zu einer weiteren Verringerung der Summe der Residuenquadrate führen würde.

Abschließend sei noch darauf hingewiesen, dass in einer Mehrfachregression die verschiedenen exogenen Variablen x_{kt} jeweils eigene Transformationsparameter ψ_k erhalten können. Das Box-Cox-Verfahren bleibt davon im Grunde unberührt. Der einzige Unterschied besteht darin, dass anstelle sämtlicher λ-ψ-Kombinationen sämtliche λ-ψ_1-ψ_2-...-ψ_K-Kombinationen miteinander verglichen werden müssen.

14.4 Zusammenfassung

Annahme A2 fordert, dass das ökonometrische Modell linear in den Parametern ist. In der Wirklichkeit treffen wir leider nur selten auf Wirkungszusammenhänge, die linear in den Parametern sind, ohne dass die beobachteten Variablen (z.B. m_t=Milchleistung und f_t=Kraftfuttereinsatz) zuvor transformiert werden mussten (z.B. in $\ln m_t$ und $\ln f_t$). Beispielsweise könnte es sein, dass das Modell

$$m_t = \alpha + \beta f_t + u_t \qquad (14.2)$$

die Wirklichkeit nicht korrekt beschreibt, während das Modell

$$\ln m_t = \alpha + \beta \ln f_t + u_t \,. \qquad (14.11)$$

den wahren Wirkungszusammenhang korrekt wiedergibt. Das Modell (14.11) ist linear in den Parametern α und β und die verwendeten Variablen $\ln m_t$ und $\ln f_t$ sind Funktionen der beobachteten Variablen m_t und f_t. Bei Modell (14.11) spricht man von einem logarithmischen Funktionstyp. Eine Vielzahl weiterer Funktionstypen existiert, welche Modelle repräsentieren, die linear in den Parametern sind und somit keine Verletzung der Annahme A2 darstellen. Welcher Funktionstyp die Wirklichkeit korrekt beschreibt, ist aber oftmals unklar.

Wenn die Vorgaben der ökonomischen Theorie nicht ausreichen, um einen bestimmten Funktionstyp auszuwählen, dann muss man sich an den beobachteten Daten orientieren und testen, ob sie besser mit dem einen oder mit dem anderen Funktionstyp in Einklang stehen. Handelt es sich um eine Einfachregression, dann hilft manchmal schon die Betrachtung der Daten in einer Grafik weiter. Im Falle eines multiplen Regressionsmodells mit mehr als zwei exogenen Variablen ist eine grafische Analyse nicht angebracht.

Wenn die ökonomische Theorie keine Vorgaben macht, dann beginnt man üblicherweise mit der Frage, ob man ohne jegliche Variablentransformation auskommt und somit das lineare Modell unmittelbar benutzen kann. Um diese grundsätzliche Frage zu beantworten, hat sich insbesondere das RESET-Verfahren als hilfreich erwiesen. Wenn das RESET-Verfahren anzeigt, dass die lineare Form nicht angemessen ist, muss nach einem alternativen Funktionstyp Ausschau gehalten werden. Das RESET-Verfahren liefert selbst keine Anhaltspunkte über einen geeigneten Alternativkandidaten.

Sofern die endogenen Variablen der zu vergleichenden Modelle identisch sind, liefert ein Vergleich der jeweiligen Bestimmtheitsmaße Anhaltspunkte über die relative Eignung der verschiedenen Funktionstypen. Sind die endogenen Variablen der zu vergleichenden Modelle unterschiedlich, sollte man auf Zarembkas Box-Cox-Test oder gegebenenfalls auf das allgemeine Box-Cox-Verfahren zurückgreifen.

14.5 Matrixalgebraischer Anhang

Das Modell der Mehrfachregession lautet wie gewohnt:

$$\mathbf{y} = \mathbf{X}\boldsymbol{\beta} + \mathbf{u} \,. \tag{14.23}$$

Dieses Modell ist linear in den Parametern $\boldsymbol{\beta}$ und steht damit in Einklang mit Annahme A2. Dabei ist es vollkommen gleichgültig, ob die Elemente in $\mathbf{y}$ und $\mathbf{X}$ den in der Stichprobe beobachteten Daten in ihrer ursprünglichen Form entsprechen, oder ob sie Transformationen (z.B. Logarithmierung) der beobachteten Daten darstellen.

Die Frage ob die Daten in ihrer ursprünglichen Form belassen oder transformiert sind, ist aber insofern wichtig, als davon die funktionale Form abhängt, welche sich hinter dem Modell (14.23) verbirgt. Wären beispielsweise sämtliche Elemente in $\mathbf{y}$ und $\mathbf{X}$ logarithmische Werte, dann würde das Modell (14.23) ein logarithmisches Modell repräsentieren. Wären nur die Elemente in $\mathbf{X}$ logarithmiert, so würde es sich bei Modell (14.23) um ein semi-logarithmisches Modell handeln. Eine Entscheidung darüber, ob in $\mathbf{y}$ bzw. $\mathbf{X}$ die Daten in ihrer ursprünglichen Form oder in transformierter (z.B. logarithmierter) Form stehen sollen, ist somit zugleich eine Entscheidung darüber, welche funktionale Form das Modell (14.23) repräsentieren soll.

Aus den Daten der Stichprobe lassen sich Anhaltspunkte für die geeignete funktionale Form des Modells gewinnen. Für diesen Zweck wurde in diesem Kapitel das RESET-Verfahren, das Bestimmtheitsmaß und der Box-Cox-Test vorgeschlagen.

14.5. MATRIXALGEBRAISCHER ANHANG

RESET-Verfahren: Um zu überprüfen, ob in $\mathbf{y}$ und $\mathbf{X}$ die untransformierten Daten verwendet werden sollten oder nicht, ob also das Modell (14.23) das lineare Modell repräsentiert, kann das RESET-Verfahren benutzt werden. Es ergänzt Modell (14.23) um die Matrix $\widehat{\mathbf{Y}} = [\widehat{\mathbf{y}}^2 \; \widehat{\mathbf{y}}^3 \; \widehat{\mathbf{y}}^4]$, wobei der Spaltenvektor $\widehat{\mathbf{y}}^2$ durch $\widehat{\mathbf{y}}^2 = [\widehat{y}_1^2 \; \widehat{y}_2^2 \; ... \; \widehat{y}_T^2]'$ und die Spaltenvektoren $\widehat{\mathbf{y}}^3$ und $\widehat{\mathbf{y}}^4$ in analoger Form definiert sind. Das erweiterte Modell lautet

$$\mathbf{y} = \mathbf{X}\boldsymbol{\beta} + \widehat{\mathbf{Y}}\boldsymbol{\gamma} + \mathbf{u},$$

wobei $\boldsymbol{\gamma} = [\gamma_1 \; \gamma_2 \; \gamma_3]'$. Im Rahmen eines F-Tests wird die Nullhypothese $H_0 : \boldsymbol{\gamma} = \mathbf{o}$ überprüft. Wird diese Nullhypothese abgelehnt, so spricht dies gegen die Variante des Modells (14.23), bei der $\mathbf{y}$ und $\mathbf{X}$ aus den untransformierten Daten gebildet werden. Eine Ablehnung spricht also gegen die lineare Form. Es sollte folglich die eine oder andere Transformation der ursprünglichen Daten erwogen werden.

Bestimmtheitsmaß: Das Bestimmtheitsmaß kann für einen Vergleich derjenigen Modelle eingesetzt werden, welche identische Vektoren $\mathbf{y}$ aufweisen – vorausgesetzt sie besitzen einen Niveauparameter und die gleiche Anzahl an exogenen Variablen. Eine ausführliche matrixalgebraische Darstellung des Bestimmtheitsmaßes wurde bereits in Abschnitt 9.8.2 des matrixalgebraischen Anhangs zu Kapitel 9 geliefert. Auf eine wiederholte Darstellung kann hier deshalb verzichtet werden.

Box-Cox-Test: Um zu entscheiden, ob bei gegebener Matrix $\mathbf{X}$ die Elemente in $\mathbf{y}$ in ursprünglicher oder in logarithmierter Form erscheinen sollten, kann Zarembkas Box-Cox-Test herangezogen werden. Möchte man auch allgemeinere Transformationen der Elemente betrachten und dabei auch Transformationen der Daten der exogenen Variablen zulassen, so kann auf das allgemeine Box-Cox-Verfahren zurückgegriffen werden. Eine matrixalgebraische Schreibweise dieser Analyseinstrumente bringt allerdings keine echte Vereinfachung der Notation mit sich und kann deshalb unterbleiben.

Kapitel 15

Verletzung der Annahme A3: Variable Parameterwerte

Annahme A3 lautete:

Annahme A3 Die $K+1$ Parameter $\alpha, \beta_1, \beta_2, \ldots, \beta_K$ sind für alle T Beobachtungen $(x_{1t}, x_{2t}, \ldots, x_{Kt}, y_t)$ konstant.

Betrachten wir folgendes Beispiel:

Beispiel zu Kapitel 15

Der Anteil der in der Industrie Beschäftigten an den insgesamt Beschäftigten stieg in Westdeutschland bis zum Ende der 60er Jahre kontinuierlich bis nahezu 50% an und sank seitdem bis zum heutigen Tag. Inzwischen liegt der Anteil der Industriebeschäftigten bei etwa 33%. In einer Arbeit von Paqué (1999) wird der Standpunkt vertreten, dass die Entwicklung der westdeutschen Arbeitslosenquote im Wesentlichen durch die Entwicklung des Anteils der Industriebeschäftigten an den insgesamt Beschäftigten erklärt werden kann: Steigt der Anteil der Industriebeschäftigten, dann fällt die Arbeitslosenquote. Fällt hingegen der Anteil der Industriebeschäftigten, dann steigt die Arbeitslosenquote.

Um diese Theorie empirisch zu untersuchen, benutzen wir westdeutsche Quartalsdaten, also Zeitreihendaten, die vierteljährlich erhoben werden. Der Untersuchungszeitraum reicht vom ersten Quartal 1980 bis zum vierten Quartal 1998, dem letzten Quartal, für welches das Statistische Bundesamt Erwerbstätigenzahlen getrennt nach Ost- und Westdeutschland zur Verfügung gestellt hat. In unseren Untersuchungszeitraum fällt auch die am 1. Juli 1990, also zu Beginn des dritten Quartals des Jahres 1990, vollzogene Währungsunion, welche von vielen als ökonomische Wiedervereinigung Ost- und Westdeutschlands interpretiert wird. Die verwendeten Daten sind in Tabelle 15.1 wiedergegeben. Abbildung 15.1 stellt die Daten in einer Punktwolke dar.

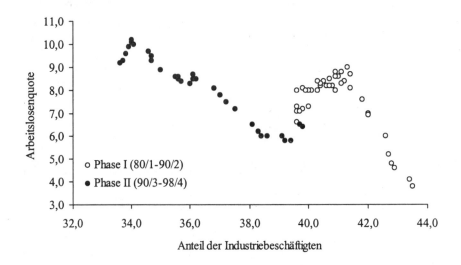

Abbildung 15.1: Die Datenpunkte des Arbeitsmarkt-Beispiels

Genau besehen handelt es sich nicht um eine, sondern um zwei Punktwolken. Die rechte Punktwolke wird aus den als Kreise eingezeichneten Beobachtungspunkten gebildet. Sie umfasst den Zeitraum 80/1 bis 90/2, also die Zeit vor der ökonomischen Wiedervereinigung. Der Zeitraum 90/3 bis 98/4 wird durch ausgemalte Kreise dargestellt. Auch diese Punkte bilden eine eigene Punktwolke. Die Abbildung legt den Verdacht nahe, dass der Wirkungszusammenhang für die erste Phase (80/1 – 90/2) ein anderer war als für die zweite Phase (90/3 – 98/4). Mit anderen Worten, die Parameterwerte von α und β der Phase I unterscheiden sich von denjenigen der Phase II. Dies signalisiert eine Verletzung der Annahme A3.

Eine solche abrupte Veränderung in der parametrischen Struktur des wahren Zusammenhangs bezeichnet man üblicherweise als *Strukturbruch*. Abschnitt 15.1 erläutert die Schätzprobleme, die ein Strukturbruch verursacht. Strukturbrüche stellen jedoch keine unüberwindlichen Hürden für eine Schätzung dar. Auf welche Weise trotz Strukturbruchs geschätzt werden kann, ist Gegenstand des Abschnitts 15.2.

Ein Strukturbruch ist eine abrupte Veränderung eines oder mehrerer Parameterwerte. Eine Veränderung der Parameterwerte könnte sich jedoch auch allmählich vollziehen. Abschnitt 15.3 ist diesem Fall gewidmet. Abschnitt 15.4 stellt einen Exkurs dar, denn er steht in keinem direkten Zusammenhang mit einer Verletzung der Annahme A3. Es wird in diesem Exkurs erläutert, dass das Instrumentarium für die Modellierung von Strukturbrüchen einen weiteren wichtigen Anwendungsbereich besitzt: Die Erfassung exogener Variablen, welche lediglich sogenannte „qualitative Merkmalsausprägungen" besitzen (z.B. männlich, weiblich).

Tabelle 15.1: Arbeitslosenquote y_t und Anteil der Industriebeschäftigten an den insgesamt Beschäftigten x_t für die 76 Quartale des Zeitraums 80/1 bis 98/4.

Jahr/t	y_t	x_t	Jahr/t	y_t	x_t	Jahr/t	y_t	x_t
80/1	3,5	43,5	27	8,2	40,8	93/53	7,2	37,5
2	3,5	43,5	28	8,2	40,7	54	7,5	37,2
3	3,8	43,5	87/29	8,0	40,1	55	7,8	37,0
4	4,1	43,4	30	8,0	40,3	56	8,1	36,8
81/5	4,6	42,9	31	8,3	40,4	94/57	8,5	36,2
6	4,8	42,8	32	8,4	40,3	58	8,7	36,1
7	5,2	42,7	88/33	8,0	39,6	59	8,5	36,1
8	6,0	42,6	34	8,1	39,8	60	8,3	36,0
82/9	6,9	42,0	35	8,0	40,0	95/61	8,4	35,7
10	7,0	42,0	36	8,0	39,9	62	8,6	35,6
11	6,9	42,0	89/37	7,3	39,6	63	8,5	35,6
12	7,6	41,8	38	7,1	39,6	64	8,6	35,5
83/13	8,4	41,2	39	7,2	39,8	96/65	8,9	35,0
14	9,0	41,3	40	7,3	40,0	66	9,3	34,7
15	8,7	41,4	90/41	7,1	39,7	67	9,5	34,7
16	8,1	41,4	42	6,6	39,6	68	9,7	34,6
84/17	8,0	40,9	43	6,5	39,7	97/69	10,0	34,1
18	8,6	41,0	44	6,4	39,8	70	10,0	34,1
19	8,8	41,1	91/45	5,8	39,4	71	10,2	34,0
20	8,3	41,1	46	5,8	39,2	72	10,1	34,0
85/21	8,4	40,5	47	5,8	39,2	98/73	9,9	33,9
22	8,5	40,7	48	6,0	39,1	74	9,6	33,8
23	8,8	40,9	92/49	6,0	38,6	75	9,3	33,7
24	8,6	40,9	50	6,0	38,4	76	9,2	33,6
86/25	8,2	40,4	51	6,2	38,3			
26	8,2	40,6	52	6,5	38,1			

15.1 Konsequenzen der Annahmeverletzung

Abbildung 15.1 deutet darauf hin, dass der Zusammenhang zwischen der Arbeitslosenquote und dem Anteil der Industriebeschäftigten an den insgesamt Beschäftigten für die Phasen I und II getrennt behandelt werden muss. Wir haben es demzufolge mit zwei ökonometrischen Modellen zu tun:

$$\text{Phase I} \quad : \quad y_t = \alpha_I + \beta_I x_t + u_t \tag{15.1a}$$

$$\text{Phase II} \quad : \quad y_t = \alpha_{II} + \beta_{II} x_t + u_t \, , \tag{15.1b}$$

wobei α_I und β_I die wahren Parameter der Phase I sind und α_{II} und β_{II} diejenigen der Phase II. Die Beobachtungspunkte der Abbildung 15.1 signalisieren zwar einen Strukturbruch, aber absolute Sicherheit für einen solchen Strukturbruch kann es nie geben. Ferner ist zu klären, ob beide Parameterwerte sich verändert haben oder ob vielleicht nur einer der beiden Parameter einen neuen Wert annimmt. Wir haben es also insgesamt mit vier möglichen Fällen zu tun:

Fall A: $\alpha_I = \alpha_{II}$ und $\beta_I = \beta_{II}$. Es hätte demzufolge kein Strukturbruch stattgefunden. Dieser Fall ist in Teil A der Abbildung 15.2 wiedergegeben.

Fall B: $\alpha_I \neq \alpha_{II}$ und $\beta_I = \beta_{II}$. Hier ereignet sich der Strukturbruch lediglich im Niveauparameter. Dies ist in Teil B der Abbildung 15.2 dargestellt.

Fall C: $\alpha_I = \alpha_{II}$ und $\beta_I \neq \beta_{II}$. In diesem Fall bleibt der Niveauparameter konstant, aber der Steigungsparameter verändert sich. Teil C der Abbildung 15.2 zeigt einen solchen Fall.

Fall D: $\alpha_I \neq \alpha_{II}$ und $\beta_I \neq \beta_{II}$. In diesem letzten Fall betrifft der Strukturbruch beide Parameter. Teil D der Abbildung 15.2 zeigt diesen Fall.

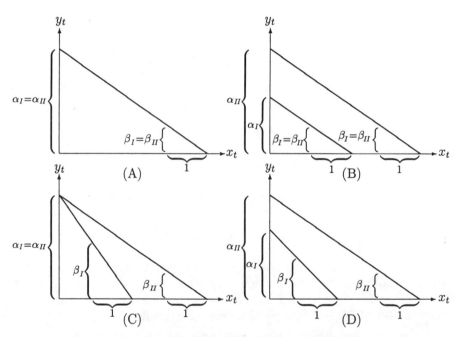

Abbildung 15.2: Vier mögliche Parameterkonstellationen.

Da wir die wahren Parameter α_I, α_{II}, β_I und β_{II} nicht kennen, können wir auch nicht sagen, welcher der vier Fälle den wahren Zusammenhang korrekt wiedergibt. Wir können allerdings ein allgemeines ökonometrisches Modell spezifizieren, das die Phasen I und II in einer einzigen Gleichung darstellt und die vier Fälle A bis D als Spezialfälle enthält. Ein solches Modell wird hier

15.1. KONSEQUENZEN DER ANNAHMEVERLETZUNG

als *Strukturbruchmodell* bezeichnet. Aufbauend auf diesem Modell können wir dann geeignete Hypothesentests durchführen, die uns Informationen darüber liefern, welcher der vier Fälle dem wahren Wirkungszusammenhang entspricht.

15.1.1 Ein geeignetes Strukturbruchmodell

Wie kann ein allgemeines ökonometrisches Modell spezifiziert werden, das die Phasen I und II in einer einzigen Gleichung zusammenfasst und dabei die vier Fälle A bis D als spezielle Varianten enthält? Um zu einem solchen Modell zu kommen, schreiben wir zunächst die Parameter der Phase II in einer etwas anderen Form:

$$\alpha_{II} = \alpha_I + \gamma \quad (15.2a)$$
$$\beta_{II} = \beta_I + \delta . \quad (15.2b)$$

Die Beziehung (15.2a) besagt, dass sich der Niveauparameter der zweiten Phase als die Summe aus dem Niveauparameter der ersten Phase (α_I) und einer Konstanten γ darstellen lässt. Analoges gilt für den Steigungsparameter der zweiten Phase. Natürlich ist uns keiner der Werte der Parameter in den Gleichungen (15.2) bekannt.

Der Wert von γ repräsentiert die Differenz zwischen den Niveauparametern der Phasen I und II. Der Parameter δ entspricht der Differenz zwischen den Steigungsparametern der Phasen I und II. Wenn sowohl γ als auch δ einen Wert von 0 besitzen, dann existiert offensichtlich kein Strukturbruch.

Zu welchem Zweck wurden die Parameter γ und δ eingeführt? Mit Hilfe dieser Parameter lässt sich Gleichung (15.1b), das ökonometrische Modell der Phase II, auch folgendermaßen schreiben:

$$\begin{aligned} y_t &= \alpha_I + \gamma + (\beta_I + \delta)\, x_t + u_t \\ &= \alpha_I + \gamma + \beta_I x_t + \delta x_t + u_t . \end{aligned} \quad (15.3)$$

Im nächsten Zwischenschritt schreiben wir das ökonometrische Modell der Phase I, (15.1a), und das ökonometrische Modell der Phase II, (15.3), als Funktionen der gleichen Parameter:

Phase I: $\quad y_t = \alpha_I + 0 \cdot \gamma + \beta_I x_t + 0 \cdot \delta x_t + u_t \quad$ mit $t=1, 2, ..., T_I$ (15.4a)

Phase II: $\quad y_t = \alpha_I + 1 \cdot \gamma + \beta_I x_t + 1 \cdot \delta x_t + u_t \quad$ mit $t=T_I+1, ..., T$, (15.4b)

wobei T_I die Anzahl der Beobachtungen der Phase I bezeichnet.

Diese zwei Gleichungen lassen sich auch in einer einzigen Gleichung wiedergeben. Zu diesem Zweck bedienen wir uns einer sogenannten *Dummy-Variable*. Diese Variable sei so definiert, dass sie für Beobachtungen der ersten Phase einen Wert von 0 annimmt und für Beobachtungen der zweiten Phase einen Wert von 1:

$$D_t = \begin{cases} 0 & \text{wenn } t = 1, 2, ..., T_I \\ 1 & \text{wenn } t = T_I+1, T_I+2, ..., T . \end{cases}$$

Mit Hilfe dieser Dummy-Variable können wir die zwei Gleichungen (15.4) in einer einzigen Gleichung, dem sogenannten *Strukturbruchmodell* zusammenfassen:

Phasen I und II: $\quad y_t = \alpha_I + \gamma D_t + \beta_I x_t + \delta D_t x_t + u_t\,, \quad t = 1, 2, ..., T\,.\quad$ (15.5)

Um zu erkennen, dass dieses Dummy-Variablen-Modell die separaten Modelle (15.1a) und (15.1b) der Phasen I und II vereint, betrachten wir den Fall einer Beobachtung aus Phase I. Die Dummy-Variable wurde so definiert, dass sie in diesem Fall einen Wert von 0 annimmt. Folglich wird Gleichung (15.5) zu Gleichung (15.4a), welche identisch ist mit Gleichung (15.1a), dem ökonometrischen Modell der Phase I. Bei einer Beobachtung aus Phase II hingegen nimmt die Dummy-Variable einen Wert von 1 an. Gleichung (15.5) wird in diesem Fall zu Gleichung (15.4b). Diese ist identisch mit Gleichung (15.3), die aufgrund der Beziehungen (15.2a) und (15.2b) wiederum identisch ist mit Gleichung (15.1b), dem ökonometrischen Modell der Phase II. Gleichung (15.5) verschmilzt also die ökonometrischen Modelle der Phasen I und II in einer einzigen Gleichung.

Die getrennten Modelle (15.1a) und (15.1b) stellen jeweils Einfachregressionen dar. Selbst wenn die Modelle Mehrfachregressionen darstellten, könnten sie in einem Strukturbruchmodell verschmolzen werden. Dieser Fall wird im matrixalgebraischen Anhang dieses Kapitels behandelt. Welchen Nutzen ziehen wir aus der Verschmelzung der Modelle (15.1a) und (15.1b)? Das Modell (15.5) enthält die vier besprochenen Fälle A bis D als Spezialfälle:

Fall A: $\gamma = 0$ und $\delta = 0$, das heißt, es findet kein Strukturbruch statt:

$$y_t = \alpha_I + \beta_I x_t + u_t\,, \qquad t = 1, 2, ..., T\,. \qquad (15.6)$$

Fall B: $\gamma \neq 0$ und $\delta = 0$, das heißt, der Strukturbruch ereignet sich ausschließlich im Niveauparameter:

$$y_t = \alpha_I + \gamma D_t + \beta_I x_t + u_t\,, \qquad t = 1, 2, ..., T\,. \qquad (15.7)$$

Fall C: $\gamma = 0$ und $\delta \neq 0$, das heißt, der Steigungsparameter unterliegt einem Strukturbruch:

$$y_t = \alpha_I + \beta_I x_t + \delta D_t x_t + u_t\,, \qquad t = 1, 2, ..., T\,. \qquad (15.8)$$

Fall D: $\gamma \neq 0$ und $\delta \neq 0$, das heißt, beide Parameter weisen einen Strukturbruch auf:

$$y_t = \alpha_I + \gamma D_t + \beta_I x_t + \delta D_t x_t + u_t\,, \qquad t = 1, 2, ..., T\,. \qquad (15.5)$$

Das Strukturbruchmodell (15.5) repräsentiert Fall D und enthält die Fälle A bis C als Spezialfälle. Um zu überprüfen, ob ein Strukturbruch stattgefunden

15.1. KONSEQUENZEN DER ANNAHMEVERLETZUNG

hat und ob davon einer oder beide Parameter betroffen sind, können deshalb im Rahmen des Strukturbruchmodells gewöhnliche t-Tests und F-Tests eingesetzt werden. Wie dies im Einzelnen geschieht, bleibt den Abschnitten 15.2.1 und 15.2.2 vorbehalten. Zunächst wenden wir uns der Schätzung und Interpretation des Strukturbruchmodells zu.

15.1.2 Schätzung und Interpretation der Parameter des Strukturbruchmodells

Das Strukturbruchmodell (15.5) kann mit der KQ-Methode geschätzt werden. In die Schätzung gehen $\widetilde{K} = 3$ exogene Variablen ein: Die Dummy-Variable D_t, die Variable x_t und das Produkt dieser beiden Variablen $D_t \cdot x_t$. Letzteres bezeichnet man als *Interaktions-Dummy*.

In Abschnitt 15.6.2 des matrixalgebraischen Anhangs dieses Kapitels wird gezeigt, dass bei der KQ-Schätzung des Strukturbruchmodells die Parameter α_I und β_I ausschließlich auf Basis der Daten der Phase I und die Parameter α_{II} und β_{II} ausschließlich auf Basis der Daten der Phase II geschätzt werden, genauso als würde man die beiden Phasen getrennt schätzen. Folglich ist die KQ-Schätzung des Strukturbruchmodells (15.5) nur dann zulässig, wenn für jede einzelne Phase die Zahl der Beobachtungen mindestens so groß ist wie die Zahl der Parameter des ökonometrischen Modells dieser Phase. Im Arbeitsmarkt-Beispiel sind für jede Phase jeweils zwei Parameter zu schätzen. Es müssen also jeweils mindestens zwei Beobachtungen pro Phase vorliegen. Da wir für Phase I $T_I = 42$ Beobachtungen besitzen und für Phase II $T_{II} = 34$ Beobachtungen, ist diese Bedingung erfüllt.

Nummerische Illustration 15.1

Zarembkas Box-Cox-Test zeigt, dass in unserem Arbeitsmarkt-Beispiel nicht die Werte der Tabelle 15.1 verwendet werden sollten, sondern ihre Logarithmen. Die endogene Variable y_t des Strukturbruchmodells (15.5) entspricht also der logarithmierten Arbeitslosenquote und die exogene Variable x_t dem logarithmierten Anteil der Industriebeschäftigten an den insgesamt Beschäftigten. Die entsprechenden nummerischen Werte der drei exogenen Variablen des Strukturbruchmodells finden sich auszugsweise in Tabelle 15.2.

Auf Basis von 76 Beobachtungen werden $\widetilde{K}=3$ Steigungsparameter und ein Niveauparameter geschätzt. Die Freiheitsgrade dieser Schätzung betragen folglich $T - \widetilde{K} - 1 = 72$. In Tabelle 15.3 sind die KQ-Schätzwerte des Strukturbruchmodells (15.5) angegeben. Sämtliche KQ-Schätzer weisen p-Werte auf, die erst in der fünften oder noch höheren Dezimalstelle von 0 abweichen. Die Schätzergebnisse sind also hochsignifikant.

In der Zeile der Variable „Konstante" ist der Schätzwert für α_I, den Niveauparameter der Phase I wiedergegeben: $\widehat{\alpha}_I = 27,251$. In der folgenden Zeile steht der Schätzwert für β_I, den Steigungsparameter der Phase I: $\widehat{\beta}_I = -6,807$. Dieser misst die Elastizität der Arbeitslosenquote in Bezug auf

Tabelle 15.2: Logarithmierte Arbeitslosenquote y_t, logarithmierter Anteil der Industriebeschäftigten x_t, Dummy-Variable D_t und Interaktions-Dummy $D_t x_t$ für die 76 Quartale des Zeitraums 80/1 bis 98/4.

	Jahr/Quartal	t	y_t	x_t	D_t	$D_t x_t$
Phase I	80/1	1	1,253	3,773	0	0
	80/2	2	1,253	3,773	0	0
	⋮	⋮	⋮	⋮	⋮	⋮
	90/2	42	1,887	3,679	0	0
Phase II	90/3	43	1,872	3,681	1	3,681
	90/4	44	1,856	3,684	1	3,684
	⋮	⋮	⋮	⋮	⋮	⋮
	98/4	76	2,219	3,515	1	3,515

den Anteil der Industriebeschäftigten. Steigt während der Phase I der Anteil der in der Industrie Beschäftigten um ein Prozent (nicht Prozentpunkt!) an, so führt dies zu einer Reduktion in der Arbeitslosenquote um $-6,807$ Prozent (nicht Prozentpunkte!). Zur Klarstellung: Eine Erhöhung des Anteils der Industriebeschäftigten von 40% auf 40,4% ist ein Anstieg um 0,4 Prozentpunkte und gleichzeitig ein Anstieg um 1 Prozent. In der Zeile der Variable „Dummy" finden sich die Schätzergebnisse für den Parameter γ. Der Schätzwert von $\widehat{\gamma} = -13,129$ sagt aus, dass der Niveauparameter der Phase II um 13,129 kleiner ist als derjenige der Phase I. Er beträgt folglich $\widehat{\alpha}_{II} = 27,251 - 13,129 = 14,122$. In der Zeile darunter sind die Schätzergebnisse für den Parameter δ wiedergegeben. Der Schätzwert von $\widehat{\delta} = 3,453$ besagt, dass der Steigungsparameter der Phase II um 3,453 über demjenigen der Phase I liegt: $\widehat{\beta}_{II} = -6,807 + 3,453 = -3,354$. Die Elastizität der Arbeitslosenquote ist in Phase II also wesentlich geringer als in Phase I.

Tabelle 15.3: Schätzergebnisse für das Strukturbruchmodell (15.5) des Arbeitsmarkt-Beispiels.

Variable	Koeff.	$\widehat{se}(\cdot)$	t-Wert	p-Wert
Konstante	27,251	2,691	10,125	<0,001
Industriebeschäftigung	-6,807	0,724	-9,398	<0,001
Dummy	-13,129	3,088	-4,253	<0,001
Interaktions-Dummy	3,453	0,838	4,120	<0,001

Insgesamt bestätigen die Schätzresultate die eingangs skizzierte Theorie der Arbeitslosigkeit: Eine Senkung des Anteils der Industriebeschäftigten geht mit einer Erhöhung der Arbeitslosenquote einher. Es sei jedoch angemerkt, dass der Schätzwert $\widehat{\beta}_I$ sehr stark durch die Beobachtungen der Jahre 1980 und 1981 *(das sind die in Abbildung 15.1 ganz rechts außen liegenden Kreise) bestimmt wird. Lässt man diese Werte in seiner Schätzung weg, so ergibt sich sogar ein positiver Schätzwert für $\widehat{\beta}_I$.*

15.1.3 Getrennte Schätzung der zwei Phasen

Es ist aufschlussreich, die Schätzung des Strukturbruchmodells (15.5) mit den Schätzergebnissen zu vergleichen, welche sich bei getrennten Schätzungen der Phasen-Modelle (15.1a) und (15.1b) ergeben. Wir hatten in Abschnitt 15.1.2 bereits darauf hingewiesen, dass bei der KQ-Schätzung des Strukturbruchmodells (15.5) die Parameter α_I und β_I ausschließlich auf Basis der Daten der Phase I und die Parameter α_{II} und β_{II} ausschließlich auf Basis der Daten der Phase II geschätzt werden. In Abschnitt 15.6.1 des matrixalgebraischen Anhangs dieses Kapitels ist gezeigt, dass bei der KQ-Schätzung der Parameter α_I, β_I, α_{II} und β_{II} auf Basis des Strukturbruchmodells (15.5) genau die gleichen Schätzformeln verwendet werden wie bei der getrennten KQ-Schätzung der Modelle (15.1a) und (15.1b). Es ergeben sich somit auch immer genau die gleichen Schätzwerte.

Betrachten wir exemplarisch den Parameter β_I. Wir wissen, dass sich der Wert für $\widehat{\beta}_I$ bei getrennter Schätzung der Phase I aus der bekannten KQ-Schätzformel $\widehat{\beta}_I = S^I_{xy}/S^I_{xx}$ errechnet, wobei S^I_{xy} und S^I_{xx} die auf Basis der ersten T_I Beobachtungen berechneten Werte darstellen. Folglich muss sich auch bei gemeinsamer Schätzung der Phasen I und II der Wert von $\widehat{\beta}_I$ aus der Formel $\widehat{\beta}_I = S^I_{xy}/S^I_{xx}$ ergeben.

Nummerische Illustration 15.2

Für das Arbeitsmarkt-Beispiel erhält man bei getrennten KQ-Schätzungen der Modelle (15.1a) und (15.1b) die in Tabelle 15.4 wiedergegebenen Ergebnisse. Die Werte für $\widehat{\alpha}_I$ und $\widehat{\beta}_I$ sind identisch mit denjenigen, die wir aus der Schätzung des Strukturbruchmodells (15.5) erhielten (Tabelle 15.3). Aber auch die Werte für $\widehat{\alpha}_{II}$ und $\widehat{\beta}_{II}$ sind (abgesehen von einem Rundungsfehler) identisch mit denjenigen, welche wir aus der Schätzung des Strukturbruchmodells berechnet hatten ($\widehat{\alpha}_I + \widehat{\gamma} = 14{,}122$ und $\widehat{\beta}_I + \widehat{\delta} = -3{,}354$).

Tabelle 15.4: Schätzergebnisse bei getrennten KQ-Schätzungen der Modelle (15.1a) und (15.1b).

Modell	Variable	Koeff.	$\widehat{se}(\cdot)$	t-Wert	p-Wert
(15.1a)	Konstante	27,251	3,477	7,837	<0,001
Phase I	Industriebeschäftigung	-6,807	0,936	-7,274	<0,001
(15.1b)	Konstante	14,122	0,611	23,099	<0,001
Phase II	Industriebeschäftigung	-3,355	0,170	-19,709	<0,001

In Tabelle 15.4 fällt allerdings auf, dass die Werte der letzten drei Spalten nicht mit denjenigen der Tabelle 15.3 übereinstimmen. Zumindest in den Zeilen der Parameter $\widehat{\alpha}_I$ und $\widehat{\beta}_I$ hätten wir eine Übereinstimmung erwartet. Wie kommt dieser Unterschied zwischen den zwei Schätzverfahren zustande und bedeutet er, dass die eine Variante eine größere Präzision aufweist als die andere?

Betrachten wir wieder exemplarisch den Parameter β_I. Wir wissen, dass bei seiner KQ-Schätzung im Rahmen des Modells (15.1a) genau die gleiche KQ-Schätzformel zur Anwendung kommt wie bei seiner KQ-Schätzung im Rahmen des Strukturbruchmodells (15.5). Es ergeben sich bei beiden Verfahren also immer die gleichen Schätzwerte. Folglich muss auch die durch $se(\widehat{\beta}_I)$ definierte Schätzgenauigkeit in beiden Verfahren identisch sein. Da sie bei separater Schätzung der Phase I genau $se(\widehat{\beta}_I) = \sqrt{\sigma^2/S_{xx}^I}$ beträgt, muss dies auch für die gemeinsame Schätzung auf Basis des Strukturbruchmodells gelten.

Der *Schätzwert* für $se(\widehat{\beta}_I)$, also $\widehat{se}(\widehat{\beta}_I)$, weicht allerdings in den beiden Verfahren voneinander ab. Um einen Schätzwert für $se(\widehat{\beta}_I)$ zu erhalten, wird man sowohl bei der Schätzung des Modells (15.1a) als auch bei der Schätzung des Strukturbruchmodells (15.5) den Wert $\widehat{se}(\widehat{\beta}_I) = \sqrt{\widehat{\sigma}^2/S_{xx}^I}$ ermitteln. Benutzt man Modell (15.1a), so ermittelt man $\widehat{\sigma}^2$ allerdings allein auf Basis der Residuen der Phase I: $\widehat{\sigma}^2 = S_{\widehat{u}\widehat{u}}^I/(T_I - K - 1)$. Benutzt man hingegen das Strukturbruchmodell (15.5), dann wird $\widehat{\sigma}^2$ aus sämtlichen T Residuen errechnet: $\widehat{\sigma}^2 = S_{\widehat{u}\widehat{u}}/(T - \widetilde{K} - 1)$. Die zwei Werte stimmen normalerweise nicht genau überein, so dass sich auch für $\widehat{se}(\widehat{\beta}_I)$ unterschiedliche Werte ergeben. Dies schlägt sich wiederum in abweichenden t- und p-Werten nieder.

Aus diesen Überlegungen wird zudem ersichtlich, dass eine Schätzung von $se(\widehat{\beta}_I)$ auf Basis des Modells (15.1a) nicht effizient sein kann: Gemäß Annahme B2 bleibt die Störgrößenvarianz über beide Phasen hinweg konstant und somit enthalten die Residuen der Phase II Informationen, welche für die Schätzung von σ^2 relevant sind. Die Berechnung von $\widehat{\sigma}^2$ allein auf Basis der Phase I wäre somit nicht effizient. Genau diese ineffiziente Schätzung erfolgt aber, wenn $\widehat{\sigma}^2$ allein aus den Residuen des Modells (15.1a) errechnet wird. Wird $\widehat{\sigma}^2$ hingegen aus den Residuen des Stukturbruchmodells (15.5) errechnet, so werden alle verfügbaren Informationen genutzt. Deshalb ist diese zweite Schätzvariante vorzuziehen.

15.1.4 Eine mögliche alternative Formulierung des Strukturbruchmodells

Unter Ausnutzung der Beziehungen (15.2a) und (15.2b) lässt sich das Strukturbruchmodell (15.5) auch in der Form

$$\begin{aligned}y_t &= \alpha_I + (\alpha_{II} - \alpha_I)D_t + \beta_I x_t + (\beta_{II} - \beta_I)D_t x_t + u_t \\ &= \alpha_I(1 - D_t) + \alpha_{II}D_t + \beta_I(1 - D_t)x_t + \beta_{II}D_t x_t + u_t \quad (15.9)\end{aligned}$$

15.1. KONSEQUENZEN DER ANNAHMEVERLETZUNG

ausdrücken. Auch diese Schreibweise ist zulässig und findet sich in zahlreichen empirischen Studien. Modell (15.9) ist ein Modell ohne Niveauparameter aber mit vier Steigungsparametern (α_I, α_{II}, β_I und β_{II}). Die entsprechenden exogenen Variablen lauten $1-D_t$, D_t, $(1-D_t)x_t$ und $D_t x_t$. Die KQ-Schätzwerte und Interpretationen der Parameter α_I, α_{II}, β_I und β_{II} bleiben davon aber völlig unberührt. Sie entsprechen genau denjenigen, welche sich bei getrennter Schätzung der Modelle (15.1a) und (15.1b) sowie bei Schätzung des Strukturbruchmodells (15.5) ergeben. In diesem Buch wird die Modellformulierung (15.5) der Modellformulierung (15.9) vorgezogen, vor allem deshalb, weil sie, wie wir in Abschnitt 15.2 noch sehen werden, der Diagnose von Strukturbrüchen besser zugänglich ist.

15.1.5 Komplexere Strukturbrüche

Im westdeutschen Arbeitsmarkt-Beispiel hatten wir es mit einem einzelnen Strukturbruch zu tun. Dieser ereignete sich durch die ökonomische Wiedervereinigung zu Beginn des dritten Quartals des Jahres 1990. Wollte man auch Quartalsdaten der Jahre 1975 bis 1979 einbeziehen, so sollte man beachten, dass im Jahre 1979 der Sturz des iranischen Schahs zu einer erheblichen Verteuerung von Rohöl führte. Man muss davon ausgehen, dass dieser Ölpreisschock Rückwirkungen auf den Wirkungszusammenhang auf dem westdeutschen Arbeitsmarkt hatte. Um dies angemessen zu modellieren, sollten wir in unserem um die Jahre 1975 bis 1979 erweiterten Modell einen zweiten Strukturbruch zulassen, beispielsweise zwischen den Quartalen 79/4 und 80/1.

Wie müsste das entsprechende Strukturbruchmodell spezifiziert werden? Das entsprechende Modell müsste

$$y_t = \alpha_I + \gamma_{II} D_{IIt} + \gamma_{III} D_{IIIt} + (\beta_I + \delta_{II} D_{IIt} + \delta_{III} D_{IIIt})x_t + u_t \qquad (15.10)$$

lauten. Diese Gleichung weist zwei Dummy-Variablen (D_{IIt} und D_{IIIt}) auf, für jeden Strukturbruch eine. Dabei gilt

$$D_{IIt} = \begin{cases} 0 & \text{wenn } t \text{ aus } 75/1 \text{ bis } 79/4 \text{ oder aus } 90/3 \text{ bis } 98/4, \\ 1 & \text{wenn } t \text{ aus } 80/1 \text{ bis } 90/2, \end{cases}$$

$$D_{IIIt} = \begin{cases} 0 & \text{wenn } t \text{ aus } 75/1 \text{ bis } 90/2, \\ 1 & \text{wenn } t \text{ aus } 90/3 \text{ bis } 98/4. \end{cases}$$

Setzt man $D_{IIt} = D_{IIIt} = 0$, so ergibt sich Phase I. Für Phase II muss $D_{IIt} = 1$ gesetzt werden und $D_{IIIt} = 0$. Für $D_{IIt} = 0$ und $D_{IIIt} = 1$ erhält man Phase III. Auch hier entspricht die Anzahl der Dummy-Variablen der Zahl der Strukturbrüche und nicht der Zahl der Phasen.

Wie sind die verschiedenen Parameter zu interpretieren? Der Parameter β_I misst wieder die Steigung des wahren Zusammenhangs in Phase I. Der Steigungsparameter der Phase II entspricht der Summe aus β_I und δ_{II}. Der Steigungsparameter der Phase III lautet $\beta_I + \delta_{III}$ und nicht etwa $\beta_I + \delta_{II} + \delta_{III}$.

Folglich gibt δ_{III} den Unterschied im Steigungsparameter zwischen Phase III und Phase I an. Der Unterschied zwischen Phase III und Phase II ergibt sich aus

$$\beta_{III} - \beta_{II} = \beta_I + \delta_{III} - (\beta_I + \delta_{II}) = \delta_{III} - \delta_{II}. \tag{15.11}$$

Analoge Überlegungen gelten für die Niveauparameter der drei Phasen (α_I, α_{II} und α_{III}).

15.1.6 Konsequenzen aus einer Vernachlässigung des Strukturbruchs

Kehren wir zum Fall eines einzigen Strukturbruchs zurück. Welche Schätzprobleme ergeben sich, wenn man unberechtigterweise unterstellt, es gäbe diesen Strukturbruch nicht? Man würde dann nicht das Strukturbruchmodell (15.5), sondern das Modell

$$y_t = \alpha + \beta x_t + u_t \tag{15.12}$$

zugrunde legen und die Parameter α und β schätzen.

Nummerische Illustration 15.3

Eine Schätzung des Modells (15.12) liefert die in Tabelle 15.5 wiedergegebenen Resultate. Ein Vergleich mit den Ergebnissen der Tabelle 15.4 zeigt, dass $\widehat{\alpha}$ in unserem Beispiel nicht etwa zwischen $\widehat{\alpha}_1$ und $\widehat{\alpha}_2$ fällt, sondern kleiner als beide Werte ausfällt. Der Schätzwert für $\widehat{\beta}$ fällt größer (weniger negativ) aus als $\widehat{\beta}_1$ und $\widehat{\beta}_2$. Wenn man der gesamten Punktwolke der Abbildung 15.1 gedanklich eine möglichst gut passende Regressionsgerade hinzufügt und diese mit den beiden Regressionsgeraden vergleicht, die man in die getrennten Punktwolken einpassen würde, dann findet man den Ergebnisvergleich der Tabellen 15.4 und 15.5 auch grafisch bestätigt.

Tabelle 15.5: Die Schätzergebnisse für Modell (15.12).

Variable	Koeff.	$\widehat{se}(\cdot)$	t-Wert	p-Wert
Konstante	9,278	1,053	8,812	<0,001
Industriebeschäftigung	-1,986	0,288	-6,905	<0,001

Falls der wahre Wirkungszusammenhang durch einen Strukturbruch gekennzeichnet ist, sind die Schätzer $\widehat{\alpha}$ und $\widehat{\beta}$ des Modells (15.12) vollkommen wertlos, denn die Parameter α und β existieren nicht. Es existieren lediglich die Parameter α_I, α_{II}, β_I und β_{II}. Modell (15.12) zwängt die Wirklichkeit in eine zu einfache Form, die dem wahren Zusammenhang nicht entspricht. Die Schätzung eines Scheinzusammenhangs ist aber nutzlos und irreführend.

15.2 Diagnose

Wir hatten für das Arbeitsmarkt-Beispiel das allgemeine Strukturbruchmodell (15.5) formuliert. Es ermöglichte uns, den Wirkungszusammenhang der ersten und zweiten Phase in einer gemeinsamen Gleichung darzustellen. Allerdings herrschte Unsicherheit darüber, ob sich der gesamte Beobachtungszeitraum T tatsächlich in zwei Phasen unterteilen lässt, ob sich also zwischen den T_I Beobachtungen der Phase I und den T_{II} Beobachtungen der Phase II tatsächlich ein Strukturbruch ereignet hat.

Hat sich kein Strukturbruch ereignet, dann haben wir es mit Fall A ($\gamma = \delta = 0$) zu tun. Wenn ein Strukturbruch stattgefunden haben sollte, bleibt zu klären, ob er sich im Niveauparameter oder im Steigungsparameter oder in beiden ereignete, ob also Fall B, C oder D vorliegt. Unser Ziel ist es nun, Anhaltspunkte darüber zu sammeln, welcher der vier Fälle der Wahrheit entspricht.

Die Schätzergebnisse der Tabelle 15.3 liefern bereits zahlreiche Anhaltspunkte. Ergeben sich im Strukturbruchmodell für γ (Variable *Dummy*) und δ (Variable *Interaktions-Dummy*) Schätzwerte, die dicht bei 0 liegen, so deutet dies darauf hin, dass kein Strukturbruch stattgefunden hat. Ergibt sich lediglich für $\hat{\gamma}$ ein von 0 deutlich verschiedener Wert, dann signalisiert dies einen Strukturbruch im Niveauparameter, also Fall B. Ist nur $\hat{\delta}$ von 0 deutlich verschieden, dann weist dies auf einen Strukturbruch im Steigungsparameter hin. Dies würde Fall C entsprechen. Fall D scheint vorzuliegen, wenn sowohl $\hat{\gamma}$ als auch $\hat{\delta}$ von 0 deutlich verschieden sind.

Was aber genau heißt „deutlich von 0 abweichen"? Bis zu welchem Wert kann das Abweichen als eine Zufälligkeit der Stichprobe betrachtet werden, und ab welchem Wert reflektiert es ein systematisches Abweichen? Um eine willkürliche Antwort weitestgehend zu vermeiden, können wir auf die bekannten t- und F-Tests sowie auf eine Variante des F-Tests, den prognostischen Chow-Test, zurückgreifen. Eine kurze Erläuterung dieser Verfahren wird in den Abschnitten 15.2.1 bis 15.2.2 gegeben. In Abschnitt 15.2.4 wird ein einfaches Hilfsmittel vorgestellt, um aus den Daten Anhaltspunkte über den genauen *Zeitpunkt* des Strukturbruchs zu erhalten.

15.2.1 F-Test

Zunächst sollte überprüft werden, ob überhaupt ein Strukturbruch stattgefunden hat. Anhaltspunkte darüber ergeben sich aus dem Strukturbruchmodell (15.5), indem ein F-Test der Nullhypothese $H_0 : \gamma = \delta = 0$ durchgeführt wird. Das Nullhypothesen-Modell entspricht somit Modell (15.12).

Nummerische Illustration 15.4

Im Arbeitsmarkt-Beispiel haben wir es mit $T - \widetilde{K} - 1 = 72$ Freiheitsgraden zu tun, denn $T = 76$ und in Modell (15.5) gilt $\widetilde{K} = 3$. Die Anzahl der in der

Nullhypothese formulierten Linearkombinationen beträgt $L=2$. Ökonometrische Standardsoftware liefert für das Modell (15.5) die Summe der quadrierten Residuen $S_{\widehat{uu}} = 1,302$. Für das Nullhypothesen-Modell (15.12) erhält man einen Wert von $S^0_{\widehat{uu}} = 2,616$. Einsetzen dieser Werte in die Standard-Formel (10.15) liefert folgenden F-Wert:

$$F = \frac{(2,616 - 1,302)/2}{1,302/72} = 36,332 \ .$$

Für ein Signifikanzniveau von 5% liegt der kritische F-Wert bei etwa 3,13. Die Nullhypothese kann somit verworfen werden. Die Daten signalisieren, dass im Wirkungszusammenhang zwischen dem Anteil der Industriebeschäftigung und der Arbeitslosenquote ein Strukturbruch stattgefunden hat. Ob er sich im Niveauparameter oder im Steigungsparameter oder in beiden ereignet hat, bleibt aber noch zu klären (siehe dazu Abschnitt 15.2.2).

Gujarati (2002) veranschaulicht die analytische Gleichwertigkeit dieses F-Tests mit dem sogenannten „Chow-Test". Maddala (2001) weist darauf hin, dass der „Chow-Test" erstmalig von Rao (1952) vorgeschlagen wurde. Chows (1960) eigentlicher Beitrag bestand in einem anderen Test, der in Kürze vorgestellt wird (siehe Abschnitt 15.2.3).

15.2.2 t-Test

Um zu entscheiden, ob Fall D ($\gamma \neq 0$ und $\delta \neq 0$) oder Fall C ($\gamma = 0$ und $\delta \neq 0$) die Realität treffender beschreibt, kann die Hypothese $H_0 : \gamma = 0$ mit einem t-Test überprüft werden. Weicht γ signifikant von 0 ab, dann muss die Nullhypothese und damit Fall C verworfen werden. Auf analogem Wege kann eine Entscheidung zwischen Fall D und Fall B ($\gamma \neq 0$ und $\delta = 0$) erfolgen: Auf Basis eines t-Tests wird die Nullhypothese $H_0 : \delta = 0$ überprüft.

Nummerische Illustration 15.5

Eine Schätzung des Modells (15.5) liefert die in Tabelle 15.3 wiedergegebenen Resultate. Die Tabelle gibt an, dass sich für die Nullhypothese $H_0 : \gamma = 0$ ein t-Wert von $-4,252$ ergibt. Für die Nullhypothese $H_0 : \delta = 0$ beträgt der t-Wert 4,120. Die Zahl der Freiheitsgrade beträgt 72. Für ein Signifikanzniveau von 5% ergibt sich dann ein kritischer t-Wert von etwa 1,99. Beide Nullhypothesen können demzufolge verworfen werden. Dies ist auch aus den p-Werten der Tabelle 15.3 unmittelbar ersichtlich. Es muss folglich von Strukturbrüchen in beiden Parametern, also von Fall D ausgegangen werden.

15.2.3 Prognostischer Chow-Test

Der Wirkungszusammenhang der Phase I wurde durch Modell (15.1a) formalisiert. In diesem Modell sind $K = 1$ exogene Variablen enthalten und $K + 1$

15.2. DIAGNOSE

Parameter zu schätzen. Das Gleiche gilt für Modell (15.1b), das Modell der Phase II. Wir hatten bereits darauf hingewiesen, dass eine KQ-Schätzung des Strukturbruchmodells (15.5) nur dann zulässig ist, wenn für beide Phasen jeweils mindestens $K+1$ Beobachtungen vorliegen. Im Arbeitsmarkt-Beispiel ist diese Bedingung offensichtlich erfüllt, denn für die erste Phase liegen $T_I = 42$ und für die zweite Phase liegen $T_{II} = 34$ Beobachtungen vor und bei getrennter Schätzung der beiden Phasen wären jeweils $K+1 = 2$ Parameter zu schätzen gewesen. Hätten wir für Phase II nicht 34, sondern lediglich eine einzige Beobachtung vorliegen, dann wäre auch die Schätzung des allgemeinen Strukturbruchmodells nicht zulässig und folglich auch nicht der im vorangegangenen Abschnitt beschriebene F-Test. Dies ist ein ernstes Problem, denn oftmals möchte man untersuchen, ob sich, z.B. durch eine erst kürzlich umgesetzte wirtschaftspolitische Maßnahme, in der jüngsten Vergangenheit eine strukturelle Veränderung im Wirkungszusammenhang zwischen endogener und exogenen Variablen ereignet hat. In solchen Fällen könnte es zu $T_{II} < K+1$ kommen.

Existiert auch für solche Fälle ein aussagekräftiger Strukturbruchtest? Auch für diesen Fall kann ein F-Test angewendet werden, allerdings in modifizierter Form. Dieser Test wird als *prognostischer Chow-Test* bezeichnet. Die Nullhypothese dieses Tests besagt wie gewohnt, dass kein Strukturbruch vorliegt. Der Test berechnet den folgenden F-Wert:

$$F = \frac{(S^*_{\widehat{u}\widehat{u}} - S^I_{\widehat{u}\widehat{u}})/T_{II}}{S^I_{\widehat{u}\widehat{u}}/(T_I - K - 1)}, \qquad (15.13)$$

wobei K die Anzahl der exogenen Variablen bei einer Schätzung des Modells der Phase I bezeichnet. Ferner bezeichnet $S^*_{\widehat{u}\widehat{u}}$ die Summe der Residuenquadrate einer Schätzung von Modell (15.1a) über *alle* Perioden (also unter Ausschluss eines möglichen Strukturbruchs) und $S^I_{\widehat{u}\widehat{u}}$ die entsprechende Summe einer auf Phase I beschränkten Schätzung. Es lässt sich zeigen, dass bei Gültigkeit der Nullhypothese „kein Strukturbruch" die Variable F einer $F_{(T_{II}, T_I - K - 1)}$-Verteilung folgt (siehe beispielsweise Johnston und DiNardo, 1997).

Warum kann der Wert von F als ein Maß für den Widerspruch zwischen den beobachteten Daten und der Nullhypothese angesehen werden? Wenn kein Strukturbruch vorliegt, dann sollte das Modell (15.1a) auch für Phase II den wahren Wirkungszusammenhang wiedergeben und man könnte Modell (15.1a) für den gesamten Zeitraum schätzen. Die durchschnittlichen Residuenquadrate, welche bei einer Schätzung über den gesamten Zeitraum gegenüber einer Schätzung nur über Phase I hinzukommen, $(S^*_{\widehat{u}\widehat{u}} - S^I_{\widehat{u}\widehat{u}})/T_{II}$, sollten dann nicht signifikant größer ausfallen als die durchschnittlichen Residuenquadrate bei einer Schätzung nur über Phase I, $S^I_{\widehat{u}\widehat{u}}/(T_I - K - 1)$. Mit anderen Worten, der Zähler in Formel (15.13) sollte nicht wesentlich größer ausfallen als der Nenner. Liegt aber ein Strukturbruch vor, dann wird Modell (15.1a) für Phase II den Wirkungszusammenhang nicht gut wiedergeben und entsprechend groß wird die Differenz $(S^*_{\widehat{uu}} - S^I_{\widehat{uu}})$. In diesem Fall wird der Zähler den Nenner deutlich übersteigen und folglich ein großer F-Wert zu beobachten sein. Fällt dieser F-Wert größer aus als der kritische F-Wert, dann wird die Nullhypothese „kein Strukturbruch" abgelehnt.

Nummerische Illustration 15.6

Versetzen wir uns in das vierte Quartal des Jahres 1990 zurück und nehmen wir an, wir wollten untersuchen, ob die zu Beginn des dritten Quartals vollzogene Währungsunion bereits zu einem Strukturbruch im Wirkungszusammenhang zwischen dem Anteil der Industriebeschäftigten und der Arbeitslosenquote geführt hat. Nehmen wir ferner an, dass die entsprechenden Quartalsdaten von 80/1 bis einschließlich 90/3 vorliegen. Der Beobachtungsumfang beträgt also $T = 43$ ($T_I = 42$ und $T_{II} = 1$). Da für Phase II lediglich eine einzige Beobachtung vorliegt, kann der einfache F-Test nicht angewendet werden. Wir müssen deshalb die Variante (15.13) benutzen.

Es ergeben sich Werte von $S^*_{\widehat{uu}} = 1,3044$ und $S^I_{\widehat{uu}} = 1,2079$. Der kritische Wert beträgt $F_{0,05} = 4,085$ ($v_1 = 1$, $v_2 = 40$) und für den F-Wert errechnet sich gemäß (15.13) ein Wert von $F = 3,196$. Er fällt damit geringer aus als der kritische Wert. Die Informationen aus den Daten reichen nicht aus, um die Nullhypothese „kein Strukturbruch" auf einem Signifikanzniveau von 5% ablehnen zu können.

Diese zweite Variante eines F-Tests kann zwar auch dann Anwendung finden, wenn für beide Perioden ausreichend Beobachtungen vorliegen, aber in solchen Fällen ist die in Abschnitt 15.2.1 beschriebene erste Variante vorzuziehen, denn sie weist eine höhere Trennschärfe auf.

15.2.4 Zeitpunkt des Strukturbruchs

Oftmals ist man sich nicht ganz im Klaren, wann *genau* der Strukturbruch stattgefunden hat. Beginnt die Phase II im Quartal 90/1 ($t = 41$), im Quartal 90/2 ($t = 42$), im Quartal 90/3 ($t = 43$) oder sogar noch später? Der prognostische Chow-Test kann auch zur Klärung dieser Frage beitragen. Um Anhaltspunkte über den korrekten Zeitpunkt zu erhalten, könnte man zunächst einen prognostischen Chow-Test für die Zeiträume $t = 1, 2, ..., 40$ und $t = 1, 2, ..., 41$ (das heißt, $T_I = 40$ und $T_{II} = 1$) durchführen. Dieser Test würde gemäß (15.13) einen bestimmten F-Wert liefern. Anschließend wird ein prognostischer Chow-Test für die Zeiträume $t = 1, 2, ..., 41$ und $t = 1, 2, ..., 42$ (das heißt, $T_I = 41$ und $T_{II} = 1$) durchgeführt und erneut der F-Wert festgehalten. Auf diese Weise könnte man fortfahren und so eine ganze Sequenz von F-Werten erhalten. Weist einer der F-Werte einen besonders hohen Wert auf, so kann dies als ein Indiz für den tatsächlichen Zeitpunkt des Strukturbruchs interpretiert werden. Diese Anwendung des prognostischen Chow-Tests wird gelegentlich als *rekursiver Chow-Test* bezeichnet.

Nummerische Illustration 15.7

Im Arbeitsmarkt-Beispiel haben wir bislang unterstellt, dass die Phase II im Quartal 90/3 beginnt. Wir haben dies mit der zu Beginn dieses Quartals vollzogenen ökonomischen Wiedervereinigung begründet. Die Mauer wurde jedoch bereits im Quartal 89/4 geöffnet. Eventuell begann Phase II deshalb bereits im Quartal 90/1 oder zumindest in Quartal 90/2.

Um dies zu überprüfen, kann der rekursive Chow Test angewendet werden. Die Ergebnisse dieses Tests sind in Tabelle 15.6 zusammengefasst. Der höchste F-Wert ergibt sich bei einem unterstellten Strukturbruch zwischen den Quartalen 90/1 und 90/2 und nicht, wie bislang immer angenommen, zwischen den Quartalen 90/2 und 90/3. Dieses Ergebnis besagt, dass ein Strukturbruchmodell mit einer Phase I, welche von 80/1 bis 90/1 reicht, und einer Phase II, welche von 90/2 bis 98/4 reicht, die Realität eventuell noch besser beschrieben hätte als das bislang untersuchte Strukturbruchmodell.

Tabelle 15.6: Die F-Werte einer Sequenz von prognostischen Chow Tests.

Zeitpunkt	89/4 – 90/1	90/1 – 90/2	90/2 – 90/3	90/3 – 90/4
F-Wert	2,498	3,919	3,196	2,716

Eine Alternative zum prognostischen Chow-Test ist der von Quandt (1960) entwickelte QLR-Test. Eine zugängliche Beschreibung dieses Tests findet sich beispielsweise in Stock und Watson (2003).

15.3 Stetige Veränderung von Parameterwerten

Strukturbrüche stellen abrupte Parameterveränderungen und damit eine Verletzung der Annahme A3 dar. Aber auch allmähliche Parameterveränderungen sind als eine Verletzung der Annahme A3 aufzufassen. Beispielsweise könnte einer der Parameter nicht konstant sein, sondern einen Wert aufweisen, der selbst wiederum eine Funktion einer oder mehrerer anderer Variablen darstellt.

Unterstellen wir ein einfaches Regressionsmodell, das auf Zeitreihendaten basiert und dessen Steigungsparameter als Funktion in der Zeit dargestellt werden kann:

$$y_t = \alpha + \beta_t x_t + u_t \,, \tag{15.14}$$

wobei

$$\beta_t = \mu + \lambda t \,. \tag{15.15}$$

Der Steigungsparameter β_t ist also selbst wieder eine lineare Funktion der Zeitvariable t. Die Variable t wird gewöhnlich als *Trendvariable* bezeichnet.

Ihre Werte finden sich in den Spalten 1, 4 und 7 der Tabelle 15.1, also die Werte 1, 2, ..., 76.

Wie kann in dem durch Gleichungen (15.14) und (15.15) beschriebenen Fall ein schätzbares ökonometrisches Modell spezifiziert werden? Ein solches Modell ergibt sich, wenn Gleichung (15.15) in das Modell (15.14) eingesetzt wird:

$$\begin{aligned} y_t &= \alpha + (\mu + \lambda t)x_t + u_t \\ &= \alpha + \mu x_t + \lambda(tx_t) + u_t \,. \end{aligned}$$

Aus der Einfachregression ist somit eine Zweifachregression geworden. Die endogene Variable wird auf die exogene Variable x_t und die *Interaktions-Variable* tx_t regressiert. Die entsprechenden Steigungsparameter sind die Parameter μ und λ.

Beträgt der Wert des Parameters λ genau 0, dann ergibt sich das übliche einfache Regressionsmodell mit konstantem Steigungsparameter β. Um auf Basis der Daten zu überprüfen, ob $\lambda = 0$ plausibel ist, genügt es deshalb, die Nullhypothese $H_0 : \lambda = 0$ mit einem t-Test zu überprüfen. Kann H_0 *nicht* verworfen werden, dann bedeutet dies, dass sich in den Daten kein ausreichender Beleg für die Verletzung der Annahme A3 findet.

15.4 Exkurs: Anwendung von Dummy-Variablen bei qualitativen exogenen Variablen

Bislang wurden wir ausschließlich mit solchen exogenen Variablen konfrontiert, die leicht *quantifizierbar* sind (Preis, Menge, Quote, Jahr,...). Es gibt jedoch auch Wirkungszusammenhänge, bei denen rein *qualitative* Merkmale (Geschlecht, Religionszugehörigkeit) auf den Wert der endogenen Variable Einfluss nehmen. Dieser Abschnitt beschäftigt sich mit der angemessenen Berücksichtigung qualitativer exogener Variablen. Die Ausführungen stehen in keinem direkten Zusammenhang mit einer Verletzung der Annahme A3. Die hier vorgestellten Konzepte zur Berücksichtigung qualitativer exogener Variablen decken sich jedoch mit den Konzepten, die wir im Zusammenhang mit Strukturbrüchen kennengelernt haben.

Beispiel 1 *Kehren wir nochmals zum Lohn-Beispiel des Kapitels 13 (S. 246) zurück. Dort hatten wir unterstellt, dass die Lohnhöhe y_t der zwanzig Mitarbeiter durch die Ausbildung (x_{1t}) und das Alter (x_{2t}) determiniert wird:*

$$y_t = \alpha + \beta_1 x_{1t} + \beta_2 x_{2t} + u_t \,. \tag{15.16}$$

Wir erhalten nun einen zusätzlichen Auftrag. Einige Mitarbeiterinnen des Betriebes beklagen, dass – bei gleicher Ausbildung und Alter – Männer mehr

15.4. EXKURS: QUALITATIVE EXOGENE VARIABLEN

Lohn erhalten als Frauen. Wir sollen überprüfen, ob diese Diskriminierungsklage gerechtfertigt ist. Dazu ermitteln wir für jeden der zwanzig beobachteten Mitarbeiter zusätzlich das Geschlecht. Es zeigt sich, dass Mitarbeiter $t = 1, 4, 7, 9, 11, 16, 17$ und 19 Frauen sind.

Nach Ansicht der klagenden Mitarbeiterinnen ist die Variable *Geschlecht* bei der Bestimmung der Lohnhöhe eine relevante exogene Variable, und zwar eine Variable, die bei vorliegen der Ausprägung „Frau" einen negativen Einfluss auf die Lohnhöhe ausübt. Die Variable *Geschlecht* ist jedoch nicht quantifizierbar. Sie ist eine *qualitative* Variable. Wie kann man dennoch ihren Einfluss ermitteln?

15.4.1 Einführung einer Dummy-Variable

Um qualitative Variablen zu erfassen, kann man auf das Vorgehen zurückgreifen, welches wir im Zusammenhang mit Strukturbrüchen kennengelernt hatten. Man erfasst das Geschlecht des Mitarbeiters durch eine Dummy-Variable. Diese Variable sei folgendermaßen definiert:

$$D_t = \begin{cases} 0 & \text{wenn Mitarbeiter } t \text{ männlich} \\ 1 & \text{wenn Mitarbeiter } t \text{ weiblich} \end{cases} \qquad (15.17)$$

Die Analogie zum Strukturbruchmodell ist offensichtlich: Dort unterschieden wir zwischen zwei Phasen, hier unterscheiden wir nun zwischen zwei Personengruppen. Entsprechend ergeben sich wieder zwei Regressionen, die eine für männliche Mitarbeiter, die andere für weibliche. Beide Regressionen werden wie beim Strukturbruch in einem Dummy-Variablen-Modell zusammengefasst.

15.4.2 Ein allgemeines Dummy-Variablen-Modell

Das um die Dummy-Variable erweiterte Modell (15.16) lautet

$$y_t = \alpha + \gamma D_t + \beta_1 x_{1t} + \delta_1 D_t x_{1t} + \beta_2 x_{2t} + \delta_2 D_t x_{2t} + u_t . \qquad (15.18)$$

Für $D_t = 0$ ergibt sich der für Männer gültige Wirkungszusammenhang:

$$y_t = \alpha + \beta_1 x_{1t} + \beta_2 x_{2t} + u_t .$$

Für $D_t = 1$ erhält man hingegen den für Frauen gültigen Wirkungszussamenhang:

$$\begin{aligned} y_t &= \alpha + \gamma + \beta_1 x_{1t} + \delta_1 x_{1t} + \beta_2 x_{2t} + \delta_2 x_{2t} + u_t \\ &= \alpha + \gamma + (\beta_1 + \delta_1) x_{1t} + (\beta_2 + \delta_2) x_{2t} + u_t . \end{aligned}$$

Ein negativer Wert von γ besagt, dass sich die Bezahlung der Frauen auf einem niedrigeren Niveau abspielt als die Bezahlung der Männer. Ein negativer Wert von δ_1 signalisiert, dass die marginale Entlohnung der Ausbildung bei Frauen geringer ausfällt als bei Männern. Analoges gilt für δ_2 hinsichtlich des Alters.

Um beurteilen zu können, ob Frauen diskriminiert werden, sind einzig die Parameter γ, δ_1 und δ_2 von Interesse, denn sie signalisieren die *Differenz* zwischen den zwei Gruppen. Gilt $\gamma < 0$, $\delta_1 < 0$ und $\delta_2 < 0$, dann signalisiert dies eine Diskriminierung der Frauen. Gilt $\gamma < 0$, $\delta_1 = 0$ und $\delta_2 > 0$, dann kann keine so generelle Aussage getroffen werden. Tendenziell deutet diese letzte Parameterkonstellation auf eine Diskriminierung junger Frauen gegenüber jungen Männern hin. Mit zunehmendem Alter wird die Diskriminierung jedoch geringer und könnte sogar letztendlich in eine Diskriminierung alter Männer gegenüber alten Frauen münden. Wenn $\delta_1 = \delta_2 = 0$ und $\gamma < 0$, dann ist der marginale Einfluss der Ausbildung und des Alters auf die Lohnhöhe bei Männern und Frauen gleich. Der Wirkungszusammenhang spielt sich bei Männern jedoch auf einem höheren Niveau ab, also wieder ein Fall von Frauendiskriminierung.

Nummerische Illustration 15.8

Eine Schätzung des Modells (15.18) liefert die in Tabelle 15.7 wiedergegebenen Resultate. Die Schlussfolgerung scheint nicht eindeutig: $\widehat{\gamma} = 142,51$ suggeriert eine Diskriminierung der Männer, während $\widehat{\delta}_1 = -45,10$ und $\widehat{\delta}_2 = -7,67$ auf eine Diskriminierung der Frauen hindeutet. Die Negativität von $\widehat{\delta}_1$ und $\widehat{\delta}_2$ impliziert, dass die Rechtmäßigkeit der Diskriminierungsklage mit zunehmender Ausbildung und zunehmendem Alter der Frauen immer wahrscheinlicher wird. Am unwahrscheinlichsten ist die Frauendiskriminierung bei jungen Frauen ohne Ausbildung. Vergleichen wir deshalb exemplarisch das erwartete Einkommen einer 19-jährigen Frau ($x_{2t} = 19$) ohne Ausbildung ($x_{1t} = 0$), also

$$\widehat{y}_t = \widehat{\alpha} + \widehat{\gamma} + \widehat{\beta}_1 \cdot 0 + \widehat{\delta}_1 \cdot 0 + \widehat{\beta}_2 \cdot 19 + \widehat{\delta}_2 \cdot 19,$$

mit dem erwarteten Einkommen eines 19-jährigen Mannes ohne Ausbildung, also

$$\widehat{y}_t = \widehat{\alpha} + \widehat{\beta}_1 \cdot 0 + \widehat{\beta}_2 \cdot 19.$$

Die erwartete Einkommensdifferenz beträgt demnach $\widehat{\gamma} + \widehat{\delta}_1 \cdot 0 + \widehat{\delta}_2 \cdot 19$. Einsetzen unserer Schätzwerte liefert für diese Differenz einen Wert von $142,51 - 45,10 \cdot 0 - 7,67 \cdot 19 = -3,22$. Demnach würde eine 19-jährige Frau ohne Ausbildung $3,22$ Euro weniger verdienen als ein 19-jähriger Mann ohne Ausbildung, also ein Fall von geringfügiger Frauendiskriminierung. Die Negativität von $\widehat{\delta}_1$ und $\widehat{\delta}_2$ impliziert, dass die Diskriminierung der Frauen mit zunehmender Ausbildung und zunehmendem Alter noch deutlicher ausfällt als für die 19-jährige Frau ohne Ausbildung. Das heißt, sämtliche Frauen unserer Stichprobe werden diskriminiert. Das Ergebnis spricht also doch dafür, dass sich die Mitarbeiterinnen zu Recht beklagen.

Zum gleichen Schluss gelangen wir, wenn γ aufgrund der geringen Signifikanz ($p = 0,512$) von der Regression ausgeschlossen wird. Ökonometrische

Tabelle 15.7: Schätzergebnisse des Dummy-Variablen-Modells (15.18).

Variable	Koeff.	$\widehat{se}(\cdot)$	t-Wert	p-Wert
Konstante	930,15	136,34	6,82	<0,001
Bildung	60,33	15,33	3,93	0,001
Alter	16,20	3,64	4,45	<0,001
Dummy	142,51	211,67	0,67	0,512
Interakt.-D. (Bildung)	-45,10	32,76	-1,38	0,190
Interakt.-D. (Alter)	-7,67	6,21	-1,24	0,237

Software liefert auch für das verkleinerte Modell negative $\widehat{\delta}$-Werte ($\widehat{\delta}_1 = -50,08$ und $\widehat{\delta}_2 = -4,08$). Führt man für das verkleinerte Modell einen F-Test der Nullhypothese $H_0 : \delta_1 = \delta_2 = 0$ durch, so wird diese auf einem Signifikanzniveau von 5% verworfen. Also kommen wir auch auf diesem Wege zur Überzeugung, dass in dem betrachteten Betrieb eine Diskriminierung der Frauen vorliegt.

Manche qualitativen Variablen weisen auch mehr als zwei Merkmale auf. Ein solcher Fall wird genauso behandelt wie ein Strukturbruchmodell mit mehr als zwei Phasen. Die Anzahl der Dummy-Variablen muss also um 1 geringer sein als die Anzahl der möglichen Merkmale. Ein Beispiel findet sich in Abschnitt 15.6.3 des matrixalgebraischen Anhangs dieses Kapitels.

15.5 Zusammenfassung

Der Wirkungszusammenhang zwischen ökonomischen Variablen (z.B. zwischen x_t und y_t) ist immer in ein festes strukturelles Umfeld (z.B. Gesetze, geografische Aspekte, etc.) eingebunden. Betrachten wir Zeitreihendaten, so kann es passieren, dass sich dieses Umfeld im Zeitablauf verändert und damit auch der Wirkungszusammenhang zwischen y_t und x_t einer Veränderung unterworfen wird. Beispielsweise kann es zu neuen Parameterwerten α und/oder β kommen. In diesem Fall wäre Annahme A3 verletzt.

Eine abrupte Veränderung der Parameterwerte α und/oder β wird als Strukturbruch bezeichnet. In einem solchen Fall sollte das Strukturbruchmodell

$$y_t = \alpha_I + \gamma D_t + \beta_I x_t + \delta D_t x_t + u_t \tag{15.5}$$

verwendet werden. Dabei bezeichnet α_I den Wert des Niveauparameters in Phase I, γ die Differenz zum Niveauparameter der Phase II, β_I den Wert des Steigungsparameters der Phase I und δ die Differenz zum Steigungsparameter der Phase II. D_t ist eine Dummy-Variable, die für Beobachtungen der Phase I den Wert 0 annimmt und für Beobachtungen der Phase 2 einen Wert von

1. Gilt $\gamma = \delta = 0$, so existiert kein Strukturbruch. Ein Bruch im Niveauparameter ergibt sich, wenn $\gamma \neq 0$ und ein Bruch im Steigungsparameter, wenn $\delta \neq 0$.

Eine Schätzung des Strukturbruchmodells (15.5) liefert Schätzwerte $\widehat{\gamma}$ und $\widehat{\delta}$ und damit Anhaltspunkte bezüglich eines eventuellen Strukturbruchs. Ein F-Test der Nullhypothese $H_0 : \gamma = \delta = 0$ kann Aufschluss darüber geben, ob die Daten einen Strukturbruch anzeigen. Muss H_0 abgelehnt werden, dann sollte man mit t-Tests die Nullhypothesen $H_0 : \gamma = 0$ und $H_0 : \delta = 0$ überprüfen. Diese Tests signalisieren, ob sich der Strukturbruch im Niveauparameter, im Steigungsparameter oder in beiden Parametern abgespielt hat.

Ist die Anzahl der Beobachtungen der Phase II geringer als die Anzahl der Parameter, die bei einer getrennten Schätzung der Phase II benutzt werden würden ($T_{II} < K + 1$), so muss anstelle des F-Tests der prognostische Chow-Test benutzt werden. Dieser kann auch eingesetzt werden, um aus den Daten Anhaltspunkte über den genauen Zeitpunkt des Strukturbruchs zu erhalten.

Das Strukturbruchmodell (15.5) kann auf Fälle der Mehrfachregression erweitert werden. Es kann auch auf eine größere Anzahl von Strukturbrüchen ausgeweitet werden. Dabei sollte die Zahl der Dummy-Variablen der Anzahl der Strukturbrüche entsprechen.

Dummy-Variablen lassen sich auch auf anderen Gebieten als dem Strukturbruch nutzbar machen. Ein wichtiger Anwendungsbereich sind exogene Variablen, die nicht quantifizierbar sind, sondern nur in qualitativer Form vorliegen (z.B. Geschlecht).

15.6 Matrixalgebraischer Anhang

15.6.1 Strukturbruchmodelle

Wir betrachten hier den allgemeinen Fall einer Mehrfachregression mit K exogenen Variablen. Der Strukturbruch ereigne sich nach T_I Perioden ($T = T_I + T_{II}$). Das entsprechende Strukturbruchmodell lautet:

$$\begin{aligned} y_t &= \alpha_I + \gamma D_t + \beta_{I1} x_{1t} + \delta_1 D_t x_{1t} \\ &\quad + \beta_{I2} x_{2t} + \delta_2 D_t x_{2t} + ... + \beta_{IK} x_{Kt} + \delta_K D_t x_{Kt} + u_t \\ &= \alpha_I + \beta_{I1} x_{1t} + \beta_{I2} x_{2t} + ... + \beta_{IK} x_{Kt} \\ &\quad + \gamma D_t + \delta_1 D_t x_{1t} + \delta_2 D_t x_{2t} + ... + \delta_K D_t x_{Kt} + u_t \,, \end{aligned} \quad (15.19)$$

wobei $t = 1, 2, ..., T_I, T_I+1, ..., T$ und

$$D_t = \begin{cases} 0 & \text{wenn } t = 1, 2, ..., T_I \\ 1 & \text{wenn } t = T_I+1, T_I+2, ..., T \end{cases}.$$

Dieses Strukturbruchmodell besitzt insgesamt $2(K+1)$ zu schätzende Parameter, nämlich einen Niveauparameter (α_I) und $2(K+1)$ 1 Steigungs-

15.6. MATRIXALGEBRAISCHER ANHANG

parameter. Die Freiheitsgrade des Strukturbruchmodells betragen demnach $T - 2(K+1)$. Für die Parameter der Phase II gilt wie gewohnt: $\alpha_{II} = \gamma + \alpha_I$, $\beta_{II1} = \delta_1 + \beta_{I1}$, ..., $\beta_{IIK} = \delta_K + \beta_{IK}$.

Schreibt man Modell (15.19) für sämtliche T Perioden aus, so ergibt sich

$$\begin{bmatrix} y_1 \\ \vdots \\ y_{T_I} \\ y_{T_I+1} \\ \vdots \\ y_T \end{bmatrix} = \begin{bmatrix} 1 & x_{11} & \cdots & x_{K1} & 0 & 0 \cdot x_{11} & \cdots & 0 \cdot x_{K1} \\ \vdots & \vdots & \ddots & \vdots & \vdots & \vdots & \ddots & \vdots \\ 1 & x_{1T_I} & \cdots & x_{KT_I} & 0 & 0 \cdot x_{1T_I} & \cdots & 0 \cdot x_{KT_I} \\ 1 & x_{1T_I+1} & \cdots & x_{KT_I+1} & 1 & 1 \cdot x_{1T_I+1} & \cdots & 1 \cdot x_{KT_I+1} \\ \vdots & \vdots & \ddots & \vdots & \vdots & \vdots & \ddots & \vdots \\ 1 & x_{1T} & \cdots & x_{KT} & 1 & 1 \cdot x_{1T} & \cdots & 1 \cdot x_{KT} \end{bmatrix} \begin{bmatrix} \alpha_I \\ \beta_{I1} \\ \vdots \\ \beta_{IK} \\ \gamma \\ \delta_1 \\ \vdots \\ \delta_K \end{bmatrix} + \begin{bmatrix} u_1 \\ \vdots \\ u_{T_I} \\ u_{T_I+1} \\ \vdots \\ u_T \end{bmatrix}.$$

(15.20)

Wenn entsprechend der eingezeichneten Linien die Teilvektoren $\mathbf{y}_I$, $\mathbf{y}_{II}$, $\boldsymbol{\beta}_I$, $\boldsymbol{\delta}$, $\mathbf{u}_I$, und $\mathbf{u}_{II}$ sowie die Teilmatrizen $\mathbf{X}_I$, $\mathbf{X}_{II}$ und $\mathbf{0}$ definiert werden, dann lässt sich das Strukturbruchmodell (15.20) in der folgenden kompakten Form schreiben:

$$\begin{bmatrix} \mathbf{y}_I \\ \mathbf{y}_{II} \end{bmatrix} = \begin{bmatrix} \mathbf{X}_I & \mathbf{0} \\ \mathbf{X}_{II} & \mathbf{X}_{II} \end{bmatrix} \begin{bmatrix} \boldsymbol{\beta}_I \\ \boldsymbol{\delta} \end{bmatrix} + \begin{bmatrix} \mathbf{u}_I \\ \mathbf{u}_{II} \end{bmatrix}. \quad (15.21)$$

Definiert man schließlich

$$\mathbf{y} = \begin{bmatrix} \mathbf{y}_I \\ \mathbf{y}_{II} \end{bmatrix}, \quad \widetilde{\mathbf{X}} = \begin{bmatrix} \mathbf{X}_I & \mathbf{0} \\ \mathbf{X}_{II} & \mathbf{X}_{II} \end{bmatrix}, \quad \widetilde{\boldsymbol{\beta}} = \begin{bmatrix} \boldsymbol{\beta}_I \\ \boldsymbol{\delta} \end{bmatrix} \quad \text{und} \quad \mathbf{u} = \begin{bmatrix} \mathbf{u}_I \\ \mathbf{u}_{II} \end{bmatrix},$$

(15.22)

so ergibt sich aus Modell (15.21) die gewohnte Modellformulierung

$$\mathbf{y} = \widetilde{\mathbf{X}}\widetilde{\boldsymbol{\beta}} + \mathbf{u}. \quad (15.23)$$

Da sowohl $\boldsymbol{\beta}_I$ als auch $\boldsymbol{\delta}$ jeweils $(K+1)$-elementige Spaltenvektoren sind, ist $\widetilde{\boldsymbol{\beta}}$ ein Spaltenvektor, welcher $2(K+1)$ Elemente enthält. Die Matrix $\widetilde{\mathbf{X}}$ besitzt die Ordnung $T \times 2(K+1)$. Die Beziehungen (15.21) und (15.23) sind zwei unterschiedliche Schreibweisen für ein und dasselbe Strukturbruchmodell.

Dieses Strukturbruchmodell kann in der üblichen Art mit der KQ-Methode geschätzt werden, also durch Berechnung von

$$\widehat{\widetilde{\boldsymbol{\beta}}} = \left(\widetilde{\mathbf{X}}'\widetilde{\mathbf{X}}\right)^{-1}\widetilde{\mathbf{X}}\mathbf{y}, \quad (15.24)$$

wobei gemäß der Definition in (15.22) und der Regel (13.24)

$$\widetilde{\mathbf{X}}'\widetilde{\mathbf{X}} = \left[\begin{bmatrix} \mathbf{X}_I' & \mathbf{X}_{II}' \\ \mathbf{0}' & \mathbf{X}_{II}' \end{bmatrix} \begin{bmatrix} \mathbf{X}_I & \mathbf{0} \\ \mathbf{X}_{II} & \mathbf{X}_{II} \end{bmatrix}\right]$$

[aus (13.25)] $\quad = \begin{bmatrix} \mathbf{X}_I'\mathbf{X}_I + \mathbf{X}_{II}'\mathbf{X}_{II} & \mathbf{X}_{II}'\mathbf{X}_{II} \\ \mathbf{X}_{II}'\mathbf{X}_{II} & \mathbf{X}_{II}'\mathbf{X}_{II} \end{bmatrix} \quad (15.25)$

eine Matrix der Ordnung $2(K+1) \times 2(K+1)$ ist. Es müssen für diese Schätzung allerdings für beide Phasen ausreichend Beobachtungen vorliegen, denn der in (15.21) beschriebene Zusammenhang lässt sich in die folgenden zwei Gleichungen zerlegen:

$$\mathbf{y}_I = \mathbf{X}_I \boldsymbol{\beta}_I + \mathbf{u}_I \qquad (15.26a)$$

$$\mathbf{y}_{II} = \mathbf{X}_{II} \boldsymbol{\beta}_I + \mathbf{X}_{II} \boldsymbol{\delta} + \mathbf{u}_{II} . \qquad (15.26b)$$

Aus Gleichung (15.26a) ist ersichtlich, dass die $K+1$ Parameter in $\boldsymbol{\beta}_I$ ausschließlich auf Basis der Daten der Phase I ($\mathbf{y}_I$ und $\mathbf{X}_I$) bestimmt werden. Da $\boldsymbol{\beta}_I = \boldsymbol{\beta}_{II} - \boldsymbol{\delta}$, könnte man Gleichung (15.26b) auch in der Form

$$\mathbf{y}_{II} = \mathbf{X}_{II} \boldsymbol{\beta}_{II} + \mathbf{u}_{II} \qquad (15.26c)$$

schreiben. Aus dieser Variante ist ersichtlich, dass die $K+1$ Parameter in $\boldsymbol{\beta}_{II}$ ausschließlich auf Basis der Daten der Phase II ($\mathbf{y}_{II}$ und $\mathbf{X}_{II}$) bestimmt werden. Die Schätzung des Modells (15.21) erfordert deshalb, dass sowohl in Phase I als auch in Phase II mindestens $K+1$ Beobachtungen vorliegen.

Wir wissen, dass eine KQ-Schätzung der Gleichung (15.26a) mit einer Schätzvarianz von $var(\widehat{\boldsymbol{\beta}}_I) = \sigma^2 (\mathbf{X}_I' \mathbf{X}_I)^{-1}$ vonstatten geht und eine KQ-Schätzung der Gleichung (15.26c) mit einer Schätzvarianz von $var(\widehat{\boldsymbol{\beta}}_{II}) = \sigma^2 (\mathbf{X}_{II}' \mathbf{X}_{II})^{-1}$. Gleichungen (15.26a) und (15.26c) sind zugleich aber auch die Modelle, die bei getrennter KQ-Schätzung der beiden Phasen benutzt werden würden. Sowohl die Werte als auch die Varianzen der KQ-Schätzer $\widehat{\boldsymbol{\beta}}_I$ und $\widehat{\boldsymbol{\beta}}_{II}$ sind also unabhängig davon, ob die Phasen getrennt oder gemeinsam geschätzt werden. Wie in Abschnitt 15.1.3 erläutert, ist allerdings die *Schätzung* von $var(\widehat{\boldsymbol{\beta}}_I)$ und $var(\widehat{\boldsymbol{\beta}}_{II})$ nicht unabhängig davon, ob gemeinsam oder getrennt geschätzt wird. Eine getrennte Schätzung der beiden Phasen ist nicht effizient.

Auch Modelle mit mehr als einem Strukturbruch lassen sich in matrixalgebraischer Form schreiben. Im Falle zweier Strukturbrüche ergibt sich in Analogie zu Modell (15.21) das Modell

$$\begin{bmatrix} \mathbf{y}_I \\ \mathbf{y}_{II} \\ \mathbf{y}_{III} \end{bmatrix} = \begin{bmatrix} \mathbf{X}_I & 0 & 0 \\ \mathbf{X}_{II} & \mathbf{X}_{II} & 0 \\ \mathbf{X}_{III} & 0 & \mathbf{X}_{III} \end{bmatrix} \begin{bmatrix} \boldsymbol{\beta} \\ \boldsymbol{\delta} \\ \boldsymbol{\varphi} \end{bmatrix} + \begin{bmatrix} \mathbf{u}_I \\ \mathbf{u}_{II} \\ \mathbf{u}_{III} \end{bmatrix} ,$$

wobei φ die Differenz zwischen den Parameterwerten der Phase I und der Phase III bezeichnet. Auch dieses Modell kann in der gewohnten Art mit der KQ-Methode geschätzt werden.

15.6.2 F-Tests und t-Tests

Kehren wir zum Fall zurück, in welchem maximal ein Strukturbruch auftreten kann, also zum Fall, welcher durch Modell (15.21) bzw. (15.23) abgebildet

15.6. MATRIXALGEBRAISCHER ANHANG

werden kann. Um zunächst einmal grundsätzlich zu überprüfen, ob ein Strukturbruch stattgefunden hat, kann man auf Basis des Modells (15.23) einen F-Test der Nullhypothese $H_0 : \boldsymbol{\delta} = \mathbf{o}$ durchführen. Ein solcher F-Test ist zulässig, denn wir wissen aus Kapitel 10, dass in Modellen des Typs (15.23) jegliche Nullhypothese der allgemeinen Form $H_0 : \mathbf{R}\widetilde{\boldsymbol{\beta}} = \mathbf{q}$ mit einem F-Test überprüfbar ist, also mit Hilfe der gewohnten Formel (10.38):

$$F = \frac{\left(\mathbf{R}\widehat{\widetilde{\boldsymbol{\beta}}} - \mathbf{q}\right)' \left[\mathbf{R}\left(\widetilde{\mathbf{X}}'\widetilde{\mathbf{X}}\right)^{-1}\mathbf{R}'\right]^{-1} \left(\mathbf{R}\widehat{\widetilde{\boldsymbol{\beta}}} - \mathbf{q}\right) \Big/ L}{\widehat{\mathbf{u}}'\widehat{\mathbf{u}} \Big/ (T - \widetilde{K} - 1)}. \qquad (15.27)$$

Unsere spezielle Nullhypothese $H_0 : \boldsymbol{\delta} = \mathbf{o}$ ergibt sich, wenn

$$\mathbf{R} = \begin{bmatrix} \mathbf{0} & \mathbf{I}_{K+1} \end{bmatrix}, \qquad \widetilde{\boldsymbol{\beta}} = \begin{bmatrix} \boldsymbol{\beta}_I \\ \boldsymbol{\delta} \end{bmatrix} \quad \text{und} \quad \mathbf{q} = \mathbf{o} \qquad (15.28)$$

gesetzt wird. Gemäß Regel (13.25) gilt somit:

$$\mathbf{R}\widehat{\widetilde{\boldsymbol{\beta}}} - \mathbf{q} = \begin{bmatrix} \mathbf{0} & \mathbf{I}_{K+1} \end{bmatrix} \begin{bmatrix} \widehat{\boldsymbol{\beta}}_I \\ \widehat{\boldsymbol{\delta}} \end{bmatrix} - \mathbf{o} = \widehat{\boldsymbol{\delta}}. \qquad (15.29)$$

Die Zahl der linearen Restriktionen beträgt hier $L = K+1$. Die Matrix $\mathbf{0}$ besitzt die Ordnung $L \times (K+1)$ und die Matrix $\mathbf{R}$ die Ordnung $L \times 2(K+1)$.

Im Zähler der Formel (15.27) erscheint neben $(\mathbf{R}\widehat{\widetilde{\boldsymbol{\beta}}} - \mathbf{q})$ und L auch der Term $\mathbf{R}(\widetilde{\mathbf{X}}'\widetilde{\mathbf{X}})^{-1}\mathbf{R}'$. Gemäß der Definitionen in (15.28) ergibt sich für diesen Term:

$$\mathbf{R}\left(\widetilde{\mathbf{X}}'\widetilde{\mathbf{X}}\right)^{-1}\mathbf{R}' = \begin{bmatrix} \mathbf{0} & \mathbf{I}_{K+1} \end{bmatrix} \left(\widetilde{\mathbf{X}}'\widetilde{\mathbf{X}}\right)^{-1} \begin{bmatrix} \mathbf{0} \\ \mathbf{I}_{K+1} \end{bmatrix}.$$

Die rechte Seite dieser Gleichung offenbart, dass es sich bei der Matrix $\mathbf{R}(\widetilde{\mathbf{X}}'\widetilde{\mathbf{X}})^{-1}\mathbf{R}'$ um die rechte untere Teilmatrix von $(\widetilde{\mathbf{X}}'\widetilde{\mathbf{X}})^{-1}$ handelt. Die genaue Gestalt dieser Teilmatrix lässt sich aus Regel (13.31) und Definition (13.32b) herleiten: Wenn wir dort $C_2^{-1} = \mathbf{R}(\widetilde{\mathbf{X}}'\widetilde{\mathbf{X}})^{-1}\mathbf{R}'$ setzen und – gemäß Gleichung (15.25) – $\mathbf{A}_{22} = \mathbf{X}'_{II}\mathbf{X}_{II}$, $\mathbf{A}_{21} = \mathbf{X}'_{II}\mathbf{X}_{II}$, $\mathbf{A}_{11}^{-1} = (\mathbf{X}'_I\mathbf{X}_I + \mathbf{X}'_{II}\mathbf{X}_{II})^{-1}$ und $\mathbf{A}_{12} = \mathbf{X}'_{II}\mathbf{X}_{II}$ setzen, dann ergibt sich:

$$\begin{aligned}\mathbf{R}\left(\widetilde{\mathbf{X}}'\widetilde{\mathbf{X}}\right)^{-1}\mathbf{R}' &= \left[\mathbf{X}'_{II}\mathbf{X}_{II} - \mathbf{X}'_{II}\mathbf{X}_{II}\left(\mathbf{X}'_I\mathbf{X}_I + \mathbf{X}'_{II}\mathbf{X}_{II}\right)^{-1}\mathbf{X}'_{II}\mathbf{X}_{II}\right]^{-1} \\ &= \left[\left[\mathbf{X}'_{II}\mathbf{X}_{II}(\mathbf{X}'_I\mathbf{X}_I + \mathbf{X}'_{II}\mathbf{X}_{II})^{-1}\right]\left[(\mathbf{X}'_I\mathbf{X}_I + \mathbf{X}'_{II}\mathbf{X}_{II}) - \mathbf{X}'_{II}\mathbf{X}_{II}\right]\right]^{-1} \\ &= \left[\mathbf{X}'_{II}\mathbf{X}_{II}\left(\mathbf{X}'_I\mathbf{X}_I + \mathbf{X}'_{II}\mathbf{X}_{II}\right)^{-1}\mathbf{X}'_I\mathbf{X}_I\right]^{-1}\end{aligned}$$

und somit

$$\left[\mathbf{R}\left(\widetilde{\mathbf{X}}'\widetilde{\mathbf{X}}\right)^{-1}\mathbf{R}'\right]^{-1} = \mathbf{X}'_{II}\mathbf{X}_{II}\left(\mathbf{X}'_I\mathbf{X}_I + \mathbf{X}'_{II}\mathbf{X}_{II}\right)^{-1}\mathbf{X}'_I\mathbf{X}_I. \qquad (15.30)$$

Setzt man abschließend die Resultate (15.29) und (15.30) in die gewohnte Berechnungsformel (15.27) ein und beachtet man, dass die Freiheitsgrade des Strukturbruchmodells $T-2(K-1)$ betragen, so erhält man

$$F = \frac{\delta' \left[\mathbf{X}'_{II}\mathbf{X}_{II} \left(\mathbf{X}'_I\mathbf{X}_I + \mathbf{X}'_{II}\mathbf{X}_{II} \right)^{-1} \mathbf{X}'_I\mathbf{X}_I \right] \delta \Big/ (K+1)}{\widehat{\mathbf{u}}'\widehat{\mathbf{u}}/[T-2(K-1)]}.$$

Dies ist die Berechnungsformel für den F-Wert der Nullhypothese $H_0: \mathbf{R}\widetilde{\beta} = \mathbf{q}$.

Bei Gültigkeit der Nullhypothese folgt die Variable F einer $F_{[K+1,T-2(K-1)]}$-Verteilung. Wenn der Wert für F den kritischen Wert dieser Verteilung übersteigt, muss die Nullhypothese abgelehnt werden. Dies würde bedeuten, dass nicht alle Parameter der Phase I ($\alpha_I, \beta_{I1}, \beta_{I2}, ..., \beta_{IK}$) ihren Wert auch in Phase II bewahren. Anhaltspunkte darüber, welche der Parameter ihren Wert verändern, kann man auf Basis des Modells (15.23) durch zusätzliche F-Tests und t-Tests gewinnen.

15.6.3 Exkurs: Umgang mit qualitativen exogenen Variablen

Betrachten wir die Mehrfachregression

$$\mathbf{y} = \mathbf{X}\beta + \mathbf{u}, \qquad (15.31)$$

wobei $\mathbf{y}$ und $\mathbf{X}$ wie gewohnt ausschließlich *quantitative* Variablen repräsentieren. Nehmen wir an, Modell (15.31) sei nicht vollständig, denn auch einige *qualitative* Variablen würden die endogene Variable beeinflussen. Im Gegensatz zu dem in Abschnitt 15.4 besprochenen Lohn-Beispiel seien hier allerdings die Steigungsparameter der quantitativen Variablen von den Werten der qualitativen Variablen unabhängig. Lediglich der Niveauparameter sei durch die qualitativen Variablen berührt. Das um die qualitativen Variablen erweiterte Modell kann man in der Form

$$\begin{aligned}\mathbf{y} &= \mathbf{X}\beta + \mathbf{D}\gamma + \mathbf{u}^* \qquad (15.32)\\ &= \begin{bmatrix} \mathbf{X} & \mathbf{D} \end{bmatrix} \begin{bmatrix} \beta \\ \gamma \end{bmatrix} + \mathbf{u}^*\end{aligned}$$

schreiben, wobei $\mathbf{u}^*$ die Störgröße dieses Modells bezeichnet.

Beispielsweise könnte $\mathbf{y}$ die Spendenbeiträge bezeichnen, welche die erfassten Personen im Dezember 2004 an UNICEF (Kinderhilfswerk der Vereinten Nationen) überwiesen haben. Die Matrix $\mathbf{X}$ repräsentiert die quantitativen (z.B. Einkommen) und $\mathbf{D}$ die qualitativen (z.B. Religionszugehörigkeit) auszuwertenden Daten. Die Vektoren β und γ enthalten die zu schätzenden Parameter. Wie sehen der Spaltenvektor γ und die Matrix $\mathbf{D}$ genau aus? Dies hängt von der genauen Form der qualitativen Variablen ab. Betrachten wir exemplarisch den Fall zweier qualitativer Variablen $\mathbf{z}_1$ und $\mathbf{z}_2$. Die qualitative

15.6. MATRIXALGEBRAISCHER ANHANG

Variable z_1 besitze zwei mögliche Merkmale, nämlich „*nicht schwanger*" und „*schwanger*" und die qualitative Variable z_2 besitze drei mögliche Merkmale, nämlich „*evangelisch*", „*katholisch*" und „*weder evangelisch noch katholisch*". Wie können diese beiden Variablen in das ökonometrische Modell integriert werden? Für die Integration von z_1 könnte man die Dummy-Variable

$$D_{St} = \begin{cases} 0 & \text{wenn Person } t \text{ nicht schwanger} \\ 1 & \text{wenn Person } t \text{ schwanger} \end{cases} \qquad (15.33)$$

definieren. Für die Integration der Variable z_2 könnte man die zwei Dummy-Variablen

$$D_{Et} = \begin{cases} 0 & \text{wenn Person } t \text{ weder katholisch noch evangelisch} \\ 1 & \text{wenn Person } t \text{ evangelisch} \\ 0 & \text{wenn Person } t \text{ katholisch} \end{cases} \qquad (15.34)$$

und

$$D_{Kt} = \begin{cases} 0 & \text{wenn Person } t \text{ weder katholisch noch evangelisch} \\ 0 & \text{wenn Person } t \text{ evangelisch} \\ 1 & \text{wenn Person } t \text{ katholisch} \end{cases} \qquad (15.35)$$

definieren. Der Referenzfall ist bei diesen Definitionen somit *nicht schwanger* und *weder katholisch noch evangelisch* ($D_{St} = D_{Et} = D_{Kt} = 0$).

Die Definitionen (15.33), (15.34) und (15.35) implizieren, dass der Spaltenvektor $\boldsymbol{\gamma}$ und die Matrix $\mathbf{D}$ die folgende Gestalt besitzen:

$$\mathbf{D} = \begin{bmatrix} D_{S1} & D_{E1} & D_{K1} \\ D_{S2} & D_{E2} & D_{K2} \\ \vdots & \vdots & \vdots \\ D_{ST} & D_{ET} & D_{KT} \end{bmatrix} \quad \text{und} \quad \boldsymbol{\gamma} = \begin{bmatrix} \gamma_S \\ \gamma_E \\ \gamma_K \end{bmatrix}.$$

Der Wert von γ_S besagt, um wieviel der Wert der endogenen Variable einer schwangeren Person von demjenigen einer nicht schwangeren Person im Durchschnitt abweicht, wenn die Personen hinsichtlich aller anderen Variablen ($\mathbf{X}$ und z_2) identische Werte aufweisen. Der Wert von γ_K besagt, um wieviel der Wert der endogenen Variable einer Person, welche katholisch ist, von demjenigen einer weder evangelisch noch katholischen Person im Durchschnitt abweicht, wenn die Personen hinsichtlich aller anderen Variablen ($\mathbf{X}$ und z_1) identische Werte aufweisen. Analoges gilt für γ_E.

Die Elemente der $(T \times 3)$-Matrix $\mathbf{D}$ ergeben sich aus den in (15.33), (15.34) und (15.35) definierten Werten der Dummy-Variablen D_{St}, D_{Et} und D_{Kt}. Lägen beispielsweise bei der ersten Person ($t=1$) die Merkmale *nicht schwanger* und *evangelisch* vor, und bei der zweiten Person ($t=2$) die Merkmale *schwanger* und *weder evangelisch noch katholisch*, so hätte die Matrix $\mathbf{D}$ die folgende

Form:
$$\mathbf{D} = \begin{bmatrix} 0 & 1 & 0 \\ 1 & 0 & 0 \\ \vdots & \vdots & \vdots \end{bmatrix}.$$

Nachdem die Matrix $\mathbf{D}$ korrekt definiert ist, können die Parameter in β und γ des Modells (15.32) durch eine gewöhnliche KQ-Schätzung ermittelt werden. Mit t-Tests und F-Tests kann überprüft werden, ob die qualitativen Variablen tatsächlich einen signifikanten Einfluss auf die endogene Variable ausüben.

Kapitel 16

Verletzung der Annahme B1: Erwartungswert der Störgröße von null verschieden

Annahme B1 lautete:

Annahme B1 (Erwartungswert) Die Störgröße u_t hat für alle Beobachtungen t einen Erwartungswert von 0, das heißt,

$$E(u_t) = 0\,,$$

für $t = 1, 2, ..., T$.

Die Verletzung dieser Annahme ist aus den Daten nur sehr schwer zu erkennen. Dieses Problem ist umso gravierender, als die Verletzung der Annahme B1 zu schwerwiegenden Schätzproblemen führt.

Wie kann es zu einer Verletzung von Annahme B1 kommen? Einen Fall haben wir bereits kennengelernt: Das Auslassen relevanter Variablen führt zu $E(u_t) \neq 0$. Für diesen speziellen Fall konnten wir sogar das Ausmaß der Verzerrung herleiten (siehe Gleichung (13.4)). Hier wollen wir das Problem in einer etwas allgemeineren Form behandeln, so dass auch andere Verletzungsursachen als das Auslassen relevanter Variablen untersucht werden können.

Für unsere Zwecke genügt es wieder, eine Einfachregression zu betrachten. Abschnitt 16.1 erörtert die Schätzprobleme, die eine Verletzung der Annahme B1 nach sich zieht. In Abschnitt 16.2 wird diskutiert, ob und wie die Verletzung der Annahme B1 diagnostiziert werden kann. Welche Schätzverfahren in einer solchen Situation Anwendung finden können, ist Gegenstand von Abschnitt 16.3. Die theoretischen Ausführungen werden durch das folgende Beispiel ergänzt:

Beispiel 1 zu Kapitel 16

Ein großer Zulieferbetrieb der Automobilbranche stellt Kugellager her. Diese Teile müssen mit größter Präzision gefertigt werden. Die Produktionsanlage muss deshalb in regelmäßigen Intervallen sorgfältigen Wartungsschichten unterzogen werden. Da der damit einhergehende Produktionsstillstand kostspielig ist, hat das Unternehmen mit verschiedenen Anzahlen an Produktionsschichten zwischen den Wartungsschichten experimentiert und jeweils den Anteil an fehlerhaft produzierten Kugellagern festgehalten. Die beobachteten Daten sind in Tabelle 16.1 wiedergegeben. Beispielsweise wurde in Versuchssituation 1 bereits nach 12 Produktionsschichten jeweils eine Wartungsschicht durchgeführt und der Anteil der fehlerhaften Kugellager betrug in dieser Situation 14 Promillpunkte.

Tabelle 16.1: Für 6 verschiedene Versuchssituationen der Anteil fehlerhafter Kugellager y_t (in Promillpunkten) und die Anzahl der Produktionsschichten x_t zwischen zwei Wartungsschichten.

t	y_t	x_t	t	y_t	x_t
1	14	12	4	20	24
2	20	16	5	28	28
3	22	20	6	26	32

16.1 Konsequenzen der Annahmeverletzung

In Abschnitt 2.3.2 hatten wir erläutert, dass die Verletzung der Annahme B1 zu geschätzten Regressionsgeraden führt, welche systematisch von der wahren Gerade abweichen. Mit anderen Worten, mindestens einer der Schätzer $\widehat{\alpha}$ und $\widehat{\beta}$ ist verzerrt. Wir wollen an dieser Stelle etwas genauer werden und überprüfen, welcher der Schätzer $\widehat{\alpha}$ und $\widehat{\beta}$ verzerrt ist, ob also

$$E(\widehat{\beta}) \neq \beta \qquad \text{oder} \qquad E(\widehat{\alpha}) \neq \alpha \qquad (16.1)$$

oder beides.

Aus Gleichungen (4.11) und (4.15) des Anhangs zu Kapitel 4 wissen wir, dass in der Einfachregression folgende Beziehungen gelten:

$$E(\widehat{\beta}) = \beta + \frac{\sum (x_t - \overline{x}) E(u_t)}{S_{xx}} \qquad (16.2a)$$

$$E(\widehat{\alpha}) = \alpha - \overline{x}\left[E(\widehat{\beta}) - \beta\right] + \frac{1}{T}\sum E(u_t). \qquad (16.2b)$$

Immer dann, wenn für alle T Beobachtungen gilt, dass $E(u_t) = 0$, sind die Schätzer $\widehat{\alpha}$ und $\widehat{\beta}$ unverzerrt, denn dann vereinfachen sich die Gleichungen (16.2) unmittelbar zu $E(\widehat{\beta}) = \beta$ und $E(\widehat{\alpha}) = \alpha$.

16.1. KONSEQUENZEN DER ANNAHMEVERLETZUNG

Auf Basis der Gleichungen (16.2) kann man sich Gedanken machen, ob und gegebenenfalls welche der Schätzer $\widehat{\alpha}$ und $\widehat{\beta}$ bei einer B1-Verletzung verzerrt sind. Wir werden sehen, dass das Ergebnis davon abhängt, ob für alle Störgrößen u_t der Erwartungswert um den *gleichen* Betrag λ von 0 abweicht,

$$E(u_t) = \lambda \neq 0 , \qquad (16.3)$$

oder ob diese Abweichung für die unterschiedlichen Störgrößen *unterschiedlich* groß ausfällt:

$$E(u_t) = \lambda_t \neq 0 . \qquad (16.4)$$

Abschnitte 16.1.1 bis 16.1.3 sind dem ersten Fall gewidmet und Abschnitt 16.1.4 dem zweiten Fall.

16.1.1 Konstanter Messfehler bei der Erfassung der endogenen Variable

Konsequenzen für $E(u_t)$

Wenn für *jede* der T Beobachtungen der Wert der endogenen Variable um den *gleichen* Wert λ zu hoch (oder zu niedrig) gemessen wird, dann kommt es zur Variante (16.3). Um dies zu erkennen, sei angenommen,

$$y_t^* = \alpha + \beta x_t + u_t^* \qquad (16.5)$$

beschreibe das wahre (korrekt gemessene) Modell, welches alle A-, B- und C-Annahmen erfüllt. Wenn jedoch nicht y_t^* beobachtet wird, sondern ein um λ höherer Wert $y_t = y_t^* + \lambda$, dann fallen die Abweichungen der beobachteten Daten von der wahren Gerade R entsprechend höher aus. Da $y_t^* = y_t - \lambda$, wird Gleichung (16.5) zu

$$\begin{aligned} y_t - \lambda &= \alpha + \beta x_t + u_t^* \\ \Rightarrow \quad y_t &= \alpha + \beta x_t + u_t , \end{aligned} \qquad (16.6)$$

wobei

$$u_t = u_t^* + \lambda . \qquad (16.7)$$

Dabei repräsentiert u_t die Abweichungen der beobachteten Daten von der wahren Gerade R. Bildet man auf beiden Seiten der Beziehung (16.7) den Erwartungswert und beachtet man, dass $E(u_t^*) = 0$ und λ eine Konstante ist, so erhält man

$$\begin{aligned} E(u_t) &= E(u_t^*) + E(\lambda) \\ &= \lambda , \end{aligned} \qquad (16.8)$$

was Gleichung (16.3) entspricht.

Nachdem wir nun eine mögliche Ursache für die Verletzung der Annahme B1 gemäß der Variante (16.3) kennengelernt haben, können wir uns den Konsequenzen für die Schätzer $\widehat{\alpha}$ und $\widehat{\beta}$ widmen. Betrachten wir zunächst das Wartungs-Beispiel.

Nummerische Illustration 16.1

Wir vergleichen für das Wartungs-Beispiel die Schätzresultate, welche sich bei korrekt gemessenen Daten (Tabelle 16.1) ergeben, mit denjenigen, welche sich ergeben, wenn der Ausschussanteil um jeweils 8 Promillpunkte zu hoch gemessen wird. Die in Tabelle 16.2 wiedergegebenen Ergebnisse zeigen, dass einzig und allein die Werte der KQ-Schätzer $\widehat{\alpha}$ voneinander abweichen, und zwar genau um 8, also um den Betrag des Messfehlers (8 Promillpunkte). Dies ist kein Zufall, wie wir gleich sehen werden.

Tabelle 16.2: Vergleich der Schätzergebnisse bei korrekt gemessener endogener Variable und bei um 8 Promillpunkte zu hoch gemessener endogener Variable.

Messung von y_t	Variable	Koeff.	$\widehat{se}(\cdot)$	t-Wert	p-Wert
korrekt	Konstante	8,781	3,595	2,443	0,071
	Ausschuss	0,586	0,156	3,753	0,020
zu hoch	Konstante	16,781	3,595	4,668	0,010
	Ausschuss	0,586	0,156	3,753	0,020

Konsequenzen für $\widehat{\alpha}$ und $\widehat{\beta}$ – eine grafische Betrachtung

Abbildung 16.1 illustriert für das Wartungs-Beispiel eine um $\lambda = 8$ zu hohe Erfassung der endogenen Variable. Die ausgemalten Punkte stellen die erfassten Datenpunkte dar, während die Kreise die um λ tieferliegenden tatsächlich aufgetretenen Datenpunkte repräsentieren.

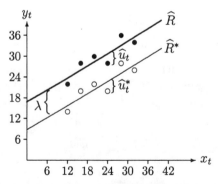

Abbildung 16.1: Konstanter Messfehler bei der Erfassung von y_t.

Die tatsächlich aufgetretene Punktwolke liegt demnach genau um λ unterhalb der erfassten Punktwolke. Deshalb würde eine durch die tatsächlich aufgetretene Punktwolke gelegte KQ-Regressionsgerade $\widehat{R}^*$ ebenfalls genau um

16.1. KONSEQUENZEN DER ANNAHMEVERLETZUNG

λ unterhalb der durch die erfasste Punktwolke gelegte KQ-Regressionsgerade $\widehat{R}$ verlaufen. Es findet also eine vertikale Parallelverschiebung um den Betrag λ statt. Das heißt, $\widehat{\beta}$ bleibt von dem Messfehler unberührt und $\widehat{\alpha}$ absorbiert den Messfehler vollständig, indem es um λ zu hoch ausfällt. Diese Ergebnisse werden im Folgenden auch formal hergeleitet.

Konsequenzen für $\widehat{\alpha}$ und $\widehat{\beta}$ – eine formale Betrachtung

Beginnen wir mit dem Steigungsparameter β. Setzt man Gleichung (16.3) in Gleichung (16.2a) ein, so ergibt sich

$$\begin{aligned} E(\widehat{\beta}) &= \beta + \frac{\lambda \sum(x_t - \overline{x})}{S_{xx}} \\ &= \beta, \end{aligned} \qquad (16.9)$$

wobei im letzten Schritt ausgenutzt wurde, dass

$$\sum(x_t - \overline{x}) = \sum x_t - \sum \overline{x} = T\,\overline{x} - T\,\overline{x} = 0\,.$$

Gleichung (16.9) zufolge bleibt der Schätzer $\widehat{\beta}$ unverzerrt.

Setzt man die Gleichungen (16.3) und (16.9) in Gleichung (16.2b) ein, so ergibt sich

$$\begin{aligned} E(\widehat{\alpha}) &= \alpha - \overline{x}\,[\beta - \beta] + \frac{1}{T}(T\lambda) \\ &= \alpha + \lambda\,. \end{aligned} \qquad (16.10)$$

Man erhält also einen um λ verzerrten Schätzer des Niveauparameters α.

Konsequenzen für Intervallschätzer und Hypothesentest

Da der Punktschätzer $\widehat{\alpha}$ verzerrt ist, und $\widehat{\alpha}$ das Zentrum jeglichen Intervallschätzers für α liefert, sind auch diese Intervallschätzer verzerrt. Können wenigstens Hypothesentests bezüglich α durchgeführt werden? Nehmen wir an, wir hätten – auf welche Weise auch immer – $var(\widehat{\alpha})$ unverzerrt geschätzt. Dennoch sind Hypothesentests bezüglich α unzulässig. Ursache dafür ist die Verzerrung im Punktschätzer $\widehat{\alpha}$. In einem Hypothesentest (z.B. $H_0 : \alpha = q$) vergleicht man q, den „α-Wert der Nullhypothese", mit dem $\widehat{\alpha}$-Wert, der sich aus der KQ-Schätzung des betrachteten Modells ergibt, wobei Letzterer immer als Indikator für die Realität, also als Indikator für den wahren α-Wert betrachtet wird. Da aber $\widehat{\alpha}$, der Punktschätzer des fehlerhaften Modells (16.6), verzerrt ist, darf er nicht als Indikator für den wahren α-Wert benutzt werden. Eine große Differenz zwischen $\widehat{\alpha}$ und q ist deshalb kein verlässliches Signal dafür, dass α und q weit voneinander abweichen, dass also tatsächlich ein Widerspruch zwischen Nullhypothese und Realität herrscht. Umgekehrt bedeutet eine kleine Differenz zwischen $\widehat{\alpha}$ und q noch lange nicht, dass Nullhypothese und Realität tatsächlich in Einklang stehen.

Diese Anmerkungen besitzen grundsätzlicheren Charakter. Sie gelten auch für den Punktschätzer $\widehat{\beta}$. Wenn der Punktschätzer $\widehat{\beta}$ verzerrt ist, dann erübrigen sich auch jegliche Hypothesentests bezüglich des Parameters β. Wir haben aber gesehen, dass im Falle eines konstanten Messfehlers in der endogenen Variable der Steigungsparameter β unverzerrt geschätzt wird. Sind dann auch die Intervallschätzer für β unverzerrt und Hypothesentests bezüglich β zulässig?

Damit für den unverzerrt geschätzten Steigungsparameter β Intervallschätzer und Hypothesentests Gültigkeit besitzen, benötigen wir eine unverzerrte Schätzung der Varianz $var(\widehat{\beta})$. Auf analoge Weise wie im Anhang zu Kapitel 4 lässt sich zeigen, dass

$$var(\widehat{\beta}) = var(\widehat{\beta}^*) = \sigma^2/S_{xx}\,, \qquad (16.11)$$

wobei $\widehat{\beta}^*$ den auf Basis der *korrekt gemessenen* Daten berechneten KQ-Schätzer bezeichnet. Die multiple Verallgemeinerung des Resultates (16.11) wird in Abschnitt 16.5.3 des matrixalgebraischen Anhangs dieses Kapitels bewiesen. Der auf Basis des fehlerhaften Modells (16.6) ermittelte Schätzer $\widehat{var}(\widehat{\beta})$ ist gemäß (16.11) genau dann unverzerrt, wenn der auf Basis des fehlerhaften Modells ermittelte Wert für $\widehat{\sigma}^2$ unverzerrt ist. In Abbildung 16.1 ist veranschaulicht, dass die Residuenpaare $\widehat{u}_t^*$ und $\widehat{u}_t$ jeweils identisch sind. Ein allgemeiner formaler Beweis findet sich ebenfalls in Abschnitt 16.5.3 des matrixalgebraischen Anhangs. Die Äquivalenz von $\widehat{u}_t^*$ und $\widehat{u}_t$ heißt aber auch, dass $S_{\widehat{u}\widehat{u}}(=\sum \widehat{u}_t^2)$ und $S_{\widehat{u}\widehat{u}}^*(=\sum \widehat{u}_t^{*2})$ identische Werte besitzen und damit

$$E(\widehat{\sigma}^2) = E[S_{\widehat{u}\widehat{u}}/(T-2)] = E[S_{\widehat{u}\widehat{u}}^*/(T-2)]\,. \qquad (16.12)$$

Da $S_{\widehat{u}\widehat{u}}^*$ die Summe der Residuenquadrate des alle A-, B- und C-Annahmen erfüllenden Modells (16.5) darstellt, gilt

$$E[S_{\widehat{u}\widehat{u}}^*/(T-2)] = \sigma^2\,. \qquad (16.13)$$

Zusammengenommen sagen die Gleichungen (16.12) und (16.13), dass die Schätzung der Störgrößenvarianz σ^2 auf Basis des fehlerhaften Modells (16.6) trotz Messfehlers unverzerrt bleibt.

Da $\widehat{\sigma}^2$ unverzerrt ist, stellt gemäß Gleichung (16.11) auch

$$\widehat{var}(\widehat{\beta}) = \widehat{\sigma}^2/S_{xx}$$

einen unverzerrten Schätzer dar. Damit bewahren auch die auf β bezogenen Intervallschätzer und Hypothesentests ihre Gültigkeit.

Die bisherigen Resultate sind beruhigend, denn in den meisten Fällen ist der Steigungsparameter β der ökonomisch interessantere, so dass eine Verzerrung von $\widehat{\alpha}$ verschmerzbar ist. Es existieren jedoch auch Modelle, bei denen schon die ökonomische Theorie postuliert, dass im Modell kein Niveauparameter α enthalten ist. Bleibt auch hier der Steigungsparameter unverzerrt?

Konsequenzen für $\widehat{\beta}$ in Modellen ohne Niveauparameter

Ein Beispiel für ein solches Modell ohne Niveauparameter ist die Aktienbewertung durch das *Capital Asset Pricing Model* (CAPM).

Beispiel 2 zu Kapitel 16

Wir betrachten diesmal die Aktie unseres börsennotierten Automobilzulieferers. Es sei r_t die Rendite der betrachteten Aktie in Periode t und r_t^m die über alle an der Börse gehandelten Aktien gemittelte Aktienrendite. Der Festzins einer risikolosen Anlage sei durch r_t^f bezeichnet. Die Differenz $r_t - r_t^f$ kann als Risikoprämie für das Halten der Aktie des Automobilzulieferers interpretiert werden und die Differenz $r_t^m - r_t^f$ entsprechend als marktdurchschnittliche Risikoprämie für das Halten von Aktien allgemein. Der CAPM-Idee zufolge lautet dann das ökonometrische Modell:

$$\left(r_t - r_t^f\right) = \beta \left(r_t^m - r_t^f\right) + u_t,$$

wobei u_t wie immer der Störterm ist. Definiert man $y_t = r_t - r_t^f$ und $x_t = r_t^m - r_t^f$, ergibt sich

$$y_t = \beta x_t + u_t.$$

Für eine empirische Untersuchung dieses Zusammenhangs benötigt man eine Zeitreihe für x_t, die marktdurchschnittliche Risikoprämie für das Halten von Aktien, sowie eine Zeitreihe für y_t, die Risikoprämie für das Halten der Aktie des Automobilzulieferers.

Wenn in diesem Modell $\beta > 1$, dann signalisiert dies, dass die betrachtete Aktie des Automobilzulieferers eine über dem Marktdurchschnitt liegende Risikoprämie aufweist. Dies ist beispielsweise für die Anlageberatung der Banken eine wertvolle Information. Wenn allerdings $\widehat{\beta}$ verzerrt ist, dann basiert die Anlageberatung auf falschen Informationen.

Die endogene Variable $y_t = r_t - r_t^f$ sei wieder um einen festen Betrag λ zu hoch erfasst worden. Bleibt in diesem Modell ohne Niveauparameter der Schätzer des Steigungsparameters β unverzerrt? Betrachten wir Abbildung 16.2, welche die Datenpunkte (x_t, y_t) für 22 Zeitpunkte wiedergibt. Die ausgemalten Punkte stellen wieder die beobachteten Datenpunkte dar. Die Kreise geben die tatsächlich aufgetretenen Datenpunkte wieder. Letztere liegen jeweils um den Betrag λ unter den beobachteten Daten. $\widehat{R}$ ist die durch die beobachtete Punktwolke gelegte Regressionsgerade und $\widehat{R}^*$ die entsprechende Regressionsgerade für die tatsächlich aufgetretene Punktwolke. Beide Geraden müssen durch den Ursprung verlaufen, denn annahmegemäß ist $\alpha = 0$. Offensichtlich weist $\widehat{R}$ eine größere Steigung als $\widehat{R}^*$ auf. Das heißt, die Verletzung der Annahme B1 schlägt diesmal auf die Schätzung des Steigungsparameters β durch, denn es steht kein Niveauparameter zur Verfügung, der die Verzerrung absorbieren könnte. Im Anhang dieses Kapitels wird dies auch formal gezeigt.

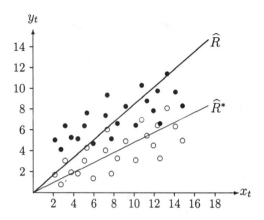

Abbildung 16.2: Konstanter Messfehler bei der Erfassung von y_t in einem Modell ohne Niveauparameter.

16.1.2 Konstanter Messfehler bei der Erfassung einer exogenen Variable

Ist nicht die endogene, sondern die exogene Variable einem konstanten Messfehler ausgesetzt, so liegt die erfasste Punktwolke um den Messfehler ϕ *horizontal* verschoben zur tatsächlich aufgetretenen Punktwolke. In Abbildung 16.3 ist für das Wartungs-Beispiel der Fall einer um $\phi=10$ zu hoch gemessenen exogenen Variable veranschaulicht.

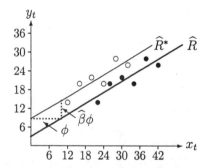

Abbildung 16.3: Konstanter Messfehler in der Erfassung von x_t.

Die entsprechenden Regressionsgeraden verlaufen auch hier wieder parallel, das heißt, der Steigungsparameter bleibt unverzerrt. Zwei mit Steigung $\widehat{\beta}$ verlaufende Geraden, die einen horizontalen Abstand von ϕ aufweisen, besitzen einen vertikalen Abstand von $\widehat{\beta}\phi$. Da $E(\widehat{\beta}) = \beta$, beträgt dieser vertikale Abstand bei wiederholten Stichproben im Mittel $\beta\phi$. Es gilt damit $E(u_t) = \beta\phi$, was wieder eine Verletzung der Annahme B1, und zwar in der Form (16.3),

16.1. KONSEQUENZEN DER ANNAHMEVERLETZUNG

darstellt. Folglich ist der KQ-Schätzer $\widehat{\alpha}$ um den Betrag $\beta\phi$ verzerrt. Der KQ-Schätzer $\widehat{\beta}$ und der entsprechende Intervallschätzer bleiben hingegen unverzerrt und Hypothesentests bezüglich β bewahren ihre Gültigkeit.

16.1.3 Funktionale Modelltransformation

Konstante Messfehler in der endogenen oder in den exogenen Variablen führen zu einer Verletzung der Annahme B1, und zwar in der Form (16.3). Wir betrachten nun einen weiteren Fall, der zu dieser Variante einer B1-Verletzung führt.

Startet man mit einem Modell, das nicht linear in den Parametern ist, also Annahme A2 verletzt, dann beseitigt zwar eine Linearisierung (z.B. durch Logarithmierung der beobachteten Daten) dieses Problem, aber Annahme B1 könnte weiterhin oder auch erst im Zuge der Linearisierung verletzt sein.

Beispiel 3 zu Kapitel 16

Die Kugellagerproduktion unseres Automobilzulieferers sei durch die Produktionsfunktion

$$g = Ak^\beta . \qquad (16.14)$$

charakterisiert. Dabei bezeichne g den Pro-Kopf-Output und k die Kapitalintensität, also den Kapitaleinsatz pro Kopf. A und β seien konstante Parameter.

Das entsprechende ökonometrische Modell könnte beispielsweise

$$g_t = Ak_t^\beta v_t \qquad (16.15)$$

lauten, wobei v_t eine Störgröße darstellt. Bildet man auf beiden Seiten von (16.15) den Erwartungswert, so ergibt sich

$$E(g_t) = Ak_t^\beta E(v_t) .$$

Eine sinnvolle Interpretation der Produktionsfunktion (16.15) erfordert, dass $E(v_t)=1$ (Verletzung der Annahme B1), denn nur dann gilt

$$E(g_t) = Ak_t^\beta .$$

Modell (16.15) verletzt nicht nur Annahme B1, sondern auch Annahme A2, denn das Modell ist nicht linear. Löst die notwendige Logarithmierung beide Probleme? Sie liefert uns

$$\ln g_t = \ln A + \beta \ln k_t + \ln v_t . \qquad (16.16)$$

Definiert man $\ln g_t = y_t$, $\ln A = \alpha$, $\ln k_t = x_t$ und $\ln v_t = u_t$, so ergibt sich das vertraute Modell

$$y_t = \alpha + \beta x_t + u_t . \qquad (16.17)$$

Konsequenzen für E(u_t)

Erfüllt die Störgröße des Modells (16.17) Annahme B1? *Jensens Ungleichung* besagt für unsere Störgröße v_t, dass der Erwartungswert einer konkaven Funktion von v_t kleiner ist als der Funktionswert an der Stelle des Erwartungswertes von v_t. Eine grafische Erklärung für dieses Resultat findet sich in Kennedy (1998). Für die konkave Funktion $\ln(v_t)$ bedeutet Jensens Ungleichung, dass

$$E[\ln v_t] < \ln[E(v_t)] \,. \tag{16.18}$$

Da $\ln v_t = u_t$, $E(v_t)=1$ und $\ln 1 = 0$, ist Ungleichung (16.18) identisch mit

$$E(u_t) < 0 \,.$$

Folglich verletzt die Störgröße u_t Annahme B1. Der genaue Wert von $E(u_t)$ hängt dabei von der Wahrscheinlichkeitsverteilung der ursprünglichen Störgröße v_t ab. Diese ist für alle Beobachtungen identisch. Folglich gilt auch hier $E(u_t) = \lambda \neq 0$.

Es sei schließlich angemerkt, dass es in Modell (16.17) nur deshalb zu einer Verletzung der Annahme B1 kam, weil in Modell (16.15) die Störgröße v_t in der einfachen multiplikativen Form erscheint und damit $E(v_t)=1$ gelten muss. Hätte der wahre Produktionszusammenhang stattdessen

$$g_t = A k_t^\beta e^{u_t}$$

gelautet, wobei $E(u_t) = 0$, dann wäre in Modell (16.17) Annahme B1 erfüllt gewesen.

Konsequenzen für $\widehat{\alpha}$ und $\widehat{\beta}$

Aus unseren bisherigen Ergebnissen wissen wir, dass sich für Modell (16.15) bzw. (16.17) ein unverzerrter Schätzer des Steigungsparameters β und ein verzerrter Schätzer des Niveauparameters α ergibt. Solange wir nur am Steigungsparameter β interessiert sind, bereitet uns die Verletzung der Annahme B1 deshalb kaum Kopfzerbrechen. Es gibt jedoch ökonomische Modelle, in denen speziell der Niveauparameter α ökonomische Relevanz aufweist. Beispielsweise wird der konstante Parameter A in der Produktionsfunktion (16.14) gern als technisches Niveau der Produktionsfunktion interpretiert und man ist daran interessiert, welchen Wert dieses Niveau besitzt. Der Wert lässt sich aus $\widehat{\alpha}$ gemäß

$$\widehat{A} = e^{\ln \widehat{A}} = e^{\widehat{\alpha}} \tag{16.19}$$

errechnen. Da aber $\widehat{\alpha}$ verzerrt ist, liefert auch die Schätzung des technischen Niveaus A irreführende Ergebnisse.

Wir haben uns bislang ausschließlich mit dem Fall $E(u_t) = \lambda \neq 0$, also mit der Verletzungsvariante (16.3) beschäftigt. Wir wenden uns nun der Verletzungvariante (16.4) zu, also der Variante $E(u_t) = \lambda_t \neq 0$. Auch sie stellt eine Verletzung der Annahme B1 dar.

16.1.4 Gestutzte endogene Variable

Betrachten wir das folgende Beispiel:

Beispiel 4 zu Kapitel 16

Man möchte beim Kugellagerproduzenten untersuchen, ob bei denjenigen Mitarbeitern, die auffallend oft unpünktlich bei der Arbeit erscheinen, die Häufigkeit des Zuspätkommens (y_t) durch die Länge des Arbeitsweges (x_t) erklärt werden kann. Die Datenpunkte sind in Abbildung 16.4 wiedergegeben. Da nur diejenigen Mitarbeiter in der Analyse berücksichtigt werden, welche auffallend häufig unpünktlich bei der Arbeit erschienen sind ($y_t > y^{\min}$), gehen die als Kreise markierten Datenpunkte (Mitarbeiter) nicht in die Schätzung ein.

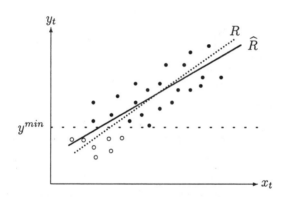

Abbildung 16.4: Die Datenpunkte für die Untersuchung des Zusammenhangs zwischen Arbeitsweg und Unpünktlichkeit.

Konsequenzen für E(u_t) – eine grafische Veranschaulichung

Um die Konsequenzen für $E(u_t)$ zu veranschaulichen, betrachten wir eine weitere Abbildung, nämlich Abbildung 16.5. Sie ist im Grunde identisch mit Abbildung 2.12, ergänzt diese aber um diejenigen Aspekte, welche sich durch gestutzte Daten ergeben. Abbildung 16.5 zeigt für drei willkürlich herausgegriffene Personen (mit Anfahrtswegen x_1, x_2 bzw. x_3) die jeweilige Wahrscheinlichkeitsverteilung der Störgröße u_t. Der Erwartungswert der Störgröße ist jeweils 0, d.h. das Zentrum der Wahrscheinlichkeitsverteilung liegt jeweils auf der wahren Gerade R.

Betrachten wir die zu x_1 gehörige Wahrscheinlichkeitsverteilung etwas genauer. Die Wahrscheinlichkeit, dass jemand *mit Anfahrtsweg x_1* nicht Teil der tatsächlich ausgewerteten Stichprobe wird, d.h. $\Pr(y_t < y^{\min})$, entspricht der

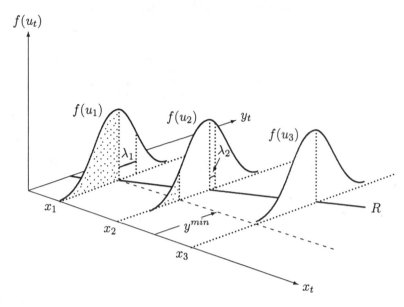

Abbildung 16.5: Die Wirkung einer begrenzten endogenen Variable auf den Erwartungswert der Störgröße.

gepunkteten Fläche. Die restliche Fläche misst demnach die Wahrscheinlichkeit, Teil der ausgewerteten Stichprobe zu werden.

Damit Annahme B1 erfüllt ist, muss für jeden in die Schätzung eingehenden Beobachtungspunkt gelten, dass $E(u_t)=0$. Die Tatsache, dass die Person mit Anfahrtsweg x_1 in der Stichprobe erscheint, schließt jedoch von vornherein aus, dass die Störgröße im Bereich der gepunkteten Fläche gelegen haben kann. Die Störgröße für jemanden aus der Stichprobe liegt automatisch im nicht gepunkteten Bereich, anderenfalls wäre die Person mit Anfahrtsweg x_1 nicht in die Stichprobe gelangt.

Um $E(u_1)$, den Erwartungswert der Störgröße für eine in der Stichprobe befindliche Person mit Anfahrtsweg x_1, zu erhalten, muss man deshalb den Mittelwert der im nicht gepunkteten Bereich liegenden Störgrößen bilden. Dieser Erwartungswert ist in der Abbildung als der (parallel zur y_t-Achse verlaufende) Abstand λ_1 gekennzeichnet: $E(u_1) = \lambda_1 \neq 0$.

Analoge Überlegungen gelten für Personen mit Anfahrtsweg x_2. Der entsprechende Erwartungswert der Störgröße $E(u_2) = \lambda_2 \neq 0$ wird allerdings geringer als λ_1 ausfallen, denn bei x_2 ist der „abzuschneidende" gepunktete Bereich wesentlich kleiner als bei x_1. Diese Überlegungen zeigen, dass eine gestutzte endogene Variable zu einer B1-Verletzung in der Variante $E(u_t) = \lambda_t \neq 0$ führt.

Konsequenzen für $\widehat{\alpha}$ und $\widehat{\beta}$, Intervallschätzer und Hypothesentest

Ein Blick auf die Gleichungen (16.2a) und (16.2b) zeigt, dass sich diese im Falle von $E(u_t) \neq 0$ nicht zu $E(\widehat{\beta}) = \beta$ und $E(\widehat{\alpha}) = \alpha$ vereinfachen. Die Punktschätzer $\widehat{\alpha}$ und $\widehat{\beta}$ sind also verzerrt.

Dieses Resultat lässt sich anhand von Abbildung 16.4 auch leicht grafisch erklären. Die unbekannte wahre Gerade R ist in der Abbildung als gepunktete Linie dargestellt. Wenn wir alle eingezeichneten Datenpunkte betrachten, also auch diejenigen, welche unter die Grenze $y^{\min}$ fallen, dann existieren im gesamten beobachteten Wertebereich der exogenen Variable x_t positive und negative Störgrößen. In einer KQ-Schätzung „ziehen" Beobachtungspunkte mit positiver Störgröße eine Regressionsgerade immer nach oben und Beobachtungspunkte mit negativer Störgröße immer nach unten. Sind positive und negative Störgrößen gleichmäßig um die wahre Gerade verteilt, so neutralisieren sie sich in ihrer Wirkung und eine KQ-Schätzung liefert eine Regressionsgerade, die dicht am wahren Zusammenhang R liegt.

Was aber passiert, wenn in die KQ-Schätzung nur die ausgemalten Punkte eingehen, also nur diejenigen Beobachtungen berücksichtigt werden, die oberhalb von $y^{\min}$ liegen? Dann verbleiben im untersten beobachteten Wertebereich von x_t plötzlich nur noch die Beobachtungen mit positiven Störgrößen. Da der durch negative Störgrößen ausgelöste Gegenzug fehlt, wird die Regressionsgerade $\widehat{R}$ im unteren x_t-Bereich nach oben gezogen. Die Regressionsgerade $\widehat{R}$ weist dadurch eine zu geringe Steigung auf und unterschätzt damit den marginalen Einfluss des Anfahrtsweges auf die Häufigkeit der Unpünktlichkeit. Ferner ergibt sich eine Überschätzung des Niveauparameters.

Welche Konsequenzen ergeben sich für Intervallschätzer und Hypothesentests? Da die Punktschätzer $\widehat{\alpha}$ und $\widehat{\beta}$ verzerrt sind, sind auch die entsprechenden Intervallschätzer verzerrt und jegliche Hypothesentests sind unzulässig.

Zensierte und gestutzte Daten

Bei Untersuchungen, in denen die Werte der endogenen Variable zum Ausschluss einzelner Beobachtungen führen können, lassen sich zwei Typen des zugrunde liegenden Datensatzes unterscheiden. In Abbildung 16.5 wurden alle Personen mit $y_t < y^{\min}$ von der Untersuchung ausgeschlossen. Man spricht in diesem Fall gewöhnlich von einem *gestutzten Datensatz*. Wenn hingegen auch die Personen mit $y_t < y^{\min}$ in der Untersuchung berücksichtigt werden, aber bei ihnen, neben dem Wert der exogenen Variablen, lediglich bekannt ist, dass $y_t < y^{\min}$, nicht aber welchen genauen Wert y_t tatsächlich besitzt, dann spricht man von einem *zensierten Datensatz*. Die Unterscheidung zwischen diesen beiden Typen von Datensätzen ist wichtig, denn für jeden Typ existieren eigene Schätzverfahren, welche die zuvor beschriebenen Schätzprobleme in angemessener Form berücksichtigen.

16.2 Diagnose

Wie lässt sich erkennen, ob der Erwartungswert der Störgröße von 0 abweicht? Bei den Annahmen A1 bis A3 setzten wir für diesen Zweck spezielle Testverfahren ein, die *aus den Daten* mögliche Anhaltspunkte für eine Annahmeverletzung herausfilterten. Bei Annahme B1 ist dies leider nur in Ausnahmefällen möglich. Erfolgversprechender ist deshalb – wenn möglich – eine Überprüfung des Prozesses der *Datenerhebung*.

16.2.1 Überprüfung der Datenerhebung

Zunächst sollte überdacht werden, ob bereits bei der Datenerhebung Messfehler in der endogenen oder in den exogenen Variablen aufgetreten sein können. Ferner sollte geprüft werden, ob bei der Auswahl der Stichprobe eine Vorabzensur stattfand, die zu einem gestutzten oder zensierten Datensatz führte. Lassen sich alle diese Fehlerquellen ausschließen, dann bleibt noch die Möglichkeit, dass eine Modelltransformation eine Störgröße generiert hat, die einen von 0 verschiedenen Erwartungswert besitzt.

16.2.2 Überprüfung auf Basis der Daten

Eine Überprüfung der Annahme B1 auf Basis der Daten ist nur dann möglich, wenn die ökonomische Theorie ein Modell ohne Niveauparameter bereitgestellt hat. Das CAPM war ein Beispiel. In diesem Fall kann man den Parameter α in das ökonometrische Modell mit aufnehmen und anschließend mit einem t-Test überprüfen, ob $\widehat{\alpha}$ signifikant von 0 verschieden ist. Ist die ökonomische Theorie korrekt, dann signalisiert ein signifikantes $\widehat{\alpha}$ eine Verzerrung. Handelt es sich um den Fall, dass $E(u_t) = \lambda$, dann wissen wir, dass $\widehat{\alpha}$ genau der Verzerrung entspricht und der geschätzte Steigungsparameter $\widehat{\beta}$ unverzerrt ist. Wenn $E(u_t) = \lambda_t$, dann ist eine solche Aussage nicht möglich.

16.3 Anwendbare Schätzverfahren

Betrachten wir zunächst wieder den Fall $E(u_t) = \lambda$. Wenn wir lediglich am Steigungsparameter β interessiert sind, dann können wir mit der KQ-Methode arbeiten, denn sowohl der Schätzer $\widehat{\beta}$ als auch $\widehat{var}(\widehat{\beta})$ sind unverzerrt.

Schwieriger wird es, wenn $E(u_t) = \lambda_t$. Wenn wir es mit dem Problem einer gestutzten endogenen Variable zu tun haben, dann müssen komplexere Schätzmethoden benutzt werden. Diese basieren auf der Idee der Maximum Likelihood Schätzung. Wenn ein zensierter Datensatz vorliegt, könnte alternativ zur Maximum Likelihood Schätzung ein Heckman-Schätzverfahren benutzt werden. Eine Darstellung dieser Verfahren würde jedoch den Rahmen dieses einführenden Buches sprengen. Beschreibungen dieser Methoden finden sich beispielsweise in Greene (2003).

16.4 Zusammenfassung

Weicht der Erwartungswert der Störgröße von 0 ab, so ist Annahme B1 verletzt. Als Folge kann es zu Verzerrungen in den KQ-Schätzern kommen. Grundsätzlich sollte man zwischen zwei Varianten einer B1-Verletzung unterscheiden:

$$\text{Variante 1: } E(u_t) = \lambda \neq 0 \tag{16.3}$$

$$\text{Variante 2: } E(u_t) = \lambda_t \neq 0 \,. \tag{16.4}$$

Variante 1 ergibt sich, wenn konstante Messfehler bei der Erfassung der endogenen oder der exogenen Variable auftreten. Auch die Logarithmierung eines multiplikativen Modells kann Variante 1 nach sich ziehen. In allen diesen Fällen ist der Schätzer des Niveauparameters α verzerrt. Die Schätzer der Steigungsparameter β_k sowie die geschätzten Varianzen dieser Schätzer bleiben hingegen unverzerrt. Damit bleiben auch entsprechende Hypothesentests gültig. Einzig wenn ein Modell keinen Niveauparameter α besitzt, schlägt die B1-Verletzung auf die Steigungsparameter β_k durch.

Variante 2 ergibt sich beispielsweise, wenn eine gestutzte endogene Variable vorliegt. Die KQ-Methode generiert dann sowohl für den Niveauparameter α als auch für die Steigungsparameter β_k verzerrte Schätzungen. Auch die geschätzten Varianzen dieser Schätzer sind verzerrt. Hypothesentests verlieren ihre Gültigkeit.

Eine Verletzung von Annahme B1 ist nur schwer zu diagnostizieren. Die Auswertung der Daten liefert nur in Ausnahmefällen Anhaltspunkte. Man sollte sich deshalb direkt dem Prozess der Datenerhebung zuwenden und überprüfen, ob eine der beschriebenen Ursachen für Variante 1 oder Variante 2 vorliegen könnte.

Ist man lediglich an den Steigungsparametern interessiert, dann kann im Falle von Variante 1 weiterhin auf die KQ-Methode zurückgegriffen werden. Hat man es allerdings mit Variante 2 zu tun, müssen komplexere Schätzmethoden angewendet werden, welche nicht Gegenstand dieses einführenden Lehrbuches sein können.

Anhang

Aus $E(u_t) = \lambda$ resultierende Verzerrung des Steigungsparameters β bei Modellen ohne Niveauparameter α:

Wenn $\alpha = 0$, dann heißt dies, dass in Gleichung (3.10) $\widehat{\alpha} = 0$ und damit

$$\overline{y} = \widehat{\beta}\,\overline{x}\,.$$

Einsetzen in Gleichung (3.11) liefert dann

$$\sum y_t x_t = \widehat{\beta} \sum x_t^2$$

und somit

$$\widehat{\beta} = \frac{\sum y_t x_t}{\sum x_t^2}$$
$$= \frac{\sum x_t (\beta x_t + u_t)}{\sum x_t^2}$$
$$= \beta + \frac{\sum x_t u_t}{\sum x_t^2}.$$

Bildet man auf beiden Seiten den Erwartungswert, so erhält man

$$E(\widehat{\beta}) = E(\beta) + E\left[\frac{\sum x_t u_t}{\sum x_t^2}\right]$$
$$= \beta + \frac{\sum x_t E(u_t)}{\sum x_t^2}$$
$$= \beta + \lambda \underbrace{\frac{\sum x_t}{\sum x_t^2}}_{\neq 0}.$$

16.5 Matrixalgebraischer Anhang

In diesem Anhang werden wir zunächst die sogenannte *partitionierte Regression* kennenlernen. Sie vermittelt uns zusätzliche Einsichten in die Mechanik der KQ-Schätzung. Darüber hinaus erlaubt sie uns eine sehr direkte Analyse der Konsequenzen, die sich für die KQ-Schätzung aus konstanten Messfehlern ergeben. Abschließend wird untersucht, inwiefern die Aussagekraft der KQ-Schätzung durch gestutzte Daten beeinträchtigt wird.

16.5.1 Partitionierte Regression

Aus Gleichung (9.59) wissen wir, dass die Herleitung der KQ-Schätzer des Modells

$$\mathbf{y} = \mathbf{X}\boldsymbol{\beta} + \mathbf{u} \qquad (16.20)$$

zur Gleichung

$$(\mathbf{X}'\mathbf{X})\,\widehat{\boldsymbol{\beta}} = \mathbf{X}'\mathbf{y} \qquad (16.21)$$

führt. Im matrixalgebraischen Anhang des Kapitels 13 wurde mit einer Partitionierung der Matrix $\mathbf{X}'\mathbf{X}$ in geeignete Teilmatrizen und einer entsprechenden Zerlegung der Vektoren $\widehat{\boldsymbol{\beta}}$ und $\mathbf{X}'\mathbf{y}$ gearbeitet. Diese Methode wird auch hier wieder eingesetzt. Wenn wir den Vektor $\boldsymbol{\beta}$ in den (K_1+1)-elementigen Teilvektor $\boldsymbol{\beta}_1$ und den K_2-elementigen Teilvektor $\boldsymbol{\beta}_2$ partitionieren und entsprechend die Matrix $\mathbf{X}$ in die $(T \times (K_1+1))$-elementige Teilmatrix $\mathbf{X}_1$ und die $(T \times K_2)$-elementige Teilmatrix $\mathbf{X}_2$, lässt sich Modell (16.20) auch in der Form

$$\mathbf{y} = \mathbf{X}_1\boldsymbol{\beta}_1 + \mathbf{X}_2\boldsymbol{\beta}_2 + \mathbf{u}$$

16.5. MATRIXALGEBRAISCHER ANHANG

schreiben und Gleichung (16.21) entsprechend in der Form

$$\begin{bmatrix} X_1'X_1 & X_1'X_2 \\ X_2'X_1 & X_2'X_2 \end{bmatrix} \begin{bmatrix} \widehat{\beta}_1 \\ \widehat{\beta}_2 \end{bmatrix} = \begin{bmatrix} X_1'y \\ X_2'y \end{bmatrix}. \qquad (16.22)$$

Die KQ-Schätzer lauten somit:

$$\begin{bmatrix} \widehat{\beta}_1 \\ \widehat{\beta}_2 \end{bmatrix} = \begin{bmatrix} X_1'X_1 & X_1'X_2 \\ X_2'X_1 & X_2'X_2 \end{bmatrix}^{-1} \begin{bmatrix} X_1'y \\ X_2'y \end{bmatrix}. \qquad (16.23)$$

Die genaue Form der inversen Blockmatrix kennen wir bereits aus Gleichung (13.46). Sie lautet:

$$\begin{bmatrix} (X_1'M_2X_1)^{-1} & -(X_1'M_2X_1)^{-1} X_1'X_2 (X_2'X_2)^{-1} \\ -(X_2'M_1X_2)^{-1} X_2'X_1 (X_1'X_1)^{-1} & (X_2'M_1X_2)^{-1} \end{bmatrix},$$

wobei

$$M_1 = I_T - X_1 (X_1'X_1)^{-1} X_1' \qquad (16.24a)$$
$$M_2 = I_T - X_2 (X_2'X_2)^{-1} X_2' . \qquad (16.24b)$$

Gleichung (16.23) wird somit zu

$$\begin{bmatrix} \widehat{\beta}_1 \\ \widehat{\beta}_2 \end{bmatrix} = \begin{bmatrix} (X_1'M_2X_1)^{-1} & -(X_1'M_2X_1)^{-1} X_1'X_2 (X_2'X_2)^{-1} \\ -(X_2'M_1X_2)^{-1} X_2'X_1 (X_1'X_1)^{-1} & (X_2'M_1X_2)^{-1} \end{bmatrix} \begin{bmatrix} X_1'y \\ X_2'y \end{bmatrix}$$

$$= \begin{bmatrix} (X_1'M_2X_1)^{-1} X_1'y - (X_1'M_2X_1)^{-1} X_1'X_2 (X_2'X_2)^{-1} X_2'y \\ -(X_2'M_1X_2)^{-1} X_2'X_1 (X_1'X_1)^{-1} X_1'y + (X_2'M_1X_2)^{-1} X_2'y \end{bmatrix}$$

$$= \begin{bmatrix} (X_1'M_2X_1)^{-1} X_1' \left[I_T - X_2 (X_2'X_2)^{-1} X_2' \right] y \\ (X_2'M_1X_2)^{-1} X_2' \left[I_T - X_1 (X_1'X_1)^{-1} X_1' \right] y \end{bmatrix}.$$

Unter Beachtung der Definitionen (16.24a) und (16.24b) ergeben sich also die folgenden KQ-Schätzgleichungen:

$$\widehat{\beta}_1 = (X_1'M_2X_1)^{-1} X_1'M_2 y \qquad (16.25a)$$
$$\widehat{\beta}_2 = (X_2'M_1X_2)^{-1} X_2'M_1 y . \qquad (16.25b)$$

Dies ist ein wichtiges Resultat insbesondere für den Fall, dass man nicht an allen Parametern β interessiert ist. Interessiert man sich beispielsweise nur für die Parameter β_1 und somit auch nur für die KQ-Schätzer $\widehat{\beta}_1$, dann müssen nicht sämtliche KQ-Schätzer $\widehat{\beta}$ ermittelt werden. Die KQ-Schätzer $\widehat{\beta}_1$ können separat auf Basis der Schätzgleichung (16.25a) berechnet werden. Man beachte, dass die Variablen in X_2 über die Matrix M_2 Eingang in diese Gleichung finden. Das heisst, auch eine separate KQ-Schätzung der Parameter β_1 greift auf *sämtliche* exogene Variablen zurück.

Da die Matrizen $\mathbf{M}_1$ und $\mathbf{M}_2$ idempotent und symmetrisch sind, können die Schätzgleichungen (16.25) auch in der Form

$$\widehat{\boldsymbol{\beta}}_1 = \left[\mathbf{X}_1'\mathbf{M}_2'\mathbf{M}_2\mathbf{X}_1\right]^{-1}\mathbf{X}_1'\mathbf{M}_2'\mathbf{M}_2\mathbf{y}$$
$$\left[(\mathbf{M}_2\mathbf{X}_1)'\mathbf{M}_2\mathbf{X}_1\right]^{-1}(\mathbf{M}_2\mathbf{X}_1)'\mathbf{M}_2\mathbf{y} \qquad (16.26a)$$
$$\widehat{\boldsymbol{\beta}}_2 = \left[(\mathbf{M}_1\mathbf{X}_2)'\mathbf{M}_1\mathbf{X}_2\right]^{-1}(\mathbf{M}_1\mathbf{X}_2)'\mathbf{M}_1\mathbf{y} \qquad (16.26b)$$

geschrieben werden. Aus dieser Darstellung ist unmittelbar ersichtlich, dass die KQ-Schätzer $\widehat{\boldsymbol{\beta}}_1$ als das Resultat einer ganz gewöhnlichen linearen Regression interpretiert werden können, und zwar einer Regression mit $\mathbf{M}_2\mathbf{y}$ als Vektor der endogenen Variable und $\mathbf{M}_2\mathbf{X}_1$ als Matrix der exogenen Variablen:

$$(\mathbf{M}_2\mathbf{y}) = (\mathbf{M}_2\mathbf{X}_1)\,\boldsymbol{\beta}_1 + \widetilde{\mathbf{u}}\,,$$

wobei $\widetilde{\mathbf{u}}$ einen Störgrößenvektor darstellt. Analoges gilt für die KQ-Schätzer $\widehat{\boldsymbol{\beta}}_2$.

16.5.2 Eine spezielle Partition

Die Erkenntnisse des vorangegangenen Abschnitts gelten auch für eine Partition von $\widehat{\boldsymbol{\beta}}$ in $\widehat{\boldsymbol{\beta}}_1 = \widehat{\alpha}$ und $\widehat{\boldsymbol{\beta}}_2 = (\beta_1\,\beta_2\,...\,\beta_K)'$, also einer Partition in Niveau- und Steigungsparameter. Eine entsprechende Partition der Matrix $\mathbf{X}$ ergibt:

$$\mathbf{X}_1 = \mathbf{i} = (1\,1\,...\,1)' \quad \text{und} \quad \mathbf{X}_2 = (\mathbf{x}_1\,\mathbf{x}_2\,...\,\mathbf{x}_K).$$

Gleichung (16.24a) vereinfacht sich damit zu

$$\mathbf{M}_1 = \mathbf{I}_T - \mathbf{i}\left(\mathbf{i}'\mathbf{i}\right)^{-1}\mathbf{i}' = \mathbf{I}_T - \mathbf{K}\,, \qquad (16.27)$$

wobei sämtliche Elemente der $(T \times T)$-Matrix $\mathbf{K}$ den Wert $1/T$ besitzen.

Rechtsseitige Multiplikation der Gleichung (16.27) mit $\mathbf{y}$ liefert:

$$\mathbf{M}_1\mathbf{y} = \mathbf{y} - \mathbf{K}\mathbf{y} \qquad (16.28)$$
$$= \mathbf{y} - \overline{\mathbf{y}}\,,$$

wobei $\overline{\mathbf{y}} = (\overline{y}\,\overline{y}\,...\,\overline{y})'$ und $\overline{y}$ wie gewohnt das arithmetische Mittel der Werte der endogenen Variable y_t angibt. Die Elemente des Vektors $\mathbf{M}_1\mathbf{y}$ sind also als die Abweichungen der endogenen Variablenwerte y_t von ihrem Mittelwert $\overline{y}$ zu interpretieren:

$$\mathbf{M}_1\mathbf{y} = \begin{bmatrix} y_1 - \overline{y} \\ y_2 - \overline{y} \\ \vdots \\ y_T - \overline{y} \end{bmatrix}.$$

Rechtsseitige Multiplikation der Gleichung (16.27) mit $\mathbf{X}_2$ liefert:

$$\mathbf{M}_1\mathbf{X}_2 = \mathbf{X}_2 - \mathbf{K}\mathbf{X}_2 \qquad (16.29)$$
$$= \mathbf{X}_2 - \overline{\mathbf{X}}_2\,,$$

16.5. MATRIXALGEBRAISCHER ANHANG

wobei $\overline{\mathbf{X}}_2 = (\overline{\mathbf{x}}_1 \ \overline{\mathbf{x}}_2 \ ... \ \overline{\mathbf{x}}_K)$ und $\overline{\mathbf{x}}_k = (\overline{x}_k \ \overline{x}_k \ ... \ \overline{x}_k)'$. Die Elemente der Matrix $\mathbf{M}_1\mathbf{X}_2$ stellen also Abweichungen $(x_{kt} - \overline{x}_k)$ dar:

$$\mathbf{M}_1\mathbf{X}_2 = \begin{bmatrix} x_{11} - \overline{x}_1 & x_{21} - \overline{x}_2 & \cdots & x_{K1} - \overline{x}_K \\ x_{12} - \overline{x}_1 & x_{22} - \overline{x}_2 & \cdots & x_{K2} - \overline{x}_K \\ \vdots & \vdots & \ddots & \vdots \\ x_{1T} - \overline{x}_1 & x_{2T} - \overline{x}_2 & \cdots & x_{KT} - \overline{x}_K \end{bmatrix}.$$

Entsprechend repräsentiert die Matrix $(\mathbf{M}_1\mathbf{X}_2)'\mathbf{M}_1\mathbf{X}_2$ die quadrierten Abweichungen $(x_{kt} - \overline{x}_k)^2$.

Wir wissen aus Abschnitt 16.5.1, dass es für die Schätzergebnisse bezüglich der Parameter $\boldsymbol{\beta}_2$ keine Rolle spielt, ob eine KQ-Schätzung über sämtliche Parameter benutzt wird oder ob die KQ-Schätzformel (16.26b) zum Einsatz kommt. Beide Verfahren liefern identische Werte $\widehat{\boldsymbol{\beta}}_2$. Damit ergibt sich für die hier betrachtete Partition in Niveau- und Steigungsparameter ein interessantes Resultat: Wenn man letztlich nur an den *Steigungsparametern* einer KQ-Schätzung interessiert ist, kann man statt der üblichen KQ-Schätzung des Gesamtvektors $\boldsymbol{\beta}$ einen alternativen Schätzweg beschreiben. Bei diesem Schätzweg werden zunächst die ursprünglichen Daten $\mathbf{y}$ und $\mathbf{X}$ transformiert, und zwar als Abweichungen von ihrem Mittelwert, also $(y_t - \overline{y})$ und $(x_{kt} - \overline{x}_k)$, oder in Matrixform $\mathbf{M}_1\mathbf{y}$ und $\mathbf{M}_1\mathbf{X}_2$. Auf Basis der transformierten Daten $\mathbf{M}_1\mathbf{y}$ und $\mathbf{M}_1\mathbf{X}_2$ wird anschließend eine KQ-Schätzung auf Basis der Formel (16.26b) durchgeführt. Diese KQ-Schätzung generiert für die Steigungsparameter $\boldsymbol{\beta}_2$ genau die gleichen Schätzresultate wie eine KQ-Schätzung auf Basis der ursprünglichen Daten $\mathbf{y}$ und $\mathbf{X}$. Ein Schätzwert für den Niveauparameter α wird bei dem alternativen Vorgehen allerdings nicht geliefert.

Gemäß der gewohnten Formel für Varianz-Kovarianz-Matrizen generiert die KQ-Schätzung auf Basis der transformierten Daten $\mathbf{M}_1\mathbf{y}$ und $\mathbf{M}_1\mathbf{X}_2$ die Varianz-Kovarianz-Matrix

$$\begin{aligned} \mathbf{V}(\widehat{\boldsymbol{\beta}}_2) &= \sigma^2 \left[(\mathbf{M}_1\mathbf{X}_2)' \mathbf{M}_1\mathbf{X}_2 \right]^{-1} \\ &= \sigma^2 \left[\mathbf{X}_2' \mathbf{M}_1 \mathbf{X}_2 \right]^{-1}. \end{aligned} \quad (16.30)$$

Ein Blick auf Gleichung (13.47) zeigt, dass diese Varianz-Kovarianz-Matrix identisch ist mit der rechten unteren Teilmatrix der Varianz-Kovarianz-Matrix $\mathbf{V}(\widehat{\boldsymbol{\beta}})$, welche sich bei einer KQ-Schätzung auf Basis der untransformierten Daten ergeben würde. Dieses Resultat überrascht nicht, denn wir haben zuvor gesehen, dass die KQ-Schätzung auf Basis der untransformierten Daten und die KQ-Schätzung auf Basis der transformierten Daten immer identische Schätzwerte für die Steigungsparameter $\boldsymbol{\beta}_2$ liefert. Damit besitzen die beiden Schätzverfahren aber auch die gleiche Varianz-Kovarianz-Matrix $\mathbf{V}(\widehat{\boldsymbol{\beta}}_2)$.

16.5.3 Konstante Messfehler: Konsequenzen für die KQ-Schätzung

Auf Basis der zuvor betrachteten Partition in Niveau- und Steigungsparameter lässt sich schnell erkennen, inwiefern die KQ-Schätzung von konstanten Messfehlern in der endogenen oder den exogenen Variablen betroffen ist. Das korrekt gemessene Modell sei durch

$$\begin{aligned} \mathbf{y}^* &= \mathbf{X}^*\boldsymbol{\beta} + \mathbf{u}^* \\ &= \mathbf{i}\alpha + \mathbf{X}_2^*\boldsymbol{\beta}_2 + \mathbf{u}^* \end{aligned} \qquad (16.31)$$

gegeben. Es erfülle sämtliche A-, B- und C-Annahmen.

Wir betrachten den Fall, dass in der KQ-Schätzung die Daten nicht korrekt erfasst wurden: Anstelle des Modells (16.31) mit den Daten $\mathbf{y}^*$ und $\mathbf{X}^*$ wird das Modell

$$\begin{aligned} \mathbf{y} &= \mathbf{X}\boldsymbol{\beta} + \mathbf{u} \\ &= \mathbf{i}\alpha + \mathbf{X}_2\boldsymbol{\beta}_2 + \mathbf{u} \end{aligned} \qquad (16.32)$$

mit den Daten

$$\mathbf{y} = \mathbf{y}^* + \mathbf{i}\lambda \qquad (16.33\text{a})$$
$$\mathbf{X}_2 = \mathbf{X}_2^* + \mathbf{i}\boldsymbol{\phi}' \qquad (16.33\text{b})$$

geschätzt. Dabei kann der T-elementige Spaltenvektor $\mathbf{i}\lambda = (\lambda\ \lambda\ \ldots\ \lambda)'$ als der „Messfehlervektor" der endogen Variable und die $(T \times K)$-Matrix

$$\mathbf{i}\boldsymbol{\phi}' = \mathbf{i}(\phi_1\ \phi_2\ \ldots\ \phi_K) = \begin{bmatrix} \phi_1 & \phi_2 & \cdots & \phi_K \\ \phi_1 & \phi_2 & \cdots & \phi_K \\ \vdots & \vdots & \ddots & \vdots \\ \phi_1 & \phi_2 & \cdots & \phi_K \end{bmatrix} \qquad (16.34)$$

als die „Messfehlermatrix" der exogenen Variablen interpetiert werden.

Konsequenzen für Punktschätzer

Aus Gleichung (16.27) ist ersichtlich, dass $\mathbf{M}_1$ von den Messfehlern nicht betroffen ist, also $\mathbf{M}_1 = \mathbf{M}_1^*$. Linksseitige Multiplikation der Gleichungen (16.33) mit der Matrix $\mathbf{M}_1$ liefert:

$$\begin{aligned} \mathbf{M}_1\mathbf{y} &= \mathbf{M}_1\mathbf{y}^* + \mathbf{M}_1\mathbf{i}\lambda \\ [\text{aus (16.27)}] \quad &= \mathbf{M}_1\mathbf{y}^* + \mathbf{I}_T\mathbf{i}\lambda - \mathbf{K}\mathbf{i}\lambda \\ &= \mathbf{M}_1\mathbf{y}^* \end{aligned} \qquad (16.35)$$

16.5. MATRIXALGEBRAISCHER ANHANG

und

$$
\begin{aligned}
\mathbf{M}_1 \mathbf{X}_2 &= \mathbf{M}_1 \mathbf{X}_2^* + \mathbf{M}_1 \mathbf{i}\phi' \\
[\text{aus (16.27)}] \quad &= \mathbf{M}_1 \mathbf{X}_2^* + \mathbf{I}_T \mathbf{i}\phi' - \mathbf{K} \mathbf{i}\phi' \\
&= \mathbf{M}_1 \mathbf{X}_2^* .
\end{aligned}
\tag{16.36}
$$

Die Daten in $\mathbf{y}$ und $\mathbf{y}^*$ sind zwar unterschiedlich, aber Resultat (16.35) offenbart, dass die transformierten Daten $\mathbf{M}_1\mathbf{y}$ und $\mathbf{M}_1\mathbf{y}^*$ identisch sind. Das heißt, die Transformation der fehlerhaft gemessenen Daten ($\mathbf{y}$) in Abweichungen von ihren Mittelwerten ($\mathbf{M}_1\mathbf{y}$) „eliminiert" den konstanten Messfehler. Gleiches gilt für die fehlerhaft gemessenen exogenen Variablen $\mathbf{X}_2$. Wenn man also den Schätzweg wählt, zunächst die fehlerhaft gemessenen Daten $\mathbf{y}$ und $\mathbf{X}_2$ in ihre „Abweichungsvariante" $\mathbf{M}_1\mathbf{y}$ und $\mathbf{M}_1\mathbf{X}_2$ zu transformieren und anschließend auf Basis dieser *transformierten (ursprünglich fehlerhaften)* Daten die Parameter $\boldsymbol{\beta}_2$ mit der KQ-Methode zu schätzen (bezeichnet durch $\widehat{\boldsymbol{\beta}}_2$), dann erhält man genau die gleichen Schätzresultate wie bei einer KQ-Schätzung auf Basis der *transformierten (korrekten)* Daten $\mathbf{M}_1\mathbf{y}^*$ und $\mathbf{M}_1\mathbf{X}_2^*$ (bezeichnet durch $\widehat{\boldsymbol{\beta}}_2^*$). Formal lässt sich die Äquivalenz beider Vorgehen aus Formel (16.26b) ersehen:

$$
\begin{aligned}
\widehat{\boldsymbol{\beta}}_2 &= \left[(\mathbf{M}_1\mathbf{X}_2)'\mathbf{M}_1\mathbf{X}_2\right]^{-1} (\mathbf{M}_1\mathbf{X}_2)' \mathbf{M}_1\mathbf{y} \\
[\text{aus (16.35), (16.36)}] \quad &= \left[(\mathbf{M}_1\mathbf{X}_2^*)'\mathbf{M}_1\mathbf{X}_2^*\right]^{-1} (\mathbf{M}_1\mathbf{X}_2^*)' \mathbf{M}_1\mathbf{y}^* \\
&= \widehat{\boldsymbol{\beta}}_2^* .
\end{aligned}
\tag{16.37}
$$

Aus Abschnitt 16.5.2 wissen wir ferner, dass die auf Basis der *transformierten (ursprünglich fehlerhaften)* Daten gewonnenen Schätzwerte $\widehat{\boldsymbol{\beta}}_2$ genau mit denjenigen übereinstimmen, die auf Basis der *untransformierten fehlerhaften* Daten, also auf Basis des Modells (16.32) ermittelt werden würden und dass die auf Basis der *transformierten korrekten* Daten gewonnenen Schätzwerte $\widehat{\boldsymbol{\beta}}_2^*$ genau mit denjenigen übereinstimmen, die auf Basis der *untransformierten korrekten* Daten, also auf Basis des Modells (16.31) ermittelt werden würden. Wir können also festhalten: Die KQ-Schätzung des Modells (16.32) generiert Schätzwerte $\widehat{\boldsymbol{\beta}}_2$, die identisch sind mit den Schätzwerten einer KQ-Schätzung des Modells (16.31), $\widehat{\boldsymbol{\beta}}_2^*$.

Für den aus Formel (16.25a) bzw. (16.26a) ermittelten Schätzwert $\widehat{\boldsymbol{\beta}}_1 = \widehat{\alpha}$ gilt dies allerdings nicht. Am schnellsten lässt sich dies über Gleichung (16.22) zeigen. Für die hier betrachtete Partition in Niveau- und Steigungsparameter lautet die Gleichung:

$$
\begin{bmatrix} \mathbf{i}'\mathbf{i} & \mathbf{i}'\mathbf{X}_2 \\ \mathbf{X}_2'\mathbf{i} & \mathbf{X}_2'\mathbf{X}_2 \end{bmatrix} \begin{bmatrix} \widehat{\alpha} \\ \widehat{\boldsymbol{\beta}}_2 \end{bmatrix} = \begin{bmatrix} \mathbf{i}'\mathbf{y} \\ \mathbf{X}_2'\mathbf{y} \end{bmatrix} .
$$

Dieser Ausdruck enthält zwei Gleichungen. Die obere lautet:

$$
\mathbf{i}'\mathbf{i}\widehat{\alpha} + \mathbf{i}'\mathbf{X}_2\widehat{\boldsymbol{\beta}}_2 = \mathbf{i}'\mathbf{y} .
$$

Auflösen nach $\widehat{\alpha}$ ergibt:

[aus (16.33a), (16.33b)]
$$\begin{aligned}
\widehat{\alpha} &= (\mathbf{i}'\mathbf{i})^{-1}\mathbf{i}'\mathbf{y} - (\mathbf{i}'\mathbf{i})^{-1}\mathbf{i}'\mathbf{X}_2\widehat{\boldsymbol{\beta}}_2 \\
&= (\mathbf{i}'\mathbf{i})^{-1}\mathbf{i}'(\mathbf{y}^* + \mathbf{i}\lambda) - (\mathbf{i}'\mathbf{i})^{-1}\mathbf{i}'\left(\mathbf{X}_2^* + \mathbf{i}\boldsymbol{\phi}'\right)\widehat{\boldsymbol{\beta}}_2 \\
&= \overline{y}^* + \lambda - \overline{\mathbf{x}}^*\widehat{\boldsymbol{\beta}}_2 - \boldsymbol{\phi}'\widehat{\boldsymbol{\beta}}_2\,, \quad (16.38)
\end{aligned}$$

wobei $\overline{y}^*$ der Mittelwert der korrekt gemessenen endogenen Variable ist und $\overline{\mathbf{x}}^*$ einen K-elementigen Zeilenvektor aus den arithmetischen Mittelwerten der korrekt gemessenen Werte der exogenen Variablen darstellt: $\overline{\mathbf{x}}^* = (\overline{x}_1^*\ \overline{x}_2^*\ ...\ \overline{x}_K^*)$. Da $\overline{y}^*$ und $\overline{\mathbf{x}}^*$ die Mittelwerte korrekt gemessener Daten repräsentieren, ist der Term $\overline{y}^* - \overline{\mathbf{x}}^*\widehat{\boldsymbol{\beta}}_2$ nichts anderes als der auf Basis des korrekten Modells (16.31) berechnete KQ-Schätzer $\widehat{\alpha}^*$:

$$\widehat{\alpha}^* = \overline{y}^* - \overline{\mathbf{x}}^*\widehat{\boldsymbol{\beta}}_2\,.$$

Gleichung (16.38) lässt sich folglich auch in der Form

$$\widehat{\alpha} = \widehat{\alpha}^* + \left(\lambda - \boldsymbol{\phi}'\widehat{\boldsymbol{\beta}}_2\right) \quad (16.39)$$

schreiben. Ohne Messfehler hätten wir $\lambda = 0$ und $\boldsymbol{\phi}' = \mathbf{o}'$. Gleichung (16.39) würde sich zu $\widehat{\alpha} = \widehat{\alpha}^*$ vereinfachen. Wenn allerdings konstante Messfehler vorliegen, dann bleibt der „Verzerrungsterm" $(\lambda - \boldsymbol{\phi}'\widehat{\boldsymbol{\beta}}_2)$ in Formel (16.39) bestehen.

Da das korrekt gemessene Modell (16.31) sämtliche A-, B- und C-Annahmen erfüllt, gilt $E(\widehat{\alpha}^*) = \alpha$ und $E(\widehat{\boldsymbol{\beta}}_2^*) = \boldsymbol{\beta}_2$. Bildet man auf beiden Seiten der Gleichungen (16.37) und (16.39) den Erwartungswert, so ergibt sich folglich

$$\begin{aligned}
E(\widehat{\alpha}) &= E(\widehat{\alpha}^*) + E\left(\lambda - \boldsymbol{\phi}'\boldsymbol{\beta}_2\right) = \alpha + \left(\lambda - \boldsymbol{\phi}'\boldsymbol{\beta}_2\right) \\
E(\widehat{\boldsymbol{\beta}}_2) &= E(\widehat{\boldsymbol{\beta}}_2^*) = \boldsymbol{\beta}_2\,.
\end{aligned}$$

Wenn also die Daten aus Modell (16.32) statt diejenigen aus Modell (16.31) der KQ-Schätzung zugrundeliegen, dann wird der Niveauparameter um $(\lambda - \boldsymbol{\phi}'\boldsymbol{\beta}_2)$ verzerrt geschätzt. Die Steigungsparameter bleiben hingegen unverzerrt. Für den Spezialfall $\boldsymbol{\phi}' = \mathbf{o}'$ ergeben sich die in Abschnitt 16.1.1 hergeleiteten Resultate (16.9) und (16.10).

Konsequenzen für Intervallschätzer und Hypothesentest

Wir betrachten weiterhin die KQ-Schätzung auf Basis des fehlerhaft gemessenen Modells (16.32). Die entsprechende partitionierte Varianz-Kovarianz-Matrix lautet:

$$\mathbf{V}(\widehat{\boldsymbol{\beta}}) = \begin{bmatrix} \mathbf{V}(\widehat{\alpha}) & \mathbf{V}(\widehat{\alpha}, \widehat{\boldsymbol{\beta}}_2) \\ \mathbf{V}(\widehat{\boldsymbol{\beta}}_2, \widehat{\alpha}) & \mathbf{V}(\widehat{\boldsymbol{\beta}}_2) \end{bmatrix}\,.$$

16.5. MATRIXALGEBRAISCHER ANHANG

Da die KQ-Punktschätzung des Niveauparameters α verzerrt ist, gilt dies auch für einen entsprechenden Intervallschätzer. Ferner sind Hypothesentests bezüglich α unzulässig.

Wir beschränken uns deshalb auf die Steigungsparameter, also auf β_2 und die zugehörige Varianz-Kovarianz-Matrix $\mathbf{V}(\widehat{\boldsymbol{\beta}}_2)$. Diese kennen wir bereits aus Gleichung (13.47), wo sie als rechte untere Teilmatrix angegeben ist:

$$\mathbf{V}(\widehat{\boldsymbol{\beta}}_2) = \sigma^2 \left[\mathbf{X}_2' \mathbf{M}_1 \mathbf{X}_2\right]^{-1} \quad (16.40)$$

$$= \sigma^2 \left[(\mathbf{M}_1 \mathbf{X}_2)' \mathbf{M}_1 \mathbf{X}_2\right]^{-1}$$

[aus (16.36)] $\quad = \sigma^2 \left[(\mathbf{M}_1 \mathbf{X}_2^*)' \mathbf{M}_1 \mathbf{X}_2^*\right]^{-1}$

$$= \mathbf{V}(\widehat{\boldsymbol{\beta}}_2^*) . \quad (16.41)$$

Dabei bezeichnet $\mathbf{V}(\widehat{\boldsymbol{\beta}}_2^*)$ die Varianz-Kovarianz-Matrix der KQ-Schätzer $\widehat{\boldsymbol{\beta}}_2^*$, welche auf Basis des Modells

$$(\mathbf{M}_1 \mathbf{y}^*) = (\mathbf{M}_1 \mathbf{X}_2^*) \boldsymbol{\beta}_2 + \widetilde{\mathbf{u}} ,$$

also auf Basis der transformierten korrekten Daten $\mathbf{M}_1 \mathbf{y}^*$ und $\mathbf{M}_1 \mathbf{X}_2^*$ gewonnenen wurden. Wir wissen bereits aus dem letzten Absatz des Abschnitts 16.5.2, dass diese letzte Varianz-Kovarianz-Matrix wiederum identisch ist mit der rechten unteren Teilmatrix der Varianz-Kovarianz-Matrix $\mathbf{V}(\widehat{\boldsymbol{\beta}}^*)$, also der Varianz-Kovarianz-Matrix, welche sich bei einer KQ-Schätzung des Modells (16.31), also einer KQ-Schätzung sämtlicher Parameter $\boldsymbol{\beta}$ auf Basis der untransformierten, korrekt gemessenen Daten ergeben würde. Wir können also festhalten, dass die konstanten Messfehler die Varianz-Kovarianz-Matrix *der Steigungsparameter* nicht berühren.

Zusammengenommen besagen die Gleichungen (16.40) und (16.41): Wenn man die Störgrößenvarianz σ^2 trotz konstanter Messfehler unverzerrt schätzen würde, dann wäre

$$\widehat{\mathbf{V}}(\widehat{\boldsymbol{\beta}}_2) = \widehat{\sigma}^2 \left[\mathbf{X}_2' \mathbf{M}_1 \mathbf{X}_2\right]^{-1} \quad (16.42)$$

ein unverzerrter Schätzer sowohl für $\mathbf{V}(\widehat{\boldsymbol{\beta}}_2)$ als auch für $\mathbf{V}(\widehat{\boldsymbol{\beta}}_2^*)$. Intervallschätzer bezüglich der Steigungsparameter $\boldsymbol{\beta}_2$ wären damit ebenfalls unverzerrt und Hypothesentests zulässig.

Was lässt sich also über die Schätzung der Störgrößenvarianz σ^2 aussagen? Im Folgenden wird gezeigt, dass trotz der konstanten Messfehler des Modells (16.32) die übliche Schätzformel

$$\widehat{\sigma}^2 = \mathbf{u}'\mathbf{u}/(T - K - 1) \quad (16.43)$$

eine unverzerrte Schätzung der Störgrößenvarianz σ^2 liefert. Die zu den Modellen (16.31) und (16.32) korrespondierenden geschätzten Modelle lauten:

$$\mathbf{y}^* = \mathbf{X}^* \widehat{\boldsymbol{\beta}}^* + \widehat{\mathbf{u}}^* = \mathbf{i}\widehat{\alpha}^* + \mathbf{X}_2^* \widehat{\boldsymbol{\beta}}_2 + \widehat{\mathbf{u}}^* \quad (16.44\text{a})$$

$$\mathbf{y} = \mathbf{X}\widehat{\boldsymbol{\beta}} + \widehat{\mathbf{u}} = \mathbf{i}\widehat{\alpha} + \mathbf{X}_2 \widehat{\boldsymbol{\beta}}_2 + \widehat{\mathbf{u}} . \quad (16.44\text{b})$$

Auflösen der Gleichung (16.44b) nach $\hat{\mathbf{u}}$ und Substitution von $\mathbf{y}$ und $\mathbf{X}_2$ durch die in Gleichungen (16.33a) und (16.33b) angegebenen Terme liefert:

$$\hat{\mathbf{u}} = (\mathbf{y}^* + \mathbf{i}\lambda) - \mathbf{i}\widehat{\alpha} - \left[\mathbf{X}_2^* + \mathbf{i}\phi'\right]\widehat{\boldsymbol{\beta}}_2$$

[aus (16.39), (16.37)]
$$= (\mathbf{y}^*+\mathbf{i}\lambda) - \left[\mathbf{i}\widehat{\alpha}^*+\mathbf{i}\left(\lambda-\phi'\widehat{\boldsymbol{\beta}}_2^*\right)\right] - \left[\mathbf{X}_2^*\widehat{\boldsymbol{\beta}}_2^*+\mathbf{i}\phi'\widehat{\boldsymbol{\beta}}_2^*\right]$$

$$= \mathbf{y}^* - \mathbf{i}\widehat{\alpha}^* - \mathbf{X}_2^*\widehat{\boldsymbol{\beta}}_2^*$$

[aus (16.44a)]
$$= \hat{\mathbf{u}}^* . \qquad (16.45)$$

Das heisst, die Residuen bleiben von den konstanten Messfehlern vollkommen unberührt.

Da Modell (16.31) sämtliche A-, B- und C-Annahmen erfüllt, ist $\hat{\mathbf{u}}^{*\prime}\hat{\mathbf{u}}^*/(T-K-1)$ ein unverzerrter Schätzer der Störgrößenvarianz σ^2. Gleichung (16.45) bedeutet, dass $\hat{\mathbf{u}}'\hat{\mathbf{u}} = \hat{\mathbf{u}}^{*\prime}\hat{\mathbf{u}}^*$. Damit ist aber auch Formel (16.43) ein unverzerrter Schätzer der Störgrößenvarianz σ^2. Folglich liefert Formel (16.42) eine unverzerrte Schätzung der Varianz-Kovarianz-Matrix $\mathbf{V}(\widehat{\boldsymbol{\beta}}_2)$ und Intervallschätzer und Hypothesentests bezüglich $\boldsymbol{\beta}_2$ sind zulässig.

16.5.4 Gestutzte Daten: Konsequenzen für die KQ-Schätzung

Aus Gleichung (9.74) wissen wir, dass die KQ-Schätzer immer in der Form

$$\widehat{\boldsymbol{\beta}} = \boldsymbol{\beta} + (\mathbf{X}'\mathbf{X})^{-1}\mathbf{X}'\mathbf{u}$$

geschrieben werden können. Bildet man auf beiden Seiten den Erwartungwert, so ergibt sich

$$E(\widehat{\boldsymbol{\beta}}) = \boldsymbol{\beta} + (\mathbf{X}'\mathbf{X})^{-1}\mathbf{X}'E(\mathbf{u}) . \qquad (16.46)$$

In Abschnitt 16.1.4 wurde erläutert, warum bei gestutzten Daten $E(\mathbf{u}) \neq \mathbf{o}$ gilt. Für die rechte Seite der Gleichung (16.46) bedeutet dies, dass der zweite Summand nicht verschwindet. Das heisst,

$$E(\widehat{\boldsymbol{\beta}}) \neq \boldsymbol{\beta} .$$

Die KQ-Punktschätzer sind demnach verzerrt. Gleiches gilt für die Intervallschätzer. Hypothesentests sind nicht zulässig.

Kapitel 17

Verletzung der Annahme B2: Heteroskedastizität

Annahme B2 lautete:

Annahme B2 (Homoskedastizität) Die Störgröße u_t hat für alle Beobachtungen t eine konstante Varianz, das heißt,
$$var(u_t) = \sigma^2,$$
für $t = 1, 2, ..., T$.

Die wichtigsten Aspekte der Heteroskedastizität hatten wir bereits bei der Einführung von Annahme B2 in Abschnitt 2.3.2 genannt. Es wurde darauf hingewiesen, dass die KQ-Methode zwar unverzerrte Punktschätzer liefert, diese aber im Falle von Heteroskedastizität nicht effizient sind. Das heißt, es gibt modifizierte Schätzverfahren, die eine größere Verlässlichkeit als die KQ-Methode aufweisen. Für unsere Zwecke genügt es wieder, den Fall der Einfachregression zu untersuchen.

Beispiel zu Kapitel 17

Wir betrachten eine Stadt, in welcher der Bahnhof und der Knotenpunkt für den öffentlichen städtischen Nahverkehr im Stadtzentrum liegt. Die Höhe der in einem Stadtviertel üblichen Kaltmiete für gewerblich genutzte Räume wird dann maßgeblich von der Entfernung des Viertels zum Stadtzentrum bestimmt. Wir wollen diesen Zusammenhang nummerisch schätzen. Zu diesem Zweck wurde in jedem Stadtviertel für je ein zufällig ausgewähltes gewerblich genutztes Objekt die Kaltmiete ermittelt. In Tabelle 17.1 sind die entsprechenden Daten für die zwölf Stadtviertel dieser Stadt wiedergegeben. Abbildung 17.1 zeigt die entsprechende Punktwolke.

In der Abbildung fällt die Streuung der endogenen Variable für die Stadtviertel mit großen x_t-Werten größer aus als für die Stadtviertel mit kleinen x_t-Werten. Dies legt den Verdacht nahe, dass die Varianz der Störgröße für Stadtviertel

Tabelle 17.1: Entfernung vom Stadtzentrum x_t (in km) und Nettokaltmiete y_t (in Euro/m^2) für 12 Stadtviertel.

t	x_t	y_t	t	x_t	y_t
1	0,50	16,80	7	3,10	12,80
2	1,40	16,20	8	4,40	12,20
3	1,10	15,90	9	3,70	15,00
4	2,20	15,40	10	3,00	13,60
5	1,30	16,40	11	3,50	14,10
6	3,20	13,20	12	4,10	13,30

in der Peripherie möglicherweise größer ausfällt als für zentrale Stadtviertel. Wir haben es dann nicht länger mit einer *homoskedastischen* Störgröße zu tun. Die Daten signalisieren eine *heteroskedastische* Störgröße und damit eine Verletzung der Annahme B2.

Abschnitt 17.1 diskutiert die Probleme, die aus der Heteroskedastizität der Störgröße erwachsen. Methoden, mit deren Hilfe Heteroskedastizität diagnostiziert werden kann, sind Gegenstand von Abschnitt 17.2. Abschnitt 17.3 stellt Schätzverfahren vor, die auch bei Heteroskedastizität gute Schätzeigenschaften aufweisen.

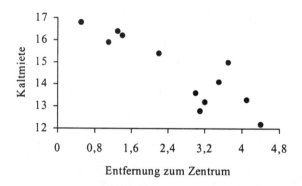

Abbildung 17.1: Die Datenpunkte des Mieten-Beispiels.

17.1 Konsequenzen der Annahmeverletzung

Für das Mieten-Beispiel lautet das ökonometrische Modell

$$y_t = \alpha + \beta x_t + u_t, \qquad (17.1)$$

wobei y_t die Nettokaltmiete angibt und x_t die Entfernung zum Stadtzentrum. Abbildung 17.1 signalisiert, dass die Varianz der Störgröße u_t nicht für alle

17.1. KONSEQUENZEN DER ANNAHMEVERLETZUNG

Beobachtungen t einen identischen Wert aufweist: $\sigma_t^2 \neq \sigma^2$. Diese Heteroskedastizität der Störgröße steht im Widerspruch zu Annahme B2.

Um die Konsequenzen der Heteroskedastizität zu erkennen, sollte man sich zunächst Gedanken machen, ob die Veränderungen in der Varianz der Störgröße einer bestimmten Systematik folgen. Ein Blick auf Abbildung 17.1 lässt verschiedene Vermutungen bezüglich einer solchen Systematik zu. Wir wollen uns im Folgenden exemplarisch auf eine Vermutung konzentrieren: Die Varianz der Störgröße steigt direkt proportional mit dem Wert der exogenen Variable, das heißt:

$$\sigma_t^2 = \sigma^2 x_t \quad \text{für } t = 1, 2, ..., 12 . \tag{17.2}$$

17.1.1 Konsequenzen für die Punktschätzung

Wenn die Störgrößenvarianz σ_t^2 für die einzelnen Stadtviertel gemäß Gleichung (17.2) beschrieben werden kann, dann verletzt das ökonometrische Modell (17.1) Annahme B2. Führt dies zu einer Verzerrung der KQ-Schätzer $\widehat{\alpha}$ und $\widehat{\beta}$? Aus Gleichungen (16.2a) und (16.2b) des Kapitels 16 ist ersichtlich, dass eine Verletzung der Annahme B2 keine verzerrende Wirkung besitzt. Solange Annahme B1 erfüllt ist, können (16.2a) und (16.2b) direkt in $E(\widehat{\beta}) = \beta$ und $E(\widehat{\alpha}) = \alpha$ umgeformt werden. Die KQ-Schätzer verlieren jedoch ihre Effizienz-Eigenschaft. Um dies zu zeigen, wird Modell (17.1) so transformiert, dass Annahme B2 wieder erfüllt ist.

Transformation des Modells

Um die Gültigkeit der Annahme B2 wieder herzustellen, muss Modell (17.1) lediglich durch $\sqrt{x_t}$ dividiert werden:

$$\frac{y_t}{\sqrt{x_t}} = \alpha \frac{1}{\sqrt{x_t}} + \beta \frac{x_t}{\sqrt{x_t}} + \frac{u_t}{\sqrt{x_t}} . \tag{17.3}$$

Unter Ausnutzung der Rechenregel (2.21) lässt sich leicht zeigen, dass die neue Störgröße $u_t/\sqrt{x_t}$ eine konstante Varianz aufweist:

$$\operatorname{var}\left(\frac{u_t}{\sqrt{x_t}}\right) = \left(\frac{1}{\sqrt{x_t}}\right)^2 \operatorname{var}(u_t) = \frac{1}{x_t}\sigma^2 x_t = \sigma^2 . \tag{17.4}$$

Ferner gilt:

$$E\left(\frac{u_t}{\sqrt{x_t}}\right) = \frac{1}{\sqrt{x_t}} E(u_t) = 0 . \tag{17.5}$$

Da die Normalverteilungsannahme B4 und die Unabhängigkeit der Störgrößen u_t (Annahme B3) durch die lineare Transformation nicht berührt werden, ergibt sich

$$\frac{u_t}{\sqrt{x_t}} \sim UN(0, \sigma^2) . \tag{17.6}$$

Schließlich definieren wir noch

$$y_t^* = \frac{y_t}{\sqrt{x_t}}, \quad z_t^* = \frac{1}{\sqrt{x_t}}, \quad x_t^* = \frac{x_t}{\sqrt{x_t}} \quad \text{und} \quad u_t^* = \frac{u_t}{\sqrt{x_t}}. \tag{17.7}$$

Das neue ökonometrische Modell lautet dann:

$$y_t^* = \alpha z_t^* + \beta x_t^* + u_t^*. \tag{17.8}$$

Dieses Modell erfüllt alle A-, B- und C-Annahmen. Die Werte der Variablen y_t^*, z_t^* und x_t^* sind direkt aus den ursprünglichen Daten berechenbar.

Es sei betont, dass Modell (17.8) kein „neues" Modell ist, sondern lediglich eine Transformation des ursprünglichen Modells (17.1). Diese Transformation führt dazu, dass nicht länger x_t und y_t in der Gleichung stehen, sondern x_t^*, z_t^* und y_t^*. Die Parameter α und β bleiben von dieser Transformation hingegen vollkommen unberührt. Für sie bestehen folglich zwei zulässige Interpretationsmöglichkeiten: Der Parameter β bezeichnet sowohl die marginale Veränderung von y_t in Bezug auf x_t als auch die marginale Veränderung von y_t^* in Bezug auf x_t^*. Der Parameter α bezeichnet sowohl den y_t-Wert bei $x_t = 0$, als auch die marginale Veränderung von y_t^* in Bezug auf z_t^*. Dies bedeutet, dass wir die auf Basis des transformierten Modells (17.8) gewonnenen Schätzwerte für α und β so *interpretieren* können, als wären sie auf Basis des ursprünglichen Modells (17.1) ermittelt worden.

KQ-Schätzer des transformierten Modells

Der einzig ungewöhnliche Aspekt an Modell (17.8) ist die Variable z_t^*. Wir haben es nicht länger mit dem gewohnten Modell einer Einfachregression zu tun, sondern mit einer Zweifachregression ohne Niveauparameter. Der Parameter α ist nun ein Steigungsparameter. Auf ähnliche Weise wie in der Einfachregression lassen sich die entsprechenden KQ-Schätzer herleiten. Sie lauten:

$$\widehat{\alpha}^* = \frac{S_{z^*y^*}}{S_{z^*z^*}} \tag{17.9}$$

$$\widehat{\beta}^* = \frac{S_{x^*y^*}}{S_{x^*x^*}} \tag{17.10}$$

$$= \frac{\sum (x_t^* - \overline{x}^*)(y_t^* - \overline{y}^*)}{\sum (x_t^* - \overline{x}^*)^2}$$

$$= \frac{\sum \frac{1}{x_t}(x_t - \overline{x})(y_t - \overline{y})}{\sum \frac{1}{x_t}(x_t - \overline{x})^2}. \tag{17.11}$$

Um die KQ-Schätzer des transformierten Modells von den KQ-Schätzern des ursprünglichen Modells zu unterscheiden, wurden sie mit einem Stern versehen ($\widehat{\alpha}^*, \widehat{\beta}^*$).

17.1. KONSEQUENZEN DER ANNAHMEVERLETZUNG

Nummerische Illustration 17.1

Eine Transformation der Daten des Mieten-Beispiels gemäß der Gleichungen (17.7) liefert die in Tabelle 17.2 aufgelisteten Daten. Eine Schätzung mit Hilfe der Formeln (17.9) und (17.10) ergibt die Resultate der Tabelle 17.3. Wir wissen aus unseren vorherigen Überlegungen, dass die auf Basis des transformierten Modells (17.8) gewonnenen Schätzwerte $\widehat{\alpha}^* = 17,391$ und $\widehat{\beta}^* = -1,073$ so interpretiert werden dürfen, als wären sie auf Basis des ursprünglichen Modells (17.1) ermittelt worden. Die Entfernung zum Stadtzentrum besitzt demnach einen signifikanten negativen Einfluss auf die Nettokaltmiete des Stadtviertels. Die Miete fällt mit jedem Kilometer um $1,073$ Euro/m². Zum Vergleich sind in Tabelle 17.3 auch die Schätzergebnisse einer KQ-Schätzung des heteroskedastischen Modells (17.1) wiedergegeben. Ein vergleichender Blick auf die Werte der Punktschätzer zeigt lediglich geringfügige Unterschiede zum transformierten Modell.

Tabelle 17.2: Transformierte Konstante z_t^*, transformierte Entfernung vom Stadtzentrum x_t^* und transformierte Nettokaltmiete y_t^*.

t	z_t^*	x_t^*	y_t^*	t	z_t^*	x_t^*	y_t^*
1	1,41	0,71	23,76	7	0,57	1,76	7,27
2	0,85	1,18	13,69	8	0,48	2,10	5,82
3	0,95	1,05	15,16	9	0,52	1,92	7,80
4	0,67	1,48	10,38	10	0,58	1,73	7,85
5	0,88	1,14	14,38	11	0,53	1,87	7,54
6	0,56	1,79	7,38	12	0,49	2,02	6,57

Tabelle 17.3: Vergleich der KQ–Schätzergebnisse des Mieten-Beispiels bei Verwendung des transformierten Modells (17.8) und des heteroskedastischen Modells (17.1).

Modell	Variable	Koeff.	$\widehat{se}(\cdot)$	t-Wert	p-Wert
(17.8)	transf. Konstante	17,391	0,294	59,145	<0,001
	transf. Entfernung	-1,073	0,137	-7,827	<0,001
(17.1)	Konstante	17,393	0,527	32,995	<0,001
	Entfernung	-1,074	0,182	-5,906	<0,001

Warum sind die KQ-Schätzer eines Modells mit heteroskedastischer Störgröße ineffizient?

Für die Schätzeigenschaften der KQ-Methode spielt es keine Rolle, ob ein Niveauparameter existiert oder nicht. Da das Modell (17.8) alle A-, B- und

C-Annahmen erfüllt, wissen wir, dass der KQ-Schätzer $\widehat{\beta}^*$ unverzerrt ist: $E(\widehat{\beta}^*) = \beta$.

Ferner wissen wir, dass die Varianz des KQ-Schätzers $\widehat{\beta}^*$ die kleinstmögliche innerhalb der Klasse der unverzerrten Schätzer für β ist (BUE-Eigenschaft) und dass damit jede andere Schätzformel nicht effizient sein kann. Letzteres bedeutet, dass der auf Basis des Modells (17.1) errechnete KQ-Schätzer $\widehat{\beta}$ ineffizient ist, denn seine Schätzformel

$$\widehat{\beta} = \frac{S_{xy}}{S_{xx}} = \frac{\sum (x_t - \overline{x})(y_t - \overline{y})}{\sum (x_t - \overline{x})^2} \qquad (17.12)$$

unterscheidet sich von Formel (17.10) bzw. (17.11), dem KQ-Schätzer des transformierten Modells.

Wie kommt es zu dieser Diskrepanz in den Schätzformeln? Im transformierten Modell (17.8) minimieren wir $\sum (\widehat{u}_t^*)^2 = \sum \left(\widehat{u}_t/\sqrt{x_t}\right)^2$, während wir im heteroskedastischen Modell (17.1) den Term $\sum \widehat{u}_t^2$ minimieren. Wenn man die Summe aus *quadratischen* Termen minimieren möchte, muss man insbesondere einzelne sehr große Werte vermeiden. Großen Werten $\widehat{u}_t/\sqrt{x_t}$ kommt bei der Schätzung des transformierten Modells folglich ein besonderes Gewicht zu, denn man wird die Suche nach $\widehat{\alpha}^*$- und $\widehat{\beta}^*$-Werten danach ausrichten, soweit wie möglich einzelne große $\widehat{u}_t/\sqrt{x_t}$-Werte zu vermeiden. Analoges gilt im heteroskedastischen Modell (17.1): Die Suche nach $\widehat{\alpha}$- und $\widehat{\beta}$-Werten orientiert sich an der Vermeidung einzelner großer $\widehat{u}_t$-Werte.

Dieses Prinzip der Vermeidung einzelner großer Werte greift bei der Schätzung des transformierten und des heteroskedastischen Modells gleichermaßen. Im transformierten Modell kommt jedoch eine *zusätzliche Gewichtung* zum Tragen: Kleine x_t-Werte generieren relativ zu großen x_t-Werten „potenziell größere" $\widehat{u}_t/\sqrt{x_t}$-Werte. Einzelne große $\widehat{u}_t/\sqrt{x_t}$-Werte werden in der KQ-Schätzung des transformierten Modells vermieden. Das heißt, die $\widehat{\alpha}^*$- und $\widehat{\beta}^*$-Werte werden so gewählt, dass sich *insbesondere für Beobachtungen mit kleinen* x_t-Werten kleine Residuen $\widehat{u}_t$ ergeben. In diesem Sinne erhalten Beobachtungen mit kleinen x_t-Werten (zentrale Stadtviertel) eine stärkere Bedeutung als diejenigen Beobachtungen mit großen x_t-Werten (periphere Stadtviertel).

Dieser Effekt ist beabsichtigt, denn wir wissen, dass für die zentralen Stadtviertel (kleine x_t-Werte) die Streuung der Störgrößen geringer ausfällt als für die peripheren Stadtviertel. Die Daten aus den zentralen Stadtvierteln stellen deshalb verlässlichere Informationen für unsere Schätzung zur Verfügung als die Daten der peripheren Stadtviertel und sollten entsprechend ein größeres Gewicht erhalten. Bei einer Minimierung von $\sum \widehat{u}_t^2$ bleibt eine solche *Gewichtung des Informationsgehalts* aus. Entsprechend fällt die Schätzvarianz größer aus, der KQ-Schätzer des Modells (17.1) ist nicht effizient.

Nehmen wir wieder an, wir würden β durch den KQ-Schätzer $\widehat{\beta}$ des heteroskedastischen Ausgangsmodells (17.1) schätzen. Welche Auswirkungen hätte dies auf die Intervallschätzung und das Testen von Hypothesen?

17.1.2 Konsequenzen für Intervallschätzung und Hypothesentest

Aus den Gleichungen (4.16) bis (4.18) des Anhangs zu Kapitel 4 folgt unmittelbar, dass im heteroskedastischen Modell (17.1) die Varianz des KQ-Schätzers $\widehat{\beta}$ durch folgende Gleichung definiert ist:

$$\begin{aligned}var(\widehat{\beta}) &= \frac{1}{S_{xx}^2} \sum (x_t - \overline{x})^2 E(u_t u_t) \\ &= \frac{1}{S_{xx}^2} \sum (x_t - \overline{x})^2 \sigma_t^2 \,.\end{aligned} \qquad (17.13)$$

Für $\sigma_t^2 = \sigma^2$ (für alle $t = 1, 2, ..., T$) würde sich aus Gleichung (17.13) die gewohnte Gleichung

$$var(\widehat{\beta}) = \frac{\sigma^2}{S_{xx}} \qquad (17.14)$$

ergeben. Da aber annahmegemäß in unserem Modell $\sigma_t^2 = \sigma^2 x_t \neq \sigma^2$ gilt, kann Gleichung (17.13) nicht zu (17.14) vereinfacht werden.

Eine unverzerrte Schätzung von $var(\widehat{\beta})$ gelingt nur dann, wenn der jeweilige Wert von σ_t^2 in Gleichung (17.13) unverzerrt geschätzt wird. Das Wort „jeweilig" soll andeuten, dass man nicht, wie bisher immer, nur einen einzelnen Wert σ^2 ermitteln muss, sondern für jede Störgröße u_t einen eigenen Wert σ_t^2, denn die Varianz der Störgröße variiert mit x_t. Da $\sigma_t^2 = \sigma^2 x_t$, erfordern die unverzerrten Schätzungen von σ_t^2 eine unverzerrte Schätzung von σ^2, der Störgrößenvarianz des transformierten Modells (17.8). Wir wissen, dass Modell (17.8) alle A-, B- und C-Annahmen erfüllt. Deshalb ist

$$\widehat{\sigma}^2 = \frac{S_{\widehat{u}^* \widehat{u}^*}}{T-2}$$

ein unverzerrter Schätzer für σ^2, wobei $S_{\widehat{u}^* \widehat{u}^*}$ die Summe der Residuenquadrate des transformierten Modells (17.8) bezeichnet. Mit anderen Worten, der Schätzer

$$\widehat{\sigma}_t^2 = \widehat{\sigma}^2 \cdot x_t = \frac{S_{\widehat{u}^* \widehat{u}^*}}{T-2} \cdot x_t \qquad (17.15)$$

würde eine unverzerrte Schätzung für σ_t^2, die Varianz der Störgröße u_t liefern. Setzte man die gemäß (17.15) berechneten Werte $\widehat{\sigma}_t^2$ in (17.13) ein, so würde man eine unverzerrte Schätzung der Varianz des auf Modell (17.1) basierenden KQ-Schätzers $\widehat{\beta}$ erhalten.

Ist man sich der Heteroskedastizität bewusst, so ist es demnach möglich, auf Basis des heteroskedastischen Modells (17.1) einen unverzerrten Schätzer für die Varianz des KQ-Schätzers $\widehat{\beta}$ zu ermitteln. Allerdings würde man den Schätzwert für β dann ohnehin nicht auf Basis des Modells (17.1) schätzen wollen, denn dieser Weg wäre ineffizient. Man würde stattdessen $\widehat{\beta}^*$, den KQ-Schätzer des transformierten Modells (17.8) ermitteln und Intervallschätzungen und Hypothesentests auf Basis von $\widehat{\beta}^*$ durchführen. Wenn man also $\widehat{\beta}$, den KQ-Schätzer des heteroskedastischen Modells (17.1) berechnet, dann normalerweise nur deshalb, weil man sich der Heteroskedastizität *nicht* bewusst ist. Entsprechend wird man σ^2 gemäß der üblichen Formel

$$\widehat{\sigma}^2 = \frac{S_{\widehat{u}\widehat{u}}}{T-2} \tag{17.16}$$

aus dem ursprünglichen Datensatz schätzen und in (17.14) einsetzen. Die Nichtbeachtung der Heteroskedastizität generiert demnach einen Schätzer $\widehat{var}(\widehat{\beta})$, der zwei Verzerrungsquellen aufweist: Anstelle der Gleichungen (17.13) und (17.15) werden die Gleichungen (17.14) und (17.16) verwendet. Da die Wurzel des verzerrten Schätzers $\widehat{var}(\widehat{\beta})$, also $\widehat{se}(\widehat{\beta})$, sowohl im Hypothesentest als auch bei der Berechnung der Breite des Intervallschätzers Eingang findet, erhält man auch dort verzerrte Ergebnisse. Für die in den letzten beiden Zeilen der Tabelle 17.3 angegebenen KQ-Schätzergebnissse bedeutet dies, dass sämtliche Werte der letzten drei Spalten unbrauchbar sind.

17.2 Diagnose

Die einfachste Diagnosemöglichkeit besteht darin, die Punktwolke zu betrachten. Die Datenpunkte des Mieten-Beispiels hatten wir in Abbildung 17.1 wiedergegeben. Die Punktwolke signalisiert Heteroskedastizität. Haben wir es allerdings mit einem ökonometrischen Modell mit mehr als zwei exogenen Variablen zu tun, dann ist eine so einfache grafische Analyse nicht länger möglich. Es ist dann zweckmäßig, analytische Verfahren einzusetzen, mit deren Hilfe Heteroskedastizität diagnostiziert werden kann. Wir werden im Folgenden zwei solcher Verfahren kennenlernen, den Goldfeld-Quandt-Test (Abschnitt 17.2.1) und den White-Test (Abschnitt 17.2.2).

17.2.1 Goldfeld-Quandt-Test

Der Goldfeld-Quandt-Test ist der bekannteste Test auf Heteroskedastizität. Er lässt sich anwenden, wenn die Störgrößenvarianz in *monotoner* Weise positiv oder negativ von der Höhe einer *einzelnen* exogenen Variable abhängt. Der Test verfährt in vier Schritten.

1. Schritt: Neusortierung und Partition der Beobachtungen

Man muss sich zunächst auf diejenige exogene Variable festlegen, bei der ein begründeter Verdacht besteht, für die Heteroskedastizität verantwortlich zu sein. Nehmen wir an, x_{kt} sei diese Variable. Die Beobachtungen werden dann entsprechend der Höhe der x_{kt}-Werte neu sortiert.

Anschließend werden aus den T Beobachtungen zwei Gruppen (beispielsweise Gruppe I und Gruppe II) gebildet: $T = T_I + T_{II}$. In der ersten Gruppe sind T_I Beobachtungen mit geringen x_{kt}-Werten und in der zweiten Gruppe

17.2. DIAGNOSE

sind T_{II} Beobachtungen mit hohen x_{kt}-Werten. Normalerweise wird man die beiden Gruppen gleich groß wählen: $T_I = T_{II}$. Dies ist aber nicht zwingend erforderlich.

Nummerische Illustration 17.2

Es soll mit Hilfe des Goldfeld-Quandt-Tests überprüft werden, ob im Mieten-Beispiel Heteroskedastizität vorliegt. Im ersten Schritt ordnen wir die Beobachtungen entsprechend ihres x_t-Wertes, also der Entfernung des Stadtviertels vom Zentrum.

Im zweiten Schritt bietet es sich an, eine Gruppe I aus den fünf zentralen Stadtvierteln ($T_I = 5$) und eine Gruppe II aus den sieben peripheren Stadtvierteln zu bilden ($T_{II} = 7$). Die geordneten Daten für die beiden Gruppen sind in Tabelle 17.4 wiedergegeben.

Tabelle 17.4: Entfernung vom Stadtzentrum x_t (in km) und Nettokaltmiete y_t (in Euro/m^2) für zentrale ($t = 1, 2, ..., 5$) und periphere ($t = 6, 7, ..., 12$) Stadtviertel.

Gruppe I			Gruppe II		
t	x_t	y_t	t	x_t	y_t
1	0,50	16,80	6	3,00	13,60
2	1,10	15,90	7	3,10	12,80
3	1,30	16,40	8	3,20	13,20
4	1,40	16,20	9	3,50	14,10
5	2,20	15,40	10	3,70	15,00
			11	4,10	13,30
			12	4,40	12,20

2. Schritt: Formulierung der Null- und Alternativhypothese

Wenn wir vermuten, dass die Störgrößenvarianz für Gruppe II größer ist als für Gruppe I ($\sigma_{II}^2 > \sigma_I^2$), dann formulieren wir das Gegenteil als Nullhypothese:

$$H_0 : \sigma_{II}^2 \leq \sigma_I^2 .$$

Die Nullhypothese geht also von einer konstanten oder sinkenden Störgrößenvarianz aus. Die Alternativhypothese lautet: $H_1 : \sigma_{II}^2 > \sigma_I^2$.

Nummerische Illustration 17.3

Wir gehen im Mieten-Beispiel von $\sigma_{II}^2 > \sigma_I^2$ aus. Die zu testende Nullhypothese lautet deshalb: $H_0 : \sigma_{II}^2 \leq \sigma_I^2$.

3. Schritt: Separate Schätzungen

Für jede der beiden Gruppen wird eine separate KQ-Schätzung vorgenommen und die jeweilige Summe der Residuenquadrate $S^{I}_{\hat{u}\hat{u}}$ und $S^{II}_{\hat{u}\hat{u}}$ berechnet.

Nummerische Illustration 17.4

Eine separate Schätzung für die beiden Gruppen liefert die in Tabelle 17.5 aufgelisteten Ergebnisse. Die entsprechenden Summen der Residuenquadrate lauten $S^{I}_{\hat{u}\hat{u}} = 0,246$ und $S^{II}_{\hat{u}\hat{u}} = 4,666$.

Tabelle 17.5: Übersicht der Ergebnisse bei getrennter Schätzung.

Modell	Variable	Koeff.	$\widehat{se}(\cdot)$	t-Wert	p-Wert
I	Konstante	17,128	0,330	51,972	<0,001
($t = 1, 2, ..., 5$)	Entfernung	-0,760	0,234	-3,253	0,047
II	Konstante	14,841	2,691	5,515	0,003
($t = 6, 7, ..., 12$)	Entfernung	-0,387	0,747	-0,519	0,626

4. Schritt: Berechnung des F-Wertes und Testentscheidung

Goldfeld und Quandt (1965) haben gezeigt, dass bei Gültigkeit der Nullhypothese (im Sinne von $\sigma^2_{II} = \sigma^2_I$) die Zufallsvariable

$$F = \frac{S^{II}_{\hat{u}\hat{u}}/(T_{II} - K - 1)}{S^{I}_{\hat{u}\hat{u}}/(T_I - K - 1)} \tag{17.17}$$

einer $F_{(T_{II}-K-1, T_I-K-1)}$-Verteilung folgt. Wäre die Störgrößenvarianz über alle Beobachtungen konstant ($\sigma^2_{II} = \sigma^2_I$), dann wäre der Zähler ein unverzerrter Schätzer für σ^2_{II} und der Nenner ein unverzerrter Schätzer für σ^2_I. Man würde dann erwarten, dass auch diese unverzerrten Schätzer ($\hat{\sigma}^2_{II}$ und $\hat{\sigma}^2_I$) ähnliche Werte aufweisen und damit F einen Wert nahe bei 1 besitzt. Ein F-Wert, der deutlich größer als 1 ausfällt, spricht dagegen für die Alternativhypothese (zunehmende Störgrößenvarianz).

Abschließend vergleicht man den F-Wert mit dem kritischen F_a-Wert. Wenn $F > F_a$, dann wird die Nullhypothese zu Gunsten der Alternativhypothese (Heteroskedastizität) verworfen.

Nummerische Illustration 17.5

Aus den bisherigen Ergebnissen erhalten wir den folgenden F-Wert:

$$F = \frac{4,666/5}{0,246/3} = 11,399 \ .$$

Die Variable F folgt einer $F_{(5,3)}$-Verteilung. Bei einem Signifikanzniveau von 5% lautet der kritische Wert 9,013 (siehe Tabelle T.3). Die Nullhypothese

17.2. DIAGNOSE

muss demzufolge verworfen werden. Wir müssen also von Heteroskedastizität $(\sigma_{II}^2 > \sigma_I^2)$ ausgehen.

Es sei angemerkt, dass auch die Vermutung $\sigma_I^2 \geq \sigma_{II}^2$ (also $H_0 : \sigma_I^2 \leq \sigma_{II}^2$) hätte getestet werden können. In diesem Fall müsste man Zähler und Nenner im Quotienten (17.17) vertauschen. Alle anderen Schritte des Goldfeld-Quandt-Tests bleiben unverändert.

Der Goldfeld-Quandt-Test kann auch dann angewendet werden, wenn die Heteroskedastizität nicht durch eine exogene Variable des ökonometrischen Modells ausgelöst wird, sondern durch eine externe Variable w_t, welche zwar keine systematische Wirkung auf y_t ausübt, aber die Störgrößenvarianz beeinflusst. Um den Test auch für diesen Fall einsetzen zu können, muss die Variable w_t aber immerhin beobachtbar sein, so dass die Partition in Schritt 1 des Tests anhand der w_t-Werte (anstelle der x_{kt}-Werte) vorgenommen werden kann.

Um die Testeigenschaften zu verbessern, kann man bei ausreichend großem Stichprobenumfang einige mittlere Beobachtungen weglassen. Als Konsequenz erscheinen in den beiden Gruppen ausschließlich die extremeren x_{kt}-Werte. Verschiedene Studien zeigen jedoch, dass man als Faustregel niemals mehr als ein Drittel der Beobachtungen eliminieren sollte.

17.2.2 White-Test

Für den Goldfeld-Quandt-Test musste es möglich sein, eine *einzelne* beobachtbare Variable zu identifizieren, welche Heteroskedastizität in *monotoner* Weise verursachen könnte. Sind mehrere Variablen für die Heteroskedastizität verantwortlich, dann stellt der *Breusch-Pagan-Godfrey-Test* eine brauchbare Alternative dar. Der Test sollte allerdings nur bei großem Stichprobenumfang eingesetzt werden. Aus diesem Grund wird er hier nicht weiter besprochen. Eine leicht zugängliche Beschreibung dieses Tests und seiner Probleme findet sich beispielsweise in Gujarati (2002). Anstelle des Breusch-Pagan-Godfrey-Tests wird hier der White-Test vorgestellt. Er ist auch bei kleinerem Stichprobenumfang anwendbar und lässt ebenfalls zu, dass die Heteroskedastizität von mehreren Variablen verursacht wird. Betrachten wir exemplarisch folgende Zweifachregression:

$$y_t = \alpha + \beta_1 x_{1t} + \beta_2 x_{2t} + u_t . \tag{17.18}$$

Der White-Test verfährt in folgenden Schritten:

1. Die Nullhypothese besage, dass die Störgrößen homoskedastisch seien.

2. Man schätzt Gleichung (17.18) und errechnet die Residuen $\hat{u}_t$.

3. Aus den Residuen, den exogenen Variablen, den quadrierten exogenen Variablen und dem Kreuzprodukt der exogenen Variablen lässt sich das

folgende Hilfsmodell formulieren:

$$\widehat{u}_t^2 = \gamma_0 + \gamma_1 x_{1t} + \gamma_2 x_{2t} + \gamma_3 x_{1t}^2 + \gamma_4 x_{2t}^2 + \gamma_5 x_{1t} x_{2t} + v_t \, , \qquad (17.19)$$

wobei v_t eine neue Störgröße darstellt. Dieses Modell drückt aus, dass die quadrierten Residuen $\widehat{u}_t^2$ in einer bestimmten Abhängigkeit zu den exogenen Variablen stehen. Übten die Variablen $x_{1t}, x_{2t}, x_{1t}^2, x_{2t}^2$ und $x_{1t}x_{2t}$ keinen systematischen Einfluss auf $|\widehat{u}_t|$ bzw. $\widehat{u}_t^2$ aus, dann würden die Parameter γ_1, γ_2, usw. alle den Wert 0 besitzen, und auch das Bestimmtheitsmaß R^2 würde einen Wert nahe 0 annehmen. Dann bestünde aber kein Anlass für die Aussage, dass die exogenen Variablen in irgendeiner Form Heteroskedastizität verursachen.

Das Hilfsmodell (17.19) wird geschätzt und das entsprechende Bestimmtheitsmaß R^2 errechnet.

4. White (1980) konnte zeigen, dass bei Gültigkeit der Nullhypothese das Produkt aus Bestimmtheitsmaß R^2 und der Anzahl der Beobachtungen T einer $\chi^2_{(v)}$-Verteilung folgt. Die Anzahl der Freiheitsgrade v dieser $\chi^2_{(v)}$-Verteilung entspricht dabei der Anzahl der Steigungsparameter des Hilfsmodells. Wenn für ein vorgegebenes Signifikanzniveau a der aus den Daten errechnete Wert für R^2T den kritischen Wert der $\chi^2_{(v)}$-Verteilung übersteigt, dann wird die Nullhypothese abgelehnt.

Genaugenommen folgt R^2T nur bei großem Stichprobenumfang T einer $\chi^2_{(v)}$-Verteilung. Mit diesem Problem werden wir uns allerdings erst in Kapitel 20 genauer auseinandersetzen. Der White-Test bereitet dann Probleme, wenn ein Modell sehr viele exogene Variablen enthält und entsprechend viele Variablen in das Hilfsmodell aufgenommen werden müssen.

Hinsichtlich der Aussagekraft des White-Tests und des Goldfeld-Quandt-Tests sei nochmals an das erinnert, was wir im Zusammenhang mit dem RESET-Verfahren (Ende des Abschnitts 14.3.1) ausgeführt hatten: Wenn die Nullhypothese die Nichtverletzung der betrachteten Annahme postuliert (und genau dies wird im White-Test postuliert), dann ist eine Ablehnung dieser Nullhypothese ein starkes Signal für die Annahmeverletzung, aber eine Nichtablehnung der Nullhypothese ein recht schwaches Signal für die Erfüllung der untersuchten Annahmen.

17.3 Anwendbare Schätzverfahren

In Abschnitt 17.1 hatten wir uns über Schätzprobleme Gedanken gemacht, die durch Heteroskedastizität verursacht werden. Um die Probleme konkreter darstellen zu können, hatten wir unterstellt, dass

$$\sigma_t^2 = \sigma^2 x_t \, . \qquad (17.2)$$

17.3. ANWENDBARE SCHÄTZVERFAHREN

Es wurde auch gezeigt, dass eine entsprechende Modelltransformation vorgenommen werden kann, so dass das transformierte Modell alle A-, B- und C-Annahmen erfüllt und eine KQ-Schätzung des transformierten Modells unverzerrt und effizient innerhalb der Klasse der unverzerrten Schätzverfahren ist (BUE-Eigenschaft). Wir hatten lediglich verschwiegen, dass die KQ-Schätzung des transformierten Modells in der Ökonometrie unter einem eigenen Namen geführt wird, nämlich der *verallgemeinerten Kleinstquadrat-Methode (VKQ-Methode)*. Diese Methode wird Aitken (1935) zugeschrieben, weshalb auch die Bezeichnung *Aitken-Schätzmethode* weit verbreitet ist.

In Abschnitt 17.3.1 werden wir ihre Anwendbarkeit ein wenig genauer prüfen. Es wird sich zeigen, dass die VKQ-Methode auch für andere Fälle der Heteroskedastizität als (17.2) eingesetzt werden kann, dass es aber auch Fälle gibt, in denen ein komplexeres Schätzverfahren eingesetzt werden muss. Diese Methode erweitert die VKQ-Methode um eine weitere Schätzstufe und heißt *GVKQ-Methode*, wobei das G für 'geschätzt' steht. Die GVKQ-Methode ist Gegenstand von Abschnitt 17.3.2.

17.3.1 VKQ-Methode

Das Ausgangsmodell der Einfachregression war durch

$$y_t = \alpha + \beta x_t + u_t \tag{17.1}$$

gegeben, wobei die Störgröße u_t Annahme B2 verletzt. Wir hatten es deshalb durch eine geeignete mathematische Umformung in ein Modell überführt, welches alle A-, B- und C-Annahmen erfüllt. Die VKQ-Methode ist nichts anderes als die KQ-Schätzung dieses transformierten Modells.

Fall 1: $\sigma_t^2 = \sigma^2 x_t$

Wir hatten erläutert, dass bei Störgrößenvarianzen, die gemäß $\sigma_t^2 = \sigma^2 x_t$ bestimmt werden, das Ausgangsmodell durch $\sqrt{x_t}$ dividiert werden muss. In Gleichung (17.4) wurde gezeigt, dass die Störgrößen dieses transformierten Modells homoskedastisch sind. Die VKQ-Schätzer der Steigungsparameter waren durch

$$\widehat{\alpha}^{VKQ} = \frac{S_{z^*y^*}}{S_{z^*z^*}} \tag{17.9}$$

$$\widehat{\beta}^{VKQ} = \frac{S_{x^*y^*}}{S_{x^*x^*}} \tag{17.10}$$

gegeben, wobei y^*, z^* und x^* gemäß der Definitionen (17.7) gegeben waren. Fall 1 beschreibt eine ganz bestimmte Heteroskedastizitätsvariante. Diese ist zwar eine sehr wichtige Variante, aber auch andere Möglichkeiten sind denkbar.

Fall 2: $\sigma_t^2 = \sigma^2 x_t^2$

In diesem Fall ist das Ausgangsmodell durch x_t und nicht durch $\sqrt{x_t}$ zu dividieren:

$$\frac{y_t}{x_t} = \alpha \frac{1}{x_t} + \beta + \frac{u_t}{x_t}.$$

Definiert man

$$y_t^* = \frac{y_t}{x_t}, \qquad x_t^* = \frac{1}{x_t} \quad \text{und} \quad u_t^* = \frac{u}{x_t},$$

so erhält man

$$y_t^* = \alpha x_t^* + \beta + u_t^*.$$

In diesem transformierten Modell ist β der Niveauparameter und α der Steigungsparameter. Die entsprechenden Schätzer lauten also

$$\widehat{\alpha}^{VKQ} = \frac{S_{x^*y^*}}{S_{x^*x^*}} \tag{17.20a}$$

$$\widehat{\beta}^{VKQ} = \overline{y}^* - \widehat{\alpha}^{VKQ}\overline{x}^*. \tag{17.20b}$$

Die neue Störgröße ist homoskedastisch, denn

$$var(u_t^*) = var\left(\frac{u_t}{x_t}\right) = \frac{1}{x_t^2} var(u_t) = \frac{\sigma_t^2}{x_t^2} = \frac{\sigma^2 x_t^2}{x_t^2} = \sigma^2. \tag{17.21}$$

Da auch diese VKQ-Schätzung nichts anderes als die KQ-Schätzung des transformierten Modells ist und das transformierte Modell alle A-, B- und C-Annahmen erfüllt, ist die VKQ-Schätzung unverzerrt und effizient.

Im Zusammenhang mit dem Goldfeld-Quandt-Test wurde erwähnt, dass die Heteroskedastizität möglicherweise auch durch eine beobachtbare externe Variable w_t verursacht werden kann. Auch in diesem Fall ist die VKQ-Methode in der hier beschriebenen Weise anwendbar. Falls $\sigma_t^2 = \sigma^2 w_t$, dividiert man das Ausgangsmodell durch $\sqrt{w_t}$ und falls $\sigma_t^2 = \sigma^2 w_t^2$, dividiert man das Ausgangsmodell durch w_t.

Als nächstes sollen Fälle von Heteroskedastizität betrachtet werden, bei denen die VKQ-Methode nicht länger anwendbar ist.

17.3.2 GVKQ-Methode

Im Rahmen der VKQ-Methode wurden zwei Fälle von heteroskedastischen Störgrößen betrachtet. Wenn wir erneut Abbildung 17.1 betrachten, dann wäre auch ein dritter Fall realistisch.

17.3. ANWENDBARE SCHÄTZVERFAHREN

Fall 3: Partitionierbarer Datensatz

Die Varianz der Störgröße fällt für die zentralen Stadtviertel ($t=1,2,...,5$) geringer aus als für die peripheren Stadtviertel ($t=6,7,...,12$). Wir können also unterscheiden zwischen einer Varianz σ_I^2 für die zentralen Viertel,

$$\sigma_t^2 = \sigma_I^2, \qquad \text{für} \quad t = 1, 2, ..., 5, \tag{17.22}$$

und einer Varianz σ_{II}^2 für die peripheren Viertel,

$$\sigma_t^2 = \sigma_{II}^2, \qquad \text{für} \quad t = 6, 7, ..., 12. \tag{17.23}$$

Dieser Typ von Heteroskedastizität partitioniert den Datensatz in zwei Gruppen. Einer solchen Partition waren wir bereits im Rahmen des Goldfeld-Quandt-Tests begegnet. Für Gruppe I (zentrale Stadtviertel) erfüllt das ökonometrische Modell

$$y_t = \alpha + \beta x_t + u_t, \qquad \text{für} \quad t = 1, 2, ..., 5, \tag{17.24}$$

alle A-, B- und C-Annahmen. Desgleichen erfüllt für Gruppe II (periphere Stadtviertel) das ökonometrische Modell

$$y_t = \alpha + \beta x_t + u_t, \qquad \text{für} \quad t = 6, 7, ..., 12, \tag{17.25}$$

alle A-, B- und C-Annahmen. Eine gemeinsame Schätzung der beiden Modelle (17.24) und (17.25) wäre wünschenswert, denn man würde zwei zusätzliche Freiheitsgrade gewinnen. Eine solche gemeinsame Schätzung ist allerdings auch hier wieder nicht effizient, denn die Störgrößenvarianz σ_I^2 des Modells (17.24) weicht von der Störgrößenvarianz σ_{II}^2 des Modells (17.25) ab.

Transformiertes Modell

Es können auch für diesen dritten Fall geeignete Transformationen der Modelle (17.24) und (17.25) vorgenommen werden, die bewirken, dass die Störgrößenvarianz für beide Modelle identisch ist. Dazu muss Modell (17.24) durch σ_I und Modell (17.25) durch σ_{II} dividiert werden:

$$\frac{y_t}{\sigma_I} = \alpha \frac{1}{\sigma_I} + \beta \frac{x_t}{\sigma_I} + \frac{u_t}{\sigma_I}, \qquad \text{für} \quad t = 1, 2, ..., 5 \tag{17.26a}$$

$$\frac{y_t}{\sigma_{II}} = \alpha \frac{1}{\sigma_{II}} + \beta \frac{x_t}{\sigma_{II}} + \frac{u_t}{\sigma_{II}}, \qquad \text{für} \quad t = 6, 7, ..., 12. \tag{17.26b}$$

Die Störgrößenvarianz beträgt für diese beiden transformierten Modelle jeweils 1, denn

$$var\left(\frac{u_t}{\sigma_I}\right) = \frac{1}{\sigma_I^2} var(u_t) = \frac{1}{\sigma_I^2} \sigma_I^2 = 1$$

$$var\left(\frac{u_t}{\sigma_{II}}\right) = \frac{1}{\sigma_{II}^2} var(u_t) = \frac{1}{\sigma_{II}^2} \sigma_{II}^2 = 1.$$

Die Modelle (17.26) lassen sich also zu einem einzigen Modell zusammenfassen:

$$y_t^* = \alpha z_t^* + \beta x_t^* + u_t^* \qquad \text{für} \quad t = 1, 2, .., 12, \qquad (17.27)$$

wobei

$$y_t^* = \frac{y_t}{\sigma_I}, \ z_t^* = \frac{1}{\sigma_I}, \ x_t^* = \frac{x_t}{\sigma_I}, \ u_t^* = \frac{u_t}{\sigma_I}, \qquad \text{wenn} \quad t = 1, 2, ..., 5 \quad (17.28a)$$

$$y_t^* = \frac{y_t}{\sigma_{II}}, \ z_t^* = \frac{1}{\sigma_{II}}, \ x_t^* = \frac{x_t}{\sigma_{II}}, \ u_t^* = \frac{u_t}{\sigma_{II}}, \qquad \text{wenn} \quad t = 6, 7, ..., 12. \ (17.28b)$$

Schätzung des transformierten Modells

Möchte man eine KQ-Schätzung dieses transformierten Modells – also eine VKQ-Schätzung – durchführen, so stößt man auf ein neues Problem: σ_I und σ_{II} sind nicht bekannt und damit existieren auch keine Daten y_t^*, z_t^* und x_t^*. Der Ausweg besteht darin, aus Modell (17.24) vorab die Varianz σ_I^2 auf gewohnte Weise zu schätzen und entsprechend aus Modell (17.25) die Varianz σ_{II}^2. Diese getrennten Schätzungen liefern unverzerrte Schätzer $\widehat{\sigma}_I^2$ und $\widehat{\sigma}_{II}^2$, denn beide Modelle erfüllen alle A-, B- und C-Annahmen.

Benutzt man in den Definitionen (17.28a) und (17.28b) bei der Berechnung der Daten y_t^*, z_t^* und x_t^* anstelle der unbekannten Werte σ_I und σ_{II} die Schätzwerte $\widehat{\sigma}_I$ und $\widehat{\sigma}_{II}$, so lässt sich eine KQ-Schätzung des transformierten Modells (17.27) durchführen. Dies ist eine VKQ-Schätzung mit vorgelagerter Schätzung der Störgrößenvarianz. Wir nennen dieses Verfahren deshalb *GVKQ-Schätzung*, wobei G für „geschätzt" steht:

$$\widehat{\alpha}^{GVKQ} = \frac{S_{z^*y^*}}{S_{z^*z^*}} \qquad (17.29a)$$

$$\widehat{\beta}^{GVKQ} = \frac{S_{x^*y^*}}{S_{x^*x^*}}. \qquad (17.29b)$$

Nummerische Illustration 17.6 ▬▬▬▬▬▬▬▬▬▬▬▬▬▬▬▬▬

Die Schätzergebnisse für die getrennten Schätzungen der zentralen und peripheren Stadtviertel waren in der Nummerischen Illustration 17.4 in Tabelle 17.5 wiedergegeben. Dort hatten wir auch berechnet, dass $S_{\widetilde{uu}}^I = 0,246$ und $S_{\widetilde{uu}}^{II} = 4,666$. Aus der üblichen Schätzformel $\widehat{\sigma}^2 = S_{\widetilde{uu}}/(T-K-1)$ erhalten wir

$$\widehat{\sigma}_I^2 = \frac{0,246}{3} = 0,082 \qquad \text{und} \qquad \widehat{\sigma}_{II}^2 = \frac{4,666}{5} = 0,933.$$

Benutzt man diese Schätzwerte in den Datentransformationen (17.28a) und (17.28b), dann ergeben sich aus den Schätzformeln (17.29a) und (17.29b) die Ergebnisse der Tabelle 17.6. Die auf Basis des transformierten Modells (17.27) gewonnenen Schätzwerte $\widehat{\alpha}^{GVKQ} = 17,416$ und $\widehat{\beta}^{GVKQ} = -1,014$ dürfen so interpretiert werden, als wären sie auf Basis des ursprünglichen Modells (17.1) ermittelt worden. Die Nettokaltmiete fällt demnach mit jedem Kilometer Entfernung zum Stadtzentrum um 1,014 Euro/m². Ein Vergleich mit den in Tabelle 17.3 wiedergegebenen Schätzresultaten des ursprünglichen Modells (17.1) zeigt, dass sich für die KQ-Punktschätzer nur geringfügige Unterschiede ergeben. Im Gegensatz zu Tabelle 17.3, wo die letzten drei Spalten aufgrund der verzerrten Schätzer $\widehat{var}(\widehat{\alpha})$ und $\widehat{var}(\widehat{\beta})$ keine verwertbaren Informationen lieferten, sind in Tabelle 17.6 auch die letzten drei Spalten in zulässiger Weise berechnet. Bei der Ermittlung der $\widehat{se}(\cdot)$-Werte wurden die gewöhnlichen Berechnungsformeln

$$\widehat{se}(\widehat{\alpha}) = \sqrt{\widehat{var}(\widehat{\alpha})} = \sqrt{\widehat{\sigma}^2 \left(1/T + \overline{x}^2/S_{xx}\right)}$$
$$\widehat{se}(\widehat{\beta}) = \sqrt{\widehat{var}(\widehat{\beta})} = \sqrt{\widehat{\sigma}^2/S_{xx}}$$

benutzt, wobei die geschätzte Störgrößenvarianz $\widehat{\sigma}^2$ gleich 1 gesetzt wurde, denn sie ist im zugrunde liegenden Modell (17.27) per definitionem gleich 1.

Tabelle 17.6: Schätzergebnisse des Mieten-Beispiels bei Partitionierung des Datensatzes in zwei Gruppen.

Variable	Koeff.	$\widehat{se}(\cdot)$	t-Wert	p-Wert
transf. Konstante	17,416	0,243	72,002	<0,001
transf. Entfernung	-1,014	0,135	-7,489	<0,001

Schätzeigenschaften der GVKQ-Schätzer

Es lässt sich zeigen, dass die GVKQ-Schätzer unverzerrt sind und dass ihre Schätzvarianz geringer als diejenige der entsprechenden KQ-Schätzer ausfällt. Es kann jedoch nicht davon ausgegangen werden, dass sie auch effizient sind. Immerhin kann gezeigt werden, dass sich bei großem Stichprobenumfang T die Schätzeigenschaften der GVKQ-Schätzer denjenigen der VKQ-Schätzer (unverzerrt und effizient) annähern. Man sagt dann, der GVKQ-Schätzer ist *asymptotisch effizient*. In Kapitel 20 werden wir genauer auf die Eigenschaft der asymptotischen Effizienz eingehen.

17.4 Zusammenfassung

Das Ausgangsmodell laute

$$y_t = \alpha + \beta x_t + u_t \,. \qquad (17.1)$$

Eine Verletzung der Annahme B2 liegt immer dann vor, wenn die Varianz der

Störgröße für unterschiedliche Beobachtungen verschieden groß ausfällt, das heißt, wenn die Störgröße u_t heteroskedastisch ist. Würde man die Heteroskedastizität ignorieren und einfach eine KQ-Schätzung des Ausgangsmodells (17.1) vornehmen, so wären die KQ-Schätzer zwar unverzerrt, aber nicht effizient. Ferner wären die Intervallschätzer verzerrt und Hypothesentests würden wertlose Resultate liefern.

Exemplarisch wurden hier drei Fälle von Heteroskedastizität genauer betrachtet: (1) $\sigma_t^2 = \sigma^2 x_t$, (2) $\sigma_t^2 = \sigma^2 x_t^2$ und (3) partitionierbarer Datensatz. In allen drei Fällen kann das Ausgangsmodell in ein Modell mit homoskedastischer Störgröße transformiert werden. Das transformierte Modell erfüllt auch alle anderen A-, B- und C-Annahmen.

Die genaue Form der Transformation hängt davon ab, welcher der drei Fälle für die Heteroskedastizität verantwortlich ist. In Fall 1 wird das Ausgangsmodell durch $\sqrt{x_t}$ dividiert, in Fall 2 durch x_t. Für diese beiden Fälle erfolgt die Schätzung der Parameter α und β mit der verallgemeinerten KQ-Methode (VKQ-Methode), also mit einer KQ-Schätzung des transformierten Modells. Die VKQ-Schätzer $\widehat{\alpha}^{VKQ}$ und $\widehat{\beta}^{VKQ}$ sind unverzerrt und effizient.

Liegt Fall 3 vor, dann kann der Datensatz in Beobachtungsgruppen unterteilt werden, und zwar so, dass innerhalb jeder Gruppe eine einheitliche Störgrößenvarianz besteht – beispielsweise die Gruppen I und II mit den zugehörigen Störgrößenvarianzen σ_I^2 und σ_{II}^2. Man führt separate KQ-Schätzungen für die beiden Gruppen durch und ermittelt dabei Schätzwerte für die Störgrößenvarianzen σ_I^2 und σ_{II}^2. Die entsprechenden Standardabweichungen ($\widehat{\sigma}_I$ und $\widehat{\sigma}_{II}$) werden anschließend zu einer Datentransformation herangezogen. Dabei werden die Daten der Gruppe I durch $\widehat{\sigma}_I$ dividiert und die Daten der Gruppe II durch $\widehat{\sigma}_{II}$. Die transformierten Daten der beiden Gruppen werden dann wieder zu einem gemeinsamen – dem transformierten – Modell zusammengefügt. Dieses wird, wie schon in den Fällen 1 und 2, mit der KQ-Methode geschätzt. In seiner Gesamtheit bezeichnet man dieses Schätzverfahren als GVKQ-Methode. Diese Methode unterscheidet sich von der VKQ-Methode also lediglich durch eine vorgelagerte Schätzstufe, in der $\widehat{\sigma}_I$ und $\widehat{\sigma}_{II}$ ermittelt werden. Die GVKQ-Schätzer $\widehat{\alpha}^{GVKQ}$ und $\widehat{\beta}^{GVKQ}$ sind unverzerrt und asymptotisch effizient.

Wenn es möglich ist, eine einzelne beobachtbare Variable zu identifizieren, welche Heteroskedastizität in monotoner Weise auslösen könnte, dann kann der Goldfeld-Quandt-Test zur Diagnose herangezogen werden. Kommen mehrere Variablen als Verursacher in Betracht, dann sollte auf den White-Test zurückgegriffen werden.

17.5 Matrixalgebraischer Anhang

Wir betrachten wieder das ökonometrische Modell

$$\mathbf{y} = \mathbf{X}\boldsymbol{\beta} + \mathbf{u}\,. \tag{17.30}$$

17.5. MATRIXALGEBRAISCHER ANHANG

Heteroskedastizität bedeutet, dass die entsprechende Varianz-Kovarianz-Matrix $\mathbf{V}(\mathbf{u})$ nicht länger $\sigma^2 \mathbf{I}_T$ lautet, sondern die Form

$$\mathbf{V}(\mathbf{u}) = E[\mathbf{u}\mathbf{u}'] = \begin{bmatrix} \sigma_1^2 & 0 & \cdots & 0 \\ 0 & \sigma_2^2 & \cdots & 0 \\ \vdots & \vdots & \ddots & \vdots \\ 0 & 0 & \cdots & \sigma_T^2 \end{bmatrix} = \sigma^2 \mathbf{\Omega} \qquad (17.31)$$

besitzt, wobei

$$\mathbf{\Omega} = \begin{bmatrix} \sigma_1^2/\sigma^2 & 0 & \cdots & 0 \\ 0 & \sigma_2^2/\sigma^2 & \cdots & 0 \\ \vdots & \vdots & \ddots & \vdots \\ 0 & 0 & \cdots & \sigma_T^2/\sigma^2 \end{bmatrix}. \qquad (17.32)$$

Liegt beispielsweise Heteroskedastizität in der Variante $\sigma_t^2 = \sigma^2 x_{kt}$ vor, so lautet die Matrix $\mathbf{\Omega}$:

$$\mathbf{\Omega} = \begin{bmatrix} x_{k1} & 0 & \cdots & 0 \\ 0 & x_{k2} & \cdots & 0 \\ \vdots & \vdots & \ddots & \vdots \\ 0 & 0 & \cdots & x_{kT} \end{bmatrix}. \qquad (17.33)$$

In diesem Fall ist die Matrix $\mathbf{\Omega}$ unmittelbar aus den beobachteten Daten bestimmbar.

Um Heteroskedastizität zu diagnostizieren, können verschiedene Testverfahren eingesetzt werden. In diesem Lehrbuch wurden der Goldfeld-Quandt-Test (Abschnitt 17.2.1) und der White-Test (Abschnitt 17.2.2) vorgestellt. Eine matrixalgebraische Darstellung dieser Tests führt zu keiner merklichen Vereinfachung und kann deshalb unterbleiben. Wir fahren deshalb direkt mit der Herleitung der VKQ- und GVKQ-Schätzer fort.

17.5.1 Herleitung des transformierten Modells

Da sämtliche Elemente der in Ausdruck (17.32) definierten $(T \times T)$-Diagonalmatrix $\mathbf{\Omega}$ positiv sind, ist auch $\mathbf{\Omega}$ selbst positiv definit. Aus Regel (8.60) des Repetitoriums Matrixalgebra I folgt dann, dass mindestens eine reguläre $(T \times T)$-Matrix $\mathbf{P}$ existiert, so dass

$$\mathbf{P}'\mathbf{P} = \mathbf{\Omega}^{-1}. \qquad (17.34)$$

Bei der speziellen Heteroskedastizitäts-Variante $\sigma_t^2 = \sigma^2 x_{kt}$ erfüllt beispielsweise die Matrix

$$\mathbf{P} = \begin{bmatrix} 1/\sqrt{x_{k1}} & 0 & \cdots & 0 \\ 0 & 1/\sqrt{x_{k2}} & \cdots & 0 \\ \vdots & \vdots & \ddots & \vdots \\ 0 & 0 & \cdots & 1/\sqrt{x_{kT}} \end{bmatrix} \qquad (17.35)$$

die Gleichung (17.34), denn

$$\mathbf{P'P} = \begin{bmatrix} 1/x_{k1} & 0 & \cdots & 0 \\ 0 & 1/x_{k2} & \cdots & 0 \\ \vdots & \vdots & \ddots & \vdots \\ 0 & 0 & \cdots & 1/x_{kT} \end{bmatrix},$$

was genau der Inversen der in Ausdruck (17.33) angegebenen Matrix Ω entspricht.

Multipliziert man Gleichung (17.34) linksseitig mit $\mathbf{P}\Omega$ und rechtsseitig mit $\mathbf{P}^{-1}$, so ergibt sich

$$\mathbf{P}\Omega\mathbf{P'P}\mathbf{P}^{-1} = \mathbf{PP}^{-1}$$
$$\Longrightarrow \quad \mathbf{P}\Omega\mathbf{P'} = \mathbf{I}_T. \tag{17.36}$$

Eine Matrix $\mathbf{P}$ mit der Eigenschaft (17.34) bzw. (17.36) wird üblicherweise als *Transformationsmatrix* bezeichnet. Es handelt sich bei $\mathbf{P}$ um eine besondere Matrix, denn sie kann benutzt werden, um das ursprüngliche Modell (17.30) mit heteroskedastischer Störgröße in ein Modell mit homoskedastischer Störgröße zu verwandeln: Linksseitige Multiplikation des ursprünglichen Modells (17.30) mit der Transformationsmatrix $\mathbf{P}$ liefert

$$\mathbf{Py} = \mathbf{PX}\boldsymbol{\beta} + \mathbf{Pu}. \tag{17.37}$$

Die endogene Variable dieses transformierten Modells wird durch den T-elementigen Spaltenvektor $\mathbf{Py}$ repräsentiert, die exogenen Variablen durch die $(T \times (K+1))$-Matrix $\mathbf{PX}$, und die Störgröße durch den T-elementigen Spaltenvektor $\mathbf{Pu}$. Definiert man

$$\mathbf{Py} = \mathbf{y}^*, \quad \mathbf{PX} = \mathbf{X}^*, \quad \text{und} \quad \mathbf{Pu} = \mathbf{u}^*, \tag{17.38}$$

so lässt sich das transformierte Modell (17.37) auch in der übersichtlicheren Form

$$\mathbf{y}^* = \mathbf{X}^*\boldsymbol{\beta} + \mathbf{u}^* \tag{17.39}$$

schreiben.

Betrachten wir exemplarisch die spezielle Heteroskedastizitäts-Variante $\sigma_t^2 = \sigma^2 x_{kt}$ und damit die in (17.35) definierte Transformationsmatrix $\mathbf{P}$. Bei dieser Transformationsmatrix ergibt sich aus den Definitionen (17.38):

$$\mathbf{y}^* = \begin{bmatrix} y_1/\sqrt{x_{k1}} \\ y_2/\sqrt{x_{k2}} \\ \vdots \\ y_T/\sqrt{x_{kT}} \end{bmatrix} \quad \text{und} \quad \mathbf{u}^* = \begin{bmatrix} u_1/\sqrt{x_1} \\ u_2/\sqrt{x_2} \\ \vdots \\ u_T/\sqrt{x_T} \end{bmatrix} \tag{17.40}$$

17.5. MATRIXALGEBRAISCHER ANHANG

sowie

$$\mathbf{X}^* = \begin{bmatrix} 1/\sqrt{x_{k1}} & x_{11}/\sqrt{x_{k1}} & \cdots & x_{K1}/\sqrt{x_{k1}} \\ 1/\sqrt{x_{k2}} & x_{12}/\sqrt{x_{k2}} & \cdots & x_{K1}/\sqrt{x_{k2}} \\ \vdots & \vdots & \ddots & \vdots \\ 1/\sqrt{x_{k1}} & x_{1T}/\sqrt{x_{k2}} & \cdots & x_{K1}/\sqrt{x_{kT}} \end{bmatrix}. \quad (17.41)$$

In Abschnitt 17.1.1 hatten wir aus dem Modell der Einfachregression, $y_t = \alpha + \beta x_t + u_t$, das transformierte Modell $y_t^* = \alpha z_t^* + \beta x_t^* + u_t^*$ hergeleitet, wobei die Datentransformationen $y_t^* = y_t/\sqrt{x_t}$, $z_t^* = 1/\sqrt{x_t}$, $x_t^* = x_t/\sqrt{x_t}$ und $u_t^* = u_t/\sqrt{x_t}$ vorgenommen wurden. Das transformierte Modell (17.39) mit seinen gemäß (17.40) und (17.41) definierten Variablen ist die ensprechende Verallgemeinerung auf den Fall der Mehrfachregression ($K > 1$).

Kehren wir zurück zum allgemeinen Fall, in welchem keine spezielle Form von Heteroskedastizität unterstellt ist. Da $E(\mathbf{u}) = \mathbf{o}$ und $\mathbf{P}$ eine Matrix aus Konstanten darstellt, wissen wir, dass unabhängig von der genauen Form der Heteroskedastizität

$$E(\mathbf{u}^*) = E(\mathbf{Pu}) = \mathbf{P}E(\mathbf{u}) = \mathbf{o} \quad (17.42)$$

gilt. Die Varianz-Kovarianz-Matrix der Störgröße des transformierten Modells (17.39) lautet folglich

$$\begin{aligned} \mathbf{V}(\mathbf{u}^*) = \mathbf{V}(\mathbf{Pu}) &= E[[\mathbf{Pu} - E(\mathbf{Pu})][\mathbf{Pu} - E(\mathbf{Pu})]'] \\ \text{[aus (17.42)]} &= E[\mathbf{Puu'P'}] \\ &= \mathbf{P}\left[E(\mathbf{uu'})\right]\mathbf{P'} \\ \text{[aus (17.31)]} &= \sigma^2 \mathbf{P\Omega P'} \\ \text{[aus (17.36)]} &= \sigma^2 \mathbf{I}_T. \end{aligned} \quad (17.43)$$

Die Störgrößenvarianzen des transformierten Modells, also die Elemente auf der Hauptdiagonalen von $\mathbf{V}(\mathbf{u}^*)$, besitzen alle den gleichen Wert σ^2 und erfüllen somit Annahme B2 (Homoskedastizität). Der Parameter σ^2 ist demnach als Störgrößenvarianz des transformierten Modells zu interpretieren. Da abgesehen von Annahme B2 alle Annahmen bereits im ursprünglichen Modell (17.30) erfüllt waren und durch die Transformation nicht berührt wurden, erfüllt das transformierte Modell (17.39) sämtliche A-, B- und C-Annahmen.

Die Herleitung des transformierten Modells (17.39) war allgemein gehalten. Insbesondere hing sie nicht von der speziellen Form der Heteroskedastizität ab. Das Gleiche gilt für die aus Gleichungen (17.42) und (17.43) ersichtlichen guten Eigenschaften der Störgröße $\mathbf{u}^*$ des transformierten Modells. Einzige Bedingung für die Herleitung des transformierten Modells war eine Varianz-Kovarianz-Matrix $\mathbf{V}(\mathbf{u})$ des ursprünglichen Modells, welche sich in der Form $\sigma^2 \mathbf{\Omega}$ schreiben lässt, wobei $\mathbf{\Omega}$ eine positiv definite Matrix sein muss und σ^2 einen beliebigen Faktor darstellt. Wenn diese Bedingung erfüllt ist, dann kann eine geeignete Transformationsmatrix $\mathbf{P}$ gefunden werden, so dass das transformierte Modell alle B-Annahmen erfüllt. Lediglich die genaue Form von $\mathbf{P}$

hängt von der genauen Form der Matrix Ω und damit von der speziellen Form der Heteroskedastizität ab.

17.5.2 Vergleich des VKQ-Schätzers mit dem KQ-Schätzer des ursprünglichen Modells

Eine unter Missachtung der Heteroskedastizität vorgenommene KQ-Schätzung des ursprünglichen Modells (17.30) bleibt unverzerrt, denn wir wissen aus Gleichung (9.74), dass

$$\widehat{\beta} = \beta + (\mathbf{X}'\mathbf{X})^{-1}\mathbf{X}'\mathbf{u}. \qquad (17.44)$$

Um aus dieser Beziehung die Bedingung für Unverzerrtheit, also $E(\widehat{\beta}) = \beta$, zu erhalten, ist Homoskedastizität nicht erforderlich. Lediglich Annahme B1, also $E(\mathbf{u}) = \mathbf{o}$, muss erfüllt sein.

Der KQ-Schätzer des transformierten Modells (17.39) wird als VKQ-Schätzer (oftmals auch als *Aitken-Schätzer*) bezeichnet. Da $\mathbf{y}^*$ die endogene und $\mathbf{X}^*$ die exogenen Variablen repräsentiert, lautet er

$$\begin{aligned}
\widehat{\beta}^{VKQ} &= [\mathbf{X}^{*\prime}\mathbf{X}^*]^{-1}\mathbf{X}^{*\prime}\mathbf{y}^* \\
&= [(\mathbf{PX})'\mathbf{PX}]^{-1}(\mathbf{PX})'(\mathbf{Py}) \\
&= [\mathbf{X}'\mathbf{P}'\mathbf{PX}]^{-1}\mathbf{X}'\mathbf{P}'\mathbf{Py} \\
\text{[aus (17.34)]} \quad &= [\mathbf{X}'\Omega^{-1}\mathbf{X}]^{-1}\mathbf{X}'\Omega^{-1}\mathbf{y}. \qquad (17.45)
\end{aligned}$$

Der KQ-Schätzer des ursprünglichen Modells lautet hingegen

$$\widehat{\beta} = (\mathbf{X}'\mathbf{X})^{-1}\mathbf{X}'\mathbf{y}. \qquad (17.46)$$

Der VKQ-Schätzer (17.45) ist die multiple Verallgemeinerung der im Rahmen der Einfachregression hergeleiteten Schätzformeln (17.9) und (17.10) sowie (17.20a) und (17.20b).

Sowohl der VKQ-Schätzer, also der KQ-Schätzer des transformierten Modells, als auch der KQ-Schätzer des ursprünglichen Modells sind lineare Schätzer der Parameter β. Da das transformierte Modell sämtliche A-, B- und C-Annahmen erfüllt, besitzt der VKQ-Schätzer die BLUE-Eigenschaft. Damit kann aber der KQ-Schätzer des ursprünglichen Modells nicht effizient sein.

Ignoriert man die Heteroskedastizität und schätzt die Parameter β auf Basis des ursprünglichen Modells, so lautet die tatsächliche Varianz der ent-

17.5. MATRIXALGEBRAISCHER ANHANG

sprechenden KQ-Schätzer:

$$\begin{aligned}
\mathbf{V}(\widehat{\boldsymbol{\beta}}) &= E\left[\left(\widehat{\boldsymbol{\beta}}-\boldsymbol{\beta}\right)\left(\widehat{\boldsymbol{\beta}}-\boldsymbol{\beta}\right)'\right] \\
&= E\left[(\mathbf{X}'\mathbf{X})^{-1}\mathbf{X}'\mathbf{u}\left[(\mathbf{X}'\mathbf{X})^{-1}\mathbf{X}'\mathbf{u}\right]'\right] \\
&= E\left[(\mathbf{X}'\mathbf{X})^{-1}\mathbf{X}'\mathbf{u}\mathbf{u}'\mathbf{X}(\mathbf{X}'\mathbf{X})^{-1}\right] \\
&= (\mathbf{X}'\mathbf{X})^{-1}\mathbf{X}'E(\mathbf{u}\mathbf{u}')\mathbf{X}(\mathbf{X}'\mathbf{X})^{-1} \\
[\text{aus (17.31)}] \quad &= \sigma^2(\mathbf{X}'\mathbf{X})^{-1}\mathbf{X}'\boldsymbol{\Omega}\mathbf{X}(\mathbf{X}'\mathbf{X})^{-1} . \quad (17.47)
\end{aligned}$$

Unter Missachtung der Heteroskedastizität würde man aber von der Varianz-Kovarianz Matrix

$$\mathbf{V}(\widehat{\boldsymbol{\beta}}) = \sigma^2(\mathbf{X}'\mathbf{X})^{-1} \quad (17.48)$$

ausgehen und entspechend seine Schätzung $\widehat{\mathbf{V}}(\widehat{\boldsymbol{\beta}})$ auf Basis der Formel (17.48) statt auf Basis der korrekten Formel (17.47) vornehmen. Zudem würde für die Schätzung der Störgrößenvarianz σ^2 anstelle der korrekten Formel

$$\widehat{\sigma}^2 = \frac{\widehat{\mathbf{u}}^{*\prime}\widehat{\mathbf{u}}^*}{T-K-1} = \frac{(\mathbf{P}\widehat{\mathbf{u}})'\mathbf{P}\widehat{\mathbf{u}}}{T-K-1} \quad (17.49)$$

die Formel

$$\widehat{\sigma}^2 = \frac{\widehat{\mathbf{u}}'\widehat{\mathbf{u}}}{T-K-1} \quad (17.50)$$

eingesetzt werden.

Wir können also festhalten, dass die Vernachlässigung der Heteroskedastizität eine Schätzung von $\mathbf{V}(\widehat{\boldsymbol{\beta}})$ auf Basis der Formeln (17.48) und (17.50) zur Folge hätte und dass diese Formeln verzerrte Ergebnisse liefern würden. Folglich wären auch entsprechende Intervallschätzer verzerrt und die Ergebnisse der Hypothesentests wären irreführend.

Ist man sich der Heteroskedastizität bewusst, so setzt man den VKQ-Schätzer (17.45) ein. Dieser Schätzer ist nichts anderes als der KQ-Schätzer des transformierten Modells (17.39). Seine Varianz-Kovarianz-Matrix lautet deshalb:

$$\begin{aligned}
\mathbf{V}\left(\widehat{\boldsymbol{\beta}}^{VKQ}\right) &= \sigma^2\left[\mathbf{X}^{*\prime}\mathbf{X}^*\right]^{-1} \\
&= \sigma^2\left[(\mathbf{P}\mathbf{X})'\mathbf{P}\mathbf{X}\right]^{-1} \\
&= \sigma^2\left[\mathbf{X}'\mathbf{P}'\mathbf{P}\mathbf{X}\right]^{-1} \\
&= \sigma^2\left[\mathbf{X}'\boldsymbol{\Omega}^{-1}\mathbf{X}\right]^{-1} . \quad (17.51)
\end{aligned}$$

17.5.3 GVKQ-Schätzer

Falls bekannt ist, dass die Störgrößenvarianzen beispielsweise durch $\sigma_t^2 = \sigma^2 x_{kt}$ beschrieben werden können, ist auch die genaue Form der Matrix Ω aus den beobachteten Daten unmittelbar bestimmbar und damit der VKQ-Schätzer (17.45) berechenbar. Es existieren jedoch zahlreiche Varianten der Heteroskedastizität, bei denen Ω nicht direkt bestimmbar ist. In diesen Fällen ist auch die Matrix Ω^{-1} nicht bekannt und der VKQ-Schätzer (17.45) deshalb nicht berechenbar.

Betrachten wir exemplarisch den folgenden Fall: Die Beobachtungen lassen sich in zwei Gruppen einteilen, wobei die Störgrößenvarianz der Gruppe I einen einheitlichen unbekannten Wert σ_I^2 besitzt und die Störgrößenvarianz der Gruppe II einen anderen einheitlichen unbekannten Wert σ_{II}^2. T_I und T_{II} bezeichne die Anzahl der Beobachtungen in den Gruppen I und II. Das ursprüngliche Modell lässt sich in diesem Fall folgendermaßen darstellen:

$$\begin{bmatrix} \mathbf{y}_I \\ \mathbf{y}_{II} \end{bmatrix} = \begin{bmatrix} \mathbf{X}_I \\ \mathbf{X}_{II} \end{bmatrix} \boldsymbol{\beta} + \begin{bmatrix} \mathbf{u}_I \\ \mathbf{u}_{II} \end{bmatrix}. \tag{17.52}$$

Die Varianz-Kovarianz-Matrix lautet dann:

$$\mathbf{V}(\mathbf{u}) = \begin{bmatrix} \sigma_I^2 \mathbf{I}_{T_I} & 0 \\ 0 & \sigma_{II}^2 \mathbf{I}_{T_{II}} \end{bmatrix} \equiv \sigma^2 \Omega, \tag{17.53}$$

wobei

$$\Omega = \begin{bmatrix} \left(\sigma_I^2/\sigma^2\right) \mathbf{I}_{T_I} & 0 \\ 0 & \left(\sigma_{II}^2/\sigma^2\right) \mathbf{I}_{T_{II}} \end{bmatrix}. \tag{17.54}$$

Da die genauen Werte von σ_I^2 und σ_{II}^2 unbekannt sind, lässt sich auch die Matrix Ω nicht unmittelbar bestimmen und der VKQ-Schätzer (17.45) ist nicht berechenbar.

Der Ausweg besteht darin, der VKQ-Schätzung eine weitere Schätzstufe vorzuschalten, also einen GVKQ-Schätzer zu berechnen. Für diesen Zweck ist es hilfreich, den VKQ-Schätzer (17.45) zunächst in einer gleichwertigen alternativen Form zu schreiben:

$$\begin{aligned} \widehat{\boldsymbol{\beta}}^{VKQ} &= \left[\mathbf{X}'\left(\sigma^2\Omega\right)^{-1}\mathbf{X}\right]^{-1} \mathbf{X}'\left(\sigma^2\Omega\right)^{-1}\mathbf{y} \\ &\left[\mathbf{X}'\mathbf{W}^{-1}\mathbf{X}\right]^{-1}\mathbf{X}'\mathbf{W}^{-1}\mathbf{y}, \end{aligned} \tag{17.55}$$

wobei

$$\begin{aligned} \mathbf{W} &= \sigma^2\Omega \\ [\text{aus (17.53)}] \quad &= \mathbf{V}(\mathbf{u}) = \begin{bmatrix} \sigma_I^2 \mathbf{I}_{T_I} & 0 \\ 0 & \sigma_{II}^2 \mathbf{I}_{T_{II}} \end{bmatrix}. \end{aligned} \tag{17.56}$$

Die Schätzer (17.45) und (17.55) liefern identische Ergebnisse. Für die Ermittlung des GVKQ-Schätzers ist aber der auf Basis der Matrix $\mathbf{W}$ formulierte

17.5. MATRIXALGEBRAISCHER ANHANG

Schätzer (17.55) etwas eingängiger, denn Gleichung (17.56) zeigt, dass man mit den Schätzwerten für σ_I^2 und σ_{II}^2 zugleich auch eine Schätzung der Matrix $\mathbf{W}$ hat, die dann in invertierter Form in Formel (17.55) unmittelbar eingesetzt werden kann.

Um die unbekannten Störgrößenvarianzen σ_I^2 und σ_{II}^2 zu schätzen, benutzt man Gleichung (17.52). Sie setzt sich aus zwei Einzelgleichungen zusammen, nämlich aus den ökonometrischen Modellen der Gruppen I und II:

$$\mathbf{y}_I = \mathbf{X}_I \boldsymbol{\beta} + \mathbf{u}_I \qquad \text{und} \qquad \mathbf{y}_{II} = \mathbf{X}_{II} \boldsymbol{\beta} + \mathbf{u}_{II} \ .$$

Isoliert betrachtet erfüllen diese zwei Modelle sämtliche A-, B- und C-Annahmen und folglich sind die Schätzformeln

$$\widehat{\sigma}_I^2 = \frac{\widehat{\mathbf{u}}_I' \widehat{\mathbf{u}}_I}{T_I - K - 1} \qquad \text{und} \qquad \widehat{\sigma}_{II}^2 = \frac{\widehat{\mathbf{u}}_{II}' \widehat{\mathbf{u}}_{II}}{T_{II} - K - 1}$$

unverzerrt. Man kann nun in $\mathbf{W}$ die unbekannten Werte σ_I^2 und σ_{II}^2 durch ihre geschätzten Werte $\widehat{\sigma}_I^2$ und $\widehat{\sigma}_{II}^2$ ersetzen. Wir erhalten daraus die geschätzte Varianz-Kovarianz-Matrix $\widehat{\mathbf{W}} = \widehat{\mathbf{V}}(\mathbf{u})$ und können daraus wiederum die Inverse $\widehat{\mathbf{W}}^{-1}$ ermitteln. Benutzt man im VKQ-Schätzer (17.55) die geschätzte Matrix $\widehat{\mathbf{W}}^{-1}$ anstelle der unbekannten Matrix $\mathbf{W}^{-1}$, so ergibt sich schließlich der gesuchte GVKQ-Schätzer:

$$\widehat{\boldsymbol{\beta}}^{GVKQ} = \left[\mathbf{X}' \widehat{\mathbf{W}}^{-1} \mathbf{X} \right]^{-1} \mathbf{X}' \widehat{\mathbf{W}}^{-1} \mathbf{y} \ .$$

Diese Formel ist die Verallgemeinerung der Schätzformeln (17.29), welche wir im Rahmen der Einfachregression hergeleitet hatten.

Wie könnte man vorgehen, wenn *vollkommen* unklar ist, in welcher Form die Heteroskedastizität vorliegt? Auch für diesen Fall sind in der Vergangenheit Lösungswege aufgezeigt worden. Insbesondere ein von White (1980) vorgeschlagenes Verfahren hat sich in dieser Hinsicht sehr bewährt. Im Rahmen eines einführenden Lehrbuches scheint es jedoch angezeigt, auf eine Darstellung dieses Verfahrens zu verzichten. Eine Aufbereitung findet sich beispielsweise in Greene (2003).

Kapitel 18

Verletzung der Annahme B3: Autokorrelation

Annahme B3 lautete:

Annahme B3 (Freiheit von Autokorrelation) Die Störgröße ist nicht autokorreliert, das heißt,
$$cov(u_t, u_s) = 0\,,$$
für alle $t \neq s$ sowie $t = 1, 2, ..., T$ und $s = 1, 2, .., T$.

Autokorrelation ist ein Phänomen, das häufiger bei Zeitreihendaten als bei Querschnittsdaten auftritt. Wir werden sehen, dass die Konsequenzen für die Schätzung denjenigen ähneln, welche wir bei heteroskedastischen Störgrößen kennengelernt hatten. Dort wurde gezeigt, dass die KQ-Methode zu unverzerrten, aber ineffizienten Schätzern führt und dass Hypothesentests auf falschen Annahmen basieren würden. Es wurde deshalb ein verbessertes Schätzverfahren vorgestellt: die VKQ-Methode. In einigen Fällen war es notwendig, die VKQ-Methode um eine Schätzstufe zu ergänzen. Dieses Schätzverfahren bezeichneten wir als GVKQ-Methode. Diesen Problemen und Konzepten werden wir auch im Zusammenhang mit der Autokorrelation wieder begegnen.

Um die im Zusammenhang mit der Autokorrelation auftretenden Probleme besser veranschaulichen zu können, soll folgendes Beispiel betrachtet werden:

Beispiel zu Kapitel 18

Der größte europäische Hersteller von Trinkwasserfiltern möchte einen kleinen Konkurrenten aufkaufen und benötigt die Genehmigung der zuständigen Kartellbehörde. Um eine Vorstellung von der aktuellen Marktmacht des Marktführers zu erhalten, beauftragt uns die Kartellbehörde, eine Preisabsatzfunktion für den Marktführer zu ermitteln. In Tabelle 18.1 sind die durchschnittlichen Absatzdaten y_t und die durchschnittlichen Preisdaten x_t des Marktführers für die vergangenen 24 Monate wiedergegeben.

Tabelle 18.1: Monatliche Absatzmenge y_t (in 1000 Stück) und Verkaufspreis x_t (in Euro) für den Zeitraum Januar 2003 bis Dezember 2004.

t	x_t	y_t	t	x_t	y_t
1	24,2	1990	13	32,2	1700
2	25,5	1630	14	32,4	1450
3	26,8	1570	15	33,2	1480
4	26,4	1960	16	34,0	1450
5	25,2	2150	17	33,7	1000
6	24,4	2450	18	32,8	1080
7	26,2	2210	19	31,3	1270
8	26,1	2400	20	30,9	1520
9	27,4	2200	21	30,0	1820
10	28,4	1270	22	28,3	1660
11	29,8	1250	23	27,5	1500
12	31,3	1500	24	26,8	1810

Um die Preisabsatzfunktion des Filterherstellers zu schätzen, stellen wir das folgende ökonometrische Modell auf:

$$y_t = \alpha + \beta x_t + u_t , \qquad (18.1)$$

wobei u_t wie gewohnt die Störgröße bezeichnet.

Nummerische Illustration 18.1

Eine KQ-Schätzung liefert die in Tabelle 18.2 aufgelisteten Resultate. Eine Preiserhöhung um einen Euro senkt den monatlichen Absatz um etwa 94,4 Einheiten, d.h. um 94.400 Stück.

Tabelle 18.2: Schätzergebnisse einer KQ-Schätzung des Filter-Beispiels.

Variable	Koeff.	$\widehat{se}(\cdot)$	t-Wert	p-Wert
Konstante	4413,33	534,39	8,259	<0,001
Preis	-94,42	18,36	-5,144	<0,001

Abbildung 18.1 stellt die Daten in einer Punktwolke dar. Dabei wurde zusätzlich eine Linie eingezeichnet, welche zeitlich aufeinanderfolgende Datenpunkte verbindet. Ferner wurde die entsprechende KQ-Schätzgerade $\widehat{R}$ eingezeichnet. Je flacher diese Gerade, umso geringer die Absatzeinbußen nach Preiserhöhungen und umso größer damit die Marktmacht des Filterherstellers (die Achsen der Abbildung 18.1 sind gegenüber der üblichen Darstellung von Nachfragekurven vertauscht!).

18.1. KONSEQUENZEN DER ANNAHMEVERLETZUNG

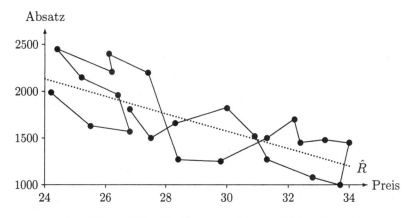

Abbildung 18.1: Die Datenpunkte des Filter-Beispiels.

Es fällt auf, dass die eingezeichnete Verbindungslinie die Schätzgerade nur selten überquert. Dies deutet darauf hin, dass positive Störgrößen u_t häufiger von positiven als von negativen Störgrößen u_{t+1} gefolgt werden und dass negative Störgrößen entsprechend häufiger von negativen Störgrößen als von positiven Störgrößen gefolgt werden. Mit anderen Worten, aufeinanderfolgende Störgrößen scheinen miteinander korreliert zu sein und verletzen damit Annahme B3.

Abschnitt 18.1 diskutiert die Probleme, die aus der Autokorrelation der Störgrößen erwachsen. Methoden, mit deren Hilfe Autokorrelation diagnostiziert werden kann, sind Gegenstand von Abschnitt 18.2. Abschnitt 18.3 stellt Schätzverfahren vor, die auch bei Autokorrelation gute Schätzeigenschaften aufweisen.

18.1 Konsequenzen der Annahmeverletzung

Welche Probleme ergeben sich, wenn Modell (18.1) mit der KQ-Methode geschätzt wird, obwohl für dieses Modell Annahme B3 verletzt ist?

18.1.1 AR(1)-Prozess

Um die Konsequenzen zu verdeutlichen, wollen wir eine bestimmte Form der Autokorrelation unterstellen: Die Störgröße folge einem autoregressiven Prozess erster Ordnung – einem AR(1)-Prozess. Ein AR(1)-Prozess ist durch die Beziehung

$$u_t = \rho u_{t-1} + e_t \qquad (18.2)$$

charakterisiert. Dabei bezeichnet ρ eine Konstante mit

$$-1 < \rho < 1 \qquad (18.3)$$

und e_t ist eine Störgröße. Von dieser wird angenommen, dass sie die Annahmen B1 bis B4 erfüllt:

$$e_t \sim UN(0, \sigma_e^2) \ .$$

Aus Gleichung (18.2) ist ersichtlich, dass ein AR(1)-Prozess die Störgröße u_t in zwei Komponenten zerlegt: Die erste Komponente besteht in der Störung, die in der Periode (Beobachtung) t–1 bereits wirksam war und nun in abgeschwächter Form ($|\rho| < 1$) auch in Periode (Beobachtung) t wirksam wird. Bezogen auf das Filter-Beispiel heißt dies, dass eine Störung des Vormonats (zum Beispiel Empfehlung zum Gebrauch von Trinkwasserfiltern in einer wichtigen Fernsehsendung) auch im Folgemonat noch wirksam bleibt. Die zweite Komponente ist e_t, eine neue Störung, die erst in Periode t aufgetreten ist.

Ein ρ-Wert von -1 oder 1 hätte eine unangenehme Eigenschaft: Nehmen wir an, dass $u_{t-1} = 0$ und $e_t \neq 0$. Selbst wenn in den folgenden Perioden keine weiteren Störungen auftreten ($e_{t+1} = e_{t+2} = \ldots = 0$), kehren die Störgrößen u_{t+1}, u_{t+2}, usw. nicht wieder zum Wert 0 zurück, sondern verharren auf dem Wert e_t. Für $|\rho| > 1$ würden die Störgrößen sogar über die Zeit betragsmäßig wachsen und unendlich groß werden. Ungleichung (18.3) schließt diese unangenehme Eigenschaft der Störgrößen von vornherein aus. Ein AR(1)-Prozess, für den diese unangehme Eigenschaft ausgeschlossen ist, wird als *stationär* bezeichnet. Eine detailliertere Erläuterung der Stationaritäts-Eigenschaft findet sich in Abschnitt 22.1.

Ein AR(1)-Prozess ist nur eine unter vielen Möglichkeiten der intertemporalen Korrelation von Störgrößen. Beispielsweise würde ein AR(2)-Prozess

$$u_t = \rho_1 u_{t-1} + \rho_2 u_{t-2} + e_t \tag{18.4}$$

lauten. Wir beschränken uns im Folgenden auf den AR(1)-Prozess.

Welche Auswirkungen ergeben sich aus einem AR(1)-Prozess für die Störgröße u_t und damit für die B-Annahmen? Um diese Frage zu beantworten, berechnen wir den Erwartungswert, die Varianz und die Kovarianz der Störgröße u_t.

18.1.2 Erwartungswert von u_t

Für den Erwartungswert gilt trotz AR(1)-Prozesses, dass $E(u_t) = 0$, denn

$$\begin{aligned} u_t &= \rho u_{t-1} + e_t \\ &= \rho(\rho u_{t-2} + e_{t-1}) + e_t \\ &= \rho^2 u_{t-2} + \rho e_{t-1} + e_t \\ &\vdots \\ &= \sum_{j=0}^{\infty} \rho^j e_{t-j} \end{aligned} \tag{18.5}$$

18.1. KONSEQUENZEN DER ANNAHMEVERLETZUNG

und damit

$$
\begin{aligned}
E(u_t) &= E\left(\sum_{j=0}^{\infty} \rho^j e_{t-j}\right) \\
&= \sum_{j=0}^{\infty} \rho^j \underbrace{E(e_{t-j})}_{=0} = 0 \,.
\end{aligned}
\tag{18.6}
$$

Gleichung (18.5) verdeutlicht, dass in die Störung u_t sämtliche Störungen e_{t-j} der Vergangenheit eingehen. Umgekehrt wird eine aktuelle Störung e_t Einfluss auf sämtliche zukünftige Perioden ausüben. Gleichung (18.6) offenbart, dass trotz des AR(1)-Prozesses der KQ-Schätzer unverzerrt bleibt, denn wir hatten in Abschnitt 16.1 gesehen, dass erst für $E(u_t) \neq 0$ eine Verzerrung auftritt.

18.1.3 Varianz von u_t

Die Varianz von u_t erhält man aus

$$
\begin{aligned}
var(u_t) &= E\left[[u_t - \overbrace{E(u_t)}^{=0}]^2\right] \\
&= E\left[u_t^2\right] \\
&= E\left[\left[\sum_{j=0}^{\infty} \rho^j e_{t-j}\right]^2\right] \\
&= E\left(e_t^2 + \rho^2 e_{t-1}^2 + \rho^4 e_{t-2}^2 + \ldots + 2\rho e_t e_{t-1} + 2\rho^2 e_t e_{t-2} + \ldots\right) \\
&= E(e_t^2) + \rho^2 E(e_{t-1}^2) + \rho^4 E(e_{t-2}^2) + \ldots + 2\rho E(e_t e_{t-1}) + 2\rho^2 E(e_t e_{t-2}) + \ldots \\
&= \sigma_e^2 + \rho^2 \sigma_e^2 + \rho^4 \sigma_e^2 + \ldots + 2\rho \cdot 0 + 2\rho^2 \cdot 0 + \ldots \\
&= \sigma_e^2 \sum_{j=0}^{\infty} \rho^{2j} \,.
\end{aligned}
\tag{18.7}
$$

Da

$$
\sum_{j=0}^{\infty} \rho^{2j} = \frac{1}{1-\rho^2} \,,
$$

erhalten wir aus Gleichung (18.7):

$$
\begin{aligned}
var(u_t) &= \frac{\sigma_e^2}{1-\rho^2} \\
&\equiv \sigma^2 \geq \sigma_e^2 \,.
\end{aligned}
\tag{18.8}
$$

Neben dem Erwartungswert ist also auch die Varianz für alle u_t identisch. Damit ist u_t homoskedastisch.

Der Parameter ρ misst die intertemporale Abhängigkeit zwischen den Störgrößen. Wenn $\rho = 0$, d.h. die Störterme u_t und u_{t-1} sind unkorreliert und u_t

damit ausschließlich durch den neuen Störeinfluss e_t determiniert, dann ergibt sich aus Gleichung (18.8) das gewohnte Resultat: $var(u_t) = \sigma^2 = \sigma_e^2$. Je größer ρ betragsmäßig ausfällt, umso stärker übersteigt σ^2 den Wert σ_e^2.

18.1.4 Kovarianz von u_t und $u_{t-\tau}$

Die Kovarianz aufeinanderfolgender Störgrößen berechnet sich gemäß

$$
\begin{aligned}
cov(u_t, u_{t-1}) &= E\left[[u_t - \overbrace{E(u_t)}^{=0}][u_{t-1} - \overbrace{E(u_{t-1})}^{=0}]\right] \\
&= E[u_t u_{t-1}] \\
&= E[(\rho u_{t-1} + e_t) u_{t-1}] \\
&= \rho E(u_{t-1}^2) + E(e_t u_{t-1}).
\end{aligned}
$$

Da

$$E(u_{t-1}^2) = E(u_t^2) = var(u_t) = \sigma_e^2/(1-\rho^2) \equiv \sigma^2$$

und die Störgröße e_t (nicht u_t!) annahmegemäß nicht mit früheren Störungen korreliert ist, also $E(e_t u_{t-1}) = 0$, vereinfacht sich die letzte Gleichung zu

$$cov(u_t, u_{t-1}) = \rho \sigma^2. \tag{18.9}$$

Dies ist die Kovarianz für unmittelbar aufeinanderfolgende Störgrößen.

Aus

$$cor(u_t, u_{t-1}) = \frac{cov(u_t, u_{t-1})}{se(u_t)\, se(u_{t-1})} = \frac{\rho \sigma^2}{\sigma \sigma} = \rho$$

wird klar, dass die Verwendung des griechischen Buchstabens ρ in Gleichung (18.2) kein Zufall war, denn dieser Buchstabe wird oftmals zur Bezeichnung eines Korrelationskoeffizienten benutzt, hier also zur Bezeichnung des Korrelationskoeffizienten der Störgrößen u_t und u_{t-1}.

Ausdruck (18.9) gibt die Kovarianz der Störgrößen u_t und u_{t-1} an. Man kann auf analogem Wege zeigen, dass für die Störgrößen u_t und $u_{t-\tau}$ die Kovarianz durch

$$cov(u_t, u_{t-\tau}) = \rho^\tau \left(\frac{\sigma_e^2}{1-\rho^2}\right) = \rho^\tau \sigma^2 \neq 0 \tag{18.10}$$

bestimmt ist. Da $-1 < \rho < 1$, fällt der Wert der Kovarianz mit der zeitlichen Distanz der Störgrößen, aber es bleibt immer eine Abhängigkeit bestehen. Gleichungen (18.9) und (18.10) zeigen, dass für Störgrößen, die einem AR(1)-Prozess folgen, $cov(u_t, u_s) \neq 0$ gilt. Dies bedeutet eine Verletzung von Annahme B3, denn diese unterstellt, dass $cov(u_t, u_s) = 0$.

18.1.5 Konsequenzen für die Punktschätzung

Die vorangegangenen Ergebnisse zeigen, dass für $\rho \neq 0$ das ökonometrische Modell (18.1) die Annahmen B1 und B2 weiterhin erfüllt, dass aber Annahme

18.1. KONSEQUENZEN DER ANNAHMEVERLETZUNG

B3 verletzt ist. Die Verletzung von Annahme B3 bewirkt, dass die KQ-Schätzer nicht länger effizient sind. Um dies zu erkennen, transformieren wir das ökonometrische Modell (18.1), so dass Annahme B3 wieder erfüllt ist. Setzt man Gleichung (18.2) in Beziehung (18.1) ein, so erhält man

$$y_t = \alpha + \beta x_t + \rho u_{t-1} + e_t \,. \tag{18.11}$$

Da die Beziehung (18.1) für alle Perioden t gilt, wissen wir, dass

$$y_{t-1} = \alpha + \beta x_{t-1} + u_{t-1}$$

und damit

$$u_{t-1} = y_{t-1} - \alpha - \beta x_{t-1} \,.$$

Setzt man diesen Term in Gleichung (18.11) ein, so ergibt sich

$$y_t = \alpha + \beta x_t + \rho y_{t-1} - \rho \alpha - \rho \beta x_{t-1} + e_t$$

und damit

$$y_t - \rho y_{t-1} = (1 - \rho)\alpha + \beta (x_t - \rho x_{t-1}) + e_t \,. \tag{18.12}$$

Schließlich definieren wir noch

$$y_t^* = y_t - \rho y_{t-1} \tag{18.13a}$$
$$z_t^* = 1 - \rho \tag{18.13b}$$
$$x_t^* = x_t - \rho x_{t-1} \tag{18.13c}$$

und

$$u_t^* = e_t \,. \tag{18.14}$$

Damit wird Gleichung (18.12) zu

$$y_t^* = \alpha z_t^* + \beta x_t^* + u_t^* \,. \tag{18.15}$$

Dieses transformierte Modell besitzt als Störgröße die in Abschnitt 18.1.1 definierte Variable e_t, eine Störgröße also, die alle geforderten B-Annahmen erfüllt. Man könnte nun eine KQ-Schätzung des transformierten Modells – also eine VKQ-Schätzung – durchführen. Da diese lineare Schätzformel die BLUE-Eigenschaft besitzen würde, kann der KQ-Schätzer des ursprünglichen Modells (18.1) – ebenfalls eine lineare Schätzformel – nicht effizient sein.

Es sollte allerdings darauf hingewiesen werden, dass diese Argumentation nicht vollkommen korrekt ist, denn eine KQ-Schätzung des transformierten Modells (18.15) ist nicht ohne weiteres möglich: Beispielsweise ist der in den Transformationen (18.13) verwendete Parameter ρ unbekannt. Auf diese Komplikationen soll aber erst in Abschnitt 18.3 genauer eingegangen werden. Für den Augenblick genügt es festzuhalten, dass die KQ-Schätzung des ursprünglichen Modells (18.1) unverzerrt, aber ineffizient ist. Die Ursache für diese Ineffizienz liegt in der Tatsache begründet, dass die KQ-Schätzung des ursprünglichen Modells Informationen, die in der Autokorrelation der Störgröße enthalten sind, ungenutzt lässt.

18.1.6 Konsequenzen für Intervallschätzung und Hypothesentest

Nehmen wir an, ein ökonomischer Zusammenhang sei durch die Gleichungen (18.1) und (18.2) korrekt beschrieben und ρ sei bekannt. Im Anhang zu diesem Kapitel ist gezeigt, dass dann die Varianz des KQ-Schätzers zu Modell (18.1) folgendermaßen lautet:

$$var(\widehat{\beta}) = \frac{\sigma^2}{S_{xx}} \left[1 + \rho \frac{\sum_{t=1}^{T-1}(x_t - \overline{x})(x_{t+1} - \overline{x})}{S_{xx}} + \right.$$

$$+ \rho^2 \frac{\sum_{t=1}^{T-2}(x_t - \overline{x})(x_{t+2} - \overline{x})}{S_{xx}} + \ldots$$

$$\left. + \rho^{T-1} \frac{(x_1 - \overline{x})(x_T - \overline{x})}{S_{xx}} \right]. \qquad (18.16)$$

Für $\rho=0$ würde der Klammerausdruck zu 1 und wir würden unseren gewohnten Ausdruck

$$var(\widehat{\beta}) = \frac{\sigma^2}{S_{xx}} \qquad (18.17)$$

erhalten. Für $\rho \neq 0$ (Autokorrelation) vereinfacht sich Gleichung (18.16) jedoch nicht zu Gleichung (18.17).

Eine unverzerrte Schätzung von $var(\widehat{\beta})$ erfordert, dass nicht Gleichung (18.17) sondern Gleichung (18.16) benutzt wird, wobei dort σ^2 durch einen unverzerrten Schätzer $\widehat{\sigma}^2$ zu ersetzen ist. Fur diesen Zweck können die Residuen aus einer KQ-Schätzung des transformierten Modells (18.15) benutzt werden. Da dieses Modell sämtliche A-, B- und C-Annahmen erfüllt und $u_t^* = e_t$, ist der Schätzer

$$\widehat{\sigma}_e^2 = \frac{S_{\widehat{u}^*\widehat{u}^*}}{T-2} \qquad (18.18)$$

unverzerrt (wobei wieder unterstellt ist, dass der Wert von ρ bekannt ist). Einsetzen des Schätzwertes $\widehat{\sigma}_e^2$ in Gleichung (18.8), würde einen unverzerrten Schätzer für σ^2 liefern.

Ist man sich der Autokorrelation bewusst (und ρ bekannt), so wäre es demnach möglich, auf Basis des autokorrelierten Modells (18.1) einen unverzerrten Schätzer für die Varianz des KQ-Schätzers $\widehat{\beta}$ zu ermitteln. Allerdings würde man den Schätzwert für β dann ohnehin nicht auf Basis des Modells (18.1) schätzen wollen, denn dieser Weg wäre ineffizient. Man würde stattdessen $\widehat{\beta}^{VKQ}$, den KQ-Schätzer des transformierten Modells (18.15) ermitteln wollen. Wenn man also $\widehat{\beta}$, den KQ-Schätzer des ursprünglichen Modells, berechnet, dann normalerweise nur deshalb, weil man sich der Autokorrelation nicht bewusst ist. Man wird also wie gewohnt

$$\widehat{\sigma}^2 = \frac{S_{\widehat{u}\widehat{u}}}{T-2} \qquad (18.19)$$

ermitteln und in Formel (18.17) einsetzen. Dabei bezeichnet $S_{\widehat{u}\widehat{u}}$ wie immer die Summe der Residuenquadrate aus einer KQ-Schätzung des ursprünglichen Modells. Es kann gezeigt werden (siehe Goldfeld und Quandt, 1972), dass der Erwartungswert für den gemäß Formel (18.19) berechneten Schätzer $\widehat{\sigma}^2$ durch

$$E(\widehat{\sigma}^2) = \frac{\sigma^2}{T-2}\left[T - [2/(1-\rho)] - 2\rho\left(\sum_{t=1}^{T-1}(x_t-\overline{x})(x_{t+1}-\overline{x})/S_{xx}\right)\right] \quad (18.20)$$

gegeben ist. Für $\rho = 0$ vereinfacht sich der Klammerausdruck zu $(T-2)$. In diesem Fall ergibt sich $E(\widehat{\sigma}^2) = \sigma^2$. Wenn ρ jedoch von 0 abweicht (Autokorrelation), dann ist der Schätzer (18.19) verzerrt. In den meisten Fällen ist der Term $(\sum_{t=1}^{T-1}(x_t - \overline{x})(x_{t+1} - \overline{x})/S_{xx})$ positiv und damit der Schätzwert $\widehat{\sigma}^2$ zu gering.

Wir haben in diesem Abschnitt zwei Verzerrungsursachen in der Schätzung von $var(\widehat{\beta})$ identifiziert: Erstens hätte $var(\widehat{\beta})$ auf Basis der Gleichung (18.16) und nicht auf Basis der Gleichung (18.17) geschätzt werden müssen, und zweitens hätte $\widehat{\sigma}^2$ auf Basis der Formeln (18.18) und (18.8) ermittelt werden müssen und nicht auf Basis der Formel (18.19). Die verzerrte Schätzung von $var(\widehat{\beta})$ führt zu verzerrten Intervallschätzern und entwertet auch die Hypothesentests. Es ist also wichtig, die Autokorrelation von vornherein zu erkennen und in der Schätzung angemessen zu berücksichtigen. Wie man Autokorrelation erkennt, soll im folgenden Abschnitt erläutert werden. Wie man eine angemessene Schätzung durchführt, ist Gegenstand von Abschnitt 18.3.

18.2 Diagnose

Das ökonometrische Modell mit autokorrelierter Störgröße ist durch die Gleichungen (18.1) und (18.2) beschrieben. Dabei spezifiziert (18.2) einen AR(1)-Prozess. Da dem Ökonometriker nur die beobachteten Daten der endogenen und exogenen Variablen bekannt sind, herrscht oftmals Unsicherheit darüber, ob die Störgröße u_t tatsächlich autokorreliert ist und ob diese Autokorrelation die Form eines AR(1)-Prozesses besitzt. Wie lässt sich herausfinden, ob die Störgröße des Modells (18.1) einem AR(1)-Prozess folgt? Der übliche Diagnoseweg besteht darin, zunächst das Modell (18.1) mit der KQ-Methode zu schätzen. Die Schätzergebnisse des Filter-Beispiels waren in Tabelle 18.2 präsentiert. Die entsprechenden Residuen sind in Tabelle 18.3 wiedergegeben.

Diese Residuen können als Grundlage für die Überprüfung der Autokorrelationsvermutung dienen. Besonders einfach sind dabei grafische Vorgehensweisen. Diese sind Gegenstand von Abschnitt 18.2.1. Analytische Vorgehen werden in den Abschnitten 18.2.2 und 18.2.3 vorgestellt.

Tabelle 18.3: Residuen aus einer KQ-Schätzung des Modells (18.1).

t	$\hat{u}_t$	t	$\hat{u}_t$	t	$\hat{u}_t$	t	$\hat{u}_t$
1	-138,47	7	270,36	13	326,85	19	-188,12
2	-375,73	8	450,92	14	95,73	20	24,11
3	-312,99	9	373,66	15	201,27	21	239,14
4	39,24	10	-461,93	16	246,80	22	-81,37
5	115,94	11	-349,75	17	-231,53	23	-316,90
6	340,41	12	41,88	18	-236,50	24	-73,00

18.2.1 Grafische Analyse

Eine erste grafische Analysemethode hatten wir bereits in der Einleitung zu diesem Kapitel kennengelernt. In Abbildung 18.1 hatten wir bemerkt, dass die Linie, welche die zeitlich aufeinanderfolgenden Datenpaare (x_t, y_t) sequenziell verbindet, nur selten die Schätzgerade $\hat{R}$ überquert. Diese Tatsache signalisierte uns, dass eine positive Abhängigkeit zwischen den Störgrößen aufeinanderfolgender Perioden bestehen könnte.

Eine weitere Möglichkeit der grafischen Analyse besteht darin, die Residuenpaare $(\hat{u}_{t-1}, \hat{u}_t)$ einer KQ-Schätzung des ursprünglichen Modells (18.1) zu betrachten und auszuwerten. Die Daten dieser Residuenpaare können unmittelbar aus Tabelle 18.3 abgeleitet werden. Sie sind in Tabelle 18.4 wiedergegeben. Da $\hat{u}_0$ unbekannt ist, liegt für $t=1$ kein vollständiges Residuenpaar vor.

Tabelle 18.4: Residuenpaare $(\hat{u}_{t-1}; \hat{u}_t)$ aus einer KQ-Schätzung des Modells (18.1).

t	$(\hat{u}_{t-1}; \hat{u}_t)$	t	$(\hat{u}_{t-1}; \hat{u}_t)$
1	nicht bekannt	13	(41,88 ; 326,85)
2	(-138,47 ; -375,73)	14	(326,85 ; 95,73)
3	(-375,73 ; -312,99)	15	(95,73 ; 201,27)
4	(-312,99 ; 39,24)	16	(201,27 ; 246,80)
5	(39,24 ; 115,94)	17	(246,80 ; -231,53)
6	(115,94 ; 340,41)	18	(-231,53 ; -236,50)
7	(340,41 ; 270,36)	19	(-236,50 ; -188,12)
8	(270,36 ; 450,92)	20	(-188,12 ; 24,11)
9	(450,92 ; 373,66)	21	(24,11 ; 239,14)
10	(373,66 ; -461,93)	22	(239,14 ; -81,37)
11	(-461,93 ; -349,75)	23	(-81,37 ; -316,90)
12	(-349,75 ; 41,88)	24	(-316,90 ; -73,00)

18.2. DIAGNOSE

Abbildung 18.2 stellt die 23 verfügbaren Residuenpaare $(\widehat{u}_{t-1}; \widehat{u}_t)$ als Punktwolke grafisch dar. Zusätzlich zu den 23 Datenpunkten sind zwei gepunktete Geraden eingezeichnet. Die eingezeichnete vertikale Gerade verläuft an der Stelle $\widehat{u}_{t-1} = 0$ und die horizontale Gerade auf der Höhe $\widehat{u}_t = 0$. Die beiden Geraden zerlegen die Fläche in vier Quadranten. Ein Datenpunkt im linken oberen Quadranten besagt, dass der diesem Datenpunkt zugrunde liegende $\widehat{u}_{t-1}$-Wert negativ und der zugrunde liegende $\widehat{u}_t$-Wert positiv ist. Wenn Autokorrelation in Form eines AR(1)-Prozesses vorliegt und ρ einen positiven Wert besitzt, dann würde man eine Mehrzahl der Datenpunkte im oberen rechten Quadranten ($\widehat{u}_{t-1}$ und $\widehat{u}_t$ positiv) und unteren linken Quadranten ($\widehat{u}_{t-1}$ und $\widehat{u}_t$ negativ) vermuten. Bei negativem ρ würde man sie im linken oberen und rechten unteren Quadranten erwarten. Liegt keine Autokorrelation vor, dann müsste sich dies in einer gleichmäßigen Verteilung der Datenpunkte über alle vier Quadranten niederschlagen. Die Residuen unserer Stichprobe signalisieren demnach einen positiven ρ-Wert.

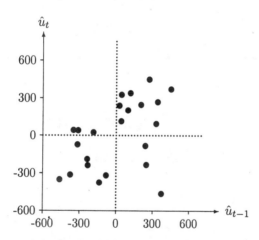

Abbildung 18.2: Grafische Analyse der Residuenpaare $(\widehat{u}_{t-1}; \widehat{u}_t)$.

18.2.2 Schätzer für ρ

Die ermittelten Residuenpaare $(\widehat{u}_{t-1}; \widehat{u}_t)$ können auch benutzt werden, um den Parameter ρ zu schätzen. Der KQ-Schätzer $\widehat{\rho}$ für das auf Residuen basierende Pendant zu Modell (18.2),

$$\widehat{u}_t = \rho \widehat{u}_{t-1} + e_t^*, \tag{18.21}$$

lautet:

$$\widehat{\rho} = \frac{\sum_{t=2}^{T} \widehat{u}_{t-1} \widehat{u}_t}{\sum_{t=2}^{T} \widehat{u}_{t-1}^2}. \tag{18.22}$$

Da für $t=1$ kein Residuum u_{t-1} vorliegt, haben wir nur die Beobachtungen $t = 2, 3, ..., T$ zur Verfügung. Davon abgesehen entspricht Formel (18.22) der üblichen KQ-Formel für den Steigungsparameter eines Modells *ohne Niveauparameter*. Grafisch bedeutet die KQ-Schätzung der Gleichung (18.21), dass man durch die in Abbildung 18.2 wiedergegebene Punktwolke eine durch den Kreuzungspunkt der gepunkteten Geraden verlaufende KQ-Regressionsgerade legt. Diese verläuft mit der Steigung $\widehat{\rho}$.

Es kann gezeigt werden, dass der Schätzer $\widehat{\rho}$ für große Stichproben gute statistische Eigenschaften aufweist. Weicht $\widehat{\rho}$ deutlich von 0 ab, dann ist dies ein Indiz für Autokorrelation.

Nummerische Illustration 18.2

Aus den berechneten Residuen des Filter-Beispiels (Tabelle 18.3) ergibt sich der folgende Schätzwert für $\widehat{\rho}$:

$$\widehat{\rho} = \frac{744.819}{1.669.824} = 0,446 \,. \tag{18.23}$$

Dieses Ergebnis signalisiert eine positive Korrelation zwischen den Störgrößen aufeinanderfolgender Perioden.

Das Filter-Beispiel weist zwar einen positiven $\widehat{\rho}$-Wert auf, doch wie weit muss $\widehat{\rho}$ von 0 abweichen, bevor wir uns tatsächlich entschließen, von Autokorrelation auszugehen? Um hier nicht allzu willkürliche Urteile zu treffen, sollte man seine Entscheidung wieder auf der Grundlage eines Hypothesentests treffen. Der Durbin-Watson-Test ist ein solcher Test.

18.2.3 Durbin-Watson-Test

Die Residuen der KQ-Schätzung, $\widehat{u}_t$, sind auch Grundlage des Durbin-Watson-Tests. Er ist der mit Abstand wichtigste Autokorrelationstest. Nehmen wir an, wir wollten überprüfen, ob *positive* Autokorrelation vorliegt, ob also in Gleichung (18.2) der Fall $\rho > 0$ vorliegt.

1. Schritt: Formulierung der Nullhypothese

Als Nullhypothese formulieren wir das Gegenteil von $\rho > 0$, also

$$H_0 : \rho \leq 0 \,. \tag{18.24}$$

Die Alternativhypothese lautet folglich

$$H_1 : \rho > 0 \,. \tag{18.25}$$

Ferner sollte das Signifikanzniveau a festgelegt werden.

2. Schritt: Berechnung des Durbin-Watson-Wertes d

Für den Durbin-Watson-Test werden zunächst die Residuen der KQ-Schätzung in die folgende Zufallsvariable transformiert:

$$d = \frac{\sum_{t=2}^{T} (\widehat{u}_t - \widehat{u}_{t-1})^2}{\sum_{t=1}^{T} \widehat{u}_t^2} \, . \tag{18.26}$$

Nummerische Illustration 18.3

Im Filter-Beispiel lautet die Nullhypothese $H_0 : \rho \leq 0$. Diese soll auf einem Signifikanzniveau von $\alpha = 5\%$ getestet werden. Die in Tabelle 18.3 abgedruckten Residuen der KQ-Schätzung des ursprünglichen Modells (18.1) liefern einen Durbin-Watson-Wert von

$$d = \frac{1.836.165}{1.675.152} = 1,096 \, .$$

Um zu erkennen, wie eng der d-Wert mit dem Schätzer $\widehat{\rho}$ verknüpft ist, multiplizieren wir in Formel (18.26) den Zähler aus und erhalten

$$\begin{aligned} d &= \frac{\sum_{t=2}^{T} \widehat{u}_t^2 + \sum_{t=2}^{T} \widehat{u}_{t-1}^2 - 2\sum_{t=2}^{T} \widehat{u}_{t-1}\widehat{u}_t}{\sum_{t=1}^{T} \widehat{u}_t^2} \\ &= \frac{\sum_{t=2}^{T} \widehat{u}_t^2}{\sum_{t=1}^{T} \widehat{u}_t^2} + \frac{\sum_{t=2}^{T} \widehat{u}_{t-1}^2}{\sum_{t=1}^{T} \widehat{u}_t^2} - \frac{2\sum_{t=2}^{T} \widehat{u}_{t-1}\widehat{u}_t}{\sum_{t=1}^{T} \widehat{u}_t^2} \tag{18.27} \\ &\approx 1 + 1 - 2\widehat{\rho} \tag{18.28} \\ &= 2(1 - \widehat{\rho}) \, . \tag{18.29} \end{aligned}$$

Zeile (18.28) bzw. (18.29) entspricht nur approximativ Zeile (18.27), da in den Zählern der ersten beiden Quotienten der Zeile (18.27) jeweils nur von $t=2$ bis T aufsummiert wird, während in den entsprechenden Nennern auch die Beobachtung $t=1$ eingeschlossen ist. Ferner wird im Nenner des letzten Quotienten der Zeile (18.27) von $t=1$ bis T aufsummiert, während im Nenner der $\widehat{\rho}$-Formel (18.22) das Residuum $\widehat{u}_T$ nicht eingeht.

Nummerische Illustration 18.4

Aus $\widehat{\rho} = 0,446$ und Gleichung (18.28) – diese ist äquivalent mit Gleichung (18.29) – erhält man einen Wert von

$$d = 1 + 1 - 2 \cdot 0,446 = 1,108 \, .$$

Gleichung (18.27) – diese ist äquivalent mit Gleichung (18.26) – liefert hingegen einen Wert von

$$d = 0,989 + 0,997 + 2 \cdot 0,445 = 1,096 \, .$$

Die Diskrepanz wird durch die Residuen $\widehat{u}_1 = -138,47$ und $\widehat{u}_{24} = -73,00$ verursacht. Das Residuum $\widehat{u}_1$ fehlt im Zähler des ersten Quotienten der Gleichung (18.27). Das Residuum $\widehat{u}_{24}$ fehlt im Zähler des zweiten Quotienten der

Gleichung (18.27) und es fehlt auch im Nenner der Formel (18.22), welche den ρ-Wert für Gleichung (18.28) bzw. (18.29) liefert. Wenn eine hinreichend große Zahl von Beobachtungen zur Verfügung steht, dann ist die Abweichung zwischen den Ergebnissen der Gleichungen (18.27) und (18.28) normalerweise vernachlässigbar.

Aus Ausdruck (18.29) ist der Zusammenhang zwischen d und $\hat{\rho}$ gut ersichtlich: Wenn der geschätzte Wert $\hat{\rho} = 0$ beträgt (keine Autokorrelation), dann ergibt sich ein Durbin-Watson-Wert von $d=2$. Wenn hingegen $\hat{\rho}=1$ ist, dann erhalten wir $d=0$. Dieser d-Wert signalisiert demnach eine stark positive Autokorrelation der Störgrößen. Für $\hat{\rho}=-1$ ergibt sich $d=4$, was eine stark negative Autokorrelation der Störgrößen anzeigt. Der d-Wert liegt folglich immer im Intervall von 0 bis 4. Im Filter-Beispiel errechneten wir $d = 1,096$ ($\hat{\rho}=0,446$), was auf eine positive Autokorrelation schließen lässt.

3. Schritt: Ermittlung des kritischen Wertes

Je dichter der d-Wert bei 0 liegt ($\hat{\rho}$ dicht bei 1), umso unplausibler wird die Nullhypothese $H_0 : \rho \leq 0$. Da d jedoch eine Zufallsvariable ist und damit für jede wiederholte Stichprobe unterschiedlich ausfällt, könnte der in der tatsächlich beobachteten Stichprobe aufgetretene d-Wert rein zufällig dicht bei 0 liegen ($\hat{\rho}$ dicht bei 1) und die Nullhypothese allem Anschein zum Trotz wahr sein. Wie bei allen bisherigen Hypothesentests, so kommt man auch hier mit der Wahrscheinlichkeitsverteilung der Zufallsvariable weiter. Welcher Verteilung würde der Durbin-Watson-Wert d *bei Gültigkeit von* $\rho=0$ folgen?

Die Wahrscheinlichkeitsverteilung $f(d)$ hängt von der Anzahl der Steigungsparameter (K) und der Zahl der Beobachtungen (T) ab. Darüber hinaus hängt sie leider aber auch von den Werten der exogenen Variablen ab, eine Komplikation, auf die wir in früheren Testverfahren noch nicht gestoßen waren. Es gibt jedoch ökonometrische Software (beispielsweise das Programmpaket SHAZAM), welche die korrekte Wahrscheinlichkeitsverteilung $f(d)$ bei gegebenen Werten der exogenen Variablen berechnen kann. In Abbildung 18.3 ist eine solche Verteilung wiedergegeben. Die Software kann dann auch für jedes Signifikanzniveau a den kritischen Wert d_a berechnen.

Wenn $d < d_a$, dann muss die Nullhypothese $H_0 : \rho \leq 0$ ($d \geq 2$) abgelehnt werden, denn die Wahrscheinlichkeit, dass man einen solch niedrigen Wert trotz Gültigkeit der Nullhypothese beobachtet, würde geringer als a sein. Der Durbin-Watson-Test wäre dann abgeschlossen und kein weiterer Schritt erforderlich.

Wie soll man verfahren, wenn die eigene Software nicht in der Lage ist, den genauen Verlauf der Wahrscheinlichkeitsverteilung $f(d)$ zu berechnen? Der exakte Verlauf von $f(d)$ hängt zwar von den genauen Werten der exogenen Variablen ab, aber die Bandbreite der möglichen Verläufe ist begrenzt.

18.2. DIAGNOSE

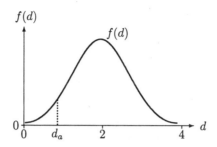

Abbildung 18.3: Eine mögliche Wahrscheinlichkeitsverteilung der Zufallsvariable d.

Durbin und Watson (1950) konnten zeigen, dass in Kenntnis der Anzahl der Steigungsparameter (K) und der Zahl der Beobachtungen (T) die Grenzen für den möglichen Verlauf von $f(d)$ berechnet werden können. Mit anderen Worten, bei vorgegebenem K und T existiert eine begrenzende Verteilung $f(d^L)$, die dem am weitesten links liegenden möglichen Verlauf von $f(d)$ entspricht, und es existiert eine begrenzende Verteilung $f(d^H)$, die den am weitesten rechts liegenden möglichen Verlauf von $f(d)$ angibt (L steht für „low" und H für „high"). Abbildung 18.4 verdeutlicht, wie die unbekannte Verteilung $f(d)$ durch die beiden bekannten Verteilungen $f(d^L)$ und $f(d^H)$ begrenzt wird.

Von besonderem Interesse sind für uns die *kritischen Werte* der Verteilungen $f(d^L)$, $f(d^H)$ und $f(d)$ wobei wieder ein Signifikanzniveau von $a=5\%$ benutzt werde. Abbildung 18.4 zeigt, dass wir es mit drei solchen Werten zu tun haben: $d_{0,05}^L$, $d_{0,05}^H$ und $d_{0,05}$. Von diesen wissen wir, dass $d_{0,05}^L \leq d_{0,05} \leq d_{0,05}^H$. Da wir aber die genaue Wahrscheinlichkeitsverteilung $f(d)$ nicht kennen, bleibt uns der genaue Wert von $d_{0,05}$ verborgen. Die Wahrscheinlichkeitsverteilungen $f(d^L)$ und $f(d^H)$ hingegen sind bekannt und damit auch die Werte $d_{0,05}^L$ und $d_{0,05}^H$. In jedem Standardlehrbuch findet sich eine Tabelle, die für jede Kombination von K und T die entsprechenden Werte für $d_{0,05}^L$ und $d_{0,05}^H$ angibt. In diesem Lehrbuch ist dies die Tabelle T.5 im Tabellenanhang.

4. Schritt: Vergleich des d-Wertes mit d_a^L und d_a^H

Für unsere Nullhypothese $H_0 : \rho \leq 0$ (d.h. $d \geq 2$) ist zunächst der $d_{0,05}^L$-Wert von Interesse. Wir wollen wissen, ob $d < d_{0,05}$. Wenn $d < d_{0,05}^L$, dann wissen wir, dass tatsächlich $d < d_{0,05}$, denn wie immer der genaue Verlauf der Wahrscheinlichkeitsverteilung $f(d)$ sein mag, $d_{0,05}$ kann nicht linker Hand von $d_{0,05}^L$ liegen. Wenn also $d < d_{0,05}^L$, dann gilt automatisch auch $d < d_{0,05}$. Letzteres wiederum würde bedeuten, dass $H_0 : \rho \leq 0$ abgelehnt werden muss. Die Daten signalisieren dann positive Autokorrelation.

Wenn $d > d_{0,05}^H$, dann muss auch $d > d_{0,05}$ gelten und damit könnte H_0

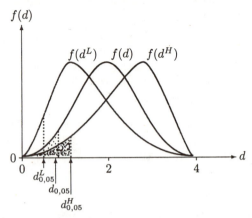

Abbildung 18.4: Die bekannten Wahrscheinlichkeitsverteilungen $f(d^L)$ und $f(d^H)$ und die unbekannte Wahrscheinlichkeitsverteilung $f(d)$.

nicht abgelehnt werden. Die Anhaltspunkte in den Daten reichen dann nicht aus, um die Nullhypothese abzulehnen bzw. die Alternativhypothese (positive Autokorrelation) hinreichend zu untermauern.

Schließlich bleibt noch der Fall $d_{0,05}^L \leq d \leq d_{0,05}^H$. Hier lässt der Durbin-Watson-Test keine Entscheidung zu. Zusammengefasst lautet die Entscheidungsregel des Durbin-Watson-Tests:

- Wenn $d < d_{0,05}^L$, dann lehne $H_0 : \rho \leq 0$ ab und akzeptiere $H_1 : \rho > 0$;
- wenn $d > d_{0,05}^H$, dann lehne $H_0 : \rho \leq 0$ nicht ab;
- wenn $d_{0,05}^L \leq d \leq d_{0,05}^H$, dann treffe keine Aussage.

Nummerische Illustration 18.5

Im Filter-Beispiel beträgt die Zahl der Steigungsparameter $K = 1$ und die Zahl der Beobachtungen $T = 24$. Aus Tabelle T.5 können dann die kritischen Werte $d_{0,05}^L = 1,27$ und $d_{0,05}^H = 1,45$ abgelesen werden. Da in unserem Beispiel $d = 1,096 < d_{0,05}^L$, lehnen wir die Nullhypothese (keine positive Autokorrelation) ab. Wir müssen im Filterbeispiel also von Störgrößen ausgehen, welche einem AR(1)-Prozess folgen und somit Annahme B3 verletzen.

Durbin-Watson-Test für negative Autokorrelation

Es wurde im vorangegangenen Test überprüft, ob *positive* Autokorrelation vorliegt. Dazu wurde die Nullhypothese $H_0 : \rho \leq 0$ getestet. Vermutet man, dass in den Daten negative Autokorrelation vorliegen könnte, formuliert man die umgekehrte Nullhypothese, also $H_0 : \rho \geq 0$ und testet gegen die Alternativhypothese $H_1 : \rho < 0$. Fällt der d-Wert deutlich größer als 2 aus, dann spricht dies gegen die Nullhypothese und stützt die Vermutung, dass negative Autokorrelation vorliegt. Um zu einer Entscheidung zu kommen, müsste man nun den kritischen Wert $d_{0,95}$ am rechten Ende der $f(d)$-Verteilung kennen, bzw. als Grenzwerte die entsprechenden Werte der $f(d^H)$- und $f(d^L)$-Verteilung. Diese sind allerdings nicht tabelliert. Es ist jedoch möglich, näherungsweise auch mit den tabellierten $d^L_{0,05}$- und $d^H_{0,05}$-Werten zu arbeiten. Ein Blick auf Abbildung 18.4 verdeutlicht, dass

$$d^H_{0,95} \approx 4 - d^L_{0,05}$$
$$d^L_{0,95} \approx 4 - d^H_{0,05} \ .$$

Die Entscheidungsregel lautet somit:

- Wenn $d > 4 - d^L_{0,05}$, dann lehne $H_0 : \rho \geq 0$ ab und akzeptiere $H_1 : \rho < 0$;
- wenn $d < 4 - d^H_{0,05}$, dann lehne $H_0 : \rho \geq 0$ nicht ab;
- wenn $4 - d^H_{0,05} \leq d \leq 4 - d^L_{0,05}$, dann treffe keine Entscheidung.

Ein Beispiel findet sich in Abschnitt 21.3.1 (Seite 487).

Nachteile des Durbin-Watson-Tests

Der Durbin-Watson-Test weist drei wichtige Nachteile auf:

1. Es existiert für die möglichen d-Werte ein Intervall, in dem keine Testentscheidung getroffen werden kann. Für $H_0 : \rho \leq 0$ lautete dieses Intervall $[d^L_a ; d^H_a]$.
2. Der Test ist nicht zulässig, wenn y_t durch eigene Vergangenheitswerte ($y_{t-1}, y_{t-2}, ...$) erklärt wird, wenn also Variablen wie y_{t-1} als „exogene Variablen" verwendet werden. Man bezeichnet solche Variablen als endogene Lag-Variablen (dazu mehr in Kapitel 22).
3. Der Durbin-Watson-Test lässt sich nur zum Testen eines AR(1)-Prozesses einsetzen. Ist die Autokorrelation möglicherweise durch einen AR(2)-Prozess charakterisiert, dann müssen andere Testverfahren herangezogen werden, die in diesem Buch jedoch nicht erläutert werden. Beschreibungen solcher Verfahren finden sich beispielsweise in Maddala (2001).

18.3 Anwendbare Schätzverfahren

Das ökonometrische Modell lautete:

$$y_t = \alpha + \beta x_t + u_t \ , \tag{18.1}$$

wobei

$$u_t = \rho u_{t-1} + e_t \ . \tag{18.2}$$

Wir hatten in Abschnitt 18.1 dieses Modell in die Form

$$y_t^* = z_t^* \alpha + x_t^* \beta + u_t^* \tag{18.15}$$

transformiert, wobei

$$y_t^* = y_t - \rho y_{t-1} \tag{18.13a}$$

$$z_t^* = 1 - \rho \tag{18.13b}$$

$$x_t^* = x_t - \rho x_{t-1} \tag{18.13c}$$

$$u_t^* = e_t . \tag{18.14}$$

Die Störgröße des transformierten Modells erfüllt alle B-Annahmen. Es wäre nun naheliegend, eine KQ-Schätzung dieses transformierten Modells – also eine VKQ-Schätzung – vorzunehmen. Eine solche VKQ-Schätzung ist jedoch aus zwei Gründen nicht ohne weiteres durchführbar:

1. Es existiert keine Beobachtung (x_0, y_0). Diese wäre aber notwendig, um die Beobachtung (x_1^*, y_1^*) zu ermitteln.
2. Der Wert von ρ ist unbekannt und muss deshalb geschätzt werden.

Wir werden zunächst erläutern, wie die fehlenden Werte x_1^* und y_1^* ergänzt werden können (Abschnitt 18.3.1). Anschließend werden wir zwei geeignete Verfahren zur Schätzung der Parameter ρ, α und β kennenlernen (Abschnitte 18.3.2 und 18.3.3).

18.3.1 Ermittlung von x_1^* und y_1^*

Für die Beobachtungen $t = 2, 3, ..., T$ konnten die Transformationen (18.13) angewendet werden. Ergebnis dieser Transformationen war, dass die neuen Störgrößen $u_2^*, u_3^*, ..., u_T^*$ die B-Annahmen erfüllen. Wir suchen nun nach einer Transformation für die Daten der Beobachtung $t=1$, so dass auch für diese Beobachtung die entsprechende Störgröße die B-Annahmen erfüllt. Für die erste Beobachtung lautet das ursprüngliche Modell

$$y_1 = \alpha + \beta x_1 + u_1 .$$

Multiplikation mit $\sqrt{1-\rho^2}$ führt zu

$$\sqrt{1-\rho^2}\, y_1 = \sqrt{1-\rho^2}\, \alpha + \sqrt{1-\rho^2}\, \beta x_1 + \sqrt{1-\rho^2}\, u_1 .$$

Definiert man

$$y_1^* = \sqrt{1-\rho^2}\, y_1 \tag{18.30a}$$

$$z_1^* = \sqrt{1-\rho^2} \tag{18.30b}$$

$$x_1^* = \sqrt{1-\rho^2}\, x_1 \tag{18.30c}$$

sowie

$$u_1^* = \sqrt{1-\rho^2}\, u_1 , \tag{18.31}$$

so erhält man

$$y_1^* = \alpha z_1^* + \beta x_1^* + u_1^* . \tag{18.32}$$

Der Sinn dieser Transformation wird offensichtlich, wenn wir den Erwartungswert und die Varianz der neuen Störgröße u_1^* betrachten. Unter Rückgriff auf die Gleichungen (18.6) und (18.8) erhält man für u_1^*:

$$E(u_1^*) = \sqrt{1-\rho^2} \cdot E(u_1) = 0$$
$$var(u_1^*) = (1-\rho^2) \cdot var(u_1) = (1-\rho^2)\frac{\sigma_e^2}{1-\rho^2} = \sigma_e^2.$$

Dies besagt, dass für die Störgröße u_1^* die beiden Annahmen B1 und B2 erfüllt sind. Wir wissen ferner, dass die Störgrößen $u_2^*, u_3^*, ..., u_T^*$ die Störgrößen des AR(1)-Prozesses sind, also die Werte $e_2, e_3, ..., e_T$ annehmen. Diese sind aber annahmegemäß von den Werten der Beobachtung $t=1$ und damit auch von u_1^* unabhängig. Damit ist für die Störgröße u_1^* auch Annahme B3 erfüllt. Die Normalverteilungsannahme B4 bleibt bei einer Multiplikation mit einer Konstanten ohnehin unberührt. Wir können also festhalten: Für die Störgrößen $u_1^*, u_2^*, ..., u_T^*$ sind sämtliche B-Annahmen erfüllt.

Wir haben nun das vollständig transformierte Modell (18.15). Für Beobachtung $t=1$ sind die Daten durch die Transformationen (18.30) definiert und für die Beobachtungen $t = 2, 3, ..., T$ durch die Transformationen (18.13). Man mag sich fragen, warum nicht einfach *alle* Beobachtungen mit $\sqrt{1-\rho^2}$ multipliziert wurden. Immerhin hätte man dann eine einheitliche Transformation für alle Beobachtungen und könnte sich die aufwändigen Variablentransformationen (18.13) sparen. Dieser einfache Weg ist nicht gangbar. Die resultierenden Störgrößen würden zwar weiterhin die Annahmen B1, B2 und B4 erfüllen, aber die Autokorrelation wäre nicht beseitigt.

Die Schätzung des transformierten Modells (18.15) würden wir als VKQ-Schätzung bezeichnen. Wir stehen hier aber einem Problem gegenüber, das wir in ähnlicher Form im Zusammenhang mit der Heteroskedastizität kennengelernt hatten: ρ ist nicht bekannt und damit sind auch die Werte von z_t^*, x_t^* und y_t^* unbekannt. Anwendbare Schätzverfahren werden in den folgenden zwei Abschnitten vorgestellt.

18.3.2 VKQ-Methode von Hildreth und Lu

Ausgangspunkt ist das transformierte Modell (18.15), wobei die Daten y_t^*, z_t^* und x_t^* gemäß der Transformationen (18.30) und (18.13) definiert sind. Die KQ-Schätzung des transformierten Modells (18.15) wird allgemein als VKQ-Schätzung bezeichnet. Die in die Schätzung eingebundenen Daten y_t^*, z_t^* und x_t^* hängen allerdings vom Wert des Parameters ρ ab. Welcher Wert soll für ρ angesetzt werden?

Hildreth und Lu (1960) schlagen vor, VKQ-Schätzungen für verschiedene ρ-Werte vorzunehmen. Da $-1 < \rho < 1$, könnte man beispielsweise die ρ-Werte $-0,9$; $-0,8$; ... ; $0,8$; $0,9$ ausprobieren. Derjenige ρ-Wert, welcher die geringste Summe der Residuenquadrate $\sum (\widehat{u_t^*})^2$ liefert, wird herausgegriffen (z.B. $\rho = 0,4$).

Anschließend können in der näheren Umgebung dieses ρ-Wertes verschiedene Werte in Abständen von $0,01$ probiert werden: z.B. 0,39; 0,40; 0,41; ... Wieder wird derjenige ausgewählt, welcher die geringste Summe der Residuenquadrate liefert. Wünscht man eine noch größere Genauigkeit, dann kann das Ganze mit Abständen von 0,001 fortgeführt werden.

Durch dieses Verfahren legt man sich auf einen bestimmten ρ-Wert und damit auf einen bestimmten Datensatz (y_t^*, z_t^*, x_t^*) und folglich auf eine der zuvor vorgenommenen Schätzungen fest. Die Werte $\widehat{\alpha}^{VKQ}$ und $\widehat{\beta}^{VKQ}$ dieser Schätzung sind die gesuchten Schätzwerte für α und β. Die VKQ-Schätzung ist unverzerrt.

Nummerische Illustration 18.6

Für das Filter-Beispiel ergeben sich die in Tabelle 18.5 wiedergegebenen Resultate. Wir begnügen uns hier in unserer Genauigkeit mit der zweiten Kommastelle. Die Schätzung mit der geringsten Summe der Residuenquadrate $S_{\widehat{u}^*\widehat{u}^*}$ ergibt sich für $\rho = 0,45$. Die VKQ-Schätzwerte betragen für diese Schätzung $\widehat{\alpha}^{VKQ} = 4.385,93$ und $\widehat{\beta}^{VKQ} = -93,70$.

Tabelle 18.5: Schätzergebnisse des Filter-Beispiels für unterschiedliche ρ-Werte.

ρ	0,40	0,43	0,44	0,45	0,46
$S_{\widehat{u}^*\widehat{u}^*}$	1.343.065	1.339.440	1.338.892	1.338.674	1.338.786
Konstante	4.386,47	4.385,96	4.385,91	4.385,93	4.386,02
Preis	-93,68	-93,68	-93,69	-93,70	-93,71

18.3.3 GVKQ-Methode von Cochrane und Orcutt

Eine Alternative zur VKQ-Methode von Hildreth und Lu ist eine von Cochrane und Orcutt (1949) vorgeschlagene und von Prais und Winsten (1954) weiter verbesserte Schätzmethode. Um Werte für z_t^*, x_t^* und y_t^* zu erhalten, wird in diesem Verfahren ρ zunächst geschätzt. Wie schon im Zusammenhang mit der Heteroskedastizität haben wir es also auch hier mit der VKQ-Methode zu tun, der eine Schätzstufe vorgelagert ist. Wir nannten dieses Verfahren GVKQ-Methode (Geschätzte Verallgemeinerte Kleinst-Quadrat Methode).

Wie sieht die GVKQ-Methode in diesem Fall aus? Man verfährt nach den folgenden Schritten:

1. Führe eine KQ-Schätzung des ursprünglichen Modells (18.1) durch.

2. Aus dem geschätzten Modell ermittle die entsprechenden Residuen gemäß $\widehat{u}_t = y_t - \widehat{\alpha} - \widehat{\beta} x_t$.

3. Aus den ermittelten $\widehat{u}_t$-Werten berechne einen Schätzwert für ρ. Den geeigneten Schätzer für $\widehat{\rho}$ hatten wir bereits in Abschnitt 18.2.2 kennengelernt. Der Schätzer war durch Formel (18.22) gegeben.

18.3. ANWENDBARE SCHÄTZVERFAHREN

4. Benutzt man den Schätzwert $\widehat{\rho}$ für die Variablenberechnung in (18.13) und (18.30), so erhält man nummerische Werte für z_t^*, x_t^* und y_t^*. Man kennt damit die Variablenwerte des transformierten Modells (18.15).

5. Eine KQ-Schätzung des transformierten Modells ist nun ohne weiteres möglich. Die entsprechenden Schätzer werden wieder als GVKQ-Schätzer bezeichnet: $\widehat{\alpha}^{GVKQ}$ und $\widehat{\beta}^{GVKQ}$. Sie sind unverzerrt.

Das hier beschriebene spezielle GVKQ-Verfahren wird oftmals als *Cochrane-Orcutt-Verfahren* bezeichnet. Möchte man die Schätzgenauigkeit noch weiter erhöhen, so kann man die Schritte 2 bis 5 mehrmals wiederholen. Man spricht dann vom *iterativen Cochrane-Orcutt-Verfahren*. Lediglich bei den Wiederholungen von Schritt 2 ist eine kleine Änderung zu beachten. Für die Berechnung der Residuen werden die aus der GVKQ-Methode ermittelten Schätzwerte $\widehat{\alpha}^{GVKQ}$ und $\widehat{\beta}^{GVKQ}$ benutzt:

$$\widehat{u}_t^{**} = y_t - \widehat{\alpha}^{GVKQ} - \widehat{\beta}^{GVKQ} x_t. \tag{18.33}$$

Für y_t und x_t werden dabei die Originaldaten und nicht die transformierten Daten verwendet.

Im folgenden Schritt 3 setzt man die Residuen $\widehat{u}_t^{**}$ wieder in Formel (18.22) ein und erhält einen neuen Schätzwert $\widehat{\rho}$. Dieser wird wiederum für die Variablentransformationen (18.13) und (18.30) benutzt. Auf Basis dieser neuen Daten kann dann wiederum eine KQ-Schätzung des neuen transformierten Modells erfolgen. Diese Arbeitsschritte ließen sich im Prinzip unendlich oft wiederholen. Ändert sich der Wert von $\widehat{\rho}$ aber nur noch um beispielsweise 0,0001, dann bricht man das Verfahren ab.

Nummerische Illustration 18.7

Die Ergebnisse einer KQ-Schätzung des ursprünglichen Modells waren in Tabelle 18.2 und die entsprechenden Residuen in Tabelle 18.3 wiedergegeben. In Gleichung (18.23) hatten wir aus diesen Residuen einen $\widehat{\rho}$-Wert von $0,446$ errechnet.

Unter Benutzung dieses Wertes können die ursprünglichen Daten gemäß der Definitionen (18.13) und (18.30) transformiert werden. Die KQ-Schätzung des transformierten Modells (18.15) – d.h. die GVKQ-Schätzung – liefert die in Tabelle 18.6 in der Spalte „1. Iteration" wiedergegebenen Resultate für $\widehat{\alpha}^{GVKQ}$ und $\widehat{\beta}^{GVKQ}$. Zum Vergleich wurden in der Spalte links daneben auch die bereits bekannten Werte der KQ-Schätzung des ursprünglichen Modells aufgeführt. In der untersten Zeile der Tabelle ist der bei der Datentransformation benutzte Wert von $\widehat{\rho}$ wiedergegeben.

Nun kann eine zweite Iteration des Verfahrens erfolgen. Einsetzen der Werte $\widehat{\alpha}^{GVKQ} = 4.385,91$ und $\widehat{\beta}^{GVKQ} = -93,69$ in (18.33) liefert eine neue Zeitreihe von Residuen. Auf Basis der neuen Residuen erhält man einen neuen $\widehat{\rho}$-Wert und damit neue transformierte Daten z_t^*, x_t^* und y_t^*. Auf Basis dieser neuen Daten liefert (18.15) neue Werte für $\widehat{\alpha}^{GVKQ}$ und $\widehat{\beta}^{GVKQ}$. Diese sind in der Spalte „2. Iteration" der Tabelle 18.6 wiedergegeben.

Die Ergebnisse einer 3. Iteration sind nicht abgedruckt, da sich die Werte gegenüber der 2. Iteration erst in der dritten Dezimalstelle verändert haben.

Tabelle 18.6: Schätzergebnisse des iterativen Cochrane-Orcutt-Verfahrens.

Variable	KQ-Koeff.	1. Iteration	2. Iteration
Konstante	4.413,33	4.385,91	4.386,03
Preis	-94,42	-93,69	-93,68
verwend. $\widehat{\rho}$	–	0,446	0,423

Bei einem Vergleich der Ergebnisse des iterativen Cochrane-Orcutt-Verfahrens und des Hildreth-Lu-Verfahrens fällt auf, dass man beim iterativen Cochrane-Orcutt-Verfahren zu einem etwas anderen $\widehat{\rho}$-Wert gelangte als im Hildreth-Lu-Verfahren. Die ermittelten Schätzwerte für α und β sind hingegen sehr ähnlich.

18.4 Zusammenfassung

Die Störgröße des ökonometrischen Modells

$$y_t = \alpha + \beta x_t + u_t \qquad (18.1)$$

sei durch den AR(1)-Prozess

$$u_t = \rho u_{t-1} + e_t \qquad (18.2)$$

charakterisiert, wobei $-1 < \rho < 1$ und die Störgröße e_t die Annahmen B1 bis B4 erfüllt. Letzteres hat zur Folge, dass

$$E(u_t) = 0 \qquad (18.6)$$

$$var(u_t) = \frac{\sigma_e^2}{1-\rho^2} \qquad (18.8)$$

$$cov(u_t, u_{t-\tau}) = \rho^\tau \left(\frac{\sigma_e^2}{1-\rho^2}\right), \qquad (18.10)$$

wobei $\sigma_e^2 = var(e_t)$.

Gleichung (18.6) stellt sicher, dass eine KQ-Schätzung des Modells (18.1) unverzerrt ist. Sie ist aber nicht effizient. Ferner ergäbe sich bei der Schätzung von $var(\widehat{\beta})$ eine Verzerrung. Intervallschätzer und Hypothesentests würden damit wertlos.

Um Autokorrelation zu diagnostizieren, kann neben grafischen Analysemethoden ein Durbin-Watson-Test verwendet werden. Er transformiert die

18.4. ANHANG

Residuen der KQ-Schätzung in die Zufallsvariable

$$d = \frac{\sum_{t=2}^{T}(\widehat{u}_t - \widehat{u}_{t-1})^2}{\sum_{t=1}^{T}\widehat{u}_t^2} \qquad (18.26)$$

und stellt diesem d-Wert die kritischen Werte d_a^L und d_a^H gegenüber. Letztere können aus Tabelle T.5 abgelesen werden. Falls $d < d_a^L$, wird die Nullhypothese „keine positive Autokorrelation" abgelehnt.

Um Schätzwerte für die Parameter α und β zu erhalten, sollte man zunächst Modell (18.1) in das Modell

$$y_t^* = z_t^* \alpha + x_t^* \beta + u_t^* \qquad (18.15)$$

transformieren, wobei für $t = 1$ die zu benutzenden Daten gemäß

$$y_1^* = \sqrt{1-\rho^2}\, y_1 \qquad (18.30a)$$
$$z_1^* = \sqrt{1-\rho^2} \qquad (18.30b)$$
$$x_1^* = \sqrt{1-\rho^2}\, x_1 \qquad (18.30c)$$

und für $t = 2, 3, ..., T$ gemäß

$$y_t^* = y_t - \rho y_{t-1} \qquad (18.13a)$$
$$z_t^* = 1 - \rho \qquad (18.13b)$$
$$x_t^* = x_t - \rho x_{t-1} \qquad (18.13c)$$

berechnet werden.

Wäre ρ bekannt, dann könnte eine VKQ-Schätzung, das heißt eine KQ-Schätzung des transformierten Modells (18.15), vorgenommen werden. Der Parameter ρ ist aber unbekannt. Um dieses Problem auszuräumen, kann die VKQ-Methode von Hildreth und Lu eingesetzt werden. Man probiert verschiedene ρ-Werte aus und legt sich auf diejenige Schätzung fest, welche die kleinste Summe der Residuenquadrate ($S_{\widehat{u}^*\widehat{u}^*}$) liefert. Alternativ kann man dem GVKQ-Ansatz von Cochrane und Orcutt folgen, der vorsicht, vor der eigentlichen VKQ-Schätzung ρ mit der Formel

$$\widehat{\rho} = \frac{\sum_{t=2}^{T} \widehat{u}_{t-1}\widehat{u}_t}{\sum_{t=2}^{T} \widehat{u}_{t-1}^2} \qquad (18.22)$$

zu schätzen und diesen Schätzwert für die Datentransformationen (18.13) und (18.30) zu verwenden.

Anhang

Aus dem Anhang zu Kapitel 4 wissen wir, dass

$$\widehat{\beta} - E(\widehat{\beta}) = \widehat{\beta} - \beta = \frac{\sum (x_t - \overline{x}) u_t}{S_{xx}}.$$

Folglich ergibt sich

$$\begin{aligned}
var(\widehat{\beta}) &= E[(\widehat{\beta} - E(\widehat{\beta}))^2] \\
&= E\left[\left(\frac{\sum (x_t - \overline{x}) u_t}{S_{xx}}\right)^2\right] \\
&= \frac{1}{S_{xx}^2} \sum\sum (x_t - \overline{x})(x_s - \overline{x}) E(u_t u_s) \\
&= \frac{1}{S_{xx}^2} \left[\sigma^2 S_{xx} + \sum_{s=1}^{T}\sum_{t\neq s}(x_s - \overline{x})(x_t - \overline{x}) \rho^{|t-s|} \sigma^2\right] \\
&= \frac{\sigma^2}{S_{xx}} \left[1 + \frac{\sum_{s=1}^{T}(x_s - \overline{x})\sum_{t\neq s}(x_t - \overline{x})\rho^{|t-s|}}{S_{xx}}\right].
\end{aligned}$$

Nach etwas mühevollen Umformungen des Quotienten des Klammerausdrucks gelangt man zu Gleichung (18.16).

18.5 Matrixalgebraischer Anhang

Wir betrachten das ökonometrische Modell

$$\mathbf{y} = \mathbf{X}\boldsymbol{\beta} + \mathbf{u}, \qquad (18.34)$$

wobei der Störgrößenvektor $\mathbf{u}$ einem AR(1)-Prozess folgt:

$$\mathbf{u} = \rho \mathbf{u}_{-1} + \mathbf{e}. \qquad (18.35)$$

Dabei bezeichnet $\mathbf{e}$ einen Störgrößenvektor, dessen Elemente (e_t) sämtliche B-Annahmen erfüllen. Der Vektor $\mathbf{u}_{-1}$ bezeichnet den um eine Periode „vorgezogenen" Störgrößenvektor $\mathbf{u}$. Der Vektor gibt zu jeder Periode t die in der Vorperiode aufgetretene Störgröße u_{t-1} an. Beispielsweise wird das fünfte Element des Vektors $\mathbf{u}$ durch die Störgröße u_5 repräsentiert, während das fünfte Element des Vektors $\mathbf{u}_{-1}$ durch die eine Periode zuvor aufgetretene Störgröße u_4 gegeben ist.

Die durch den AR(1)-Prozess ausgelöste Autokorrelation bedeutet, dass die Varianz-Kovarianz-Matrix $\mathbf{V}(\mathbf{u})$ des Modells (18.34) nicht länger $\sigma^2 \mathbf{I}_T$ lautet, sondern die allgemeine Form

$$\mathbf{V}(\mathbf{u}) = E[\mathbf{u}\mathbf{u}'] = \begin{bmatrix} \sigma^2 & cov(u_1, u_2) & \cdots & cov(u_1, u_T) \\ cov(u_2, u_1) & \sigma^2 & \cdots & cov(u_2, u_T) \\ \vdots & \vdots & \ddots & \vdots \\ cov(u_T, u_1) & cov(u_T, u_2) & \cdots & \sigma^2 \end{bmatrix} \qquad (18.36)$$

besitzt. Wir wissen aus Beziehung (18.10), dass im Falle eines AR(1)-Prozesses $cov(u_t, u_{t-\tau}) = \rho^\tau \sigma^2$ gilt. Somit lässt sich die Varianz-Kovarianz-Matrix auch in der folgenden Form schreiben:

$$\mathbf{V(u)} = \begin{bmatrix} \sigma^2 & \rho\sigma^2 & \cdots & \rho^{T-1}\sigma^2 \\ \rho\sigma^2 & \sigma^2 & \cdots & \rho^{T-2}\sigma^2 \\ \vdots & \vdots & \ddots & \vdots \\ \rho^{T-1}\sigma^2 & \rho^{T-2}\sigma^2 & \cdots & \sigma^2 \end{bmatrix} = \sigma^2 \mathbf{\Omega}, \quad (18.37)$$

wobei

$$\mathbf{\Omega} = \begin{bmatrix} 1 & \rho & \cdots & \rho^{T-1} \\ \rho & 1 & \cdots & \rho^{T-2} \\ \vdots & \vdots & \ddots & \vdots \\ \rho^{T-1} & \rho^{T-2} & \cdots & 1 \end{bmatrix}. \quad (18.38)$$

Um zu überprüfen, ob die Störgröße des Modells (18.34) einem AR(1)-Prozess folgt, wird üblicherweise der Durbin-Watson-Test eingesetzt. Diesen hatten wir in Abschnitt 18.2.3 ausführlich besprochen. Eine matrixalgebraische Darstellung dieses Tests führt zu keiner merklichen Vereinfachung und erübrigt sich deshalb. Wir kommen deshalb direkt zur Herleitung der Schätzverfahren, welche bei Vorliegen eines AR(1)-Prozesses angewendet werden sollten.

18.5.1 Herleitung des transformierten Modells

Die Matrix $\mathbf{V(u)}$ und damit auch die Matrix $\mathbf{\Omega}$ sind positiv semidefinit, denn für jeden beliebigen Vektor $\mathbf{a}$ mit den konstanten Elementen $a_1, a_2, .., a_T$ gilt, dass

$$\mathbf{a'V(u)a} \geq 0.$$

Dies lässt sich daraus erkennen, dass unter Ausnutzung der Regel (8.45) die Gleichung

$$\mathbf{a'V(u)a} = \mathbf{V(a'u)}$$

gilt. Da $\mathbf{a'u}$ eine transformierte Zufallsvariable darstellt, ist $\mathbf{V(a'u)}$ nichts anderes als $var(\sum_{t=1}^{T} a_t u_t)$ und kann somit keinen negativen Wert annehmen. Wenn darüber hinaus sämtliche Varianzen $var(u_t)$ von 0 verschieden, also positiv sind und keine *exakte* lineare Beziehung zwischen den einzelnen Störgrößen besteht, dann lässt sich zeigen, dass auch der Fall $\mathbf{a'V(u)a} = 0$ ausgeschlossen ist. Somit sind $\mathbf{V(u)}$ und damit $\mathbf{\Omega}$ nicht nur positiv semidefinit, sondern sogar positiv definit.

Wir halten fest, dass sich die Varianz-Kovarianz-Matrix $\mathbf{V(u)}$ in der Form $\sigma^2 \mathbf{\Omega}$ schreiben lässt, wobei $\mathbf{\Omega}$ eine positiv definite Matrix und σ^2 ein beliebiger positiver Faktor ist. Wir folgen nun wieder dem Vorgehen, welches wir im Zusammenhang mit der Heteroskedastizität (Abschnitt 17.5.1) kennengelernt hatten. Da $\mathbf{\Omega}$ positiv definit ist, folgt aus Regel (8.60) des Repetitoriums

Matrixalgebra I, dass mindestens eine reguläre $(T \times T)$-Matrix $\mathbf{P}$ existiert, so dass

$$\mathbf{P'P} = \mathbf{\Omega}^{-1} \ . \tag{18.39}$$

Multipliziert man diese Gleichung linksseitig mit $\mathbf{P\Omega}$ und rechtsseitig mit $\mathbf{P}^{-1}$, so ergibt sich

$$\mathbf{P\Omega P'PP}^{-1} = \mathbf{PP}^{-1}$$
$$\Longrightarrow \quad \mathbf{P\Omega P'} = \mathbf{I}_T \ . \tag{18.40}$$

Linksseitige Multiplikation des Modells (18.34) mit der Matrix $\mathbf{P}$ liefert

$$\mathbf{Py} = \mathbf{PX}\boldsymbol{\beta} + \mathbf{Pu} \ . \tag{18.41}$$

Die $(T \times T)$-Matrix $\mathbf{P}$ wird üblicherweise als *Transformationsmatrix* bezeichnet. Für jede solche Transformationsmatrix gilt:

$$E(\mathbf{Pu}) = \mathbf{P}E(\mathbf{u}) = \mathbf{o} \tag{18.42}$$

und damit bleibt Annahme B1 für $\mathbf{Pu}$, die Störgröße des transformierten Modells, erfüllt. Wir wissen ferner, dass

$$\begin{aligned}
\mathbf{V}(\mathbf{Pu}) &= E[[\mathbf{Pu} - E(\mathbf{Pu})][\mathbf{Pu} - E(\mathbf{Pu})]'] \\
\text{[aus (18.42)]} &= E[\mathbf{Puu'P'}] \\
&= \mathbf{P}\left[E(\mathbf{uu'})\right]\mathbf{P'} \\
\text{[aus (18.36), (18.37)]} &= \sigma^2 \mathbf{P\Omega P'} \\
\text{[aus (18.40)]} &= \sigma^2 \mathbf{I}_T \ .
\end{aligned}$$

Diese letzte Gleichung bedeutet, dass $\mathbf{Pu}$ im transformierten Modell (18.41) sowohl homoskedastisch als auch frei von Autokorrelation ist.

Wie sieht die genaue Form von $\mathbf{P}$ aus? Aus Gleichung (18.39) ist ersichtlich, dass diese Form von der genauen Form der Matrix $\mathbf{\Omega}^{-1}$ und damit von $\mathbf{\Omega}$ abhängt. Die genaue Form von $\mathbf{\Omega}$ ist Ergebnis des AR(1)-Prozesses und ist in Ausdruck (18.38) wiedergegeben. Die Inverse $\mathbf{\Omega}^{-1}$ lautet

$$\mathbf{\Omega}^{-1} = \frac{1}{1-\rho^2} \begin{bmatrix} 1 & -\rho & 0 & \cdots & 0 & 0 \\ -\rho & 1+\rho^2 & -\rho & \cdots & 0 & 0 \\ 0 & -\rho & 1+\rho^2 & \cdots & 0 & 0 \\ \vdots & \vdots & \vdots & \ddots & \vdots & \vdots \\ 0 & 0 & 0 & \cdots & 1+\rho^2 & -\rho \\ 0 & 0 & 0 & \cdots & -\rho & 1 \end{bmatrix}, \tag{18.43}$$

denn Multiplikation der in (18.38) und (18.43) definierten Matrizen ergibt die Einheitsmatrix $\mathbf{I}_T$.

18.5. MATRIXALGEBRAISCHER ANHANG

Die damit einhergehende Transformationsmatrix lautet

$$\mathbf{P} = \frac{1}{\sqrt{1-\rho^2}} \begin{bmatrix} \sqrt{1-\rho^2} & 0 & 0 & \cdots & 0 & 0 \\ -\rho & 1 & 0 & \cdots & 0 & 0 \\ 0 & -\rho & 1 & \cdots & 0 & 0 \\ \vdots & \vdots & \vdots & \ddots & \vdots & \vdots \\ 0 & 0 & 0 & \cdots & 1 & 0 \\ 0 & 0 & 0 & \cdots & -\rho & 1 \end{bmatrix},$$

denn für diese Matrix ist Gleichung (18.39) erfüllt. Wir können das transformierte Modell demnach auch in der folgenden Form schreiben:

$$\mathbf{y}^* = \mathbf{X}^* \boldsymbol{\beta} + \mathbf{u}^*, \qquad (18.44)$$

wobei

$$\mathbf{y}^* = \mathbf{P}\mathbf{y} = \begin{bmatrix} \sqrt{1-\rho^2}\, y_1 \\ y_2 - \rho y_1 \\ \vdots \\ y_T - \rho y_{T-1} \end{bmatrix} \quad \text{und} \quad \mathbf{u}^* = \mathbf{P}\mathbf{u} = \begin{bmatrix} \sqrt{1-\rho^2}\, u_1 \\ e_2 \\ \vdots \\ e_T \end{bmatrix} \qquad (18.45)$$

sowie

$$\mathbf{X}^* = \mathbf{P}\mathbf{X} = \begin{bmatrix} \sqrt{1-\rho^2} & \sqrt{1-\rho^2}\, x_{11} & \cdots & \sqrt{1-\rho^2}\, x_{K1} \\ 1-\rho & x_{12} - \rho x_{11} & \cdots & x_{K2} - \rho x_{K1} \\ \vdots & \vdots & \ddots & \vdots \\ 1-\rho & x_{1T} - \rho x_{1\,T-1} & \cdots & x_{KT} - \rho x_{K\,T-1} \end{bmatrix}. \qquad (18.46)$$

In den Abschnitten 18.1.5 und 18.3.1 hatten wir aus dem Modell der Einfachregression, $y_t = \alpha + \beta x_t + u_t$, das transformierte Modell $y_t^* = \alpha z_t^* + \beta x_t^* + u_t^*$ hergeleitet, wobei die Variablen y_t^*, z_t^*, x_t^* und u_t^* gemäß (18.13) und (18.14) sowie gemäß (18.30) und (18.31) definiert waren. Das transformierte Modell (18.44) mit seinen gemäß (18.45) und (18.46) definierten Variablen ist die ensprechende Verallgemeinerung auf den Fall der Mehrfachregression ($K > 1$).

18.5.2 Konsequenzen der Autokorrelation

Besitzt ein Modell eine Varianz-Kovarianz-Matrix der Form $\mathbf{V}(\mathbf{u}) = \sigma^2 \boldsymbol{\Omega}$ anstelle der gewohnten Form $\mathbf{V}(\mathbf{u}) = \sigma^2 \mathbf{I}_T$, so ergeben sich daraus Konsequenzen für die KQ-Schätzung dieses Modells. Diese hatten wir im Zusammenhang mit der Heteroskedastizität behandelt, denn auch bei Heteroskedastizität gilt $\mathbf{V}(\mathbf{u}) = \sigma^2 \boldsymbol{\Omega} \neq \sigma^2 \mathbf{I}_T$. Abschnitt 17.5.2 des matrixalgebraischen Anhangs zu Kapitel 17 war diesem Thema gewidmet. Die dort wiedergegebene Analyse ließ vollkommen offen, welche Form die Matrix $\boldsymbol{\Omega}$ genau besitzt. Die Analyse ist deshalb vollständig auf den Fall übertragbar, dass Ω nicht Ergebnis der Heteroskedastizität, sondern Ergebnis der Autokorrelation in Form eines AR(1)-Prozesses ist. Es genügt deshalb, die damals in Abschnitt 17.5.2 gewonnenen Einsichten zusammengefasst und unter Bezugnahme auf den AR(1)-Prozess zu rekapitulieren.

Der KQ-Schätzer des ursprünglichen Modells (18.34),

$$\widehat{\beta} = (X'X)^{-1} X'y,$$

bleibt trotz Autokorrelation unverzerrt: $E(\widehat{\beta}) = \beta$. Der KQ-Schätzer des transformierten Modells (18.44), also der VKQ-Schätzer, lautet gemäß Gleichung (17.45)

$$\widehat{\beta}^{VKQ} = [X'\Omega^{-1}X]^{-1} X'\Omega^{-1}y$$

und seine Varianz beträgt gemäß Gleichung (17.51)

$$V(\widehat{\beta}^{VKQ}) = \sigma^2 [X'\Omega^{-1}X]^{-1}.$$

Wenn Ω bekannt ist, dann ist der VKQ-Schätzer unverzerrt und effizient, denn das transformierte Modell erfüllt sämtliche A-, B- und C-Annahmen. Damit kann aber der KQ-Schätzer des ursprünglichen Modells nicht effizient sein.

Die Varianz des KQ-Schätzers des ursprünglichen Modells lautet gemäß Gleichung (17.47)

$$V(\widehat{\beta}) = \sigma^2 (X'X)^{-1} X'\Omega X' (X'X)^{-1}. \qquad (18.47)$$

Dabei bezeichnet σ^2 die Störgrößenvarianz des *transformierten* Modells. Schätzt man diese gemäß Formel (17.49) aus

$$\widehat{\sigma}^2 = \frac{\widehat{u}^{*\prime}\widehat{u}^*}{T-K-1} = \frac{(P\widehat{u})'P\widehat{u}}{T-K-1} \qquad (18.48)$$

und setzt diesen Wert in (18.47) ein, so ergibt sich eine unverzerrte Schätzung $\widehat{V}(\widehat{\beta})$.

Unter Missachtung der Autokorrelation würde man die Schätzung von $V(\widehat{\beta})$ jedoch irrtümlich auf Basis der üblichen Formel

$$V(\widehat{\beta}) = \sigma^2 (X'X)^{-1}$$

vornehmen und dabei σ^2 mit

$$\widehat{\sigma}^2 = \frac{\widehat{u}'\widehat{u}}{T-K-1}$$

schätzen. Es ergibt sich somit für $\widehat{V}(\widehat{\beta})$, die Varianz-Kovarianz-Matrix der KQ-Schätzer des ursprünglichen Modells, eine verzerrte Schätzung. Damit ergeben sich auch verzerrte Intervallschätzer und irreführende Hypothesentests.

18.5.3 Schätzung des transformierten Modells

Folgt man der VKQ-Methode von Hildreth und Lu (1960), so führt man im Bereich $-1 < \rho < 1$ für verschiedene ρ-Werte KQ-Schätzungen des transformierten Modells (18.44) durch. Man legt sich schließlich auf denjenigen ρ-Wert fest, welcher in diesen Schätzungen die geringste Summe der Residuenquadrate $\widehat{\mathbf{u}}^{*\prime}\widehat{\mathbf{u}}^{*}$ generiert. Die bei diesem ρ-Wert ermittelten Werte des VKQ-Schätzers $\widehat{\boldsymbol{\beta}}^{VKQ}$ sind die gesuchten Schätzwerte für $\boldsymbol{\beta}$.

Folgt man der GVKQ-Methode von Cochrane und Orcutt (1949), so werden zunächst die Residuen $\widehat{\mathbf{u}}$ einer KQ-Schätzung des ursprünglichen Modells (18.34) ermittelt. Eine KQ-Schätzung des Modells

$$\widehat{\mathbf{u}} = \rho \widehat{\mathbf{u}}_{-1} + \mathbf{e}^{*}$$

liefert eine unverzerrte Schätzung $\widehat{\rho}$. Dabei stellt $\mathbf{e}^{*}$ einen Störgrößenvektor dar. Der geschätzte $\widehat{\rho}$-Wert wird in den Datentransformationen (18.45) und (18.46) anstelle von ρ benutzt. Auf Basis der transformierten Daten erfolgt dann eine KQ-Schätzung des transformierten Modells (18.44). Diese Schätzung liefert die Werte des GVKQ-Schätzers $\widehat{\boldsymbol{\beta}}^{GVKQ}$.

Im iterativen Cochrane-Orcutt-Verfahren lassen sich aus dem soeben ermittelten GVKQ-Schätzer neue Residuen $\widehat{\mathbf{u}}^{**}$ berechnen:

$$\widehat{\mathbf{u}}^{**} = \mathbf{y} - \mathbf{X}\widehat{\boldsymbol{\beta}}^{GVKQ}.$$

Diese können für eine erneute Schätzung von ρ benutzt werden. Einsetzen des neuen Schätzwertes $\widehat{\rho}$ in die Datentransformationen (18.45) und (18.46) und anschließende KQ-Schätzung des auf diese Daten zurückgreifenden transformierten Modells (18.44) liefert neue Werte $\widehat{\boldsymbol{\beta}}^{GVKQ}$. Dieser Prozess kann mehrfach wiederholt werden, bis sich die ermittelten Werte von $\widehat{\boldsymbol{\beta}}^{GVKQ}$ nicht mehr spürbar verändern.

Kapitel 19

Verletzung der Annahme B4: Störgrößen nicht normalverteilt

Annahme B4 lautete:

Annahme B4 (Normalverteilung) Die Störgrößen u_t sind normalverteilt.

In einer Vielzahl von Studien wird die Verletzung dieser Annahme nicht einmal erwogen. Eine gewisse Vernachlässigung lässt sich auch in zahlreichen ökonometrischen Lehrbüchern ausmachen. Auch in diesem Lehrbuch erfährt Annahme B4 keine herausragende Würdigung. Es scheint jedoch angezeigt, wenigstens eine einführende Erörterung des Themas vorzunehmen. Die Analyse wird durch das folgende Beispiel veranschaulicht:

Beispiel zu Kapitel 19

In einem einfachen neoklassischen Solow-Wachstumsmodell lässt sich unter Annahme einer Cobb-Douglas-Produktionsfunktion das logarithmierte Pro-Kopf-Einkommen (y_t) eines Landes im langfristigen Gleichgewicht in Abhängigkeit der logarithmierten Sparquote (x_{1t}) und einer zweiten Variable (x_{2t}) darstellen, nämlich der logarithmierten Summe der Raten des Bevölkerungswachstums, des technischen Fortschritts und der Kapitalabschreibungen:

$$y_t = \alpha + \beta_1 x_{1t} + \beta_2 x_{2t} + u_t . \qquad (19.1)$$

Tabelle 19.1 enthält für das Jahr 1985 für $T = 75$ Länder die entsprechenden Daten. Sie entstammen einer Studie von Mankiw, Romer und Weil (1992).

In Abschnitt 19.1 wird erläutert, welche Konsequenzen nicht-normalverteilte Störgrößen für die ökonometrische Analyse besitzen. Diagnoseinstrumente, welche eine Verletzung der Normalverteilungsannahme

Tabelle 19.1: Logarithmiertes Pro-Kopf-Einkommen y_t, logarithmierte Sparquote x_{1t} und logarithmierte Summe aus den Raten des Bevölkerungswachstums, des technischen Fortschritts und der Kapitalabschreibungen x_{2t} für 75 Länder (wobei die letzten zwei Raten als für alle Länder identisch unterstellt werden).

t	y_t	x_{1t}	x_{2t}	t	y_t	x_{1t}	x_{2t}	t	y_t	x_{1t}	x_{2t}
1	8,38	3,18	-2,58	26	8,66	3,14	-2,50	51	8,41	2,69	-2,47
2	8,21	3,34	-2,50	27	7,68	2,50	-2,53	52	8,10	2,84	-2,54
3	7,69	2,55	-2,65	28	7,80	2,70	-2,53	53	7,60	2,08	-2,49
4	6,41	1,69	-2,62	29	9,59	3,47	-2,58	54	8,02	2,17	-2,51
5	7,44	2,52	-2,38	30	7,82	2,69	-2,60	55	7,12	1,96	-2,76
6	7,19	2,86	-2,48	31	8,71	2,77	-2,53	56	7,51	2,62	-2,51
7	6,88	1,96	-2,63	32	8,08	2,89	-2,51	57	8,03	3,03	-2,72
8	6,71	2,58	-2,60	33	9,50	3,15	-2,92	58	8,91	2,97	-2,49
9	6,57	1,99	-2,63	34	9,57	3,15	-2,90	59	8,29	2,67	-2,49
10	7,76	2,12	-2,59	35	9,71	3,28	-2,88	60	8,52	3,26	-2,53
11	7,08	2,48	-2,60	36	9,53	3,61	-2,86	61	9,33	3,02	-2,67
12	7,28	2,26	-2,62	37	9,62	3,27	-2,81	62	9,85	3,05	-2,73
13	8,86	3,07	-2,62	38	9,64	3,35	-2,90	63	8,62	3,23	-2,73
14	6,57	2,89	-2,54	39	8,83	3,38	-2,86	64	7,63	2,59	-2,60
15	8,21	2,62	-2,60	40	9,07	3,25	-2,80	65	8,62	3,14	-2,54
16	7,10	3,46	-2,56	41	9,31	3,21	-2,88	66	8,62	3,39	-2,62
17	7,65	3,05	-2,55	42	9,49	3,25	-2,75	67	8,39	2,89	-2,53
18	7,11	1,92	-2,58	43	9,89	3,37	-2,86	68	8,41	3,19	-2,55
19	6,94	2,43	-2,70	44	8,67	3,11	-2,88	69	8,27	2,46	-2,56
20	9.50	2,99	-2,53	45	9,20	2,87	-2,81	70	8,24	2,48	-2,54
21	7,20	2,82	-2,60	46	9,63	3,20	-2,92	71	8,61	2,47	-2,88
22	9,26	3,35	-2,55	47	9,67	3,39	-2,85	72	8,75	2,43	-2,43
23	9,54	3,58	-2,78	48	8,40	3,01	-2,59	73	9,50	3,45	-2,66
24	8,37	2,87	-2,56	49	9,50	2,91	-2,94	74	7,68	2,63	-2,67
25	8,47	3,10	-2,56	50	9,79	3,15	-2,66	75	9,42	3,11	-2,70

anzeigen können, werden in Abschnitt 19.2 vorgestellt. Es existieren Schätzverfahren, welche bei einer Verletzung von Annahme B4 besonders geeignet sind. Der Komplexitätsgrad dieser Verfahren würde allerdings den Rahmen dieses einführenden Lehrbuches sprengen. Wir verzichten deshalb in diesem Kapitel auf einen Abschnitt „Anwendbare Schätzverfahren".

19.1 Konsequenzen der Annahmeverletzung

Wir wissen aus Abschnitt 4.3, dass die KQ-Schätzung unverzerrt ist und dass sie innerhalb der Klasse der unverzerrten linearen Schätzer effizient ist (BLUE-Eigenschaft). Es wurde auch darauf hingewiesen, dass für diese guten Schätzeigenschaften Annahme B4 nicht notwendig ist. Für die KQ-Punktschätzung spielt die Normalverteilungsannahme also keine Rolle.

Probleme ergeben sich erst bei denjenigen ökonometrischen Instrumenten, die auf der Normalverteilung der Störgröße beruhen. In diese Kategorie von Instrumenten fallen die Intervallschätzer und die verschiedenen Hypothesentests. Für alle diese Konzepte wurde aus der Normalverteilungsannahme der Störgröße auf die Normalverteilung der KQ-Schätzer geschlossen. Letztere war wiederum zentraler Baustein bei der Ermittlung von Konfidenzintervallen. Würde man eine Intervallschätzung oder t- und F-Tests vornehmen, obwohl die zugrunde liegenden Störgrößen in Wahrheit nicht normalverteilt sind, dann wären die Ergebnisse verzerrt und irreführend.

Nummerische Illustration 19.1

Auf Basis der in Tabelle 19.1 wiedergegebenen Daten schätzen Mankiw, Romer und Weil (1992) das ökonometrische Modell (19.1). Die KQ-Schätzung dieses Modells liefert die in Tabelle 19.2 wiedergegebenen Ergebnisse. Da in dem Modell sämtliche Variablen logarithmiert sind, können die Parameter β_1 und β_2 als Elastizitäten interpretiert werden. Die Elastizität des Pro-Kopf-Einkommens in Bezug auf die Sparquote ist positiv ($\beta_1 = 1,318$) und die Elastizität in Bezug auf das Bevölkerungswachstum ist negativ ($\beta_2 = -2,017$).

Tabelle 19.2: KQ-Schätzergebnisse für das Wachstumsmodell (19.1).

Variable	Koeff.	$\widehat{se}(\cdot)$	t-Wert	p-Wert
Konstante	-0,722	1,324	-0,545	0,587
log. Sparquote	1,318	0,171	7,708	<0,001
log. Bevölkerungswachstum	-2,017	0,534	-3,778	<0,001

Eine Verletzung der Annahme B4 würde bedeuten, dass die letzten drei Spalten der Tabelle 19.2 verzerrte Ergebnisse enthalten und deshalb keine Schlüsse aus ihnen gezogen werden sollten.

Die KQ-Punktschätzer der Parameter bleiben bei einer B4-Verletzung BLUE, aber aufgrund der unzulässigen Hypothesentests kann die Signifikanz der Parameter empirisch nicht überprüft werden. Wir stehen hier vor einem Problem, das jedoch weniger gravierend ist, als es zunächst den Anschein hat. Simulationen zeigen, dass die Verteilung einer Zufallsvariable (z.B. einer Störgröße u_t), auf die eine große Zahl von unabhängigen kleinen positiven und negativen Einflussfaktoren wirkt, näherungsweise einer Normalverteilung entspricht. Annahme B4 ist dann also approximativ erfüllt.

Die theoretische Fundierung dieses Ergebnisses wird durch ein berühmtes statistisches Theorem geliefert, den *zentralen Grenzwertsatz*, auf den hier aber nicht weiter eingegangen werden soll. Wenn die Wahrscheinlichkeitsverteilungen der Störgrößen näherungsweise Normalverteilungen entsprechen, dann werden auch die Aussagen der auf der Normalverteilung basierenden Hypothesentests approximativ Gültigkeit besitzen.

Für ökonomische Zusammenhänge, die vermuten lassen, dass auf die Störgröße eine Vielzahl unabhängiger Einflussfaktoren wirkt, ist es also durchaus vernünftig, von normalverteilten Störgrößen auszugehen. Aber selbst wenn kein solcher ökonomischer Zusammenhang vorliegt, sind die Konsequenzen für den Hypothesentest oftmals vernachlässigbar. Verantwortlich dafür ist erneut der zentrale Grenzwertsatz. Er stellt sicher, dass *für genügend großen Stichprobenumfang T* die Wahrscheinlichkeitsverteilungen der KQ-Schätzer normalerweise gegen Normalverteilungen konvergieren, unabhängig davon, ob die zugrunde liegenden Störgrößen u_t normalverteilt sind. Also auch ohne Annahme B4 sind die KQ-Schätzer (approximativ) normalverteilt und erlauben somit die üblichen Hypothesentests. Bei kleinem Stichprobenumfang kann dieser Freibrief jedoch nicht ausgestellt werden.

Will man überprüfen, ob Annahme B4 gerechtfertigt ist, kann man, wie schon bei den anderen B-Annahmen, auf eine Auswertung der Daten zurückgreifen.

19.2 Diagnose

19.2.1 Grafische Analyse

Abbildung 19.1 zeigt für die 75 untersuchten Länder die jeweils aufgetretenen Werte der Residuen. Zusätzlich ist eine gepunktete Gerade eingezeichnet, welche auf der Höhe $\widehat{u}_t = 0$ verläuft. Die Residuen besitzen keine auffällige Systematik. Dies scheint für die Normalverteilungsannahme zu sprechen.

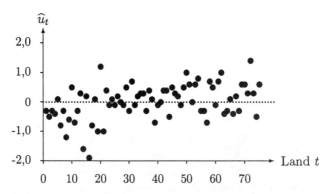

Abbildung 19.1: Residuen $\widehat{u}_t$ der 75 Länder aus einer KQ-Schätzung des Wachstumsmodells (19.1).

Um dies genauer zu überprüfen, können wir uns eines weiteren grafischen Instrumentes bedienen, des sogenannten *Histogramms*. Zunächst ermitteln wir auf gewohnte Weise die Standardabweichung der Störgrößen:

$$\widehat{\sigma} = \sqrt{S_{\widehat{u}\widehat{u}}/(T-K-1)}\,. \tag{19.2}$$

19.2. DIAGNOSE

Im nächsten Schritt wird der Wertebereich der aufgetretenen Residuen in Abschnitte unterteilt. Eine mögliche Unterteilung ist auf der horizontalen Achse der Abbildung 19.2 wiedergegeben. Dort wurde eine Abschnittsbreite von jeweils einer halben Standardabweichung gewählt. Im nächsten Schritt wird jedes der aufgetretenen Residuen einem solchen Abschnitt zugeordnet. Wie dies geschieht, lässt sich am besten anhand unseres nummerischen Beispiels demonstrieren.

Nummerische Illustration 19.2

Für die Standardabweichung der Störgrößen unseres Wachstumsmodells (19.1) ergibt sich aus Formel (19.2) der folgende Schätzwert:

$$\hat{\sigma} = \sqrt{26,848/72} = 0,611 \, .$$

Das Residuum der Beobachtung $t=1$ besitzt einen Wert von $\hat{u}_1 = -0,287$. Es liegt somit im Abschnitt $[-0,5\hat{\sigma} \, ; \, 0]$.

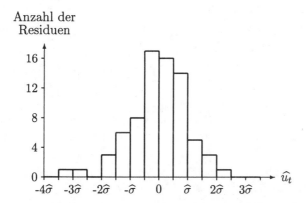

Abbildung 19.2: Histogramm der Residuen aus einer KQ-Schätzung des Wachstumsmodells (19.1).

Sind sämtliche Residuen auf die einzelnen Abschnitte verteilt, dann zählt man für jeden Abschnitt, wieviel Residuen ihm zugeordnet worden sind. Für jeden Abschnitt kann man das Zählergebnis durch einen vertikalen Balken veranschaulichen. Die Höhe des Balkens signalisiert die Zahl der diesem Abschnitt zugeordneten Residuen. Für das Wachstumsmodell ergeben sich die in Abbildung 19.2 wiedergegebenen Balken. Aus der Abbildung ist beispielsweise ersichtlich, dass im Abschnitt $[1,5\hat{\sigma} \, ; \, 2\hat{\sigma}]$ drei Residuen liegen. Eine solche Abbildung bezeichnet man als Histogramm. Wenn die Störgrößen normalverteilt sind, dann würde man erwarten, dass die Gestalt dieses Histogramms der Gestalt einer Normalverteilung ähnelt. Die Gestalt unseres Histogramms ähnelt nur andeutungsweise derjenigen einer Normalverteilung. Die Residuen vermitteln nur bedingt den Eindruck normalverteilter Störgrößen. Es bleibt also weiterhin unklar, ob Annahme B4 erfüllt ist. Wir sollten uns deshalb zusätzlich einem analytischen Diagnoseverfahren zuwenden, dem Jarque-Bera-Test.

19.2.2 Jarque-Bera-Test

Statistischer Hintergrund: Im Statistischen Repetitorium III hatten wir uns etwas genauer mit der Wahrscheinlichkeitsverteilung von Zufallsvariablen (z.B. u_t) beschäftigt. Zwei wichtige Kennzahlen für solche Wahrscheinlichkeitsverteilungen waren der *Erwartungswert* $E(u_t)$ und die *Varianz*

$$var(u_t) = E\left[(u_t - E(u_t))^2\right].$$

Aufgrund des quadrierten Terms wird die Varianz auch als *zentrales Moment zweiter Ordnung* bezeichnet.

Es existiert auch ein zentrales Moment dritter Ordnung. Dieses lautet $E[(u_t - E(u_t))^3]$. Es quantifiziert insbesondere den Symmetriegrad bzw. die Schiefe einer Verteilung. Eine Kennzahl für die Schiefe einer Verteilung kann sich diese Eigenschaft zu Nutze machen. Ein verbreitetes *Schiefemaß* ist

$$sym(u_t) = \frac{E\left[(u_t - E(u_t))^3\right]}{\sigma^3} = \frac{E\left[(u_t - E(u_t))^3\right]}{[var(u_t)]^{3/2}}.$$

Wegen ihrer symmetrischen Gestalt besitzt die Normalverteilung für das Moment dritter Ordnung und damit auch für das Schiefemaß einen Wert von 0. Verteilungen, welche wie die $\chi^2_{(v)}$-Verteilung flacher nach rechts als nach links auslaufen, weisen einen positiven Wert $sym(u_t)$ auf, solche die flacher nach links als nach rechts auslaufen, weisen einen negativen Wert auf. Abbildung 19.2 signalisiert eine negative Schiefe.

Das zentrale Moment vierter Ordnung einer Wahrscheinlichkeitsverteilung lautet $E[(u_t - E(u_t))^4]$. Der Wert dieses Terms quantifiziert insbesondere die „Spitzigkeit" *(Kurtosis)* einer Verteilung. Ein gebräuchliches *Kurtosismaß* ist

$$kur(u_t) = \frac{E\left[(u_t - E(u_t))^4\right]}{\sigma^4} = \frac{E\left[(u_t - E(u_t))^4\right]}{[var(u_t)]^2}.$$

Die Normalverteilung weist für dieses Maß einen Wert von 3 auf. Eine solche Normalverteilung ist in Abbildung 19.3 dargestellt. Die zweite dort wiedergegebene Verteilung besitzt eine Varianz, die in etwa derjenigen der abgebildeten Normalverteilung entspricht. Ihr $kur(u_t)$-Wert ist aber höher als derjenige der Normalverteilung.

19.2. DIAGNOSE

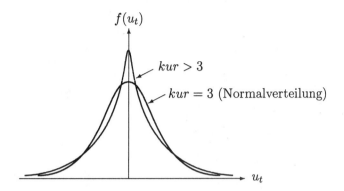

Abbildung 19.3: Kurtosis zweier Verteilungen mit ähnlichen Varianzen.

Testverfahren: Wir wissen, dass eine normalverteilte Störgröße u_t die Werte $sym(u_t)=0$ und $kur(u_t)=3$ besitzt. In großen Stichproben ist zu erwarten, dass bei Gültigkeit der Annahmen B1 bis B4 auch die *geschätzten* Störgrößen $\widehat{u}_t$ (Residuen) ungefähr diese Symmetrie- und Kurtosiswerte aufweisen. Judge et al. (1988) folgend, können für $sym(u_t)$ und $kur(u_t)$ die folgenden Formeln als Schätzer verwendet werden:

$$\widehat{sym}(u_t) = \frac{\frac{1}{T}\sum \widehat{u}_t^3}{\left(\frac{1}{T}\sum \widehat{u}_t^2\right)^{3/2}} \tag{19.3}$$

$$\widehat{kur}(u_t) = \frac{\frac{1}{T}\sum \widehat{u}_t^4}{\left(\frac{1}{T}\sum \widehat{u}_t^2\right)^2}. \tag{19.4}$$

Weichen die Schätzwerte (Zufallsvariablen) $\widehat{sym}(u_t)$ und $\widehat{kur}(u_t)$ deutlich von 0 bzw. 3 ab, dann ist dies ein Indiz dafür, dass die Störgrößen eventuell doch nicht normalverteilt sind.

Diese Überlegungen veranlassten Jarque und Bera (1987), die beiden Zufallsvariablen $\widehat{sym}(u_t)$ und $\widehat{kur}(u_t)$ in einer einzigen Zufallsvariable zu vereinigen:

$$JB = T\left[\frac{[\widehat{sym}(u_t)]^2}{6} + \frac{\left[\widehat{kur}(u_t)-3\right]^2}{24}\right]. \tag{19.5}$$

Der Wert der Zufallsvariable JB fällt umso größer aus, je stärker $\widehat{sym}(u_t)$ von 0 und $\widehat{kur}(u_t)$ von 3 abweicht, je weiter also sich $\widehat{sym}(u_t)$ und $\widehat{kur}(u_t)$ von den Normalverteilungswerten entfernen. Durch die Quadrierung ist es gleichgültig, ob die Abweichungen von den Referenzwerten 0 und 3 einen positiven oder negativen Wert aufweisen.

Jarque und Bera zeigen, dass bei Gültigkeit der Nullhypothese (Störgrößen sind normalverteilt) JB bei großem Stichprobenumfang immer einer $\chi^2_{(2)}$-Verteilung folgt, unabhängig von der Zahl der Freiheitsgrade des Modells. Man lehnt die Nullhypothese ab, wenn für vorgegebenes Signifikanzniveau a der JB-Wert den kritischen Wert der $\chi^2_{(2)}$-Verteilung übersteigt.

Nummerische Illustration 19.3

Die Residuen $\widehat{u}_t$ der KQ-Schätzung von Modell (19.1) werden in die Formeln (19.3) und (19.4) eingesetzt. Sie liefern die folgenden Schätzwerte für die Schiefe und Kurtosis der Verteilung:

$$\widehat{sym}(u_t) = \frac{\frac{1}{T}\sum \widehat{u}_t^3}{\left(\frac{1}{T}\sum \widehat{u}_t^2\right)^{3/2}} = \frac{-0{,}115}{(0{,}358)^{3/2}} = -0{,}537$$

$$\widehat{kur}(u_t) = \frac{\frac{1}{T}\sum \widehat{u}_t^4}{\left(\frac{1}{T}\sum \widehat{u}_t^2\right)^{2}} = \frac{0{,}488}{(0{,}358)^{2}} = 3{,}808\ .$$

Diese beiden Ergebnisse bestätigen unseren visuellen Eindruck, welchen wir auf Basis der Abbildung 19.2 gewonnen hatten. Setzt man die beiden Ergebnisse in Formel (19.5) ein, so ergibt sich ein JB-Wert von 5,64983. Bei einem Signifikanzniveau von 5% beträgt der kritische Wert der $\chi^2_{(2)}$-Verteilung 5,99146. Er übersteigt damit den berechneten JB-Wert nur knapp. Auch wenn die Nullhypothese „Störgrößen sind normalverteilt" nicht abgelehnt werden kann, so verbleiben im Wachstumsmodell (19.1) angesichts der knappen Entscheidung Zweifel an der Rechtmäßigkeit der Annahme B4.

Angesichts des relativ großen Stichprobenumfangs von $T = 75$ dürften die KQ-Schätzer aber dennoch näherungsweise normalverteilt sein. Die üblichen Intervallschätzer und Hypothesentests werden demzufolge keine nennenswerten Verzerrungen aufweisen.

19.3 Zusammenfassung

Eine Verletzung der Annahme B4 liegt vor, wenn die Störgrößen u_t nicht normalverteilt sind. Die KQ-Schätzer bleiben davon unberührt. Sie sind weiterhin unverzerrt und effizient (BLUE-Eigenschaft). Dies gilt aber nicht für Intervallschätzer und Hypothesentests. Streng genommen sind für ihre Anwendbarkeit normalverteilte Störgrößen erforderlich. Um eine B4-Verletzung zu diagnostizieren, kann neben einer grafischen Analyse ein Jarque-Bera-Test durchgeführt werden.

Eine Verletzung der Annahme B4 ist oftmals jedoch unproblematisch. Der zentrale Grenzwertsatz stellt sicher, dass bei genügend großem Stichprobenumfang T die Wahrscheinlichkeitsverteilungen der KQ-Schätzer immer gegen eine Normalverteilung konvergieren, unabhängig davon, ob die zugrunde liegenden Störgrößen u_t normalverteilt sind. Also auch ohne Annahme B4 sind die KQ-Schätzer (approximativ) normalverteilt und erlauben somit die üblichen Intervallschätzer und Hypothesentests. Dies gilt allerdings nur bei genügend großem Stichprobenumfang.

19.4 Matrixalgebraischer Anhang

In diesem Kapitel wurde die Verletzung der Annahme B4 diskutiert. Dabei beschränkten wir uns auf einige verbale Erläuterungen und auf die Vorstellung zweier grafischer Diagnoseinstrumente sowie eines analytischen Diagnoseinstrumentes, dem sogenannten Jarque-Bera-Test. Es ist die Aufgabe der matrixalgebraischen Anhänge, die analytischen Teile des jeweiligen Kapitels in Matrixdarstellung zu präsentieren. Für den matrixalgebraischen Anhang dieses Kapitels verbleibt deshalb einzig die matrixalgebraische Formulierung des Jarque-Bera-Tests, denn abgesehen von diesem Test waren hinsichtlich der B4-Verletzung keine analytischen Erörterungen erforderlich. Eine matrixalgebraische Formulierung des Jarque-Bera-Tests liefert jedoch keinen echten Erkenntnisgewinn und ist deshalb unüblich. Deshalb verzichtet auch dieses Lehrbuch auf eine solche Formulierung.

Kapitel 20

Verletzung der Annahme C1: Zufallsabhängige exogene Variablen

Annahme C1 lautete:

Annahme C1 (Exogene Variablen fix) Die exogenen Variablen $x_{1t}, x_{2t},...,x_{Kt}$ sind keine Zufallsvariablen, sondern können wie in einem Experiment kontrolliert werden.

In der ökonometrischen Praxis ist diese Annahme nur sehr selten erfüllt. Dass wir sie bis zu diesem Zeitpunkt aufrechterhalten haben, hatte ausschließlich didaktische Gründe. Betrachten wir exemplarisch den Fall einer Einfachregression. Aufbauend auf Annahme C1 konnten wir bislang folgendes einfache Gedankenexperiment machen: Neben der einen tatsächlich beobachteten Stichprobe sind weitere Stichproben vorstellbar, welche die *gleichen* x_t-Werte wie die tatsächlich beobachtete Stichprobe aufweisen. Da in diesen wiederholten Stichproben die Störgrößen neue Werte annehmen würden, trifft dies auch für die Werte der endogenen Variable y_t zu. Diese y_t-Werte gehen in die KQ-Schätzer $\widehat{\alpha}$ und $\widehat{\beta}$ der jeweiligen Stichprobe ein. Folglich liefern auch die KQ-Schätzer $\widehat{\alpha}$ und $\widehat{\beta}$ in jeder wiederholten Stichprobe einen neuen Wert. Die KQ-Schätzer $\widehat{\alpha}$ und $\widehat{\beta}$ sind folglich selbst Zufallsvariablen mit einer bestimmten Wahrscheinlichkeitsverteilung, welche ausgehend von Annahme B4 und unter Anwendung der Annahme C1 leicht herleitbar war.

Aufbauend auf den A-, B- und C-Annahmen sowie den Wahrscheinlichkeitsverteilungen der KQ-Schätzer $\widehat{\alpha}$ und $\widehat{\beta}$ konnten wir wichtige Resultate herleiten. Beispielsweise konnte gezeigt werden, dass die KQ-Schätzer unverzerrt und effizient sind.

Lässt man Annahme C1 fallen, so bleibt zwar die Idee einer wiederholten Stichprobe im Kern erhalten, aber die x_t-Werte sind nun zufallsabhängig und können von Stichprobe zu Stichprobe unterschiedlich ausfallen. Dies erschwert die Herleitung von eindeutigen Ergebnissen und wir müssen uns nun häufig mit *asymptotischen* Ergebnissen und Eigenschaften begnügen.

Was unter „asymptotischen Eigenschaften" einer Schätzmethode zu verstehen ist, soll in Abschnitt 20.1 erläutert werden. In Abschnitt 20.2 werden wir genau untersuchen, inwiefern zufallsabhängige exogene Variablen (Verletzung der Annahme C1) die Herleitung von eindeutigen Aussagen bezüglich der Eigenschaften von Schätzern erschweren. Wir werden immer wieder auf asymptotische Aussagen zurückgreifen müssen. Insbesondere die Beurteilung der statistischen Eigenschaften der KQ-Methode ist davon betroffen. Es wird sich zeigen, dass man zwischen verschiedenen Varianten einer C1-Verletzung unterscheiden kann und dass die verschiedenen Varianten die statistischen Eigenschaften der KQ-Schätzer in sehr unterschiedlichem Maße beeinträchtigen.

In einigen Fällen müssen alternative Schätzmethoden erwogen werden. Das gebräuchlichste Verfahren ist die *Instrumentvariablen-Schätzung*. Sie wird in Abschnitt 20.3 erläutert.

Um anhand der Daten beurteilen zu können, ob eine für die KQ-Methode problematische Variante einer C1-Verletzung vorliegt, kann ein spezielles diagnostisches Verfahren angewendet werden, nämlich der *Spezifikationstest von Hausman*. Dieser findet sich in Abschnitt 20.4.

20.1 Weitere Qualitätskriterien für Schätzer: Konsistenz und asymptotische Effizienz

Wir betrachten weiterhin den Fall einer *Einfachregression* und konzentrieren uns auf die Schätzung des Steigungsparameters β. Im Anhang zu Kapitel 4 hatten wir für den KQ-Schätzer $\widehat{\beta}$ die Gleichung (4.10) hergeleitet:

$$\widehat{\beta} = \beta + \frac{\sum (x_t - \overline{x}) u_t}{S_{xx}} . \qquad (20.1)$$

Um zu zeigen, dass $\widehat{\beta}$ die Eigenschaft der Unverzerrtheit besitzt, bildeten wir auf beiden Seiten den Erwartungswert und erhielten

$$E(\widehat{\beta}) = \beta + E\left[\frac{\sum (x_t - \overline{x}) u_t}{S_{xx}}\right] . \qquad (20.2)$$

Annahme C1 erlaubte uns, diese Gleichung umzuformen zu

$$E(\widehat{\beta}) = \beta + \frac{\sum (x_t - \overline{x}) E(u_t)}{S_{xx}} . \qquad (20.3)$$

Da $E(u_t) = 0$, ergab sich

$$E(\widehat{\beta}) = \beta . \qquad (20.4)$$

Der KQ-Schätzer ist demnach unverzerrt und erfüllt somit ein wichtiges Qualitätskriterium.

20.1. KONSISTENZ UND ASYMPTOTISCHE EFFIZIENZ

Aufbauend auf diesem Ergebnis konnte gezeigt werden, dass der KQ-Schätzer ein zweites Qualitätskriterium erfüllt: Der KQ-Schätzer $\widehat{\beta}$ ist *effizient*. In der Klasse der unverzerrten linearen Schätzer besitzt er demnach die geringste Varianz (BLUE-Eigenschaft). Unter Zuhilfenahme von Annahme B4 (Normalverteilung der Störgröße) war $\widehat{\beta}$ sogar in der Klasse aller unverzerrten Schätzer effizient (BUE-Eigenschaft). Neben der Unverzerrtheit und der Effizienz existieren aber noch weitere Qualitätskriterien für Schätzer. Diese Kriterien sollen im Folgenden erläutert werden.

20.1.1 Konsistenz

Betrachten wir ein Schätzverfahren „A" (z.B. KQ-Methode). Der entsprechende Schätzer $\widehat{\beta}^A$ besitzt eine Wahrscheinlichkeitsverteilung $f(\widehat{\beta}^A)$. Die genaue Form dieser Verteilung hängt oftmals auch vom Stichprobenumfang T ab. Im linken Teil der Abbildung 20.1 ist beispielsweise gezeigt, wie sich die Wahrscheinlichkeitsverteilung bei steigendem Stichprobenumfang T immer stärker um den wahren Wert β konzentriert.

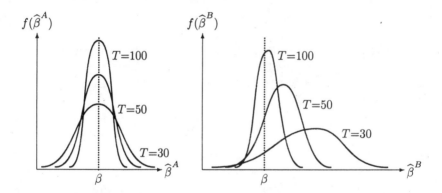

Abbildung 20.1: Die Wirkung steigender Stichprobenumfänge T auf die Wahrscheinlichkeitsverteilungen der Schätzer $\widehat{\beta}^A$ und $\widehat{\beta}^B$.

Es existieren auch Wahrscheinlichkeitsverteilungen, die sich bei unendlich großem Stichprobenumfang T *vollständig* auf den wahren Wert β konzentrieren. Wenn dies für den Schätzer $\widehat{\beta}^A$ zuträfe, könnte man dies in der folgenden Weise formal wiedergeben:

$$\lim_{T \to \infty} \Pr(|\widehat{\beta}^A - \beta| \geq \varepsilon) = 0 \:. \tag{20.5}$$

Diese Beziehung besagt: Die Wahrscheinlichkeit dafür, dass der Schätzwert $\widehat{\beta}^A$ vom wahren Wert β um mehr als ε abweicht, beträgt bei unendlichem großem Stichprobenumfang 0. Dabei kann der Wert von ε beliebig klein gewählt werden.

Wenn der Schätzer $\widehat{\beta}^A$ die Beziehung (20.5) erfüllt bezeichnet man ihn als *konsistent*. Neben der Unverzerrtheit und der Effizienz ist nun also ein drittes Qualitätskriterium für Schätzer hinzugekommen: die *Konsistenz*. Anstelle der umständlichen Schreibweise der Beziehung (20.5) schreibt man einfach

$$\mathrm{plim}(\widehat{\beta}^A) = \beta \, .$$

Dabei steht „plim" für *Wahrscheinlichkeitsgrenzwert* (engl.: *probability limit*). Gemeint ist der Grenzwert von $\widehat{\beta}^A$, wenn der Stichprobenumfang T gegen unendlich geht. Die Eigenschaft der Konsistenz fordert, dass dieser Grenzwert dem wahren Wert β entspricht.

Da die Eigenschaft der Konsistenz auf der Vorstellung beruht, der Stichprobenumfang T würde gegen unendlich gehen, spricht man auch von einer *asymptotischen* Eigenschaft. Im linken Teil der Abbildung 20.1 wird der asymptotische Charakter der Konsistenz deutlich. Für steigendes T konzentriert sich die Wahrscheinlichkeitsmasse immer stärker um den wahren Wert β. Genau dies wird durch die Eigenschaft der Konsistenz gefordert.

Im rechten Teil der Abbildung 20.1 sind die Wahrscheinlichkeitsverteilungen eines Schätzers $\widehat{\beta}^B$ zu sehen. Offensichtlich weicht bei jeder dieser Verteilungen der Erwartungswert $E(\widehat{\beta}^B)$ vom wahren Wert β ab. Der Schätzer $\widehat{\beta}^B$ ist verzerrt. Da sich jedoch auch hier die Wahrscheinlichkeitsmasse bei zunehmendem Stichprobenumfang immer stärker um den wahren Wert β konzentriert, könnte auch der Schätzer $\widehat{\beta}^B$ konsistent sein.

Betrachten wir zwei weitere mögliche asymptotische Eigenschaften des Schätzers $\widehat{\beta}^A$:

$$\lim_{T\to\infty} E(\widehat{\beta}^A) = \beta \qquad (20.6)$$

$$\lim_{T\to\infty} var(\widehat{\beta}^A) = 0 \, . \qquad (20.7)$$

Die erste besagt, dass bei genügend großem Stichprobenumfang T der Erwartungswert des Schätzers $\widehat{\beta}^A$ mit dem wahren Wert β übereinstimmt. Der Schätzer $\widehat{\beta}^A$ wird dann als *asymptotisch unverzerrt* bezeichnet. Ist Eigenschaft (20.4) erfüllt, dann ist offensichtlich immer auch Eigenschaft (20.6) erfüllt. Eigenschaft (20.7) besagt, dass die Varianz von $\widehat{\beta}^A$ bei unendlich großem Beobachtungsumfang gegen 0 geht.

Die in Abbildung 20.1 dargestellten Schätzer $\widehat{\beta}^A$ und $\widehat{\beta}^B$ sind beide asymptotisch unverzerrt. Auch der in Abbildung 20.2 wiedergegebene Schätzer $\widehat{\beta}^C$ ist asymptotisch unverzerrt. Im Gegensatz zu den Schätzern $\widehat{\beta}^A$ und $\widehat{\beta}^B$ ist er aber nicht konsistent, denn die Varianz bleibt trotz Erhöhung des Stichprobenumfangs unverändert.

Die Eigenschaften (20.6) und (20.7) sind hinreichend, aber nicht unbedingt notwendig für Konsistenz. Es sind folglich auch Schätzer denkbar, welche die Bedingungen (20.6) und (20.7) nicht erfüllen, aber dennoch konsistent sind. Ein einfaches Beispiel findet sich in Davidson und MacKinnon (1993). Weitere

20.1. KONSISTENZ UND ASYMPTOTISCHE EFFIZIENZ

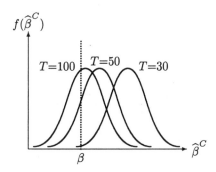

Abbildung 20.2: Die Wirkung steigender Stichprobenumfänge T auf die Wahrscheinlichkeitsverteilungen des asymptotisch unverzerrten Schätzers $\widehat{\beta}^C$.

Beispiele sind Schätzer $\widehat{\beta}^D$, für welche die Grenzwerte $\lim_{T\to\infty} E(\widehat{\beta}^D)$ und $\lim_{T\to\infty} var(\widehat{\beta}^D)$ formal nicht herleitbar sind, die aber dennoch eine Verteilung besitzen, bei der sich für unendlich großen Stichprobenumfang die komplette Wahrscheinlichkeitsmasse auf dem wahren Wert β konzentriert (vgl. Judge et al., 1988).

Ist unter den getroffenen A-, B- und C-Annahmen auch der KQ-Schätzer $\widehat{\beta}$ konsistent? Da der KQ-Schätzer Gleichung (20.4) erfüllt, besitzt er auch die Eigenschaft (20.6). Ferner war es möglich, für den KQ-Schätzer $\widehat{\beta}$ die folgende Varianz zu berechnen:

$$var(\widehat{\beta}) = \frac{\sigma^2}{S_{xx}}.$$

Wir unterstellen, dass die Störgrößenvarianz unabhängig vom Stichprobenumfang immer den Wert σ^2 besitzt. Da für steigendes T die Variation S_{xx} unendlich groß wird, geht der Quotient gegen 0. Damit besitzt er auch die Eigenschaft (20.7). Folglich ist der KQ-Schätzer bei Gültigkeit sämtlicher A-, B- und C-Annahmen konsistent.

20.1.2 Rechenregeln für Wahrscheinlichkeitsgrenzwerte

Es seien $\widehat{\beta}^A$ und $\widehat{\beta}^B$ zwei beliebige konsistente Zufallsvariablen, also Zufallsvariablen, für die Wahrscheinlichkeitsgrenzwerte $\text{plim}(\widehat{\beta}^A)$ und $\text{plim}(\widehat{\beta}^B)$ existieren, welche den wahren jeweiligen β-Werten entsprechen. Ferner sei c eine beliebige Konstante. Wie schon beim Erwartungswert, so gilt auch beim Wahrscheinlichkeitsgrenzwert:

$$\text{plim}(c) = c$$

und

$$\text{plim}(\widehat{\beta}^A + \widehat{\beta}^B) = \text{plim}(\widehat{\beta}^A) + \text{plim}(\widehat{\beta}^B).$$

Der Wahrscheinlichkeitsgrenzwert erlaubt jedoch auch Rechenoperationen, die für den Erwartungswert nicht ohne weiteres möglich waren. Die wichtigsten sind:

$$\text{plim}(\widehat{\beta}^A \cdot \widehat{\beta}^B) = \text{plim}(\widehat{\beta}^A) \cdot \text{plim}(\widehat{\beta}^B)$$
$$\text{plim}\left(\frac{\widehat{\beta}^A}{\widehat{\beta}^B}\right) = \frac{\text{plim}(\widehat{\beta}^A)}{\text{plim}(\widehat{\beta}^B)}.$$

Beim Erwartungswert sind diese Rechenoperationen nur dann zulässig, wenn $\widehat{\beta}^A$ und $\widehat{\beta}^B$ voneinander unabhängig sind.

20.1.3 Asymptotische Effizienz

In Abbildung 20.1 waren Wahrscheinlichkeitsverteilungen zweier konsistenter Schätzer $\widehat{\beta}^A$ und $\widehat{\beta}^B$ abgebildet. Für jeden der drei ausgewählten Stichprobenumfänge ist die Wahrscheinlichkeitsmasse des Schätzers $\widehat{\beta}^A$ stärker konzentriert als diejenige des Schätzers $\widehat{\beta}^B$:

$$var(\widehat{\beta}^A) < var(\widehat{\beta}^B) \qquad \text{für alle Stichprobenumfänge } T.$$

Dies impliziert, dass sich die Wahrscheinlichkeitsmasse des Schätzers $\widehat{\beta}^A$ bei steigendem T schneller um den wahren Wert β konzentriert, als dies beim Schätzer $\widehat{\beta}^B$ der Fall ist. Wenn der konsistente Schätzer $\widehat{\beta}^A$ nicht nur gegenüber dem konsistenten Schätzer $\widehat{\beta}^B$, sondern gegenüber *allen* anderen konsistenten Schätzern schneller konvergiert, dann wird er als *asymptotisch effizient* bezeichnet.

20.2 Konsequenzen der Annahmeverletzung

Wir wollen uns in diesem Kapitel auf die Einfachregression beschränken. Eine entsprechende Analyse des multiplen Regressionsmodells findet sich im matrixalgebraischen Anhang dieses Kapitels. Die dort gewonnenen grundlegenden Resultate entsprechen denjenigen, welche wir im Folgenden für die Einfachregression herleiten.

Warum beschäftigen wir uns überhaupt mit asymptotischen Qualitätskriterien wie der Konsistenz und der asymptotischen Effizienz? Wenn die Werte der exogenen Variable zufallsabhängig sind (Annahme C1 nicht erfüllt), dann existiert möglicherweise kein Schätzverfahren, welches die Qualitätskriterien der *Unverzerrtheit* und der *Effizienz* erfüllt. Damit können diese beiden Qualitätskriterien aber auch keine Anhaltspunkte darüber liefern, welches Schätzverfahren am geeignetsten ist. In einigen Fällen helfen die Qualitätskriterien *Konsistenz* und *asymptotische Effizienz* weiter. Die Aussagekraft dieser Kriterien hängt maßgeblich davon ab, ob zwischen den Störgrößen und den Beobachtungen der exogenen Variable eine Abhängigkeit besteht. Wir werden im Folgenden drei Fälle untersuchen:

20.2. KONSEQUENZEN DER ANNAHMEVERLETZUNG

Fall 1 Die Störgrößen u_t und die Beobachtungen der exogenen Variable x_s sind vollkommen unabhängig voneinander.

Da Unabhängigkeit eine hinreichende Bedingung für Unkorreliertheit (d.h. lineare Unabhängigkeit) darstellt, gilt in Fall 1: $cov(x_s, u_t) = 0$ für alle $s = 1, 2, ..., T$ und $t = 1, 2, ..., T$.

Fall 2 Die Störgrößen u_t und die Beobachtungen der exogenen Variable x_s sind kontemporär (d.h. $s = t$) unkorreliert:

$$cov(x_t, u_t) = 0, \qquad \text{für alle } t = 1, 2, ..., T \ . \qquad (20.8)$$

Fall 3 Die Störgrößen u_t und die Beobachtungen der exogenen Variable x_t sind kontemporär korreliert:

$$cov(x_t, u_t) \neq 0, \qquad \text{für mindestens eine Beobachtung } t \ . \qquad (20.9)$$

Die folgenden Abschnitte sind diesen drei Fällen gewidmet.

20.2.1 Fall 1: Störgrößen und Beobachtungen der exogenen Variable unabhängig

Bleibt der KQ-Schätzer $\widehat{\beta}$ in diesem Fall unverzerrt? Eine Vereinfachung des Quotienten in Gleichung (20.2) ist möglich, denn die Zufallsvariablen $x_1, x_2, ..., x_T$ und alle Störgrößen $u_1, u_2, ..., u_T$ sind vollkommen unabhängig voneinander und wir können deshalb Rechenregel (2.19) einsetzen:

$$
\begin{aligned}
E(\widehat{\beta}) &= \beta + \sum \left[E \left[\frac{x_t - \overline{x}}{S_{xx}} \cdot u_t \right] \right] & (20.10) \\
&= \beta + \sum \left[E \left[\frac{x_t - \overline{x}}{S_{xx}} \right] \cdot \underbrace{E(u_t)}_{=0} \right] \\
&= \beta \ . & (20.11)
\end{aligned}
$$

Der KQ-Schätzer bleibt demnach unverzerrt.

Da der KQ-Schätzer unverzerrt bleibt, ist es von untergeordneter Bedeutung, ob der KQ-Schätzer auch konsistent ist. Wir wollen dieser Frage dennoch nachgehen, denn die dazu erforderlichen Überlegungen werden sich auch in den Fällen 2 und 3 als sehr nützlich erweisen.

Asymptotische Eigenschaften der Variablen x_t und u_t

Wir nehmen im Folgenden an, dass

$$\lim_{T \to \infty} E(\overline{x}) = q_x \qquad \text{und} \qquad \lim_{T \to \infty} E(\sum x_t^2/T) = q_{xx} \ , \qquad (20.12)$$

wobei q_x und q_{xx} feste Grenzwerte darstellen. Diese Annahme schließt aus, dass bei steigendem Stichprobenumfang T die Werte der Variable x_t schneller wachsen können als der Stichprobenumfang T. Zusätzlich wird unterstellt, dass die Streuung der Ausdrücke $\bar{x}$ und $\sum x^2/T$ bei steigendem Stichprobenumfang T gegen 0 konvergiert:

$$\lim_{T\to\infty} var(\bar{x}) = 0 \qquad \text{und} \qquad \lim_{T\to\infty} var(\sum x_t^2/T) = 0 \;. \qquad (20.13)$$

Die Annahmen (20.12) und (20.13) implizieren unmittelbar, dass

$$\text{plim}(\bar{x}) = q_x \qquad \text{und} \qquad \text{plim}(\sum x_t^2/T) = q_{xx} \;. \qquad (20.14)$$

Folglich erhalten wir unter Beachtung der Gleichung (3.13b) und der Rechenregeln für Wahrscheinlichkeitsgrenzwerte:

$$\begin{aligned}
\text{plim}(S_{xx}/T) &= \text{plim}(\sum x_t^2/T - \bar{x}^2) \\
&= \text{plim}(\sum x_t^2/T) - \text{plim}(\bar{x}) \cdot \text{plim}(\bar{x}) \\
&= q_{xx} - q_x^2 \equiv \sigma_x^2 \;, \qquad (20.15)
\end{aligned}$$

wobei σ_x^2 einen festen Grenzwert darstellt.

Eine weitere Annahme bezieht sich auf die Eigenschaften der Störgrößen. Annahme B2 (Homoskedastizität) besagt, dass bei wiederholten Stichproben die Streuung innerhalb jeder der T Beobachtungen den Wert σ^2 besitzt, also identisch ist. Annahme B2 schließt allerdings nicht aus, dass diese Streuung σ^2 vom Beobachtungsumfang der Stichprobe abhängen könnte. Es wäre beispielsweise möglich, dass sich bei einem Stichprobenumfang von $T=12$ Beobachtungen für sämtliche dieser Beobachtungen in wiederholten Stichproben eine kleine Varianz σ^2 ergibt, während bei einem Stichprobenumfang von $T=120$ sämtliche dieser Beobachtungen in wiederholten Stichproben eine große Varianz σ^2 aufweisen. Je größer der Stichprobenumfang, umso größer könnte die Störgrößenvarianz ausfallen. Diese Möglichkeit wird durch die folgende zusätzliche Annahme eingeschränkt:

$$\lim_{T\to\infty} \sigma^2 = \sigma_u^2 \;, \qquad (20.16)$$

wobei σ_u^2 ein fester Grenzwert ist.

Konsistenz der KQ-Schätzer

Was lässt sich unter den drei zusätzlichen Annahmen (20.12), (20.13) und (20.16) über die Konsistenz des KQ-Schätzers $\widehat{\beta}$ aussagen? Um dies im Rahmen einer Einfachregression zu überprüfen, erweitern wir Gleichung (20.1) zu

$$\widehat{\beta} = \beta + \frac{(1/T)\sum(x_t - \bar{x})u_t}{(1/T)S_{xx}} \;. \qquad (20.17)$$

20.2. KONSEQUENZEN DER ANNAHMEVERLETZUNG

Im Zähler und Nenner von Gleichung (20.17) erscheint der Quotient $1/T$. Aus den Annahmen (20.12) und (20.13) wissen wir bereits, dass für den Nenner in Gleichung (20.17) der in Gleichung (20.15) angegebene Wahrscheinlichkeitsgrenzwert σ_x^2 existiert.

In Abschnitt 20.6.2 des matrixalgebraischen Anhangs (Nachtrag 1, S. 459) ist gezeigt, dass unter den getroffenen Annahmen (20.12) und (20.16) auch für den Zähler in Gleichung (20.17) ein Wahrscheinlichkeitsgrenzwert existiert und dass dieser den Wert 0 besitzt:

$$\text{plim}\left[(1/T)\sum(x_t - \bar{x})\,u_t\right] = 0\,. \tag{20.18}$$

Dieses Resultat ist nicht weiter überraschend, denn wir wissen aus dem Statistischen Repetitorium II, dass die Stichproben-Kovarianz der Variablen x_t und u_t durch die Formel

$$\frac{1}{T-1}\sum(x_t - \bar{x})\,(u_t - \bar{u})$$

gegeben ist, und dass diese Formel einen geeigneten Schätzer der Kovarianz $cov(x_t, u_t)$ repräsentiert. Bei unendlich großen Stichprobenumfang T geht der Mittelwert $\bar{u}$ gegen 0. Ferner spielt es bei unendlich großem T keine Rolle, ob man in der Schätzformel den Wert von T oder $T-1$ benutzt. Deshalb stellt auch der in eckigen Klammern erscheinende Ausdruck der Gleichung (20.18) bei hinreichend großem T einen geeigneten Schätzer der Kovarianz $cov(x_t, u_t)$ dar. Da diese Kovarianz annahmegemäß den Wert 0 besitzt, konvergiert auch der Schätzer, also der Ausdruck in eckigen Klammern, gegen den Wert 0.

Wir wissen inzwischen, dass sowohl der Zähler als auch der Nenner in Gleichung (20.17) einen Wahrscheinlichkeitsgrenzwert besitzen. Deshalb sind auf Gleichung (20.17) die Rechenregeln für Wahrscheinlichkeitsgrenzwerte anwendbar:

$$\begin{aligned}\text{plim}(\widehat{\beta}) &= \text{plim}(\beta) + \text{plim}\left[\frac{(1/T)\sum(x_t - \bar{x})\,u_t}{(1/T)S_{xx}}\right]\\ &= \beta + \frac{\text{plim}\left[(1/T)\sum(x_t - \bar{x})\,u_t\right]}{\text{plim}\left[(1/T)S_{xx}\right]}\,.\end{aligned} \tag{20.19}$$

Setzt man die Ergebnisse (20.15) und (20.18) in (20.19) ein, so erhält man

$$\text{plim}(\widehat{\beta}) = \beta + \frac{0}{q_{xx} - q_x^2} = \beta\,.$$

Der KQ-Schätzer $\widehat{\beta}$ ist somit konsistent, obwohl Annahme C1 verletzt ist.

Die Beweisführung wäre auch auf den Fall übertragbar, in welchem die exogene Variable nicht zufallsabhängig ist. Wenn also neben sämtlichen A-, B- und C-Annahmen auch die Annahmen (20.12), (20.13) und (20.16) erfüllt sind, dann liefert die KQ-Methode immer konsistente Schätzer.

Fazit

Fassen wir die für Fall 1 im Rahmen der Einfachregression angestellten Überlegungen zusammen. Annahme c1 kann durch die folgende schwächere Annahme ersetzt werden:

Annahme c1* Die Zufallsvariablen x_s ($s=1,2,...,T$) und die Störgrößen u_t ($t=1,2,...,T$) sind voneinander unabhängig und

$$\lim_{T\to\infty} E(\overline{x}) = q_x, \qquad \lim_{T\to\infty} E(\sum x_t^2/T) = q_{xx}, \qquad (20.12)$$

$$\lim_{T\to\infty} var(\overline{x}) = 0, \qquad \lim_{T\to\infty} var(\sum x_t^2/T) = 0, \qquad (20.13)$$

$$\lim_{T\to\infty} \sigma^2 = \sigma_u^2. \qquad (20.16)$$

Auch unter Annahme c1* bleiben die KQ-Schätzer unverzerrt. In Abschnitt 20.6.2 des matrixalgebraischen Anhangs ist ferner gezeigt, dass weitere wichtige Ergebnisse, die unter Annahme c1 hergeleitet wurden, ihre Gültigkeit auch unter Annahme c1* bewahren: Die KQ-Schätzer sind effizient und die herkömmlichen Schätzungen von σ^2, $var(\widehat{\alpha})$ und $var(\widehat{\beta})$ sind unverzerrt.

Die Bedingungen (20.12), (20.13) und (20.16) waren für die Herleitung all dieser Ergebnisse nicht erforderlich. Sie wurden erst benötigt, als die Konsistenz der KQ-Schätzer zu zeigen war. In Abschnitt 20.6.2 des matrixalgebraischen Anhangs ist ferner gezeigt, dass diese Bedingungen zudem sicherstellen, dass die herkömmlichen Intervallschätzer und Hypothesentests bei nicht zu kleinem Stichprobenumfang *näherungsweise* ihre Gültigkeit bewahren. Alle im matrixalgebraischen Anhang präsentierten Beweise sind für den multiplen Regressionsfall hergeleitet. Es zeigt sich, dass die gleichen Resultate wie in der Einfachregression gelten. Zusätzliche Komplikationen ergeben sich in der multiplen Regression lediglich dadurch, dass neben den Varianzen $var(x_k)$ der K exogenen Variablen auch Kovarianzen $cov(x_k, x_l)$ zu beachten sind.

Fall 1 war dadurch charakterisiert, dass die Störgrößen und die Beobachtungen der exogenen Variable voneinander unabhängig sind. Gleichung (20.10) zeigt, dass bei Abhängigkeit zwischen den Störgrößen und der exogenen Variable der Summenterm nicht verschwindet und der KQ-Schätzer $\widehat{\beta}$ verzerrt ist. Wir wollen nun zwei solcher Fälle genauer betrachten.

20.2.2 Fall 2: Störgrößen und Beobachtungen der exogenen Variable kontemporär unkorreliert

Kontemporäre Unkorreliertheit bedeutet, dass Unkorreliertheit innerhalb einer Beobachtung (Periode) besteht, aber nicht notwendigerweise über unterschiedliche Beobachtungen (Perioden) hinweg:

$$cov(x_t, u_t) = 0 \qquad \text{für alle } t = 1, 2, ..., T, \qquad (20.8)$$

aber nicht notwendigerweise

$$cov(x_s, u_t) = 0 \qquad \text{für } s \neq t.$$

20.2. KONSEQUENZEN DER ANNAHMEVERLETZUNG

Um zu erkennen, dass der KQ-Schätzer im Falle kontemporärer Unkorreliertheit (Fall 2) verzerrt ist, betrachten wir nochmals Gleichung (20.2). Es ist zwar weiterhin möglich, diese Gleichung in die Form (20.10) zu überführen, aber Fall 2 schließt nicht aus, dass in Gleichung (20.10) beispielsweise u_t mit x_{t-1} korreliert ist. Damit wäre u_t auch mit $\bar{x}$ korreliert. Aufgrund dieser Abhängigkeit vereinfacht sich Gleichung (20.10) *nicht* zu Gleichung (20.11), der Schätzer $\widehat{\beta}$ ist verzerrt.

Was lässt sich über die Konsistenz von $\widehat{\beta}$ aussagen? Unter den Annahmen (20.12), (20.13) und (20.16) ist Gleichung (20.19) auch hier wieder gültig. Wir erhalten erneut:

$$\text{plim}(\widehat{\beta}) = \beta \ .$$

Wir können also Annahme c1* durch eine noch schwächere Annahme ersetzen:

Annahme c1** Die Werte der Zufallsvariablen x_t und die Störgrößenwerte u_t ($t = 1, 2, ..., T$) sind *kontemporär* unkorreliert:

$$cov(x_t, u_t) = 0 \qquad \text{für alle } t = 1, 2, ..., T \ .$$

Ferner gilt

$$\lim_{T \to \infty} E(\bar{x}) = q_x \ , \qquad \lim_{T \to \infty} E(\sum x_t^2/T) = q_{xx} \ , \qquad (20.12)$$
$$\lim_{T \to \infty} var(\bar{x}) = 0 \ , \qquad \lim_{T \to \infty} var(\sum x_t^2/T) = 0 \ , \qquad (20.13)$$
$$\lim_{T \to \infty} \sigma^2 = \sigma_u^2 \ . \qquad (20.16)$$

Unter Annahme c1** sind die KQ-Schätzer $\widehat{\alpha}$ und $\widehat{\beta}$ zwar verzerrt, aber doch wenigstens konsistent – so wie der Schätzer $\widehat{\beta}^B$ in Abbildung 20.1. Dies bedeutet, dass bei genügend großem Stichprobenumfang die Verzerrung vernachlässigbar klein wird. Die Verallgemeinerung auf den Fall der multiplen Regression findet sich in Abschnitt 20.6.3 des matrixalgebraischen Anhangs. Dort ist auch erläutert, warum die herkömmlichen Intervallschätzer und Hypothesentests näherungsweise ihre Gültigkeit bewahren.

20.2.3 Eine mögliche Ursache für Fall 2: y_{t-1} als „exogene Variable"

Ein klassisches Beispiel für kontemporäre Unkorreliertheit (bei gleichzeitiger intertemporaler Korrelation) ist ein einfaches dynamisches Modell, bei dem als „exogene Variable" jeweils der Vorperiodenwert der endogenen Variable benutzt wird:

$$y_t = \alpha + \beta y_{t-1} + u_t \ . \qquad (20.20)$$

Wir werden Modelle dieses Typs in Kapitel 22 noch genauer untersuchen. Für den Augenblick genügt es festzuhalten, dass y_{t-1}, der für Periode t gültige Wert der „exogenen Variable", von u_t, der Störgröße der Periode t, unabhängig ist. Es besteht demnach keine *kontemporäre* Korrelation. Allerdings ist der für

Periode t gültige Wert der „exogenen Variable" (y_{t-1}) mit der Störgröße der Vorperiode (u_{t-1}) korreliert, denn

$$y_{t-1} = \alpha + \beta y_{t-2} + u_{t-1} \ .$$

Der für Periode t gültige Wert der „exogenen Variable" (y_{t-1}) wird somit durch die Störgröße der Periode t–1 (u_{t-1}) mitbestimmt. Es besteht demnach *intertemporale* Korrelation.

Es sei angemerkt, dass in solchen dynamischen Modellen oftmals Probleme mit Forderungen (20.12) und (20.13) der Annahme c1** auftauchen. Die „exogene Variable" des Modells (20.20) lautet nicht x_t sondern y_{t-1}. Forderung (20.12) lautet entsprechend: $\lim_{T\to\infty} E(\overline{y}) = q_y$ und $\lim_{T\to\infty} E(\sum y_{t-1}^2/T) = q_{yy}$, wobei q_y und q_{yy} Konstanten sind. Wächst die Variable y_t, und damit auch die „exogene Variable" y_{t-1}, im Zeitablauf stetig an, so kann es sein, dass diese Forderungen nicht erfüllt sind und damit auch Gleichung (20.15), also $\text{plim}(S_{yy}/T) = q_{yy} - q_y^2$, nicht herleitbar ist. Letzteres wäre aber notwendig, um die Konsistenz der KQ-Schätzer sicherzustellen.

20.2.4 Fall 3: Störgrößen und Beobachtungen der exogenen Variable kontemporär korreliert

In diesem Fall ist es zunächst von untergeordneter Bedeutung, ob auch eine intertemporäre Korrelation zwischen den Störgrößen und den Beobachtungen der exogenen Variable besteht. Entscheidend ist, dass $cov(x_t, u_t) \neq 0$ für mindestens eine Beobachtung t.

Betrachten wir exemplarisch den Fall $cov(x_t, u_t) > 0$, wobei angenommen sei, dass sämtliche Zufallsvariablen x_t den gleichen Erwartungswert $E(x_t) = \widetilde{x}$ besäßen. Es gilt dann:

$$\begin{aligned} cov(x_t, u_t) &= E\left[[x_t - \overbrace{E(x_t)}^{=\widetilde{x}}][u_t - \overbrace{E(u_t)}^{=0}]\right] \\ &= E\left[(x_t - \widetilde{x})u_t\right] > 0 \ . \end{aligned}$$

Die positive Kovarianz besagt: Solche x_t-Werte, die größer als $\widetilde{x}$ ausfallen, werden tendenziell mit positiven Störgrößen u_t einhergehen und folglich mit y_t-Werten, die oberhalb der wahren Gerade R liegen. Hingegen werden x_t-Werte, die kleiner als $\widetilde{x}$ ausfallen, tendenziell mit negativen Störgrößen u_t einhergehen und folglich mit y_t-Werten, die unterhalb der wahren Gerade R liegen. Auf der linken Seite der Abbildung 20.3 ist dieser Fall illustriert. Legt man durch die abgebildete Punktwolke eine Schätzgerade, so ergibt sich für diese Gerade eine systematisch höhere Steigung und ein systematisch geringerer Niveauparameter als für die eingezeichnete wahre Gerade R. Die KQ-Schätzer sind demnach verzerrt. Eine Erhöhung des Stichprobenumfangs T ändert an dieser Verzerrung nichts, die Punktwolke wird lediglich dichter. Die KQ-Schätzer sind folglich auch nicht konsistent.

20.2. KONSEQUENZEN DER ANNAHMEVERLETZUNG

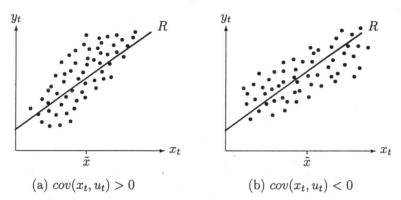

(a) $cov(x_t, u_t) > 0$ (b) $cov(x_t, u_t) < 0$

Abbildung 20.3: Die Lage der beobachteten Datenpunkte und der wahren Gerade R wenn (a) $cov(x_t, u_t) > 0$ bzw. wenn (b) $cov(x_t, u_t) < 0$.

Auf der rechten Seite von Abbildung 20.3 ist der umgekehrte Fall, also $cov(x_t, u_t) < 0$ illustriert. Die negative Kovarianz besagt, dass x_t-Werte, die größer als $\tilde{x}$ ausfallen, tendenziell mit negativen Störgrößen einhergehen werden und folglich mit y_t-Werten, die unterhalb der wahren Gerade R liegen. Solche x_t-Werte, die kleiner als $\tilde{x}$ ausfallen, werden hingegen tendenziell mit positiven Störgrößen einhergehen und folglich mit y_t-Werten, die oberhalb der wahren Gerade R liegen. Hier ergibt sich eine systematische Unterschätzung des Steigungsparameters und eine systematische Überschätzung des Niveauparameters.

Die Nicht-Konsistenz lässt sich auch auf formalem Wege zeigen (siehe dazu Abschnitt 20.6.4 des matrixalgebraischen Anhangs). Formale Ursache für die Nicht-Konsistenz ist wieder der Zähler des Ausdrucks (20.17). Er lautet $(1/T) \sum (x_t - \bar{x}) u_t$. Da es bei unendlich großem Stichprobenumfang keine Rolle spielt, ob T oder $T-1$ verwendet wird und zudem der Mittelwert der Störgrößen $\bar{u}$ den Wert 0 annimmt, stellt dieser Zähler einen geeigneten Schätzer für die Kovarianz $cov(x_t, u_t)$ dar. Deshalb wird für genügend großen Stichprobenumfang T der Wahrscheinlichkeitsgrenzwert des Kovarianz-Schätzers $(1/T) \sum (x_t - \bar{x}) u_t$ den wahren Wert der Kovarianz liefern. Dieser wahre Wert der Kovarianz ist in Fall 3 von 0 verschieden und somit gilt:

$$\text{plim}(1/T) \left[\sum (x_t - \bar{x}) u_t \right] \neq 0 \, .$$

Setzt man dieses Resultat zusammen mit der aus Annahmen (20.12) und (20.13) hergeleiteten Gleichung (20.15) in Gleichung (20.19) ein, so ergibt sich:

$$\text{plim}(\widehat{\beta}) \neq \beta \, .$$

Der KQ-Schätzer ist in Fall 3 nicht konsistent.

Annahme c1** wird in Fall 3 also weiter abgeschwächt zu

Annahme c1*** Es gilt:

$$\lim_{T\to\infty} E(\bar{x}) = q_x , \qquad \lim_{T\to\infty} E(\sum x_t^2/T) = q_{xx} , \qquad (20.12)$$

$$\lim_{T\to\infty} var(\bar{x}) = 0 , \qquad \lim_{T\to\infty} var(\sum x_t^2/T) = 0 , \qquad (20.13)$$

$$\lim_{T\to\infty} \sigma^2 = \sigma_u^2 . \qquad (20.16)$$

Für diesen Fall sind die KQ-Schätzer $\widehat{\alpha}$ und $\widehat{\beta}$ weder unverzerrt noch konsistent. Die Verallgemeinerung auf den Fall der multiplen Regression findet sich in Abschnitt 20.6.4 des matrixalgebraischen Anhangs.

Welche Ursachen kann es für eine kontemporäre Korrelation der Störgrößen mit der exogenen Variable geben? Wir werden in den Kapiteln 22 und 23 zwei mögliche Ursachen kennenlernen. Hier wollen wir uns aber auf eine dritte Ursache konzentrieren, und zwar auf Fehler in der exogenen Variable.

20.2.5 Eine mögliche Ursache für Fall 3: Probleme bei der Erfassung der exogenen Variable

Auf Probleme bei der Erfassung der exogenen Variable waren wir bereits in Zusammenhang mit Annahme B1 gestoßen. Dort hatten wir gesehen, dass ein *systematischer* Fehler bei der Datenerfassung zu verzerrten Schätzern führt. Hier geht es nun um eine neue Variante: Es wird unterstellt, dass der Fehler bei der Erfassung der Daten selbst ein *Zufallsprodukt* ist.

Am Ende dieses Abschnitts wird kurz erläutert, dass ein zufallsabhängiger Fehler bei der Erfassung der *endogenen* Variable keine zusätzlichen Komplikationen verursacht. Er erhöht lediglich die Varianz der Störgröße u_t und führt damit zu ungenaueren Schätzungen. Die KQ-Methode bleibt jedoch unverzerrt und effizient.

Hier geht es deshalb zunächst um zufallsabhängige Fehler bei der Erfassung der *exogenen* Variable. Ein solcher zufallsabhängiger Fehler ergibt sich beispielsweise dann, wenn die Werte der eigentlich maßgeblichen exogenen Variable x_t^* nicht zu ermitteln sind und hilfsweise deshalb mit den Werten einer sogenannten *Proxyvariable* x_t gearbeitet werden muss, die mehr oder weniger stark mit der eigentlich maßgeblichen Variable x_t^* korreliert ist. Die Differenz zwischen der tatsächlich relevanten, aber nicht beobachtbaren Variable x_t^* und der Proxyvariable x_t kann als ein zufallsabhängiger Erfassungsfehler und damit als eine Zufallsvariable v_t interpretiert werden:

$$x_t = x_t^* + v_t . \qquad (20.21)$$

Wie wirken sich die Erfassungsfehler v_t auf unsere Schätzung aus?

Beispiel zu Kapitel 20

Eine Versicherungsgesellschaft erwägt für ihre 30 Außendienstmitarbeiter die Einrichtung eines Schulungsseminars. Um die Rentabilität einer solchen Schulung einschätzen zu können, werden wir beauftragt herauszufinden, in welchem Maße die Anzahl der abgeschlossenen Versicherungsverträge von der allgemeinen Verkaufsbefähigung des Außendienstmitarbeiters abhängt.

20.2. KONSEQUENZEN DER ANNAHMEVERLETZUNG

Da alle 30 Mitarbeiter kürzlich an einem Assessmentcenter teilgenommen haben, liegt für jeden eine Testpunktzahl vor, die ein mehr oder weniger guter Indikator für die allgemeine Verkaufsbefähigung des Mitarbeiters darstellt. In Tabelle 20.1 finden sich für alle 30 Mitarbeiter die Zahl der in der abgelaufenen Periode abgeschlossenen Versicherungsverträge (y_t) sowie die im Assessmentcenter erzielte Testpunktzahl (x_t). Die eigentlich nicht beobachtbare wahre Verkaufsbefähigung (x_t^*) ist in der jeweils letzten Spalte wiedergegeben. Die Bedeutung und die Werte der Variable z_t wollen wir erst an späterer Stelle betrachten.

Tabelle 20.1: Abgeschlossene Versicherungsverträge y_t, Testergebnis im Assessmentcenter x_t, Anzahl der im Vorjahr abgeschlossenen Verträge z_t und tatsächliche Verkaufsbefähigung x_t^* für 30 Mitarbeiter.

t	y_t	x_t	z_t	x_t^*	t	y_t	x_t	z_t	x_t^*
1	11	40	14	32	16	24	94	24	81
2	19	44	18	43	17	11	49	18	38
3	21	61	20	56	18	31	68	27	75
4	28	84	34	78	19	18	31	16	36
5	14	36	13	29	20	12	39	13	29
6	28	73	28	77	21	14	30	11	30
7	30	85	28	88	22	22	36	18	48
8	17	32	21	36	23	29	97	33	90
9	30	82	32	84	24	19	68	16	53
10	33	93	25	91	25	28	75	29	77
11	25	49	23	56	26	28	57	16	60
12	14	35	19	39	27	17	14	12	28
13	24	33	11	44	28	22	77	17	67
14	25	62	26	58	29	30	67	28	75
15	31	66	25	73	30	29	82	28	80

Störgröße eines Modells mit fehlerhaft erfasster exogener Variable

Der wahre Zusammenhang einer Einfachregression laute

$$y_t = \alpha + \beta x_t^* + e_t , \qquad (20.22)$$

wobei e_t die Störgröße dieses Wirkungszusammenhangs darstelle und gemäß Gleichung (20.21) die Beziehung $x_t^* = x_t - v_t$ gelte. Die Variable x_t^* sei selbst keine Zufallsvariable. Es sei ferner angenommen, dass e_s und v_t unkorreliert sind,

$$cov(e_s, v_t) = 0 \qquad \text{für alle } s = 1, 2, ..., T \text{ und } t = 1, 2, ..., T , \qquad (20.23)$$

und dass sowohl e_t als auch v_t die Annahmen B1 bis B3 erfüllen:

$$E(e_t) = 0 \qquad E(v_t) = 0 \qquad (20.24a)$$
$$var(e_t) = \sigma_e^2 \qquad var(v_t) = \sigma_v^2 \qquad (20.24b)$$
$$cov(e_s, e_t) = 0 \qquad cov(v_s, v_t) = 0 \quad \text{für } t \neq s. \qquad (20.24c)$$

Ersetzt man im Modell (20.22) den korrekten Wert x_t^* durch $(x_t - v_t)$, so ergibt sich

$$\begin{aligned} y_t &= \alpha + \beta x_t + e_t - \beta v_t \\ &= \alpha + \beta x_t + u_t, \end{aligned} \qquad (20.25)$$

wobei sich die neue Störgröße

$$u_t = e_t - \beta v_t \qquad (20.26)$$

aus zwei Komponenten zusammensetzt: Aus e_t, der Störgröße des wahren Zusammenhangs, die alle sonstigen Störeinflüsse auffängt und aus $-\beta v_t$, der Komponente, die den Einfluss des Erfassungsfehlers in der exogenen Variable auf den Wert der endogenen Variable wiedergibt. Gleichung (20.25) beschreibt den wahren Wirkungszusammenhang zwischen y_t und der beobachtbaren Variable x_t.

Erfüllt die zusammengesetzte Störgröße u_t die Annahmen B1 bis B3? Bildet man auf beiden Seiten von Gleichung (20.26) den Erwartungswert, so erhält man

$$E(u_t) = E(e_t) - \beta E(v_t) = 0.$$

Annahme B1 ist nicht verletzt. Was bedeutet $E(u_t) = 0$ in grafischer Hinsicht? Solange die exogene Variable *keine* Zufallsvariable ist (Annahme C1 erfüllt), bedeutet $E(u_t)=0$, dass für jeden *gegebenen* x_t-Wert, also an jeder Stelle entlang der x_t-Achse, die Datenpunkte ober- und unterhalb der wahren Gerade sich in etwa die Waage halten würden. Sobald allerdings x_t eine Zufallsvariable darstellt (Annahme C1 verletzt), bedeutet $E(u_t)=0$ lediglich, dass *insgesamt* etwa so viele Datenpunkte ober- wie unterhalb der wahren Gerade liegen müssten. Dabei spielt es keine Rolle, ob die Datenpunkte oberhalb der wahren Gerade sich in einem bestimmten x_t-Wertebereich häufen und die Datenpunkte unterhalb der wahren Gerade in einem anderen x_t-Wertebereich, so wie es in Abbildung 20.3 der Fall war. Wir können also festhalten, die Gültigkeit der Annahme B1 schließt bei zufallsabhängigen x_t-Werten nicht aus, dass Fälle wie in Abbildung 20.3 auftreten.

Wie sieht es mit den Annahmen B2 und B3 aus? Unter Rückgriff auf die üblichen Rechenregeln für Varianzen ergibt sich aus Gleichung (20.26):

$$\begin{aligned} var(u_t) &= var(e_t) + \beta^2 var(v_t) - 2\beta cov(e_t, v_t) \\ &= \sigma_e^2 + \beta^2 \sigma_v^2, \end{aligned}$$

20.2. KONSEQUENZEN DER ANNAHMEVERLETZUNG

wobei im letzten Schritt die Annahmen (20.23) und (20.24b) benutzt wurden. Das Ergebnis zeigt, dass die Varianz der Störgrößen u_t für alle Beobachtungen identisch ist und damit ist Annahme B2 erfüllt. Auch Annahme B3 ist erfüllt, denn

$$\begin{aligned} cov(u_t, u_s) &= E\left[[u_t - E(u_t)]\,[u_s - E(u_s)]\right] \\ &= E(u_t u_s) \\ &= E\left[(e_t - \beta v_t)(e_s - \beta v_s)\right] \\ &= E(e_t e_s) - \beta E(e_t v_s) - \beta E(e_s v_t) + \beta^2 E(v_t v_s) \\ &= cov(e_t, e_s) - \beta cov(e_t, v_s) - \beta cov(e_s, v_t) + \beta^2 cov(v_t, v_s) \\ &= 0, \end{aligned}$$

wobei in den letzten beiden Schritten sämtliche Annahmen (20.23) bis (20.24c) benutzt wurden.

Verzerrung der KQ-Schätzer

Die Störgröße u_t erfüllt die Annahmen B1 bis B3. Dennoch würde die KQ-Methode zu verzerrten Schätzern führen. Ursache dafür ist die kontemporäre Korrelation zwischen der Störgröße u_t und der exogenen Variable x_t. Aus der Beziehung (20.21) ist ersichtlich, dass ein erhöhter v_t-Wert einen erhöhten x_t-Wert nach sich zieht. Gleichzeitig kann aus der Beziehung (20.26) abgelesen werden, dass bei positivem β-Wert ein erhöhter v_t-Wert mit einem *verringerten* u_t-Wert einhergeht. Damit sind x_t und u_t via v_t miteinander *negativ* korreliert: $cov(x_t, u_t) < 0$. Bei einem negativen β-Wert wären x_t und u_t positiv korreliert.

Formal lässt sich die kontemporäre Korrelation über die Berechnung der Kovarianz von x_t und u_t zeigen:

$$\begin{aligned} cov(x_t, u_t) &= E[[x_t - E(x_t)]\,[u_t - \overbrace{E(u_t)}^{=0}]] \\ &= E\left[[x_t - E(x_t^*) + E(v_t)]\,u_t\right] \\ &= E\left[(x_t - x_t^*)(e_t - \beta v_t)\right] \\ &= E\left[(v_t)(e_t - \beta v_t)\right] \\ &= E(v_t e_t) - \beta E(v_t^2) \\ &= -\beta \sigma_v^2\,. \end{aligned} \qquad (20.27)$$

Dieses Resultat besagt, dass bei positivem β-Wert ein Messfehler in der exogenen Variable immer zu einer negativen Korrelation zwischen x_t und u_t führt. Der rechte Teil der Abbildung 20.3 veranschaulicht, dass eine solche negative Korrelation zu einer systematischen Unterschätzung des Steigungsparameters und – sofern die x_t-Werte überwiegend positiv sind – einer systematischen Überschätzung des Niveauparameters führt.

Nicht-Konsistenz der KQ-Schätzer

Dass $\widehat{\beta}$ nicht konsistent ist, lässt sich formal anhand von Gleichung (20.19) zeigen. Vom Nenner dieser Gleichung wissen wir, dass er gemäß der Beziehung (20.15) den Wert σ_x^2 besitzt. Der Klammerterm im Zähler ist ein geeigneter Schätzer der Kovarianz zwischen x_t und u_t. Der Zähler beträgt deshalb gemäß des Ausdrucks (20.27) $-\beta\sigma_v^2$. Damit ergibt sich

$$\begin{aligned}\text{plim}(\widehat{\beta}) &= \beta - \frac{\beta\sigma_v^2}{\sigma_x^2} \\ &= \beta\left(1 - \frac{\sigma_v^2}{\sigma_x^2}\right).\end{aligned} \qquad (20.28)$$

Nur wenn $\sigma_v^2 = 0$, d.h. die exogene Variable wird entweder korrekt oder mit *konstantem* Messfehler erfasst, ist $\widehat{\beta}$ konsistent. Je größer σ_v^2 relativ zu σ_x^2, je gravierender also die fehlerhafte Erfassung der exogenen Variable, umso stärker weicht $\widehat{\beta}$ vom wahren Wert β ab. Das Ergebnis (20.28) bestätigt ferner, dass ein positives β systematisch *unter*schätzt wird, ein Ergebnis welches wir auf grafischem Wege aus dem rechten Teil der Abbildung 20.3 gewonnen hatten.

Exkurs: Fehlerhafte Erfassung der endogenen Variable

Ein unsystematischer Fehler bei der Erfassung der endogenen Variable hat nichts mit einer Verletzung der Annahme C1 zu tun, denn diese betrifft ausschließlich die exogenen Variablen. Die folgenden Überlegungen sind deshalb nur als Randbemerkung zu verstehen.

Der wahre Zusammenhang laute

$$y_t^* = \alpha + \beta x_t + e_t. \qquad (20.29)$$

Statt y_t^* wurde aber y_t erfasst, wobei

$$v_t = y_t - y_t^*$$

wieder den Erfassungsfehler darstellt. Es seien die Gleichungen (20.24a) bis (20.24c) erfüllt. Substituiert man in Modell (20.29) die Variable y_t^* durch den Term $(y_t - v_t)$, so erhält man

$$\begin{aligned}y_t &= \alpha + \beta x_t + e_t + v_t \\ &= \alpha + \beta x_t + u_t,\end{aligned}$$

wobei

$$u_t = e_t + v_t.$$

Die neue Störgröße u_t erfüllt wieder die erforderlichen B-Annahmen. Ferner sind die Störgrößenwerte u_t von den beobachteten Werten der exogenen

Variable vollkommen unabhängig: $cov(x_t, u_t) = 0$. Die KQ-Schätzer $\widehat{\alpha}$ und $\widehat{\beta}$ sind daher unverzerrt.

Grafisch bewirken die Messfehler, dass eine Punktwolke erfasst wird, welche in vertikaler Richtung stärker um die wahre Gerade R herum streut als sie es ohne Messfehler tun würde. Der mittlere Zusammenhang zwischen x_t und y_t bleibt davon offensichtlich unberührt.

20.3 Anwendbare Schätzverfahren

Haben wir es mit Fall 1 zu tun, dann bleibt die KQ-Methode unverzerrt. In Fall 2 ist die KQ-Methode immerhin noch konsistent. Auch die herkömmlichen Intervallschätzer und Hypothesentests bewahren näherungsweise ihre Gültigkeit. Wir können also in diesen beiden Fällen weiter auf die KQ-Methode zurückgreifen. Was lässt sich aber unternehmen, wenn Fall 3 vorliegt, also die exogene Variable x_t mit der Störgröße kontemporär korreliert ist und somit inkonsistente KQ-Schätzer generiert werden?

20.3.1 Eigenschaften einer Instrumentvariable

Der Ausweg besteht darin, nach einer Variable z_t zu suchen, die mit der Proxyvariable x_t möglichst eng korreliert ist, aber keine kontemporäre Korrelation mit der Störgröße u_t aufweist:

$$cov(z_t, x_t) \neq 0 \quad \text{für alle } t = 1, 2, ..., T,$$
$$cov(z_t, u_t) = 0 \quad \text{für alle } t = 1, 2, ..., T. \quad (20.30)$$

Eine solche Variable z_t wird als *Instrumentvariable* (IV) bezeichnet.

Wir hatten bezüglich der Variable x_t die Annahmen (20.12) und (20.13) getroffen, welche die Eigenschaften dieser Variable bei unendlich großem Stichprobenumfang festlegte. Ganz analog wird für die Instrumentvariable z_t angenommen, dass

$$\lim_{T \to \infty} E(\bar{z}) = q_z \quad \text{und} \quad \lim_{T \to \infty} E(\sum z^2/T) = q_{zz}, \quad (20.31)$$
$$\lim_{T \to \infty} var(\bar{z}) = 0 \quad \text{und} \quad \lim_{T \to \infty} var(\sum z_t^2/T) = 0, \quad (20.32)$$

wobei q_z und q_{zz} feste Grenzwerte darstellen.

Ferner muss sichergestellt sein, dass ein Mindestmaß an Stabilität in der Beziehung zwischen z_t und x_t besteht, in dem Sinne, dass ein Wahrscheinlichkeitsgrenzwert des Terms S_{zx}/T existiert:

$$\text{plim}\,(S_{zx}/T) = \sigma_{zx}^2. \quad (20.33)$$

20.3.2 IV-Schätzung

Eine Schätzung, die sich einer Instrumentvariable bedient, nennt man *Instrumentvariablen-Schätzung* oder kurz *IV-Schätzung*. Man könnte vermuten, dass in der IV-Schätzung anstelle von

$$y_t = \alpha + \beta x_t + u_t$$

einfach der Zusammenhang

$$y_t = \alpha + \beta z_t + u_t^*$$

geschätzt wird. Dies ist jedoch nicht der Fall. Die IV-Schätzung ersetzt die relevante Variable x_t nur zum Teil. Was wir mit „zum Teil" meinen, wird klarer, wenn wir am Beispiel der Einfachregression die tatsächlich verwendete Schätzformel einer IV-Schätzung betrachten. Für den Steigungsparameter β lautet sie:

$$\widehat{\beta}^{IV} = \frac{\sum (z_t - \bar{z})(y_t - \bar{y})}{\sum (z_t - \bar{z})(x_t - \bar{x})} \tag{20.34}$$

$$= \frac{S_{zy}}{S_{zx}}. \tag{20.35}$$

Für den Niveauparameter lautet die Formel:

$$\widehat{\alpha}^{IV} = \bar{y} - \widehat{\beta}^{IV} \bar{x}. \tag{20.36}$$

Die Verallgemeinerung der Schätzformeln auf den Fall der multiplen Regression findet sich in Abschnitt 20.6.5 des matrixalgebraischen Anhangs.

Konzentrieren wir uns auf die Schätzung des Steigungsparameters β. Der in Formel (20.34) definierte IV-Schätzer $\widehat{\beta}^{IV}$ unterscheidet sich vom KQ-Schätzer

$$\widehat{\beta} = \frac{\sum (x_t - \bar{x})(y_t - \bar{y})}{\sum (x_t - \bar{x})(x_t - \bar{x})}$$

$$= \frac{S_{xy}}{S_{xx}}$$

jeweils nur im ersten Term des Zählers und Nenners. Der Nenner der Formel (20.34) zeigt, dass in der IV-Schätzung die Variable x_t nur zum Teil durch die Instrumentvariable z_t ersetzt wird.

Nummerische Illustration 20.1

Im Versicherungs-Beispiel haben wir versucht, die wahre Verkaufsbefähigung x_t^* durch die Proxyvariable x_t (Testergebnis im Assessmentcenter) zu erfassen. Wir hatten in Gleichungen (20.22) bis (20.26) gesehen, dass die Störgröße dann durch $u_t = e_t - \beta v_t$ gegeben ist. Die KQ-Schätzung eines Modells mit dieser Störgröße ist gemäß Gleichung (20.28) nicht konsistent. Wir benötigen eine Instrumentvariable z_t.

20.3. ANWENDBARE SCHÄTZVERFAHREN

Welche Variable könnte im Versicherungs-Beispiel als Instrumentvariable dienen? Es ist zu vermuten, dass ein Mitarbeiter mit hoher Verkaufsbefähigung x_t^* bzw. hohem Testergebnis x_t nicht nur in der aktuellen Periode eine hohe Zahl von abgeschlossenen Versicherungsverträgen y_t vorzuweisen hat, sondern auch für die Vorperiode ein gutes Ergebnis hatte. Das Vorperiodenergebnis sei im Folgenden durch z_t bezeichnet. Das heißt, x_t und z_t sind korreliert.

Sind, wie für eine geeignete Instrumentvariable erforderlich, z_t und $u_t = e_t - \beta v_t$ unkorreliert? Eine solche Korrelation könnte im Grunde nur durch eine Korrelation zwischen z_t und der Störgröße v_t (Differenz zwischen tatsächlicher Verkaufsbefähigung x_t^* und erzieltem Testergebnis x_t) verursacht werden, denn e_t ist die Störgröße des wahren Modells (20.22). Eine (z.B. positive) Korrelation zwischen z_t und v_t würde besagen, dass bei wiederholten Stichproben ein für den Mitarbeiter t persönlich überdurchschnittliches (überdurchschnittlich im Vergleich zu anderen Mitarbeitern ist hier irrelevant!) Vorjahresergebnis z_t die Wahrscheinlichkeit für eine positive Differenz v_t zwischen Testergebnis x_t und Verkaufsbefähigung x_t^* erhöht (bzw. umgekehrt). Eine solche Abhängigkeit scheint unplausibel. Deshalb ist z_t eine geeignete Instrumentvariable.

In Tabelle 20.1 sind auch die Werte der Instrumentvariable z_t wiedergegeben. Für die abgedruckten Werte errechnet ökonometrische Software die folgenden Zwischenergebnisse: $S_{zy} = 1042$ und $S_{zx} = 3637$. Schätzformel (20.35) liefert dann

$$\widehat{\beta}^{IV} = 0,286 \ .$$

Unter Verwendung von $\overline{y} = 22,8$ und $\overline{x} = 58,6$ ergibt sich aus (20.36):

$$\widehat{\alpha}^{IV} = 22,8 - 0,286 \cdot 58,6 = 6,007 \ .$$

Der positive Wert von $\widehat{\beta}^{IV}$ signalisiert gemäß Gleichung (20.27) eine negative Korrelation $cov(x_t, u_t)$. Der rechte Teil der Abbildung 20.2 zeigt einen solchen Fall. Die Abbildung lässt vermuten, dass sich beim Vergleich der IV-Schätzer mit den KQ-Schätzern die folgende Konstellation ergeben müsste: $\widehat{\beta}^{IV} > \widehat{\beta}$ und $\widehat{\alpha}^{IV} < \widehat{\alpha}$. Eine Berechnung der KQ-Schätzer bestätigt diese Vermutung: $\widehat{\beta} = 0,221$ und $\widehat{\alpha} = 9,851$.

20.3.3 Konsistenz der IV-Schätzer

Um zu zeigen, dass $\widehat{\beta}^{IV}$ ein konsistenter Schätzer des Steigungsparameters β ist, formen wir die Schätzformel (20.34) in die Gleichung

$$\widehat{\beta}^{IV} = \beta + \frac{\sum (z_t - \overline{z}) u_t}{S_{zx}} \qquad (20.37)$$

um. Die dazu notwendigen Schritte entsprechen denjenigen, die Gleichung (4.2) in die Form (4.10) bzw. (20.1) überführten.

Bildet man auf beiden Seiten von (20.37) den Wahrscheinlichkeitsgrenzwert, so ergibt sich

$$\text{plim}(\widehat{\beta}^{IV}) = \beta + \frac{\text{plim}\left[(1/T)\sum(z_t - \bar{z})u_t\right]}{\text{plim}\left[(1/T)S_{zx}\right]}, \qquad (20.38)$$

wobei wir wieder Zähler und Nenner mit $(1/T)$ erweitert haben. Vom Nenner des Quotienten wissen wir aus Gleichung (20.33), dass er den Wert σ_{zx}^2 besitzt. In Abschnitt 20.6.5 des matrixalgebraischen Anhangs (Nachtrag 2, S. 466) ist gezeigt, dass der Zähler der Gleichung (20.38) den Wert 0 besitzt:

$$\text{plim}\left[(1/T)\sum(z_t - \bar{z})u_t\right] = 0, \qquad (20.39)$$

denn es gilt auch hier wieder, dass der Klammerterm im Zähler einen geeigneten Schätzer der Kovarianz $cov(z_t, u_t)$ darstellt. Da diese Kovarianz den Wert 0 besitzt, hat auch der Zähler diesen Wert. Zusammenfassend erhalten wir für Gleichung (20.38) das folgende Ergebnis:

$$\text{plim}(\widehat{\beta}^{IV}) = \beta + \frac{0}{\sigma_{zx}^2} = \beta.$$

Der IV-Schätzer $\widehat{\beta}^{IV}$ ist demnach konsistent. Der entsprechende Beweis für den Fall der multiplen Regression findet sich ebenfalls in Abschnitt 20.6.5 des matrixalgebraischen Anhangs.

Es sei angemerkt, dass $\widehat{\beta}^{IV}$ verzerrt ist. Ähnliche Gründe wie diejenigen, die verhinderten, dass Gleichung (20.1) in die Form (20.3) überführt werden kann, verhindern auch hier, dass Gleichung (20.37) in $E(\widehat{\beta}^{IV}) = \beta$ überführt werden kann.

20.3.4 Wahrscheinlichkeitsverteilung und Varianz der IV-Schätzer

Was kann man über die Wahrscheinlichkeitsverteilung und die Varianz des IV-Schätzers $\widehat{\beta}^{IV}$ aussagen? Bei kleinem Stichprobenumfang sind kaum Aussagen möglich. Jedoch hat White (1984) gezeigt, dass die Wahrscheinlichkeitsverteilung von $\widehat{\beta}^{IV}$ bei großem Stichprobenumfang gegen die Normalverteilung $N(\beta, var(\widehat{\beta}^{IV}))$ konvergiert. Welchen Wert besitzt dabei die Varianz $var(\widehat{\beta}^{IV})$? In Abschnitt 20.6.5 des matrixalgebraischen Anhangs (S. 468) ist gezeigt, dass die Störgrößenvarianz σ^2 durch die Formel

$$\widehat{\sigma}^2 = \frac{S_{\widehat{u}\widehat{u}}^{IV}}{T-2} \qquad (20.40)$$

konsistent geschätzt werden kann, wobei die zugrunde liegenden Residuen $\widehat{u}_t$ gemäß

$$\widehat{u}_t = y_t - \widehat{\alpha}^{IV} - \widehat{\beta}^{IV} x_t \qquad (20.41)$$

20.3. ANWENDBARE SCHÄTZVERFAHREN

ermittelt werden. Es wird dort ferner gezeigt (Nachtrag 3, S. 470), dass

$$\widehat{var}(\widehat{\beta}^{IV}) = \frac{\widehat{\sigma}^2 \sum (z_t - \overline{z})^2}{[\sum (z_t - \overline{z})(x_t - \overline{x})]^2}$$

$$= \frac{\widehat{\sigma}^2 S_{zz}}{S_{zx}^2} \qquad (20.42)$$

$$= \frac{\widehat{\sigma}^2}{S_{xx}} \frac{S_{xx} S_{zz}}{S_{zx}^2}$$

$$= \frac{\widehat{\sigma}^2}{S_{xx}} \cdot \frac{1}{R_{z \cdot x}^2}$$

$$= \widehat{var}(\widehat{\beta}) \cdot \frac{1}{R_{z \cdot x}^2} \qquad (20.43)$$

ein geeigneter Schätzer für $var(\widehat{\beta}^{IV})$, die Streuung des IV-Schätzers $\widehat{\beta}^{IV}$ ist. In Formel (20.43) kann $R_{z \cdot x}^2 = S_{zx}^2/(S_{xx} S_{zz})$ als Bestimmtheitsmaß einer Regression von z_t auf x_t (oder umgekehrt) interpretiert werden. Es zeigt an, wie stark das Instrument z_t und die Variable x_t miteinander korreliert sind. Je größer die Korrelation, umso größer ist $R_{z \cdot x}^2$ und umso geringer wird deshalb die durch Ausdruck (20.43) beschriebene Varianz von $\widehat{\beta}^{IV}$. Dies zeigt nochmals, warum wir an einer Instrumentvariable z_t interessiert sind, die eng mit x_t korreliert ist. Da der Wert von $R_{z \cdot x}^2$ immer zwischen 0 und 1 liegt, kann $\widehat{var}(\widehat{\beta}^{IV})$ niemals kleiner ausfallen als $\widehat{var}(\widehat{\beta}) = \widehat{\sigma}^2/S_{xx}$, die geschätzte Varianz des (unzulässigen) KQ-Schätzers.

Nummerische Illustration 20.2

Wir haben in der Nummerischen Illustration 20.1 bereits berechnet, dass im Versicherungs-Beispiel $S_{zx} = 3637$, $\widehat{\alpha}^{IV} = 6,007$ und $\widehat{\beta}^{IV} = 0,286$. Aus Gleichung (20.41) ergeben sich die entsprechenden Residuen der IV-Schätzung. Aus diesen lässt sich die Summe der Residuenquadrate berechnen:

$$S_{\widehat{u}\widehat{u}}^{IV} = \sum \widehat{u}_t^2 = 670,240 \ .$$

Aus Formel (20.40) ergibt sich der folgende Schätzwert für die Störgrößenvarianz:

$$\widehat{\sigma}^2 = \frac{670,240}{28} = 23,937 \ . \qquad (20.44)$$

Für die Instrumentvariable z_t lässt sich berechnen, dass $S_{zz} = 1375$. Einsetzen der Werte in Gleichung (20.42) liefert

$$\widehat{var}(\widehat{\beta}^{IV}) = \frac{23,937 \cdot 1375}{3637^2} = 0,00249 \qquad (20.45)$$

und damit $\widehat{se}(\widehat{\beta}^{IV}) = 0,050$. Dividiert man den Schätzwert $\widehat{\beta}^{IV} = 0,286$ durch diese Standardabweichung, so erhält man einen Wert von $5,72$. Diese Zahl kann als approximativer t-Wert der Nullhypothese $H_0 : \beta = 0$ interpretiert werden. Aus Tabelle T.2 ist ersichtlich, dass $t_{0,005} = 2,7633$ (28 Freiheitsgrade). Folglich würde man selbst bei einem Signifikanzniveau von 1% die Nullhypothese $H_0 : \beta = 0$ ablehnen. Die IV-Schätzung des Versicherungs-Beispiels liefert demnach eine hochsignifikante Schätzung des Steigungsparameters β.

20.3.5 Fazit der IV-Schätzung

Besteht zwischen x_t und u_t kontemporäre Korrelation (Fall 3), dann ist die KQ-Schätzung unzulässig. Die IV-Schätzung bietet einen Ausweg. Sie stützt sich auf eine Instrumentvariable z_t, welche mit der Störgröße kontemporär unkorreliert ist,

$$cov(z_t, u_t) = 0 \quad \text{für alle } t = 1, 2, ..., T , \quad (20.30)$$

aber eine auch bei großem Stichprobenumfang stabile Korrelation mit der Variable x_t aufweist:

$$\text{plim}(S_{zx}/T) = \sigma_{zx}^2 . \quad (20.33)$$

Ferner muss die Instrumentvariable die normalerweise unproblematischen Eigenschaften

$$\lim_{T \to \infty} E(\bar{z}) = q_z , \qquad \lim_{T \to \infty} E(\sum z^2/T) = q_{zz} , \quad (20.31)$$

$$\lim_{T \to \infty} var(\bar{z}) = 0 , \qquad \lim_{T \to \infty} var(\sum z_t^2/T) = 0 , \quad (20.32)$$

besitzen.

Der IV-Schätzer $\widehat{\beta}^{IV} = S_{zy}/S_{zx}$ ist dann konsistent und seine Varianz kann mit Hilfe der Formel

$$\widehat{var}(\widehat{\beta}^{IV}) = \widehat{\sigma}^2 S_{zz}/S_{zx}^2 \quad (20.42)$$

geschätzt werden, wobei $\widehat{\sigma}^2 = S_{\hat{u}\hat{u}}^{IV}/(T-2)$. In Abschnitt 20.6.5 des matrixalgebraischen Anhangs wird die IV-Schätzung für den Fall der multiplen Regression dargestellt. Ferner wird dort erläutert, wie auf Basis der IV-Schätzung auch Intervallschätzer berechnet und Hypothesentests durchgeführt werden können.

20.4 Diagnose

20.4.1 Vorüberlegungen

Da bei kontemporärer Korrelation zwischen den Beobachtungen der exogenen Variable x_t und der Störgröße u_t (Fall 3) die KQ-Schätzer sowohl verzerrt als auch nicht-konsistent sind, wird eine IV-Schätzung notwendig. Oftmals herrscht jedoch Unsicherheit darüber, ob eine solche kontemporäre Korrelati-

20.4. DIE DIAGNOSE

on tatsächlich vorliegt. Bestünde keine kontemporäre Korrelation (Fall 1 oder 2), dann wäre die KQ-Schätzung zulässig. Sie wäre dann der IV-Schätzung vorzuziehen, denn aus Gleichung (20.43) war ersichtlich, dass die KQ-Schätzung eine kleinere Varianz aufweist. Es ist deshalb wichtig zu überprüfen, ob wir es tatsächlich mit kontemporärer Korrelation zu tun haben.

Wenn $cov(x_t, u_t) = 0$ gilt, dann sind sowohl die KQ-Methode als auch die IV-Methode konsistent. Für die KQ-Methode wurde dies in Abschnitt 20.2.2 erläutert und für die IV-Methode in Abschnitt 20.2.4. Wenn beide Methoden konsistent sind, dann liefern beide Methoden „im Mittel" den Wert β. Es ist deshalb zu erwarten, dass $\widehat{\beta}$ und $\widehat{\beta}^{IV}$ normalerweise nicht weit voneinander abweichen. Wenn hingegen $cov(x_t, u_t) \neq 0$, dann ist der KQ-Schätzer nicht konsistent. Nur die IV-Schätzung ist konsistent. In diesem Fall sollte sich eine deutlichere Differenz zwischen $\widehat{\beta}$ und $\widehat{\beta}^{IV}$ ergeben. Diese Überlegungen können in einem Test genutzt werden.

20.4.2 Spezifikationstest von Hausman

Die Nullhypothese besage, dass die exogene Variable x_t und die Störgröße u_t kontemporär unkorreliert sind und damit

$$H_0 : \text{plim} \left[(1/T) \sum (x_t - \overline{x}) u_t\right] = 0$$

gelte. Eine IV-Schätzung wäre bei Gültigkeit der Nullhypothese nicht notwendig. Die Nullhypothese wird gegen die Alternativhypothese

$$H_1 : \text{plim} \left[(1/T) \sum (x_t - \overline{x}) u_t\right] \neq 0$$

getestet.

Hausman (1978) konnte zeigen, dass bei Gültigkeit der Nullhypothese die transformierte Zufallsvariable

$$m = \frac{\left(\widehat{\beta}^{IV} - \widehat{\beta}\right)^2}{\widehat{var}(\widehat{\beta}^{IV}) - \widehat{var}(\widehat{\beta})} \qquad (20.46)$$

bei großem Stichprobenumfang approximativ $\chi^2_{(K)}$-verteilt ist, in der Einfachregression also $\chi^2_{(1)}$-verteilt. Je größer die Differenz $(\widehat{\beta}^{IV} - \widehat{\beta})$, umso unplausibler ist die Nullhypothese und umso größer der Wert von m. Weicht in unserer Stichprobe $\widehat{\beta}^{IV}$ von $\widehat{\beta}$ so weit ab, dass der Wert von m über dem entsprechenden kritischen Wert der $\chi^2_{(1)}$-Verteilung liegt, dann wird die Nullhypothese abgelehnt.

Bei der Berechnung von $\widehat{var}(\widehat{\beta}^{IV})$ und $\widehat{var}(\widehat{\beta})$ werden entweder *einheitlich* die Residuen der KQ-Schätzung zugrundegelegt oder *einheitlich* die Residuen der IV-Schätzung. Diese Ambivalenz signalisiert wieder, dass wir hier lediglich mit asymptotischen Ergebnissen arbeiten können, die nur bei großem Stichprobenumfang T aussagekräftig sind.

Nummerische Illustration 20.3

Der auf Basis einer KQ-Schätzung berechnete Wert für $\hat{\sigma}^2$ beträgt $21{,}615$. Ferner lässt sich aus den Daten berechnen, dass $S_{xx} = 15123$. Damit ergibt sich für die Varianz des KQ-Schätzers $\hat{\beta}$ der folgende Wert:

$$\widehat{var}(\hat{\beta}) = \frac{21,615}{15123} = 0,00143\ .$$

Unter Verwendung des KQ-gestützten Schätzers für σ^2 und den Werten $S_{zz} = 1375$ sowie $S_{zx} = 3637$ ergibt sich aus Gleichung (20.42) für die Varianz des IV-Schätzers $\hat{\beta}^{IV}$ der folgende Wert:

$$\widehat{var}(\hat{\beta}^{IV}) = \frac{21,615 \cdot 1375}{3637^2} = 0,00225\ .$$

Wir wissen aus der Nummerischen Illustration 20.1, dass eine KQ-Schätzung $\hat{\beta} = 0{,}221$ und eine IV-Schätzung $\hat{\beta}^{IV} = 0{,}286$ liefert. Setzt man diese Zahlen in Ausdruck (20.46) ein, so erhält man

$$m = \frac{(0,286 - 0,221)^2}{0,00225 - 0,00143} = 5,25237\ .$$

Aus Tabelle T.4 ist ersichtlich, dass bei einem Signifikanzniveau von 5% der kritische Wert der $\chi^2_{(1)}$-Verteilung bei $3{,}84146$ liegt. Die Nullhypothese muss somit verworfen werden. Eine KQ-Schätzung des Versicherungs-Beispiels wäre demnach nicht zulässig.

Die Entscheidung fällt identisch aus, wenn wir für σ^2 nicht den Schätzwert der KQ-Schätzung, sondern den Schätzwert aus der IV-Schätzung verwenden. Dieser beträgt laut Resultat (20.44) $23{,}937$. Es ergibt sich dann

$$\widehat{var}(\hat{\beta}) = \frac{23,937}{15123} = 0,00158\ .$$

In Gleichung (20.45) hatten wir bereits ermittelt, dass $\widehat{var}(\hat{\beta}^{IV}) = 0,00249$. Setzt man diese Zahlen in Ausdruck (20.46) ein, so erhält man

$$m = \frac{(0,286 - 0,221)^2}{0,00249 - 0,00158} = 4,74291\ .$$

Die Nullhypothese muss somit auch hier verworfen werden.

20.5 Zusammenfassung

Nur selten können ökonomische Fragestellungen in Experimenten zufriedenstellend untersucht werden. Normalerweise muss also auf Daten zurückgegriffen werden, die durch die Geschichte bereitgestellt wurden. Das heißt, die Werte der exogenen Variablen sind selbst Zufallsvariablen und somit ist Annahme C1 verletzt.

20.5. ZUSAMMENFASSUNG

Wir haben uns in diesem Kapitel auf den Fall der Einfachregression und damit auf Annahme c1 konzentriert. Es existieren drei wichtige Formen der Abschwächung von Annahme c1. Alle drei Formen lassen zu, dass die exogene Variable zufallsabhängig ist. Es wird aber in allen drei Formen unterstellt, dass

$$\lim_{T \to \infty} E(\overline{x}) = q_x , \qquad \lim_{T \to \infty} E(\sum x_t^2/T) = q_{xx} , \qquad (20.12)$$

$$\lim_{T \to \infty} var(\overline{x}) = 0 , \qquad \lim_{T \to \infty} var(\sum x_t^2/T) = 0 , \qquad (20.13)$$

$$\lim_{T \to \infty} \sigma^2 = \sigma_u^2 , \qquad (20.16)$$

wobei q_x, q_{xx} und σ_u^2 feste Grenzwerte darstellen.

Die drei Formen der Abschwächung von Annahme c1 lauten:

Annahme c1* Die Zufallsvariablen x_s ($s=1, 2, ..., T$) und die Störgrößen u_t ($t = 1, 2, ..., T$) sind voneinander unabhängig und Forderungen (20.12), (20.13) und (20.16) sind erfüllt.

Die KQ-Schätzung ist in diesem Fall unverzerrt, effizient und konsistent. Die herkömmlichen Intervallschätzer und Hypothesentests bewahren näherungsweise ihre Gültigkeit.

Annahme c1** Die Werte der Zufallsvariablen x_t und die Störgrößenwerte u_t ($t=1, 2, ..., T$) sind *kontemporär* unkorreliert:

$$cov(x_t, u_t) = 0 \qquad \text{für alle } t = 1, 2, ..., T$$

und Forderungen (20.12), (20.13) und (20.16) sind erfüllt.

Die KQ-Schätzung ist dann zwar verzerrt, aber wenigstens konsistent, das heißt, mit wachsendem Stichprobenumfang trifft sie die wahren Parameterwerte immer präziser. Auch hier bewahren die herkömmlichen Intervallschätzer und Hypothesentests näherungsweise ihre Gültigkeit.

Annahme c1*** Forderungen (20.12), (20.13) und (20.16) sind erfüllt.

In diesem Fall besteht kontemporäre Korrelation zwischen u_t und x_t. Die KQ-Schätzung liefert dann verzerrte und nicht-konsistente Ergebnisse. Unsystematische Messfehler bei der Erfassung der exogenen Variable sind eine wichtige Ursache für diesen dritten Fall.

Wird man in seiner ökonometrischen Untersuchung mit Annahme c1*** konfrontiert, so bietet sich eine Instrumentvariablen-Schätzung (IV-Schätzung) als Ausweg an. Dafür benötigt man eine Instrumentvariable z_t, die möglichst eng mit der exogenen Variable x_t korreliert ist, aber mit der Störgröße u_t keine kontemporäre Korrelation aufweist. Für die Einfachregression lauten die IV-Schätzer:

$$\widehat{\beta}^{IV} = S_{zy}/S_{zx} \qquad (20.35)$$

$$\widehat{\alpha}^{IV} = \overline{y} - \widehat{\beta}^{IV}\overline{x}\,. \tag{20.36}$$

Sie sind konsistent.

Um zu testen, ob kontemporäre Korrelation vorliegt und damit eine IV-Schätzung erforderlich ist, kann auf den Spezifikationstest von Hausman zurückgegriffen werden. Zeigt dieser Test an, dass keine kontemporäre Korrelation vorliegt, so ist die KQ-Schätzung der IV-Schätzung vorzuziehen.

20.6 Matrixalgebraischer Anhang

Wir betrachten das ökonometrische Modell

$$\mathbf{y} = \mathbf{X}\boldsymbol{\beta} + \mathbf{u}\,, \tag{20.47}$$

wobei – im Unterschied zu unserem bisherigen Modell – in der Matrix $\mathbf{X}$ zufallsabhängige exogene Variablen enthalten sein können. Es wird wie gewohnt angenommen, dass

$$\begin{aligned} E(\mathbf{u}) &= \mathbf{o} \quad \text{und} \\ \mathbf{V}(\mathbf{u}) &= E(\mathbf{u}\mathbf{u}') = \sigma^2 \mathbf{I}_T\,. \end{aligned} \tag{20.48}$$

Die KQ-Schätzer lauten

$$\widehat{\boldsymbol{\beta}} = (\mathbf{X}'\mathbf{X})^{-1}\mathbf{X}'\mathbf{y} \tag{20.49}$$

$$[\text{aus (9.74)}] \qquad = \boldsymbol{\beta} + (\mathbf{X}'\mathbf{X})^{-1}\mathbf{X}'\mathbf{u}\,. \tag{20.50}$$

Folglich erhalten wir

$$E(\widehat{\boldsymbol{\beta}}) = \boldsymbol{\beta} + E\big[\,(\mathbf{X}'\mathbf{X})^{-1}\mathbf{X}'\mathbf{u}\big]\,. \tag{20.51}$$

Möglicherweise besteht eine Korrelation zwischen den Störgrößen $\mathbf{u}$ und einer oder mehreren der zufallsabhängigen exogenen Variablen in $\mathbf{X}$. Drei wichtige Fälle lassen sich unterscheiden:

Fall 1 Die Störgrößen $\mathbf{u}$ sind von sämtlichen Variablen in $\mathbf{X}$ unabhängig.

Fall 2 Die Störgrößen $\mathbf{u}$ sind mit keiner der Variablen in $\mathbf{X}$ kontemporär korreliert.

Fall 3 Die Störgrößen $\mathbf{u}$ sind mit einer oder mehreren der Variablen in $\mathbf{X}$ kontemporär korreliert.

Bevor jeder dieser Fälle im Einzelnen untersucht und die entsprechenden Beweisführungen erläutert werden können, muss zunächst ein weiteres wichtiges statistisches Konzept erklärt werden. Es handelt sich dabei um das Konzept des *bedingten Erwartungswertes*.

20.6. MATRIXALGEBRAISCHER ANHANG

20.6.1 Bedingter Erwartungswert

Wir betrachten exemplarisch die zwei Zufallsvariablen w und e. N_1 bezeichne die Zahl der möglichen Ausprägungen der Zufallsvariable w und N_2 die Zahl der möglichen Ausprägungen der Zufallsvariable e. Im Statistischen Repetitorium I (Abschnitt 2.2.4) hatten wir erläutert, dass solche Paare von Zufallsvariablen eine *gemeinsame Wahrscheinlichkeitsverteilung* $f(w_i, e_j)$ besitzen, welche jeder möglichen Ausprägungskombination (w_i, e_j) eine Wahrscheinlichkeit ihres Auftretens zuordnet.

Aus der gemeinsamen Wahrscheinlichkeitsverteilung $f(w_i, e_j)$ läßt sich sowohl für die Zufallsvariable w als auch für die Zufallsvariable e eine sogenannte *Verteilung der Randwahrscheinlichkeiten* $f(w_i)$ und $f(e_j)$ bilden: Die Verteilung der Randwahrscheinlichkeiten der Zufallsvariable w ordnet jeder möglichen Ausprägung w_i eine Wahrscheinlichkeit ihres Auftretens zu. Sie entspricht in ihrer Aussage also der Wahrscheinlichkeitsverteilung, welche wir bei der isolierten Betrachtung einer *einzelnen* Zufallsvariable kennengelernt hatten. Für die Zufallsvariable w lautet die Verteilung der Randwahrscheinlichkeiten:

$$f(w_i) = \sum_{j=1}^{N_2} f(w_i, e_j) \,. \tag{20.52}$$

Es werden also für die vorgegebene Ausprägung w_i die Wahrscheinlichkeiten der einzelnen Ausprägungskombinationen (w_i, e_j) aufsummiert. Es handelt sich in dieser Summe um N_2 Ausprägungskombinationen (w_i, e_j), denn w_i ist fest vorgegeben, während die Zufallsvariable e sämtliche N_2 möglichen Ausprägungen e_j annehmen kann.

Ferner existiert für die Zufallsvariablen w und e immer auch eine *bedingte Wahrscheinlichkeitsverteilung* $f(w_i|e_j)$, welche bei vorgegebenem Wert e_j jeder möglichen Ausprägung der Zufallsvariable w die Wahrscheinlichkeit ihres Auftretens zuordnet (vgl. Abschnitt 2.2.4 des Statistischen Repetitoriums I). Zwischen gemeinsamer und bedingter Wahrscheinlichkeitsverteilung besteht laut Gleichung (2.9) der folgende Zusammenhang:

$$f(w_i, e_j) = f(w_i|e_j) \cdot f(e_j) \,. \tag{20.53}$$

Auf Basis der bedingten Wahrscheinlichkeitsverteilung $f(w_i|e_j)$ lässt sich auch ein *bedingter Erwartungswert* definieren:

$$E(w|e_j) = \sum_{i=1}^{N_1} f(w_i|e_j) \, w_i \,. \tag{20.54}$$

Ein solcher bedingter Erwartungswert existiert für jede vorgegebene Ausprägung e_j der Zufallsvariable e. Je nachdem welche Ausprägung e_j der Zufallsvariable e vorliegt, ergibt sich ein anderer Wert $E(w|e_j)$. Die bedingten Erwartungswerte $E(w|e_j)$ können demnach als Ausprägungen einer durch e generierten Zufallsvariable aufgefasst werden. Üblicherweise wird diese Zufallsvariable mit Ausprägungen $E(w|e_j)$ durch $E(w|e)$ bezeichnet, ganz analog zur Zufallsvariable e, welche die Ausprägungen e_j besitzt.

Da die Ausprägung der Zufallsvariable $E(w|e)$ vom „bedingenden" Wert e_j abhängt und dieser bedingende Wert wiederum mit Wahrscheinlichkeit $f(e_j)$ auftritt, lässt sich ein weiterer Erwartungswert definieren, welcher die aus den verschiedenen e_j-Werten resultierenden $E(w|e_j)$-Werte der Zufallsvariable $E(w|e)$ mit den Wahrscheinlichkeiten $f(e_j)$ gewichtet:

$$E[E(w|e)] = \sum_{j=1}^{N_2} f(e_j) E(w|e_j)$$

[aus (20.54)]
$$= \sum_{j=1}^{N_2} f(e_j) \left[\sum_{i=1}^{N_1} f(w_i|e_j) w_i\right]$$

[aus (20.53)]
$$= \sum_{j=1}^{N_2} f(e_j) \left[\sum_{i=1}^{N_1} \frac{f(w_i, e_j)}{f(e_j)} w_i\right]$$

$$= \sum_{j=1}^{N_2} \frac{f(e_j)}{f(e_j)} \left[\sum_{i=1}^{N_1} f(w_i, e_j) w_i\right]$$

$$= \sum_{i=1}^{N_1} \sum_{j=1}^{N_2} f(w_i, e_j) w_i$$

[aus (20.52)]
$$= \sum_{i=1}^{N_1} f(w_i) w_i \;.$$

Dieser letzte Ausdruck ist nichts anderes als der Erwartungswert der Zufallsvariable w. Wir können also festhalten:

$$E[E(w|e)] = E(w) \;. \tag{20.55}$$

Aus Gleichung (2.13) des Statistischen Repetitoriums I wissen wir, dass im Falle der Unabhängigkeit von w und e auch folgende Beziehung gilt:

$$f(w_i|e_j) = f(w_i)$$

und damit

$$\sum_{i=1}^{N_1} f(w_i|e_j) w_i = \sum_{i=1}^{N_1} f(w_i) w_i \;,$$

was gleichbedeutend ist mit

$$E(w|e_j) = E(w) \;.$$

Diese Gleichung besagt, dass für sämtliche mögliche Ausprägungen e_j der Zufallsvariable e die bedingten Erwartungswerte $E(w|e_j)$ – also die Ausprägungen der Zufallsvariable $E(w|e)$ – den selben Wert besitzen, nämlich den Wert

20.6. MATRIXALGEBRAISCHER ANHANG

$E(w)$. Damit gilt aber auch:

$$E(w|e) = E(w) \ . \tag{20.56}$$

Demnach ist $E(w|e)$ bei Unabhängigkeit von w und e eine Konstante.

Ausgerüstet mit dem Konzept des bedingten Erwartungswertes können wir uns nun den eingangs genannten drei Fällen einer möglichen **u-X**-Beziehung genauer zuwenden.

20.6.2 Fall 1: u und X sind unabhängig

Erwartungswert der KQ-Schätzer

Unter Ausnutzung der Rechenregel (2.19) liefert Gleichung (20.51):

$$E(\widehat{\boldsymbol{\beta}}) = \boldsymbol{\beta} + E\big[\,(\mathbf{X}'\mathbf{X})^{-1}\mathbf{X}'\,\big]\,\overbrace{E(\mathbf{u})}^{=0} \tag{20.57}$$
$$= \boldsymbol{\beta} \ . \tag{20.58}$$

Die KQ-Schätzer (20.49) bleiben also trotz Verletzung der Annahme C1 unverzerrt.

Effizienz der KQ-Schätzer

Die KQ-Schätzer (20.49) wurden bislang als *lineare* Schätzer betrachtet, denn sie sind in der Form (9.61), also als eine lineare Gleichung der zugrunde liegenden Zufallsvariablen (nur **y** war zufallsabhängig), darstellbar. Da nun aber auch **X** zufallsabhängig ist, können die KQ-Schätzer (20.49) nicht länger als linear in den zugrunde liegenden Zufallsvariablen bezeichnet werden. Streng genommen können sie damit auch nicht mehr die BLUE-Eigenschaft (bester *linearer* unverzerrter Schätzer) besitzen und folglich auch nicht effizient sein. Dennoch wird oftmals angegeben, die KQ-Schätzer (20.49) seien effizient. Damit ist gemeint, dass sie bei *gegebener* Matrix **X** die BLUE-Eigenschaft besitzen würden, also im Vergleich zu allen anderen linearen Schätzmethoden die kleinste Varianz aufweisen *würden*. Den Beweis für diese BLUE-Eigenschaft hatten wir bereits als Gauss-Markov-Theorem kennengelernt (Abschnitt 9.8.6). Da aber das Gauss-Markov-Theorem und damit die BLUE-Eigenschaft für *alle* möglichen gegebenen Matrizen **X** gelten würde, ist es durchaus sinnvoll, den KQ-Schätzer (20.49) weiterhin als effizient zu bezeichnen.

Varianz-Kovarianz-Matrix der KQ-Schätzer

Da **u** und **X** voneinander unabhängig sind, ergibt sich unter Ausnutzung der Annahme (20.48) und der Beziehung (20.56):

$$E\big(\mathbf{u}\mathbf{u}'\big|\mathbf{X}\big) = E(\mathbf{u}\mathbf{u}') = \sigma^2 \mathbf{I}_T \ . \tag{20.59}$$

Die Varianz der KQ-Schätzer lautet

$$\mathbf{V}(\widehat{\boldsymbol{\beta}}) = E\left[[\widehat{\boldsymbol{\beta}} - E(\widehat{\boldsymbol{\beta}})][\widehat{\boldsymbol{\beta}} - E(\widehat{\boldsymbol{\beta}})]'\right]$$

[aus (20.58)]
$$= E\left[(\widehat{\boldsymbol{\beta}} - \boldsymbol{\beta})(\widehat{\boldsymbol{\beta}} - \boldsymbol{\beta})'\right]$$

[aus (20.50)]
$$= E\left[(\mathbf{X'X})^{-1}\mathbf{X'uu'X}(\mathbf{X'X})^{-1}\right]. \quad (20.60)$$

Unter Ausnutzung der Regel (20.55) – wobei hier $e = \mathbf{X}$ und $w = (\mathbf{X'X})^{-1}\mathbf{X'uu'X}(\mathbf{X'X})^{-1}$ – lässt sich Ausdruck (20.60) auch folgendermaßen schreiben:

$$\mathbf{V}(\widehat{\boldsymbol{\beta}}) = E\left[E\left[(\mathbf{X'X})^{-1}\mathbf{X'uu'X}(\mathbf{X'X})^{-1}\Big|\mathbf{X}\right]\right].$$

Da der innere Erwartungswert ein bedingter Erwartungswert mit gegebener Matrix $\mathbf{X}$ ist, kann er formal wie ein Erwartungswert mit zufallsunabhängigen Matrizen $\mathbf{X}$, $\mathbf{X'}$ und $(\mathbf{X'X})^{-1}$ behandelt werden:

$$\mathbf{V}(\widehat{\boldsymbol{\beta}}) = E\left[(\mathbf{X'X})^{-1}\mathbf{X'}\left[E\left(\mathbf{uu'}|\mathbf{X}\right)\right]\mathbf{X}(\mathbf{X'X})^{-1}\right]$$

[aus (20.59)]
$$= E\left[(\mathbf{X'X})^{-1}\mathbf{X'}\sigma^2\mathbf{I}_T\mathbf{X}(\mathbf{X'X})^{-1}\right]$$

$$= \sigma^2 E(\mathbf{X'X})^{-1}. \quad (20.61)$$

Eine Schätzung der Störgrößenvarianz σ^2 auf Basis der üblichen Formel

$$\widehat{\sigma}^2 = \widehat{\mathbf{u}}'\widehat{\mathbf{u}}/(T - K - 1) \quad (20.62)$$

ist unverzerrt, denn Anwendung der Regel (20.55) liefert

$$E(\widehat{\sigma}^2) = E\left[E(\widehat{\sigma}^2|\mathbf{X})\right] \quad (20.63)$$

[aus (20.62)]
$$= E\left[E\left[[\widehat{\mathbf{u}}'\widehat{\mathbf{u}}/(T - K - 1)]\big|\mathbf{X}\right]\right]$$

$$= E\left[[1/(T - K - 1)]E\left(\widehat{\mathbf{u}}'\widehat{\mathbf{u}}\big|\mathbf{X}\right)\right]$$

[aus (9.93)]
$$= E\left[[1/(T - K - 1)]\sigma^2(T - K - 1)\right] \quad (20.64)$$

$$= \sigma^2. \quad (20.65)$$

Damit ist aber auch der Schätzer

$$\widehat{\mathbf{V}}(\widehat{\boldsymbol{\beta}}) = \widehat{\sigma}^2(\mathbf{X'X})^{-1}$$

unverzerrt, denn

$$E\left[\widehat{\mathbf{V}}(\widehat{\boldsymbol{\beta}})\right] = E\left[\widehat{\sigma}^2(\mathbf{X'X})^{-1}\right]$$

[aus (20.55)]
$$= E\left[E\left[\widehat{\sigma}^2(\mathbf{X'X})^{-1}\Big|\mathbf{X}\right]\right]$$

$$= E\left[[E(\widehat{\sigma}^2|\mathbf{X})](\mathbf{X'X})^{-1}\right]. \quad (20.66)$$

20.6. MATRIXALGEBRAISCHER ANHANG

Aus den Gleichungen (20.63) und (20.64) ist ersichtlich, dass $E(\widehat{\sigma}^2|\mathbf{X}) = \sigma^2$. Einsetzen in (20.66) liefert

$$\begin{aligned} E\left[\widehat{\mathbf{V}}(\widehat{\boldsymbol{\beta}})\right] &= E\left[\sigma^2\left(\mathbf{X}'\mathbf{X}\right)^{-1}\right] \\ &= \sigma^2 E\left(\mathbf{X}'\mathbf{X}\right)^{-1} \\ \text{[aus (20.61)]} &= \mathbf{V}(\widehat{\boldsymbol{\beta}}) \,. \end{aligned} \qquad (20.67)$$

Damit ist gezeigt, dass die herkömmlichen Schätzer für σ^2 und $\mathbf{V}(\widehat{\boldsymbol{\beta}})$ unverzerrt bleiben, ein Ergebnis, auf welches wir bereits im Rahmen der Einfachregression (Abschnitt 20.2.1) hingewiesen hatten, aber den formalen Beweis schuldig geblieben waren.

Asymptotische Eigenschaften der Matrix X

Um die Frage der Konsistenz zu klären, muss der Wahrscheinlichkeitsgrenzwert der KQ-Schätzer (20.49) ermittelt werden:

$$\begin{aligned} \operatorname{plim}(\widehat{\boldsymbol{\beta}}) &= \operatorname{plim}[(\mathbf{X}'\mathbf{X})^{-1}\mathbf{X}'\mathbf{y}] \\ \text{[aus (20.50)]} &= \operatorname{plim}[\boldsymbol{\beta} + (\mathbf{X}'\mathbf{X})^{-1}\mathbf{X}'\mathbf{u}] \\ &= \operatorname{plim}(\boldsymbol{\beta}) + \operatorname{plim}[(\mathbf{X}'\mathbf{X})^{-1}\mathbf{X}'\mathbf{u}] \\ &= \boldsymbol{\beta} + \operatorname{plim}[(\mathbf{X}'\mathbf{X}/T)^{-1}\mathbf{X}'\mathbf{u}/T] \,. \end{aligned} \qquad (20.68)$$

Weitere Umformungen sind nur möglich, wenn man bezüglich der Matrix

$$\mathbf{X}'\mathbf{X}/T = \begin{bmatrix} 1 & \sum x_{1t}/T & \cdots & \sum x_{Kt}/T \\ \sum x_{1t}/T & \sum x_{1t}^2/T & \cdots & \sum x_{1t}x_{Kt}/T \\ \vdots & \vdots & \ddots & \vdots \\ \sum x_{Kt}/T & \sum x_{Kt}x_{1t}/T & \cdots & \sum x_{Kt}^2/T \end{bmatrix} \qquad (20.69)$$

zusätzliche Annahmen trifft. Es wird angenommen, dass der Erwartungswert sämtlicher Elemente der Matrix $\mathbf{X}'\mathbf{X}/T$ bei steigendem Stichprobenumfang nicht ins Unendliche wächst, sondern gegen eine feste Schranke $\mathbf{Q}_{XX}$ konvergiert:

$$\lim_{T \to \infty} E\left(\mathbf{X}'\mathbf{X}/T\right) = \mathbf{Q}_{XX} \,. \qquad (20.70)$$

Dabei bezeichnet $\mathbf{Q}_{XX}$ eine positiv definite $((K+1) \times (K+1))$-Matrix. Damit ist auch ausgeschlossen, dass sich bei steigendem Stichprobenumfang eine lineare Abhängigkeit zwischen den exogenen Variablen einstellt. Ferner wird angenommen, dass bei steigendem Stichprobenumfang die Varianz sämtlicher Elemente der Matrix $\mathbf{X}'\mathbf{X}/T$ gegen den Wert 0 geht:

$$\lim_{T \to \infty} \operatorname{var}\left(\sum x_{kt}x_{lt}/T\right) = 0, \qquad \text{für alle } k, l = 0, 1, ..., K \,. \qquad (20.71)$$

Aus den Annahmen (20.70) und (20.71) folgt unmittelbar:

$$\text{plim}\left(\mathbf{X}'\mathbf{X}/T\right) = \mathbf{Q}_{XX} \, . \tag{20.72}$$

Im Falle der Einfachregression vereinfacht sich Ausdruck (20.69) zu

$$\mathbf{X}'\mathbf{X}/T = \begin{bmatrix} 1 & \sum x_{1t}/T \\ \sum x_{1t}/T & \sum x_{1t}^2/T \end{bmatrix} = \begin{bmatrix} 1 & \overline{x}_1 \\ \overline{x}_1 & \sum x_{1t}^2/T \end{bmatrix} \, .$$

Dies offenbart, dass die Annahmen (20.70) und (20.71) die multiplen Verallgemeinerungen der Annahmen (20.12) und (20.13) darstellen, welche wir im Rahmen der Einfachregression getroffen hatten. Entsprechend ist Gleichung (20.72) die multiple Verallgemeinerung der Gleichungen (20.14).

Asymptotische Eigenschaften der Störgrößen

Die bereits im Falle der Einfachregression getroffene Annahme

$$\lim_{T \to \infty} \sigma^2 = \sigma_u^2 \tag{20.73}$$

bleibt auch im multiplen Fall unverändert bestehen. Um die Tragweite dieser Annahme zu verstehen, betrachten wir exemplarisch die bei wiederholten Stichproben aufgetretenen (hypothetischen) Störgrößenwerte der Tabelle 20.2. Als Ganzes betrachtet implizieren die Annahmen B1 bis B4, dass sämtliche Störgrößen, welche sich bei wiederholten Stichproben ergeben würden, durch denselben „Zufallsgenerator" erzeugt werden. Demnach sind bei Gültigkeit der Annahmen B1 bis B4 alle Störgrößenwerte der Tabelle 20.2 Ergebnis dieses einen Zufallsgenerators. Ferner wissen wir aus Annahme (20.73), dass bei unendlich großem Stichprobenumfang die Streuung der unendlich vielen Störgrößenwerte jeder *Zeile* genau σ_u^2 beträgt. Da die Zeilenwerte durch den gleichen Zufallsgenerator erzeugt werden wie die Spaltenwerte, weisen bei unendlich großem Stichprobenumfang auch die unendlich vielen Störgrößenwerte jeder *Spalte* eine Streuung von σ_u^2 auf. Annahme (20.73) besagt demnach, dass auch die Streuung der Störgrößen innerhalb jeder Spalte σ_u^2 beträgt.

Tabelle 20.2: Mögliche Werte für die Störgrößen u_t bei wiederholten Stichproben.

	Stichprobe			
	1	2	3	...
Beobachtung 1	0,4	-0,3	-1,0	...
Beobachtung 2	-1,2	0,6	0,1	...
Beobachtung 3	0,4	-0,1	-0,4	...
⋮	⋮	⋮	⋮	⋱

20.6. MATRIXALGEBRAISCHER ANHANG

Aus Annahme B1 wissen wir, dass der mittlere Störgrößenwert einer *Zeile* 0 beträgt. Entsprechendes gilt deshalb auch für den Mittelwert der Störgrößen in einer *Spalte* mit unendlich vielen Beobachtungen: $\text{plim} \sum u_t/T = \text{plim}\,\bar{u} = 0$. Da es bei unendlich großem T keine Rolle spielt, ob T oder $T-1$ betrachtet wird und da $\text{plim}\,\bar{u} = 0$, können wir die *Streuung* innerhalb einer Spalte (Stichprobenvarianz) durch den Term $\mathbf{u'u}/T$ beschreiben. Im vorigen Absatz haben wir erläutert, dass bei unendlich großem Stichprobenumfang T die Streuung innerhalb einer Spalte (Stichprobe) – also $\mathbf{u'u}/T$ – gegen den Wert σ_u^2 konvergiert. Damit gilt aber auch:

$$\text{plim}\,(\mathbf{u'u}/T) = \sigma_u^2 \,. \tag{20.74}$$

Konsistenz der KQ-Schätzer

Es wird im Folgenden gezeigt, dass aus der Unabhängigkeit von $\mathbf{u}$ und $\mathbf{X}$ und den Annahmen (20.70) und (20.73) ein wichtiges Resultat folgt: Der Wahrscheinlichkeitsgrenzwert des Spaltenvektors

$$\mathbf{X'u}/T = \begin{bmatrix} \sum u_t/T \\ \sum x_{1t} u_t/T \\ \vdots \\ \sum x_{Kt} u_t/T \end{bmatrix} \tag{20.75}$$

ist der Nullvektor, das heißt

$$\text{plim}\,(\mathbf{X'u}/T) = \mathbf{o} \,. \tag{20.76}$$

Um dies zu beweisen, ist es hinreichend, die Gültigkeit der folgenden zwei Beziehungen zu zeigen:

$$\lim_{T \to \infty} E\,(\mathbf{X'u}/T) = \mathbf{o}\,, \tag{20.77}$$

$$\lim_{T \to \infty} \mathbf{V}\,(\mathbf{X'u}/T) = \mathbf{0}_{K+1} \,. \tag{20.78}$$

Da $\mathbf{u}$ und $\mathbf{X}$ unabhängig sind, gilt

$$E\,(\mathbf{X'u}) = \mathbf{X'} E\,(\mathbf{u}) = \mathbf{o} \tag{20.79}$$

und damit auch, unabhängig vom Stichprobenumfang T, $E\,(\mathbf{X'u}/T) = \mathbf{o}$. Folglich ist auch die Beziehung (20.77) erfüllt.

Für die Varianz-Kovarianz-Matrix des Spaltenvektors $\mathbf{X'u}$ gilt:

$$\begin{aligned} \mathbf{V}(\mathbf{X'u}) &= E[\,[\mathbf{X'u} - E(\mathbf{X'u})]\,[\mathbf{X'u} - E(\mathbf{X'u})]'\,] \\ [\text{aus (20.79)}] &= E[\,(\mathbf{X'u})(\mathbf{X'u})'\,] \\ &= E\,(\mathbf{X'uu'X}) \\ [\text{aus (20.55)}] &= E[\,E\,(\mathbf{X'uu'X}|\,\mathbf{X})\,] \\ &= E[\,\mathbf{X'}E\,(\mathbf{uu'}|\,\mathbf{X})\,\mathbf{X}\,] \\ [\text{aus (20.59)}] &= E\,(\mathbf{X'}\sigma^2 \mathbf{I}_T \mathbf{X}) \\ &= \sigma^2 E\,(\mathbf{X'X}) \,. \end{aligned} \tag{20.80}$$

Da $\mathbf{V}(\mathbf{X'u}/T) = (1/T^2)\mathbf{V}(\mathbf{X'u})$, erhalten wir aus Gleichung (20.80):

$$\begin{aligned}\mathbf{V}(\mathbf{X'u}/T) &= (1/T^2)\,\sigma^2 E\left(\mathbf{X'X}\right) \\ &= (1/T)\,\sigma^2 E\left(\mathbf{X'X}/T\right)\,.\end{aligned}$$

Unter Beachtung der Annahmen (20.70) und (20.73) ergibt sich schließlich:

$$\begin{aligned}\lim_{T\to\infty}\mathbf{V}\bigl(\mathbf{X'u}/T\bigr) &= \lim_{T\to\infty}(1/T)\cdot\lim_{T\to\infty}\sigma^2\cdot\lim_{T\to\infty}E\bigl(\mathbf{X'X}/T\bigr) \\ &= 0\cdot\sigma_u^2\cdot\mathbf{Q}_{XX}=\mathbf{0}_{K+1}\,.\end{aligned}$$

Damit ist die Gültigkeit der Beziehung (20.78) nachgewiesen.

Die Gültigkeit der Beziehungen (20.77) und (20.78) bedeutet, dass auch Gleichung (20.76) wahr ist. Die Gleichungen (20.72) und (20.76) erlauben es, Gleichung (20.68) weiter umzuformen. Zunächst ist zu beachten, dass in Gleichung (20.68) nicht die Matrix $\mathbf{X'X}/T$ erscheint, sondern ihre Inverse $(\mathbf{X'X}/T)^{-1}$. Gleichung (20.72) ist auch für diese Inverse bedeutsam, denn das sogenannte *Slutzky-Theorem* besagt, dass

$$\operatorname{plim}[g(\mathbf{A})] = g[\operatorname{plim}(\mathbf{A})]\,, \tag{20.81}$$

wobei es für die Gültigkeit des Slutzky-Theorems hinreichend ist, dass $g(.)$ eine stetige Funktion und $\mathbf{A}$ eine beliebige reguläre Matrix ist, für die $\operatorname{plim}(\mathbf{A})$ existiert. Zu Beginn des matrixalgebraischen Anhangs des Kapitels 21 ist gezeigt, dass Annahme C2 die Regularität der Matrix $\mathbf{X'X}$ gewährleistet. Damit ist aber auch die Matrix $\mathbf{X'X}/T$ regulär. Da laut Gleichung (20.72) die Matrix $\mathbf{X'X}/T$ einen Wahrscheinlichkeitsgrenzwert besitzt und da die Inversion einer Matrix eine stetige Funktion der ursprünglichen Matrix ist, liefert das Slutzky-Theorem:

$$\begin{aligned}\operatorname{plim}\bigl[(\mathbf{X'X}/T)^{-1}\bigr] &= [\operatorname{plim}(\mathbf{X'X}/T)]^{-1} \\ [\text{aus (20.72)}] \qquad &= [\mathbf{Q}_{XX}]^{-1} = \mathbf{Q}_{XX}^{-1}\,. \tag{20.82}\end{aligned}$$

Diese Gleichung besagt, dass auch für die Matrix $(\mathbf{X'X}/T)^{-1}$ ein Wahrscheinlichkeitsgrenzwert existiert, nämlich die Matrix $\mathbf{Q}_{XX}^{-1}$.

Damit sind auf Gleichung (20.68) die Rechenregeln für Wahrscheinlichkeitsgrenzwerte anwendbar. Wir erhalten:

$$\begin{aligned}\operatorname{plim}(\widehat{\boldsymbol{\beta}}) &= \boldsymbol{\beta} + \operatorname{plim}[(\mathbf{X'X}/T)^{-1}]\cdot\operatorname{plim}(\mathbf{X'u}/T) \quad (20.83)\\ [\text{aus (20.82), (20.76)}] \qquad &= \boldsymbol{\beta} + \mathbf{Q}_{XX}^{-1}\cdot\mathbf{o} \\ &= \boldsymbol{\beta}\,.\end{aligned}$$

Die KQ-Schätzer sind somit konsistent.

20.6. MATRIXALGEBRAISCHER ANHANG

Nachtrag 1: Beweis der Beziehung plim$((1/T)\sum(x_t - \bar{x})u_t) = 0$

Was bedeutet das Resultat (20.76) für den Fall der Einfachregression? Wir hatten bereits darauf hingewiesen, dass die Annahmen (20.70) und (20.71) im Falle der Einfachregression in den Annahmen (20.12) und (20.13) ihre Entsprechung finden. Annahme (20.73) ist identisch mit Annahme (20.16). Unsere Herleitung des Resultates (20.76) besagt demnach für die Einfachregression: Aus den Annahmen (20.12), (20.13) und (20.16) ergibt sich die für die Einfachregression gültige Variante der Gleichung (20.76). Ein Blick auf Ausdruck (20.75) offenbart, dass diese Variante die folgenden zwei Beziehungen enthält:

$$\text{plim}\left(\sum u_t/T\right) = 0, \quad \text{und} \quad \text{plim}\left(\sum x_t u_t/T\right) = 0.$$

Aus den Annahmen (20.12) und (20.13) ergibt sich außerdem die Beziehung

$$\text{plim}(\bar{x}) = q_x. \tag{20.14}$$

Zusammengenommen liefern diese drei Beziehungen:

$$\begin{aligned}\text{plim}\left((1/T)\sum(x_t - \bar{x})u_t\right) &= \text{plim}\left(\sum x_t u_t/T\right) - \text{plim}(\bar{x}) \cdot \text{plim}\left(\sum u_t/T\right) \\ &= 0 - q_x \cdot 0 = 0.\end{aligned}$$

Dies ist Gleichung (20.18), auf welche wir in Abschnitt 20.2.1 ohne formalen Beweis zurückgegriffen hatten.

Konsistente Schätzung der Störgrößenvarianz

Im Folgenden wird die Konsistenz des Schätzers

$$\hat{\sigma}^2 = \hat{u}'\hat{u}/(T - K - 1) \tag{20.84}$$

nachgewiesen. Für diesen Zweck bilden wir auf beiden Seiten der Formel (20.84) den Wahrscheinlichkeitsgrenzwert:

$$\begin{aligned}\text{plim}(\hat{\sigma}^2) &= \text{plim}\left[\hat{u}'\hat{u}/(T - K - 1)\right] \\ &= \text{plim}\left[[T/(T - K - 1)]\left(\hat{u}'\hat{u}/T\right)\right].\end{aligned} \tag{20.85}$$

Aus den Gleichungen (9.86) und (9.89) wissen wir, dass

$$\begin{aligned}\hat{u}'\hat{u} &= u'\left[I_T - X(X'X)^{-1}X'\right]u \\ &= u'u - u'X(X'X)^{-1}X'u.\end{aligned}$$

Dividiert man diese Gleichung durch den Stichprobenumfang T, so ergibt sich

$$\hat{u}'\hat{u}/T = u'u/T - (u'X/T)\left[(X'X/T)^{-1}\right](X'u/T). \tag{20.86}$$

Sämtliche Terme auf der rechten Seite der Gleichung besitzen einen Wahrscheinlichkeitsgrenzwert. Den Wahrscheinlichkeitsgrenzwert des Terms $\mathbf{u}'\mathbf{u}/T$ kennen wir aus Gleichung (20.74), denjenigen des Terms $(\mathbf{X}'\mathbf{X}/T)^{-1}$ aus Gleichung (20.82) und denjenigen des Terms $\mathbf{X}'\mathbf{u}/T$ aus Gleichung (20.76). Da die Transponierung einer Matrix eine stetige Funktion dieser Matrix darstellt, kann der Wahrscheinlichkeitsgrenzwert des Ausdrucks $\mathbf{u}'\mathbf{X}/T$ mit Hilfe des Slutzky-Theorems (20.81) ermittelt werden:

$$\begin{aligned} \text{plim}\,(\mathbf{u}'\mathbf{X}/T) &= \text{plim}\left[(\mathbf{X}'\mathbf{u}/T)'\right] \\ &= \left[\text{plim}\,(\mathbf{X}'\mathbf{u}/T)\right]' \\ [\text{aus (20.76)}] &= \mathbf{o}' \,. \end{aligned} \qquad (20.87)$$

Wir können demnach auf beiden Seiten der Gleichung (20.86) den Wahrscheinlichkeitsgrenzwert bilden und erhalten:

$$\text{plim}(\widehat{\mathbf{u}}'\widehat{\mathbf{u}}/T) = \sigma_u^2 - \mathbf{o}' \cdot \mathbf{Q}_{XX}^{-1} \cdot \mathbf{o} = \sigma_u^2 \,.$$

Der Term $(\widehat{\mathbf{u}}'\widehat{\mathbf{u}}/T)$ in Gleichung (20.85) besitzt demzufolge einen Wahrscheinlichkeitsgrenzwert, und zwar den Wert σ_u^2. Damit wird Gleichung (20.85) zu

$$\begin{aligned} \text{plim}(\widehat{\sigma}^2) &= \text{plim}\left[T/(T-K-1)\right] \cdot \text{plim}\,(\widehat{\mathbf{u}}'\widehat{\mathbf{u}}/T) \\ &= 1 \cdot \sigma_u^2 = \sigma_u^2 \,. \end{aligned} \qquad (20.88)$$

Der gemäß Gleichung (20.84) definierte Schätzer $\widehat{\sigma}^2$ ist demnach konsistent.

Intervallschätzer und Hypothesentests

Das Resultat (20.67) besagt, dass die Schätzung von $\mathbf{V}(\widehat{\boldsymbol{\beta}})$ unverzerrt ist. Ließe sich darüber hinaus zeigen, dass die KQ-Schätzer $\widehat{\boldsymbol{\beta}}$ trotz zufallsabhängiger Matrix $\mathbf{X}$ normalverteilt bleiben, so würden auch die gewohnten Intervallschätzer und Hypothesentests ihre Gültigkeit bewahren. Damit die KQ-Schätzer $\widehat{\boldsymbol{\beta}}$ die Eigenschaft der Normalverteilung bewahren, müssen sie linear in den zufallsabhängigen Elementen ihrer Schätzformel sein und alle diese Elemente müssen selbst normalverteilt sein. Bei einer Verletzung der Annahme C1 sind aber nicht nur die Störgrößen $\mathbf{u}$ zufallsabhängig, sondern auch Elemente der Matrix $\mathbf{X}$. Zudem kann es sein, dass diese Elemente nicht normalverteilt sind. Es ist deshalb nicht länger zulässig, die KQ-Schätzer $\widehat{\boldsymbol{\beta}}$ als normalverteilt zu betrachten.

Immerhin lässt sich zeigen, dass die Wahrscheinlichkeitsverteilung des Ausdrucks $\sqrt{T}(\widehat{\boldsymbol{\beta}}-\boldsymbol{\beta})$ bei unendlich großem Stichprobenumfang T gegen die (multivariate) Normalverteilung $N(\mathbf{o},\,\sigma_u^2\mathbf{Q}_{XX}^{-1})$ konvergiert. Verantwortlich für dieses Resultat ist wieder der zentrale Grenzwertsatz, auf den wir im Zusammenhang mit Annahme B4 bereits zurückgegriffen hatten. Wir können also festhalten, dass bei hinreichend großem Stichprobenumfang die Zufallsvariablen

20.6. MATRIXALGEBRAISCHER ANHANG

$\sqrt{T}(\widehat{\boldsymbol{\beta}}-\boldsymbol{\beta})$ *asymptotisch* (multivariat) normalverteilt sind (siehe beispielsweise Theil, 1971):

$$\sqrt{T}(\widehat{\boldsymbol{\beta}} - \boldsymbol{\beta}) \stackrel{asy}{\sim} N(\mathbf{o},\, \sigma_u^2 \mathbf{Q}_{XX}^{-1})\,. \qquad (20.89)$$

Die Zufallsvariablen $\sqrt{T}(\widehat{\boldsymbol{\beta}}-\boldsymbol{\beta})$ besitzen demzufolge die *asymptotischen* Erwartungswerte

$$\lim_{T\to\infty} E[\sqrt{T}(\widehat{\boldsymbol{\beta}} - \boldsymbol{\beta})] = \mathbf{o} \qquad (20.90)$$

und die *asymptotische* Varianz-Kovarianz-Matrix

$$\lim_{T\to\infty} \mathbf{V}[\sqrt{T}(\widehat{\boldsymbol{\beta}} - \boldsymbol{\beta})] = \sigma_u^2 \mathbf{Q}_{XX}^{-1}\,. \qquad (20.91)$$

Dividiert man die Zufallsvariablen $\sqrt{T}(\widehat{\boldsymbol{\beta}}-\boldsymbol{\beta})$ zunächst durch $\sqrt{T}$ und addiert man anschließend den Vektor $\boldsymbol{\beta}$, so stellt dies eine *lineare* Transformation dar. Die resultierende Zufallsvariable $\widehat{\boldsymbol{\beta}}$ ist folglich approximativ (multivariat) normalverteilt mit $E(\widehat{\boldsymbol{\beta}}) = \boldsymbol{\beta}$ und $\mathbf{V}(\widehat{\boldsymbol{\beta}}) = (1/\sqrt{T})^2 \sigma_u^2 \mathbf{Q}_{XX}^{-1} = \sigma_u^2 \mathbf{Q}_{XX}^{-1}/T$. Wir können also festhalten, dass

$$\widehat{\boldsymbol{\beta}} \stackrel{appr}{\sim} N(\boldsymbol{\beta},\, \sigma_u^2 \mathbf{Q}_{XX}^{-1}/T)\,. \qquad (20.92)$$

Dies ist ein wichtiges Resultat, denn wenn es gelingt, die Matrix $\sigma_u^2 \mathbf{Q}_{XX}^{-1}$ konsistent zu schätzen, dann kann für die Berechnung von Intervallschätzern und für die Durchführung von Hypothesentests die Verteilung (20.92) als Grundlage herangezogen werden. Die Ergebnisse sind dann wenigstens approximativ gültig. Da

$$\operatorname{plim}\left[\widehat{\sigma}^2\left(\mathbf{X}'\mathbf{X}/T\right)^{-1}\right] = \operatorname{plim}\left(\widehat{\sigma}^2\right)\cdot\operatorname{plim}\left(\mathbf{X}'\mathbf{X}/T\right)^{-1}$$
[aus (20.88), (20.82)] $= \sigma_u^2 \cdot \mathbf{Q}_{XX}^{-1}\,,$

stellt $\widehat{\sigma}^2 \left(\mathbf{X}'\mathbf{X}/T\right)^{-1}$ einen konsistenten Schätzer der Matrix $\sigma_u^2 \mathbf{Q}_{XX}^{-1}$ dar. Somit lautet der geeignete Schätzer für $\sigma_u^2 \mathbf{Q}_{XX}^{-1}/T$ und damit für $\lim_{T\to\infty} \mathbf{V}(\widehat{\boldsymbol{\beta}})$:

$$\begin{aligned}\widehat{\mathbf{V}}(\widehat{\boldsymbol{\beta}}) &= \widehat{\sigma}^2\left(\mathbf{X}'\mathbf{X}/T\right)^{-1}/T \\ &= \widehat{\sigma}^2\left(\mathbf{X}'\mathbf{X}\right)^{-1}\,.\end{aligned} \qquad (20.93)$$

Unter Verwendung dieses gewohnten Schätzers bewahren die Ergebnisse der herkömmlichen Intervallschätzer und Hypothesentests approximativ ihre Gültigkeit – vorausgesetzt der Stichprobenumfang ist hinreichend groß. Auf dieses beruhigende Ergebnis hatten wir bereits im Rahmen der Einfachregression (Abschnitt 20.2.1) hingewiesen, dort allerdings ohne nähere Erläuterung.

Fazit

Wir ersetzen Annahme C1 durch die folgende schwächere Annahme:

Annahme C1* Die Störgrößen **u** sind von sämtlichen Variablen in **X** unabhängig und die Annahmen (20.70), (20.71) und (20.73) sind erfüllt.

Auch unter Annahme C1* bleiben die KQ-Schätzer unverzerrt und effizient. Auch die Schätzer $\widehat{\sigma}^2$ und $\widehat{\mathbf{V}}(\widehat{\boldsymbol{\beta}})$ sind unverzerrt. Die Annahmen (20.70), (20.71) und (20.73) sind für diese Ergebnisse nicht einmal erforderlich. Die Unabhängigkeit von **u** und **X** ist bereits ausreichend. Die Annahmen (20.70), (20.71) und (20.73) haben wir erst herangezogen, als wir die Konsistenz der KQ-Schätzer nachgewiesen haben. Ferner wurden sie benutzt, um zu zeigen, dass die herkömmlichen Intervallschätzer und Hypothesentests wenigstens näherungsweise ihre Gültigkeit bewahren.

20.6.3 Fall 2: u und X sind kontemporär nicht korreliert

Gleichung (20.51) lässt sich in diesem Fall *nicht* in die Form (20.57) überführen. Die KQ-Schätzer sind somit verzerrt. Damit erübrigt sich auch die Frage nach der Effizienz der KQ-Schätzer. Lassen sich wenigstens einige günstige asymptotische Eigenschaften der KQ-Schätzer herleiten? Gleichung (20.68) bleibt auch für Fall 2 gültig:

$$\text{plim}(\widehat{\boldsymbol{\beta}}) = \boldsymbol{\beta} + \text{plim}[(\mathbf{X}'\mathbf{X}/T)^{-1}\mathbf{X}'\mathbf{u}/T] . \tag{20.68}$$

Die Annahmen (20.70) und (20.71) waren hinreichend, um zu zeigen, dass

$$\text{plim}(\mathbf{X}'\mathbf{X}/T) = \mathbf{Q}_{XX} . \tag{20.72}$$

Ferner folgte aus Annahme (20.73) unmittelbar, dass

$$\text{plim}(\mathbf{u}'\mathbf{u}/T) = \sigma_u^2 . \tag{20.74}$$

Mit Hilfe der Unabhängigkeit von **u** und **X** konnten wir in Fall 1 dann zeigen, dass

$$\text{plim}(\mathbf{X}'\mathbf{u}/T) = \mathbf{o} . \tag{20.76}$$

Dieses Resultat war notwendig, damit sich die rechte Seite der Gleichung (20.68) zu $\boldsymbol{\beta}$ vereinfacht, was wiederum Konsistenz der KQ-Schätzer $\widehat{\boldsymbol{\beta}}$ bedeutet.

In Fall 2 können wir nicht von der Unabhängigkeit von **u** und **X** ausgehen. Für die Herleitung des Resultates (20.76) ist die Unabhängigkeit von **u** und **X** allerdings nicht notwendig. Ein Blick auf Ausdruck (20.75) zeigt, dass bereits kontemporäre Unkorreliertheit zu $E(\mathbf{X}'\mathbf{u}/T) = \mathbf{o}$ und damit auch zu

$$\lim_{T\to\infty} E(\mathbf{X}'\mathbf{u}/T) = \mathbf{o} \tag{20.77}$$

führt. Der Nachweis für die Gültigkeit der Beziehung

$$\lim_{T\to\infty} \mathbf{V}(\mathbf{X}'\mathbf{u}/T) = \mathbf{0}_{K+1} \tag{20.78}$$

wurde unter Rückgriff auf die Beziehung $E(\mathbf{X}'\mathbf{u}/T) = \mathbf{o}$ und die Annahmen (20.70) und (20.73) geführt. Der gleiche Nachweis ist deshalb auch hier wieder anwendbar. Aus den Gleichungen (20.72) und (20.78) folgt wiederum, dass sich Gleichung(20.68) zu

$$\text{plim}(\widehat{\boldsymbol{\beta}}) = \boldsymbol{\beta} + \mathbf{Q}_{XX}^{-1} \cdot \mathbf{o} = \boldsymbol{\beta}$$

vereinfacht. Die KQ-Schätzer sind somit auch in Fall 2 konsistent.

In Fall 1 konnte zum einen gezeigt werden, dass der gewohnte Schätzer $\widehat{\sigma}^2 = \widehat{\mathbf{u}}'\widehat{\mathbf{u}}/(T-K-1)$ die Störgrößenvarianz σ^2 konsistent schätzt. Zum anderen wurde erläutert, dass der Ausdruck $\sqrt{T}(\widehat{\boldsymbol{\beta}}-\boldsymbol{\beta})$ bei unendlich großem Stichprobenumfang T gegen die (multivariate) Normalverteilung $N(\mathbf{o}, \sigma_u^2 \mathbf{Q}_{XX}^{-1})$ konvergiert. Daraus konnte abgeleitet werden, dass die KQ-Schätzer $\widehat{\boldsymbol{\beta}}$ approximativ normalverteilt sind, dass also

$$\widehat{\boldsymbol{\beta}} \stackrel{appr}{\sim} N(\boldsymbol{\beta}, \sigma_u^2 \mathbf{Q}_{XX}^{-1}/T), \qquad (20.92)$$

und dass die üblichen Intervallschätzer und Hypothesentests wenigstens approximativ ihre Gültigkeit bewahren. Die Unabhängigkeit von $\mathbf{u}$ und $\mathbf{X}$ war für die Herleitung dieser Resultate nicht erforderlich, kontemporäre Unkorreliertheit ist ausreichend. Deshalb bleiben die Ergebnisse auch für Fall 2 gültig.

Zusammenfassend ergibt sich für Fall 2 ein nicht ganz so positives Bild wie für Fall 1. Annahme C1 kann durch die folgende schwächere Annahme ersetzt werden:

Annahme C1** Die Störgrößen $\mathbf{u}$ sind mit keiner Variable in $\mathbf{X}$ kontemporär korreliert und die Bedingungen (20.70), (20.71) und (20.73) sind erfüllt.

Unter dieser Annahme sind die KQ-Schätzer zwar verzerrt aber doch wenigstens konsistent. Die KQ-Schätzer sind approximativ (multivariat) normalverteilt und die herkömmlichen Intervallschätzer und Hypothesentests sind näherungsweise gültig.

20.6.4 Fall 3: u und X sind kontemporär korreliert

Wie bereits in Fall 2, lässt sich auch hier Gleichung (20.51) *nicht* in die Form (20.57) überführen. Die KQ-Schätzer sind somit verzerrt. Da die Störgrößen $\mathbf{u}$ mit einer oder mehreren der Variablen in $\mathbf{X}$ kontemporär korreliert sind, ist nun aber auch der Zusammenhang $\text{plim}(\mathbf{X}'\mathbf{u}/T) = \mathbf{o}$ nicht mehr herleitbar. Wenn für den Ausdruck $\mathbf{X}'\mathbf{u}/T$ ein Wahrscheinlichkeitsgrenzwert existiert, dann ist dieser Grenzwert nicht länger durch den Vektor $\mathbf{o}$ gegeben, sondern durch einen Vektor $\mathbf{q} \neq \mathbf{o}$:

$$\text{plim}(\mathbf{X}'\mathbf{u}/T) = \mathbf{q} \neq \mathbf{o}. \qquad (20.94)$$

Bei Gültigkeit der Annahmen (20.70) und (20.71) liefert Einsetzen der Gleichung (20.94) in Gleichung (20.83):

$$\text{plim}(\widehat{\boldsymbol{\beta}}) = \boldsymbol{\beta} + \mathbf{Q}_{XX}^{-1}\,\mathbf{q} \neq \boldsymbol{\beta}\,.$$

Die KQ-Schätzer sind somit nicht konsistent.

Wenn wir also Annahme C1 durch die folgende wesentlich schwächere Annahme ersetzen, dann sind die KQ-Schätzer weder unverzerrt noch konsistent:

Annahme C1*** Die Bedingungen (20.70), (20.71) und (20.73) sind erfüllt.

20.6.5 Instrumentvariablen-Schätzung

Fall 3 war dadurch charakterisiert, dass zwar Annahme C1*** erfüllt ist, aber zwischen **X** und **u** kontemporäre Korrelation herrscht. Wir haben gesehen, dass die KQ-Methode dann verzerrte und nicht-konsistente Schätzungen der Parameter $\boldsymbol{\beta}$ liefert. Immerhin kann durch den Einsatz von Instrumentvariablen oftmals eine konsistente Schätzung der Parameter $\boldsymbol{\beta}$ ermöglicht werden.

Kernstück der IV-Schätzung ist eine $(T \times (L+1))$-Matrix **Z**. Diese Matrix ähnelt der Matrix **X**, ersetzt aber diejenigen exogenen Variablen, welche mit den Störgrößen kontemporär korreliert sind, durch Instrumentvariablen. Weist beispielsweise nur die Variable $\mathbf{x}_K$ eine kontemporäre Korrelation mit den Störgrößen auf, so wäre **Z** in den Spalten 1 bis $K-1$ identisch mit **X**, und anstelle der Variable $\mathbf{x}_K$ würde die $(T \times (L+1))$-Matrix **Z** eine oder mehrere Instrumentvariablen $(\mathbf{z}_K, \mathbf{z}_{K+1}, \ldots)$ aufweisen:

$$\begin{aligned}
\mathbf{Z} &= \begin{bmatrix}
z_{01} & z_{11} & \cdots & z_{K-1\,1} & z_{K1} & z_{K+1\,1} & \cdots & z_{L1} \\
z_{02} & z_{12} & \cdots & z_{K-1\,2} & z_{K2} & z_{K+1\,2} & \cdots & z_{L2} \\
\vdots & \vdots & \ddots & \vdots & \vdots & \vdots & & \vdots \\
z_{0T} & z_{1T} & \cdots & z_{K-1\,T} & z_{KT} & z_{K+1\,T} & \cdots & z_{LT}
\end{bmatrix} \\
&= \begin{bmatrix}
1 & x_{11} & \cdots & x_{K-1\,1} & z_{K1} & z_{K+1\,1} & \cdots & z_{L1} \\
1 & x_{12} & \cdots & x_{K-1\,2} & z_{K2} & z_{K+1\,2} & \cdots & z_{L2} \\
\vdots & \vdots & \ddots & \vdots & \vdots & \vdots & & \vdots \\
1 & x_{1T} & \cdots & x_{K-1\,T} & z_{KT} & z_{K+1\,T} & \cdots & z_{LT}
\end{bmatrix}.
\end{aligned}$$

Die Spaltenzahl der Matrix **Z** muss immer mindestens so groß sein wie diejenige der Matrix **X**, also $L \geq K$.

Asymptotische Eigenschaften der Instrumentvariablen

Die Instrumentvariablen müssen so beschaffen sein, dass die Matrix **Z** einige grundlegende Eigenschaften besitzt. In Analogie zu den Annahmen (20.70) und (20.71), welche wir bezüglich der Matrix **X** getroffen hatten, muss auch

20.6. MATRIXALGEBRAISCHER ANHANG

für die Matrix $\mathbf{Z}$ gelten, dass

$$\lim_{T\to\infty} E\left(\mathbf{Z}'\mathbf{Z}/T\right) = \mathbf{Q}_{ZZ}, \qquad (20.95)$$

$$\lim_{T\to\infty} var\left(\sum z_{kt} z_{lt}/T\right) = 0, \qquad \text{für alle } k,l = 0,1,...,L, \quad (20.96)$$

wobei $\mathbf{Q}_{ZZ}$ eine positiv definite $((L+1) \times (L+1))$-Matrix bezeichnet. Diese beiden Annahmen implizieren unmittelbar, dass

$$\text{plim}\,(\mathbf{Z}'\mathbf{Z}/T) = \mathbf{Q}_{ZZ}. \qquad (20.97)$$

Die Annahmen (20.95) und (20.96) sind die multiplen Verallgemeinerungen der Annahmen (20.31) und (20.32), welche wir im Rahmen der Einfachregression (Abschnitt 20.3.1) getroffen hatten.

Zwischen den Variablen in $\mathbf{X}$ und denjenigen in $\mathbf{Z}$ muss eine möglichst hohe Korrelation bestehen. Damit diese Beziehung zwischen $\mathbf{X}$ und $\mathbf{Z}$ bei steigendem Stichprobenumfang ein gewisses Maß an Stabilität bewahrt, muss angenommen werden, dass die Matrix $\mathbf{Z}'\mathbf{X}/T$ bei steigendem Stichprobenumfang die feste Schranke $\mathbf{Q}_{ZX}$ als Wahrscheinlichkeitsgrenzwert besitzt:

$$\text{plim}\,(\mathbf{Z}'\mathbf{X}/T) = \mathbf{Q}_{ZX}, \qquad (20.98)$$

wobei $\mathbf{Q}_{ZX}$ eine reguläre $((L+1) \times (K+1))$-Matrix bezeichnet.

Für den Fall der Einfachregression mit $K=L=1$ impliziert diese Annahme, dass die Wahrscheinlichkeitsgrenzwerte $\text{plim}(\sum x_t/T)$, $\text{plim}(\sum z_t/T)$ und $\text{plim}(\sum z_t x_t/T)$ existieren und somit

$$\begin{aligned}\text{plim}\,(S_{zx}/T) &= \text{plim}\sum (z_t x_t/T - \bar{z}\,\bar{x}) \\ &= \text{plim}\left(\sum z_t x_t/T\right) - \text{plim}\,(\bar{z}) \cdot \text{plim}\,(\bar{x})\end{aligned}$$

ebenfalls einen Wahrscheinlichkeitsgrenzwert besitzt. Mit anderen Worten, Annahme (20.98) ist die multiple Verallgemeinerung der Annahme (20.33), welche wir im Rahmen der Einfachregression (Abschnitt 20.3.1) getroffen hatten.

Wir hatten in Fall 2 gezeigt, dass kontemporäre Unkorreliertheit zwischen $\mathbf{X}$ und $\mathbf{u}$ in Verbund mit den Annahmen (20.70) und (20.73), also den Annahmen $\lim_{T\to\infty} E(\mathbf{X}'\mathbf{X}/T) = \mathbf{Q}_{XX}$ und $\lim_{T\to\infty} \sigma^2 = \sigma_u^2$, hinreichend ist, um $\text{plim}(\mathbf{X}'\mathbf{u}/T) = \mathbf{o}$ zu erhalten. Auf identische Weise kann bewiesen werden, dass $cov(z_t, u_t) = 0$ gemeinsam mit den Annahmen (20.95) und (20.73) hinreichend ist, um

$$\text{plim}\,(\mathbf{Z}'\mathbf{u}/T) = \mathbf{o} \qquad (20.99)$$

zu erhalten.

Nachtrag 2: Beweis der Beziehung $\text{plim}((1/T)\sum(z_t - \bar{z})u_t) = 0$

Bevor wir uns der IV-Schätzung im multiplen Regressionsfall zuwenden, soll kurz erläutert werden, was das Resultat (20.99) für den Fall der Einfachregression aussagt. Die Annahmen (20.95) und (20.96) finden im Falle der Einfachregression in den Annahmen (20.31) und (20.32) ihre Entsprechung. Unsere Herleitung des Resultates (20.99) besagt demnach für die Einfachregression: Aus den Annahmen (20.31) und (20.32) und (20.73) ergibt sich die für die Einfachregression gültige Variante der Gleichung (20.99), also die Beziehungen:

$$\text{plim}\left(\sum u_t/T\right) = 0 \quad \text{und} \quad \text{plim}\left(\sum z_t u_t/T\right) = 0 \, .$$

Aus den Annahmen (20.31) und (20.32) ergibt sich außerdem unmittelbar die Beziehung

$$\text{plim}(\bar{z}) = q_z \, ,$$

wobei q_z ein fester Grenzwert ist. Zusammengenommen liefern diese drei Beziehungen:

$$\begin{aligned}\text{plim}\left((1/T)\sum(z_t - \bar{z})u_t\right) &= \text{plim}\left(\sum z_t u_t/T\right) - \text{plim}(\bar{z})\cdot\text{plim}\left(\sum u_t/T\right) \\ &= 0 - q_z \cdot 0 = 0 \, .\end{aligned}$$

Dies ist Gleichung (20.39), auf welche wir in Abschnitt 20.3.3 ohne formalen Beweis zurückgegriffen hatten.

IV-Schätzer

Welchen Nutzen ziehen wir aus der Matrix $\mathbf{Z}$? Um dies zu erkennen, multiplizieren wir das ursprüngliche Modell (20.47) linksseitig mit der symmetrischen $(T \times T)$-Matrix

$$\mathbf{P} = \mathbf{Z}\left(\mathbf{Z'Z}\right)^{-1}\mathbf{Z'} \, . \tag{20.100}$$

Wir erhalten das transformierte Modell

$$\mathbf{Py} = \mathbf{PX}\boldsymbol{\beta} + \mathbf{Pu} \, , \tag{20.101}$$

also ein Modell mit $\mathbf{Py}$ als endogener Variable, $\mathbf{PX}$ als Matrix der exogenen Variablen und $\mathbf{Pu}$ als Vektor der Störgrößen. Die KQ-Schätzung des transformierten Modells (20.101) wird als Instrumentvariablen-Schätzung *(IV-Schätzung)* bezeichnet. Die IV-Schätzer lauten demnach:

$$\begin{aligned}\widehat{\boldsymbol{\beta}}^{IV} &= \left[(\mathbf{PX})'\mathbf{PX}\right]^{-1}(\mathbf{PX})'\mathbf{Py} \\ &= \left(\mathbf{X'P'PX}\right)^{-1}\mathbf{X'P'Py} \, .\end{aligned} \tag{20.102}$$

Für die symmetrische Matrix $\mathbf{P}$ gilt:

$$\mathbf{P} = \mathbf{Z}\left(\mathbf{Z'Z}\right)^{-1}\mathbf{Z'} = \left[\mathbf{Z}\left(\mathbf{Z'Z}\right)^{-1}\mathbf{Z'}\right]' = \mathbf{P'}$$

20.6. MATRIXALGEBRAISCHER ANHANG

und damit

$$\begin{aligned} \mathbf{P'P} &= \mathbf{Z}(\mathbf{Z'Z})^{-1}\mathbf{Z'Z}(\mathbf{Z'Z})^{-1}\mathbf{Z'} \\ &= \mathbf{Z}(\mathbf{Z'Z})^{-1}\mathbf{Z'} \\ &= \mathbf{P}\,. \end{aligned}$$

Folglich ist $\mathbf{P}$ idempotent. Die IV-Schätzer (20.102) lassen sich damit noch einfacher in der Form

$$\widehat{\beta}^{IV} = (\mathbf{X'PX})^{-1}\mathbf{X'Py} \qquad (20.103)$$

schreiben. Dies ist die multiple Verallgemeinerung der im Rahmen der Einfachregression hergeleiteten IV-Schätzer (20.35) und (20.36).

Zwei Spezialfälle der IV-Schätzer

Falls die Matrizen $\mathbf{Z}$ und $\mathbf{X}$ die gleiche Spaltenzahl ($L{+}1 = K{+}1$) und damit die gleiche Ordnung besitzen, lässt sich der IV-Schätzer (20.103) noch weiter vereinfachen. Einsetzen der Defintion (20.100) in Formel (20.103) liefert

$$\begin{aligned} \widehat{\beta}^{IV} &= \left(\mathbf{X'}\left[\mathbf{Z}(\mathbf{Z'Z})^{-1}\mathbf{Z'}\right]\mathbf{X}\right)^{-1}\mathbf{X'}\left[\mathbf{Z}(\mathbf{Z'Z})^{-1}\mathbf{Z'}\right]\mathbf{y} \\ &= \left((\mathbf{X'Z})(\mathbf{Z'Z})^{-1}(\mathbf{Z'X})\right)^{-1}(\mathbf{X'Z})(\mathbf{Z'Z})^{-1}\mathbf{Z'y} \\ [\text{aus (8.37)}] \quad &= (\mathbf{Z'X})^{-1}(\mathbf{Z'Z})(\mathbf{X'Z})^{-1}(\mathbf{X'Z})(\mathbf{Z'Z})^{-1}\mathbf{Z'y} \\ [\text{aus (8.32)}] \quad &= (\mathbf{Z'X})^{-1}\mathbf{Z'y}\,. \qquad (20.104) \end{aligned}$$

Aus Formel (20.104) ist unmittelbar ersichtlich, dass die KQ-Schätzung als ein Spezialfall der IV-Schätzung aufgefasst werden kann, denn bei der KQ-Schätzung gilt $\mathbf{Z}=\mathbf{X}$ und damit vereinfacht sich Formel (20.104) zu

$$\widehat{\beta}^{IV} = (\mathbf{X'X})^{-1}\mathbf{X'y} = \widehat{\beta}\,.$$

Konsistenz der IV-Schätzer

Um die Konsistenz von $\widehat{\beta}^{IV}$ zu zeigen, ersetzen wir in Ausdruck (20.103) den Vektor $\mathbf{Py}$ durch den entsprechenden Term der Gleichung (20.101):

$$\begin{aligned} \widehat{\beta}^{IV} &= (\mathbf{X'PX})^{-1}\mathbf{X'}(\mathbf{PX}\beta + \mathbf{Pu}) \\ &= (\mathbf{X'PX})^{-1}\mathbf{X'PX}\beta + (\mathbf{X'PX})^{-1}\mathbf{X'Pu} \\ &= \beta + (\mathbf{X'PX})^{-1}\mathbf{X'Pu}\,. \qquad (20.105) \end{aligned}$$

Bildet man auf beiden Seiten der Gleichung den Wahrscheinlichkeitsgrenzwert, so ergibt sich:

$$\text{plim}(\widehat{\boldsymbol{\beta}}^{IV}) = \boldsymbol{\beta} + \text{plim}\left[(\mathbf{X}'\mathbf{P}\mathbf{X})^{-1}\mathbf{X}'\mathbf{P}\mathbf{u}\right] \qquad (20.106)$$

[aus (20.100)]
$$= \boldsymbol{\beta} + \text{plim}\left[\left[\mathbf{X}'\mathbf{Z}\,(\mathbf{Z}'\mathbf{Z})^{-1}\,\mathbf{Z}'\mathbf{X}\right]^{-1}\mathbf{X}'\mathbf{Z}\,(\mathbf{Z}'\mathbf{Z})^{-1}\,\mathbf{Z}'\mathbf{u}\right]$$

$$= \boldsymbol{\beta} + \text{plim}\left[\left[\frac{\mathbf{X}'\mathbf{Z}}{T}\left(\frac{\mathbf{Z}'\mathbf{Z}}{T}\right)^{-1}\frac{\mathbf{Z}'\mathbf{X}}{T}\right]^{-1}\frac{\mathbf{X}'\mathbf{Z}}{T}\left(\frac{\mathbf{Z}'\mathbf{Z}}{T}\right)^{-1}\frac{\mathbf{Z}'\mathbf{u}}{T}\right].$$

Unter Anwendung des Slutzky-Theorems (20.81) sowie der Beziehungen (20.97), (20.98) und (20.99) erhält man schließlich:

$$\text{plim}(\widehat{\boldsymbol{\beta}}^{IV}) = \boldsymbol{\beta} + \left[\mathbf{Q}'_{ZX}\mathbf{Q}^{-1}_{ZZ}\mathbf{Q}_{ZX}\right]^{-1}\mathbf{Q}'_{ZX}\mathbf{Q}^{-1}_{ZZ}\,\mathbf{o} = \boldsymbol{\beta}\,. \qquad (20.107)$$

Die in Gleichung (20.103) definierten IV-Schätzer $\widehat{\boldsymbol{\beta}}^{IV}$ sind somit konsistent.

Schätzung der Störgrößenvarianz

Die Residuen der IV-Schätzung lauten

$$\widehat{\mathbf{u}}^{IV} = \mathbf{y} - \mathbf{X}\widehat{\boldsymbol{\beta}}^{IV}\,. \qquad (20.108)$$

In Analogie zu den Fällen 1 und 2, liefert der Schätzer

$$\widehat{\sigma}^2 = \widehat{\mathbf{u}}^{IV\,\prime}\widehat{\mathbf{u}}^{IV}/(T-K-1) \qquad (20.109)$$

eine konsistente Schätzung der Störgrößenvarianz σ^2. Der einzige Unterschied zu den Fällen 1 und 2 besteht darin, dass dort die Residuen aus der KQ-Schätzung, also aus $\widehat{\mathbf{u}} = \mathbf{y} - \mathbf{X}\widehat{\boldsymbol{\beta}}$ ermittelt wurden, während die Residuen hier aus der IV-Schätzung, also aus Gleichung (20.108) stammen. Um die Konsistenz des Schätzers (20.109) zu zeigen, ersetzen wir in Gleichung (20.108) den Vektor $\mathbf{y}$ durch $\mathbf{X}\boldsymbol{\beta}+\mathbf{u}$:

$$\begin{aligned}
\widehat{\mathbf{u}}^{IV} &= \mathbf{X}\boldsymbol{\beta} + \mathbf{u} - \mathbf{X}\widehat{\boldsymbol{\beta}}^{IV}\\
&= \mathbf{u} - \mathbf{X}\left(\widehat{\boldsymbol{\beta}}^{IV} - \boldsymbol{\beta}\right)\\
[\text{aus (20.105)}] \quad &= \mathbf{u} - \mathbf{X}\left(\mathbf{X}'\mathbf{P}\mathbf{X}\right)^{-1}\mathbf{X}'\mathbf{P}\mathbf{u}\\
&= \mathbf{u} - \mathbf{X}\mathbf{D}\,,
\end{aligned}$$

wobei

$$\mathbf{D} = (\mathbf{X}'\mathbf{P}\mathbf{X})^{-1}\mathbf{X}'\mathbf{P}\mathbf{u}\,.$$

Folglich gilt für die Summe der Residuenquadrate:

$$\begin{aligned}
\widehat{\mathbf{u}}^{IV\,\prime}\widehat{\mathbf{u}}^{IV} &= (\mathbf{u} - \mathbf{X}\mathbf{D})'\,(\mathbf{u} - \mathbf{X}\mathbf{D})\\
&= \left(\mathbf{u}' - \mathbf{D}'\mathbf{X}'\right)(\mathbf{u} - \mathbf{X}\mathbf{D})\\
&= \mathbf{u}'\mathbf{u} - \mathbf{u}'\mathbf{X}\mathbf{D} - \mathbf{D}'\mathbf{X}'\mathbf{u} + \mathbf{D}'\mathbf{X}'\mathbf{X}\mathbf{D}\,. \qquad (20.110)
\end{aligned}$$

20.6. MATRIXALGEBRAISCHER ANHANG

Unter Beachtung von Gleichung (20.109) liefert die Division der Gleichung (20.110) durch den Faktor $(T-K-1)$:

$$\widehat{\sigma}^2 = \frac{u'u}{T-K-1} - \frac{(X'u)'}{T-K-1}D - D'\frac{X'u}{T-K-1} + D'\frac{X'X}{T-K-1}D\,. \qquad (20.111)$$

Aus Gleichungen (20.106) und (20.107) wissen wir, dass

$$\text{plim}\left[(X'PX)^{-1}X'Pu\right] = \text{plim}(D) = o\,. \qquad (20.112)$$

Wegen des Slutzky-Theorems gilt deshalb

$$\text{plim}(D') = [\text{plim}(D)]' = o'\,. \qquad (20.113)$$

Da es bei unendlich großem Stichprobenumfang gleichgültig ist, ob man T oder $T-K-1$ betrachtet, folgt aus Annahme (20.73) nicht nur die Beziehung (20.74), sondern auch

$$\text{plim}\left[u'u/(T-K-1)\right] = \sigma_u^2\,. \qquad (20.114)$$

Entsprechend führen die Annahmen (20.70) und (20.71) nicht nur zu Gleichung (20.72), sondern auch zu

$$\text{plim}\left[X'X/(T-K-1)\right] = Q_{XX}\,. \qquad (20.115)$$

Wir unterstellen, dass gemäß Gleichung (20.94)

$$\text{plim}\left[X'u/(T-K-1)\right] = q \qquad (20.116)$$

gilt. Aus den Beziehungen (20.112) bis (20.116) sowie dem Slutzky-Theorem (20.81) ist ersichtlich, dass für alle Terme auf der rechten Seite der Gleichung (20.111) Wahrscheinlichkeitsgrenzwerte existieren. Wir können deshalb auf beiden Seiten von (20.111) den Wahrscheinlichkeitsgrenzwert bilden und erhalten

$$\text{plim}(\widehat{\sigma}^2) = \sigma_u^2 - q'o - o'q + o'Q_{XX}o = \sigma_u^2\,. \qquad (20.117)$$

Der durch Ausdruck (20.109) definierte Schätzer $\widehat{\sigma}^2$ ist somit konsistent.

Intervallschätzung und Hypothesentest

Die Matrix Z besitzt vergleichbare statistische Eigenschaften wie die Matrix X. White (1984) konnte zeigen, dass dann

$$\widehat{\beta}^{IV} \stackrel{appr}{\sim} N(\beta,\,\sigma_u^2 Q_{ZX}^{-1} Q_{ZZ} (Q_{ZX}^{-1})'/T)\,. \qquad (20.118)$$

Wir müssen demnach einen konsistenten Schätzer für die Matrix $\sigma_u^2 Q_{ZX}^{-1} Q_{ZZ} (Q_{ZX}^{-1})'$ finden und können dann guten Gewissens für die Berechnung von Intervallschätzern und die Durchführung von Hypothesentests die Verteilung (20.118) als Grundlage heranziehen. Wir kennen aus den Annahmen (20.97), (20.98), dem Slutzky-Theorem (20.81) sowie der Gleichung (20.117) die Wahrscheinlichkeitsgrenzwerte der Terme $(\mathbf{Z}'\mathbf{Z}/T)$, $(\mathbf{Z}'\mathbf{X}/T)^{-1}$, $(\mathbf{X}'\mathbf{Z}/T)^{-1}$ und $\hat{\sigma}^2$. Es ergibt sich deshalb die folgende Beziehung:

$$\text{plim}\left[\hat{\sigma}^2\,(\mathbf{Z}'\mathbf{X}/T)^{-1}\,(\mathbf{Z}'\mathbf{Z}/T)\,(\mathbf{X}'\mathbf{Z}/T)^{-1}\right]$$
$$= \text{plim}\,(\hat{\sigma}^2)\cdot\text{plim}\,(\mathbf{Z}'\mathbf{X}/T)^{-1}\cdot\text{plim}\,(\mathbf{Z}'\mathbf{Z}/T)\cdot\left[[\text{plim}\,(\mathbf{Z}'\mathbf{X}/T)]^{-1}\right]'$$
$$= \sigma_u^2\mathbf{Q}_{ZX}^{-1}\mathbf{Q}_{ZZ}\,\mathbf{Q}_{ZX}^{-1\,'}\,. \qquad (20.119)$$

Das Ergebnis (20.119) besagt: Der Term $\hat{\sigma}^2\,(\mathbf{Z}'\mathbf{X}/T)^{-1}\,(\mathbf{Z}'\mathbf{Z}/T)\,(\mathbf{X}'\mathbf{Z}/T)^{-1}$ stellt einen konsistenten Schätzer der Matrix $\sigma_u^2\mathbf{Q}_{ZX}^{-1}\mathbf{Q}_{ZZ}(\mathbf{Q}_{ZX}^{-1})'$ dar. Somit kennen wir auch den geeigneten Schätzer für $\sigma_u^2\mathbf{Q}_{ZX}^{-1}\mathbf{Q}_{ZZ}(\mathbf{Q}_{ZX}^{-1})'/T$, die approximative Varianz von $\hat{\boldsymbol{\beta}}^{IV}$. Dieser Schätzer lautet:

$$\widehat{\mathbf{V}}(\hat{\boldsymbol{\beta}}^{IV}) = \hat{\sigma}^2\,(\mathbf{Z}'\mathbf{X}/T)^{-1}\,(\mathbf{Z}'\mathbf{Z}/T)\,(\mathbf{X}'\mathbf{Z}/T)^{-1}/T$$
$$= \hat{\sigma}^2\,(\mathbf{Z}'\mathbf{X})^{-1}\,(\mathbf{Z}'\mathbf{Z})\,(\mathbf{X}'\mathbf{Z})^{-1}$$
[aus (8.37)] $\quad = \hat{\sigma}^2\left[\mathbf{X}'\mathbf{Z}(\mathbf{Z}'\mathbf{Z})^{-1}\mathbf{Z}'\mathbf{X}\right]^{-1}$
$$= \hat{\sigma}^2\,(\mathbf{X}'\mathbf{P}\mathbf{X})^{-1}\,. \qquad (20.120)$$

Unter Verwendung dieses Schätzers bewahren die Ergebnisse der herkömmlichen Intervallschätzer und Hypothesentests approximativ ihre Gültigkeit – vorausgesetzt der Stichprobenumfang ist hinreichend groß.

Nachtrag 3: Schätzer für $\text{var}(\hat{\boldsymbol{\beta}}^{IV})$

Im Falle der Einfachregression mit $K=L=1$ gilt

$$(\mathbf{Z}'\mathbf{X})^{-1} = \frac{1}{S_{zx}}\begin{bmatrix}(\sum x_t z_t)/T & -\overline{x}\\ -\overline{z} & 1\end{bmatrix},$$
$$(\mathbf{X}'\mathbf{Z})^{-1} = \frac{1}{S_{zx}}\begin{bmatrix}(\sum x_t z_t)/T & -\overline{z}\\ -\overline{x} & 1\end{bmatrix}.$$

Etwas mühevolles aber unproblematisches Multiplizieren der Matrizen $(\mathbf{Z}'\mathbf{X})^{-1}$, $\mathbf{Z}'\mathbf{Z}$ und $(\mathbf{X}'\mathbf{Z})^{-1}$ offenbart, dass sich das rechte untere Element der (2×2)-Matrix $\widehat{\mathbf{V}}(\hat{\boldsymbol{\beta}}^{IV}) = \hat{\sigma}^2\,(\mathbf{Z}'\mathbf{X})^{-1}\,\mathbf{Z}'\mathbf{Z}\,(\mathbf{X}'\mathbf{Z})^{-1}$ zu $\hat{\sigma}^2 S_{zz}/S_{zx}^2$ vereinfacht. Dies ist genau der Ausdruck (20.42), welchen wir bei der Behandlung der Instrumentvariablen-Schätzung im Rahmen der Einfachregression als geeignete Schätzformel für $\text{var}(\hat{\boldsymbol{\beta}}^{IV})$ angegeben hatten.

20.6.6 Hausman-Test

Um zu überprüfen, ob $\mathbf{u}$ und $\mathbf{X}$ kontemporär korreliert sind oder nicht, ob also von

$$H_0 : \text{plim}\,(\mathbf{X}'\mathbf{u}/T) = \mathbf{o} \qquad \text{oder von} \qquad H_1 : \text{plim}\,(\mathbf{X}'\mathbf{u}/T) \neq \mathbf{o}$$

20.6. MATRIXALGEBRAISCHER ANHANG

auszugehen ist, kann der Wert der Variable

$$m = (\widehat{\boldsymbol{\beta}}^{IV} - \widehat{\boldsymbol{\beta}})' \left[\widehat{\mathbf{V}}(\widehat{\boldsymbol{\beta}}^{IV}) - \widehat{\mathbf{V}}(\widehat{\boldsymbol{\beta}})\right]^{-1} (\widehat{\boldsymbol{\beta}}^{IV} - \widehat{\boldsymbol{\beta}}) \qquad (20.121)$$

berechnet werden. Dabei sind $\widehat{\mathbf{V}}(\widehat{\boldsymbol{\beta}})$ und $\widehat{\mathbf{V}}(\widehat{\boldsymbol{\beta}}^{IV})$ aus den Gleichungen (20.93) und (20.120) zu ermitteln, und der dort eingehende Wert $\widehat{\sigma}^2$ sollte einheitlich entweder aus Formel (20.84) oder aus Formel (20.109) berechnet werden. Hausman (1978) zeigte, dass $m \stackrel{asy}{\sim} \chi^2_{(K)}$. Falls der aus Formel (20.121) ermittelte Wert m größer als der entsprechende kritische Wert der $\chi^2_{(K)}$-Verteilung ausfällt, muss die Nullhypothese abgelehnt werden. Eine KQ-Schätzung ist dann nicht zulässig.

Kapitel 21

Verletzung der Annahme C2: Perfekte Multikollinearität

Annahme C2 lautete:

Annahme C2 (Freiheit von perfekter Multikollinearität) Es existieren keine Parameterwerte $\gamma_0, \gamma_1, \gamma_2, ..., \gamma_K$ (wobei mindestens ein $\gamma_k \neq 0$), so dass zwischen den exogenen Variablen $x_{1t}, x_{2t}, ..., x_{Kt}$ für alle $t = 1, 2, ..., T$ die folgende lineare Beziehung gilt:

$$\gamma_0 + \gamma_1 x_{1t} + \gamma_2 x_{2t} + ... + \gamma_K x_{Kt} = 0 \,. \tag{21.1}$$

In der praktischen Arbeit hat man es nur selten mit experimentellen Daten zu tun (Annahme C1). Der Regelfall ist, dass die Werte der exogenen Variablen nicht selbst gewählt werden können, sondern als gegebene Werte von Zufallsvariablen betrachtet werden müssen. Im vorangegangenen Kapitel haben wir gesehen, dass, sofern die Werte der exogenen Variablen von den Störgrößen unabhängig sind, die KQ-Methode ihre guten statistischen Eigenschaften behält. Das heißt, die KQ-Schätzer besitzen die BLUE- bzw. BUE-Eigenschaft.

In dieser Hinsicht ist es also weitgehend gleichgültig, ob für eine Untersuchung ein künstliches Experiment durchgeführt wird oder ob auf Daten zurückgegriffen werden muss, die im Laufe der Geschichte generiert wurden. Ein entscheidender Vorteil von Experimenten besteht jedoch darin, dass man die Werte der verschiedenen exogenen Variablen unabhängig voneinander variieren kann. Bei der Einführung von Annahme C2 (Abschnitt 8.3) bezeichneten wir diese Unabhängigkeit als *autonome Variation* in den exogenen Variablen. Wir hatten erläutert, dass hohe autonome Variation in einer exogenen Variable die individuelle Zurechenbarkeit ihres Einflusses auf die endogene Variable erleichtert und sich somit positiv auf die Schätzgenauigkeit auswirkt. Ergeben sich hingegen die Daten der exogenen Variablen aus dem Lauf der Geschichte, dann weisen sie untereinander oftmals eine systematische Abhängigkeit auf. Die autonome Variation ist dann gering.

Betrachten wir die folgende empirische Fragestellung:

Beispiel zu Kapitel 21

Können die unterschiedlichen Preise von Laserdruckern durch ihre unterschiedliche Qualität erklärt werden? Sind Laserdrucker im Laufe der Jahre billiger geworden? Um diese Fragen zu klären, wird der Preis eines Druckers (y_t) als endogene Variable betrachtet und die folgenden qualitativen Eigenschaften dieses Druckers als exogene Variablen: Druckgeschwindigkeit (x_{1t}), Größe des Druckers (x_{2t}) und Ersatzteilkosten (x_{3t}). Ferner werden die Monate erfasst, die zwischen dem Modell t und dem ersten untersuchten Modell liegen (x_{4t}). Die Daten umfassen den Zeitraum Februar 1992 bis August 2001 und sind in Tabelle 21.1 wiedergegeben. Sie entstammen der Computerzeitschrift c't.

Tabelle 21.1: Preis y_t (in Euro), Druckgeschwindigkeit x_{1t} (in Seiten pro Minute), Druckergröße x_{2t} (in dm^3), Ersatzteilkosten x_{3t} (in Euro/pro Seite) und Zeitdifferenz zum ersten betrachteten Modell x_{4t} (in Monaten) von 44 postscriptfähigen Laserdruckern.

t	y_t	x_{1t}	x_{2t}	x_{3t}	x_{4t}	t	y_t	x_{1t}	x_{2t}	x_{3t}	x_{4t}
1	2652	4	28,6	3,45	0	23	1110	6	50,0	2,15	38
2	1504	4	83,2	2,75	0	24	1270	4	18,4	2,35	38
3	2267	4	34,6	3,25	0	25	1000	6	35,7	2,50	54
4	1722	6	42,6	3,05	16	26	1300	6	18,4	2,15	54
5	1600	6	57,0	2,20	16	27	834	6	29,0	1,85	69
6	1999	8	45,6	2,75	16	28	625	6	30,8	2,00	69
7	2412	4	50,7	3,00	16	29	944	8	46,1	2,31	83
8	1445	8	162,0	3,15	16	30	841	6	29,0	1,89	83
9	2530	8	54,3	1,95	16	31	724	6	18,0	2,17	83
10	2178	4	55,9	2,65	16	32	1676	16	41,9	1,90	88
11	2013	6	42,6	2,85	16	33	1676	16	36,4	1,65	88
12	1875	4	55,9	3,20	16	34	1800	16	82,5	0,86	88
13	2496	6	61,9	2,25	16	35	1676	18	44,3	0,90	88
14	3056	8	67,9	3,60	16	36	2755	24	150,4	1,22	88
15	1000	5	34,9	3,97	21	37	1444	17	54,3	1,55	88
16	1750	12	53,3	2,85	38	38	1848	16	68,6	1,50	88
17	1198	6	37,9	3,30	38	39	1669	16	46,7	1,76	88
18	2000	10	29,6	0,60	38	40	1645	18	100,7	3,36	88
19	1610	8	41,7	2,35	38	41	550	8	28,2	2,11	98
20	2754	10	71,9	2,45	38	42	725	12	27,6	2,53	98
21	924	5	39,5	3,85	38	43	425	14	50,9	3,60	114
22	1745	12	39,1	1,95	38	44	690	10	46,1	2,10	114

Die Daten sind chronologisch angeordnet, also der älteste Drucker zuerst. Die Variable x_{4t} steigt deshalb im Zeitablauf an. An dem Wert $x_{45} = 16$ ist

KAPITEL 21. ANNAHME C2: MULTIKOLLINEARITÄT

abzulesen, dass der Drucker $t=5$ genau 16 Monate später als die Drucker $t=1$ bis $t=3$ auf dem Markt beobachtet wurde. Die Daten der exogenen Variable x_{1t} offenbaren, dass die Druckgeschwindigkeit im Zeitablauf tendenziell ansteigt. Mit anderen Worten, neuere Druckermodelle werden tendenziell immer schneller. Damit besteht für die Variablen x_{1t} und x_{4t} eine deutliche positive Korrelation. Andere exogene Variablenpaare scheinen keine auffallende Korrelation aufzuweisen.

Verletzen die Daten der Tabelle 21.1 Annahme C2? Keineswegs, denn die Variablen x_{1t} und x_{4t} weisen zwar einen *hohen Grad* an Abhängigkeit auf, aber keine *perfekte* Abhängigkeit (perfekte Multikollinearität). Letztere wäre erst dann gegeben, wenn sich Parameterwerte für $\gamma_0, \gamma_1, \gamma_2, \gamma_3$ und γ_4 finden ließen, so dass die Beziehung

$$\gamma_0 + \gamma_1 x_{1t} + \gamma_2 x_{2t} + \gamma_3 x_{3t} + \gamma_4 x_{4t} = 0$$

für alle Beobachtungen t gleichzeitig gültig ist. Dies ist in den Daten der Tabelle 21.1 offensichtlich nicht der Fall, abgesehen von der unzulässigen Parameterkombination $\gamma_0=\gamma_1=\gamma_2=\gamma_3=\gamma_4=0$. Wir haben es also lediglich mit *imperfekter* Multikollinearität zu tun.

Im Folgenden werden wir das Wort „imperfekt" vernachlässigen und einfach von *Multikollinearität* sprechen. Im Spezialfall *vollkommener* Abhängigkeit der exogenen Variablen werden wir explizit von *perfekter Multikollinearität* reden.

Die Daten einer Stichprobe weisen einen mehr oder weniger hohen Grad an Multikollinearität auf, fast niemals aber perfekte Multikollinearität. Mit anderen Worten, Annahme C2 ist praktisch niemals verletzt. Damit behält aber die KQ-Schätzung ihre BLUE- bzw. BUE-Eigenschaft.

Wenn Annahme C2 im Grunde immer erfüllt ist, dann scheint der Rest dieses Kapitels eigentlich gegenstandslos. Dieser Schein trügt. *Perfekte* Multikollinearität in den Daten ist zwar die exotische Ausnahme, aber (imperfekte) Multikollinearität liegt fast immer vor und oftmals in hohem Grade. Die Konsequenzen, die sich aus hoher Multikollinearität ergeben, sind so schwerwiegend, dass auch dieses Thema eine eingehende Erläuterung verdient, wenngleich Annahme C2 im strengen Sinne nicht verletzt ist.

In Abschnitt 21.1 werden wir die Probleme erörtern, die aus perfekt multikollinearen, aber auch aus hochgradig multikollinearen Daten erwachsen. Mit welchen Instrumenten wir das Ausmaß an Multikollinearität erkennen können, ist Gegenstand von Abschnitt 21.2.

Es muss hier bereits betont werden, dass (imperfekte) Multikollinearität nichts anderes ist als ein Mangel an Informationsgehalt in den Daten. Keine der A-, B- oder C-Annahmen ist verletzt. Es existieren deshalb auch keine statistischen Lösungswege für dieses Problem, wie sie etwa für den Fall heteroskedastischer oder autokorrelierter Störgrößen entwickelt werden konnten (VKQ-

bzw. GVKQ-Schätzung). Wir können uns deshalb einen Abschnitt „Anwendbare Schätzverfahren" sparen. Stattdessen werden wir in Abschnitt 21.3 vor verbreiteten Scheinlösungen warnen und einige Ansatzpunkte für einen angemessenen Umgang mit Multikollinearität geben.

21.1 Konsequenzen der Annahmeverletzung

Die Konsequenzen von Multikollinearität und perfekter Multikollinearität können am leichtesten am Beispiel der Zweifachregression gezeigt werden. In Abschnitt 21.1.1 wird eine grafische Veranschaulichung gegeben. Die formale Seite des Problems wird in den Abschnitten 21.1.2 und 21.1.3 behandelt.

21.1.1 Grafische Veranschaulichung

Wir hatten an früherer Stelle bereits von der Darstellungsform eines Venn-Diagramms Gebrauch gemacht. Bei dieser Darstellungsform wird die Variation einer Variable durch einen Kreis symbolisiert. Überschneidungen von Kreisen signalisieren Kovariation zwischen den entsprechenden Variablen.

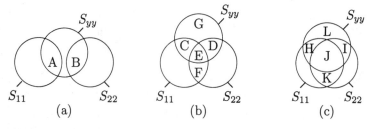

Abbildung 21.1: Zweifachregression mit (a) keiner, (b) geringer und (c) hoher Multikollinearität.

Abbildung 21.1 zeigt drei unterschiedliche Konstellationen, die bei Zweifachregressionen auftreten können. In Fall (a) bestehen zwar individuelle Überschneidungen zwischen der endogenen und jeweils einer der exogenen Variablen, aber keine Überschneidung zwischen den exogenen Variablen. Sämtliche Variation in den exogenen Variablen ist autonome Variation, und Überschneidungen mit der endogenen Variable (Flächen A und B) sind vollständig nutzbar für die individuelle Schätzung der Parameter β_1 und β_2. Da die exogenen Variablen hier vollkommen unabhängig voneinander sind, besteht keine Multikollinearität.

In Fall (b) existiert Multikollinearität. Diese wird durch die Überschneidungsflächen E und F angezeigt. Man beachte, dass die Summe aus den Flächen C und E in etwa mit Fläche A in Fall (a) übereinstimmt und entsprechend die Summe der Flächen D und E mit Fläche B. Dennoch fällt die Schätzung der Parameter β_1 und β_2 in Fall (b) weniger genau aus als in Fall (a), denn unmittelbar verwendbar für die Schätzung des Parameters β_1 sind in Fall (b) lediglich die Informationen in Fläche C, und unmittelbar verwendbar für die Schätzung des Parameters β_2 sind lediglich die Informationen der Fläche D. Informationen in Fläche E sind für die individuellen Parameterschätzungen nicht *unmittelbar* nutzbar, denn sie sind den exogenen Variablen nicht *individuell* zurechenbar. Sie repräsentieren lediglich Informationen über den *gemeinsamen* Einfluss der beiden exogenen Variablen auf die endogene Variable.

Fläche G repräsentiert Variation in der endogenen Variable, die nicht durch die exogenen Variablen erklärt werden kann. Fläche G spiegelt den Einfluss der Störgrößen wider. Gegeben die Flächengrößen C und D ist Fläche G umso kleiner, je größer die Fläche E. Da die Genauigkeit, mit der die Parameter β_1 und β_2 geschätzt werden, auch von der Störgrößenvarianz und damit von der Größe der Fläche G abhängt, gehen die Informationen der Fläche E letztlich doch in die Schätzung der Parameter β_1 und β_2 ein, aber eben erst auf diesem sehr *indirekten* Weg. Eine große Fläche E bedeutet eine kleine Fläche G und unterstützt auf diesem indirekten Weg die Schätzgenauigkeit der Parameter β_1 und β_2.

Fall (c) veranschaulicht diesen Aspekt. Die für die individuellen Schätzungen der Parameter β_1 und β_2 nutzbaren Flächen H und I sind ähnlich groß wie die entsprechenden Flächen C und D in Fall (b). Aus diesem Blickwinkel betrachtet sollte die Schätzung in Fall (c) also nicht genauer ausfallen als in Fall (b). Dennoch können die Parameter β_1 und β_2 in Fall (c) mit größerer Präzision geschätzt werden als in Fall (b). Dies liegt an der Größe der Fläche J, welche dafür verantwortlich ist, dass Fläche L deutlich kleiner ist als Fläche G in Fall (b). Mit anderen Worten, die in Fall (c) reichlich vorhandenen Informationen über den gemeinsamen Einfluss der exogenen Variablen sorgen für einen geringen Einfluss der Störgrößen und auf diesem indirekten Weg für eine genauere Schätzung der Parameter β_1 und β_2.

Wir können festhalten, dass Multikollinearität *per se* noch nichts über die Datenqualität aussagt. Selbst bei hoher Multikollinearität kann es zu verlässlichen Parameterschätzungen kommen. Beispielsweise war in Fall (c) der Grad an Multikollinearität (Flächen J und K) größer als in Fall (b) (Flächen E und F). Dennoch ist in Fall (c) von einer besseren Schätzgenauigkeit auszugehen als in Fall (b). Nach dieser grafischen Einführung wenden wir uns nun einer etwas formaleren Betrachtung zu.

21.1.2 Konsequenzen *perfekter* Multikollinearität für Punkt–, Intervallschätzung und Hypothesentests

Wir betrachten exemplarisch den Steigungsparameter β_1 einer Zweifachregression. Der KQ-Schätzer von β_1 lautet

$$\widehat{\beta}_1 = \frac{S_{22}S_{1y} - S_{12}S_{2y}}{S_{11}S_{22} - S_{12}^2}. \qquad (21.2)$$

Nehmen wir an, die beiden exogenen Variablen seien perfekt multikollinear und zwar in der Form

$$x_1 = \gamma x_2,$$

wobei γ eine beliebige Konstante ist. Bei Gültigkeit dieser Beziehung lässt sich der Nenner des Schätzers auch folgendermaßen schreiben

$$\begin{aligned} S_{11}S_{22} - S_{12}^2 &= \sum (\gamma x_2 - \gamma \overline{x}_2)^2 \sum (x_2 - \overline{x}_2)^2 - \left[\sum (\gamma x_2 - \gamma \overline{x}_2)(x_2 - \overline{x}_2)\right]^2 \\ &= \gamma^2 \left[\sum (x_2 - \overline{x}_2)^2\right]^2 - \gamma^2 \left[\sum (x_2 - \overline{x}_2)^2\right]^2 \\ &= 0. \end{aligned}$$

Ein Quotient, dessen Nenner 0 wird, ist nicht definiert. Folglich ist bei perfekter Multikollinearität der durch (21.2) definierte KQ-Schätzer $\widehat{\beta}_1$ allein schon aus mathematischen Gründen nicht berechenbar.

Perfekte Multikollinearität ist die absolute Ausnahme, imperfekte Multikollinearität hingegen der Regelfall. Welche Konsequenzen erwachsen aus (imperfekter) Multikollinearität?

21.1.3 Konsequenzen *imperfekter* Multikollinearität für Punkt-, Intervallschätzung und Hypothesentests

Da (imperfekte) Multikollinearität keine Verletzung der Annahme C2 darstellt, bleibt die KQ-Schätzung unverzerrt und effizient. Es gibt also keine andere unverzerrte Schätzmethode, welche eine geringere Schätzvarianz aufweist. Wir hatten aber in Abbildung 21.1 gesehen, dass die Schätzgenauigkeit durch Multikollinearität stark beeinträchtigt werden kann. Dies soll nun auch formal gezeigt werden.

Konsequenzen für die Punktschätzung

Dass *ceteris paribus* die Schätzvarianz umso größer ausfällt, je höher die Multikollinearität, ist auch formal unmittelbar erkennbar. Betrachten wir wieder exemplarisch den Steigungsparameter β_1 einer Zweifachregression. Seine Varianz war durch

$$var(\widehat{\beta}_1) = \frac{\sigma^2}{S_{11}(1 - R_{1 \cdot 2}^2)} \tag{21.3}$$

definiert, wobei

$$R_{1 \cdot 2}^2 = \frac{S_{12}^2}{S_{11}S_{22}}$$

als Bestimmtheitsmaß einer KQ-Schätzung mit x_{1t} als „endogener Variable" und x_{2t} als „exogener Variable" (oder umgekehrt) interpretiert werden kann. Es sei angemerkt, dass $R_{1 \cdot 2}^2$ zugleich der Korrelationskoeffizient der exogenen Variablen x_{1t} und x_{2t} ist (siehe Abschnitt 3.4.3). $R_{1 \cdot 2}^2$ misst demnach die lineare Abhängigkeit (Multikollinearität) zwischen den zwei exogenen Variablen. Wir können deshalb $R^2_{1\cdot 2}$ als *Korrelationsmaß* interpretieren. Falls in der KQ-Schätzung das Vorzeichen des Steigungsparameters negativ ausfällt, handelt es sich um eine negative Korrelation in Höhe von $R^2_{1\cdot 2}$, ansonsten um eine positive Korrelation.

Liegt keine Multikollinearität vor ($R^2_{1\cdot 2} = 0$), dann erreicht die durch Formel (21.3) gegebene Schätzvarianz ihren minimalen Wert. Je größer jedoch die Multikollinearität und damit $R^2_{1\cdot 2}$, umso kleiner wird der Nenner in Formel (21.3) und umso größer die Schätzvarianz von $\widehat{\beta}_1$. Bei perfekter Multikollinearität ($R^2_{1\cdot 2} = 1$) ist der Quotient mathematisch nicht definiert.

Die Formel (21.3) zeigt zugleich, dass eine hohe Multikollinearität durch eine große Variation S_{11} oder durch eine geringe Störgrößenvarianz σ^2 kompensiert werden kann. Multikollinearität ist eben nicht der alleinige Bestimmungsfaktor für die Schätzvarianz. Grafisch hatten wir dies bereits in der Gegenüberstellung von Fall (b) und (c) der Abbildung 21.1 veranschaulicht.

Es darf nicht unerwähnt bleiben, dass eine hohe Schätzvarianz in den Parametern zumeist mit einem anderen Phänomen einhergeht: Die Schätzergebnisse reagieren sehr sensibel, wenn einzelne Beobachtungen weggelassen oder hinzugefügt werden oder wenn einzelne scheinbar irrelevante Variablen weggelassen werden.

Konsequenzen für Intervallschätzung und Hypothesentest

Da sämtliche A-, B- und C-Annahmen erfüllt sind, bleiben die Intervallschätzer trotz (imperfekter) Multikollinearität unverzerrt und die üblichen Hypothesentests sind zulässig. Die Multikollinearität beeinträchtigt jedoch die Aussagekraft der Intervallschätzer und Hypothesentests. Ein großer Wert für $var(\widehat{\beta}_1)$ bedeutet zugleich einen großen $se(\widehat{\beta}_1)$-Wert. In der Intervallschätzung erhalten wir deshalb sehr große und damit kaum aussagekräftige Konfidenzintervalle. Ähnliches gilt für den Bereich des Hypothesentests: Sie sind unscharf und deshalb wenig aussagekräftig. Betrachten wir beispielsweise die Nullhypothese $H_0 : \beta_1 = 0$. Nehmen wir an, es ergibt sich in der KQ-Schätzung ein Wert für $\widehat{\beta}_1$, der deutlich von 0 abweicht. Dies stellt einen klaren Widerspruch zu $H_0 : \beta_1 = 0$ dar und lässt erhebliche Zweifel an der Richtigkeit der Nullhypothese aufkommen. Wenn aber gleichzeitig, aufgrund der Multikollinearität, der $se(\widehat{\beta}_1)$-Wert sehr groß ist, bedeutet ein großer $\widehat{\beta}_1$ noch nicht, dass auch der t-Wert des Hypothesentests, also

$$t = \frac{\widehat{\beta}_1 - 0}{\widehat{se}(\widehat{\beta}_1)}$$

groß ist. Es kann sein, dass trotz des großen $\widehat{\beta}_1$-Wertes der t-Wert aufgrund des großen $\widehat{se}(\widehat{\beta}_1)$-Wertes kleiner als der kritische Wert $t_{\alpha/2}$ ausfällt und es deshalb zu keiner Ablehnung von $H_0 : \beta_1 = 0$ kommt.

21.2 Diagnose

Wir haben betont, dass Multikollinearität nicht zwangsläufig zu großen Schätzvarianzen führen muss. Letztere werden auch durch die Störgrößenvarianz σ^2 und die Variation in den exogenen Variablen bestimmt. Für die Diagnose ergeben sich deshalb zwei *separate* Fragen:

1. In welchem Ausmaß sind die benutzten Daten multikollinear?
2. Falls die KQ-Schätzer insignifikant sind, in welchem Ausmaß kann dies auf Multikollinearität und in welchem Ausmaß auf andere Ursachen (z.B. Fehlspezifikation des Modells) zurückgeführt werden?

Abschnitt 21.2.1 widmet sich der ersten Frage, Abschnitt 21.2.2 der zweiten Frage.

21.2.1 Diagnose von Multikollinearität

Im Rahmen der *Zweifachregression* stellt das Korrelationsmaß

$$R_{1\cdot 2}^2 = \frac{S_{12}^2}{S_{11}S_{22}}$$

einen natürlichen Indikator für den Grad an Multikollinearität dar. Für Regressionsmodelle mit mehr als zwei exogenen Variablen büßt das Korrelationsmaß diese Eigenschaft jedoch ein, denn nun kann es vorkommen, dass die exogenen Variablen paarweise einen geringen Grad an Abhängigkeit aufweisen, aber dennoch stark multikollinear sind.

Nummerische Illustration 21.1

Ein einfaches Beispiel ist im linken Teil der Tabelle 21.2 dargestellt. Die Werte der Variable x_{3t} ergeben sich jeweils aus der Summe der Variablenwerte x_{1t} und x_{2t}. Die Daten sind also perfekt multikollinear.

Tabelle 21.2: Ein Beispiel für kleine Werte der Korrelationsmaße trotz perfekter Multikollinearität.

t	x_{1t}	x_{2t}	x_{3t}	Korrelationsmaße
1	-1	9	8	$R_{1\cdot 2}^2 = 0,261$
2	5	-3	2	$R_{1\cdot 3}^2 = 0,290$
3	9	3	12	$R_{2\cdot 3}^2 = 0,202$
4	4	-4	0	
5	-6	5	-1	

Formal zeigt sich die perfekte Multikollinearität dadurch, dass für die Parameterwerte $\gamma_0 = 0$, $\gamma_1 = 1$, $\gamma_2 = 1$ und $\gamma_3 = -1$ die Beziehung

$$\gamma_0 + \gamma_1 x_{1t} + \gamma_2 x_{2t} + \gamma_3 x_{3t} = 0$$

21.2. DIAGNOSE

für alle T =5 Beobachtungen erfüllt ist. Die paarweisen Korrelationsmaße sind im rechten Teil der Tabelle wiedergegeben. Trotz perfekter Multikollinearität weisen sie einen geringen Wert auf.

Wie lässt sich im Falle der Mehrfachregression Multikollinearität messen? Leider existiert für diesen allgemeinen Fall keine eindeutige Maßzahl. Man muss sich damit begnügen, mehrere vernünftige Indikatoren zu betrachten und auf Basis dieser Indikatoren eine Vorstellung vom Ausmaß und der Struktur der Multikollinearität gewinnen.

Untersuchen wir exemplarisch den Fall einer Vierfachregression:

$$y_t = \alpha + \beta_1 x_{1t} + \beta_2 x_{2t} + \beta_3 x_{3t} + \beta_4 x_{4t} + u_t \ . \tag{21.4}$$

Auch das eingangs betrachtete Laserdrucker-Beispiel war eine solche Vierfachregression.

Um die Abhängigkeit zwischen *zwei* exogenen Variablen x_{1t} und x_{2t} zu quantifizieren, war das Korrelationsmaß $R^2_{1 \cdot 2}$ ein angemessenes Instrument. Eine sinnvolle Verallgemeinerung dieser Idee besteht darin, die *Hilfsregression*

$$x_{1t} = \gamma + \mu_2 x_{2t} + \mu_3 x_{3t} + \mu_4 x_{4t} + e_t$$

durchzuführen. Dabei bezeichnen γ, μ_2, μ_3 und μ_4 vier Schätzparameter und e_t eine neue Störgröße. Auch für diese Hilfsregression kann das Bestimmtheitsmaß berechnet werden. Letzteres sei ebenfalls als Korrelationsmaß bezeichnet und durch $R^2_{1 \cdot 234}$ symbolisiert. Es misst die Erklärungskraft der Variablen x_{2t}, x_{3t} und x_{4t} für die Werte der Variable x_{1t}. Ein hoher $R^2_{1 \cdot 234}$-Wert signalisiert deshalb hohe Multikollinearität, ein $R^2_{1 \cdot 234}$-Wert von 1 signalisiert perfekte Multikollinearität. In analoger Weise sollten aus entsprechenden Hilfsregressionen auch die Bestimmtheitsmaße $R^2_{2 \cdot 134}$, $R^2_{3 \cdot 124}$ und $R^2_{4 \cdot 123}$ berechnet werden. Ergänzen kann man diese Ergebnisse um Bestimmtheitsmaße, welche sich aus Hilfsregressionen mit zwei Variablen auf der rechten Seite ergeben, also beispielsweise $R^2_{1 \cdot 23}$, $R^2_{1 \cdot 24}$, $R^2_{1 \cdot 34}$, $R^2_{2 \cdot 13}$, $R^2_{2 \cdot 14}$, $R^2_{2 \cdot 34}$, $R^2_{3 \cdot 12}$, usw. bis $R^2_{4 \cdot 23}$. Schließlich sollten auch die paarweisen Korrelationsmaße ermittelt werden, also $R^2_{1 \cdot 2}$, $R^2_{1 \cdot 3}$, $R^2_{1 \cdot 4}$, $R^2_{2 \cdot 3}$, $R^2_{2 \cdot 4}$ und $R^2_{3 \cdot 4}$, wobei auch überprüft werden sollte, ob es sich um eine positive oder negative Korrelation handelt.

Nummerische Illustration 21.2

Für die Laserdrucker-Daten der Tabelle 21.1 ergeben sich die in Tabelle 21.3 wiedergebenen Korrelationsmaße. Die Symbole (+) und (−) im unteren Teil der Tabelle deuten an, ob es sich jeweils um positive oder negative Korrelation handelt. Ein auffallend hoher Wert ergibt sich für $R^2_{1 \cdot 24}$: Die Geschwindigkeit (x_{1t}) ist mit der Druckergröße (x_{2t}) und der Zeitdifferenz (x_{4t}) stark multikollinear verbunden. Die Ersatzteilkosten (x_{3t}) scheinen in dieser Multikollinearitätsbeziehung eine untergeordnete Rolle zu spielen, denn das Bestimmtheitsmaß $R^2_{1 \cdot 234}$ ist um bescheidene 0,043 größer als $R^2_{1 \cdot 24}$. Hätte man sich nur an *den paarweisen Korrelationsmaßen orientiert, wäre einem dies wahrscheinlich nicht aufgefallen, denn $R_{1\cdot 3}^2$ ist deutlich größer als $R_{1\cdot 2}^2$. Immerhin hätte man anhand von $R_{1\cdot 4}^2$ die hohe positive Korrelation zwischen Druckgeschwindigkeit und Zeitdifferenz erkannt. Diese Korrelation ist auch für die großen Werte von $R_{4\cdot 123}^2$ und $R_{4\cdot 12}^2$ verantwortlich.*

Tabelle 21.3: Bestimmtheitsmaße für alle möglichen Hilfsregressionen des Laserdrucker-Beispiels.

x_{1t} (D.-Geschw.)	x_{2t} (D.-Größe)	x_{3t} (Ersatzteilk.)	x_{4t} (Zeitdiff.)
$R_{1\cdot 234}^2 = 0,692$	$R_{2\cdot 134}^2 = 0,390$	$R_{3\cdot 124}^2 = 0,319$	$R_{4\cdot 123}^2 = 0,580$
$R_{1\cdot 23}^2 = 0,431$	$R_{2\cdot 13}^2 = 0,234$	$R_{3\cdot 12}^2 = 0,313$	$R_{4\cdot 12}^2 = 0,576$
$R_{1\cdot 24}^2 = 0,649$	$R_{2\cdot 14}^2 = 0,364$	$R_{3\cdot 14}^2 = 0,290$	$R_{4\cdot 13}^2 = 0,473$
$R_{1\cdot 34}^2 = 0,496$	$R_{2\cdot 34}^2 = 0,003$	$R_{3\cdot 24}^2 = 0,224$	$R_{4\cdot 23}^2 = 0,226$
$R_{1\cdot 2}^2 = 0,172(+)$	$R_{2\cdot 1}^2 = R_{1\cdot 2}^2$	$R_{3\cdot 1}^2 = R_{1\cdot 3}^2$	$R_{4\cdot 1}^2 = R_{1\cdot 4}^2$
$R_{1\cdot 3}^2 = 0,258(-)$	$R_{2\cdot 3}^2 = 0,000(+)$	$R_{3\cdot 2}^2 = R_{2\cdot 3}^2$	$R_{4\cdot 2}^2 = R_{2\cdot 4}^2$
$R_{1\cdot 4}^2 = 0,449(+)$	$R_{2\cdot 4}^2 = 0,002(-)$	$R_{3\cdot 4}^2 = 0,224(-)$	$R_{4\cdot 3}^2 = R_{3\cdot 4}^2$

Die Druckergröße (x_{2t}) ist positiv mit der Druckgeschwindigkeit (x_{1t}) korreliert. Die Korrelation der Druckergröße mit den anderen exogenen Variablen ist vernachlässigbar. Am geringsten ist die Multikollinearität zwischen den Ersatzteilkosten (x_{3t}) und den anderen Variablen. Hier sind es vorrangig die Druckgeschwindigkeit (x_{1t}) und die Zeitdifferenz (x_{4t}), welche für die Multikollinearität verantwortlich sind. In ihrer Gesamtheit deuten die Resultate darauf hin, dass die individuelle Schätzung der Parameter durch Multikollinearität erschwert ist, insbesondere die Schätzung der Parameter β_1 und β_4.

Wir haben nun einige Anhaltspunkte, um das Ausmaß und die Struktur der Multikollinearität einschätzen zu können. Wir wissen aber noch nicht, in welchem Ausmaß eine geringe Genauigkeit in der individuellen Schätzung der Parameter auf Multikollinearität zurückzuführen ist. Um auch diese zweite Frage beantworten zu können, sind weitere Überlegungen notwendig.

21.2.2 Hohe Schätzvarianz der Punktschätzer: Multikollinearität oder Fehlspezifikation?

Wir haben im Laserdrucker-Beispiel einen nicht unerheblichen Grad an Multikollinearität festgestellt. Ist eine KQ-Schätzung des Modells (21.4) damit unangebracht? Nicht notwendigerweise, denn wir wissen beispielsweise aus Gleichung (21.3), dass Multikollinearität durch eine sehr geringe Störgrößenvarianz oder eine sehr hohe Variation in der exogenen Variable kompensiert werden

21.2. DIAGNOSE

kann, so dass die Varianz der Schätzer nicht übermäßig groß ausfällt. Aber selbst dann, wenn wir eine große Varianz in den einzelnen Schätzern beobachten, besagt dies noch nicht, dass eine KQ-Schätzung des Modells (21.4) unangemessen ist. Dies soll im Folgenden erläutert werden.

Vergleich der individuellen und gemeinsamen Signifikanz der Parameter

Am Beispiel der Teile (a) und (b) der Abbildung 21.1 wurde ersichtlich, dass Multikollinearität die autonome Variation in den exogenen Variablen reduziert. Die Informationen in Fläche E sind für die individuellen Parameterschätzungen von β_1 und β_2 nicht unmittelbar nutzbar. Damit steht weniger Information zur Verfügung. Entsprechend hoch sind die Schätzvarianzen $var(\widehat{\beta}_1)$ und $var(\widehat{\beta}_2)$ und ein t-Test der Hypothese $H_0 : \beta_k = 0$ würde oftmals nicht abgelehnt werden können. Das heißt, die t-Werte der Parameter sind insignifikant.

Die Informationen in Fläche E sind aber indirekt hilfreich, denn immerhin repräsentieren sie Variation in der endogenen Variable, welche durch die gemeinsame Variation in den exogenen Variablen erklärt wird. Noch deutlicher ist dies in Teil (c) der Abbildung 21.1, wo Fläche J den gemeinsamen Einfluss der beiden exogenen Variablen repräsentiert. Entsprechend würde auch ein F-Test der gemeinsamen Nullhypothese $H_0 : \beta_1 = \beta_2 = 0$ mit hoher Signifikanz abgelehnt werden. Ferner würde für Teil (c) das Bestimmtheitsmaß einer KQ-Schätzung sehr groß ausfallen, denn der Anteil der unerklärten Variation (Fläche L) an der gesamten Variation der endogenen Variable (Flächen $H+J+I+L$) ist gering.

Die vorangegangenen Gedanken lassen sich zu folgender Aussage bündeln: Weisen einige der individuellen Schätzer hohe Schätzvarianzen auf (und damit insignifikante t-Werte) und ist gleichzeitig das Bestimmtheitsmaß R^2 groß (bzw. ein F-Test hochsignifikant), dann signalisiert dies Schätzprobleme, welche durch Multikollinearität in den Daten verursacht wurden. Die Schätzprobleme bestehen aber nur hinsichtlich der Schätzung der *individuellen* Parameter. Als Ganzes leisten die exogenen Variablen einen erheblichen Erklärungsbeitrag für die Werte der endogenen Variable. Das Problem liegt in den Daten und nicht im ökonometrischen Modell. Die Informationen in den Daten reichen einfach nicht aus, auch die *individuellen* Parameter mit hinreichender Genauigkeit zu schätzen. Der gemeinsame Einfluss wird hingegen hinreichend genau geschätzt.

Nummerische Illustration 21.3

Eine KQ-Schätzung des Laserdrucker-Beispiels liefert die in Tabelle 21.4 wiedergegebenen Resultate. Alle Parameter weisen das erwartete Vorzeichen auf. Der Wert von $\widehat{\beta}_4 = -21,792$ sagt aus, dass ein und derselbe Drucker Monat für Monat um 21,792 Euro im Preis fällt. In der Tabelle finden sich auch die *individuellen t-Werte der Parameter. Die Variablen x_{2t} (Druckergröße) und x_{3t} (Ersatzteilkosten) scheinen keinen signifikanten Einfluss auf die endogene Variable auszuüben, ganz im Gegensatz zu den Variablen x_{1t} (Druckgeschwindigkeit) und x_{4t} (Zeitdifferenz).*

Wir haben hier den ungewöhnlichen Fall, dass ausgerechnet diejenigen Variablen, welche eine hohe Multikollinearität aufweisen (x_{1t} und x_{4t}), individuell mit großer Verlässlichkeit geschätzt werden können, während diejenigen Variablen mit etwas geringerer Multikollinearität (x_{2t} und x_{3t}) keine verlässlichen individuellen Schätzungen zulassen. Die Variablen x_{1t} und x_{4t} üben einen signifikanten Einfluss auf den Druckerpreis aus und ihre hohe Multikollinearität konnte durch andere Faktoren (z.B. hohe Variation in x_{1t} und x_{4t}) kompensiert werden. Bei den Variablen x_{2t} und x_{3t} kam es trotz geringerer Multikollinearität zu geringen t-Werten. Dies ist ein Indiz dafür, dass der Druckerpreis nur wenig von diesen beiden Variablen beeinflusst wird. Ein F-Test der Nullhypothese $H_0 : \beta_2 = \beta_3 = 0$ liefert einen weiteren Beleg für diese Einschätzung. Es ergibt sich ein F-Wert von $0,944$. Der kritische Wert (Freiheitsgrade $v_1 = 2$, $v_2 = 41$) liegt bei etwa $F_{0,05} = 19,471$.

Tabelle 21.4: Schätzergebnisse des Laserdrucker-Beispiels.

Variable	Koeff.	$\widehat{se}(\cdot)$	t-Wert	p-Wert
Konstante	2021,058	310,146	6,516	<0,001
Druckgeschwindigkeit	108,086	21,415	5,047	<0,001
Druckergröße	-0,512	2,611	-0,196	0,846
Ersatzteilkosten	-116,663	90,309	-1,292	0,204
Zeitdifferenz	-21,792	2,632	-8,280	<0,001

Ein F-Test der Nullhypothese $H_0 : \beta_1 = \beta_2 = \beta_3 = \beta_4 = 0$ liefert einen F-Wert von $21,5$. Der kritische Wert (Freiheitsgrade $v_1 = 4$, $v_2 = 39$) liegt bei etwa $F_{0,05} = 5,717$. Die Variablen sind also gemeinsam hochsignifikant. Das Bestimmtheitsmaß beträgt $R^2 = 68,8\%$. Insgesamt vermitteln diese Ergebnisse den Eindruck, dass die individuelle Schätzung der Parameter durch Multikollinearität zwar erschwert ist, dass aber das ökonometrische Modell (21.4) durchaus korrekt sein kann.

Ein Hinweis auf frühere Überlegungen

Abschließend sei in diesem Zusammenhang an Abbildung 10.1 erinnert. Dort hatten wir erläutert, warum die Ergebnisse individueller t-Tests anders ausfallen können als diejenigen eines gemeinsamen F-Tests. Ein zentraler Baustein in der Begründung war die ellipsoide Form der Konfidenzregion eines F-Tests. Wir hatten darauf hingewiesen, dass die Ergebnisse der t- und F-Tests umso unterschiedlicher ausfallen können, je schmaler die ellipsoide Konfidenzregion des F-Tests wird. Maßgeblich für die Breite der Ellipse war die Abhängigkeit zwischen den exogenen Variablen. Eine hohe Multikollinearität generiert schmale Konfidenzellipsen und damit deutliche Unterschiede in den Ergebnissen von t- und F-Tests.

21.3 Angemessener Umgang mit Multikollinearität

Unser Laserdrucker-Beispiel verdeutlicht, dass hohe Multikollinearität zu beträchtlichen Schätzvarianzen und insignifikanten t-Werten führen kann. Die Versuchung ist groß, „anwendbare Schätzverfahren" zu entwickeln, welche bessere Schätzeigenschaften aufweisen. In der Tat wurden in der Literatur eine Vielzahl diesbezüglicher Vorschläge gemacht. Sie sind sämtlich mit Skepsis zu betrachten.

Multikollinearität stellt keine Verletzung der A-, B- oder C-Annahmen dar, sondern einen Mangel an Informationen. Die Daten enthalten einfach nicht genug Informationen, um den interessierenden Zusammenhang mit hinlänglicher Verlässlichkeit untersuchen zu können. Aus diesem Dilemma helfen auch keine alternativen Schätzverfahren. Die KQ-Methode erfüllt bereits die BLUE- und die BUE-Eigenschaft. Es gibt also keine präziseren *unverzerrten* Schätzmethoden.

Versucht man dennoch zusätzliche Informationen aus den Daten zu pressen, so nimmt man billigend in Kauf, dass diese Infomationen auch Fehlinformationen sein könnten. Bei zwei beliebten Verfahren wird dies besonders deutlich. Sie werden im folgenden Abschnitt kurz vorgestellt.

21.3.1 Verfahren zur Eindämmung des Multikollinearitätsproblems

Zwei besonders verbreitete Versuche, das Multikollinearitätsproblem zu überwinden, sind das Auslassen von Variablen mit geringen t-Werten und die Differenzenbildung.

Auslassen von Variablen

Im Laserdrucker-Beispiel weisen die Variablen x_{2t} (Druckergröße) und x_{3t} (Ersatzteilkosten) geringe t-Werte auf und könnten deshalb als scheinbar irrelevant weggelassen werden. Wir wissen aber, dass die geringen t-Werte nicht unbedingt auf Irrelevanz, sondern eben auch auf Multikollinearität zurückzuführen sein könnten. Wenn aber x_{2t} und x_{3t} als relevante Variablen ausgelassen werden, dann ist die Schätzung der anderen Parameter verzerrt, inklusive der Schätzung ihrer Varianzen und t-Werte (siehe Abschnitt 13.1.1).

Nummerische Illustration 21.4

Eine Schätzung des Laserdrucker-Beispiels allein auf Basis der exogenen Va-

riablen x_{1t} und x_{4t} liefert die in Tabelle 21.5 wiedergegebenen Ergebnisse. Die t-Werte sind gegenüber der vollständigen Schätzung (Tabelle 21.4) gestiegen. Wir wissen aber aus Abschnitt 13.1.1, dass das Auslassen relevanter Variablen zu verzerrten und damit wertlosen Ergebnissen führt. Wenn wir also vermuten, dass die geringen t-Werte der Variablen x_{2t} und x_{3t} zum gewissen Teil auf Multikollinearität zurückzuführen sind, dann müssten auch die Ergebnisse in Tabelle 21.5 mit gewisser Skepsis betrachtet werden und würden kein vollkommen überzeugende Rechtfertigung für einen Verzicht auf x_{2t} und x_{3t} darstellen. Allerdings ergaben sich aus unserer Diskussion der Tabelle 21.3 kaum Anhaltspunkte dafür, dass die geringe Signifikanz der Variablen x_{2t} und x_{3t} auf Multikollinearität zurückzuführen ist. Insofern ist hier das Auslassen dieser beiden Variablen wenig angreifbar.

Tabelle 21.5: Schätzergebnisse des Laserdrucker-Beispiels bei Auslassen der Variablen x_{2t} und x_{3t}.

Variable	Koeff.	$\widehat{se}(\cdot)$	t-Wert	p-Wert
Konstante	1631,665	125,059	13,047	<0,001
Druckgeschwindigkeit	112,103	16,000	7,007	<0,001
Zeitdifferenz	-20,895	2,295	-9,107	<0,001

Differenzenbildung

Ein zweiter Ansatz zur Eindämmung des Multikollinearitätsproblems ist die sogenannte *Differenzenbildung*. Das Laserdrucker-Beispiel zeigt, dass sich die Druckgeschwindigkeit (x_{1t}) und die Zeitdifferenz (x_{4t}) in paralleler Richtung bewegen und die Ersatzteilkosten (x_{3t}) in entgegengesetzter Richtung zu x_{1t} und x_{4t}. Die Ergebnisse der Tabelle 21.3 belegen, dass es zu spürbarer Multikollinearität gekommen ist. Ein möglicher Weg, die Daten um ihre synchronisierte Entwicklung zu bereinigen, besteht in einer geeigneten Transformation des Ausgangsmodells

$$y_t = \alpha + \beta_1 x_{1t} + \beta_2 x_{2t} + \beta_3 x_{3t} + \beta_4 x_{4t} + u_t \ . \tag{21.4}$$

Für die Vorperiode formuliert, lautet dieses Modell

$$y_{t-1} = \alpha + \beta_1 x_{1t-1} + \beta_2 x_{2t-1} + \beta_3 x_{3t-1} + \beta_4 x_{4t-1} + u_{t-1} \ . \tag{21.5}$$

Subtrahiert man Gleichung (21.5) von Gleichung (21.4), so erhält man

$$\begin{aligned} y_t - y_{t-1} = &\ \beta_1(x_{1t} - x_{1t-1}) + \beta_2(x_{2t} - x_{2t-1}) \\ &+ \beta_3(x_{3t} - x_{3t-1}) + \beta_4(x_{4t} - x_{4t-1}) + u_t - u_{t-1} \ . \end{aligned}$$

21.3. ANGEMESSENER UMGANG MIT MULTIKOLLINEARITÄT

Definiert man schließlich

$$\begin{aligned}\Delta y_t &= y_t - y_{t-1} \\ \Delta x_{kt} &= x_{kt} - x_{kt-1} \qquad k = 1,2,3,4 \\ \Delta u_t &= u_t - u_{t-1},\end{aligned}$$

so ergibt sich das in periodenweisen Veränderungen formulierte Modell

$$\Delta y_t = \beta_1 \Delta x_{1t} + \beta_2 \Delta x_{2t} + \beta_3 \Delta x_{3t} + \beta_4 \Delta x_{4t} + \Delta u_t \,. \qquad (21.6)$$

Man bezeichnet dieses transformierte Modell als die *erste Differenzenform* des Ausgangsmodells (21.4).

Die *Niveaus* der Variablen x_{kt} mögen zwar multikollinear sein, aber dies bedeutet noch nicht, dass ihre *Veränderungsbeträge* Δx_{kt} im selben Ausmaß multikollinear sind. Deshalb ist das Ausmaß der Multikollinearität im transformierten Modell normalerweise geringer. Beispielsweise beträgt im Laserdrucker-Beispiel die Korrelation zwischen den Variablen Δx_{1t} und Δx_{4t} lediglich 0,03, verglichen mit $R_{1.4}^2 = 0,449$, der Korrelation, die wir zwischen x_{1t} und x_{4t} errechnet hatten.

Der weniger wichtige Nachteil der Differenzenform besteht darin, dass nun lediglich $T-1$ vollständige Beobachtungen vorliegen und damit ein Freiheitsgrad verlorengegangen ist. Entscheidender sind die Eigenschaften der neuen Störgröße Δu_t. Da $\Delta u_t = u_t - u_{t-1}$ und $\Delta u_{t-1} = u_{t-1} - u_{t-2}$, sind die beiden aufeinanderfolgenden Störgrößen Δu_t und Δu_{t-1} über u_{t-1} korreliert und verstoßen damit gegen Annahme B3. Die Punktschätzung ist zwar unverzerrt, aber die Schätzungen von $var(\hat\beta_k)$ und die Berechnungen der t-Werte sind verzerrt. Erneut erkauft man einen scheinbaren Fortschritt durch neue Probleme an anderer Stelle.

Nummerische Illustration 21.5

Für das Modell (21.6) ergibt sich im Durbin-Watson-Test ein d-Wert von 2,762. Dies deutet auf eine negative Autokorrelation der Störgröße Δu_t. Die kritischen Werte lauten (siehe Seite 399)

$$\begin{aligned}d_{0,95}^H &\approx 4 - d_{0,05}^L = 4 - 1,29 = 2,71 \\ d_{0,95}^L &\approx 4 - d_{0,05}^H = 4 - 1,72 = 2,28 \,.\end{aligned}$$

Da $d > d_{0,95}^H$ ist für die Störgröße Δu_t die Nullhypothese $H_0 : \rho \geq 0$ abzulehnen.

Würde man – unserer Analyse des Abschnitts 18.1.5 folgend – die Autokorrelation durch eine entsprechende Transformation des Modells (21.6) eliminieren, so ergäbe sich genau wieder das Ausgangsmodell (21.4).

21.3.2 Verwendung zusätzlicher Informationen

Möchte man in seiner Schätzung das Problem der Multikollinearität zumindest lindern, dann bleibt einem im Grunde nichts anderes übrig, als zusätzliche Informationen zu beschaffen. Dies ist jedoch leichter gesagt als getan, denn wären diese Informationen leicht verfügbar, dann hätte man sie von vornherein verwendet – jedenfalls, wenn es sich bei den zusätzlichen Informationen um zusätzliche Beobachtungen handelt.

Zusätzliche Beobachtungen

Die Erhebung zusätzlicher Beobachtungen ist oftmals teuer und zeitaufwändig. Ferner ist zu erwarten, dass der Informationsgehalt in den zusätzlichen Daten unter den gleichen Multikollinearitätsproblemen leidet wie die bereits vorhandenen Beobachtungen. Zusätzliche Beobachtungen bringen dem Ökonometriker also nicht immer den gewünschten Fortschritt. Neue Informationen können aber auch über einen anderen Weg für die Schätzung nutzbar gemacht werden.

Zusätzliche externe Informationen: RKQ-Schätzung

Besitzt man aus anderen Quellen Informationen darüber, dass zwischen den Parametern eine bestimmte lineare Beziehung besteht, so lässt sich dies auch für die eigene Schätzung nutzen. Nehmen wir an, wir wüssten aus einer anderen Studie, dass

$$\beta_2 = 0 \qquad \text{und} \qquad \beta_3 = -2 \cdot \beta_1 \,. \tag{21.7}$$

Wir wissen also aus der anderen Studie, dass die Variable *Druckergröße* irrelevant ist und dass der Steigungsparameter für *Ersatzteilkosten* (β_3) dem doppelten negativen Wert des Steigungsparameters für *Druckgeschwindigkeit* (β_1) entspricht.

Wie integriert man diese Informationen in seine KQ-Schätzung? Zwei gleichwertige formale Varianten sind dabei denkbar. Ein einfacher Weg besteht darin, die Beziehungen (21.7) in das Ausgangsmodell (21.4) einzusetzen und anschließend dieses neue Modell mit der KQ-Methode zu schätzen. Eine zweite Variante wird in Abschnitt 21.5.3 des matrixalgebraischen Anhangs dieses Kapitels vorgestellt. Beide Varianten firmieren gewöhnlich unter der Bezeichnung *restringierte KQ-Schätzung* oder kurz *RKQ-Schätzung*. Sie führen beide zu genau den gleichen Resultaten.

Setzt man die Beziehungen (21.7) in das Ausgangsmodell (21.4) ein, so erhält man

$$\begin{aligned} y_t &= \alpha + \beta_1 x_{1t} + 0 \cdot x_{2t} - 2 \cdot \beta_1 \cdot x_{3t} + \beta_4 \cdot x_{4t} + u_t \\ &= \alpha + \beta_1 x_{1t}^* + \beta_4 x_{4t} + u_t \,, \end{aligned} \tag{21.8}$$

wobei $x_{1t}^* = x_{1t} - 2 \cdot x_{3t}$.

21.3. ANGEMESSENER UMGANG MIT MULTIKOLLINEARITÄT

Durch diese Verschmelzung der Informationen wird die Zahl der zu schätzenden Parameter auf drei gesenkt, während die Zahl der Beobachtungen T unverändert bleibt. Folglich erhöht sich die Zahl der Freiheitsgrade und die Parameter β_1 und β_4 können mit geringerer Varianz geschätzt werden. Modell (21.8) wird mit der KQ-Methode geschätzt. Den Schätzer $\widehat{\beta}_3$ erhält man anschließend aus der Beziehung (21.7). Mit Hilfe der Rechenregeln für Varianzen lässt sich auch die entsprechende Schätzvarianz $\widehat{var}(\widehat{\beta}_3)$ berechnen.

Nummerische Illustration 21.6

Im Laserdrucker-Beispiel liefert die RKQ-Schätzung, also die KQ-Schätzung des restringierten Modells (21.8), die folgenden Werte:

$$\widehat{\beta}_1^{RKQ} = 97,032 \quad und \quad \widehat{\beta}_4^{RKQ} = -21,548$$
$$\widehat{var}(\widehat{\beta}_1^{RKQ}) = 182,693 \quad und \quad \widehat{var}(\widehat{\beta}_4^{RKQ}) = 5,358 \ . \quad (21.9)$$

Damit ergibt sich für den Parameter β_3:

$$\widehat{\beta}_3^{RKQ} = -2 \cdot \widehat{\beta}_1^{RKQ} = -194,064$$
$$\widehat{var}(\widehat{\beta}_3^{RKQ}) = \widehat{var}(-2\widehat{\beta}_1^{RKQ}) = (-2)^2 \cdot \widehat{var}(\widehat{\beta}_1^{RKQ}) = 730,772 \ . \quad (21.10)$$

Bildet man für die Werte in (21.9) und (21.10) jeweils die Wurzel, so erhält man die folgenden Standardabweichungen:

$$\widehat{se}(\widehat{\beta}_1^{RKQ}) = 13,516 \ , \quad \widehat{se}(\widehat{\beta}_3^{RKQ}) = 27,033 \quad und \quad \widehat{se}(\widehat{\beta}_4^{RKQ}) = 2,315 \ .$$

Ein Vergleich mit Tabelle 21.4 zeigt, dass die Schätzvarianz für sämtliche Steigungsparameter deutlich verringert wurde. Ferner haben sich die Schätzwerte der Parameter β_1 und β_3 spürbar verändert.

Wenn die Beziehungen (21.7) auf den Punkt korrekt sind, dann ist die RKQ-Schätzung unverzerrt. Weichen jedoch die Beziehungen (21.7) von der Wahrheit ab, dann liefert das restringierte Modell verzerrte RKQ-Schätzer. Damit stehen wir vor dem gleichen Problem wie bei den zuvor besprochenen „Lösungsansätzen": Die geringere Schätzvarianz wurde mit einem erhöhten Verzerrungsrisiko erkauft. Folglich ist auch dieser Weg mit größter Vorsicht zu genießen. Um Anhaltspunkte über das Ausmaß der möglichen Verzerrung zu erhalten, sollte man in jedem Fall einen F-Test mit (21.7) als Nullhypothese durchführen.

Nummerische Illustration 21.7

Im Laserdrucker-Beispiel ergibt sich für diesen F-Test ($H_0 : \beta_2 = 0$ und gleichzeitig $\beta_3 = -2 \cdot \beta_1$) ein F-Wert von $0,405$ und die Freiheitsgrade betragen $L=2$ und $T-K-1=39$. Bei einem Signifikanzniveau von 5% kann die Nullhypothese *nicht verworfen werden, denn der kritische Wert liegt bei etwa* $F_{0,05} = 3,238$. *Es besteht kein auffälliger Widerspruch zwischen den Beziehungen (21.7) und dem Beobachtungsbefund.*

Eine umfassende Darstellung der RKQ-Schätzung findet sich in Abschnitt 21.5.3 des matrixalgebraischen Anhangs dieses Kapitels. Dort werden auch die statistischen Eigenschaften der RKQ-Schätzer genauer untersucht.

21.4 Zusammenfassung

Streng genommen liegt eine Verletzung der Annahme C2 nur dann vor, wenn eine *perfekte* lineare Beziehung zwischen zwei oder mehreren der exogenen Variablen besteht. Eine KQ-Schätzung des vollständigen Modells ist dann nicht möglich.

Perfekte Multikollinearität ist jedoch ein exotischer Ausnahmefall, *imperfekte* Multikollinearität hingegen der Regelfall. In der Zweifachregression kann das Ausmaß der Multikollinearität durch das Korrelationsmaß

$$R^2_{1\cdot 2} = \frac{S^2_{12}}{S_{11}S_{22}}$$

erfasst werden. In einer Dreifachregression sollten neben $R^2_{1\cdot 2}$, $R^2_{1\cdot 3}$ und $R^2_{2\cdot 3}$ auch $R^2_{1\cdot 23}$, $R^2_{2\cdot 13}$ und $R^2_{3\cdot 12}$ als Indikatoren herangezogen werden. Dabei bezeichnet beispielsweise $R^2_{1\cdot 23}$ das Bestimmtheitsmaß einer Hilfsregression mit x_{1t} als endogener Variable und x_{2t} und x_{3t} als exogenen Variablen. Für Regressionen mit weiteren exogenen Variablen können zusätzliche Korrelationsmaße berechnet werden.

Je höher die Multikollinearität, umso größer $var(\widehat{\beta}_k)$, die Varianz der individuellen Schätzer. Die Varianz $var(\widehat{\beta}_k)$ wird jedoch auch durch die Störgrößenvarianz σ^2 und die Variation der exogenen Variablen mitbestimmt.

Eine hohe Varianz der Schätzer zieht oftmals kleine t-Werte nach sich. Ergeben sich in einer Schätzung niedrige t-Werte, aber gleichzeitig ein hoher F-Wert für den gemeinsamen Einfluss der Steigungsparameter, dann weist dies auf hohe Multikollinearität hin. Der Informationsmangel in den Daten verhindert verlässliche individuelle Parameterschätzungen, obwohl das ökonometrische Modell korrekt sein kann.

Um das Multikollinearitätsproblem zu lindern, wird das ökonometrische Modell oftmals um einige scheinbar irrelevante exogene Variablen reduziert. Damit steigt jedoch das Risiko einer verzerrten Schätzung. Ein zweiter verbreiteter Lösungsansatz ist die Bildung der ersten Differenzenform. Hier handelt man sich jedoch ein Autokorrelationsproblem ein.

Es muss betont werden, dass *imperfekte* Multikollinearität keine Annahmeverletzung darstellt. Damit bleiben die A-, B- und C-Annahmen gültig und der KQ-Schätzer bewahrt seine BLUE- bzw. BUE-Eigenschaft. Die Suche nach besseren *unverzerrten* Schätzverfahren ist damit überflüssig. Dem Multikollinearitätsproblem kann im Grunde nur durch zusätzliche Informationen begegnet werden. In diesem Zusammenhang kommt oftmals die restringierte KQ-Schätzung (RKQ-Schätzung) zum Einsatz.

21.5 Matrixalgebraischer Anhang

Wir betrachten wie gewohnt das ökonometrische Modell

$$\begin{aligned} \mathbf{y} &= \mathbf{X}\boldsymbol{\beta} + \mathbf{u} \\ &= \mathbf{x}_0 \alpha + \mathbf{x}_1 \beta_1 + \ldots + \mathbf{x}_K \beta_K + \mathbf{u}, \end{aligned} \qquad (21.11)$$

wobei

$$\mathbf{x}_0 = \begin{bmatrix} 1 \\ 1 \\ \vdots \\ 1 \end{bmatrix}, \quad \mathbf{x}_1 = \begin{bmatrix} x_{11} \\ x_{12} \\ \vdots \\ x_{1T} \end{bmatrix} \quad \text{und} \quad \mathbf{x}_K = \begin{bmatrix} x_{K1} \\ x_{K2} \\ \vdots \\ x_{KT} \end{bmatrix}.$$

Annahme C2 fordert, dass sämtliche Spaltenvektoren der Matrix $\mathbf{X}$ linear unabhängig sind. Das Konzept der linearen Unabhängigkeit hatten wir in Abschnitt 8.5.3 kennengelernt. Lineare Unabhängigkeit der Spaltenvektoren der Matrix $\mathbf{X}$ besagt, dass kein Vektor $\boldsymbol{\gamma} = (\gamma_0\ \gamma_1\ \ldots\ \gamma_K)' \neq \mathbf{o}$ gefunden werden kann, für den die folgende Beziehung erfüllt ist:

$$\mathbf{x}_0 \gamma_0 + \mathbf{x}_1 \gamma_1 + \ldots + \mathbf{x}_K \gamma_K = \mathbf{o}.$$

Würde ein solcher Vektor $\boldsymbol{\gamma}$ existieren, dann hätte die $((K+1) \times (K+1))$-Matrix $\mathbf{X}'\mathbf{X}$ nicht den vollen Rang $K+1$ und wäre somit nicht regulär. Folglich wäre die Matrix $(\mathbf{X}'\mathbf{X})^{-1}$ nicht definiert. Wenn aber $(\mathbf{X}'\mathbf{X})^{-1}$ nicht definiert ist, dann sind auch die KQ-Schätzer $\widehat{\boldsymbol{\beta}} = (\mathbf{X}'\mathbf{X})^{-1}\mathbf{X}'\mathbf{y}$ nicht eindeutig berechenbar.

21.5.1 Auswirkungen hoher Multikollinearität auf die KQ-Schätzer

Perfekte Multikollinearität ist der Ausnahmefall. Welche Probleme ergeben sich aus imperfekter, aber hoher Multikollinearität? Betrachten wir exemplarisch die Variable $\mathbf{x}_K$. Diese Variable sei hochgradig multikollinear mit den anderen Variablen in $\mathbf{X}$ verbunden. Dies bedeutet, dass die KQ-Schätzung eines Modells mit $\mathbf{x}_K$ als „endogener Variable" und $\mathbf{X}_{K-1} = [\mathbf{x}_0\ \mathbf{x}_1\ \ldots\ \mathbf{x}_{K-1}]$ als Matrix der exogenen Variablen, also die Hilfsregression

$$\mathbf{x}_K = \mathbf{X}_{K-1}\boldsymbol{\mu} + \mathbf{e},$$

mit μ als dem Vektor der zu schätzenden Parameter und e als dem Vektor der Störgrößen, ein großes Bestimmtheitsmaß $R^2_{K \cdot K-1}$ generiert. Die Berechnungsformel für Bestimmtheitsmaße kennen wir bereits aus Gleichung (9.72) des Abschnitts 9.8.2. Angewandt auf unsere Hilfsregression lautet die Formel:

$$R^2_{K \cdot K-1} = \frac{\mathbf{x}'_K \mathbf{X}_{K-1} (\mathbf{X}'_{K-1} \mathbf{X}_{K-1})^{-1} \mathbf{X}'_{K-1} \mathbf{x}_K - T(\bar{x}_K)^2}{\mathbf{x}'_K \mathbf{x}_K - T(\bar{x}_K)^2} . \qquad (21.12)$$

Welche Konsequenzen ergeben sich aus der hohen Multikollinearität für $var(\hat{\beta}_K)$, die Varianz des KQ-Schätzer $\hat{\beta}_K$? Um diese Varianz zu ermitteln, zerlegen wir die Matrix $\mathbf{X}$ in die zwei Teilmatrizen $\mathbf{X}_{K-1}$ und $\mathbf{x}_K$. Eine ähnliche Zerlegung der Matrix $\mathbf{X}$ hatten wir bereits in Abschnitt 13.6.2 vorgenommen. Um die dort gewonnenen Resultate auch hier unmittelbar nutzen zu können, schreiben wir das Modell (21.11) in der Form

$$\begin{aligned}\mathbf{y} &= \mathbf{x}_K \beta_K + \mathbf{x}_0 \alpha + \mathbf{x}_1 \beta_1 + \ldots + \mathbf{x}_{K-1} \beta_{K-1} + \mathbf{u} \\ &= \mathbf{x}_K \beta_K + \mathbf{X}_{K-1} \boldsymbol{\beta}_{K-1} + \mathbf{u},\end{aligned} \qquad (21.13)$$

wobei $\boldsymbol{\beta}_{K-1} = (\alpha\ \beta_1\ \ldots\ \beta_{K-1})'$. Die KQ-Schätzung des partitionierten Modells (21.13) ist identisch mit der KQ-Schätzung des Modells (21.11), denn die beiden Modelle unterscheiden sich lediglich durch die Reihenfolge der exogenen Variablen. In Modell (21.11) lautet der KQ-Schätzer $\hat{\beta} = (\hat{\alpha}\ \hat{\beta}_1\ \hat{\beta}_2\ \ldots\ \hat{\beta}_{K-1}\ \hat{\beta}_K)'$, in Modell (21.13) lautet er $\hat{\tilde{\beta}} = (\hat{\beta}_K\ \hat{\boldsymbol{\beta}}_{K-1})' = (\hat{\beta}_K\ \hat{\alpha}\ \hat{\beta}_1\ \hat{\beta}_2\ \ldots\ \hat{\beta}_{K-1})'$.

Die Zerlegung des Vektors $\hat{\tilde{\beta}}$ in einen einzelnen Schätzer $(\hat{\beta}_K)$ und K-1 Schätzer $(\hat{\boldsymbol{\beta}}_{K-1})$ impliziert, dass die linke obere Teilmatrix der entsprechenden Varianz-Kovarianz-Matrix $\mathbf{V}(\hat{\tilde{\beta}})$ aus einem einzelnen Element besteht, nämlich $var(\hat{\beta}_K)$. Wie diese Teilmatrix genau lautet, wie also $var(\hat{\beta}_K)$ genau definiert ist, wissen wir bereits aus Gleichung (13.48) des Abschnitts 13.6.2. Angewandt auf unser partitioniertes Modell (21.13) liefert Gleichung (13.48):

$$\begin{aligned}var(\hat{\beta}_K) &= \sigma^2 \left[\mathbf{x}'_K \left[\mathbf{I}_{K-1} - \mathbf{X}_{K-1} (\mathbf{X}'_{K-1} \mathbf{X}_{K-1})^{-1} \mathbf{X}'_{K-1} \right] \mathbf{x}_K \right]^{-1} \\ &= \sigma^2 \left[\mathbf{x}'_K \mathbf{x}_K - \mathbf{x}'_K \mathbf{X}_{K-1} (\mathbf{X}'_{K-1} \mathbf{X}_{K-1})^{-1} \mathbf{X}'_{K-1} \mathbf{x}_K \right]^{-1} .\end{aligned}$$

Erweitert man den eckigen Klammerausdruck um die Terme $-T(\bar{x}_K)^2$ und $+T(\bar{x}_K)^2$, so ergibt sich

$$var(\hat{\beta}_K) = \sigma^2 \left[\mathbf{x}'_K \mathbf{x}_K - T(\bar{x}_K)^2 - [\mathbf{x}'_K \mathbf{X}_{K-1} (\mathbf{X}'_{K-1} \mathbf{X}_{K-1})^{-1} \mathbf{X}'_{K-1} \mathbf{x}_K - T(\bar{x}_K)^2] \right]^{-1} . \qquad (21.14)$$

Aus Gleichung (21.12) wissen wir, dass der Ausdruck im inneren eckigen Klammerpaar genau dem Term $R^2_{K \cdot K-1} [\mathbf{x}'_K \mathbf{x}_K - T(\bar{x}_K)^2]$ entspricht. Gleichung

(21.14) kann demnach auch in der folgenden Form geschreiben werden:

$$\begin{aligned} var(\widehat{\beta}_K) &= \sigma^2 \Big[\mathbf{x}'_K \mathbf{x}_K - T(\overline{x}_K)^2 - R^2_{K \cdot \mathbf{K-1}} \big[\mathbf{x}'_K \mathbf{x}_K - T(\overline{x}_K)^2 \big] \Big]^{-1} \\ &= \sigma^2 \Big[\big[\mathbf{x}'_K \mathbf{x}_K - T(\overline{x}_K)^2 \big] \big[1 - R^2_{K \cdot \mathbf{K-1}} \big] \Big]^{-1} . \end{aligned}$$

Der Ausdruck im ersten eckigen Klammerpaar ist die Variation der Variable x_k, also S_{KK}. Die letzte Gleichung lässt sich demnach auch in der Form

$$var(\widehat{\beta}_K) = \frac{\sigma^2}{S_{KK} \left(1 - R^2_{K \cdot \mathbf{K-1}} \right)} \qquad (21.15)$$

schreiben. Dies ist die multiple Verallgemeinerung der Gleichung (21.3), welche wir für den Fall der Zweifachregression hergeleitet hatten. Aus Gleichung (21.15) ist ersichtlich: Je größer das Bestimmtheitsmaß $R^2_{K \cdot \mathbf{K-1}}$, umso kleiner der Nenner in Gleichung (21.15). Ein großes Bestimmtheitsmaß $R^2_{K \cdot \mathbf{K-1}}$, also hohe Multikollinearität zwischen der Variable $\mathbf{x}_K$ und den Variablen in $\mathbf{X}_{K-1}$, verursacht somit eine hohe Varianz $var(\widehat{\beta}_K)$.

21.5.2 Diagnose der Multikollinearität

Um eine genauere Vorstellung davon zu erhalten, welche der Variablen in $\mathbf{X}$ mit den anderen Variablen in $\mathbf{X}$ multikollinear verbunden sind, sollte für eine ganze Reihe von Hilfsregressionen das jeweilige Bestimmtheitsmaß berechnet werden. In diesen Hilfsregressionen wird jeweils eine der Variablen in $\mathbf{X}$ durch eine oder mehrere der anderen Variablen in $\mathbf{X}$ „erklärt". Das Gesamtbild der so ermittelten Bestimmtheitsmaße vermittelt einen Eindruck über die genauere Struktur der Multikollinearität in $\mathbf{X}$.

Es wurden in der Literatur eine ganz Reihe komplexerer Diagnoseinstrumente vorgestellt. Eine knappe Diskussion dieser Instrumente findet sich beispielsweise in Judge *et al.* (1988).

21.5.3 Restringierte KQ-Schätzung

Hohe Multikollinearität zwischen den Variablen in $\mathbf{X}$ sollte als ein Mangel an verwertbaren Informationen verstanden werden. Um diesen Mangel zu lindern, kann man versuchen, zusätzliche externe Informationen nutzbar zu machen. Wenn aus externen Quellen bekannt ist, dass zwischen den Parametern in $\boldsymbol{\beta}$ eine oder mehrere lineare Beziehungen bestehen, dann lassen sich diese Informationen in der Schätzung des Modells (21.11) von vornherein einbeziehen. Dies führt zu verlässlicheren Schätzergebnissen als eine gewöhnliche KQ-Schätzung des Modells (21.11) – vorausgesetzt die externen Informationen sind korrekt. Wie die Einbeziehung der externen Informationen im multiplen Regressionsmodell geschieht, wird in diesem Abschnitt erläutert. Das vorgestellte Schätzverfahren wird als *restringierte KQ-Schätzung* oder einfach als *RKQ-Schätzung* bezeichnet.

Es sei angemerkt, dass wir auf einige Resultate dieses Abschnittes bereits an früherer Stelle zurückgegriffen haben. In Abschnitt 10.6.2 hatten wir eine zweite formale Vorgehensweise eines F-Testes vorgestellt und dabei das Konzept der restringierten KQ-Schätzung eingesetzt, wenngleich nicht unter dieser Bezeichnung.

Herleitung der RKQ-Schätzer

Wie wird im multiplen Regressionsmodell eine restringierte KQ-Schätzung durchgeführt? Nehmen wir an, wir würden aus externen Quellen L unabhängige lineare Beziehungen zwischen den Parametern β kennen. In allgemeiner Form lassen sich solche Beziehungen bzw. Informationen in der Form

$$\mathbf{R}\boldsymbol{\beta} = \mathbf{q}\,. \tag{21.16}$$

schreiben. Dabei bezeichnet $\mathbf{R}$ eine $(L \times (K+1))$-Matrix mit $\text{rang}(\mathbf{R}) = L$. Diese Matrix besteht ebenso wie der L-elementige Spaltenvektor $\mathbf{q}$ aus festen nummerischen Werten. Diese Werte ergeben sich aus den linearen Beziehungen zwischen den Parametern in $\boldsymbol{\beta}$, also aus den Informationen, die wir aus externen Quellen erhalten haben. Einige Beispiele für solche lineare Beziehungen und die damit jeweils einhergehende Gestalt von $\mathbf{R}$ und $\mathbf{q}$ hatten wir in Abschnitt 10.6.2 kennengelernt.

Die Berechnungsformel der gewöhnlichen KQ-Schätzer lautete $\widehat{\boldsymbol{\beta}} = (\mathbf{X'X})^{-1}\mathbf{X'y}$. Sie ergab sich aus der Minimierung von $\widehat{\mathbf{u}}'\widehat{\mathbf{u}}$, wobei $\widehat{\mathbf{u}} = \mathbf{y} - \mathbf{X}\widehat{\boldsymbol{\beta}}$. Da man aber aus den externen Quellen zusätzlich weiß, dass zwischen den Parametern in $\boldsymbol{\beta}$ die Beziehung (21.16) besteht, sollte diese Information bei der Schätzung berücksichtigt werden. Zwei gleichwertige formale Varianten sind dabei denkbar. Beide Wege hatten wir in analoger Form im Rahmen des F-Tests (Abschnitt 10.6.2) bereits kennengelernt. Zum einen könnte man die Beziehung (21.16) in das Modell (21.11) einsetzen und anschließend für dieses neue Modell mit der gewöhnlicher KQ-Methode die Summe der Residuenquadrate minimieren. Zum anderen könnte man direkt die Summe der Residuenquadrate des Modells (21.11) minimieren, dies aber unter einer zusätzlichen Nebenbedingung, nämlich der Beziehung (21.16).

Beide Varianten werden unter der Bezeichnung RKQ-Methode geführt. Sie generieren genau die gleichen Resultate. Die erste Variante hatten wir in Abschnitt 21.3.2 benutzt, als wir den Umgang mit externen Informationen anhand eines einfachen Beispiels illustriert hatten. Die zweite Variante ist jedoch gebräuchlicher und einer allgemeineren Formulierung leichter zugänglich. Sie soll deshalb im Folgenden vorgestellt werden.

Ergebnis einer RKQ-Schätzung ist ein Vektor $\widehat{\boldsymbol{\beta}}^{RKQ}$, der vom gewöhnlichen KQ-geschätzten Vektor $\widehat{\boldsymbol{\beta}}$ normalerweise abweicht. Das RKQ-geschätzte Modell lautet

$$\mathbf{y} = \mathbf{X}\widehat{\boldsymbol{\beta}}^{RKQ} + \widehat{\mathbf{u}}^{RKQ}\,, \tag{21.17}$$

21.5. MATRIXALGEBRAISCHER ANHANG

wobei $\widehat{\mathbf{u}}^{RKQ}$ die Residuen der RKQ-Schätzung sind. In Analogie zur KQ-Schätzung ergeben sich die Berechnungsformeln der RKQ-Schätzer $\widehat{\beta}^{RKQ}$ aus der Minimierung der Residuenquadrate $\widehat{\mathbf{u}}^{RKQ\prime}\widehat{\mathbf{u}}^{RKQ}$. Im Unterschied zur KQ-Methode ist dabei allerdings die Nebenbedingung

$$\mathbf{R}\widehat{\beta}^{RKQ} - \mathbf{q} = \mathbf{o} \tag{21.18}$$

zu beachten, welche sich auch in der Form

$$\begin{bmatrix} \mathbf{r}_1' \\ \mathbf{r}_2' \\ \vdots \\ \mathbf{r}_L' \end{bmatrix} \widehat{\beta}^{RKQ} - \begin{bmatrix} q_1 \\ q_2 \\ \vdots \\ q_L \end{bmatrix} = \mathbf{o}$$

schreiben lässt, wobei $\mathbf{q} = [q_1 \; q_2 \; ... \; q_L]'$ und die Vektoren $\mathbf{r}_1', \mathbf{r}_2', ..., \mathbf{r}_L'$ die $(K+1)$-elementigen Zeilenvektoren der Matrix $\mathbf{R}$ sind. Aus dieser letzten Schreibweise ist auch klarer ersichtlich, dass es sich bei der Nebenbedingung (21.18) genau genommen um L einzelne Nebenbedingungen handelt, nämlich um die Nebenbedingungen

$$\begin{aligned} \mathbf{r}_1'\widehat{\beta}^{RKQ} - q_1 &= 0 \\ \mathbf{r}_2'\widehat{\beta}^{RKQ} - q_2 &= 0 \\ &\vdots \\ \mathbf{r}_L'\widehat{\beta}^{RKQ} - q_L &= 0\,. \end{aligned}$$

Um die Berechnungsformel für $\widehat{\beta}^{RKQ}$ zu finden, ist es ausreichend, eine ganz gewöhnliche Lagrangeoptimierung durchzuführen.

Die zu minimierende Lagrangefunktion lautet:

$$\mathcal{L} = \widehat{\mathbf{u}}^{RKQ\prime}\widehat{\mathbf{u}}^{RKQ} + \lambda_1\!\left(\mathbf{r}_1'\widehat{\beta}^{RKQ}\!-\!q_1\right) + \lambda_2\!\left(\mathbf{r}_2'\widehat{\beta}^{RKQ}\!-\!q_2\right) + ... + \lambda_L\!\left(\mathbf{r}_L'\widehat{\beta}^{RKQ}\!-\!q_L\right),$$

wobei $\lambda_1, \lambda_2, ..., \lambda_L$ die entsprechenden Lagrangemultiplikatoren der L Nebenbedingungen sind. Definiert man $\boldsymbol{\lambda}' = (\lambda_1 \; \lambda_2 \; ... \; \lambda_L)$, so lässt sich die Lagrangefunktion in der folgenden Form schreiben:

$$\mathcal{L} = \widehat{\mathbf{u}}^{RKQ\prime}\widehat{\mathbf{u}}^{RKQ} + \boldsymbol{\lambda}'\left(\mathbf{R}\widehat{\beta}^{RKQ} - \mathbf{q}\right)\,.$$

Benutzt man schließlich Gleichung (21.17) in Verbindung mit der Beziehung (9.53), so erhält man

$$\mathcal{L} = \mathbf{y}'\mathbf{y} - 2\mathbf{y}'\mathbf{X}\widehat{\beta}^{RKQ} + \widehat{\beta}^{RKQ\prime}\mathbf{X}'\mathbf{X}\widehat{\beta}^{RKQ} + \boldsymbol{\lambda}'\mathbf{R}\widehat{\beta}^{RKQ} - \boldsymbol{\lambda}'\mathbf{q}\,.$$

Wie in einer Lagrangeoptimierung üblich, bildet man die partiellen Ableitungen dieses Ausdrucks nach dem Spaltenvektor $\widehat{\beta}^{RKQ}$ und nach dem Spaltenvektor der Lagrangemultiplikatoren $\boldsymbol{\lambda}$. Man beachte, dass $2\mathbf{y}'\mathbf{X}$ einen Zeilenvektor, $\widehat{\beta}^{RKQ\prime}\mathbf{X}'\mathbf{X}\widehat{\beta}^{RKQ}$ eine quadratische Form der Matrix $\mathbf{X}'\mathbf{X}$ und $\boldsymbol{\lambda}'\mathbf{R}$

einen Zeilenvektor darstellt. Somit können in Bezug auf $\widehat{\boldsymbol{\beta}}^{RKQ}$ die Ableitungsregeln (8.39) und (8.42) angewendet werden und in Bezug auf $\boldsymbol{\lambda}$ die Ableitungsregel (8.40). Wir erhalten die folgenden zwei Gradienten:

$$\frac{\partial \mathcal{L}}{\partial \widehat{\boldsymbol{\beta}}^{RKQ}} = (-2\mathbf{y}'\mathbf{X})' + 2\mathbf{X}'\mathbf{X}\widehat{\boldsymbol{\beta}}^{RKQ} + (\boldsymbol{\lambda}'\mathbf{R})' = \mathbf{o} \qquad (21.19)$$

$$\frac{\partial \mathcal{L}}{\partial \boldsymbol{\lambda}} = \mathbf{R}\widehat{\boldsymbol{\beta}}^{RKQ} - \mathbf{q} = \mathbf{o}. \qquad (21.20)$$

Umstellen der Gleichung (21.19), Multiplikation mit 1/2 und Anwendung der Regeln (8.12) und (8.24) liefert

$$\mathbf{X}'\mathbf{X}\widehat{\boldsymbol{\beta}}^{RKQ} = \mathbf{X}'\mathbf{y} - \mathbf{R}'\boldsymbol{\lambda}/2$$
$$\Longrightarrow \quad (\mathbf{X}'\mathbf{X})^{-1}\mathbf{X}'\mathbf{X}\widehat{\boldsymbol{\beta}}^{RKQ} = (\mathbf{X}'\mathbf{X})^{-1}\mathbf{X}'\mathbf{y} - (\mathbf{X}'\mathbf{X})^{-1}\mathbf{R}'\boldsymbol{\lambda}/2$$
$$\Longrightarrow \quad \widehat{\boldsymbol{\beta}}^{RKQ} = \widehat{\boldsymbol{\beta}} - (\mathbf{X}'\mathbf{X})^{-1}\mathbf{R}'\boldsymbol{\lambda}/2 \qquad (21.21)$$
$$\Longrightarrow \quad \mathbf{R}\widehat{\boldsymbol{\beta}}^{RKQ} = \mathbf{R}\widehat{\boldsymbol{\beta}} - \mathbf{R}(\mathbf{X}'\mathbf{X})^{-1}\mathbf{R}'\boldsymbol{\lambda}/2. \qquad (21.22)$$

Dabei bezeichnet $\widehat{\boldsymbol{\beta}}$ den KQ-Schätzer des unrestringierten Modells (21.11).

Aus den Regeln (8.55) und (8.56) des matrixalgebraischen Repetitoriums I (Abschnitt 8.5.8) wissen wir, dass die $((K+1) \times (K+1))$-Matrix $\mathbf{X}'\mathbf{X}$ positiv definit ist und damit auch die $((K+1) \times (K+1))$-Matrix $(\mathbf{X}'\mathbf{X})^{-1}$. Aus Regel (8.57) des gleichen Abschnitts wissen wir, dass das Produkt $\mathbf{R}(\mathbf{X}'\mathbf{X})^{-1}\mathbf{R}'$ ebenfalls positiv definit ist. Es sei in diesem Zusammenhang daran erinnert, dass $\mathbf{R}$ eine $(L \times (K+1))$-Matrix ist mit rang($\mathbf{R}$) = L. Somit ist das Produkt $\mathbf{R}(\mathbf{X}'\mathbf{X})^{-1}\mathbf{R}'$ eine $(L \times L)$-Matrix. Regel (8.58) impliziert, dass die positiv definite $(L \times L)$-Matrix $\mathbf{R}(\mathbf{X}'\mathbf{X})^{-1}\mathbf{R}'$ vollen Rang besitzt, rang($\mathbf{R}(\mathbf{X}'\mathbf{X})^{-1}\mathbf{R}'$) = L, und somit eine reguläre Matrix ist, zu der eine Inverse $[\mathbf{R}(\mathbf{X}'\mathbf{X})^{-1}\mathbf{R}']^{-1}$ existiert.

Stellt man Gleichung (21.22) so um, dass auf der linken Seite nur der Ausdruck $\mathbf{R}(\mathbf{X}'\mathbf{X})^{-1}\mathbf{R}'\boldsymbol{\lambda}/2$ erscheint und multipliziert man anschließend die Gleichung linksseitig mit der Inversen $[\mathbf{R}(\mathbf{X}'\mathbf{X})^{-1}\mathbf{R}']^{-1}$, so erhält man

$$\boldsymbol{\lambda}/2 = \left[\mathbf{R}(\mathbf{X}'\mathbf{X})^{-1}\mathbf{R}'\right]^{-1}\left(\mathbf{R}\widehat{\boldsymbol{\beta}} - \mathbf{R}\widehat{\boldsymbol{\beta}}^{RKQ}\right)$$

[aus (21.18)] $= \left[\mathbf{R}(\mathbf{X}'\mathbf{X})^{-1}\mathbf{R}'\right]^{-1}\left(\mathbf{R}\widehat{\boldsymbol{\beta}} - \mathbf{q}\right). \qquad (21.23)$

Wir substituieren nun in Gleichung (21.21) den Vektor $\boldsymbol{\lambda}/2$ durch den entsprechenden Ausdruck der Gleichung (21.23) und erhalten

$$\widehat{\boldsymbol{\beta}}^{RKQ} = \widehat{\boldsymbol{\beta}} - (\mathbf{X}'\mathbf{X})^{-1}\mathbf{R}'\left[\mathbf{R}(\mathbf{X}'\mathbf{X})^{-1}\mathbf{R}'\right]^{-1}\left(\mathbf{R}\widehat{\boldsymbol{\beta}} - \mathbf{q}\right). \qquad (21.24)$$

Dies ist die Berechnungsformel der RKQ-Schätzer $\widehat{\boldsymbol{\beta}}^{RKQ}$. Sie entspricht demnach der Berechnungsformel für $\widehat{\boldsymbol{\beta}}$, dem KQ-Schätzer des Modells (21.11), zuzüglich eines komplizierten „Korrekturvektors", in welchen unter anderem die zusätzlichen Informationen (21.16) einfließen.

Erwartungswert der RKQ-Schätzer

Um zu überprüfen, ob die RKQ-Schätzer unverzerrt sind, bilden wir auf beiden Seiten der Gleichung (21.24) den Erwartungswert:

$$
\begin{aligned}
E(\widehat{\boldsymbol{\beta}}^{RKQ}) &= E(\widehat{\boldsymbol{\beta}}) - (\mathbf{X}'\mathbf{X})^{-1}\mathbf{R}'\left[\mathbf{R}\,(\mathbf{X}'\mathbf{X})^{-1}\mathbf{R}'\right]^{-1}\left(\mathbf{R}E(\widehat{\boldsymbol{\beta}}) - \mathbf{q}\right) \\
&= \boldsymbol{\beta} - (\mathbf{X}'\mathbf{X})^{-1}\mathbf{R}'\left[\mathbf{R}\,(\mathbf{X}'\mathbf{X})^{-1}\mathbf{R}'\right]^{-1}(\mathbf{R}\boldsymbol{\beta} - \mathbf{q}) \\
\text{[aus (21.16)]} \quad &= \boldsymbol{\beta}\,. \qquad\qquad\qquad\qquad\qquad\qquad\qquad\qquad (21.25)
\end{aligned}
$$

Die RKQ-Schätzer sind demnach unverzerrt.

Varianz-Kovarianz-Matrix der RKQ-Schätzer

Aus Gleichung (9.74) wissen wir, dass $\widehat{\boldsymbol{\beta}} = \boldsymbol{\beta} + (\mathbf{X}'\mathbf{X})^{-1}\mathbf{X}'\mathbf{u}$. Setzt man dieses Resultat in Gleichung (21.24) ein, so ergibt sich

$$
\begin{aligned}
\widehat{\boldsymbol{\beta}}^{RKQ} - \boldsymbol{\beta} &= (\mathbf{X}'\mathbf{X})^{-1}\mathbf{X}'\mathbf{u} - (\mathbf{X}'\mathbf{X})^{-1}\mathbf{R}'\left[\mathbf{R}(\mathbf{X}'\mathbf{X})^{-1}\mathbf{R}'\right]^{-1}\left[\mathbf{R}\left(\boldsymbol{\beta} + (\mathbf{X}'\mathbf{X})^{-1}\mathbf{X}'\mathbf{u}\right) - \mathbf{q}\right] \\
&= (\mathbf{X}'\mathbf{X})^{-1}\mathbf{X}'\mathbf{u} - (\mathbf{X}'\mathbf{X})^{-1}\mathbf{R}'\left[\mathbf{R}(\mathbf{X}'\mathbf{X})^{-1}\mathbf{R}'\right]^{-1}\left[\mathbf{R}\boldsymbol{\beta} - \mathbf{q} + \mathbf{R}(\mathbf{X}'\mathbf{X})^{-1}\mathbf{X}'\mathbf{u}\right].
\end{aligned}
$$

Unter Ausnutzung der Beziehung (21.16) lässt sich diese Gleichung auch folgendermaßen schreiben:

$$
\begin{aligned}
\widehat{\boldsymbol{\beta}}^{RKQ} - \boldsymbol{\beta} &= (\mathbf{X}'\mathbf{X})^{-1}\mathbf{X}'\mathbf{u} - (\mathbf{X}'\mathbf{X})^{-1}\mathbf{R}'\left[\mathbf{R}\,(\mathbf{X}'\mathbf{X})^{-1}\mathbf{R}'\right]^{-1}\mathbf{R}\,(\mathbf{X}'\mathbf{X})^{-1}\mathbf{X}'\mathbf{u} \\
&= \mathbf{N}\,(\mathbf{X}'\mathbf{X})^{-1}\mathbf{X}'\mathbf{u}\,, \qquad\qquad\qquad\qquad (21.26)
\end{aligned}
$$

wobei

$$
\mathbf{N} = \mathbf{I}_T - (\mathbf{X}'\mathbf{X})^{-1}\mathbf{R}'\left[\mathbf{R}\,(\mathbf{X}'\mathbf{X})^{-1}\mathbf{R}'\right]^{-1}\mathbf{R}\,. \qquad (21.27)
$$

Dieses Zwischenergebnis ist für die Berechnung von $\mathbf{V}(\widehat{\boldsymbol{\beta}}^{RKQ})$ hilfreich, denn

$$
\begin{aligned}
\mathbf{V}(\widehat{\boldsymbol{\beta}}^{RKQ}) &= E\left[\left[\widehat{\boldsymbol{\beta}}^{RKQ} - E(\widehat{\boldsymbol{\beta}}^{RKQ})\right]\left[\widehat{\boldsymbol{\beta}}^{RKQ} - E(\widehat{\boldsymbol{\beta}}^{RKQ})\right]'\right] \\
\text{[aus (21.25)]} \quad &= E\left[\left[\widehat{\boldsymbol{\beta}}^{RKQ} - \boldsymbol{\beta}\right]\left[\widehat{\boldsymbol{\beta}}^{RKQ} - \boldsymbol{\beta}\right]'\right] \\
\text{[aus (21.26)]} \quad &= E\left[\mathbf{N}\,(\mathbf{X}'\mathbf{X})^{-1}\mathbf{X}'\mathbf{u}\mathbf{u}'\mathbf{X}\,(\mathbf{X}'\mathbf{X})^{-1}\mathbf{N}'\right].
\end{aligned}
$$

Da in $\mathbf{N}$ und $\mathbf{X}$ keine Zufallsvariablen enthalten sind und $E[\mathbf{u}\mathbf{u}'] = \sigma^2\mathbf{I}_T$, erhalten wir

$$
\begin{aligned}
\mathbf{V}(\widehat{\boldsymbol{\beta}}^{RKQ}) &= \mathbf{N}\,(\mathbf{X}'\mathbf{X})^{-1}\mathbf{X}'\,(\sigma^2\mathbf{I}_T)\,\mathbf{X}\,(\mathbf{X}'\mathbf{X})^{-1}\mathbf{N}' \\
&= \sigma^2\mathbf{N}\,(\mathbf{X}'\mathbf{X})^{-1}\mathbf{N}'\,. \qquad\qquad\qquad (21.28)
\end{aligned}
$$

Eine weitere Vereinfachung ist möglich, denn gemäß Definition (21.27) gilt

$$
\begin{aligned}
\mathbf{N}(\mathbf{X}'\mathbf{X})^{-1}\mathbf{N}' &= \left[\mathbf{I}_T - (\mathbf{X}'\mathbf{X})^{-1}\mathbf{R}'\left[\mathbf{R}(\mathbf{X}'\mathbf{X})^{-1}\mathbf{R}'\right]^{-1}\mathbf{R}\right] \\
&\quad \cdot (\mathbf{X}'\mathbf{X})^{-1}\left[\mathbf{I}_T - \mathbf{R}'\left[\mathbf{R}(\mathbf{X}'\mathbf{X})^{-1}\mathbf{R}'\right]^{-1}\mathbf{R}(\mathbf{X}'\mathbf{X})^{-1}\right] \\
&= \left[\mathbf{I}_T - (\mathbf{X}'\mathbf{X})^{-1}\mathbf{R}'\left[\mathbf{R}(\mathbf{X}'\mathbf{X})^{-1}\mathbf{R}'\right]^{-1}\mathbf{R}\right] \\
&\quad \left[(\mathbf{X}'\mathbf{X})^{-1} - (\mathbf{X}'\mathbf{X})^{-1}\mathbf{R}'\left[\mathbf{R}(\mathbf{X}'\mathbf{X})^{-1}\mathbf{R}'\right]^{-1}\mathbf{R}(\mathbf{X}'\mathbf{X})^{-1}\right].
\end{aligned}
$$

Ausmultiplizieren liefert

$$
\begin{aligned}
\mathbf{N}(\mathbf{X}'\mathbf{X})^{-1}\mathbf{N}' &= (\mathbf{X}'\mathbf{X})^{-1} - (\mathbf{X}'\mathbf{X})^{-1}\mathbf{R}'\left[\mathbf{R}(\mathbf{X}'\mathbf{X})^{-1}\mathbf{R}'\right]^{-1}\mathbf{R}(\mathbf{X}'\mathbf{X})^{-1} \\
&\quad - (\mathbf{X}'\mathbf{X})^{-1}\mathbf{R}'\left[\mathbf{R}(\mathbf{X}'\mathbf{X})^{-1}\mathbf{R}'\right]^{-1}\mathbf{R}(\mathbf{X}'\mathbf{X})^{-1} \\
&\quad + (\mathbf{X}'\mathbf{X})^{-1}\mathbf{R}'\left[\mathbf{R}(\mathbf{X}'\mathbf{X})^{-1}\mathbf{R}'\right]^{-1}\mathbf{R} \\
&\quad \cdot (\mathbf{X}'\mathbf{X})^{-1}\mathbf{R}'\left[\mathbf{R}(\mathbf{X}'\mathbf{X})^{-1}\mathbf{R}'\right]^{-1}\mathbf{R}(\mathbf{X}'\mathbf{X})^{-1}.
\end{aligned}
$$

Rechtsseitiges Ausklammern des Terms $(\mathbf{X}'\mathbf{X})^{-1}$ führt zu

$$
\begin{aligned}
\mathbf{N}(\mathbf{X}'\mathbf{X})^{-1}\mathbf{N}' &= \left[\mathbf{I}_T - 2(\mathbf{X}'\mathbf{X})^{-1}\mathbf{R}'\left[\mathbf{R}(\mathbf{X}'\mathbf{X})^{-1}\mathbf{R}'\right]^{-1}\mathbf{R}\right. \\
&\quad \left. + (\mathbf{X}'\mathbf{X})^{-1}\mathbf{R}'\left[\mathbf{R}(\mathbf{X}'\mathbf{X})^{-1}\mathbf{R}'\right]^{-1}\mathbf{R}\right](\mathbf{X}'\mathbf{X})^{-1} \\
&= \left[\mathbf{I}_T - (\mathbf{X}'\mathbf{X})^{-1}\mathbf{R}'\left[\mathbf{R}(\mathbf{X}'\mathbf{X})^{-1}\mathbf{R}'\right]^{-1}\mathbf{R}\right](\mathbf{X}'\mathbf{X})^{-1}
\end{aligned}
$$

[aus (21.27)] $= \mathbf{N}(\mathbf{X}'\mathbf{X})^{-1}$.

Folglich vereinfacht sich Gleichung (21.28) zu

$$\mathbf{V}(\widehat{\boldsymbol{\beta}}^{RKQ}) = \sigma^2 \mathbf{N}(\mathbf{X}'\mathbf{X})^{-1}. \tag{21.29}$$

Wahrscheinlichkeitsverteilung der RKQ-Schätzer

Aus Gleichung (21.24) ist ersichtlich, dass die RKQ-Schätzer $\widehat{\boldsymbol{\beta}}^{RKQ}$ eine lineare Funktion der KQ-Schätzer $\widehat{\boldsymbol{\beta}}$ sind. Da Letztere linear in den (multivariat) normalverteilten Störgrößen $\mathbf{u}$ sind, gilt dies auch für $\widehat{\boldsymbol{\beta}}^{RKQ}$. Unter Berücksichtigung der Ergebnisse (21.25) und (21.29) ergibt sich deshalb die folgende Wahrscheinlichkeitsverteilung für die RKQ-Schätzer $\widehat{\boldsymbol{\beta}}^{RKQ}$:

$$\widehat{\boldsymbol{\beta}}^{RKQ} \sim N\left(\boldsymbol{\beta},\, \sigma^2 \mathbf{N}(\mathbf{X}'\mathbf{X})^{-1}\right).$$

Teil IV

Weiterführende Themenbereiche

Kapitel 22

Dynamische Modelle

Bislang haben wir die ökonometrische Auswertung von Querschnitts- und Zeitreihendaten gemeinsam behandelt. Für welchen Analysetyp man sich entscheidet, hängt vom jeweiligen Untersuchungsgegenstand und vom verfügbaren Datenreservoir ab. Einige Untersuchungsgegenstände erfordern eine Querschnittsanalyse, andere eine Zeitreihenanalyse. Insbesondere bei ökonomischen Modellen, die sich mit der *dynamischen* Entwicklung von ökonomischen Variablen auseinandersetzen, bietet sich eine Zeitreihenbetrachtung an. Um solche dynamischen Modelle soll es in diesem Kapitel gehen. Die ökonometrische Schätzung dynamischer Modelle ist ein äußerst facettenreiches und komplexes Forschungsgebiet. Dieses einführende Lehrbuch kann lediglich ein paar grundlegende Aspekte beleuchten.

Beispiel 17 *Ein Software-Unternehmen hat sich angesichts seiner unbefriedigenden Gewinnsituation eine Unternehmensberatung ins Haus geholt. Als Mitarbeiter dieser Unternehmensberatung werden wir beauftragt, die Anpassungszeit zu ermitteln, mit der das Software-Unternehmen seine Beschäftigtenzahl den Schwankungen in der Auftragslage anpasst. Die uns zur Verfügung stehenden Daten sind in Tabelle 22.1 wiedergegeben.*

Da sofortige vollständige Anpassungen nur unter überproportionalen Kosten zu erzielen sind, muss das Unternehmen in seiner Personalpolitik zwischen den Kosten einer suboptimalen Beschäftigtenzahl und den Kosten einer beschleunigten Anpassung abwägen. Oftmals ist die sofortige Anpassung der Beschäftigtenzahl allein schon aus rechtlichen und institutionellen Gründen nicht möglich. Kündigungsschutz, aber auch Bewerbungsprozeduren sind naheliegende Beispiele.

Dies hat zur Folge, dass notwendige Einstellungen und Entlassungen über mehrere Perioden gestreckt werden. Deshalb wirken sich Auftragszahlen der Vormonate auch auf die aktuellen Einstellungen bzw. Entlassungen aus. Die aktuelle Beschäftigtenzahl y_t kann also nicht allein auf Basis der aktuellen

Tabelle 22.1: Monatliche Beschäftigtenzahl y_t und Zahl neuer Aufträge x_t im Zeitraum 2002/1 bis 2003/12.

t	y_t	x_t	t	y_t	x_t	t	y_t	x_t
1	2163	1340	13	2159	1296	25	2646	2115
2	2050	1411	14	1942	1201	26	2306	2150
3	1853	1600	15	2115	1192	27	2246	2141
4	1912	1780	16	2129	1259	28	3281	2167
5	2041	1941	17	2425	1192	29	2697	2107
6	3079	2178	18	1946	1089	30	2954	2104
7	3115	2067	19	2019	1101	31	3081	2056
8	3776	1942	20	1425	1243	32	3162	2170
9	2962	1764	21	2040	1623	33	3802	2161
10	2522	1532	22	1742	1821	34	2907	2225
11	2896	1455	23	2103	1990	35	3285	2241
12	1665	1409	24	2428	2114	36	3521	2053

Auftragslage x_t erklärt werden, sondern muss auch als das Resultat der vergangenen Auftragszahlen $x_{t-1}, x_{t-2}, ...$ interpretiert werden.

Abschnitt 22.1 führt einige statistische Konzepte und Begriffe ein, die im Zusammenhang mit dynamischen Modellen eine zentrale Rolle spielen. Abschnitt 22.2 greift dann das Beispiel des Software-Herstellers wieder auf und erläutert, wie der beschriebene Wirkungszusammenhang zwischen der endogenen Variable y_t (Beschäftigung) und den Einflussgrößen $x_t, x_{t-1}, ...$ (Zahl der Neuaufträge) in einem ökonometrischen Modell dargestellt werden kann und wie die Parameter eines solchen Modells zu interpretieren sind. Die Schätzung dieses Modells bereitet einige Probleme. Diese sind Gegenstand von Abschnitt 22.3. In den Abschnitten 22.4 und 22.5 werden verschiedene Problemlösungen diskutiert.

22.1 Stochastische Prozesse und Stationarität

22.1.1 Stochastische Prozesse

Im eingangs beschriebenen Beispiel des Software-Herstellers ist davon auszugehen, dass die Werte der Variablen $x_1, x_2, x_3, ..., x_T$ nicht kontrollierbar sind, also Zufallsvariablen darstellen. Jede einzelne dieser T Zufallsvariablen besitzt eine *eigene* Wahrscheinlichkeitsverteilung mit eigenem Erwartungswert und eigener Varianz: $E(x_t)$ und $var(x_t)$. Ferner lässt sich zwischen je zwei dieser Zufallsvariablen eine Kovarianz definieren: $cov(x_t, x_{t+\tau})$. Dabei steht τ für den zeitlichen Abstand zwischen diesen beiden Zufallsvariablen.

Statistiker bezeichnen die Sequenz der Zufallsvariablen $x_1, x_2, x_3, ..., x_T$ als *stochastischen Prozess*. Im Zeitablauf nehmen die einzelnen Variablen x_t dieses

22.1. STOCHASTISCHE PROZESSE UND STATIONARITÄT

stochastischen Prozesses beobachtete Werte (Ausprägungen) an. Die Sequenz aus *beobachteten Werten* bezeichnet man als *Zeitreihe*.

22.1.2 Stationarität von stochastischen Prozessen

Ein bestimmter stochastischer Prozess lässt sich durch die statistischen Eigenschaften (Erwartungswert, Varianz, Kovarianz) seiner Zufallsvariablen charakterisieren. Abbildung 22.1 zeigt einige Beispiele. In Teil (a) ist eine Zeitreihe mit über die Zeit wachsenden Werten abgebildet. Dies signalisiert einen zugrunde liegenden stochastischen Prozess, dessen Zufallsvariablen einen im Zeitablauf wachsenden Erwartungswert $E(x_t)$ besitzen. Teil (b) deutet auf einen stochastischen Prozess mit im Zeitablauf konstantem Erwartungswert $E(x_t)$, aber wachsender Varianz $var(x_t)$. Teil (c) suggeriert, dass $E(x_t)$ und $var(x_t)$ konstant bleiben. Allerdings scheinen hier die Kovarianzen $cov(x_t, x_{t+\tau})$ durch länger werdende Zyklen gekennzeichnet zu sein. Das heißt, sie hängen sowohl von τ (zeitlicher Abstand der Zufallsvaraiblen x_t und $x_{t+\tau}$) ab als auch vom Zeitpunkt t. Den Teilen (a) bis (c) ist gemein, dass sich im Zeitablauf jeweils zumindest eine der statistischen Eigenschaften der zugrunde liegenden Zufallsvariablen verändert.

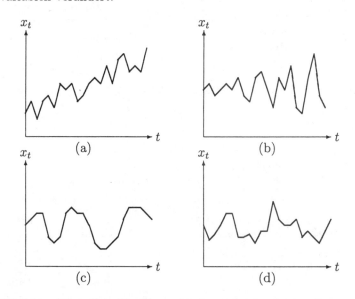

Abbildung 22.1: Zeitreihen verschiedener stochastischer Prozesse.

In Teil (d) findet sich eine Zeitreihe, die Konstanz von $E(x_t)$, $var(x_t)$ und $cov(x_t, x_{t+\tau})$ nahe legt. Einen solchen stochastischen Prozess bezeichnet man als *stationär*. Die Eigenschaft der Stationarität fordert also, dass die statistischen Eigenschaften der zugrunde liegenden Zufallsvariablen im Zeitablauf unverändert bleiben. Formal ist ein stationärer Prozess durch drei Eigenschaften definiert:

1. $E(x_t) = \mu$ \hspace{2em} für alle $t = 1, 2, ..., T$;
2. $var(x_t) = \sigma_x^2$ \hspace{2em} für alle $t = 1, 2, ..., T$;
3. $cov(x_t, x_{t+\tau}) = \gamma_\tau$ \hspace{1em} für alle $t = 1, 2, ..., T-\tau$ und alle $\tau = 1, 2, ..., T-1$.

Dabei bezeichnen μ, σ_x^2 und $\gamma_1, \gamma_2, ...$ jeweils Konstanten. Es sei angemerkt, dass die dritte Eigenschaft *nicht* $cov(x_1, x_2) = cov(x_1, x_3)$ fordert. Sie postuliert lediglich, dass $cov(x_1, x_2) = cov(x_2, x_3) = ...$ und dass $cov(x_1, x_3) = cov(x_2, x_4) = ...$. Mit anderen Worten, die Kovarianz zweier Zufallsvariablen darf vom zeitlichen Abstand dieser zwei Zufallsvariablen (τ) abhängen, nicht jedoch vom Zeitpunkt t.

Genau genommen wird ein stochastischer Prozess mit obigen drei Eigenschaften als *schwach* stationär bezeichnet, aber wir schenken uns diese Präzisierung. Ein Beispiel für einen stationären stochastischen Prozess hatten wir bereits kennengelernt: den $AR(1)$-Prozess mit $|\rho| < 1$. Ist ein stochastischer Prozess stationär, dann ist es aus analytischer Sicht gleichgültig, welchen Zeitraum eines solchen Prozesses man betrachtet, ob also die Zeitreihe $x_1, x_2, x_3, ..., x_{T-3}$ oder die Zeitreihe $x_4, x_5, x_6, ..., x_T$ analysiert wird.

Sobald eine der drei Stationaritäts-Bedingungen verletzt ist, bezeichnet man den stochastischen Prozess als *nicht-stationär*. Die Beispiele (a), (b) und (c) der Abbildung 22.1 zeichnen das Bild nicht-stationärer Prozesse. Solche Prozesse haben die unangenehme Eigenschaft, dass der Term $(1/T)S_{xx}$ mit steigendem Stichprobenumfang (=Ausweitung des Zeithorizontes) normalerweise nicht länger gegen eine feste Schranke σ_x^2 konvergiert. Damit sind weder Annahme c1** noch Annahme c1*** gültig. Die Implikationen dieser Annahmeverletzungen werden wir in den Abschnitten 22.4 und 22.5 genauer beleuchten.

22.1.3 I(1)-Prozesse

Aus den T Zufallsvariablen $x_1, x_2, ..., x_T$ lässt sich ein weiterer stochastischer Prozess definieren, nämlich der Prozess $\Delta x_2, \Delta x_3, ..., \Delta x_T$, wobei $\Delta x_2 = x_2 - x_1$, $\Delta x_3 = x_3 - x_2$ und $\Delta x_T = x_T - x_{T-1}$. Oftmals stellt die Sequenz $x_1, x_2, x_3, ..., x_T$ einen nicht-stationären Prozess dar, während die Sequenz $\Delta x_2, \Delta x_3, ..., \Delta x_T$ die Stationaritätsbedingungen erfüllt. Es ist in diesen Fällen also möglich, einen nicht-stationären Prozess $x_1, x_2, ..., x_T$ durch einfache Differenzenbildung in einen stationären Prozess $\Delta x_2, \Delta x_3, ..., \Delta x_T$ zu überführen. In einem solchen Fall bezeichnet man den nicht-stationären Prozess $x_1, x_2, ..., x_T$ als integriert vom Grade 1, oder kurz als $I(1)$-Prozess. Führt erst eine zweite Differenzenbildung, also eine Differenzenbildung des Prozesses $\Delta x_2, \Delta x_3, ..., \Delta x_T$, zur Stationarität, dann ist $x_1, x_2, ..., x_T$ integriert vom Grade 2: $I(2)$. Ein stationärer Prozess $x_1, x_2, ..., x_T$ ist offensichtlich $I(0)$.

In der Ökonometrie werden die Begriffe „stochastischer Prozess" und „Zeitreihe" oftmals synonym verwendet. Wir werden deshalb im Folgenden einfach von einer stationären bzw. einer nicht-stationären Zeitreihe x_t sprechen. Gemeint ist, dass ihr generierender stochastischer Prozess stationär bzw. nicht-stationär ist. Entsprechend sagen wir, die Zeitreihe x_t ist $I(0)$ und meinen, dass der stochastische Prozess $x_1, x_2, ..., x_T$ stationär ist, oder wir sagen, die Zeitreihe x_t ist $I(1)$ und meinen, dass der stochastische Prozess $\Delta x_2, \Delta x_3, ..., \Delta x_T$ stationär ist.

Nach diesem Ausflug in die Statistik können wir uns wieder dem Beispiel des Software-Herstellers zuwenden. Unser Ziel ist es, ein geeignetes ökonometrisches Modell aufzustellen.

22.2 Interpretation dynamischer Modelle

Um die im Beschäftigungs-Beispiel 17 beschriebenen Zusammenhänge in einem ökonometrischen Modell zu bündeln, könnte folgende Form gewählt werden:

$$y_t = \alpha + \beta_0 x_t + \beta_1 x_{t-1} + \beta_2 x_{t-2} + ... + \beta_K x_{t-K} + v_t, \qquad (22.1)$$

wobei v_t eine Störgröße ist, welche sämtliche B-Annahmen erfüllt, und die Parameter β_k Steigungsparameter darstellen.

Wir haben es in dieser Mehrfachregression mit $K+1$ exogenen Variablen zu tun, deren Werte aber alle auf ein und derselben Variable (*Zahl der Aufträge*) beruhen. Die Werte der exogenen Variable x_t sind in Tabelle 22.1 wiedergegeben. Die Werte der exogenen Variable x_{t-1} ergeben sich einfach durch Verschiebung der x_t-Werte um eine Position vertikal nach unten. Dies bedeutet zugleich, dass für Beobachtung 1 kein Wert x_{t-1} existiert. Die Werte der Variable x_{t-2} erhält man durch eine weitere vertikale Verschiebung um eine Position.

Um auszudrücken, dass in die Mehrfachregression (22.1) nur zwei Variablen (im Beschäftigungs-Beispiel sind dies die endogene Variable *Beschäftigtenzahl* und die exogene Variable *Zahl der Neuaufträge*) eingehen, bezeichnet man ein solches Modell als *bivariat*.

Wir hatten erläutert, dass die Variablen $x_{t-1}, x_{t-2}, ...$ einen *verzögerten* Einfluss auf die aktuelle Beschäftigtenzahl y_t ausüben. Dem englischen Sprachgebrauch folgend findet sich inzwischen auch in der deutschen Literatur der Begriff *Lag-Variable*. Auch die verzögerte Variable y_{t-1} würde man als Lag-Variable bezeichnen. Modell (22.1) wird als *bivariates dynamisches Modell* bezeichnet. Es enthält K Lag-Variablen der exogenen Variable x_t. Der Einfuss der Vergangenheit auf die Gegenwart reicht demnach K Perioden zurück. In der englischsprachigen Literatur wird das Modell (22.1) als *distributed lag model* bezeichnet. Der Begriff *distributed* soll anzeigen, dass Lag-Variablen der exogenen Variable x_t im Modell enthalten sind.

22.2.1 Interpretation einzelner Parameter

Die Interpretation der Parameter des dynamischen Modells weist gegenüber den Parametern der bislang beobachteten Modelle Gemeinsamkeiten, aber auch Besonderheiten auf. Der Parameter α ist wie gewohnt der Niveauparameter des linearen Zusammenhangs. Er entspricht dem erwarteten Wert der endogenen Variable, welcher sich ergibt, wenn alle exogenen Variablen einen Wert von 0 annehmen.

Die Steigungsparameter β_k ergeben sich formal durch Differenzieren des dynamischen Modells nach der entsprechenden exogenen Variable. Beispielsweise liefert

$$\frac{\partial y_t}{\partial x_{t-2}} = \beta_2$$

den Steigungsparameter der Lag-Variable x_{t-2}. Bezogen auf das Beschäftigungs-Beispiel gibt dieser Parameter an, um wieviel sich die aktuelle Beschäftigung y_t im Mittel verändern würde, wenn in Periode $t-2$ ein zusätzlicher Auftrag im Software-Unternehmen vorgelegen hätte. Entsprechend repräsentiert der Parameter β_K den Einfluss der Auftragslage in Periode $t-K$ auf die heutige Beschäftigung y_t. Der Parameter gibt an, um wieviel sich die aktuelle Beschäftigung im Mittel verändern würde, wenn in Periode $t-K$ ein zusätzlicher Auftrag im Software-Unternehmen vorgelegen hätte ($\partial y_t/\partial x_{t-K} = \beta_K$). Man kann davon ausgehen, dass im Beschäftigungs-Beispiel sämtliche Steigungsparameter einen positiven Wert besitzen.

Welche Rolle spielen Aufträge, die in Periode $t-K-1$ oder noch früher vorgelegen haben? Modell (22.1) sagt aus, dass solche Aufträge keinen Einfluss auf die heutige Beschäftigung mehr besitzen.

Die Steigungsparameter β_k können auch in einer alternativen Form interpretiert werden. Betrachten wir wieder den Parameter β_2. Da

$$y_{t+2} = \alpha + \beta_0 x_{t+2} + \beta_1 x_{t+1} + \beta_2 x_t + \ldots + \beta_K x_{t-K+2} + v_{t+2},$$

können wir aus β_2 auch ablesen, wie sich ein heute zusätzlich akquirierter Auftrag auf die Beschäftigung in der übernächsten Periode auswirkt.

Neben diesen Interpretationsmustern bieten dynamische Modelle zusätzliche Deutungsmöglichkeiten. Diese werden im Folgenden vorgestellt.

22.2.2 Kurzfristiger und langfristiger Multiplikator

Zum Zwecke der Veranschaulichung sei angenommen, dass im Beschäftigungs-Beispiel sämtliche Störgrößen $v_t, v_{t-1}, \ldots$ einen Wert von 0 besitzen, und dass bis einschließlich Periode $t-1$ die Zahl der Aufträge konstant $\tilde{x}$ betragen hat. Damit ergibt sich aus Gleichung (22.1) für Periode $t-1$ die folgende Beschäftigung:

$$\begin{aligned} y_{t-1} &= \alpha + \beta_0 \tilde{x} + \beta_1 \tilde{x} + \ldots + \beta_K \tilde{x} \\ &= \alpha + \tilde{x} \sum_{k=0}^{K} \beta_k \,. \end{aligned} \tag{22.2}$$

Kurzfristiger Multiplikator

Nehmen wir an, in Periode t hätte sich die Auftragslage gegenüber der Vergangenheit um eine Einheit auf $\tilde{x}+1$ verbessert. Die Beschäftigung in Periode t ergibt sich dann gemäß Gleichung (22.1) aus

$$\begin{aligned} y_t &= \alpha + \beta_0 \left(\tilde{x}+1\right) + \beta_1 \tilde{x} + \ldots + \beta_K \tilde{x} \\ &= \beta_0 + \alpha + \tilde{x} \sum_{k=0}^{K} \beta_k \\ &= \beta_0 + y_{t-1} \,. \end{aligned}$$

Die Beschäftigung liegt um β_0 über dem Vorperiodenwert. Der Parameter β_0 misst demnach den *kurzfristigen* Effekt, den eine zusätzliche Auftragseinheit auf die Beschäftigung ausübt. Wäre die Auftragslage nicht um 1, sondern um $\Delta \tilde{x}$ erhöht worden, so hätte der kurzfristige Effekt $\Delta \tilde{x} \cdot \beta_0$ betragen. Man nennt β_0 deshalb den *kurzfristigen Multiplikator*.

Langfristiger Multiplikator

Nehmen wir nun an, das neue Auftragsniveau $\tilde{x}+1$ könnte auch in Periode $t+1$ gehalten werden. Die Beschäftigung in Periode $t+1$ beträgt dann

$$\begin{aligned} y_{t+1} &= \alpha + (\beta_0 + \beta_1)\left(\tilde{x}+1\right) + \tilde{x} \sum_{k=2}^{K} \beta_k \\ &= \beta_0 + \beta_1 + \alpha + \tilde{x} \sum_{k=0}^{K} \beta_k \\ [\text{aus (22.2)}] \quad &= \beta_0 + \beta_1 + y_{t-1} \\ &= \beta_1 + y_t \,. \end{aligned} \qquad (22.3)$$

Gegenüber Periode $t-1$ hat sich die Beschäftigung in Periode $t+1$ um $\beta_0 + \beta_1$ erhöht, gegenüber Periode t um β_1. Letztere Beschäftigungsausweitung geschah, obwohl sich die Auftragslage in Periode $t+1$ gegenüber Periode t nicht verändert hat. Die Beschäftigungsausweitung während der Periode $t+1$ war lediglich eine nachgeholte Anpassung an die Auftragserhöhung, welche in Periode t bereits stattgefunden hatte.

Das Gedankenexperiment ließe sich in identischer Weise auf weitere Perioden ausdehnen:

$$x_{t+2} = x_{t+3} = x_{t+4} = \ldots = \tilde{x} + 1 \,.$$

Zunächst würde sich aufgrund der nachzuholenden Anpassung in jeder Periode ein zusätzlicher Beschäftigungseffekt ergeben. Dieser expansive Prozess kommt aber schließlich zum Erliegen, denn irgendwann ist die Anpassung vollständig vollzogen. Um zu erkennen, wann die Anpassung vollständig vollzogen ist, betrachten wir Periode $t+K$ und unterstellen, dass $x_t = x_{t+1} = \ldots = x_{t+K} = \tilde{x}+1$. Die Beschäftigung ergibt sich dann aus

$$y_{t+K} = \alpha + (\tilde{x}+1) \sum_{k=0}^{K} \beta_k$$

$$= \alpha + \tilde{x} \sum_{k=0}^{K} \beta_k + \sum_{k=0}^{K} \beta_k \quad (22.4)$$

[aus (22.2)] $\quad = y_{t-1} + \sum_{k=0}^{K} \beta_k \quad (22.5)$

$$= \beta_K + y_{t+K-1}\,.$$

Gegenüber der Vorperiode $t+K-1$ erhöht sich die Beschäftigung in Periode $t+K$ um β_K.

Wenn auch in der Folgeperiode $t+K+1$ die Auftragslage $\tilde{x}+1$ beträgt, dann ergibt sich für die Beschäftigung

$$y_{t+K+1} = \alpha + (\tilde{x}+1) \sum_{k=0}^{K} \beta_k$$

$$= y_{t+K}\,.$$

Damit ist die Beschäftigungsausweitung zum Erliegen gekommen. Der letzte Anstieg ergab sich in Periode $t+K$.

Aus Gleichung (22.5) ist ersichtlich, dass gegenüber Periode $t-1$ die dauerhafte Niveausteigerung auf $\tilde{x}+1$ einen Beschäftigungseffekt von $\sum_{k=0}^{K} \beta_k$ bewirkt. Der Gesamteffekt entspricht also der Summe sämtlicher Steigungsparameter. Wäre die Auftragslage nicht um 1, sondern um $\Delta\tilde{x}$ erhöht worden, so hätte der langfristige Effekt $\Delta\tilde{x} \cdot \sum_{k=0}^{K} \beta_k$ betragen. Deshalb wird die Summe $\sum_{k=0}^{K} \beta_k$ als *langfristiger Multiplikator* bezeichnet.

Eine grafische Veranschaulichung

Abbildung 22.2 stellt einen möglichen Anpassungsprozess der Beschäftigung grafisch dar. Dabei wurde wieder unterstellt, dass sämtliche Steigungsparameter positive Werte besitzen, dass die Auftragszahl bis einschließlich Periode $t-1$ den Wert $\tilde{x}$ besitzt und dass sie ab Periode t auf einem Niveau von $\tilde{x}+1$ verharrt.

Durch die Auftragsverbesserung auf $\tilde{x}+1$ erhöht sich die Beschäftigung in Periode t um den kurzfristigen Multiplikator β_0 auf y_t. In Periode $t+1$ ergibt sich eine weitere Beschäftigungszunahme, und zwar um β_1. Das neue stabile Beschäftigungsniveau wird in Periode $t+K$ erreicht. Gegenüber dem Ausgangsniveau y_{t-1} hat sich ein Gesamteffekt in Höhe von $\sum_{k=0}^{K} \beta_k$ ergeben. Die Summe der Steigungsparameter stellt deshalb den langfristigen Multiplikator dar.

22.2. INTERPRETATION DYNAMISCHER MODELLE

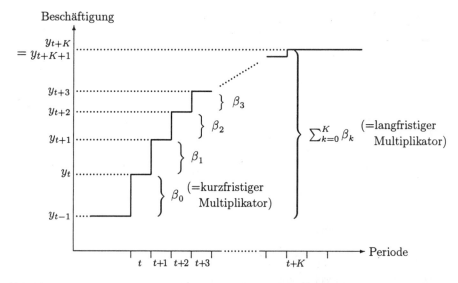

Abbildung 22.2: Der Anpassungsprozess der Beschäftigung nach einer dauerhaften Erhöhung der Zahl der Aufträge von $\tilde{x}$ auf $\tilde{x} + 1$.

In unserem Beschäftigungsbeispiel veränderte sich das Niveau der exogenen Variable um eine Einheit: $\Delta \tilde{x} = 1$. Allgemein gilt folgende Regel: Ändert sich das Niveau der exogenen Variable um $\Delta \tilde{x}$, dann liefert die Multiplikation von $\Delta \tilde{x}$ mit dem kurzfristigen Multiplikator β_0 den kurzfristigen Anpassungseffekt und entsprechend die Multiplikation mit dem langfristigen Multiplikator $\sum_{k=0}^{K} \beta_k$ den langfristigen Anpassungseffekt.

22.2.3 Median-Lag

Im dynamischen Modell (22.1) dauert es $K+1$ Perioden, bis sich die endogene Variable vollständig an ein neues um $\Delta \tilde{x}$ verändertes Niveau der exogenen Variable anpasst. Oftmals ist es auch von Interesse, zu erfahren, nach wieviel Perioden die *Hälfte* der Anpassung vollzogen ist.

Der Gesamteffekt der Anpassung beträgt $\Delta \tilde{x} \cdot \sum_{k=0}^{K} \beta_k$. Der Anteil an dieser Anpassung, der in der ersten Periode mit neuem $\tilde{x}$-Wert erfolgt, beträgt

$$w_1 = \frac{\beta_0 \Delta \tilde{x}}{\Delta \tilde{x} \cdot \sum_{k=0}^{K} \beta_k} = \frac{\beta_0}{\sum_{k=0}^{K} \beta_k} \ .$$

Der Anteil, der während der zweiten Periode vollzogen wird, beträgt entsprechend

$$w_2 = \frac{\beta_1}{\sum_{k=0}^{K} \beta_k} \ .$$

Nach m Perioden ist demnach ein Anpassungsanteil von

$$w_1 + w_2 + \ldots + w_m = \frac{\beta_0 + \beta_1 + \ldots + \beta_{m-1}}{\sum_{k=0}^{K} \beta_k} \qquad (22.6)$$

geleistet.

Gesucht ist nach derjenigen Periodenzahl m, für die der Quotient in (22.6) – der Anpassungsanteil – den Wert 0,5 annimmt. In Kenntnis der Steigungsparameter lässt sich m leicht bestimmen. Man bezeichnet diese Periodenzahl m als *Median-Lag*. Für die β_k-Werte der Abbildung 22.2 lässt sich ablesen, dass $m=3$, denn im Laufe der drei Perioden t, $t+1$ und $t+2$ wird die Hälfte der Anpassung bewältigt.

22.3 Allgemeine Schätzprobleme dynamischer Modelle

22.3.1 Zwei zentrale Schätzprobleme

Eine KQ-Schätzung des dynamischen Modells

$$y_t = \alpha + \beta_0 x_t + \beta_1 x_{t-1} + \beta_2 x_{t-2} + \ldots + \beta_K x_{t-K} + v_t \qquad (22.1)$$

stößt auf zwei wesentliche Schwierigkeiten:

1. Für die Variable x_t liegen zwar T Beobachtungen vor, aber für die Variable x_{t-1} fehlt die erste Beobachtung. Analoges gilt für die Variablen $x_{t-2}, x_{t-3}, \ldots, x_{T-K}$. Für die letzte Lag-Variable x_{T-K} existieren nur $T-K$ Beobachtungen. Es existieren also nur $T-K$ *vollständige* Beobachtungen. Um die $K+2$ Parameter des dynamischen Modells schätzen zu können, muss gelten, dass

$$\begin{aligned} \text{Anzahl der vollst. Beobacht.} &\geq \text{Zahl der Parameter} \\ \Longrightarrow \quad T - K &\geq K + 2 \\ \Longrightarrow \quad T &\geq 2(K+1) \ . \end{aligned}$$

Für Modelle, die davon ausgehen, dass auch weit in der Vergangenheit liegende Werte der exogenen Variable einen Einfluss auf den aktuellen Wert der endogenen Variable ausüben, stellt diese Bedingung ein ernstes Problem dar.

2. Da es sich bei den exogenen Variablen des Modells letztlich um ein und dieselbe Variable handelt und diese oftmals eine längerfristige Entwicklung aufweist (z.B. zunächst stetig ansteigend und dann langsam fallend), kann es leicht zu hoher Multikollinearität kommen. Wie in Kapitel 21 erläutert wurde, stößt die KQ-Schätzung der individuellen Parameter in diesem Fall auf Schwierigkeiten.

22.3.2 Mögliche Lösungsstrategien

Das erste Hindernis kann im Grunde nur dadurch beseitigt werden, dass die Zahl der zu schätzenden Parameter reduziert wird. Dies könnte zugleich auch das Multikollinearitätsproblem lindern.

Die Zahl der Parameter lässt sich am einfachsten dadurch verringern, dass man einzelne Lag-Variablen einfach weglässt. Es ist jedoch vollkommen unklar, welche das sein sollten. Eine willkürliche Auswahl erhöht das Risiko, relevante Variablen zu eliminieren und sich somit verzerrte Schätzungen einzuhandeln. Um eine Schätzung überhaupt erst zu ermöglichen oder um die Schätzvarianz der individuellen Parameter zu senken, mag man eine solche Verzerrung billigend in Kauf nehmen. Da man aber das Ausmaß der möglichen Verzerrung nicht kennt, würden die Schätzergebnisse äußerst spekulativ bleiben.

Aus diesem Dilemma schien es zunächst keinen Ausweg zu geben, bis Koyck (1954) eine elegante Lösungsstrategie aufzeigte. Koyck reduzierte die Zahl der zu schätzenden Parameter, ohne dass dabei Variablen eliminiert werden. Er erkannte, dass die Zahl der Parameter dadurch verringert werden kann, dass man von einem funktionalen Zusammenhang zwischen den Parametern β_k ausgeht. Koyck unterstellte einen *geometrischen* Zusammenhang.

Ein analoger Weg wurde von Almon (1965) beschritten. Sie unterstellte einen *polynomialen* Zusammenhang zwischen den Parametern β_k. Almon-Modelle finden heute allerdings so selten Verwendung, dass wir uns auf Koycks geometrischen Zusammenhang beschränken wollen.

22.4 Modelle mit geometrischer Lag-Verteilung

22.4.1 Geometrische Lag-Verteilungen

In Abbildung 22.3 sind zwei mögliche funktionale Zusammenhänge zwischen den Steigungsparametern β_k dargestellt. In beiden Fällen ist der Lag-Horizont unendlich und die Werte der Parameter nehmen mit der Dauer des Lags ab. Während aber in Teil (a) die Werte nur schleppend sinken, fallen sie in Teil (b) zügiger und konvergieren schneller gegen 0.

Beide dargestellten Lag-Verteilungen lassen sich formal folgendermaßen ausdrücken:

$$\beta_k = \beta_0 \lambda^k , \qquad (22.7)$$

wobei $0 < \lambda < 1$. Der Parameter λ signalisiert die Trägheit der Parameterwerte. Entsprechend fällt λ in Fall (a) größer als in Fall (b) aus.

Eine Lag-Verteilung, die gemäß (22.7) formalisiert werden kann, bezeichnet man als *geometrische Lag-Verteilung*. Sie stellt einen Spezialfall *rationaler Lag-Verteilungen* dar, auf die wir in Abschnitt 22.5 genauer eingehen werden. Rationale und damit auch geometrische Lag-Verteilungen eignen sich insbesondere für Modelle, bei denen von einem unendlichen Lag-Horizont auszugehen

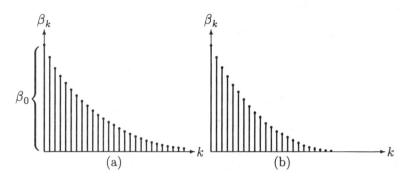

Abbildung 22.3: Zwei geometrische Lag-Verteilungen mit unterschiedlichen Verharrungsvermögen.

ist. In einem solchen Fall lautet das Ausgangsmodell:

$$y_t = \alpha + \beta_0 x_t + \beta_1 x_{t-1} + \beta_2 x_{t-2} + ... + v_t \ . \tag{22.8}$$

Ersetzt man die Parameter $\beta_1, \beta_2, ...$ durch ihre gemäß Gleichung (22.7) definierten Terme $\beta_0 \lambda, \beta_0 \lambda^2, ...$, so ergibt sich:

$$y_t = \alpha + \beta_0 x_t + \beta_0 \lambda x_{t-1} + \beta_0 \lambda^2 x_{t-2} + ... + v_t \ . \tag{22.9}$$

Der langfristige Multiplikator lautet demzufolge:

$$\begin{aligned} \sum_{k=0}^{\infty} \beta_0 \lambda^k &= \beta_0 (1 + \lambda + \lambda^2 + ...) \\ &= \beta_0 \left(\frac{1}{1-\lambda} \right) . \end{aligned} \tag{22.10}$$

Der kurzfristige Multiplikator ist weiterhin durch β_0 gegeben.

Es lässt sich zeigen, dass der Median-Lag m im Modell (22.9) durch

$$m = -\frac{\ln 2}{\ln \lambda} \tag{22.11}$$

berechnet werden kann. Da für $0 < \lambda < 1$ der Term $\ln \lambda$ negativ ist und betragsmäßig bei steigendem λ sinkt, fällt in (22.11) der Median-Lag umso größer aus, je größer die Trägheit λ.

22.4.2 Koyck-Modell

Mit Hilfe der geometrischen Lag-Verteilung (22.7) kann Modell (22.8) in Modell (22.9) überführt werden. Wie aber können die Parameter des Modells (22.9) geschätzt werden?

22.4. MODELLE MIT GEOMETRISCHER LAG-VERTEILUNG

Koyck-Transformation

Für die Vorperiode lautet Modell (22.9):

$$y_{t-1} = \alpha + \beta_0 x_{t-1} + \beta_0 \lambda x_{t-2} + \beta_0 \lambda^2 x_{t-3} + \ldots + v_{t-1}. \qquad (22.12)$$

Multipliziert man diese Gleichung mit λ und subtrahiert sie anschließend von Gleichung (22.9), dann erhält man

$$y_t - \lambda y_{t-1} = [\alpha - \lambda \alpha] + \beta_0 x_t + v_t - \lambda v_{t-1}$$

und damit

$$y_t = \alpha_0 + \beta_0 x_t + \lambda y_{t-1} + u_t, \qquad (22.13)$$

wobei

$$u_t = v_t - \lambda v_{t-1} \qquad (22.14)$$
$$\alpha_0 = \alpha(1-\lambda). \qquad (22.15)$$

Die beschriebenen Umformungen werden als *Koyck-Transformation* des Modells (22.8) bezeichnet, Modell (22.13) als das sogenannte *Koyck-Modell*.

Schätzung des Koyck-Modells

Während wir im Ausgangsmodell (22.8) eine unendliche Zahl von Parametern zu schätzen gehabt hätten (was unmöglich ist), müssen im Koyck-Modell (22.13) lediglich α_0, β_0 und λ geschätzt werden. Damit wurden beide zentralen Schätzprobleme (ungenügende Zahl an vollständigen Beobachtungen, Multikollinearität) weitgehend aus dem Wege geräumt. Es taucht allerdings ein neues Schätzproblem auf: Die Störgrößen des Koyck-Modells verletzen möglicherweise die B-Annahmen.

Die Störgrößen des Koyck-Modells sind durch Gleichung (22.14) definiert. Da

$$E(u_t) = E(v_t) - \lambda E(v_{t-1}) = 0,$$

bewahrt Annahme B1 auch im Koyck-Modell ihre Gültigkeit.

Sofern v_t, die Störgröße des Ausgangsmodells, alle B-Annahmen erfüllt, ist u_t jedoch autokorreliert und damit Annahme B3 verletzt. Formal ist dies folgendermaßen ersichtlich:

$$\begin{aligned}
cov(u_t, u_{t-1}) &= E\left[[u_t - E(u_t)][u_{t-1} - E(u_{t-1})]\right] \\
&= E\left[(v_t - \lambda v_{t-1})(v_{t-1} - \lambda v_{t-2})\right] \\
&= \underbrace{E(v_t v_{t-1})}_{=0} - \lambda \underbrace{E(v_t v_{t-2})}_{=0} - \lambda E(v_{t-1}^2) + \lambda^2 \underbrace{E(v_{t-1} v_{t-2})}_{=0} \\
&= -\lambda \sigma^2 \neq 0.
\end{aligned}$$

Es handelt sich bei Gleichung (22.14) nicht um einen AR(1)-Prozess, sondern um einen sogenannten *Moving-Average-Prozess erster Ordnung*, abgekürzt MA(1)-Prozess. Ob die Störgrößen einem AR(1)-Prozess oder einem

MA(1)-Prozess folgen, ist an dieser Stelle ziemlich gleichgültig. Die Störgrößen sind jedenfalls autokorreliert und verletzen damit Annahme B3.

Abgesehen von Annahme B3 bleiben auch die anderen B- und C-Annahmen gültig, mit einer Ausnahme: Annahme C1 bereitet Probleme. Die verzögerte endogene Variable y_{t-1} taucht als (zweite) „exogene Variable" auf. Damit ist mindestens eine der exogenen Variablen zufallsabhängig. Wir wissen aus Kapitel 20, dass dies für die KQ-Schätzung immer dann ein Problem darstellt, wenn die exogene Variable (hier y_{t-1}) kontemporär mit der Störgröße u_t korreliert ist: $cov(y_{t-1}, u_t) \neq 0$. Es sei angemerkt, dass eine Korrelation zwischen y_{t-1} und u_t *kontemporär* (und nicht intertemporär) wäre, denn y_{t-1} liefert den Wert der zweiten „exogenen Variable" für Periode t (!) und nicht etwa für Periode $t-1$.

Wenn $cov(y_{t-1}, u_t) \neq 0$, dann läge kontemporäre Korrelation vor und die KQ-Schätzer wären nicht länger konsistent, geschweige denn unverzerrt. Wir müssen uns also Gedanken machen, ob im Koyck-Modell (22.13) tatsächlich kontemporäre Korrelation besteht. Die Störung v_{t-1} schlägt sich gemäß Gleichung (22.12) in y_{t-1} und gemäß Gleichung (22.14) in u_t nieder – sofern $\lambda \neq 0$. Damit ist im Koyck-Modell (22.13) y_{t-1}, der Wert der „zweiten exogenen Variable" in Periode t, mit u_t, der Störgröße der Periode t, kontemporär korreliert.

Wie in Kapitel 20 ausgeführt, bietet die IV-Schätzung einen Ausweg. Als Instrumentvariable für y_{t-1} bietet sich x_{t-1} an. Mit dieser Instrumentvariable handelt man sich allerdings leicht ein Multikollinearitäts-Problem ein. Bietet sich auch keine andere Instrumentvariable an, so muss man auf komplexere Schätzmethoden zurückgreifen, die hier aber nicht erläutert werden können.

Aber selbst wenn x_{t-1} eine geeignete Instrumentvariable abgibt, können wir nicht sicher sein, dass die IV-Schätzung konsistent ist. Aus Annahme c1***, bzw. seiner Verallgemeinerung auf den multiplen Regressionsfall (Annahme C1***), wissen wir, dass für die IV-Schätzung unter anderem $plim[(1/T) S_{xx}] = \sigma_x^2$ für alle exogenen Variablen gelten muss. Im Koyck Modell stellt nicht nur x_t, sondern auch y_{t-1} eine „exogene Variable" dar. Wir benötigen also $plim[(1/T) S_{yy}] = \sigma_y^2$. Da für jede Beobachtung ein Wert für y_{t-1} existiert, kann y_{t-1} als Zeitreihe interpretiert werden. Aus Abschnitt 22.1 wissen wir, dass $plim[(1/T) S_{yy}] = \sigma_y^2$ – und damit Annahme C1*** – nur dann erfüllt sein kann, wenn die „exogene Variable" y_{t-1} *stationär* ist. Falls auch x_t eine Zufallsvariable darstellt, muss sie ebenfalls stationär sein. Es lässt sich zeigen, dass die im Koyck-Modell (22.13) getroffene Annahme $0 < \lambda < 1$ sicherstellt, dass bei stationärem x_t auch y_t stationär ist. Stationarität von y_t ist gleichbedeutend mit Stationarität von y_{t-1}.

Nummerische Illustration 22.1

Wenn wir im Beschäftigungs-Beispiel unterstellen, dass die Werte der Steigungsparameter β_k mit zunehmendem Lag k geringer ausfallen, kann das Koyck-Modell (22.13) benutzt werden. Auf Basis der Daten in Tabelle 22.1

22.4. MODELLE MIT GEOMETRISCHER LAG-VERTEILUNG

führen wir eine IV-Schätzung durch mit x_{t-1} (Auftragslage der jeweiligen Vorperiode) als Instrumentvariable. Dabei wird angenommen, dass x_t stationär ist.

Tabelle 22.2: Schätzergebnisse für eine IV-Schätzung (mit x_t als Instrumentvariable) des Koyck-Modells (22.13).

Variable	Koeff.	$\widehat{se}(\cdot)$	t-Wert	p-Wert
Konstante	-219,175	430,150	-0,510	0,614
Aufträge	0,499	0,233	2,144	0,040
Trägheit (λ)	0,749	0,194	3,854	0,001

Ökonometrische Software liefert die in Tabelle 22.2 wiedergegebenen Resultate. Der Trägheitsparameter λ beträgt $0,749$ und der kurzfristige Multiplikator β_0 beträgt $0,499$. Eine heutige Erhöhung der Auftragslage um einen Auftrag und anschließende Konstanz der Auftragslage würde die monatliche Beschäftigtenzahl sofort um $\beta_0 = 0,499$ erhöhen und nach Ablauf der vollständigen Anpassung im Vergleich zu heute eine um $\beta_0/(1-\lambda) = 1,988$ Mitarbeiter höhere monatliche Beschäftigung bewirken. Beide Parameter sind signifikant von 0 verschieden. Für den langfristigen Multiplikator ergibt sich gemäß Gleichung (22.10) ein Wert von $1,988$. Aus Gleichung (22.7) erhalten wir $\widehat{\beta}_1 = 0,374$, $\widehat{\beta}_2 = 0,280$, $\widehat{\beta}_3 = 0,210$, $\widehat{\beta}_4 = 0,157,\ldots$. Der Niveauparameter der IV-Schätzung beträgt $\widehat{\alpha}_0 = -219,175$. Mittels Gleichung (22.15) lässt sich daraus $\widehat{\alpha} = -219,175/(1-0,749) = -873,2$ ermitteln.

22.4.3 Ein Verwandter des Koyck-Modells: Partielles Anpassungsmodell

Das Koyck-Modell lautete

$$y_t = \alpha_0 + \beta_0 x_t + \lambda y_{t-1} + u_t , \qquad (22.13)$$

wobei

$$u_t = v_t - \lambda v_{t-1} . \qquad (22.14)$$

Es wurde durch eine Koyck-Transformation aus dem Ausgangsmodell

$$y_t = \alpha + \beta_0 x_t + \beta_1 x_{t-1} + \beta_2 x_{t-2} + \ldots + v_t \qquad (22.12)$$

gewonnen. Dieses Ausgangsmodell war ohne tiefere ökonomische Fundierung aufgestellt worden. Abweichend von unserem bisherigen „tugendhaftem" Vorgehen wurde hier ein ökonometrisches „ad hoc Modell" formuliert.

Wir werden nun ein besser fundiertes Ausgangsmodell vorstellen und dies ebenfalls in die Form (22.13) bringen. Ausgangspunkt ist der *langfristige* Zusammenhang

$$y_t^* = \mu + \delta x_t , \qquad (22.16)$$

wobei μ und δ zwei konstante Parameter sind und y_t^* den zu x_t passenden *langfristigen Gleichgewichtswert* bezeichnet. Bezogen auf das Beschäftigungs-Beispiel könnte die Gleichung folgendermaßen interpretiert werden: Bei einer konstanten Auftragslage von x_t würde man mit einer konstanten Beschäftigtenzahl in Höhe von y_t^* operieren.

Dass nicht in jeder Periode der langfristige Zusammenhang (22.16) gültig ist, liegt in den Schwankungen der Auftragszahl x_t begründet. Eine sofortige vollständige Anpassung der Beschäftigung y_t würde zu überproportionalen Kosten führen oder ist aus rechtlichen und institutionellen Gründen nicht durchführbar. Ändert sich die Auftragslage gegenüber der Vorperiode, wird die Anpassung deshalb nur *partiell* vollzogen. Das heißt, die tatsächliche Anpassung $(y_t - y_{t-1})$ macht nur einen Teil der langfristig eigentlich notwendigen Anpassung $(y_t^* - y_{t-1})$ aus:

$$y_t - y_{t-1} = (1 - \lambda)(y_t^* - y_{t-1}) + v_t , \qquad (22.17)$$

wobei v_t eine Störgröße im Anpassungsprozess bezeichnet und $(1-\lambda)$ den Anteil der sofort vollzogenen Anpassung festlegt.

Setzt man Gleichung (22.16) in Gleichung (22.17) ein, so ergibt sich

$$y_t - y_{t-1} = (1 - \lambda)(\mu + \delta x_t - y_{t-1}) + v_t .$$

Umstellen liefert

$$y_t = (1 - \lambda)\mu + (1 - \lambda)\delta x_t + \lambda y_{t-1} + v_t . \qquad (22.18)$$

Definiert man

$$\begin{aligned} \alpha_0 &= (1 - \lambda)\mu \\ \beta_0 &= (1 - \lambda)\delta \\ u_t &= v_t , \end{aligned}$$

so erhält man das Koyck-Modell (22.13).

Ein wichtiger Unterschied zum Koyck-Modell besteht jedoch: Wenn v_t sämtliche B-Annahmen erfüllt, dann erfüllt wegen $u_t = v_t$ auch u_t sämtliche B-Annahmen. Damit kann in Modell (22.13) auch keine kontemporäre Korrelation zwischen der „exogenen Variable" y_{t-1} und der Störgröße u_t auftreten. Sofern y_{t-1} und x_t stationär sind, liefert die KQ-Methode konsistente Schätzer. Sie sind allerdings auch hier nicht unverzerrt, denn die Beziehung

$$y_{t-1} = \alpha_0 + \beta_0 x_t + \beta_1 x_{t-1} + \beta_2 x_{t-2} + ... + u_{t-1}$$

impliziert, dass u_{t-1} und damit auch v_{t-1} mit y_{t-1}, der „zweiten exogenen Variable" in Modell (22.13), korreliert ist. Es handelt sich hierbei um eine intertemporäre Korrelation.

22.4. MODELLE MIT GEOMETRISCHER LAG-VERTEILUNG

Das partielle Anpassungsmodell offenbart gegenüber dem Koyck-Modell eine bessere, aber keine vollständige ökonomische Fundierung. Die langfristige Beziehung (22.16) lässt sich durch ökonomische Theorie relativ gut untermauern. Für die Modellierung des Anpassungsverhaltens (22.17) fällt dies jedoch schwerer.

22.4.4 Ein weiterer Verwandter des Koyck-Modells: Modell adaptiver Erwartungen

Nehmen wir an, die Höhe der Beschäftigung in Periode t (y_t) würde durch die *aktuellen Erwartungen* bezüglich der zukünftigen Auftragszahlen x^e_{t+1} determiniert:

$$y_t = \mu + \delta x^e_{t+1} + v_t , \qquad (22.19)$$

wobei μ und δ wieder zwei konstante Parameter sind und v_t eine Störgröße.

Wie werden solche Erwartungen gebildet? Im *Modell adaptiver Erwartungen* geht man von folgender Regel aus: Wenn die in Periode $t-1$ gebildete Erwartung x^e_t und der in Periode t tatsächlich aufgetretene Wert x_t übereinstimmen ($x_t = x^e_t$), dann besteht kein Grund, die Erwartungen für die Zukunft zu verändern ($x^e_{t+1} = x^e_t$). Wenn hingegen in Periode t der tatsächliche Wert vom erwarteten Wert abweicht ($x_t \neq x^e_t$), dann sollte der Erwartungsfehler ($x_t - x^e_t$) als Korrekturterm in der Prognose für Periode $t+1$ berücksichtigt werden:

$$x^e_{t+1} = x^e_t + (1-\lambda)(x_t - x^e_t) , \qquad (22.20)$$

wobei $0 < \lambda < 1$. Der Faktor $(1-\lambda)$ legt das Gewicht fest, welches der Erwartungsfehler bei der Erwartungsrevision erhält.

Umformung der Gleichung (22.20) liefert

$$x^e_{t+1} = (1-\lambda)x_t + \lambda x^e_t . \qquad (22.21)$$

Aus Gleichung (22.19) wissen wir, dass

$$x^e_{t+1} = \frac{y_t - \mu - v_t}{\delta}$$

und damit auch

$$x^e_t = \frac{y_{t-1} - \mu - v_{t-1}}{\delta} .$$

Setzt man diese beiden Beziehungen in Gleichung (22.21) ein, so ergibt sich

$$\frac{y_t - \mu - v_t}{\delta} = (1-\lambda)x_t + \lambda \frac{y_{t-1} - \mu - v_{t-1}}{\delta} .$$

Multiplikation mit δ und anschließendes Ausmultiplizieren liefert

$$y_t - \mu - v_t = (1-\lambda)\delta x_t + \lambda y_{t-1} - \lambda \mu - \lambda v_{t-1}$$

und folglich

$$y_t = (1-\lambda)\mu + (1-\lambda)\delta x_t + \lambda y_{t-1} + v_t - \lambda v_{t-1} \, .$$

Definiert man schließlich

$$\begin{aligned} \alpha_0 &= (1-\lambda)\mu \\ \beta_0 &= (1-\lambda)\delta \\ u_t &= v_t - \lambda v_{t-1} \, , \end{aligned}$$

so erhält man

$$y_t = \alpha_0 + \beta_0 x_t + \lambda y_{t-1} + u_t \, .$$

Dieses Modell ist bis hin zur Störgröße mit dem Koyck-Modell (22.13) identisch. Damit konfrontiert es uns aber auch mit den gleichen Schätzproblemen. Eine IV-Schätzung ist erforderlich, da kontemporäre Korrelation zwischen der „exogenen Variable" y_{t-1} und u_t besteht. Auch das Modell adaptiver Erwartungen weist gegenüber dem Koyck-Modell eine verbesserte ökonomische Fundierung auf. Allerdings ist diese Fundierung umstritten. Sie wird insbesondere von Vertretern der „Theorie rationaler Erwartungen" kritisiert.

22.5 Modelle mit rationaler Lag-Verteilung und ihre Fehlerkorrektur-Formulierung

Im Abschnitt 22.4 betrachteten wir das Koyck-Modell

$$y_t = \alpha_0 + \beta_0 x_t + \lambda y_{t-1} + u_t \, , \qquad (22.13)$$

wobei $0 < \lambda < 1$. Ihm lag eine geometrische Lag-Verteilung zugrunde, weshalb es auch als *geometrisches Lag-Modell* bezeichnet wird. Die Eigenschaften der Störgröße u_t hingen davon ab, aus welchem Ausgangsmodell (22.13) hergeleitet wurde.

Modell (22.13) kann als Spezialfall einer allgemeineren Klasse von Modellen aufgefasst werden, den *rationalen Lag-Modellen*. Diese Klasse ist durch folgende allgemeine Gleichung definiert:

$$\begin{aligned} y_t = \; & \alpha_0 + \beta_0 x_t + \mu_1 x_{t-1} + \mu_2 x_{t-2} + \ldots + \mu_K x_{t-K} \\ & + \lambda_1 y_{t-1} + \lambda_2 y_{t-2} + \ldots + \lambda_M y_{t-M} + u_t \, . \end{aligned} \qquad (22.22)$$

Das rationale Modell ist in der Lage, jegliche Lag-Verteilung zu approximieren, also auch diejenige der Abbildung 22.4. In der englischsprachigen Literatur hat sich der Begriff *autoregressive distributed lag model (ADL model)* durchgesetzt. Dabei zeigt der Begriff *autogressive* an, dass Lag-Variablen der endogenen Variable y_t im Modell enthalten sind. Der Begriff *distributed* steht wie gewohnt für die enthaltenen Lag-Variablen der exogenen Variable x_t. Inzwischen greift man auch im deutschsprachigen Sprachraum vermehrt auf die

22.5. MODELLE MIT RATIONALER LAG-VERTEILUNG

Abkürzung $ADL(M, K)$-Modell zurück. Dabei gibt M die Anzahl der im Modell berücksichtigten Lag-Variablen der endogenen Variable y_t an und K die Anzahl der berücksichtigten Lag-Variablen der exogenen Variable x_t.

Für unsere Zwecke genügt die Betrachtung eines ADL(1, 1)-Modells:

$$y_t = \alpha_0 + \beta_0 x_t + \mu x_{t-1} + \lambda y_{t-1} + u_t \,, \qquad (22.23)$$

wobei wir weiterhin $0 < \lambda < 1$ als *Stabilitätsbedingung* unterstellen. Für $\mu = 0$ (d.h. $K = 0$) würde sich das geometrische Lag-Modell (22.13) ergeben. Das geometrische Lag-Modell ist also ein ADL(1, 0)-Modell.

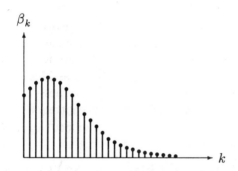

Abbildung 22.4: Eine rationale Lag-Verteilung.

22.5.1 Langfristige Gleichgewichtsbeziehung

Gleichung (22.23) lässt sich umstellen zu

$$y_t - \lambda y_{t-1} = \alpha_0 + \beta_0 x_t + \mu x_{t-1} + u_t \,. \qquad (22.24)$$

Im langfristigen Gleichgewicht mit $u_t = u_{t-1} = \ldots = 0$ würde gelten, dass $x_t = x_{t-1} = x_{t-2} = \ldots = x^*$ und damit auch $y_t = y_{t-1} = y_{t-2} = \ldots = y^*$. Für diese langfristige Betrachtungsweise liefert Gleichung (22.24):

$$\begin{aligned} y^* - \lambda y^* &= \alpha_0 + \beta_0 x^* + \mu x^* \\ \Longrightarrow \qquad y^* &= \frac{\alpha_0}{1-\lambda} + \frac{\beta_0 + \mu}{1-\lambda} x^* \,. \end{aligned} \qquad (22.25)$$

Gleichung (22.25) gibt an, welcher Wert y^* sich einstellt, wenn der Wert der exogenen Variable dauerhaft auf x^* verharrt. Der langfristige Multiplikator beträgt demnach $dy^*/dx^* = (\beta_0 + \mu)/(1-\lambda)$.

Normalerweise ändern sich jedoch die Werte der exogenen Variable im Zeitablauf. Da nicht alle Anpassungen sofort vollzogen werden, wird man in der Realität nicht die langfristige Beziehung (22.25) vorfinden, sondern das ADL(1, 1)-Modell (22.23), welches einem schrittweisen Anpassungsverhalten Rechnung trägt.

22.5.2 Fehlerkorrektur-Formulierung des ADL(1,1)-Modells

Eine Schätzung des ADL(1,1)-Modells (22.23) stößt auf die gleichen Schwierigkeiten wie die Schätzung des Koyck-Modells (22.13). Wenn die Störgröße u_t autokorreliert ist, kommt es zu kontemporärer Korrelation mit der „dritten exogenen Variable" y_{t-1}. Ist u_t nicht autokorreliert, so besteht immerhin eine *intertemporäre* Korrelation zwischen u_t und y_{t-1}, denn u_{t-1} (der Störgrößenwert der Periode $t-1$) beeinflusst y_{t-1} und damit den Wert der „dritten exogenen Variable" in Periode t. Aus der Diskussion der Annahme c1** in Abschnitt 20.2.2 wissen wir, dass sich für diesen Fall eine konsistente KQ-Schätzung ergeben kann. Dafür muss unter anderem aber gelten, dass $\text{plim}[(1/T)\,S_{xx}] = \sigma_x^2$ und $\text{plim}[(1/T)\,S_{yy}] = \sigma_y^2$. Letzteres erfordert, dass y_t (und damit y_{t-1}) sowie x_t (und folglich x_{t-1}) stationär sind.

Für zahlreiche Untersuchungsgegenstände sind y_t und x_t jedoch nicht stationär. Allerdings lassen sich y_t und x_t oftmals durch Differenzenbildung in stationäre Zeitreihen Δy_t und Δx_t überführen. Das heißt, y_t und x_t sind integriert vom Grade 1: y_t und x_t sind $I(1)$.

Diese Überlegungen lassen sich für die Schätzung des Modells (22.23) nutzbar machen. Zunächst muss man y_{t-1} auf beiden Seiten subtrahieren und auf der rechten Seite $\beta_0 x_{t-1}$ subtrahieren und addieren:

$$\begin{aligned}
\Delta y_t &= \alpha_0 + \beta_0 x_t + \beta_0 x_{t-1} - \beta_0 x_{t-1} + \mu x_{t-1} - (1-\lambda)y_{t-1} + u_t \\
&= \beta_0 \Delta x_t - [(1-\lambda)y_{t-1} - \alpha_0 - (\beta_0 + \mu)x_{t-1}] + u_t \\
&= \beta_0 \Delta x_t - (1-\lambda)\left[y_{t-1} - \frac{\alpha_0}{1-\lambda} - \frac{\beta_0 + \mu}{1-\lambda}x_{t-1}\right] + u_t, \quad (22.26)
\end{aligned}$$

wobei wie gewohnt $\Delta y_t = y_t - y_{t-1}$ und $\Delta x_t = x_t - x_{t-1}$.

Wie ist diese neue Form zu interpretieren? Sie sagt aus, dass es drei mögliche Ursachen für eine Veränderung in der endogenen Variable (Δy_t) geben kann. Die drei Möglichkeiten werden durch die drei Summanden auf der rechten Seite der Gleichung (22.26) repräsentiert.

1. (Dritter Summand) Die Störgröße u_t weicht von 0 ab und führt so zu einer Veränderung in y_t.

2. (Erster Summand) Der Wert der exogenen Variable hat sich gegenüber der Vorperiode geändert, das heißt, $\beta_0 \Delta x_t \neq 0$. Solche Veränderungen lösen unmittelbare Anpassungen in der endogenen Variable aus (kurzfristiger Anpassungseffekt).

3. (Zweiter Summand) In Periode $t-1$ waren die Variablen x_{t-1} und y_{t-1} noch nicht in ihrer langfristigen Gleichgewichtsbeziehung. Es besteht deshalb in Periode t ein aus der Vorperiode übernommener Anpassungsbedarf in der endogenen Variable y_t. Formal lässt sich diese dritte Ursache aus der eckigen Klammer der Gleichung (22.26) ablesen. Der Klammerausdruck beschreibt die Situation der Vorperiode. Aus der langfristigen

22.5. MODELLE MIT RATIONALER LAG-VERTEILUNG

Beziehung (22.25) wissen wir, dass dieser Term nur dann 0 ist, wenn y_{t-1} den zu x_{t-1} korrespondierenden Gleichgewichtswert besitzt. Entspricht y_{t-1} diesem Gleichgewichtswert nicht, dann muss in Periode t ein Teil der noch notwendigen, aber bislang nicht erfolgten Anpassung nachgeholt werden. Der Term in eckigen Klammern entspricht demnach dem Ausmaß der nachzuholenden Anpassung. Die Intensität der Anpassung wird durch den vor den eckigen Klammern stehenden Term $(1-\lambda)$ bestimmt. Ein kleiner Wert, und damit eine große Trägheit λ, impliziert eine langsame Anpassung.

Welchen Wert Δy_t letztendlich annimmt, bestimmt sich erst im Zusammenspiel der drei beschriebenen Ursachen. Gewöhnlich wird die dritte Ursache als „Fehlerkorrektur" bezeichnet und das Modell (22.26) entsprechend als die „Fehlerkorrektur-Formulierung" des Modells (22.23) oder einfach als *Fehlerkorrekturmodell*. In der englischsprachigen Literatur spricht man vom *Error-Correction-Model (ECM)*.

22.5.3 Schätzung des Fehlerkorrekturmodells

Modell (22.23) wurde in das Fehlerkorrekturmodell (22.26) umgeformt, um den eingangs beschriebenen Schätzproblemen zu entgehen. Wir gingen davon aus, dass x_t $I(1)$ ist, das heißt, Δx_t, die erste exogene Variable des Fehlerkorrekturmodells, ist stationär. Im Fehlerkorrekturmodell (22.26) kann der Ausdruck in eckigen Klammern als *Ungleichgewichtsfehler* e_{t-1} interpretiert werden, welcher angibt, wie stark in Periode $t-1$ der Wert für y_{t-1} von seinem zu x_{t-1} passendem Gleichgewichtswert entfernt war:

$$e_{t-1} = y_{t-1} - \frac{\alpha_0}{1-\lambda} - \frac{\beta_0 + \mu}{1-\lambda} x_{t-1}. \tag{22.27}$$

Wir unterstellen, dass eine entsprechende ökonomische Theorie die Existenz der langfristigen Gleichgewichtsbeziehung (22.25) untermauert und dass diese Beziehung stabil ist. Das heißt, eine Veränderung des x^*-Wertes auf ein dauerhaftes neues Niveau führt langfristig zu einer Veränderung des y^*-Wertes auf das passende Gleichgewichtsniveau. Wenn eine solche stabile Gleichgewichtsbeziehung existiert, sollten die Werte der durch (22.27) definierten Ungleichgewichtsfehler e_{t-1} im Zeitablauf keinem langfristigen Trend folgen, sondern tendenziell immer wieder zum Wert 0 zurückkehren. Individuelle Trends der Variablen x_t und y_t weisen in diesem Fall genau die gleiche Stärke auf und neutralisieren sich deshalb.

Statistiker haben diese Zusammenhänge formalisiert: Wenn x_t und y_t (und damit x_{t-1} und y_{t-1}) jeweils $I(1)$ sind und eine lineare langfristige Beziehung – also die Beziehung (22.25) – zwischen diesen beiden Variablen besteht, dann ist die durch Gleichung (22.27) definierte Zeitreihe der Ungleichgewichtsfehler e_{t-1} stationär. In einem solchen Fall werden x_t und y_t (bzw. x_{t-1} und y_{t-1}) als *kointegriert* bezeichnet.

Wenn im Fehlerkorrekturmodell (22.26) Δx_t und der eckige Klammerausdruck e_{t-1} stationär sind, bleibt Annahme c1** (genauer: Annahme C1**, das für den multiplen Regressionsfall verallgemeinerte Pendant zu c1**) unverletzt und die KQ-Methode liefert für das Fehlerkorrekturmodell (22.26) konsistente Schätzer. Eine Schätzung sollte folglich durch eine Überprüfung der Stationarität der Zeitreihen Δx_t und e_{t-1} ergänzt werden. Praktiker orientieren sich zumeist an den folgenden vier Arbeitsschritten:

1. Zunächst wird für jede der Zeitreihen x_t und y_t individuell überprüft, welchen Integrationsgrad d sie besitzen.

2. Wenn x_t und y_t beide $I(1)$ sind, dann erfolgt eine KQ-Schätzung der nach y_{t-1} aufgelösten Beziehung (22.27). Diese Schätzung liefert Residuen $\widehat{e}_{t-1}$.

3. Man überprüft, ob die Residuen $\widehat{e}_{t-1}$ $I(0)$ sind. Letzteres würde implizieren, dass x_t und y_t kointegriert sind.

4. Falls x_t und y_t kointegriert und damit die Ungleichgewichtsfehler e_{t-1} stationär sind, erfolgt eine KQ-Schätzung des Fehlerkorrekturmodells (22.26). Dabei werden die Residuenwerte $\widehat{e}_{t-1}$ anstelle des nicht beobachtbaren Ungleichgewichtsfehlers e_{t-1} – also des eckigen Klammerterms – benutzt.

Engle und Granger (1987) konnten zeigen, dass dieses Vorgehen konsistente und asymptotisch effiziente Schätzergebnisse liefert. Eine Beschreibung möglicher Diagnose-Instrumente des ersten und dritten Arbeitsschrittes findet sich in fortgeschritteneren Ökonometrie-Lehrbüchern wie beispielsweise Greene (2003). Dabei spielen insbesondere der Dickey-Fuller-Test und Varianten dieses Tests eine wichtige Rolle. Thomas (1997) liefert eine besonders zugängliche Darstellung des Engle-Granger-Verfahrens und alternativer Schätzansätze. Ein guter Überblick findet sich auch in Maddala und Kim (1998).

22.5.4 Fehlerkorrekturmodell und ökonomische Theorie

In der ökonomischen Theorie analysiert man häufig langfristige Gleichgewichtsbeziehungen und viel seltener kurzfristiges dynamisches Reaktionsverhalten. Eine *empirische Überprüfung* und eine *Quantifizierung* ökonomischer Gleichgewichtstheorien wie beispielsweise die Beziehung (22.25) wird dadurch erschwert, dass die interessierenden Größen x^* und y^* in der Realität fast niemals in einem Gleichgewichtszustand sind. Sie mögen zwar ständig diesem Zustand zustreben, aber Störungen und Veränderungen im Umfeld verhindern, dass sie das Gleichgewicht erreichen. Das langfristige Gleichgewichtsstreben wird ständig durch kurzfristiges Anpassungsverhalten überlagert.

Eine Gleichgewichtstheorie müsste deshalb durch eine Modellierung kurzfristigen Anpassungsverhaltens ergänzt werden. Erst dieses erweiterte Modell kann mit den empirischen Beobachtungen sinnvoll konfrontiert werden, denn Letztere ergeben sich erst im Zusammenspiel von langfristigem Gleichgewichtsstreben und kurzfristigem Anpassungsverhalten. Diese beiden Komponenten gilt es aus den Daten herauszudestillieren. Die beobachtete Gleichgewichtskomponente kann dann der Gleichgewichtstheorie gegenübergestellt werden.

Diese Überlegungen spiegeln sich auch in der Konstruktion des Fehlerkorrekturmodells (22.26) wider. Der Fehlerkorrekturterm (zweiter Summand) repräsentiert das langfristige Gleichgewichtsstreben, und die beiden anderen Summanden das kurzfristige Verhalten. Wenn das Fehlerkorrekturmodell korrekt spezifiziert ist, dann erlaubt es also eine saubere Zerlegung in die zwei Komponenten und ermöglicht eine empirische Überprüfung und Quantifizierung einer ökonomischen Gleichgewichtstheorie.

Die vorangegangenen Überlegungen implizieren aber auch, dass die ökonomische Fundierung des Modells (22.23) bzw. seiner Fehlerkorrektur-Formulierung (22.26) etwas einbeinig ist. Die langfristige Komponente des Fehlerkorrekturmodells (22.26) besitzt einen soliden ökonomischen Unterbau, die kurzfristige Komponente dagegen nicht. Die Modellierung kurzfristiger Anpassungsprozesse gehört nicht zu den Stärken ökonomischer Analysemethoden. In der empirischen Implementierung des kurzfristigen Anpassungsverhaltens verwendet man deshalb anstelle eines kurzfristigen ökonomisch fundierten Reaktionsmodells eine möglichst allgemeine „deskriptive" Modellform, die zunächst mit vielen verschiedenen Verhaltenstypen kompatibel ist und es den Daten überlässt, daraus einen bestimmten Reaktionstyp zu identifizieren. In der Praxis findet man deshalb häufig Fehlerkorrekturmodelle, die aus dem allgemeineren ADL(M, K)-Modell (22.22) und nicht aus der einfachen Variante des ADL(1, 1)-Modells (22.26) gebildet wurden. Hat man es mit kointegrierten Zeitreihen zu tun, kann dann gemäß der Steinmetz-Methodologie (siehe Abschnitt 13.3.1) überprüft werden, ob eine einfachere Variante ausreichend ist.

22.6 Zusammenfassung

In vielen ökonomischen Zusammenhängen ist der aktuelle Wert der endogenen Variable sowohl vom aktuellen als auch von vergangenen Werten einer exogenen Variable abhängig:

$$y_t = \alpha + \beta_0 x_t + \beta_1 x_{t-1} + \beta_2 x_{t-2} + ... + \beta_K x_{t-K} + v_t \,. \tag{22.1}$$

Eine Veränderung im Wert der exogenen Variable um Δx auf ein dauerhaftes neues Niveau würde auf lange Sicht den Wert der endogenen Variable um $\Delta x \cdot \sum_{k=0}^{K} \beta_k$ auf ein neues dauerhaftes Niveau bringen. Entsprechend bezeichnet man $\sum_{k=0}^{K} \beta_k$ als langfristigen Multiplikator. Der Median-Lag m bezeichnet die Periodenzahl, nach der die Hälfte dieser langfristigen Anpassung vollzogen ist. Der Parameter β_0 ist der kurzfristige Multiplikator und quantifiziert den Einfluss des aktuellen Wertes der exogenen Variable auf den aktuellen Wert der endogenen Variable.

Eine Schätzung des Modells (22.1) stößt auf zwei zentrale Probleme:

1. Bei nur T vorliegenden Beobachtungen könnte die Zahl der zu schätzenden Parameter $(K+2)$ zu groß sein.
2. Die exogenen Variablen $x_t, x_{t-1}, x_{t-2}, \ldots$ könnten hohe Multikollinearität aufweisen.

Um diese Probleme zu lindern, wird gewöhnlich ein funktionaler Zusammenhang zwischen den Parametern β_k unterstellt. Ein besonders einfaches Modell ergibt sich, wenn für die Parameter des Ausgangsmodells (22.1) die geometrische Lag-Verteilung

$$\beta_k = \beta_0 \lambda^k \qquad (22.7)$$

unterstellt wird, wobei $0 < \lambda < 1$. Unter dieser Prämisse erhält man ein geometrisches Lag-Modell, nämlich das Koyck-Modell

$$y_t = \alpha_0 + \beta_0 x_t + \lambda y_{t-1} + u_t , \qquad (22.13)$$

wobei $u_t = v_t - \lambda v_{t-1}$ und $\alpha_0 = (1-\lambda)\alpha$. Dies ist ein sogenanntes ADL(1,0)-Modell. Falls v_t alle B-Annahmen erfüllt, ist u_t autokorreliert und mit y_{t-1} kontemporär korreliert. Dies macht eine IV-Schätzung erforderlich. Oftmals stellt x_{t-1} eine geeignete Instrumentvariable dar. Falls x_t und y_t stationär sind, ist eine IV-Schätzung konsistent.

Zwei ökonomisch fundierte Varianten des Koyck-Modells, die ebenfalls zu Gleichung (22.13) führen, sind das partielle Anpassungsmodell und das Modell adaptiver Erwartungen. Letzteres konfrontiert einen mit den gleichen Schätzproblemen wie das Koyck-Modell. Das partielle Anpassungsmodell besitzt hingegen eine Störgröße, die frei von Autokorrelation ist und deshalb eine konsistente KQ-Schätzung ermöglicht.

In der Mehrzahl der Fälle wird heute von einem rationalen Zusammenhang (mit dem Spezialfall eines geometrischen Zusammenhangs) ausgegangen. Also nicht Modell (22.1) wird als Basis herangezogen, sondern das sogenannte ADL(M, K)-Modell

$$y_t = \alpha_0 + \beta_0 x_t + \mu_1 x_{t-1} + \mu_2 x_{t-2} + \ldots + \mu_K x_{t-K}$$
$$+ \lambda_1 y_{t-1} + \lambda_2 y_{t-2} + \ldots + \lambda_M y_{t-M} + u_t . \qquad (22.22)$$

Dieses Modell wird häufig auch als rationales Lag-Modell bezeichnet. Für $K=1$ und $M=1$ vereinfacht sich dieses Modell zu

$$y_t = \alpha_0 + \beta_0 x_t + \mu x_{t-1} + \lambda y_{t-1} + u_t , \qquad (22.23)$$

wobei angenommen sei, dass $0 < \lambda < 1$. Umformungen dieses Modells führen zum Fehlerkorrekturmodell

$$\Delta y_t = \beta_0 \Delta x_t - (1-\lambda)\left[y_{t-1} - \frac{\alpha_0}{1-\lambda} - \frac{\beta_0 + \mu}{1-\lambda}x_{t-1}\right] + u_t \ . \qquad (22.26)$$

Der erste und dritte Summand auf der rechten Seite des Fehlerkorrekturmodells repräsentieren Ursachen kurzfristigen Anpassungsverhaltens im y_t-Wert. Der zweite Summand repräsentiert langfristiges Anpassungsverhalten.

Eine KQ-Schätzung des Fehlerkorrekturmodells ist zulässig, wenn x_t und y_t kointegriert sind. Dies erfordert zum einen, dass Δx_t und Δy_t stationär sind (d.h. x_t und y_t sind $I(1)$) und zum anderen, dass eine stabile langfristige Gleichgewichtsbeziehung zwischen x_t und y_t besteht. Die Zeitreihe Δx_t ist stationär, wenn $E(\Delta x_t)$ und $var(\Delta x_t)$ für alle t konstant sind, und wenn $cov(\Delta x_t, \Delta x_{t+\tau})$ lediglich von τ abhängt. Analoges gilt für die Zeitreihe Δy_t.

22.7 Matrixalgebraischer Anhang

Aus einer matrixalgebraischen Darstellung dynamischer Modelle kann man deutlich weniger zusätzliche Einsichten gewinnen als es bei den matrixalgebraischen Darstellungen der vorangegangenen Kapitel der Fall war. Wir beschränken uns deshalb auf ein paar wenige Aspekte.

22.7.1 Allgemeines dynamisches Modell

Für das allgemeine dynamische Modell

$$y_t = \alpha + \beta_0 x_t + \beta_1 x_{t-1} + \beta_2 x_{t-2} + \ldots + \beta_K x_{t-K} + v_t \qquad (22.1)$$

existieren lediglich $T-K$ *vollständige* Beobachtungen. Die ersten K Beobachtungen sind nicht vollständig. Die erste vollständige Beobachtung ist die Beobachtung $t = K+1$. Entsprechend lautet die Matrixschreibweise des Modells (22.1):

$$\mathbf{y} = \mathbf{X}\boldsymbol{\beta} + \mathbf{v} \ , \qquad (22.28)$$

wobei

$$\mathbf{y} = \begin{bmatrix} y_{K+1} \\ y_{K+2} \\ \vdots \\ y_T \end{bmatrix}, \quad \mathbf{X} = \begin{bmatrix} 1 & x_{K+1} & x_K & \cdots & x_1 \\ 1 & x_{K+2} & x_{K+1} & \cdots & x_2 \\ \vdots & \vdots & \vdots & \ddots & \vdots \\ 1 & x_T & x_{T-1} & \cdots & x_{T-K} \end{bmatrix}, \quad \boldsymbol{\beta} = \begin{bmatrix} \alpha \\ \beta_0 \\ \beta_1 \\ \vdots \\ \beta_K \end{bmatrix}, \quad \mathbf{v} = \begin{bmatrix} v_{K+1} \\ v_{K+2} \\ \vdots \\ v_T \end{bmatrix}.$$

Es wird unterstellt, dass der Störgrößenvektor $\mathbf{v}$ alle B-Annahmen erfüllt: $\mathbf{v} \sim N(\mathbf{o}, \sigma^2 \mathbf{I}_{T-K})$.

22.7.2 Formulierung von Modellen mit geometrischer Lag-Verteilung

Ein Mangel an vollständigen Beobachtungen verbunden mit hoher Multikollinearität erschwert die KQ-Schätzung des Modells (22.28). In einigen Fällen kann eine *Koyck-Transformation* Abhilfe schaffen. Sie transformiert das Modell (22.1) in das *Koyck-Modell*

$$y_t = \alpha_0 + \beta_0 x_t + \lambda y_{t-1} + u_t \;, \tag{22.13}$$

wobei $u_t = v_t - \lambda v_{t-1}$ und $\alpha_0 = (1-\lambda)\alpha$. Der Trägheitsparameter λ gelangt dabei über den unterstellten geometrischen Zusammenhang $\beta_k = \beta_0 \lambda^k$ in das Koyck-Modell. Das Koyck-Modell besitzt $T-1$ vollständige Beobachtungen, also $K-1$ mehr als das ursprüngliche Modell (22.1). Die Multikollinearität zwischen x_t und y_{t-1} fällt im Normalfall deutlich geringer aus als zwischen x_t, x_{t-1}, ...

In Matrixschreibweise lautet das Koyck-Modell:

$$\mathbf{y}^* = \mathbf{K}\boldsymbol{\delta} + \mathbf{u}\;, \tag{22.29}$$

wobei

$$\mathbf{y}^* = \begin{bmatrix} y_2 \\ y_3 \\ \vdots \\ y_T \end{bmatrix}, \; \mathbf{K} = \begin{bmatrix} 1 & x_2 & y_1 \\ 1 & x_3 & y_2 \\ \vdots & \vdots & \vdots \\ 1 & x_T & y_{T-1} \end{bmatrix}, \; \boldsymbol{\delta} = \begin{bmatrix} \alpha \\ \beta_0 \\ \lambda \end{bmatrix}, \; \mathbf{u} = \begin{bmatrix} u_2 \\ u_3 \\ \vdots \\ u_T \end{bmatrix} = \begin{bmatrix} v_2 - \lambda v_1 \\ v_3 - \lambda v_2 \\ \vdots \\ v_T - \lambda v_{T-1} \end{bmatrix}.$$

22.7.3 Schätzung von Modellen mit geometrischer Lag-Verteilung

Die kontemporäre Korrelation zwischen der letzten Spalte der Matrix $\mathbf{K}$ und der Störgröße $\mathbf{u}$ macht eine IV-Schätzung erforderlich. Die IV-Schätzer lauten wie gewohnt:

$$\boldsymbol{\delta} = \left(\mathbf{K}'\mathbf{P}\mathbf{K}\right)^{-1}\mathbf{K}'\mathbf{P}\mathbf{y}\;,$$

wobei $\mathbf{P} = \mathbf{Z}\left(\mathbf{Z}'\mathbf{Z}\right)^{-1}\mathbf{Z}'$. Die genaue Form der Matrix $\mathbf{Z}$ hängt von der verwendeten Instrumentvariable ab. Falls die Variable x_{t-1} als Instrumentvariable verwendet wurde, lautet die Matrix $\mathbf{Z}$:

$$\mathbf{Z} = \begin{bmatrix} 1 & x_2 & x_1 \\ 1 & x_3 & x_2 \\ \vdots & \vdots & \vdots \\ 1 & x_T & x_{T-1} \end{bmatrix}.$$

Ebenfalls zu Modell (22.29) gelangt man, wenn man von dem in Abschnitt 22.4.4 vorgestellten *Modell adaptiver Erwartungen* ausgeht. Auch das in Abschnitt 22.4.3 erläuterte *partielle Anpassungsmodell* führt zu Modell (22.29). Allerdings gilt dann für den Störgrößenvektor $\mathbf{u}$, dass $\mathbf{u} = \mathbf{v}$ und damit $\mathbf{u} \sim N(\mathbf{0}, \sigma^2 \mathbf{I}_{T-K})$. Eine KQ-Schätzung wäre dann zulässig.

Eine matrixalgebraische Darstellung des in Abschnitt 22.5 behandelten ADL(1,1)-Modells und seiner Fehlerkorrektur-Formulierung ist in der Literatur eher unüblich und wird auch hier als entbehrlich angesehen.

Kapitel 23

Interdependente Gleichungssysteme

Bislang wurden nur solche ökonomischen Zusammenhänge betrachtet, die sich durch eine *einzelne* Gleichung erfassen lassen. Dabei wurden die Werte der endogenen Variable y_t durch die Werte einer oder mehrerer exogener Variablen x_{kt} erklärt. Auch das folgende Beispiel scheint diesem Muster zu folgen.

Beispiel 18 *Ein Pharma-Hersteller besitzt ein Patent für einen Wirkstoff zur Behandlung eines speziellen rheumatischen Leidens. Der Hersteller schaltete in der Vergangenheit Anzeigen in verschiedenen Gesundheitsjournalen. Wir werden vom Hersteller beauftragt, den Einfluss der Werbemaßnahmen w_t auf den Absatz a_t zu ermitteln. Die uns zur Verfügung gestellten Quartalsdaten für Absatz a_t, Werbeumfang w_t, Preis des Wirkstoffes p_t und Preis einer Anzeigenseite q_t finden sich in Tabelle 23.1.*

Um die Anfrage des Herstellers zu beantworten, könnte man das folgende ökonometrische Modell aufstellen:

$$a_t = \alpha + \beta_1 w_t + \beta_2 p_t + u_t \,, \tag{23.1}$$

wobei die Störgröße u_t die Annahmen B1 bis B4 erfülle. Der Absatz a_t ist die endogene Variable, deren Wert durch die exogenen Variablen *Werbeumfang* w_t und *Preis* p_t bestimmt wird.

Praktiker der Werbewirtschaft weisen uns aber darauf hin, dass die Kausalität zwischen Werbeaufwand und Absatz nicht nur von Werbeaufwand zu Absatz führt, sondern dass auch umgekehrt der Absatz und die damit einhergehenden Einnahmen den Werbeaufwand beeinflussen. Die Kausalität läuft also in beiden Richtungen.

In Abschnitt 23.1 wird gezeigt, dass bei einer solchen wechselseitigen Abhängigkeit die KQ-Methode verzerrte und nicht-konsistente Schätzer liefert. Um dieses Problem zu vermeiden, muss die beidseitige Kausalität explizit in

Tabelle 23.1: Absatz a_t (in 100 g), Werbeanzeigen w_t (in Doppelseiten), Preis des Wirkstoffes p_t (in Euro/100 g) und Anzeigenpreis q_t (in 1000 Euro/Doppelseite) während der 24 Quartale des Zeitraums 1997/1 bis 2002/4.

t	a_t	w_t	p_t	q_t	t	a_t	w_t	p_t	q_t
1	9	67	409	29	13	267	153	219	33
2	107	113	339	27	14	234	161	249	35
3	148	152	309	27	15	205	80	269	32
4	256	186	289	25	16	222	148	269	35
5	179	202	289	22	17	170	147	299	35
6	221	135	259	26	18	143	132	299	38
7	227	134	239	28	19	119	135	299	32
8	165	149	249	27	20	122	95	329	35
9	214	139	249	31	21	120	108	349	37
10	219	162	209	31	22	37	117	379	33
11	191	143	259	26	23	131	124	329	36
12	226	166	259	30	24	156	76	299	40

der Form eines *interdependenten Gleichungssystems* modelliert werden. Unter bestimmten Voraussetzungen können die Parameter der Gleichungen eines solchen Systems mit einer speziellen Methode geschätzt werden, der *indirekten KQ-Methode*. Sie wird in Abschnitt 23.2 vorgestellt. In Abschnitt 23.3 wird erläutert, dass oftmals nur wenige oder keine der Gleichungen des interdependenten Systems mit der indirekten KQ-Methode zu schätzen sind. Es wird ein einfaches Kriterium vorgestellt, welches die einzelnen Gleichungen in drei Kategorien unterteilt: *genau identifizierte, unteridentifizierte* und *überidentifizierte* Gleichungen. Nur die genau identifizierten Gleichungen können mit der indirekter KQ-Methode geschätzt werden. Unteridentifizierte Gleichungen können nicht geschätzt werden. Überidentifizierte Gleichungen können hingegen durch ein weiteres spezielles Verfahren geschätzt werden, die sogenannte *zweistufige KQ-Methode*. Sie ist Gegenstand von Abschnitt 23.4. Abschnitt 23.5 erläutert weitere Beispiele wichtiger ökonomischer Zusammenhänge, die durch interdependente Gleichungssysteme modelliert werden müssen.

23.1 Nicht-Konsistenz der KQ-Schätzer

Es wurde darauf hingewiesen, dass die Höhe des Werbeaufwands w_t oftmals vom Absatz a_t beeinflusst wird. Als weitere Einflussgröße für den Werbeumfang des Pharma-Herstellers dürfte der für Gesundheitsjournale übliche Anzeigenpreis q_t in Frage kommen. Formal lässt sich dieser Zusammenhang in der folgenden Gleichung wiedergeben:

$$w_t = \gamma + \delta_1 a_t + \delta_2 q_t + v_t \ . \tag{23.2}$$

23.2. INDIREKTE KQ-METHODE (IKQ-METHODE)

Der Niveauparameter der Gleichung ist γ und die Steigungsparameter lauten δ_1 und δ_2. Die Störgröße v_t erfülle alle vier B-Annahmen. Es wird zugelassen, dass eine Korrelation zwischen v_t und u_t, den Störgrößen der Gleichungen (23.1) und (23.2), besteht. Dabei wird allerdings angenommen, dass diese Korrelation nur kontemporär besteht und dabei über alle Beobachtungen identisch ist, also:

$$cov(u_t, v_t) = \sigma_{uv}, \qquad t = 1, 2, ..., T,$$
$$cov(u_s, v_t) = 0, \qquad \text{für } s \neq t \text{ und } s, t = 1, 2, ..., T,$$

wobei σ_{uv} eine Konstante ist.

Wir hatten in Kapitel 20 ausgeführt, dass eine *kontemporäre* Korrelation zwischen der *Störgröße* und den *exogenen Variablen* einer Gleichung zu verzerrten und nicht-konsistenten KQ-Schätzern führt. Wenn Gleichungen (23.1) und (23.2) den wahren Zusammenhang korrekt wiedergeben, dann wird in beiden Gleichungen jeweils eine solche kontemporäre Korrelation auftreten.

Um dies zu erkennen, sei angenommen, dass u_t, die Störgröße in der Bestimmungsgleichung des Absatzes (23.1), in einem beliebigen Quartal t einen positiven Wert annimmt. Dies bedeutet, dass auch der Absatz a_t einen tendenziell erhöhten Wert aufweist. Ein Blick auf die Bestimmungsgleichung des Werbeumfangs (23.2) zeigt, dass für $\delta_1 > 0$ ein erhöhter a_t-Wert auch wieder zu einem erhöhten Werbeumfang w_t führt. Kehrt man zu Gleichung (23.1) zurück, so ist dort ersichtlich, dass für $\beta_1 > 0$ der erhöhte w_t-Wert auch wieder zu einem erhöhten a_t-Wert führt. Es kommt hier ein Multiplikatorprozess in Gang, der letztlich zu erhöhtem w_t-Wert und erhöhtem a_t-Wert führt. Ausgelöst wurde dieser Prozess durch einen positiven u_t-Wert.

Wichtig für unsere Überlegungen ist hier lediglich die Tatsache, dass ein positiver u_t-Wert mit einem erhöhten w_t-Wert einhergeht. Das heißt, in Gleichung (23.1) ist die Variable w_t mit der Störgröße u_t positiv kontemporär korreliert. Analoge Überlegungen zeigen, dass in Gleichung (23.2) v_t und die Variable a_t positiv kontemporär korreliert sind. Würde man diese Korrelationen missachten und die Gleichungen (23.1) und (23.2) separat mit KQ-Methode schätzen, so wären die Ergebnisse verzerrt und nicht einmal konsistent. Der folgende Abschnitt beschreibt ein Schätzverfahren, das für das Pharma-Beispiel konsistente Schätzer liefert.

23.2 Indirekte KQ-Methode (IKQ-Methode)

23.2.1 Strukturelle Form versus reduzierte Form

Um konsistente Schätzer zu erhalten, transformieren wir das durch die Gleichungen (23.1) und (23.2) definierte Gleichungssystem

$$a_t = \alpha + \beta_1 w_t + \beta_2 p_t + u_t \qquad (23.3a)$$
$$w_t = \gamma + \delta_1 a_t + \delta_2 q_t + v_t \qquad (23.3b)$$

in eine neue Form. Zunächst substituieren wir in Gleichung (23.3a) w_t durch den entsprechenden Term in Gleichung (23.3b):

$$a_t = \alpha + \beta_1(\gamma + \delta_1 a_t + \delta_2 q_t + v_t) + \beta_2 p_t + u_t \ .$$

Umstellen liefert

$$(1 - \beta_1\delta_1)a_t = \alpha + \beta_1\gamma + \beta_2 p_t + \beta_1\delta_2 q_t + \beta_1 v_t + u_t$$

und damit

$$a_t = \frac{\alpha + \beta_1\gamma}{1 - \beta_1\delta_1} + \frac{\beta_2}{1 - \beta_1\delta_1}p_t + \frac{\beta_1\delta_2}{1 - \beta_1\delta_1}q_t + \frac{\beta_1 v_t + u_t}{1 - \beta_1\delta_1} \ . \qquad (23.4)$$

Substituiert man in Gleichung (23.3b) den Absatz a_t durch den entsprechenden Term in Gleichung (23.3a) und löst anschließend nach w_t auf, so ergibt sich

$$w_t = \frac{\gamma + \delta_1\alpha}{1 - \beta_1\delta_1} + \frac{\beta_2\delta_1}{1 - \beta_1\delta_1}p_t + \frac{\delta_2}{1 - \beta_1\delta_1}q_t + \frac{\delta_1 u_t + v_t}{1 - \beta_1\delta_1} \ . \qquad (23.5)$$

Definiert man schließlich in Gleichung (23.4)

$$\pi_1 = \frac{\alpha + \beta_1\gamma}{1 - \beta_1\delta_1} \ , \qquad \pi_2 = \frac{\beta_2}{1 - \beta_1\delta_1} \ , \qquad \pi_3 = \frac{\beta_1\delta_2}{1 - \beta_1\delta_1} \qquad (23.6)$$

und in Gleichung (23.5)

$$\pi_4 = \frac{\gamma + \delta_1\alpha}{1 - \beta_1\delta_1} \ , \qquad \pi_5 = \frac{\beta_2\delta_1}{1 - \beta_1\delta_1} \ , \qquad \pi_6 = \frac{\delta_2}{1 - \beta_1\delta_1}, \qquad (23.7)$$

dann ergibt sich das Gleichungssystem

$$a_t = \pi_1 + \pi_2 p_t + \pi_3 q_t + u_t^* \qquad (23.8a)$$
$$w_t = \pi_4 + \pi_5 p_t + \pi_6 q_t + v_t^* \ , \qquad (23.8b)$$

wobei

$$u_t^* = \frac{\beta_1 v_t + u_t}{1 - \beta_1\delta_1} \qquad \text{und} \qquad v_t^* = \frac{\delta_1 u_t + v_t}{1 - \beta_1\delta_1} \ .$$

Die Störgrößen dieses Systems, u_t^* und v_t^*, stellen gewichtete Summen der ursprünglichen Störgrößen u_t und v_t dar. Damit bleiben die vier B-Annahmen auch für die Störgrößen u_t^* und v_t^* gültig.

Man beachte, dass w_t in der oberen Gleichung des Systems nicht länger erscheint. Ebenso ist a_t aus der unteren Gleichung verschwunden. Sowohl Gleichung (23.8a) als auch Gleichung (23.8b) besitzen jeweils eine endogene Variable, welche einzig durch die „echten" exogenen Variablen q_t und p_t erklärt werden.

Kennt man die Werte der Parameter π_1 bis π_6 und die Werte der exogenen Variablen q_t und p_t, so lassen sich aus den Gleichungen (23.8) *direkt* die

23.2. INDIREKTE KQ-METHODE (IKQ-METHODE)

zu erwartenden Werte für den Absatz a_t und den Werbeumfang w_t ablesen. Aus den Gleichungen (23.3) war dies nicht unmittelbar möglich, denn dort erschwerten die Interdependenzen zwischen a_t und w_t eine direkte Interpretation der Parameter. In den Gleichungen (23.8) sind diese Interdependenzen bereits berücksichtigt. Man bezeichnet diese Gleichungen deshalb als *reduzierte Form* und die Ausgangsgleichungen (23.3) als *strukturelle Form*.

23.2.2 Schätzung der Parameter der reduzierten Form

Da auf der rechten Seite der Gleichungen (23.8) jeweils nur „echte" exogene Variablen auftauchen, ist die kontemporäre Korrelation beseitigt. Die Parameter π_1 bis π_6 sind ohne weiteres durch getrennte KQ-Schätzungen der beiden Gleichungen ermittelbar.

Nummerische Illustration 23.1

Eine KQ-Schätzung der reduzierten Form (23.8) auf Basis der Daten der Tabelle 23.1 liefert die in Tabelle 23.2 wiedergegebenen Ergebnisse. Eine Erhöhung des Anzeigenpreises q_t um 1000 Euro verringert den Absatz um $0{,}288$ 100g-Einheiten und den Werbeumfang um $2{,}809$ Doppelseiten. Eine Erhöhung des Wirkstoffpreises p_t um 1 Euro reduziert den Absatz um $1{,}194$ 100g-Einheiten und den Werbeaufwand um $0{,}326$ Doppelseiten. Abgesehen vom Einfluss des Anzeigenpreises auf den Absatz weisen sämtliche Ergebnisse signifikante t- und p-Werte auf.

Tabelle 23.2: Ergebnisse einer KQ-Schätzung der reduzierten Form (23.8).

Gleichung	Variable	Koeff.	$\widehat{se}(\cdot)$	t-Wert	p-Wert
	Konstante	524,896	51,401	10,212	<0,001
(23.8a)	Wirkstoffpreis	-1,194	0,127	-9,408	<0,001
	Anzeigenpreis	-0,288	1,337	-0,216	0,831
	Konstante	316,445	45,024	7,028	<0,001
(23.8b)	Wirkstoffpreis	-0,326	0,111	-2,932	0,008
	Anzeigenpreis	-2,809	1,171	-2,397	0,026

23.2.3 Schätzung der Parameter der strukturellen Form

Bislang kennen wir lediglich die geschätzten Parameterwerte der reduzierten Form. Wir sind aber auch an den sechs Parametern der strukturellen Form interessiert. Diese lassen sich leicht aus den sechs Gleichungen in (23.6) und (23.7) berechnen. Im Anhang dieses Kapitels ist gezeigt, dass sich aus (23.6) und (23.7) die folgenden Bestimmungsgleichungen ergeben:

$$\alpha = \pi_1 - \frac{\pi_3 \pi_4}{\pi_6}, \qquad \beta_1 = \frac{\pi_3}{\pi_6}, \qquad \beta_2 = \pi_2 - \frac{\pi_3 \pi_5}{\pi_6}, \qquad (23.9a)$$

$$\gamma = \pi_4 - \frac{\pi_1 \pi_5}{\pi_2}, \qquad \delta_1 = \frac{\pi_5}{\pi_2}, \qquad \delta_2 = \pi_6 - \frac{\pi_3 \pi_5}{\pi_2}. \qquad (23.9b)$$

Setzt man in diese Gleichungen die in der KQ-Schätzung ermittelten Schätzwerte für π_1 bis π_6 ein, so ergeben sich die Schätzwerte für $\alpha, \beta_1, \beta_2, \gamma, \delta_1$ und δ_2. Aufgrund des Umweges über die reduzierte Form bezeichnet man die beschriebene Schätzung der strukturellen Parameter als *indirekte KQ-Methode (IKQ-Methode)* und die entsprechenden Schätzer als *IKQ-Schätzer*. Sie sind konsistent.

Nummerische Illustration 23.2

In Tabelle 23.2 waren die Schätzwerte der Parameter π_1 bis π_6 aufgeführt. Einsetzen in die Gleichungen (23.9) liefert die indirekten KQ-Schätzer:

$$\widehat{\alpha}^{IKQ} = 492{,}412 \qquad \widehat{\beta}_1^{IKQ} = 0{,}103 \qquad \widehat{\beta}_2^{IKQ} = -1{,}161$$
$$\widehat{\gamma}^{IKQ} = 173{,}140 \qquad \widehat{\delta}_1^{IKQ} = 0{,}273 \qquad \widehat{\delta}_2^{IKQ} = -2{,}730.$$

Bei der Interpretation dieser Parameter ist ein wenig Vorsicht geboten. Die Parameter $\widehat{\beta}_1^{IKQ}, \widehat{\beta}_2^{IKQ}, \widehat{\delta}_1^{IKQ}$ und $\widehat{\delta}_2^{IKQ}$ geben jeweils nur den *Primäreffekt* an. Beispielsweise besagt $\widehat{\beta}_2^{IKQ} = -1{,}161$, dass bei einer Erhöhung des Wirkstoffpreises um 1 Euro der Absatz unmittelbar um 1,161 100g-Einheiten sinkt. Letzteres würde wiederum eine Kette weiterer Effekte auslösen: Ein verringerter Absatz würde laut Werbegleichung (23.3b) den Werbeaufwand senken und dies wiederum verringert gemäß Absatzgleichung (23.3a) den Absatz. Der *Gesamteffekt* auf den Absatz ist aus $\pi_2 = -1{,}194$, dem Parameter der reduzierten Form, ablesbar und nicht aus β_2, dem Parameter der strukturellen Form.

Um die IKQ-Schätzwerte zu erhalten, wurde zunächst die reduzierte Form gebildet, ihre Parameter π_1 bis π_6 mit der KQ-Methode geschätzt und anschließend auf die Parameter der strukturellen Form ($\alpha, \beta_1, \beta_2, \gamma, \delta_1$ und δ_2) zurückgerechnet. Eine direkte KQ-Schätzung der strukturellen Form hätte nichtkonsistente Schätzer geliefert. Um einen Eindruck vom Ausmaß der Nicht-Konsistenz zu vermitteln, haben wir (unzulässigerweise) auch die Ergebnisse einer KQ-Schätzung der strukturellen Form ermittelt:

Nummerische Illustration 23.3

Eine KQ-Schätzung der strukturellen Form (23.3) liefert die folgenden Ergebnisse:

$$\widehat{\alpha}^{KQ} = 445{,}469 \qquad \widehat{\beta}_1^{KQ} = 0{,}297 \qquad \widehat{\beta}_2^{KQ} = -1{,}089$$
$$\widehat{\gamma}^{KQ} = 173{,}320 \qquad \widehat{\delta}_1^{KQ} = 0{,}272 \qquad \widehat{\delta}_2^{KQ} = -2{,}732.$$

Für die Parameter der Absatzgleichung (23.3a) ergeben sich deutliche Unterschiede zur IKQ-Methode, für die Parameter der Werbegleichung (23.3b) hingegen nicht.

23.3 Identifikationsproblem

Im Pharma-Beispiel konnte ohne ernste Schwierigkeiten aus den KQ-Schätzern der reduzierten Form ($\hat{\pi}_1$ bis $\hat{\pi}_6$) für sämtliche Parameter der strukturellen Form ($\alpha, \beta_1, \beta_2, \gamma, \delta_1$ und δ_2) jeweils ein eindeutiger Schätzer errechnet werden. Diese Rückrechnung ist nicht für alle interdependenten Gleichungssysteme möglich.

23.3.1 Ein verkleinertes Gleichungssystem

Betrachten wir das folgende verkleinerte Pharma-Modell:

$$a_t = \alpha + \beta_1 w_t + \beta_2 p_t + u_t \qquad (23.10a)$$
$$w_t = \gamma + \delta_1 a_t + v_t \, . \qquad (23.10b)$$

Der Anzeigenpreis q_t fehlt in diesem Gleichungssystem, sei es weil er nicht zu ermitteln war oder weil er als irrelevant eingeschätzt wurde.

Die reduzierte Form lautet

$$a_t = \pi_1 + \pi_2 p_t + u_t^* \qquad (23.11a)$$
$$w_t = \pi_3 + \pi_4 p_t + v_t^* \, , \qquad (23.11b)$$

wobei

$$\pi_1 = \frac{\alpha + \beta_1 \gamma}{1 - \beta_1 \delta_1}, \qquad \pi_2 = \frac{\beta_2}{1 - \beta_1 \delta_1}, \qquad (23.12a)$$

$$\pi_3 = \frac{\gamma + \delta_1 \alpha}{1 - \beta_1 \delta_1}, \qquad \pi_4 = \frac{\beta_2 \delta_1}{1 - \beta_1 \delta_1}, \qquad (23.12b)$$

$$u_t^* = \frac{\beta_1 v_t + u_t}{1 - \beta_1 \delta_1}, \qquad v_t^* = \frac{\delta_1 u_t + v_t}{1 - \beta_1 \delta_1} \, .$$

Auch diese reduzierte Form kann mit der KQ-Methode problemlos geschätzt werden.

Da die reduzierte Form vier Parameter aufweist, stehen uns für die Rückrechnung auf die Parameter der strukturellen Form *vier* Gleichungen zur Verfügung, nämlich diejenigen in (23.12a) und (23.12b). Die strukturelle Form (23.10) weist *fünf* Parameter auf, also einen mehr als Gleichungen für ihre Bestimmung zur Verfügung stehen. Eine Berechnung der strukturellen Parameter ist folglich nicht möglich, jedenfalls nicht aller fünf Parameter.

Für welche Parameter ist eine Berechnung möglich? Aus den Gleichungen für π_2 und π_4 in (23.12) ergibt sich

$$\delta_1 = \frac{\pi_4}{\pi_2}. \qquad (23.13)$$

Die π_1-Beziehung in (23.12a) lässt sich erweitern und umformen zu

$$\begin{aligned}
\delta_1 \pi_1 &= \frac{\delta_1 \alpha}{1 - \beta_1 \delta_1} + \frac{\gamma}{1 - \beta_1 \delta_1} \beta_1 \delta_1 + \frac{\gamma}{1 - \beta_1 \delta_1} - \frac{\gamma}{1 - \beta_1 \delta_1} \\
&= \pi_3 + \frac{\gamma}{1 - \beta_1 \delta_1}(\beta_1 \delta_1 - 1) \\
&= \pi_3 - \gamma.
\end{aligned} \qquad (23.14)$$

Substituiert man in Gleichung (23.14) δ_1 durch π_4/π_2 und löst nach γ auf, so ergibt sich

$$\gamma = \pi_3 - \frac{\pi_1 \pi_4}{\pi_2}. \qquad (23.15)$$

Die Gleichungen (23.13) und (23.15) liefern eindeutige Werte für γ und δ_1, die Parameter der zweiten strukturellen Gleichung. Die Parameter α, β_1 und β_2 sind hingegen nicht berechenbar, denn für ihre Berechnung verbleiben lediglich zwei Gleichungen. Die IKQ-Methode führt also im verkleinerten Gleichungssystem nur partiell zu eindeutigen Schätzergebnissen.

23.3.2 Ein erweitertes Gleichungssystem

Betrachten wir das folgende erweiterte Pharma-Modell:

$$a_t = \alpha + \beta_1 w_t + \beta_2 p_t + \beta_3 t + u_t \qquad (23.16a)$$
$$w_t = \gamma + \delta_1 a_t + \delta_2 q_t + v_t. \qquad (23.16b)$$

In dieser strukturellen Form erscheint eine zusätzliche Variable, nämlich die Variable t. Ihr Wert entspricht dem jeweiligen Beobachtungsindex t. Ihr Wert steigt also von Quartal zu Quartal, weshalb sie oftmals als *Trendvariable* bezeichnet wird. Für die folgenden Überlegungen ist es vollkommen gleichgültig, ob die zusätzliche Variable eine Trendvariable ist oder irgendeine andere exogene Variable. Wenn man unterstellt, dass Rheumaleiden im Zeitablauf zunehmen, ist von einem positiven β_3-Wert auszugehen.

Die reduzierte Form des Modells lautet

$$a_t = \pi_1 + \pi_2 p_t + \pi_3 t + \pi_4 q_t + u_t^* \qquad (23.17a)$$
$$w_t = \pi_5 + \pi_6 p_t + \pi_7 t + \pi_8 q_t + v_t^*, \qquad (23.17b)$$

wobei sich leicht zeigen lässt, dass

$$\pi_1 = \frac{\alpha + \beta_1 \gamma}{1 - \beta_1 \delta_1}, \quad \pi_2 = \frac{\beta_2}{1 - \beta_1 \delta_1}, \quad \pi_3 = \frac{\beta_3}{1 - \beta_1 \delta_1}, \quad \pi_4 = \frac{\beta_1 \delta_2}{1 - \beta_1 \delta_1} \qquad (23.18a)$$

$$\pi_5 = \frac{\gamma + \delta_1 \alpha}{1 - \beta_1 \delta_1}, \quad \pi_6 = \frac{\beta_2 \delta_1}{1 - \beta_1 \delta_1}, \quad \pi_7 = \frac{\beta_3 \delta_1}{1 - \beta_1 \delta_1}, \quad \pi_8 = \frac{\delta_2}{1 - \beta_1 \delta_1}. \qquad (23.18b)$$

23.3. IDENTIFIKATIONSPROBLEM

In der reduzierten Form erscheinen acht Parameter. Damit stehen uns acht Gleichungen für die Rückrechnung auf die sieben strukturellen Parameter zur Verfügung. Das Gleichungssystem ist folglich überbestimmt, und damit können für die sieben strukturellen Parameter keine *eindeutigen* Lösungen gefunden werden, jedenfalls nicht für alle sieben Parameter.

Wir werden allerdings in Kürze sehen, dass die strukturellen Parameter der Gleichung (23.16a) eindeutig bestimmt sind. Lediglich die strukturellen Parameter der Gleichung (23.16b) sind nicht eindeutig bestimmbar. Aus den Gleichungen (23.18) ist ersichtlich, dass $\delta_1 = \pi_6/\pi_2$ und gleichzeitig $\delta_1 = \pi_7/\pi_3$. Nicht immer ist die Mehrdeutigkeit so leicht zu erkennen. Wie man die Mehrdeutigkeit direkt aus der strukturellen Form erkennt, wird im Folgenden erläutert.

23.3.3 Ordnungskriterium

Im Pharma-Modell (23.3) waren die strukturellen Parameter beider Gleichungen eindeutig bestimmbar. Im verkleinerten Modell (23.10) waren es nur diejenigen der Gleichung (23.10b) und im erweiterten Modell (23.16) nur diejenigen der Gleichung (23.16a).

Strukturelle Gleichungen, deren Parameter eindeutig bestimmbar sind, werden als *genau identifiziert* bezeichnet. Strukturelle Gleichungen wie (23.10a), deren Parameter aus Mangel an verbleibenden Bestimmungsgleichungen nicht bestimmbar sind, werden als *unteridentifiziert* bezeichnet. Gleichungen wie (23.16b), deren Parameter aufgrund eines Überflusses an verbleibenden Bestimmungsgleichungen nicht eindeutig bestimmbar sind, nennt man *überidentifiziert*.

Um herauszubekommen, welche strukturellen Gleichungen genau identifiziert, welche unter- und welche überidentifiziert sind, mussten wir uns durch eine Reihe mühseliger Umformungen arbeiten. Es existiert jedoch ein direktes Diagnose-Instrument, das sogenannte *Ordnungskriterium*, oftmals auch als *Abzählkriterium* bezeichnet. Eine formale Herleitung dieses Kriteriums findet sich in Abschnitt 23.7.3 des matrixalgebraischen Anhangs dieses Kapitels.

Das Ordnungskriterium unterscheidet zunächst zwischen *system-endogenen* und *system-exogenen* Variablen. Letztere werden oftmals auch als *prädeterminierte* oder als *vorherbestimmte* Variablen bezeichnet. In unserem erweiterten Pharma-Beispiel (23.16) sind p_t, t und q_t system-exogene Variablen, nicht etwa deshalb, weil sie jeweils nur in einer Gleichung auftreten, sondern weil ihre Werte außerhalb des Systems festgelegt werden. Am Niveauparameter steht zwar keine Variable, aber man kann sich dort eine „imaginäre Variable" vorstellen, deren Wert für alle Beobachtungen 1 beträgt. Nennen wir diese Variable x_{0t}. Da die Werte dieser Variable (alle Werte betragen 1) ebenfalls von außerhalb des Systems vorgegeben sind, kann auch diese imaginäre Variable den system-exogenen Variablen zugerechnet werden. Wir haben es im erweiterten Pharma-Modell also insgesamt mit 4 system-exogenen Variablen zu tun. Die Werte der Variablen a_t und w_t werden erst anschließend innerhalb des Gleichungssystems bestimmt. Deshalb heißen a_t und w_t system-endogene Variablen.

Die Entscheidung, ob es sich bei einer Variable um eine system-endogene oder eine system-exogene Variable handelt, ist nicht immer leicht. Letztlich ist diese Entscheidung demjenigen überlassen, der das interdependente Gleichungssystem konstruiert. Dabei muss er allerdings in der Lage sein, für jede Variable eine gute Rechtfertigung zu geben, warum sie der einen oder der anderen Kategorie zuzuordnen ist. Im Pharma-Beispiel ist die Zuordnung wenig kontrovers, aber in anderen Zusammenhängen kann es zu weniger gut begründbaren Zuordnungen kommen.

Folgende Bezeichnungen werden im Ordnungskriterium verwendet:

$\dot{K}$ = Anzahl der system-exogenen Variablen im gesamten Gleichungssystem. Im Gleichungssystem (23.16) sind neben den system-exogenen Variablen p_t, q_t und t auch Niveauparameter und damit auch die (system-exogene) imaginäre Variable x_{0t} vorhanden, also $\dot{K}=4$.

K^* = Anzahl der system-exogenen Variablen in der betrachteten Gleichung. In Gleichung (23.16a) steht neben den system-exogenen Variablen p_t und t auch ein Niveauparameter und damit auch die (system-exogene) imaginäre Variable x_{0t}, also $K^*=3$.

M^* = Anzahl der system-endogenen Variablen in der betrachteten Gleichung. In Gleichung (23.16a) sind dies a_t und w_t, also $M^*=2$.

Das Ordnungskriterium lautet folgendermaßen: Eine Gleichung ist

$$\begin{aligned} \text{unteridentifiziert, wenn} \quad & \dot{K} - K^* < M^* - 1, \\ \text{genau identifiziert, wenn} \quad & \dot{K} - K^* = M^* - 1, \\ \text{überidentifiziert, wenn} \quad & \dot{K} - K^* > M^* - 1. \end{aligned}$$

Man beachte, dass $\dot{K}-K^*$ die Zahl der in der betrachteten Gleichung fehlenden system-exogenen Variablen ist und dass M^*-1 die Zahl der rechts des Gleichheitszeichens erscheinenden system-endogenen Variablen der Gleichung ist. Man muss also lediglich die Zahl der ausgeschlossenen system-exogenen Variablen mit der Zahl der rechtsseitigen system-endogenen Variablen vergleichen. Gleichungssystem (23.16) liefert $\dot{K}=4$. In Gleichung (23.16a) beträgt die Zahl der ausgeschlossenen system-exogenen Variablen $\dot{K}-K^* = 1$ (nur q_t wurde ausgeschlossen) und die Zahl der rechtsseitigen system-endogenen Variablen $M^*-1 = 1$. Damit ist Gleichung (23.16a) genau identifiziert. In Gleichung (23.16b) beträgt die Zahl der ausgeschlossenen system-exogenen Variablen $\dot{K}-K^* = 2$ (p_t und t wurden ausgeschlossen) und die Zahl der rechtsseitigen system-endogenen Variablen $M^*-1 = 1$. Gleichung (23.16b) ist demnach überidentifiziert.

Das Ordnungskriterium liefert uns eine einfache Bedingung für die genaue Identifikation einer Gleichung. Genau genommen ist dies aber nur eine notwendige Bedingung. Zusätzlich müsste auch das sogenannte *Rangkriterium* erfüllt sein. Eine formale Darstellung des Rangkriteriums findet sich in Abschnitt 23.7.3 des matrixalgebraischen Anhangs dieses Kapitels. Normalerweise ist es ausreichend, das Ordnungskriterium zu benutzen.

Es sei nochmals betont, dass wir bei allen drei Gleichungssystemen die reduzierte Form bilden und ihre Parameter mit der KQ-Methode schätzen konnten. Lediglich die Rückrechnung auf die strukturellen Parameter war nicht in allen drei betrachteten Gleichungssystemen möglich. Nur für genau identifizierte Gleichungen erhält man eindeutige strukturelle Parameterwerte. Die IKQ-Methode ist folglich nur für die Schätzung von Parametern genau identifizierter Gleichungen zu gebrauchen.

23.4 Zweistufige KQ-Methode (ZSKQ-Methode)

Enthält ein Gleichungssystem eine unteridentifizierte Gleichung, dann sind die strukturellen Parameter dieser Gleichung nicht konsistent schätzbar. Enthält das System eine genau identifizierte Gleichung, so können sämtliche Parameter dieser Gleichung mit der IKQ-Methode konsistent geschätzt werden. Für überidentifizierte Gleichungen liefert die IKQ-Methode keine eindeutigen Schätzergebnisse. Es existiert allerdings ein anderes allgemeineres Schätzverfahren, welches auch für den Fall der Überidentifikation eindeutige Ergebnisse liefert und für genau identifizierte Gleichungen die gleichen Ergebnisse wie die IKQ-Methode generiert. Dieses allgemeine Schätzverfahren wird üblicherweise als *zweistufige KQ-Methode (ZSKQ-Methode)* bezeichnet.

23.4.1 Erste Stufe der ZSKQ-Schätzung

Die ZSKQ-Methode ist für alle genau identifizierten und alle überidentifizierten Gleichungen eines Gleichungssystems anwendbar, also auch für die beiden Gleichungen des erweiterten Pharma-Modells:

$$a_t = \alpha + \beta_1 w_t + \beta_2 p_t + \beta_3 t + u_t \qquad (23.16a)$$

$$w_t = \gamma + \delta_1 a_t + \delta_2 q_t + v_t \,. \qquad (23.16b)$$

Betrachten wir exemplarisch die überidentifizierte Gleichung (23.16b). Eine KQ-Schätzung war nicht möglich, denn a_t ist mit v_t kontemporär korreliert, und wir wissen aus Kapitel 20, dass eine solche Korrelation zu nichtkonsistenten KQ-Schätzern führt. Wir wissen aber auch, dass in diesem Fall eine IV-Schätzung vorgenommen werden kann.

Welche Variable würde sich in unserem Fall als Instrumentvariable anbieten? Eine solche Variable sollte mit a_t möglichst eng korreliert, aber von v_t unabhängig sein. Aus Gleichung (23.16a) ist ersichtlich, dass sowohl p_t als auch t als Instrumentvariablen in Frage kommen. Beide sind system-exogene Variablen und damit unabhängig von v_t und beide beeinflussen a_t, sind also mit a_t korreliert. Die Variable w_t kommt nicht in Frage, denn sie ist zugleich die endogene Variable der Gleichung (23.16b) und somit mit v_t korreliert. Welche der beiden Variablen p_t und t soll man als Instrumentvariable z_t verwenden? Offensichtlich diejenige, welche die höhere Korrelation mit a_t aufweist.

Aber es existiert eine noch bessere Lösung: Es ist keineswegs ausgeschlossen, statt p_t oder t eine lineare Kombination aus den beiden Variablen oder sogar eine lineare Kombination aus sämtlichen system-exogenen Variablen (x_{0t}, p_t, t und q_t) als Instrumentvariable z_t einzusetzen:

$$z_t = \mu_1 + \mu_2 p_t + \mu_3 t + \mu_4 q_t \ .$$

Dabei sollten wir die nummerischen Werte der Parameter μ_1 bis μ_4 so wählen, dass die Instrumentvariable z_t möglichst eng mit a_t korreliert ist. Am besten ermittelt man die optimalen Werte der Parameter μ_1 bis μ_4, indem man eine KQ-Schätzung durchführt mit a_t als endogener Variable, μ_1 als dem Parameter der Konstanten und μ_2 bis μ_4 als den Parametern der drei exogenen Variablen p_t, t, und q_t. Mit dieser KQ-Schätzung haben wir uns zuvor bereits ausführlich beschäftigt. Es handelt sich bei dieser KQ-Schätzung um nichts anderes als die KQ-Schätzung der reduzierten Form (23.17a). Eine KQ-Schätzung von (23.17a) liefert uns nämlich diejenigen Parameterwerte, die a_t besonders gut durch die Konstante und die drei Variablen p_t, t und q_t erklären. Sie lauten $\widehat{\pi}_1$, $\widehat{\pi}_2$, $\widehat{\pi}_3$ und $\widehat{\pi}_4$. Dies sind die optimalen Parameterwerte für μ_1 bis μ_4. Die gesuchte Instrumentvariable ergibt sich folglich aus

$$z_t = \widehat{\pi}_1 + \widehat{\pi}_2 p_t + \widehat{\pi}_3 t + \widehat{\pi}_4 q_t \ .$$

Das zu Gleichung (23.17a) korrespondierende geschätzte Modell lautet

$$\widehat{a}_t = \widehat{\pi}_1 + \widehat{\pi}_2 p_t + \widehat{\pi}_3 t + \widehat{\pi}_4 q_t \ .$$

Wir erkennen daraus unmittelbar, dass die Instrumentvariable z_t nichts anderes ist als die *geschätzten* Werte von a_t, also $z_t = \widehat{a}_t$. Damit ist die erste Stufe einer ZSKQ-Schätzung abgeschlossen.

23.4.2 Zweite Stufe der ZSKQ-Schätzung

Man könnte nun auf gewohnte Weise die Instrumentvariable $\widehat{a}_t$ für eine IV-Schätzung der Parameter γ, δ_1 und δ_2 heranziehen. Man würde dann Schätzwerte $\widehat{\gamma}^{IV}$, $\widehat{\delta}_1^{IV}$ und $\widehat{\delta}_2^{IV}$ erhalten. Es kann jedoch gezeigt werden, dass im Kontext interdependenter Gleichungssysteme die Schätzer $\widehat{\gamma}^{IV}$, $\widehat{\delta}_1^{IV}$ und $\widehat{\delta}_2^{IV}$ mit denjenigen übereinstimmen, die sich aus einer gewöhnlichen KQ-Schätzung der Gleichung

$$w_t = \gamma + \delta_1 \widehat{a}_t + \delta_2 q_t + v_t' \qquad (23.19)$$

ergeben. Gleichung (23.19) unterscheidet sich von Gleichung (23.16b) nur dadurch, dass $\widehat{a}_t$ statt a_t verwendet wird. Es ist also nicht erforderlich, die relativ komplexen Schätzformeln der IV-Schätzung heranzuziehen. Die KQ-Schätzung von Gleichung (23.19) ist äquivalent. Sie liefert uns die gesuchten ZSKQ-Schätzer $\widehat{\gamma}^{ZSKQ}$, $\widehat{\delta}_1^{ZSKQ}$ und $\widehat{\delta}_2^{ZSKQ}$.

23.4.3 ZSKQ-Schätzung im Überblick

Die ZSKQ-Schätzung einer Gleichung besteht aus zwei Stufen:

1. Aus der reduzierten Form werden die geschätzten Werte derjenigen Variable ermittelt, die in der betrachteten strukturellen Gleichung mit der Störgröße dieser Gleichung kontemporär korreliert ist. In unserem Beispiel ist in der strukturellen Gleichung (23.16b) die Variable a_t mit der Störgröße v_t korreliert. Es wurden deshalb mit Hilfe der Gleichung (23.17a) die geschätzten Werte $\hat{a}_t$ ermittelt.

2. In der betrachteten strukturellen Gleichung wird die korrelierte Variable durch ihr geschätztes Pendant ersetzt und eine KQ-Schätzung dieser modifizierten Gleichung vorgenommen. In unserem Beispiel wurde eine KQ-Schätzung der Gleichung (23.19) durchgeführt. Wir erhielten daraus die ZSKQ-Schätzer $\hat{\gamma}^{ZSKQ}$, $\hat{\delta}_1^{ZSKQ}$ und $\hat{\delta}_2^{ZSKQ}$.

Das beschriebene Verfahren ist ebenso für genau identifizierte Gleichungen einsetzbar. Die Ergebnisse decken sich dann mit denjenigen der IKQ-Methode.

Die ZSKQ-Schätzer – das heißt, die KQ-Schätzer der modifizierten Gleichung – sind konsistent. Würde man auch die Varianz der ZSKQ-Schätzer auf Basis der für KQ-Schätzer üblichen Berechnungsformeln ermitteln, so ergäbe sich allerdings eine systematische Verzerrung. Es wäre aber möglich, die Ergebnisse der KQ-Schätzung manuell mit einem geeigneten Korrekturfaktor zu versehen und so zu konsistenten Ergebnissen zu kommen. Heutige Ökonometrie-Software nimmt uns diese Aufgabe normalerweise ab.

Nummerische Illustration 23.4

Tabelle 23.3 zeigt die Ergebnisse einer KQ-Schätzung für Gleichung (23.17a) der reduzierten Form. Setzt man die Schätzer $\hat{\pi}_1$, $\hat{\pi}_2$, $\hat{\pi}_3$ und $\hat{\pi}_4$ in Gleichung (23.17a) ein, so erhält man für jede Beobachtung t den geschätzten Wert $\hat{a}_t$. Wir ersetzen nun in (23.16b) a_t durch $\hat{a}_t$ und erhalten Gleichung (23.19). Eine KQ-Schätzung dieser modifizierten Gleichung liefert die in Tabelle 23.4 abgedruckten ZSKQ-Schätzer. Die Resultate der Tabelle 23.4 signalisieren erneut einen signifikanten positiven Einfluss des Absatzes auf den Werbeumfang. Ferner ergibt sich für den Anzeigenpreis ein signifikanter negativer Einfluss.

Benutzt man ökonometrische Software, dann lassen sich beide beschriebenen Schätzstufen durch einen einzigen Befehl ausführen. Das Programm liefert direkt die ZSKQ-Schätzer der Tabelle 23.4. Auch die berechneten Schätzwerte für die Standardabweichung dieser Schätzer werden dann auf Basis konsistenter Schätzformeln ermittelt.

Tabelle 23.3: Schätzergebnisse für Gleichung (23.17a) der reduzierten Form.

Variable	Koeff.	$\widehat{se}(\cdot)$	t-Wert	p-Wert
Konstante	505,886	70,465	7,179	<0,001
Wirkstoffpreis	-1,194	0,130	-9,215	<0,001
Trend	-0,674	1,669	-0,404	0,690
Anzeigenpreis	0,586	2,559	0,229	0,821

Tabelle 23.4: Schätzergebnisse für die modifizierte Gleichung (23.19).

Variable	Koeff.	$\widehat{se}(\cdot)$	t-Wert	p-Wert
Konstante	174,131	40,827	4,265	<0,001
Geschätzter Absatz	0,269	0,089	3,038	0,006
Anzeigenpreis	-2,739	1,119	-2,448	0,023

23.5 Weitere Beispiele interdependenter Gleichungssysteme

Wir haben in diesem Kapitel drei Varianten des Pharma-Beispiels betrachtet und verschiedene Methoden für ihre Schätzung kennengelernt. Diese Methoden beschränken sich nicht allein auf das Pharma-Beispiel, sondern besitzen auch für eine Vielzahl anderer ökonomischer Zusammenhänge Gültigkeit.

Wir wollen im Folgenden drei weitere Beispiele ansprechen: Ein Gleichungssystem mit Lag-Variablen, ein keynesianisches Makromodell und ein partielles Marktgleichgewichtsmodell. Alle drei Beispiele weisen kleine Eigenheiten auf, welche in diesem Kapitel bislang noch keine Erwähnung fanden.

23.5.1 Gleichungssysteme mit Lag-Variablen

Betrachten wir wieder exemplarisch das Pharma-Beispiel. Es lässt sich vermuten, dass auch der Werbeumfang der Vorperiode (w_{t-1}) einen Einfluss auf den aktuellen Absatz a_t ausübt und dass auch umgekehrt der Absatz der Vorperiode (a_{t-1}) den aktuellen Werbeaufwand w_t berührt:

$$a_t = \alpha + \beta_1 w_t + \beta_2 p_t + \beta_3 w_{t-1} + u_t \qquad (23.20a)$$
$$w_t = \gamma + \delta_1 a_t + \delta_2 q_t + \delta_3 a_{t-1} + v_t \; . \qquad (23.20b)$$

In diesem System haben wir zwei system-endogene Variablen (a_t und w_t), drei system-exogene Variablen (die Konstante x_{0t} sowie p_t und q_t) sowie zwei Lag-Variablen (a_{t-1} und w_{t-1}). Da auch die Werte der beiden Lag-Variablen zum Zeitpunkt t bereits „prädeterminiert" sind, also außerhalb des für Zeitpunkt t gültigen Gleichungssystems bestimmt wurden, werden auch sie den system-exogenen Variablen zugeordnet.

23.5. WEITERE BEISPIELE

Damit ist klar, wie die Lag-Variablen im Rahmen des Ordnungskriteriums zu behandeln sind. Sie sind als system-exogene Variablen zu interpretieren. Für Gleichungen (23.20) ergibt sich somit $K=5$, $K^*=3$ und $M^*=2$. Beide Gleichungen sind überidentifiziert.

Eine Schätzung der Parameter erfordert folglich eine ZSKQ-Schätzung. Wie gewohnt bilden wir dafür zunächst die reduzierte Form, wobei a_{t-1} und w_{t-1} als system-exogene Variablen behandelt werden. Aus der reduzierten Form ermitteln wir wieder die geschätzten Werte $\hat{a}_t$ bzw. $\hat{w}_t$. Anschließend ersetzen wir wieder auf der rechten Seite der strukturellen Gleichungen a_t durch $\hat{a}_t$ (bzw. w_t durch $\hat{w}_t$) und führen eine KQ-Schätzung durch. Diese liefert uns die Werte der ZSKQ-Schätzer.

23.5.2 Keynesianisches Makromodell

Die Volkswirtschaft eines Landes sei durch folgendes makroökonomisches Gleichungssystem beschrieben:

$$c_t = \alpha + \beta y_t + u_t \qquad (23.21\text{a})$$
$$y_t = c_t + i_t \,. \qquad (23.21\text{b})$$

Dabei bezeichnet c_t den Konsum, y_t das Sozialprodukt bzw. das Einkommen und i_t die Investitionen einer Volkswirtschaft.

Im Gegensatz zu allen bisherigen Gleichungen enthält Gleichung (23.21b) weder eine Störgröße noch irgendwelche zu schätzenden Parameter. Dennoch handelt es sich bei den Gleichungen (23.21) um ein interdependentes Gleichungssystem. Eine separate KQ-Schätzung der Gleichung (23.21a) würde zu nicht-konsistenten Schätzergebnissen führen, denn ein positiver Wert der Störgröße u_t erhöht in (23.21a) den Konsum c_t und Letzterer in (23.21b) das Sozialprodukt y_t. Letzteres erscheint auch auf der rechten Seite der Gleichung (23.21a). Folglich sind u_t und y_t in (23.21a) kontemporär korreliert.

Welche der Gleichungen des betrachteten Makromodells sind genau identifiziert? Für Gleichung (23.21b) erübrigt sich eine solche Frage, denn sie enthält keine zu schätzenden Parameter. Gleichung (23.21a) ist genau identifiziert, denn $K=2$, $K^*=1$ und $M^*=2$. Damit kann wahlweise eine IKQ-Schätzung oder eine ZSKQ-Schätzung erfolgen.

23.5.3 Partielles Marktgleichgewichtsmodell

Betrachten wir folgendes Angebots- und Nachfragesystem für ein Gut g.

$$\text{Angebot}: \quad g_t^A = \alpha + \beta p_t + u_t \qquad (23.22\text{a})$$
$$\text{Nachfrage}: \quad g_t^N = \gamma + \delta_1 p_t + \delta_2 y_t + v_t \qquad (23.22\text{b})$$

Dabei bezeichnet g_t^A die angebotene Menge des Gutes, g_t^N die nachgefragte Menge, p_t den Preis des Gutes und y_t das verfügbare Einkommen.

Wenn der Preis p_t flexibel ist, dann kann unterstellt werden, dass er Nachfrage g_t^N und Angebot g_t^A zum Ausgleich bringt:

$$\text{Marktgleichgewicht}: \quad g_t^A = g_t^N = g_t \, ,$$

wobei g_t die Gleichgewichtsmenge ist. Folglich können wir in den Gleichungen (23.22) g_t^A und g_t^N durch g_t ersetzen. In diesem modifizierten System erscheint in beiden Gleichungen g_t auf der linken Seite. Wir wissen allerdings, dass auch p_t eine system-endogene Variable ist. Um wieder auf gewohntem Terrain zu arbeiten, könnte man abschließend noch eine der beiden Gleichungen nach p_t auflösen. Wenn wir Gleichung (23.22a) umstellen, ergibt sich das folgende Gleichungssystem:

$$\text{Angebot}: \quad p_t = \alpha^* + \beta^* g_t + u_t^* \, , \tag{23.23a}$$

$$\text{Nachfrage}: \quad g_t = \gamma + \delta_1 p_t + \delta_2 y_t + v_t \, , \tag{23.23b}$$

wobei

$$\alpha^* = -\frac{\alpha}{\beta}, \qquad \beta^* = \frac{1}{\beta}, \qquad u_t^* = -\frac{1}{\beta} u_t \, .$$

Im Gleichungssystem (23.23) herrscht in beiden Gleichungen kontemporäre Korrelation. Die KQ-Methode scheidet deshalb als Schätzinstrument aus. Das Ordnungskriterium liefert für die Angebotsgleichung (23.23a) eine genaue Identifikation ($\dot{K} = 2$, $K^* = 1$, $M^* = 2$). Ihre Parameter können mit der IKQ- oder der ZSKQ-Methode geschätzt werden. Für die Nachfragegleichung (23.23b) ergibt sich eine Unteridentifikation ($\dot{K} = 2$, $K^* = 2$, $M^* = 2$). Eine Schätzung der Parameter ist somit nicht möglich.

23.6 Zusammenfassung

Zahlreiche ökonomische Zusammenhänge sind durch wechselseitige Kausalität gekennzeichnet, welche durch ein Gleichungssystem modelliert werden müssen. Ein Beispiel ist die Beziehung zwischen Absatz a_t und Werbeaufwand w_t:

$$a_t = \alpha + \beta_1 w_t + \beta_2 p_t + u_t \tag{23.3a}$$

$$w_t = \gamma + \delta_1 a_t + \delta_2 q_t + v_t \, . \tag{23.3b}$$

Dabei sind p_t (Produktpreis) und q_t (Preis der Werbung) system-exogene Variablen. Eine imaginäre Variable an den Niveauparametern wird ebenfalls als eine system-exogene Variable betrachtet, denn sie besitzt für alle Beobachtungen den außerhalb des Gleichungssystems vorgegebenen Wert 1. Die Variablen a_t und w_t sind system-endogene Variablen. Die Variablen u_t und v_t sind Störgrößen, welche sämtliche B-Annahmen erfüllen.

Eine separate KQ-Schätzung der einzelnen Gleichungen würde inkonsistente Ergebnisse liefern, denn die Störgröße u_t wäre kontemporär mit w_t korreliert

23.6. ZUSAMMENFASSUNG

und die Störgröße v_t mit a_t. Es existieren allerdings alternative Schätzverfahren, die konsistente Resultate liefern. Um entscheiden zu können, welches dieser Verfahren anwendbar ist, sollte zunächst das Ordnungskriterium eingesetzt werden. Es charakterisiert eine Gleichung als

$$\begin{aligned}\text{unteridentifiziert, wenn} \quad & \dot{K} - K^* < M^* - 1, \\ \text{genau identifiziert, wenn} \quad & \dot{K} - K^* = M^* - 1, \\ \text{überidentifiziert, wenn} \quad & \dot{K} - K^* > M^* - 1.\end{aligned}$$

Dabei bezeichnet

$\dot{K}$ = Anzahl der system-exogenen Variablen im gesamten Gleichungssystem,

K^* = Anzahl der system-exogenen Variablen in der betrachteten Gleichung,

M^* = Anzahl der system-endogenen Variablen in der betrachteten Gleichung.

Falls ein System Lag-Variablen enthält, sind diese im Ordnungskriterium wie system-exogene Variablen zu behandeln.

Das Gleichungssystem (23.3) kann in die reduzierte Form

$$a_t = \pi_1 + \pi_2 p_t + \pi_3 q_t + u_t^* \qquad (23.8a)$$

$$w_t = \pi_4 + \pi_5 p_t + \pi_6 q_t + v_t^* \qquad (23.8b)$$

transformiert werden, wobei

$$\pi_1 = \frac{\alpha + \beta_1 \gamma}{1 - \beta_1 \delta_1}, \qquad \pi_2 = \frac{\beta_2}{1 - \beta_1 \delta_1}, \qquad \pi_3 = \frac{\beta_1 \delta_2}{1 - \beta_1 \delta_1}, \qquad (23.6)$$

$$\pi_4 = \frac{\gamma + \delta_1 \alpha}{1 - \beta_1 \delta_1}, \qquad \pi_5 = \frac{\beta_2 \delta_1}{1 - \beta_1 \delta_1}, \qquad \pi_6 = \frac{\delta_2}{1 - \beta_1 \delta_1} \qquad (23.7)$$

und

$$u_t^* = \frac{\beta_1 v_t + u_t}{1 - \beta_1 \delta_1}, \qquad v_t^* = \frac{\delta_1 u_t + v_t}{1 - \beta_1 \delta_1}.$$

Die Gleichungen der reduzierten Form (23.8) können durch die KQ-Methode individuell geschätzt werden. Da beide Gleichungen (23.3) genau identifiziert sind, ist über die Gleichungen (23.6) und (23.7) eine Rückrechnung auf die Parameter der strukturellen Form (23.3) möglich. Man bezeichnet dieses über den Umweg der reduzierten Form verlaufende Schätzverfahren als indirekte KQ-Methode (IKQ-Methode).

Ist eine Gleichung der strukturellen Form überidentifiziert, dann ist die IKQ-Methode nicht anwendbar. Stattdessen muss auf die zweistufige KQ-Methode (ZSKQ-Methode) zurückgegriffen werden. Sie ersetzt auf der rechten Seite der strukturellen Form die Variablen a_t und w_t durch die auf Basis der reduzierten Form ermittelten geschätzten Variablen $\hat{a}_t$ und $\hat{w}_t$. Eine KQ-Schätzung dieser modifizierten Gleichungen liefert konsistente strukturelle Parameterwerte.

Parameter einer strukturellen Gleichung, die unteridentifiziert ist, können weder mit IKQ-Methode noch mit ZSKQ-Methode geschätzt werden. Immerhin kann auch in diesen Fällen die reduzierte Form gebildet und ihre Parameter mit der KQ-Methode geschätzt werden.

Anhang

Aus den Beziehungen für π_6 und π_3 der Gleichungen (23.7) und (23.6) ergibt sich

$$\beta_1 = \frac{\pi_3}{\pi_6} \ . \tag{23.24}$$

Aus den Beziehungen für π_5 und π_2 erhält man auf analogem Wege

$$\delta_1 = \frac{\pi_5}{\pi_2} \ . \tag{23.25}$$

Folglich gilt:

$$\beta_1 \delta_1 = \frac{\pi_3 \pi_5}{\pi_2 \pi_6} \ . \tag{23.26}$$

Setzt man Gleichungen (23.24), (23.25) und (23.26) in die π_3- und π_5-Beziehungen in (23.6) und (23.7) ein und löst anschließend nach dem verbleibenden Strukturparameter auf, so erhält man schließlich

$$\begin{aligned} \delta_2 &= \pi_6 - \frac{\pi_3 \pi_5}{\pi_2} \\ \beta_2 &= \pi_2 - \frac{\pi_3 \pi_5}{\pi_6} \ . \end{aligned}$$

Aus der π_1-Beziehung in (23.6) ergibt sich

$$\frac{\alpha}{1 - \beta_1 \delta_1} = \pi_1 - \beta_1 \frac{\gamma}{1 - \beta_1 \delta_1} \ . \tag{23.27}$$

Einsetzen in die π_4-Beziehung in (23.7) liefert

$$\pi_4 = \frac{\gamma}{1 - \beta_1 \delta_1} + \delta_1 \left(\pi_1 - \beta_1 \frac{\gamma}{1 - \beta_1 \delta_1} \right) \ .$$

Umstellen ergibt

$$\begin{aligned} \frac{\gamma}{1 - \beta_1 \delta_1} - \beta_1 \delta_1 \frac{\gamma}{1 - \beta_1 \delta_1} &= \pi_4 - \delta_1 \pi_1 \\ \gamma &= \pi_4 - \frac{\pi_1 \pi_5}{\pi_2} \ . \end{aligned} \tag{23.28}$$

Ersetzt man in Gleichung (23.27) die Parameter δ_1, $\beta_1 \delta_1$ und γ durch die Ausdrücke der Resultate (23.25), (23.26) und (23.28), so erhält man

$$\begin{aligned} \alpha &= \pi_1 \left(1 - \frac{\pi_3 \pi_5}{\pi_2 \pi_6} \right) - \frac{\pi_3}{\pi_6} \left(\pi_4 - \frac{\pi_1 \pi_5}{\pi_2} \right) \\ &= \pi_1 - \frac{\pi_3 \pi_4}{\pi_6} \ . \end{aligned}$$

23.7 Matrixalgebraischer Anhang

23.7.1 Kompakte Darstellung der strukturellen Form

Wir betrachten ein interdependentes Gleichungssystem mit M Gleichungen und damit mit M system-endogenen Variablen $(\mathbf{y}_1, \mathbf{y}_2, ..., \mathbf{y}_M)$. Der Index für diese Gleichungen laute m, also $m = 1, 2, ..., M$. Das Gleichungssystem weise $\dot{K} = K+1$ system-exogene Variablen auf $(\mathbf{x}_0, \mathbf{x}_1, ..., \mathbf{x}_K)$, wobei $\mathbf{x}_0 = (1\ 1\ ...\ 1)'$. Der Index für diese Variablen laute wie gewohnt k, also $k = 0, 1, 2, ..., K$.

Betrachten wir exemplarisch die Gleichung m des Gleichungssystems. In allgemeiner Form lautet sie:

$$\begin{aligned}\mathbf{y}_m =\ & \alpha_m \mathbf{x}_0 + \beta_{1m}\mathbf{x}_1 + \beta_{2m}\mathbf{x}_2 + ... + \beta_{Km}\mathbf{x}_K + \\ & +\gamma_{1m}\mathbf{y}_1 ... + \gamma_{m-1\,m}\mathbf{y}_{m-1} + \gamma_{m+1\,m}\mathbf{y}_{m+1} + ... + \gamma_{Mm}\mathbf{y}_M + \mathbf{u}_m. \end{aligned} \quad (23.29)$$

Dabei ist $\mathbf{u}_m$ die Störgröße und α_m der Niveauparameter der Gleichung m. Der erste Index am Parameter β_{1m} bezeichnet die zu diesem Parameter zugehörige system-exogene Variable, also $\mathbf{x}_1$, und der zweite Index bezeichnet die Gleichung, in welcher der Parameter β_{1m} steht, also die Gleichung m. Analoges gilt für die anderen Parameter der system-exogenen Variablen sowie für $\gamma_{1m}, \gamma_{2m}, ..., \gamma_{Mm}$, die Parameter der system-endogenen Variablen.

Umstellen der Gleichung (23.29) und Multiplikation mit -1 liefert:

$$\begin{aligned} & \gamma_{1m}\mathbf{y}_1 + \gamma_{2m}\mathbf{y}_2 + ... + \gamma_{Mm}\mathbf{y}_M + \alpha_m\mathbf{x}_0 + \\ & + \beta_{1m}\mathbf{x}_1 + \beta_{2m}\mathbf{x}_2 + ... + \beta_{Km}\mathbf{x}_K + \mathbf{u}_m = \mathbf{o}, \end{aligned} \quad (23.30)$$

wobei $\gamma_{mm} = -1$. Entsprechend lassen sich auch die anderen in der Form der Gleichung (23.29) geschriebenen $M-1$ Gleichungen des Gleichungssystems in die Form der Gleichung (23.30) überführen. Das komplette Gleichungssystem lautet dann

$$\gamma_{11}\mathbf{y}_1 + \gamma_{21}\mathbf{y}_2 + ... + \gamma_{M1}\mathbf{y}_M + \alpha_1\mathbf{x}_0 + \beta_{11}\mathbf{x}_1 + \beta_{21}\mathbf{x}_2 + ... + \beta_{K1}\mathbf{x}_K + \mathbf{u}_1 = \mathbf{o} \quad (23.31\mathrm{a})$$
$$\gamma_{12}\mathbf{y}_1 + \gamma_{22}\mathbf{y}_2 + ... + \gamma_{M2}\mathbf{y}_M + \alpha_2\mathbf{x}_0 + \beta_{12}\mathbf{x}_1 + \beta_{22}\mathbf{x}_2 + ... + \beta_{K2}\mathbf{x}_K + \mathbf{u}_2 = \mathbf{o} \quad (23.31\mathrm{b})$$
$$\vdots$$
$$\gamma_{1M}\mathbf{y}_1 + \gamma_{2M}\mathbf{y}_2 + ... + \gamma_{MM}\mathbf{y}_M + \alpha_M\mathbf{x}_0 + \beta_{1M}\mathbf{x}_1 + \beta_{2M}\mathbf{x}_2 + ... + \beta_{KM}\mathbf{x}_K + \mathbf{u}_M = \mathbf{o}, \quad (23.31\mathrm{c})$$

wobei $\gamma_{mm} = -1$ $(m = 1, 2, ..., M)$. Die M Gleichungen (23.31) bilden die *strukturelle Form* des Gleichungssystems.

Bezüglich der Störgrößen $\mathbf{u}_m$ $(m = 1, 2, ..., M)$ wird angenommen, dass sie alle vier B-Annnahmen erfüllen. Es wird zugelassen, dass zwischen den Störgrößen verschiedener Gleichungen kontemporäre Korrelation herrscht. Diese sei zwar davon abhängig, welche zwei Gleichungen betrachtet werden, sie hänge aber nicht von der betrachteten Beobachtung ab. Es wird also bezüglich der Störgrößen unterstellt, dass

$$\mathbf{V}(\mathbf{u}_m) = E\left(\mathbf{u}_m \mathbf{u}'_m\right) = \sigma_m^2 \mathbf{I}_T, \qquad m = 1, 2, ..., M,$$
$$\text{und } E\left(\mathbf{u}_m \mathbf{u}'_n\right) = \sigma_{mn} \mathbf{I}_T, \qquad \text{für } m \neq n, \qquad m, n = 1, 2, ..., M.$$

Die Vektoren $\mathbf{y}_1, \mathbf{y}_2, ..., \mathbf{y}_M$ und $\mathbf{x}_0, \mathbf{x}_1, \mathbf{x}_2, ..., \mathbf{x}_K$ des strukturellen Gleichungssystems (23.31) lassen sich auch in Matrizen zusammenfassen:

$$\mathbf{Y} = \begin{bmatrix} \mathbf{y}_1 & \mathbf{y}_2 & \cdots & \mathbf{y}_M \end{bmatrix} = \begin{bmatrix} y_{11} & y_{12} & \cdots & y_{1M} \\ y_{21} & y_{22} & \cdots & y_{2M} \\ \vdots & \vdots & \ddots & \vdots \\ y_{T1} & y_{T2} & \cdots & y_{TM} \end{bmatrix}, \quad (23.32)$$

$$\mathbf{X} = \begin{bmatrix} \mathbf{x}_0 & \mathbf{x}_1 & \mathbf{x}_2 & \cdots & \mathbf{x}_K \end{bmatrix} = \begin{bmatrix} 1 & x_{11} & x_{21} & \cdots & x_{K1} \\ 1 & x_{12} & x_{22} & \cdots & x_{K2} \\ \vdots & \vdots & \vdots & \ddots & \vdots \\ 1 & x_{1T} & x_{2T} & \cdots & x_{KT} \end{bmatrix}.$$

Die Matrix $\mathbf{X}$ ist eine $(T \times \dot{K})$-Matrix und die Matrix $\mathbf{Y}$ eine $(T \times M)$-Matrix. Wenn wir die Parameter der Gleichung (23.31a) durch die Vektoren

$$\boldsymbol{\gamma}_1 = \begin{bmatrix} \gamma_{11} \\ \gamma_{21} \\ \vdots \\ \gamma_{M1} \end{bmatrix} \qquad \text{und} \qquad \boldsymbol{\beta}_1 = \begin{bmatrix} \alpha_1 \\ \beta_{11} \\ \beta_{21} \\ \vdots \\ \beta_{K1} \end{bmatrix}$$

zusammenfassen und analoge Parametervektoren für die anderen $M-1$ Gleichungen bilden, dann lässt sich das strukturelle Gleichungssystem (23.31) auch in der folgenden Form schreiben:

$$\mathbf{Y}\boldsymbol{\gamma}_1 + \mathbf{X}\boldsymbol{\beta}_1 + \mathbf{u}_1 = \mathbf{o} \qquad (23.33\text{a})$$
$$\mathbf{Y}\boldsymbol{\gamma}_2 + \mathbf{X}\boldsymbol{\beta}_2 + \mathbf{u}_2 = \mathbf{o} \qquad (23.33\text{b})$$
$$\vdots$$
$$\mathbf{Y}\boldsymbol{\gamma}_M + \mathbf{X}\boldsymbol{\beta}_M + \mathbf{u}_M = \mathbf{o}. \qquad (23.33\text{c})$$

Dieses Gleichungssystem kann in noch kompakterer Form wiedergegeben werden:

$$\mathbf{Y}\begin{bmatrix} \boldsymbol{\gamma}_1 & \boldsymbol{\gamma}_2 & \cdots & \boldsymbol{\gamma}_M \end{bmatrix} + \mathbf{X}\begin{bmatrix} \boldsymbol{\beta}_1 & \boldsymbol{\beta}_2 & \cdots & \boldsymbol{\beta}_M \end{bmatrix} + \begin{bmatrix} \mathbf{u}_1 & \mathbf{u}_2 & \cdots & \mathbf{u}_M \end{bmatrix} = \mathbf{0}, \quad (23.34)$$

wobei $\mathbf{0} = \begin{bmatrix} \mathbf{o} & \mathbf{o} & ... & \mathbf{o} \end{bmatrix}$ eine $(T \times M)$-Matrix aus Nullen ist. Gleichung (23.34) ordnet die M Gleichungen (23.33) in spezieller Form „nebeneinander" an.

23.7. MATRIXALGEBRAISCHER ANHANG

Schließlich führen wir noch die folgende Notation ein:

$$\mathbf{\Gamma} = [\boldsymbol{\gamma}_1 \, \boldsymbol{\gamma}_2 \, ... \, \boldsymbol{\gamma}_M] = \begin{bmatrix} \gamma_{11} & \gamma_{12} & \cdots & \gamma_{1M} \\ \gamma_{21} & \gamma_{22} & \cdots & \gamma_{2M} \\ \vdots & \vdots & \ddots & \vdots \\ \gamma_{M1} & \gamma_{M2} & \cdots & \gamma_{MM} \end{bmatrix}, \quad (23.35)$$

$$\mathbf{B} = [\boldsymbol{\beta}_1 \, \boldsymbol{\beta}_2 \, ... \, \boldsymbol{\beta}_M] = \begin{bmatrix} \alpha_1 & \alpha_2 & \cdots & \alpha_M \\ \beta_{11} & \beta_{12} & \cdots & \beta_{1M} \\ \beta_{21} & \beta_{22} & \cdots & \beta_{2M} \\ \vdots & \vdots & \ddots & \vdots \\ \beta_{K1} & \beta_{K2} & \cdots & \beta_{KM} \end{bmatrix}, \quad (23.36)$$

sowie

$$\mathbf{U} = [\mathbf{u}_1 \, \mathbf{u}_2 \, ... \, \mathbf{u}_M] = \begin{bmatrix} u_{11} & u_{12} & \cdots & u_{1M} \\ u_{21} & u_{22} & \cdots & u_{2M} \\ \vdots & \vdots & \ddots & \vdots \\ u_{T1} & u_{T2} & \cdots & u_{TM} \end{bmatrix}.$$

Die $(M \times M)$-Matrix $\boldsymbol{\Gamma}$ fasst die Parameter der system-endogenen Variablen zusammen, die $(\dot{K} \times M)$-Matrix $\mathbf{B}$ die Parameter der system-exogenen Variablen und die $(T \times M)$-Matrix $\mathbf{U}$ die Störgrößen. Mit dieser Notation vereinfacht sich Gleichungssystem (23.34) zu

$$\mathbf{Y}\boldsymbol{\Gamma} + \mathbf{X}\mathbf{B} + \mathbf{U} = \mathbf{0}. \quad (23.37)$$

Gleichung (23.37) ist die allgemein gebräuchliche Matrixschreibweise für die strukturelle Form eines Gleichungssystems.

Beispiel: Betrachten wir exemplarisch das erweiterte Pharma-Modell. Es war durch die Gleichungen

$$\mathbf{a} = \alpha + \beta_1 \mathbf{w} + \beta_2 \mathbf{p} + \beta_3 \mathbf{t} + \mathbf{u} \quad (23.38a)$$
$$\mathbf{w} = \gamma + \delta_1 \mathbf{a} + \delta_2 \mathbf{q} + \mathbf{v}. \quad (23.38b)$$

gegeben. Um dieses Modell in die Notation des Gleichungssystems (23.31) zu überführen, bezeichnen wir die zwei system-endogenen Variablen $\mathbf{a}$ und $\mathbf{w}$ durch $\mathbf{y}_1$ und $\mathbf{y}_2$, die drei system-exogenen Variablen $\mathbf{p}$, $\mathbf{t}$ und $\mathbf{q}$ durch $\mathbf{x}_1$, $\mathbf{x}_2$ und $\mathbf{x}_3$ und die Störgrößen $\mathbf{u}$ und $\mathbf{v}$ durch $\mathbf{u}_1$ und $\mathbf{u}_2$. Nach diesen Umbennungen lässt sich das Pharmamodell (23.38) in der Form

$$(-1) \cdot \mathbf{y}_1 + \gamma_{21}\mathbf{y}_2 + \alpha_1 \mathbf{x}_0 + \beta_{11}\mathbf{x}_1 + \beta_{21}\mathbf{x}_2 + 0 \cdot \mathbf{x}_3 + \mathbf{u}_1 = \mathbf{o} \quad (23.39a)$$
$$\gamma_{12}\mathbf{y}_1 + (-1) \cdot \mathbf{y}_2 + \alpha_2 \mathbf{x}_0 + 0 \cdot \mathbf{x}_1 + 0 \cdot \mathbf{x}_2 + \beta_{32}\mathbf{x}_3 + \mathbf{u}_2 = \mathbf{o} \quad (23.39b)$$

schreiben. Die Parameter der Gleichungen (23.38), also α, β_1, β_2, β_3, γ, δ_1 und δ_2, sind in den Gleichungen (23.39) durch $\alpha_1(=\alpha)$, $\gamma_{21}(=\beta_1)$, $\beta_{11}(=\beta_2)$,

$\beta_{21}(=\beta_3)$, $\alpha_2(=\gamma)$, $\gamma_{12}(=\delta_1)$ und $\beta_{32}(=\delta_2)$ ersetzt worden. Es gilt hier $M = 2$ und $\dot{K} = 4$.

So wie das Gleichungssystem (23.31) in der Form (23.37) zusammengefasst wurde, so lässt sich auch das Gleichungssystem (23.39) in der Form (23.37) zusammenfassen. Dabei ergibt sich für die Matrizen $\mathbf{Y}$, $\mathbf{X}$, $\mathbf{U}$, $\boldsymbol{\Gamma}$ und $\mathbf{B}$ jeweils die folgende Gestalt:

$$\mathbf{Y} = \begin{bmatrix} y_{11} & y_{12} \\ y_{21} & y_{22} \\ \vdots & \vdots \\ y_{T1} & y_{T2} \end{bmatrix}, \quad \mathbf{X} = \begin{bmatrix} 1 & x_{11} & x_{21} & x_{31} \\ 1 & x_{12} & x_{22} & x_{32} \\ \vdots & \vdots & \vdots & \vdots \\ 1 & x_{1T} & x_{2T} & x_{3T} \end{bmatrix}, \quad \mathbf{U} = \begin{bmatrix} u_{11} & u_{12} \\ u_{21} & u_{22} \\ \vdots & \vdots \\ u_{T1} & u_{T2} \end{bmatrix},$$

$$\boldsymbol{\Gamma} = \begin{bmatrix} -1 & \gamma_{12} \\ \gamma_{21} & -1 \end{bmatrix} \quad \text{und} \quad \mathbf{B} = \begin{bmatrix} \alpha_1 & \alpha_2 \\ \beta_{11} & 0 \\ \beta_{21} & 0 \\ 0 & \beta_{32} \end{bmatrix}. \quad \text{[Beispielende]}$$

23.7.2 Reduzierte Form

Wir wissen, dass die Matrix $\boldsymbol{\Gamma}$ immer eine $(M \times M)$-Matrix ist, denn das strukturelle Gleichungssystem ist nur dann sinnvoll, wenn im Gleichungssystem genauso viele system-endogene Variablen stehen wie es Gleichungen gibt. Wenn darüber hinaus die Matrix $\boldsymbol{\Gamma}$ regulär ist, wovon wir im Folgenden ausgehen, dann kann Gleichung (23.37) rechtsseitig mit der Inversen $\boldsymbol{\Gamma}^{-1}$ multipliziert werden. Anschließendes Auflösen nach $\mathbf{Y}$ ergibt:

$$\mathbf{Y} = -\mathbf{X}\mathbf{B}\boldsymbol{\Gamma}^{-1} - \mathbf{U}\boldsymbol{\Gamma}^{-1}.$$

Diese Gleichung kann noch übersichtlicher wiedergegeben werden:

$$\mathbf{Y} = \mathbf{X}\boldsymbol{\Pi} + \mathbf{V}, \tag{23.40}$$

wobei

$$\boldsymbol{\Pi} = -\mathbf{B}\boldsymbol{\Gamma}^{-1} \tag{23.41}$$

eine $(\dot{K} \times M)$-Matrix der Form

$$\boldsymbol{\Pi} = \begin{bmatrix} \pi_{01} & \pi_{02} & \cdots & \pi_{0M} \\ \pi_{11} & \pi_{12} & \cdots & \pi_{1M} \\ \vdots & \vdots & \ddots & \vdots \\ \pi_{K1} & \pi_{K2} & \cdots & \pi_{KM} \end{bmatrix} = \begin{bmatrix} \boldsymbol{\pi}_1 & \boldsymbol{\pi}_2 & \cdots & \boldsymbol{\pi}_M \end{bmatrix}$$

darstellt und

$$\mathbf{V} = -\mathbf{U}\boldsymbol{\Gamma}^{-1}$$

23.7. MATRIXALGEBRAISCHER ANHANG

eine $(T \times M)$-Matrix der Form

$$\mathbf{V} = \begin{bmatrix} v_{11} & v_{12} & \cdots & v_{1M} \\ v_{21} & v_{22} & \cdots & v_{2M} \\ \vdots & \vdots & \ddots & \vdots \\ v_{T1} & v_{T2} & \cdots & v_{TM} \end{bmatrix} = \begin{bmatrix} \mathbf{v}_1 & \mathbf{v}_2 & \cdots & \mathbf{v}_M \end{bmatrix}.$$

Die Matrix Π wird ausschließlich aus den Parametern in $\mathbf{B}$ und $\boldsymbol{\Gamma}$ gebildet. Es handelt sich also auch bei der Matrix Π um eine Matrix aus Parametern. Die Matrix $\mathbf{V}$ kann als Matrix der Störgrößen interpretiert werden.

Das durch (23.40) beschriebene Gleichungssystem setzt sich aus den folgenden M Gleichungen zusammen:

$$\mathbf{y}_1 = \mathbf{X}\boldsymbol{\pi}_1 + \mathbf{v}_1 \quad (23.42\text{a})$$

$$\mathbf{y}_2 = \mathbf{X}\boldsymbol{\pi}_2 + \mathbf{v}_2 \quad (23.42\text{b})$$

$$\vdots$$

$$\mathbf{y}_M = \mathbf{X}\boldsymbol{\pi}_M + \mathbf{v}_M. \quad (23.42\text{c})$$

Auf der rechten Seite dieser Gleichungen erscheinen ausschließlich die systemexogenen Variablen und die Störgrößen. Auf der linken Seite erscheint jeweils eine einzelne system-endogene Variable. Mit anderen Worten, das aus den Gleichungen (23.42) zusammengesetzte Gleichungssystem (23.40) ist die *reduzierte Form* des strukturellen Gleichungssystems (23.37). Die Parameter $\boldsymbol{\pi}_1$ sind die reduzierten Parameter der Gleichung $m=1$ und damit der system-endogenen Variable $\mathbf{y}_1$. Analoges gilt für die Parameter $\boldsymbol{\pi}_2, \boldsymbol{\pi}_3, ..., \boldsymbol{\pi}_M$.

Beispiel: Auch die reduzierte Form des Pharmamodells (23.39) kann durch die kompakte Schreibweise der Gleichung (23.40) beschrieben werden. Die $(\dot{K} \times M)$-Matrix Π ist in diesem Fall eine (4×2)-Matrix, denn $\mathbf{B}$ ist eine (4×2)-Matrix und $\boldsymbol{\Gamma}^{-1}$ ist eine (2×2)-Matrix. [Beispielende]

Die M Gleichungen (23.42) können separat mit der KQ-Methode geschätzt werden. Für Gleichung m liefert eine solche KQ-Schätzung die Schätzwerte

$$\widehat{\boldsymbol{\pi}}_m = (\mathbf{X}'\mathbf{X})^{-1}\mathbf{X}'\mathbf{y}_m. \quad (23.43)$$

Man kann die M Schätzformeln (23.43) wieder „nebeneinander" anordnen, um so eine noch kompaktere Darstellung zu erhalten:

$$\begin{bmatrix} \widehat{\boldsymbol{\pi}}_1 & \widehat{\boldsymbol{\pi}}_2 & \ldots & \widehat{\boldsymbol{\pi}}_M \end{bmatrix} = (\mathbf{X}'\mathbf{X})^{-1}\mathbf{X}' \begin{bmatrix} \mathbf{y}_1 & \mathbf{y}_2 & \ldots & \mathbf{y}_M \end{bmatrix}.$$

Definiert man die Matrix der geschätzten Parameter durch

$$\widehat{\Pi} = \begin{bmatrix} \widehat{\boldsymbol{\pi}}_1 & \widehat{\boldsymbol{\pi}}_2 & \ldots & \widehat{\boldsymbol{\pi}}_M \end{bmatrix},$$

so erhält man unter Ausnutzung der Definition (23.32) schließlich die folgende übersichtliche Schreibweise der KQ-Schätzformel:

$$\widehat{\Pi} = (\mathbf{X}'\mathbf{X})^{-1}\mathbf{X}'\mathbf{Y}.$$

23.7.3 Identifikation einer Gleichung

Es soll überprüft werden, ob Gleichung m des strukturellen Gleichungssystems (23.37) identifiziert ist. Rechtsseitige Multiplikation der Gleichung (23.41) mit $\boldsymbol{\Gamma}$ und Verwendung der Notation (23.35) und (23.36) liefert

$$\boldsymbol{\Pi}[\,\boldsymbol{\gamma}_1\,\boldsymbol{\gamma}_2\,...\,\boldsymbol{\gamma}_M\,] = -[\,\boldsymbol{\beta}_1\,\boldsymbol{\beta}_2\,...\,\boldsymbol{\beta}_M\,]\;.$$

Diese Gleichung setzt sich aus M Einzelgleichungen zusammen. Einzelgleichung m lautet:

$$\boldsymbol{\Pi}\boldsymbol{\gamma}_m = -\boldsymbol{\beta}_m\;. \tag{23.44}$$

Diese Gleichung beschreibt den Zusammenhang zwischen den Parametern der untersuchten strukturellen Gleichung m ($\boldsymbol{\gamma}_m$ und $\boldsymbol{\beta}_m$) und sämtlichen reduzierten Parametern ($\boldsymbol{\Pi}$). Die Identifikation beschäftigt sich mit folgender Frage: Wenn die Parameterwerte der Matrix $\boldsymbol{\Pi}$ bekannt wären, könnte dann auf die unbekannten Parameterwerte der Vektoren $\boldsymbol{\gamma}_m$ und $\boldsymbol{\beta}_m$ rückgeschlossen werden?

In Abschnitt 23.3.3 haben wir in diesem Zusammenhang das *Ordnungskriterium* kennengelernt. Es besagt, dass eine Gleichung nur dann *genau identifiziert* oder *überidentifiziert* sein kann, wenn

$$\dot{K} - K_m^* \geq M_m^* - 1 \qquad \text{(Ordnungskriterium).} \tag{23.45}$$

Dabei bezeichnet

K_m^* = die Anzahl der system-exogenen Variablen in Gleichung m und
M_m^* = die Anzahl der system-endogenen Variablen in Gleichung m.

Das Ordnungskriterium ist allerdings keine hinreichende, sondern lediglich eine notwendige Bedingung für genaue Identifikation oder Überidentifikation einer Gleichung. Es existieren demnach Gleichungssysteme, die das Ordnungskriterium erfüllen, aber *unteridentifiziert* sind. Eine hinreichende Bedingung für Identifikation ist das sogenannte *Rangkriterium*, welches im Folgenden erläutert wird.

Die strukturellen Parameter eines Gleichungssystems lassen sich in der Matrix

$$[\boldsymbol{\Gamma}'\mathbf{B}'] = \begin{bmatrix} \gamma_{11} & \gamma_{21} & \cdots & \gamma_{M1} & \alpha_1 & \beta_{11} & \cdots & \beta_{K1} \\ \gamma_{12} & \gamma_{22} & \cdots & \gamma_{M2} & \alpha_2 & \beta_{12} & \cdots & \beta_{K2} \\ \vdots & \vdots & \ddots & \vdots & \vdots & \vdots & \ddots & \vdots \\ \gamma_{1M} & \gamma_{2M} & \cdots & \gamma_{MM} & \alpha_M & \beta_{1M} & \cdots & \beta_{KM} \end{bmatrix}$$

zusammenfassen. Um zu überprüfen, ob für die Gleichung m das Rangkriterium erfüllt ist, können folgende Schritte durchgeführt werden.

23.7. MATRIXALGEBRAISCHER ANHANG

1. In Zeile m der Matrix $[\mathbf{\Gamma}'\mathbf{B}']$ stehen die strukturellen Parameter der Gleichung m. An jeder Stelle dieser Zeile, an der *keine* 0 steht, wird die komplette *Spalte* der Matrix $[\mathbf{\Gamma}'\mathbf{B}']$ durchgestrichen;

2. Die Zeile m wird durchgestrichen;

3. Die verbliebenen Parameter bilden eine Matrix, welche hier durch $\mathbf{R}$ bezeichnet sei. Die Matrix $\mathbf{R}$ besitzt $M{-}1$ Zeilen und $(\dot{K} - K_m^*) + (M - M_m^*)$ Spalten.

Das Rangkriterium fordert für diese Matrix $\mathbf{R}$, dass

$$\text{rang}(\mathbf{R}) = M - 1 \qquad \text{(Rangkriterium)}. \tag{23.46}$$

Beispiel: Für das Pharma-Modell (23.39) ergibt sich

$$[\mathbf{\Gamma}'\mathbf{B}'] = \begin{bmatrix} -1 & \gamma_{21} & \alpha_1 & \beta_{11} & \beta_{21} & 0 \\ \gamma_{12} & -1 & \alpha_2 & 0 & 0 & \beta_{32} \end{bmatrix}.$$

Für Gleichung (23.39a) erhalten wir folglich: $\mathbf{R} = [\beta_{32}]$ und somit $\text{rang}(\mathbf{R}) = 1 = M{-}1$. Demzufolge erfüllt Gleichung (23.39a) das Rangkriterium. Dies gilt auch für Gleichung (23.39b). [Beispielende]

Wir können nun das Ordnungs- und das Rangkriterium zu folgender *Identifikationsregel* zusammenfassen. Eine Gleichung ist

- unteridentifiziert genau dann, wenn $\text{rang}(\mathbf{R}) < M - 1$,
  (was zwangsläufig eintritt, wenn $\dot{K} - K_m^* < M_m^* - 1$),
- genau identifiziert genau dann, wenn $\text{rang}(\mathbf{R}) = M - 1$
  und $\dot{K} - K_m^* = M_m^* - 1$,
- überidentifiziert genau dann, wenn $\text{rang}(\mathbf{R}) = M - 1$
  und $\dot{K} - K_m^* > M_m^* - 1$.

Normalerweise genügt es, für die untersuchte Gleichung das Ordnungskriterium (23.45) zu überprüfen, denn nur selten wird das Ordnungskriterium erfüllt, ohne dass zugleich auch das Rangkriterium (23.46) erfüllt wird. Das heißt, nur selten wird eine Gleichung gemäß des Ordnungskriteriums als genau identifiziert oder überidentifiziert eingestuft, obwohl sie eigentlich unteridentifiziert ist.

23.7.4 Schätzung mit der IKQ-Methode

Wir betrachten weiterhin Gleichung m des strukturellen Gleichungssystems (23.37), das heißt die Gleichung

$$\mathbf{Y}\boldsymbol{\gamma}_m + \mathbf{X}\boldsymbol{\beta}_m + \mathbf{u}_m = \mathbf{o}. \tag{23.47}$$

Wie können wir die strukturellen Parameter γ_m und β_m dieser Gleichung ermitteln? Einen wichtigen Lösungsweg haben wir im Zusammenhang mit der Identifikation einer Gleichung bereits kennengelernt: Zunächst ist für das strukturelle Gleichungssystem (23.37) die entsprechende reduzierte Form zu bilden. Wir erhalten die Gleichung (23.40) und somit die Einzelgleichungen (23.42). Diese können auf gewohnte Weise mit der KQ-Methode einzeln geschätzt werden. Wir erhalten aus diesen Schätzungen die geschätzten Werte sämtlicher Parameter Π der reduzierten Form: $\widehat{\Pi}$.

Man kann nun versuchen, aus den Schätzwerten der reduzierten Form, $\widehat{\Pi}$, für die Parameter der strukturellen Form, γ_m und β_m, entsprechende Schätzwerte zu berechnen. Dies ist die *indirekte KQ-Methode (IKQ-Methode)*. Die Schätzer werden durch $\widehat{\gamma}_m^{IKQ}$ und $\widehat{\beta}_m^{IKQ}$ bezeichnet. Eine solche Rückrechnung von $\widehat{\Pi}$ auf $\widehat{\gamma}_m^{IKQ}$ und $\widehat{\beta}_m^{IKQ}$ liefert allerdings nicht immer eine eindeutige Lösung. Genauso wie die Rückrechnung von den bekannten Werten Π auf die unbekannten Werte γ_m und β_m nur dann möglich wäre, wenn Gleichung m genau identifiziert ist, so ist auch die Rückrechnung von den bekannten (weil geschätzten) Werten $\widehat{\Pi}$ auf die unbekannten Werte $\widehat{\gamma}_m^{IKQ}$ und $\widehat{\beta}_m^{IKQ}$ nur genau dann möglich, wenn Gleichung m genau identifiziert ist. Für diese Rückrechnung würde man Gleichung (23.44) einsetzen, wobei anstelle der Matrix Π die Matrix $\widehat{\Pi}$ zu benutzen wäre.

Wenn Gleichung m überidentifiziert ist, liefert die IKQ-Methode keine eindeutige Lösung. Es muss eine alternative Schätzmethode eingesetzt werden. Dafür bietet sich die zweistufige KQ-Methode (ZSKQ-Methode) an, deren matrixalgebraische Formulierung im Folgenden präsentiert wird.

23.7.5 Schätzung mit der ZSKQ-Methode

Betrachten wir weiterhin exemplarisch die strukturelle Gleichung (23.47). Nehmen wir an, die Gleichung sei überidentifiziert. Um für diese Gleichung die ZSKQ-Methode anzuwenden, wird zunächst die Matrix $\mathbf{Y}$ umgestellt. Ganz links in der neugeordneten Matrix $\mathbf{Y}_m$ erscheint $\mathbf{y}_m$, also die system-endogene Variable der untersuchten Gleichung m. Rechts neben $\mathbf{y}_m$ werden die anderen system-endogenen Variablen angeordnet, die in der untersuchten Gleichung m enthalten sind. Sie seien durch $\overline{\mathbf{Y}}_m$ bezeichnet. Schließlich folgen rechts daneben diejenigen system-endogenen Variablen, die in der untersuchten Gleichung m *nicht* enthalten sind. Sie seien durch $\widecheck{\mathbf{Y}}_m$ bezeichnet. Die neugeordnete Matrix lautet folglich: $\mathbf{Y}_m = [\, \mathbf{y}_m \; \overline{\mathbf{Y}}_m \; \widecheck{\mathbf{Y}}_m \,]$.

Um die Gültigkeit der Gleichung (23.47) nicht zu verletzen, muss der Vektor γ entsprechend der Matrix $\mathbf{Y}_m$ umgestellt werden. Ganz oben steht demnach das Element $\gamma_{mm} = -1$, dann kommen die anderen Parameter, die in Gleichung m enthalten sind (bezeichnet durch den Vektor $\overline{\gamma}_m$) und schließlich die Parameter, die in Gleichung m fehlen, also den Wert 0 besitzen. Der neugeordnete Vektor lautet dann $\gamma_m = [\, -1 \; \overline{\gamma}_m \; \mathbf{o} \,]'$.

23.7. MATRIXALGEBRAISCHER ANHANG

Gleichung (23.47) lässt sich somit in der Form

$$\begin{bmatrix} \mathbf{y}_m & \overline{\mathbf{Y}}_m & \check{\mathbf{Y}}_m \end{bmatrix} \begin{bmatrix} -1 \\ \overline{\gamma}_m \\ \mathbf{o} \end{bmatrix} + \mathbf{X}\beta_m + \mathbf{u}_m = \mathbf{o}$$

schreiben. Ausmultiplizieren und anschließendes Auflösen nach $\mathbf{y}_m$ ergibt:

$$\begin{aligned} \mathbf{y}_m &= \overline{\mathbf{Y}}_m \overline{\gamma}_m + \mathbf{X}\beta_m + \mathbf{u}_m \\ &= \begin{bmatrix} \overline{\mathbf{Y}}_m & \mathbf{X} \end{bmatrix} \begin{bmatrix} \overline{\gamma}_m \\ \beta_m \end{bmatrix} + \mathbf{u}_m . \end{aligned} \quad (23.48)$$

Nach diesen Vorbereitungen kann die zweistufige KQ-Schätzung (ZSKQ-Schätzung) durchgeführt werden.

1. Stufe: Zunächst werden die Parameter der reduzierten Form (23.42) geschätzt. In Abschnitt 23.7.2 wurde erläutert, dass die Gleichungen in (23.42) separat mit der KQ-Methode geschätzt werden können und dass sich die Schätzergebnisse ($\widehat{\boldsymbol{\pi}}_1, \widehat{\boldsymbol{\pi}}_2, ..., \widehat{\boldsymbol{\pi}}_M$) in der Matrix $\widehat{\boldsymbol{\Pi}}$, dem geschätzten Pendant der Matrix $\boldsymbol{\Pi}$, zusammenfassen lassen. Jede Spalte in $\widehat{\boldsymbol{\Pi}}$ ist mit je einer der M Gleichungen verknüpft, genauso wie jede Spalte in $\mathbf{Y}$ mit je einer Gleichung verknüpft war. Stellt man die Spalten der Matrix $\widehat{\boldsymbol{\Pi}}$ in identischer Weise um, wie die Spalten der Matrix $\mathbf{Y}$ umgestellt wurden, so erhält man

$$\widehat{\boldsymbol{\Pi}}_m = \begin{bmatrix} \widehat{\boldsymbol{\pi}}_m & \widehat{\overline{\boldsymbol{\Pi}}}_m & \widehat{\check{\boldsymbol{\Pi}}}_m \end{bmatrix} .$$

Der Vektor $\widehat{\boldsymbol{\pi}}_m$ bezeichnet für die betrachtete Gleichung m die Schätzwerte der reduzierten Form. Die Teilmatrix $\widehat{\overline{\boldsymbol{\Pi}}}_m$ enthält die entsprechenden Schätzwerte für die system-endogenen Variablen, die neben $\mathbf{y}_m$ in Gleichung m enthalten sind. Es sind genau diese system-endogenen Variablen, die dafür verantwortlich sind, dass eine KQ-Schätzung der strukturellen Gleichung m nicht konsistent ist. Mit Hilfe der Matrix $\widehat{\overline{\boldsymbol{\Pi}}}_m$ lassen sich die geschätzten Werte der in $\overline{\mathbf{Y}}_m$ zusammengefassten system-endogenen Variablen berechnen. Diese geschätzten Werte seien durch die Matrix $\widehat{\overline{\mathbf{Y}}}_m$ bezeichnet. Sie ergeben sich aus der Beziehung

$$\widehat{\overline{\mathbf{Y}}}_m = \mathbf{X}\widehat{\overline{\boldsymbol{\Pi}}}_m .$$

Es handelt sich bei $\widehat{\overline{\mathbf{Y}}}_m$ um die geschätzten Werte derjenigen system-endogenen Variablen, die in Gleichung (23.47) enthalten sind (allerdings ohne $\mathbf{y}_m$).

2. Stufe: In Gleichung (23.48) wird die Matrix $\overline{\mathbf{Y}}_m$ durch ihr geschätztes Pendant $\widehat{\overline{\mathbf{Y}}}_m$ ersetzt. Auf Basis dieses modifizierten Modells wird eine KQ-

Schätzung durchgeführt. Die entsprechenden KQ-Schätzer lauten folglich:

$$\begin{bmatrix} \widehat{\gamma}_m^{ZSKQ} \\ \widehat{\beta}_m^{ZSKQ} \end{bmatrix} = \left[\begin{bmatrix} \widehat{\overline{Y}}_m & X \end{bmatrix}' \begin{bmatrix} \widehat{\overline{Y}}_m & X \end{bmatrix} \right]^{-1} \begin{bmatrix} \widehat{\overline{Y}}_m & X \end{bmatrix}' y_m$$

$$= \begin{bmatrix} \widehat{\overline{Y}}_m' \widehat{\overline{Y}}_m & \widehat{\overline{Y}}_m' X \\ X' \widehat{\overline{Y}}_m & X'X \end{bmatrix}^{-1} \begin{bmatrix} \widehat{\overline{Y}}_m' y_m \\ X' y_m \end{bmatrix}.$$

Damit sind für alle unbekannten Parameter in γ_m und β_m Schätzwerte ermittelt. Dieses Schätzverfahren ist konsistent.

Literaturverzeichnis

Aitken, A. C. (1935), "On Least Squares and Linear Combinations of Observations," *Proceedings of the Royal Society*, 55, 42-48.

Akaike, H. (1973), "Information Theory and an Extension of the Maximum Likelihood Principle," in B. Petrov and F. Csake, Hrsg., *Second International Symposium on Information Theory*, Budapest: Akademiai Kiado.

Almon, S. (1965), "The Distributed Lag Between Capital Appropriations and Expenditures," *Econometrica*, 33, 178-96.

Amemiya, T. (1980), "Selection of Regressors," *International Economic Review*, 21, 331-54.

Box, G. E. P., D. R. Cox (1964), "An Analysis of Transformations," *Journal of the Royal Statistical Society*, B26, 211-52.

Chiang, A. C. (1984), *Fundamental Methods of Mathematical Economics (International Edition)*, 3. Auflage, Singapore: McGraw-Hill.

Chow, G. C. (1960), "Tests of Equality Between Sets of Coefficients in Two Linear Regressions," *Econometrica*, 28, 591-605.

Cochrane, E., G. H. Orcutt (1949), "Application of Least Squares Regressions to Relationships Containing Autocorrelated Error Terms," *Journal of the American Statistical Association*, 44, 32-61.

Cohen, J., P. Cohen (1975), *Applied Multiple Regression/Correlation Analysis for the Behavioral Sciences*, Hillside (New Jersey): Laurence Erlbaum Associates.

Davidson, R., J. G. MacKinnon (1981), "Several Tests for Model Specification in the Presence of Alternative Hypotheses," *Econometrica*, 49, 781-793.

Davidson, R., J. G. MacKinnon (1993), *Estimation and Inference in Econometrics*, Oxford: Oxford University Press.

Durbin, J., G. S. Watson (1950), "Testing for Serial Correlation in Least Squares Regression I," *Biometrika*, 37, 409-428.

Durbin, J., G. S. Watson (1951), "Testing for Serial Correlation in Least Squares Regression II," *Biometrika*, 38, 159-78.

Engle, R. F., C. Granger (1987), "Co-integration and Error Correction: Interpretation, Estimation and Testing," *Econometrica*, 66, 251-76.

Frisch, R. (1926), "Sur un Problème d'Économique Pure", *Nors Matematisk Forenings Skrifter*.

Frisch, R. (1936), "Note on the Term 'Econometrics' ", *Econometrica*, 4(1), 95.

Goldfeld, S., R. Quandt (1972), *Nonlinear Methods in Econometrics*, Amsterdam: North-Holland.

Greene, W. H. (2003), *Econometric Analysis (International Edition)*, 5. Auflage, Upper Saddle River (New Jersey): Prentice-Hall.

Gujarati, D. N. (2002), *Basic Econometrics*, 4. Auflage, New York: McGraw-Hill.

Hausman, J. (1978), "Specification Tests in Econometrics," *Econometrica*, 46, 1251-71.

Hendry, D. F. (1995), *Dynamic Econometrics*, Oxford: Oxford University Press.

Hildreth C., J. Y. Lu (1960), *Demand Relations with Autocorrelated Disturbances*, Michigan: Michigan State University.

Jarque, C. M., A. K. Bera (1987), "A Test for Normality of Observations and Regression Residuals," *International Statistical Review*, 55, 163-72.

Johnston, J., J. DiNardo (1997), *Econometric Methods*, 4. Auflage, New York: McGraw-Hill.

Judge, G. G., R. C. Hill, W. E. Griffiths, H. Lütkepohl, T.-C. Lee (1988), *Introduction to the Theory and Practice of Econometrics*, 2. Auflage, New York: John Wiley & Sons.

Kennedy, P. E. (1998), *A Guide to Econometrics*, 4. Auflage, Oxford: Blackwell.

Kennedy, P. E. (1981), "The 'Ballentine': A Graphical Aid for Econometrics," *Australian Economic Papers*, 20, 414-16.

Koyck, L. M. (1954), *Distributed Lags and Investment Analysis*, Amsterdam: North-Holland.

Maddala, G. S. (2001), *Introduction to Econometrics*, 3. Auflage, New York: John Wiley & Sons.

Maddala, G. S. , I.-M. Kim (1998), *Unit Roots, Cointegration and Structural Change*, Cambridge: Cambridge University Press.

Mankiw, N. G., D. Romer, D. N. Weill (1992), "A Contribution to the Empirics of Economic Growth," *Quarterly Journal of Economics*, 107, 407-437.

Paqué, K.-H. (1999), *Structural Unemployment and Real Wage Rigidity in Germany*, Tübingen: Mohr-Siebeck.

Prais, S. J., C. B. Winsten (1954), *Trend Estimators and Serial Correlation*, Cowles Commission Discussion Paper, No. 383, Chicago.

Quandt, R. (1960), "Tests of the Hypothesis that a Linear Regression System Obeys Two Separate Regimes," *Journal of the American Statistical Association*, 55, 324-330.

Ramsey, J. B. (1969), "Tests for Specification Errors in Classical Least Squares Regression Analysis," *Journal of the Royal Statistical Society*, B31, 350-371.

Rao, C. R. (1952), *Advanced Statistical Methods in Biometric Research*, New York: John Wiley.

Rao, C. R. (1965), *Linear Statistical Inference and Its Applications*, 2. Auflage, New York: John Wiley & Sons.

Schwarz, G. (1978), "Estimating the Dimension of a Model," *Annals of Statistics*, 6, 461-64.

Stock, J. H., M. W. Watson (2003), *Introduction to Econometrics*, Boston: Pearson Education.

Theil, H. (1971), *Principles of Econometrics*, New York: John Wiley & Sons.

Thomas, R. L. (1997), *Modern Econometrics*, Harlow: Addison Wesley Longman.

White, H. (1980), "A Heteroskedasticity-Consistent Covariance Matrix Estimator and a Direct Test for Heteroskedasticity," *Econometrica*, 48, 817-38.

White, H. (1984), *Asymptotic Theory for Econometricians*, New York: Academic Press.

Zarembka, P. (1968), "Functional Form in the Demand for Money," *Journal of the American Statistical Association*, 63, 502-11.

Tabellenanhang

Tabelle T.1: Standard-Normalverteilung

z_a	0,00	0,01	0,02	0,03	0,04	0,05	0,06	0,07	0,08	0,09
0,0	0,5000	0,5040	0,5080	0,5120	0,5160	0,5199	0,5239	0,5279	0,5319	0,5359
0,1	0,5398	0,5438	0,5478	0,5517	0,5557	0,5596	0,5636	0,5675	0,5714	0,5753
0,2	0,5793	0,5832	0,5871	0,5910	0,5948	0,5987	0,6026	0,6064	0,6103	0,6141
0,3	0,6179	0,6217	0,6255	0,6293	0,6331	0,6368	0,6406	0,6443	0,6480	0,6517
0,4	0,6554	0,6591	0,6628	0,6664	0,6700	0,6736	0,6772	0,6808	0,6844	0,6879
0,5	0,6915	0,6950	0,6985	0,7019	0,7054	0,7088	0,7123	0,7157	0,7190	0,7224
0,6	0,7257	0,7291	0,7324	0,7357	0,7389	0,7422	0,7454	0,7486	0,7517	0,7549
0,7	0,7580	0,7611	0,7642	0,7673	0,7704	0,7734	0,7764	0,7794	0,7823	0,7852
0,8	0,7881	0,7910	0,7939	0,7967	0,7995	0,8023	0,8051	0,8078	0,8106	0,8133
0,9	0,8159	0,8186	0,8212	0,8238	0,8264	0,8289	0,8315	0,8340	0,8365	0,8389
1,0	0,8413	0,8438	0,8461	0,8485	0,8508	0,8531	0,8554	0,8577	0,8599	0,8621
1,1	0,8643	0,8665	0,8686	0,8708	0,8729	0,8749	0,8770	0,8790	0,8810	0,8830
1,2	0,8849	0,8869	0,8888	0,8907	0,8925	0,8944	0,8962	0,8980	0,8997	0,9015
1,3	0,9032	0,9049	0,9066	0,9082	0,9099	0,9115	0,9131	0,9147	0,9162	0,9177
1,4	0,9192	0,9207	0,9222	0,9236	0,9251	0,9265	0,9279	0,9292	0,9306	0,9319
1,5	0,9332	0,9345	0,9357	0,9370	0,9382	0,9394	0,9406	0,9418	0,9429	0,9441
1,6	0,9452	0,9463	0,9474	0,9484	0,9495	0,9505	0,9515	0,9525	0,9535	0,9545
1,7	0,9554	0,9564	0,9573	0,9582	0,9591	0,9599	0,9608	0,9616	0,9625	0,9633
1,8	0,9641	0,9649	0,9656	0,9664	0,9671	0,9678	0,9686	0,9693	0,9699	0,9706
1,9	0,9713	0,9719	0,9726	0,9732	0,9738	0,9744	0,9750	0,9756	0,9761	0,9767
2,0	0,9772	0,9778	0,9783	0,9788	0,9793	0,9798	0,9803	0,9808	0,9812	0,9817
2,1	0,9821	0,9826	0,9830	0,9834	0,9838	0,9842	0,9846	0,9850	0,9854	0,9857
2,2	0,9861	0,9864	0,9868	0,9871	0,9875	0,9878	0,9881	0,9884	0,9887	0,9890
2,3	0,9893	0,9896	0,9898	0,9901	0,9904	0,9906	0,9909	0,9911	0,9913	0,9916
2,4	0,9918	0,9920	0,9922	0,9925	0,9927	0,9929	0,9931	0,9932	0,9934	0,9936
2,5	0,9938	0,9940	0,9941	0,9943	0,9945	0,9946	0,9948	0,9949	0,9951	0,9952
2,6	0,9953	0,9955	0,9956	0,9957	0,9959	0,9960	0,9961	0,9962	0,9963	0,9964
2,7	0,9965	0,9966	0,9967	0,9968	0,9969	0,9970	0,9971	0,9972	0,9973	0,9974
2,8	0,9974	0,9975	0,9976	0,9977	0,9977	0,9978	0,9979	0,9979	0,9980	0,9981
2,9	0,9981	0,9982	0,9982	0,9983	0,9984	0,9984	0,9985	0,9985	0,9986	0,9986
3,0	0,9987	0,9987	0,9987	0,9988	0,9988	0,9989	0,9989	0,9989	0,9990	0,9990

QUELLE: Die Werte dieser Tabelle wurden unter Verwendung des SAS®-Befehls „*probnorm*" erzeugt.

INTERPRETATION DER TABELLE: Die Tabelle liefert die jeweilige Wahrscheinlichkeit dafür, dass eine standard–normalverteilte Zufallsvariable z kleiner oder gleich einem vorgegebenem Wert z_a ausfällt.

BEISPIEL: Die Wahrscheinlichkeit, dass eine standard–normalverteilte Zufallsvariable z einen Wert kleiner oder gleich $z_a = 0,69$ annimmt, beträgt $0,7549$:

$$Pr(z \leq 0,69) = 0,7549 .$$

Der Wert 0,7549 findet sich im Schnittpunkt der Spalte 0,09 (Spaltenkopf) und der Zeile 0,6 (Zeilenkopf). Der z_a-Wert setzt sich also aus Spalten- und Zeilenkopf zusammen.

Tabelle T.2: $t_{(v)}$-Verteilung

a \ v	0,1	0,05	0,025	0,01	0,005
1	3,0777	6,3138	12,7062	31,8205	63,6567
2	1,8856	2,9200	4,3027	6,9646	9,9248
3	1,6377	2,3534	3,1824	4,5407	5,8409
4	1,5332	2,1318	2,7764	3,7469	4,6041
5	1,4759	2,0150	2,5706	3,3649	4,0321
6	1,4398	1,9432	2,4469	3,1427	3,7074
7	1,4149	1,8946	2,3646	2,9980	3,4995
8	1,3968	1,8595	2,3060	2,8965	3,3554
9	1,3830	1,8331	2,2622	2,8214	3,2498
10	1,3722	1,8125	2,2281	2,7638	3,1693
11	1,3634	1,7959	2,2010	2,7181	3,1058
12	1,3562	1,7823	2,1788	2,6810	3,0545
13	1,3502	1,7709	2,1604	2,6503	3,0123
14	1,3450	1,7613	2,1448	2,6245	2,9768
15	1,3406	1,7531	2,1314	2,6025	2,9467
16	1,3368	1,7459	2,1199	2,5835	2,9208
17	1,3334	1,7396	2,1098	2,5669	2,8982
18	1,3304	1,7341	2,1009	2,5524	2,8784
19	1,3277	1,7291	2,0930	2,5395	2,8609
20	1,3253	1,7247	2,0860	2,5280	2,8453
21	1,3232	1,7207	2,0796	2,5176	2,8314
22	1,3212	1,7171	2,0739	2,5083	2,8188
23	1,3195	1,7139	2,0687	2,4999	2,8073
24	1,3178	1,7109	2,0639	2,4922	2,7969
25	1,3163	1,7081	2,0595	2,4851	2,7874
26	1,3150	1,7056	2,0555	2,4786	2,7787
27	1,3137	1,7033	2,0518	2,4727	2,7707
28	1,3125	1,7011	2,0484	2,4671	2,7633
29	1,3114	1,6991	2,0452	2,4620	2,7564
30	1,3104	1,6973	2,0423	2,4573	2,7500
31	1,3095	1,6955	2,0395	2,4528	2,7440
32	1,3086	1,6939	2,0369	2,4487	2,7385
33	1,3077	1,6924	2,0345	2,4448	2,7333
34	1,3070	1,6909	2,0322	2,4411	2,7284
35	1,3062	1,6896	2,0301	2,4377	2,7238
36	1,3055	1,6883	2,0281	2,4345	2,7195
37	1,3049	1,6871	2,0262	2,4314	2,7154
38	1,3042	1,6860	2,0244	2,4286	2,7116
39	1,3036	1,6849	2,0227	2,4258	2,7079
40	1,3031	1,6839	2,0211	2,4233	2,7045

QUELLE: Die Werte dieser Tabelle wurden unter Verwendung des SAS®-Befehls „tinv" erzeugt.

INTERPRETATION DER TABELLE: v bezeichnet die Freiheitsgrade einer $t_{(v)}$-verteilten Zufallsvariable und a das Signifikanzniveau. Die Tabelle liefert für verschiedene Freiheitsgrade v und Signifikanzniveaus a kritische Werte t_a.

BEISPIEL: Für $v = 14$ und $a = 0,05$ lässt sich ein kritischer Wert von $t_a = 1,7613$ ablesen. Das heißt:

$$Pr(t_{(14)} > 1,7613) = 0,05$$

Tabelle T.3: $F_{(v_1, v_2)}$-Verteilung

v_2 \ v_1	1	2	3	4	5	6	7	8	9	10	12	15	20	25	30	40
1	161,448	199,500	215,707	224,583	230,162	233,986	236,768	238,883	240,543	241,882	243,906	245,950	248,013	249,260	250,095	251,143
2	18,513	19,000	19,164	19,247	19,296	19,330	19,353	19,371	19,385	19,396	19,413	19,429	19,446	19,456	19,462	19,471
3	10,128	9,552	9,277	9,117	9,013	8,941	8,887	8,845	8,812	8,786	8,745	8,703	8,660	8,634	8,617	8,594
4	7,709	6,944	6,591	6,388	6,256	6,163	6,094	6,041	5,999	5,964	5,912	5,858	5,803	5,769	5,746	5,717
5	6,608	5,786	5,409	5,192	5,050	4,950	4,876	4,818	4,772	4,735	4,678	4,619	4,558	4,521	4,496	4,464
6	5,987	5,143	4,757	4,534	4,387	4,284	4,207	4,147	4,099	4,060	4,000	3,938	3,874	3,835	3,808	3,774
7	5,591	4,737	4,347	4,120	3,972	3,866	3,787	3,726	3,677	3,637	3,575	3,511	3,445	3,404	3,376	3,340
8	5,318	4,459	4,066	3,838	3,687	3,581	3,500	3,438	3,388	3,347	3,284	3,218	3,150	3,108	3,079	3,043
9	5,117	4,256	3,863	3,633	3,482	3,374	3,293	3,230	3,179	3,137	3,073	3,006	2,936	2,893	2,864	2,826
10	4,965	4,103	3,708	3,478	3,326	3,217	3,135	3,072	3,020	2,978	2,913	2,845	2,774	2,730	2,700	2,661
11	4,844	3,982	3,587	3,357	3,204	3,095	3,012	2,948	2,896	2,854	2,788	2,719	2,646	2,601	2,570	2,531
12	4,747	3,885	3,490	3,259	3,106	2,996	2,913	2,849	2,796	2,753	2,687	2,617	2,544	2,498	2,466	2,426
13	4,667	3,806	3,411	3,179	3,025	2,915	2,832	2,767	2,714	2,671	2,604	2,533	2,459	2,412	2,380	2,339
14	4,600	3,739	3,344	3,112	2,958	2,848	2,764	2,699	2,646	2,602	2,534	2,463	2,388	2,341	2,308	2,266
15	4,543	3,682	3,287	3,056	2,901	2,790	2,707	2,641	2,588	2,544	2,475	2,403	2,328	2,280	2,247	2,204
16	4,494	3,634	3,239	3,007	2,852	2,741	2,657	2,591	2,538	2,494	2,425	2,352	2,276	2,227	2,194	2,151
17	4,451	3,592	3,197	2,965	2,810	2,699	2,614	2,548	2,494	2,450	2,381	2,308	2,230	2,181	2,148	2,104
18	4,414	3,555	3,160	2,928	2,773	2,661	2,577	2,510	2,456	2,412	2,342	2,269	2,191	2,141	2,107	2,063
19	4,381	3,522	3,127	2,895	2,740	2,628	2,544	2,477	2,423	2,378	2,308	2,234	2,155	2,106	2,071	2,026
20	4,351	3,493	3,098	2,866	2,711	2,599	2,514	2,447	2,393	2,348	2,278	2,203	2,124	2,074	2,039	1,994
21	4,325	3,467	3,072	2,840	2,685	2,573	2,488	2,420	2,366	2,321	2,250	2,176	2,096	2,045	2,010	1,965
22	4,301	3,443	3,049	2,817	2,661	2,549	2,464	2,397	2,342	2,297	2,226	2,151	2,071	2,020	1,984	1,938
23	4,279	3,422	3,028	2,796	2,640	2,528	2,442	2,375	2,320	2,275	2,204	2,128	2,048	1,996	1,961	1,914
24	4,260	3,403	3,009	2,776	2,621	2,508	2,423	2,355	2,300	2,255	2,183	2,108	2,027	1,975	1,939	1,892
25	4,242	3,385	2,991	2,759	2,603	2,490	2,405	2,337	2,282	2,236	2,165	2,089	2,007	1,955	1,919	1,872
26	4,225	3,369	2,975	2,743	2,587	2,474	2,388	2,321	2,265	2,220	2,148	2,072	1,990	1,938	1,901	1,853
27	4,210	3,354	2,960	2,728	2,572	2,459	2,373	2,305	2,250	2,204	2,132	2,056	1,974	1,921	1,884	1,836
28	4,196	3,340	2,947	2,714	2,558	2,445	2,359	2,291	2,236	2,190	2,118	2,041	1,959	1,906	1,869	1,820
29	4,183	3,328	2,934	2,701	2,545	2,432	2,346	2,278	2,223	2,177	2,104	2,027	1,945	1,891	1,854	1,806
30	4,171	3,316	2,922	2,690	2,534	2,421	2,334	2,266	2,211	2,165	2,092	2,015	1,932	1,878	1,841	1,792
31	4,160	3,305	2,911	2,679	2,523	2,409	2,323	2,255	2,199	2,153	2,080	2,003	1,920	1,866	1,828	1,779
32	4,149	3,295	2,901	2,668	2,512	2,399	2,313	2,244	2,189	2,142	2,070	1,992	1,908	1,854	1,817	1,767
33	4,139	3,285	2,892	2,659	2,503	2,389	2,303	2,235	2,179	2,133	2,060	1,982	1,898	1,844	1,806	1,756
34	4,130	3,276	2,883	2,650	2,494	2,380	2,294	2,225	2,170	2,123	2,050	1,972	1,888	1,833	1,795	1,745
35	4,121	3,267	2,874	2,641	2,485	2,372	2,285	2,217	2,161	2,114	2,041	1,963	1,878	1,824	1,786	1,735
36	4,113	3,259	2,866	2,634	2,477	2,364	2,277	2,209	2,153	2,106	2,033	1,954	1,870	1,815	1,776	1,726
37	4,105	3,252	2,859	2,626	2,470	2,356	2,270	2,201	2,145	2,098	2,025	1,946	1,861	1,806	1,768	1,717
38	4,098	3,245	2,852	2,619	2,463	2,349	2,262	2,194	2,138	2,091	2,017	1,939	1,853	1,798	1,760	1,708
39	4,091	3,238	2,845	2,612	2,456	2,342	2,255	2,187	2,131	2,084	2,010	1,931	1,846	1,791	1,752	1,700
40	4,085	3,232	2,839	2,606	2,449	2,336	2,249	2,180	2,124	2,077	2,003	1,924	1,839	1,783	1,744	1,693

QUELLE: Die Werte dieser Tabelle wurden unter Verwendung des SAS®-Befehls „finv" erzeugt.

TABELLENANHANG

INTERPRETATION DER TABELLE: v_1 bezeichnet die Freiheitsgrade im Zähler und v_2 im Nenner einer $F_{(v_1,v_2)}$-verteilten Zufallsvariable. Die Tabelle liefert für verschiedene Kombinationen von Freiheitsgraden (v_1 und v_2) kritische Werte F_a, und zwar ausschließlich für ein Signifikanzniveau von $a = 0,05$.

BEISPIEL: Für $v_1 = 8$ und $v_2 = 12$ lässt sich ein kritischer Wert von $F_{0,05} = 2,849$ ablesen. Das heißt:

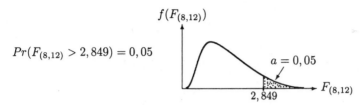

$Pr(F_{(8,12)} > 2,849) = 0,05$

Tabelle T.4: $\chi^2_{(v)}$-Verteilung

a \ v	0,995	0,990	0,975	0,95	0,90	0,50	0,10	0,05	0,025	0,010	0,005
1	0,00004	0,00016	0,00098	0,00393	0,01579	0,45494	2,70554	3,84146	5,02389	6,63490	7,87944
2	0,01003	0,02010	0,05064	0,10259	0,21072	1,38629	4,60517	5,99146	7,37776	9,21034	10,5966
3	0,07172	0,11483	0,21580	0,35185	0,58437	2,36597	6,25139	7,81473	9,34840	11,3449	12,8382
4	0,20699	0,29711	0,48442	0,71072	1,06362	3,35669	7,77944	9,48773	11,1433	13,2767	14,8603
5	0,41174	0,55430	0,83121	1,14548	1,61031	4,35146	9,23636	11,0705	12,8325	15,0863	16,7496
6	0,67573	0,87209	1,23734	1,63538	2,20413	5,34812	10,6446	12,5916	14,4494	16,8119	18,5476
7	0,98926	1,23904	1,68987	2,16735	2,83311	6,34581	12,0170	14,0671	16,0128	18,4753	20,2777
8	1,34441	1,64650	2,17973	2,73264	3,48954	7,34412	13,3616	15,5073	17,5345	20,0902	21,9550
9	1,73493	2,08790	2,70039	3,32511	4,16816	8,34283	14,6837	16,9190	19,0228	21,6660	23,5894
10	2,15586	2,55821	3,24697	3,94030	4,86518	9,34182	15,9872	18,3070	20,4832	23,2093	25,1882
11	2,60322	3,05348	3,81575	4,57481	5,57778	10,3410	17,2750	19,6751	21,9200	24,7250	26,7568
12	3,07382	3,57057	4,40379	5,22603	6,30380	11,3403	18,5493	21,0261	23,3367	26,2170	28,2995
13	3,56503	4,10692	5,00875	5,89186	7,04150	12,3398	19,8119	22,3620	24,7356	27,6882	29,8195
14	4,07467	4,66043	5,62873	6,57063	7,78953	13,3393	21,0641	23,6848	26,1189	29,1412	31,3193
15	4,60092	5,22935	6,26214	7,26094	8,54676	14,3389	22,3071	24,9958	27,4884	30,5779	32,8013
16	5,14221	5,81221	6,90766	7,96165	9,31224	15,3385	23,5418	26,2962	28,8454	31,9999	34,2672
17	5,69722	6,40776	7,56419	8,67176	10,0852	16,3382	24,7690	27,5871	30,1910	33,4087	35,7185
18	6,26480	7,01491	8,23075	9,39046	10,8649	17,3379	25,9894	28,8693	31,5264	34,8053	37,1565
19	6,84397	7,63273	8,90652	10,1170	11,6509	18,3377	27,2036	30,1435	32,8523	36,1909	38,5823
20	7,43384	8,26040	9,59078	10,8508	12,4426	19,3374	28,4120	31,4104	34,1696	37,5662	39,9968
21	8,03365	8,89720	10,2829	11,5913	13,2396	20,3372	29,6151	32,6706	35,4789	38,9322	41,4011
22	8,64272	9,54249	10,9823	12,3380	14,0415	21,3370	30,8133	33,9244	36,7807	40,2894	42,7957
23	9,26042	10,1957	11,6886	13,0905	14,8480	22,3369	32,0069	35,1725	38,0756	41,6384	44,1813
24	9,88623	10,8564	12,4012	13,8484	15,6587	23,3367	33,1962	36,4150	39,3641	42,9798	45,5585
25	10,5197	11,5240	13,1197	14,6114	16,4734	24,3366	34,3816	37,6525	40,6465	44,3141	46,9279
26	11,1602	12,1981	13,8439	15,3792	17,2919	25,3365	35,5632	38,8851	41,9232	45,6417	48,2899
27	11,8076	12,8785	14,5734	16,1514	18,1139	26,3363	36,7412	40,1133	43,1945	46,9629	49,6449
28	12,4613	13,5647	15,3079	16,9279	18,9392	27,3362	37,9159	41,3371	44,4608	48,2782	50,9934
29	13,1211	14,2565	16,0471	17,7084	19,7677	28,3361	39,0875	42,5570	45,7223	49,5879	52,3356
30	13,7867	14,9535	16,7908	18,4927	20,5992	29,3360	40,2560	43,7730	46,9792	50,8922	53,6720
31	14,4578	15,6555	17,5387	19,2806	21,4336	30,3359	41,4217	44,9853	48,2319	52,1914	55,0027
32	15,1340	16,3622	18,2908	20,0719	22,2706	31,3359	42,5847	46,1943	49,4804	53,4858	56,3281
33	15,8153	17,0735	19,0467	20,8665	23,1102	32,3358	43,7452	47,3999	50,7251	54,7755	57,6484
34	16,5013	17,7891	19,8063	21,6643	23,9523	33,3357	44,9032	48,6024	51,9660	56,0609	58,9639
35	17,1918	18,5089	20,5694	22,4650	24,7967	34,3356	46,0588	49,8018	53,2033	57,3421	60,2748
36	17,8867	19,2327	21,3359	23,2686	25,6433	35,3356	47,2122	50,9985	54,4373	58,6192	61,5812
37	18,5858	19,9602	22,1056	24,0749	26,4921	36,3355	48,3634	52,1923	55,6680	59,8925	62,8833
38	19,2889	20,6914	22,8785	24,8839	27,3430	37,3355	49,5126	53,3835	56,8955	61,1621	64,1814
39	19,9959	21,4262	23,6543	25,6954	28,1958	38,3354	50,6598	54,5722	58,1201	62,4281	65,4756
40	20,7065	22,1643	24,4330	26,5093	29,0505	39,3353	51,8051	55,7585	59,3417	63,6907	66,7660

QUELLE: Die Werte dieser Tabelle wurden unter Verwendung des SAS®-Befehls „cinv" erzeugt.

INTERPRETATION DER TABELLE: v bezeichnet die Freiheitsgrade einer $\chi^2_{(v)}$-verteilten Zufallsvariable und a das Signifikanzniveau. Die Tabelle liefert für verschiedene Freiheitsgrade v und Signifikanzniveaus a kritische Werte χ^2_a.

BEISPIEL: Für $v = 10$ und $a = 0,05$ lässt sich ein kritischer Wert von $\chi^2_{0,05} = 18,3070$ ablesen. Das heißt:

$$Pr(\chi^2_{(10)} > 18,3070) = 0,05$$

Tabelle T.5: Durbin-Watson Statistik

T	K=1 $d^L_{0,05}$	K=1 $d^H_{0,05}$	K=2 $d^L_{0,05}$	K=2 $d^H_{0,05}$	K=3 $d^L_{0,05}$	K=3 $d^H_{0,05}$	K=4 $d^L_{0,05}$	K=4 $d^H_{0,05}$	K=5 $d^L_{0,05}$	K=5 $d^H_{0,05}$
15	1,08	1,36	0,95	1,54	0,82	1,75	0,69	1,97	0,56	2,21
16	1,10	1,37	0,98	1,54	0,86	1,73	0,74	1,93	0,62	2,15
17	1,13	1,38	1,02	1,54	0,90	1,71	0,78	1,90	0,67	2,10
18	1,16	1,39	1,05	1,53	0,93	1,69	0,82	1,87	0,71	2,06
19	1,18	1,40	1,08	1,53	0,97	1,68	0,86	1,85	0,75	2,02
20	1,20	1,41	1,10	1,54	1,00	1,68	0,90	1,83	0,79	1,99
21	1,22	1,42	1,13	1,54	1,03	1,67	0,93	1,81	0,83	1,96
22	1,24	1,43	1,15	1,54	1,05	1,66	0,96	1,80	0,86	1,94
23	1,26	1,44	1,17	1,54	1,08	1,66	0,99	1,79	0,90	1,92
24	1,27	1,45	1,19	1,55	1,10	1,66	1,01	1,78	0,93	1,90
25	1,29	1,45	1,21	1,55	1,12	1,66	1,04	1,77	0,95	1,89
26	1,30	1,46	1,22	1,55	1,14	1,65	1,06	1,76	0,98	1,88
27	1,32	1,47	1,24	1,56	1,16	1,65	1,08	1,76	1,01	1,86
28	1,33	1,48	1,26	1,56	1,18	1,65	1,10	1,75	1,03	1,85
29	1,34	1,48	1,27	1,56	1,20	1,65	1,12	1,74	1,05	1,84
30	1,35	1,49	1,28	1,57	1,21	1,65	1,14	1,74	1,07	1,83
31	1,36	1,50	1,30	1,57	1,23	1,65	1,16	1,74	1,09	1,83
32	1,37	1,50	1,31	1,57	1,24	1,65	1,18	1,73	1,11	1,82
33	1,38	1,51	1,32	1,58	1,26	1,65	1,19	1,73	1,13	1,81
34	1,39	1,51	1,33	1,58	1,27	1,65	1,21	1,73	1,15	1,81
35	1,40	1,52	1,34	1,58	1,28	1,65	1,22	1,73	1,16	1,80
36	1,41	1,52	1,35	1,59	1,29	1,65	1,24	1,73	1,18	1,80
37	1,42	1,53	1,36	1,59	1,31	1,66	1,25	1,72	1,19	1,80
38	1,43	1,54	1,37	1,59	1,32	1,66	1,26	1,72	1,21	1,79
39	1,43	1,54	1,38	1,60	1,33	1,66	1,27	1,72	1,22	1,79
40	1,44	1,54	1,39	1,60	1,34	1,66	1,29	1,72	1,23	1,79
45	1,48	1,57	1,43	1,62	1,38	1,67	1,34	1,72	1,29	1,78
50	1,50	1,59	1,46	1,63	1,42	1,67	1,38	1,72	1,34	1,77
55	1,53	1,60	1,49	1,64	1,45	1,68	1,41	1,72	1,38	1,77
60	1,55	1,62	1,51	1,65	1,48	1,69	1,44	1,73	1,41	1,77
65	1,57	1,63	1,54	1,66	1,50	1,70	1,47	1,73	1,44	1,77
70	1,58	1,64	1,55	1,67	1,52	1,70	1,49	1,74	1,46	1,77
75	1,60	1,65	1,57	1,68	1,54	1,71	1,51	1,74	1,49	1,77
80	1,61	1,66	1,59	1,69	1,56	1,72	1,53	1,74	1,51	1,77
85	1,62	1,67	1,60	1,70	1,57	1,72	1,55	1,75	1,52	1,77
90	1,63	1,68	1,61	1,70	1,59	1,73	1,57	1,75	1,54	1,78
95	1,64	1,69	1,62	1,71	1,60	1,73	1,58	1,75	1,56	1,78
100	1,65	1,69	1,63	1,72	1,61	1,74	1,59	1,76	1,57	1,78

QUELLE: J. Durbin und G. S. Watson (1951).

INTERPRETATION DER TABELLE: T bezeichnet die Anzahl der Beobachtungen und K die Anzahl der exogenen Variablen, die in die d-verteilte Zufallsvariable eingehen. Die Tabelle liefert für verschiedene K und T untere kritische Werte d^L_a und obere kritische Werte d^H_a, und zwar ausschließlich für ein Signifikanzniveau von $a = 0,05$.

BEISPIEL: Für $T = 20$ und $K = 2$ lässt sich ein unterer kritischer Wert von $d^L_{0,05} = 1,10$ und ein oberer kritischer Wert von $d^H_{0,05} = 1,54$ ablesen. Das heißt:

$Pr(d^L \leq 1,10) = 0,05$

$Pr(d^H \leq 1,54) = 0,05$

Index

kursiv gedruckte Seitenzahlen nehmen Bezug auf matrixalgebraische Anhänge

A
A-Annahmen, 10, 18, 22, 134
Ablehnungsbereich, 103
Abweichung
    absolute, 28
    quadratische, 28
Abzählkriterium, *siehe* Ordnungskriterium
ADL-Modell, 518
Aitken-Schätzmethode, 369, *378*
Akaike-Informationskriterium (AIC), 259, *280*
Alternativhypothese
    im einseitigen t-Test, 110
    im F-Test, 203
    im zweiseitigen t-Test, 102, 197
Annahme
    A1, 138, *156*, 245
    A2, 138, *156*, 281
    A3, 138, *156*, 305
    B1, 138, *156*, 333
    B2, 139, *157*, 357
    B3, 139, *157*, 383
    B4, 139, *157*, 413
    C1, 140, *157*, 423
    c1*, 432
    c1**, 433
    c1***, 436
    C1*, *461*
    C1**, *463*
    C1***, *464*
    C2, 141, *158*, 473
AR(1)-Prozess, *siehe* Prozess
Arbeitsmarkt-Beispiel, 305
Ausprägung
    mögliche, 24
    tatsächliche, 27
Autokorrelation, 37, 39, 383, *406*
    Diagnose, 391, *407*
autoregressive distributed lag model, 518
autoregressive Lag-Verteilung, *siehe* Lag-Verteilung
autoregressiver Prozess, *siehe* Prozess

B
B-Annahmen, 10, 35, 138
Beobachtungsindex, 19
Beschäftigungs-Beispiel, 501
Bestimmtheitsmaß, 166
    als Instrument der Spezifikation, 295, *303*
    Berechnung
        in der Einfachregression, 62
        in der Mehrfachregression, 168, *184*
    Definition, 62, 166
    grafische Veranschaulichung, 59
    korrigiertes, 256, 262, *280*
Blockmatrix, *siehe* Matrix
BLUE-Eigenschaft, 75, 172, *188*
Box-Cox-Modell, 299
Box-Cox-Test, 296, *303*
Breusch-Pagan-Godfrey-Test, 367
BUE-Eigenschaft, 75, 172

C
C-Annahmen, 10, 45, 140
CAPM, 339
χ^2-Verteilung, 78
Chow-Test, 318
    rekursiver, 320
Cobb-Douglas Produktionsfunktion, 134
Cochrane-Orcutt-Verfahren, 402, *411*
Computeroutput
    Interpretation, 237

D
d-Verteilung, 396
data-mining, 267
Daten, 3
    der Stichprobe, 43
    gestutzte, 345, *356*
    historische, 45
    zensierte, 345
Datenerhebung, 346
Datensatz
    partitionierbarer, 371
Datentypen, 11
Determinante, *150*
Diagonalmatrix, *145*

Dickey-Fuller-Test, 522
Differenzenbildung, 486
distributed lag model, 505
Dreiecksmatrix, *145*
Dünger-Beispiel, 133
Dummy-Variable, 309
Dummy-Variablen-Modell, 310, 323
Durbin-Watson-Test
    auf negative Autokorrelation, 398
    auf positive Autokorrelation, 394
    Berechnung des d-Wertes, 395
    Entscheidungsregel, 398
    Nachteile, 399
dynamisches Modell, 433, 501, *525*
    bivariates, 505
    Fehlerkorrekturformulierung, 520
    mit geometrischer Lag-Verteilung, 511, *525*
    mit rationaler Lag-Verteilung, 518
    Schätzprobleme, 510
    Schätzung, 521

E

ECM, *siehe* Fehlerkorrekturmodell
Effizienz, 71
    asymptotische, 428
Einfachregression, 15
Einheitsmatrix, *145*
Elastizität, 165, 286
    Semi-, 286
Ellipse, 216
Empirie
    experimentelle, 2
    historische, 2
Engle-Granger-Verfahren, 522
error correction model (ECM), *siehe* Fehlerkorrekturmodell
Erwartungen
    adaptive, 517
Erwartungsfehler, 517
Erwartungstreue, *siehe* Unverzerrtheit
Erwartungswert, 27
    asymptotischer, *461*
    bedingter, *451*
    Rechenregeln, 34
Experimente
    kontrollierbare, 45

F

F-Test, 202, *220*
    einseitiger, 212
    ungenesteter, 263
    Zusammenhang mit t-Test, 210, 213, *225*
    Zusammmenhang mit korrigiertem Bestimmtheitsmaß, 262

F-Verteilung, 80, 207, *226*
F-Wert, 205, *221*, *223*
Fehlspezifikation, 19, 23
Fehlspezifikationstest, 266, 291
Filter-Beispiel, 383
Forschung
    empirische, 2
    theoretische, 2
Frauen-Diskriminierung, 323
Freiheitsgrad, 44, 93

G

Gauss-Markov-Theorem, 75, 172
    Beweis, *190*
geometrische Lag-Verteilung, *siehe* Lag-Verteilung
Gerade
    geschätzte, *siehe* Regressionsgerade
    wahre, 19, 51
gestutzte Daten, 345
Gleichgewichtstheorie, 522
Gleichung
    genau identifizierte, 535, *551*
    überidentifizierte, 535, *551*
    unteridentifizierte, 535, *551*
Gleichungssystem
    interdependentes, 527, *545*
    makroökonomisches, 541
    mit Lag-Variablen, 540
    reduzierte Form, 530, *548*
    Schätzung der reduzierten Form, 531, *549*
    Schätzung der strukturellen Form, 531, 551
    strukturelle Form, 529, *545*
Goldfeld-Quandt-Test, 364
Gradient, *150*
Gravitationszentrum, 59
Grenzertrag, 281
Grundgesamtheit, 43
    Rückschlüsse auf, 44
GVKQ-Methode
    bei Heteroskedastizität, 370, *380*
    Cochrane und Orcutt, 402, *411*

H

Hauptdiagonale, *145*
Hausmans Spezifikationstest, 447, *470*
Heckman-Schätzverfahren, 346
Heteroskedastizität, 357, *375*
    Diagnose, 364
Hildreth-Lu-Verfahren, 401, *411*
Hypothesentest, 9
    Aussagekraft, 294
    einseitiger, 108, 201
    genesteter, 263

INDEX

linksseitiger, 201
rechtsseitiger, 110
Trennschärfe, 119
ungenesteter, 263
zweiseitiger, 101, 197

I

Identifikation, 535, *550*
Identifikationsproblem, 533
IKQ-Methode
    indirekte KQ-Methode, 529, *551*
IKQ-Schätzer, 532, *552*
indirekte KQ-Methode, *siehe* IKQ-Methode
inneres Produkt, *146*
Instrumentvariable, 441, *464*
    im Koyck-Modell, 514, *526*
    in Gleichungssystemen, 537
Instrumentvariablen-Schätzung, 442, *464*
    im Koyck-Modell, 514, *526*
Integrationsgrad, 504, 522
Interaktions-Dummy, 311
Interaktions-Variable, 322
interdependentes Gleichungssystem, *siehe* Gleichungssystem
Intervallgrenze, 89, 95, 175
Intervallschätzer, 85, 173, *195*
    Eigenschaften, 98
    für α (σ^2 unbekannt), 99, 177
    für β (σ^2 bekannt), 91
    für β (σ^2 unbekannt), 96
    für β_k (σ^2 unbekannt), 176
    Interpretation, 87, 97
Inverse, *149*
Irrtumswahrscheinlichkeit, *siehe* Signifikanzniveau
IV-Schätzer
    der Einfachregression, 442
    der Mehrfachregression, *466*
    Varianz, 444
    Wahrscheinlichkeitsverteilung, 444, *469*
IV-Schätzung, 442, *464*

J

J-Test, 265
Jarque-Bera-Test, 418
Jensens Ungleichung, 342

K

Kausalität, 527
keynesianisches Makromodell, 541
Kleinstbetrag-Methode, 52
Kofaktor, *150*
Kointegration, 521
Kollinearität, 141

Konfidenzintervall, 86
    im einseitigen t-Test, 110, 202
    im zweiseitigen t-Test, 102, 201
Konfidenzregion, 215
Konsistenz, 424
Konsum-Beispiel, 474
Korrelation, 31
    intertemporäre, 429, 433
        im Fehlerkorrekturmodell, 520
    kontemporäre, 429, 434
        im Fehlerkorrekturmodell, 520
    im Gleichungssystem, 529
    im Koyck-Modell, 514
Korrelationskoeffizient, 32
    im AR(1)-Prozess, 388
    in einer Stichprobe, 45
    und Bestimmtheitsmaß, 63
Korrelationsmaß, 445, 479–481
Kovarianz, 31
    einer Stichprobe, 44
Kovariation, 45, 56, 162
Koyck-Modell, 512, *526*
Koyck-Transformation, 513
KQ-Methode, 51
    algebraische Formulierung, 53, 161
    grafische Veranschaulichung, 51
    indirekte, *siehe* IKQ-Methode
    partitionierte, *348*
    restringierte, 488, *493*
    zweistufige, *siehe* ZSKQ-Methode
KQ-Schätzer
    asymptotisch unverzerrter, 426
    der Einfachregression, 56
    der Mehrfachregression, *181*
    der Zweifachregression, 162
    effizienter, 74, 425
    Erwartungswert
        Einfachregression, 74
        Mehrfachregression, *186*
        Zweifachregression, 169
    geschätzte Standardabweichung (Einfachregression), 94
    Herleitung (Mehrfachregression), *180*
    indirekter, *siehe* IKQ-Schätzer
    konsistenter, 426, 427, 431, *457*
    Kovarianz
        Zweifachregression, 169
    linearer, 75, *182*
    nicht-konsistenter, 434
    restringierte, 488, *494*
    unverzerrter, 74, 83, 169, 424
    Varianz, 256
        Einfachregression, 74, 84
        Zweifachregression, 169
    Varianz bei Multikollinearität, 478

Varianz-Kovarianz-Matrix, *187*, *194*
Wahrscheinlichkeitsverteilung, 81, 172, *194*
kritischer Wert
   im einseitigen t-Test, 111, 202
   im F-Test, 207
   im zweiseitigen t-Test, 104, 106, 201
Kurtosismaß, 418

L

Lag-Horizont
   unendlicher, 511
Lag-Variable, 505
Lag-Verteilung
   autoregressive, 518
   geometrische, 511
   rationale, 511, 518
Linearisierung, 282, 340
Linearkombination, 198
   triviale, *148*
   von Vektoren, *148*
Lohn-Beispiel, 246

M

MA(1)-Prozess, *siehe* Prozess
marginale Veränderung, 284, 289
Matrix
   Addition, *146*
      von Blockmatrizen, *271*
   Block-, *270*
      Addition, *271*
      Inversion, *271*
      Multiplikation, *271*
      Transponierung, *271*
   Definition, *144*
   Diagonal-, *145*
   Dreiecks-, *145*
   Einheits-, *145*
   Erwartungswert, *151*
   idempotent, *148*
   indefinite, *154*
   inverse, *149*
      Blockmatrix, *271*
   Multiplikation, *146*
      von Blockmatrizen, *271*
   negativ definite, *154*
   negativ semidefinite, *154*
   Ordnung, *144*
   positiv definite, *154*
   positiv semidefinite, *154*
   quadratische, *145*
   quadratische Form, *150*
   Rang, *149*
   reguläre, *149*
   singuläre, *149*
   skalare, *145*

Spur, *152*
symmetrische, *145*
Teil-, *270*
Transformations-, *376*, *408*
transponierte, *145*
Maurer-Methodologie, 267
Maximum-Likelihood-Methode, 346
Median-Lag, 509
   im geometrischen Modell, 512
Mehrfachregression, 131
Messfehler
   systematischer (konstanter), 37
      in endogener Variable, 335, *352*
      in exogenen Variablen, 340, *352*
   unsystematischer
      in der endogenen Variable, 440
      in einer exogenen Variable, 436
Methode der kleinsten Quadrate, *siehe* KQ-Methode
Mieten-Beispiel, 357
Milch-Beispiel, 281
Mittel
   arithmetisches, 43
   geometrisches, 297, 300
Modell
   adaptiver Erwartungen, 517, *526*
   dynamisches, *siehe* dynamisches Modell
   erste Differenzenform, 487
   Exponential-, 285
   fehlspezifiziertes, 19, 23, 247
   genestetes, 263
   geometrisches, *siehe* dynamisches Modell
   geschätztes, 7, 9, 50, 54, 159, *179*
   inverses, 285
   korrektes, 247
   lineares, 18, 20, 281
   log-inverses, 287
   logarithmisches, 286
   ökonometrisches, 4, 9, 20, 49, 136, 159
   ökonomisches, 4, 8, 18, 134
   ohne Niveauparameter, 339
   quadratisches, 288
   rationales, *siehe* dynamisches Modell
   restringiertes, 204
   semi-logarithmisches, 283
   ungenestetes, 263
   unrestringiertes, 204
Modelltransformation, 340, 359, *376*
Moment
   dritter Ordnung, 418
   vierter Ordnung, 418
   zweiter Ordnung, 418
Moving-Average-Prozess, *siehe* Prozess

INDEX

Multikollinearität
    Diagnose, 480, *493*
    imperfekte, 141, 475
        Konsequenzen für Hypothesentests, 479
        Konsequenzen für KQ-Schätzer, 476, 478, *491*
        Indikatoren, 480
    perfekte, 141, 473
        Konsequenzen für KQ-Schätzer, 477
Multiplikator
    kurzfristiger, 507
    langfristiger, 507
        im geometrischen Modell, 512
        im rationalen Modell, 519

N

Niveauparameter, 58, 137, 164
Normalgleichungen, 55
Normalverteilung, 35
    asymptotisch multivariate, *461*
    Jarque-Bera-Test, 416
    multivariate, *157*
Nullhypothese
    Formulierung, 115
    im einseitigen t-Test, 109, 201
    im F-Test, 203, 209, *220*
    im zweiseitigen t-Test, 102, 197, *219*
Nullhypothesenmodell, 204

O

Ökonometrie, 3
Ordnungskriterium, 535, *550*

P

p-Wert, 113
Paneldaten, 11, 12
Parametertest
    individueller, *siehe* t-Test
    simultaner, *siehe* F-Test
partielles Anpassungsmodell, 515, *526*
partielles Marktgleichgewichtsmodell, 541
Pharma-Beispiel, 527
plim, *siehe* Wahrscheinlichkeitsgrenzwert
power of tests, 119
Preisabsatzfunktion, 384
probability limit, *siehe* Wahrscheinlichkeitsgrenzwert
Produkt
    inneres, *146*
Prognose, 9, 123
    bedingte, 123, 229
    unbedingte, 123
Prognosefehler, 123, 229, *233*
    Erwartungswert, 124, 230, *233*
    Varianz, 124, 230, *233*
Prognoseintervall, 125, 231, *234*
Prognosekriterium (PC), 259, *280*
prognostischer Chow-Test, *siehe* Strukturbruch
Proxyvariable, 35, 436
Prozess
    autoregressiver, AR(1), 385, *406*
    I(1), 504
    integrierter, 504
    moving average, MA(1), 514
    nicht-stationärer, 504
    stationärer, 386, 503
    stochastischer, 502
Punktprognose, 123, 229, *232*
Punktschätzer, *siehe* Schätzer
Punktschätzung, 49, 161
Punktwolke, 21

Q

quadratische Form, *150*
Quantifizierung, 4
Querschnittsdaten, 11, 12, 501

R

Randwahrscheinlichkeiten, *451*
Rang, *149*
    voller, *149*
Rangkriterium, 536, *550*
rationale Lag-Verteilung, *siehe* Lag-Verteilung
reduzierte Form, *siehe* Gleichungssystem
Regressionsebene, 160
Regressionsgerade, 36, 51
Regressionsmodell
    einfaches lineares, 10, 15
    multiples lineares, 10, 15, 131, *155*
    partitioniertes, *348*
Regressionsparameter, 21
RESET-Verfahren, 266, 290, *303*
Residuen, 51, 160, *179*
    Darstellung durch Histogramm, 416
    quadrierte, *siehe* Residuenquadrate
Residuenquadrate
    des Nullhypothesen-Modells, 204
    Summe der, 53, 161
restringierte KQ-Methode, *siehe* RKQ-Methode
RKQ-Methode, 488, *493*
RKQ-Schätzer, 488, *494*
    Erwartungswert, *497*
    Varianz-Kovarianz-Matrix, *497*
    Wahrscheinlichkeitsverteilung, *498*

S

Schätzer, 50, 159

asymptotisch effizienter, 428
effizienter, 72
Interpretation, 58, 164
unverzerrter, 71
Wahrscheinlichkeitsverteilung, 72
Schätzung, 4, 6, 9, 50, 52, 159
Schätzverfahren, 7
Qualität von, 67
Schiefemaß, 418
Schwarz-Kriterium (SC), 259, *280*
Semi-Elastizität, 286
Signifikanzniveau, 87, 95, 103
Festlegung, 115
simultanes Gleichungssystem, *siehe* Gleichungssystem
Skalar, *144*
Slutzky-Theorem, *458*
Softwarepaket, 236
Spaltenrang, *149*
Spaltenvektor, *145*
Spezifikation, 4, 17
der exogenen Variablen, 5
der Störgröße, 5
funktionale, 4, 9, 18, 134
Störgrößen-, 9, 35
Variablen-, 9, 45, 140
Spezifikations-Methodologien, 267
Spezifikationstest, 266
von Hausman, 447, *470*
Spur, *152*
Standard-Normalverteilung, 76
Standardabweichung
des KQ-Schätzers, 88
einer Stichprobe, 44
einer Zufallsvariable, 29
Schätzung im t-Test, 104, 199
Standardisierung, 77
des KQ-Schätzers, 88, 94, 105, 175
des Prognosefehlers, 126
Stationarität, *siehe* Prozess
Statistik, 3
Steigungsparameter, 58, 137, 165
Steinmetz-Methodologie, 267
Stichprobe
Korrelationskoeffizient in der, 45
Kovarianz in der, 44
Mittelwert der, 43
Varianz in der, 43
wiederholte, 68, 87, 139
Störgröße, 5, 19, 20
autokorrelierte, 39, 383
Erwartungswert, 37, *156*
bei AR(1)-Prozess, 386
heteroskedastische, 38, 358
homoskedastische, 38, 358
korrelierte, 39

Kovarianz, 39
bei AR(1)-Prozess, 388
mit x_t kontemporär korreliert, 429, 434, *463*
mit x_t kontemporär unkorreliert, 429, 432, *462*
normalverteilte, 40, 413
Systematik in, 37
vermutete, 52
von x_t unabhängig, 429, *453*
Wahrscheinlichkeitsverteilung der, 40, *157*
Störgrößenvarianz, *157*
bei AR(1)-Prozess, 387, *409*
konstante, 38
Schätzung
in der Einfachregression, 91
in der Mehrfachregression, 171, *192*
konsistente, *459*
Streuung, 28, 44
Streuungsmaß, 28, 43
Strukturbruch, 23, 306, *326*
F-Test, 317, *328*
prognostischer Chow-Test, 318
rekursiver Chow-Test, 320
t-Test, 318, *328*
Zeitpunkt, 320
Strukturbruchmodell, 309, *326*
alternative Formulierung, 314
strukturelle Form, *siehe* Gleichungssystem

T

t-Test, 101, 197, *219*
Zusammmenhang mit korrigiertem Bestimmtheitsmaß, 262
t-Verteilung, 79, 95, 105, 175, *226*
t-Wert, 94, 105, 200, *219*
als Widerspruchsmaß, 106
Teilmatrix, *siehe* Matrix
Test
individueller, *siehe* t-Test
simultaner, *siehe* F-Test
Trägheitsparameter, 511
Transformationsmatrix, *376*, *408*
Transponierte, *145*
Trendvariable, 321, 534
Trennschärfe, *siehe* Hypothesentest
Trinkgeld-Beispiel, 4, 17
Typ I-Fehler, 117
Typ II-Fehler, 117

U

Unabhängigkeit, 33
Ungleichgewichtsfehler, 521

Unkorreliertheit, 31
Unverzerrtheit, 71

V

Variable
    abhängige, 15
    endogene, 15
    erklärende, 15
    erklärte, 15
    exogene, 15
    gestutzte endogene, 343
    irrelevante exogene, 22, 138, 245, 485
    kointegriert, 521
    Lag-, 505
    prädeterminiert, 535
    qualitative exogene, 322, *330*
    relevante exogene, 22, 138, 245
    system-endogene, 535, *545*
    system-exogene, 535, *545*
    unabhängige, 15
    verzögerte, 505
    vorherbestimmte, 535
Variablenauswahl, 245, *274*
    F-Test, 261
    Instrumente, 256, *280*
    Konsequenzen aufgenommener irrelevanter Variablen, 253, *277*
    Konsequenzen ausgelassener relevanter Variablen, 248, *275*
    t-Test, 260
    ungenesteter F-Test, 263
Varianz
    einer Stichprobe, 43
    einer Zufallsvariable, 28
    Rechenregeln, 34
Varianz-Kovarianz-Matrix, 152, *157*
    asymptotische, *461*
    bei Autokorrelation, *406*, *410*
    bei Heteroskedastizität, *375*
    bei zufallsabhängigen exogenen Variablen, *453*
    der KQ-Schätzer, *194*
    der RKQ-Schätzer, *497*
    des transformierten Modells, *377*
    partitionierte, *278*
Variation, 43, 56, 162
    autonome, 142, 170, 473
    erklärte, 61, 166, 167
    gesamte, 62
    unerklärte, 60, 166, 167
Vektor, *145*
    linear abhängig, *148*
    linear unabhängig, *149*
    Linearkombination, *148*
Venn-Diagramm, 167, 170, 248, 476
Versicherungs-Beispiel, 436

Verzerrungsrisiko, 256
VKQ-Methode
    bei Heteroskedastizität, 369, *378*
    Hildreth und Lu, 401, *411*
VKQ-Schätzer, 369

W

Wahrscheinlichkeit
    bedingte, 29
    einer Zufallsvariable, 24
Wahrscheinlichkeitsgrenzwert, 426
    Rechenregeln, 427
Wahrscheinlichkeitsmasse, 25, 102
    kritische, 104
Wahrscheinlichkeitsverteilung, 24, 25, 76
    asymptotische, *461*
    bedingte, 30, *451*
    der KQ-Schätzer, *siehe* KQ-Schätzer
    eines Schätzers, 72
    gemeinsame, 30, *451*
weißes Rauschen, 40
White-Test, 367

X, Y

χ^2-Verteilung, 78

Z

Zeilenrang, *149*
Zeilenvektor, *145*
Zeitreihe, 503
    stationäre, 504, 505
Zeitreihendaten, 11, 12, 501
zensierte Daten, 345
zentraler Grenzwertsatz, 415
ZSKQ-Methode
    zweistufige KQ-Methode, 537, *552*
ZSKQ-Schätzer, 538, *554*
Zufallsvariable, 24, 68
    diskrete, 25
    linear unabhängige, 32, 39
    lineare Transformation, 77, 81
    standard-normalverteilte, 89
    stetige, 26
    unabhängige, 33
    unabhängig normalverteilte, 139
    unkorrelierte, 32
Zweifachregression, 131
    ohne Niveauparameter, 360
zweistufige KQ-Methode, *siehe* ZSKQ-Methode